GUANGXI JIAOYU NIANJIAN

广西教育年鉴

·2007·

广西壮族自治区教育厅　编

编纂委员会

GUANGXI NORMAL UNIVERSITY PRESS
广西师范大学出版社
·桂林·

图书在版编目（CIP）数据

广西教育年鉴．2007／广西壮族自治区教育厅编．—桂林：广西师范大学出版社，2008.5

ISBN 978-7-5633-7501-1

Ⅰ．广… Ⅱ．广… Ⅲ．教育事业—广西—2007—年鉴 Ⅳ．G527.67-54

中国版本图书馆 CIP 数据核字（2008）第 069962 号

责任编辑：邓婵娟　韦兰琴　　封面设计：刘瑞锋
责任校对：文秋鸾　　版式设计：李扶忠

广西师范大学出版社出版发行
（广西桂林市中华路 22 号　邮政编码：541001
网址：http://www.bbtpress.com）
出版人：何林夏
全国新华书店经销
广西民族印刷厂印刷
（广西南宁市明秀西路 53 号　邮政编码：530001）
开本：889mm×1 194 mm　1/16
印张：31　字数：1000 千字
2008 年 5 月第 1 版　　2008 年 5 月第 1 次印刷
定价：200.00 元

接力出版社
Jieli Publishing House

追求卓越 追求合作

接力出版社有限公司简介

接力出版社，是一家自觉承担社会责任，强调文化接力、道德接力的全国知名出版机构。

自1990年成立以来，十多年里，接力出版社坚持大方向，把握大趋势，秉承“追求卓越，追求合作”的接力精神，不断向社会提供着优质精品图书。

1998年，接力出版社即被评为“全国优秀出版社”。创始人李元君女士是“中国韬奋出版奖”获得者，现任总编辑白冰被评为“全国宣传文化系统首批经营管理人才”。历经多年的资本和文化积累，接力出版社精心编写了大量高质量的优秀教育读物，如全国学前教育研究会“十五”重点课题的“幼儿适应性发展课程”、经全国中小学教材审定委员会审查通过的课标（小学）音乐教材、青春期性教育专题《男孩女孩》等，大大丰富了教材教辅市场，为中国的教育事业作出了自己的贡献。近5年来，接力出版社大众图书产值以每年30%的增长速度良性发展，2006年实现销售码洋超亿元，在全国约580家图书出版社中综合市场占有率进入前30位，在少儿出版社中排名第二，并在全国青少年文化图书出版市场中形成了自身独特的竞争优势和品牌效应，先后有15种图书获得“五个一”工程奖、国家图书奖、中国图书奖、中国出版政府奖，近400种图书获得全国优秀畅销书奖等各种奖项。同时拥有图书、杂志、报纸、电子出版、音像出版、网络出版等全方位出版权。

2007年1月，接力出版社成功转制改企为接力出版社有限公司，成为广西出版文化体制改革的先行者，在体制创新和内涵式发展的道路上又迈出了新的一大步。

今天的接力出版社，正视出版产业的深刻变革，与时俱进地调整了产业战略：巩固和提升在青少年儿童大众读物出版和教育读物出版市场上的优势地位，并向青少年儿童文化创意产业的内容集成商转型。在大众图书和文教图书两翼齐飞的前提下，在动漫影视、教育培训、学玩教具等延伸产业实现新的突破。逐步形成以南宁为基础，辐射北京、上海、广州、武汉、桂林、美国、东盟国家的战略发展平台。

“十一五”期间，接力出版社将以导向为前提，以市场为依据，以产品为核心，以资本为纽带，进一步做强做大出版主业，利用主业内容优势打造纸媒体和新媒体双平台上的核心竞争力，实现以青少年儿童大众读物和教育图书的出版主业为基础，以教育培训、数码动漫、数字网络、电子商务、品牌授权等为延伸产业的多重利润模式，逐步成为在中国出版业青少年儿童出版物及新媒体消费市场中占据主导地位、具有较大品牌影响力的骨干文化企业。

全国学前教育研究会“十五”重点课题

幼儿适应性发展课程

义务教育课程标准实验教科书《英语》

课标音乐教材

社长：黄 俭 总编辑：白 冰 电话：（0771）5866644 传真：（0771）5850435
地址：广西南宁市园湖南路9号 邮编：530022 电子邮箱：jielipub@public.nn.gx.cn

柳州地区民族高级中学

侯代忠校长在全国民族中学校长论坛上发言

柳州地区民族高级中学是一所创建于1980年的自治区级重点中学、广西首批示范性普通高中。学校先后被授予全国民族教育先进集体、全国民族团结进步模范集体（三次）、全国文明单位、教育部首批依法治校示范校、全国民族中学示范校等荣誉称号。

学校拥有一个热爱民族教育事业，廉洁奉公，团结务实，高效创新的领导班子。校长、党委书记侯代忠，研究生毕业，特级教师，全国中小学骨干教师，广西21世纪园丁工程A类人才，来宾市首批专业技术拔尖人才，来宾市人大常委会委员，广西优秀教师，广西十佳校长，广西“五一”劳动奖章获得者。学校现有48个班，在校生3223人，少数民族学生占67.5%人；教职工198人，57.9%的教职工来自少数民族，其中特级教师17人，高级教师63人 ，中级教师61人，中、高级职称占76.9%；国家级中小学骨干教师6人，广西21世纪园丁工程A、B类人才25人，地市级专业技术拔尖人才6人，研究生28人。其中全国优秀教师6人，全国模范教师2人，全国师德先进个人1人，全国“五一”劳动奖章获得者1人，全国三八红旗手1人。

忆恩亭

作为民族地区的重点中学，学校坚持“一切为了学生，为了一切学生，为了学生的一切”的办学宗旨，学校的高考升学率在广西同类学校中位居前列，而且年年有提高，年年有亮点。自1991年以来，我校每年都有十几人考入清华大学、北京大学和中国科技大学。在考入清华大学的123名学生中少数民族学生占了93名。先后涌现了覃晓丹、廖璇、黄桂恒、欧俊延、王馨、曾令全、黄舜昌、韦健彪等一批广西高考状元。2007年高考437人上重点线，上线人数列广西第二；1017人上第二批本科线，上线人数列广西第二，蓝任凯同学以691分排名广西第七并提前保送清华大学。

学生课本剧比赛

学校远眺

教学教研楼

时毓桂校长（右）、兰克书记（左）与考上清华大学的吴艺英、邓俊荃同学合影

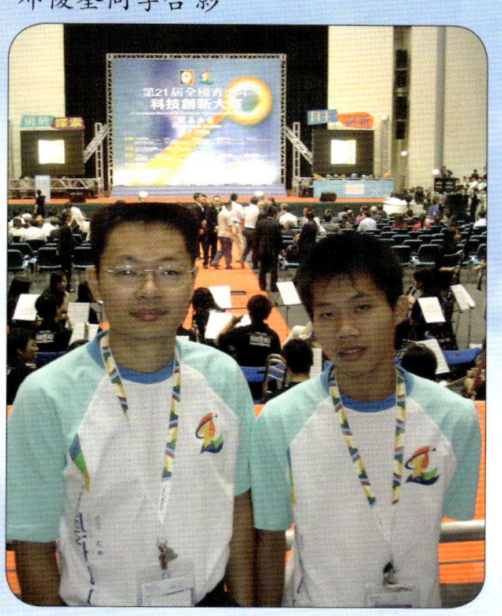

王冈老师和全国青少年科技创新大赛一等奖获得者邓俊荃同学在颁奖典礼上

南宁市第一中学

南宁市第一中学是自治区示范性普通高中，创办于1918年，地处南宁市人民路西段，校园面积75亩。学校在科学发展观的正确引领下，植根优良办学传统，融合现代教育思想，确立了“一切以育人为本、培养素质全面的现代人”的办学理念，围绕“培养人格健全、身体强壮，具有终身学习能力和良好人生态度的优秀高中生”的育人目标，构建以科技教育为主体，以足球、艺术教育为辅翼的“一主两翼”办学特色，倾力打造高质量、显特色、讲规范的大众化优质教育。

学校坚持德育为先，全员育人。被评为全区中小学德育工作先进集体，连续三年被评为“全国中小学思想道德建设先进单位”。

学校坚持科研引领，内涵发展的办学思路。以教师专业发展与校本培训、教育教学管理与评价策略、教学改革实践与校本课程建设三大研究为重点，以构建学习型教师组织为抓手，以改革课堂教学为主渠道，为大众化优质教育品牌的打造和学校可持续发展奠定了坚实基础，被评为南宁市基础教育科研工作先进单位。

学校坚持以办学特色求活力，拓展学生发展空间。主特色科技教育硕果累累，近两年参加全国青少年科技创新大赛获2个一等奖，2个二等奖，6个三等奖；科技教师王冈被评为“全国十佳科技教师”、“中国科协青少年科技创新人才培养项目优秀科学教师”，学校被评为“中国科协青少年科技创新人才培养项目优秀实验学校”。

学校坚持“持续改进”的管理理念，实施愿景管理，和谐发展。学校办学质量稳步攀升，高考连续五年实现“低进高出”升学目标，多次获南宁市高中毕业班工作成绩优秀奖，07届高考取得历史性突破，吴艺英、邓俊荃同学双双被清华大学录取。学校被评为首批南宁市中小学常规管理示范优秀学校、南宁市卫生优秀学校，在“南宁市中小学校长建设年”评估中荣获“优秀”等级。

研究性学习小组参观桂林地震台

学生公寓

来宾市第一中学

来宾市第一中学坐落在古老而秀丽的红水河畔，是广西示范性普通高中，曾先后荣获全国绿色学校、自治区文明学校、自治区基础教育科研先进学校和广西中小学现代技术实验示范学校等称号。

学校有完善的基础设施和先进的现代化教学设备。有68间标准化的多媒体教室，并建有学生计算机室、外语语音室、校园宽带网络和广播网络。

学校师资雄厚，任课教师158人中有特级教师4人，高级教师55人，一级教师71人，具有研究生学历4人，在读研究生7人。

学校在全面实施素质教育，促进学生德、智、体、美、劳全面发展的同时，狠抓教育质量，高考成绩斐然，年年荣获市（地区）高考质量优秀奖，2007年高考上线人数为一本131人，二本527人。

地址：来宾市北二路238号

网址：http:// lbyz.lbsedu.com

电话：0772-4212648

合浦县第一中学

合浦县第一中学创建于1930年，位于我国著名的南珠之乡——合浦县城中心区域，是广西区示范性普通高中。学校占地面积108.8亩，现有40个教学班，在校生2550人，专任教师180人。学校确立了“以人为本，全面发展”的办学理念，以“质量立校，科研兴教”为发展主题，以培养现代化人才为目标，办学成果显著。学校连续五年被评为北海市高考先进单位，培养出考入北京大学的邱晓媚、全区高考数学状元潘积远等一批尖子生，并先后获省、市文明单位等荣誉称号。

“航程迢远帆正举”，合浦一中正借助课改的东风拔锚起航，“一中人”正满怀信心踏上风光无限的新征程，争做与时俱进的时代风范！

县委吴秀永书记陪同市教育局领导到我校视察工作

雕塑夜景——扬帆远航

教师参加技能培训

大化高中

大化高中位于桂西北红水河中游河池市大化瑶族自治县，现有51个教学班，3199名在校生，175名专任教师，其中4名中学特级教师，4名全国优秀教师，是一所全日制、寄宿制公办高中，是一所自治区示范性普通高中。

大化高中秉持“一切为了学生的全面发展，一切为了教师专业化发展，一切为了学校的可持续发展”的办学理念，在学校近20年发展进程中，持续高位发展，在当地起到了较好的示范辐射作用。随着所承担的国家级课题《民族地区高中改革与发展问题研究》子课题《民族地区普通高中如何根据当地社会经济的发展状况采取不同的策略研究》的结题，选准了民族地区高中改革发展的特殊策略，形成了独特的办学特色。

一是采取“适度跨越，理智跟进”策略，让民族地区普通高中的办学速度适当走在当地社会经济发展的前面。采用“BOT”融资建校模式，对“BOT”模式的运作过程进行案例分析，形成经验，总结教训，用以指导本校乃至本地区对办学模式和办学速度的把握。

二是采用“以小为大，规范细节”策略，让民族地区普通高中人在当地率先提高文明程度。研究当地民族文明建设状况，根据对本校及当地文明程度的调研，探索当地文明建设的最实用模式，解读民族传统文化，构建民族文明。

三是采用“注重流程，强化分类”慢班教学策略，让民族地区普通高中的课改植根当地，校准示高中的教育视线，研究慢班成因，走出生源普遍较差的怪圈，实施“低分进，高分出”教学工程，让大多数农民的孩子考上大学，让广大人民群众享受教育幸福。近三年，高考上本科线比例在70%以上。

四是采用“对准课堂，研修一体”校本教研策略，走近学生，走近课堂，强势推行赛课制度，根据教师不同教学风格和学生不同接受能力，形成适用性较强的课改模式。坚持“一切为了学生全面发展”的新一轮课改核心理念，在教学的细小环节中，引导学生体会做人的尊严与价值，体会人的发展的无限可能性，体会人与人之间的平等、互爱、和谐……学校的校本教研成果丰硕，科研课题《民族地区普通高中如何根据当前社会经济的发展状况采取不同策略研究》被评为自治区示范高中优秀科研成果。

目前，大化高中正在进行自治区级示范性普通高中新一轮的创业，向国家级示范性普通高中迈进，力争把学校办成民族地区群众满意，社会满意的南国大地一流学校。

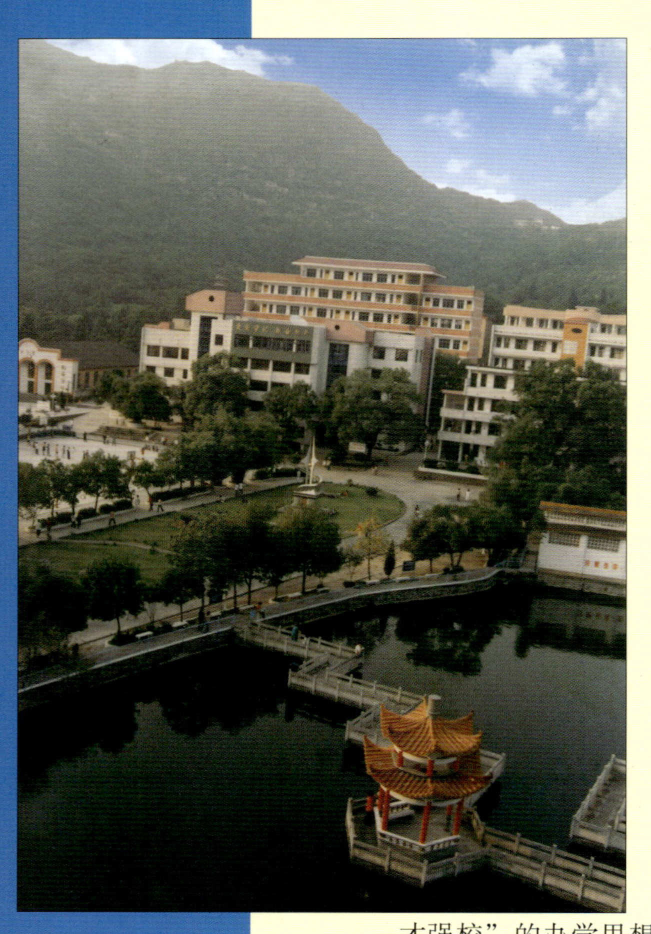

全州高中

全州高中是广西示范性普通高中。现有在校生3000余人，教职工240人，其中：特级教师5人，高级教师82人，国家骨干教师6人，广西骨干教师16人，桂林市学科带头人6人，硕士生8人，参加过研究生学习班学习的16人。全州高中近年来大力实施现代教育技术工程，建成了数字化校园，开通了远程教学。学校占地面积近10万平方米，图书馆藏书31万余册。学生食堂设施设备先进齐全，初具现代化规模，达到国家A类标准。

全州高中全面实施素质教育，全面提高教育质量，确立了“为学生终身发展奠基”的办学理念，坚持“以人为本，以德立校，科研兴校，人才强校”的办学思想，有“因材施教，分类培养，突出个性，广育英才”和“先学后教，当堂训练”等教育教学经验，在区内外广泛推广。新中国成立以来，全州高中考入全国高校的学生达2万余人，其中一本大学6000余人，清华大学53人，北京大学51人。学校有广西高考绝对上线人数14连冠的历史。全州高中广泛被人们称誉“大学生的摇篮”，是全国名牌、重点大学的重要生源学校之一。学校先后被评为：全国中学生爱科学先进单位、全国书画摄影艺术教育先进单位、广西爱国卫生先进单位、广西体育卫生先进单位、广西现代教育技术实验学校、广西“绿色”学校、广西示范性普通高中、广西中学生军训工作先进单位、广西普法教育先进单位、广州军区国防生生源基地等。

全州高中先后承担或参与了几十项国家、自治区、市级科研课题。如科研成果“中学生心理教育探索”获国家科研一等奖，并载入《中华经典档案》、“课堂教学模式的有效转变”获中国科研成果一等奖。

全州高中是一所开放性的学校，与区内外多所学校建立了友好关系。目前，学校正整体规划，加强建设，以更加雄伟的姿态，向着“创全国名校”的目标迈进。

编辑说明

一、《广西教育年鉴》是广西壮族自治区教育厅主办的具有实用和存史双重价值的大型年刊。《广西教育年鉴》坚持在保持基本资料连续反映的同时，突出地方特点和年度特色，深入反映各地、各级各类教育的新变化、新进展和新问题，真实记录广西教育改革发展轨迹及辉煌成就，旨在为社会各界了解和研究广西教育提供基本资料。

二、《广西教育年鉴》每年出版一卷，2007 卷着重记载 2006 年发生的事情。

三、本年鉴的基本内容分为特载、动态信息、辅助资料三大部分。特载部分设领导讲话和文件选登两个专栏。动态信息部分设综合管理、各级各类教育、高等学校、各市和县（市、区）教育等四个部类。辅助资料部分为 2006 年广西教育统计资料。动态信息、辅助资料各部类的内容均作条目处理，以方便读者检索。

目 录

领导讲话

继往开来 开拓创新 努力实现广西高等教育新突破
——在2006年度全区高校党建工作暨高校年度工作会议上的报告 …………………… 余益中（3）
在自治区“两基”巩固提高工作现场会上的讲话 …………………… 余益中（16）
认清形势 明确目标 大力加强中小学教师队伍建设
——在2006年教师教育工作会上的讲话 …………………… 潘 晔（24）
在2006年全区基础教育基本建设发展规划培训会议上的讲话 …………………… 车芳仁（34）
增强高校自主创新能力 服务广西经济社会发展
——在全区高校科技工作会议上的讲话 …………………… 黄 宇（40）
认真履行纪检监察职责 努力推进教育系统反腐倡廉工作
——在全区教育纪检监察工作会议上的讲话 …………………… 孙海潮（51）
在2006年全区普通高校招生工作会上的讲话 …………………… 杨伟嘉（57）

文件选登

广西壮族自治区人民政府关于加快发展民办教育的决定 …………………… （71）
广西壮族自治区人民政府办公厅关于转发财政厅教育厅广西壮族自治区免除农村义务教育阶段学生学杂费和补助农村义务教育阶段中小学公用经费工作实施方案（试行）的通知 …………（75）
广西壮族自治区人民政府办公厅转发教育厅编办人事厅财政厅关于进一步加强农村中小学教师队伍建设意见的通知 …………………… （80）
关于印发《关于加大我区高校科研成果转化力度 提高高校为经济社会发展贡献力的意见》的通知 …………………… （82）

综合管理

综合工作

机关党建 …………………… （87）
定点扶贫 …………………… （87）
教育政策法规建设 …………………… （87）

语言文字工作 …… (87)
国际交流与合作 …… (87)
民族教育 …… (88)
教育信息化 …… (88)

思想政治教育和德育工作

高校思想政治教育工作 …… (88)
教育宣传工作 …… (89)
家庭经济困难学生资助工作 …… (89)
中小学德育工作 …… (89)
学校安全稳定工作 …… (89)

教育经费和基本建设

教育经费的收入和支出 …… (90)
教育基本建设 …… (90)
农村义务教育经费保障新机制改革 …… (91)
农村基础教育工程建设 …… (91)

教师队伍建设和人才工作

概况 …… (91)
师德建设 …… (92)
中小学教师管理 …… (92)
中小学教师培养 …… (92)
中小学教师培训 …… (92)
中小学管理者培训 …… (92)
高校人才小高地建设 …… (93)
中小学人事工作 …… (93)
职称改革工作 …… (93)
委厅机关、直属事业单位干部人事工作 …… (94)

招生考试与高校毕业生就业工作

普通高等教育考试招生 …… (94)
研究生考试招生 …… (94)
成人高等教育招生 …… (94)
大学四六级英语考试和英语应用能力考试 …… (95)
自学考试 …… (95)
社会考试 …… (95)
全区中小学教师教育技术水平考试 …… (95)
普通高考改革 …… (95)
高校毕业生就业工作 …… (95)

体育、卫生、艺术和国防教育

学校体育教育 …… (96)
学校卫生教育 …… (96)
学校艺术教育 …… (96)
学校国防教育 …… (97)

教育科研和高校科研

中小学教学研究 …… (97)
高校科研工作 …… (97)
重点学科、重点实验室等科研基地建设 …… (98)
高校三对创新行动计划 …… (98)
高校知识产权工作 …… (98)

教育纪检监察审计

规范教育收费工作 …… (98)
治理商业贿赂工作 …… (99)
领导干部廉洁自律工作 …… (99)
内部审计工作 …… (99)

电化教育

现代远程教育项目实施 …… (99)
中小学计算机网络教学应用 …… (100)
音像教材出版 …… (100)

各级各类教育

高等教育

概况 …… (103)
教学评估工作 …… (103)
教学改革工作 …… (103)
国家示范性高等职业院校建设 …… (104)
学位与研究生教育 …… (104)

中等职业教育

概况 …… (105)
振兴职业教育的九大工程规划实施工作 …… (105)
重点中等职业学校建设 …… (106)
引企入桂 …… (106)
招生工作 …… (106)

基础教育

概况 …… (107)

高中阶段教育 …… (107)
教育督导工作 …… (108)

高等学校

广西大学

概况 …… (111)
教育经费的收入与支出 …… (111)
“211 工程”建设 …… (111)
教学工作 …… (111)
科技工作 …… (112)
教师队伍建设 …… (112)
国际交流 …… (112)
获奖情况 …… (112)

广西师范大学

概况 …… (113)
教育经费的收入与支出 …… (113)
教学工作 …… (114)
科研工作 …… (114)
学科建设 …… (114)
学生教育培养工作 …… (114)
竞赛活动 …… (115)
国际交流与合作 …… (115)
新校区建设 …… (115)
获奖情况 …… (115)

广西医科大学

概况 …… (115)
教育经费的收入与支出 …… (116)
法制工作 …… (116)
教学评估工作 …… (116)
教学工作 …… (116)
科研工作 …… (116)
人事工作 …… (116)
研究生教育与学科建设 …… (117)
国际交流与合作 …… (117)
学生工作 …… (117)

广西民族大学

概况 …… (117)
教育经费的收入与支出 …… (118)

桂林电子科技大学

概况 ……………………………………………………………………………… (118)
教育经费的收入与支出 …………………………………………………………… (119)
更名大学工作 ……………………………………………………………………… (119)
尧山校区建设 ……………………………………………………………………… (119)
教学工作 …………………………………………………………………………… (119)
学科建设和研究生工作 …………………………………………………………… (119)
科研工作 …………………………………………………………………………… (119)
师资队伍建设 ……………………………………………………………………… (119)
学生科技活动 ……………………………………………………………………… (120)
国际交流与合作 …………………………………………………………………… (120)
获奖情况 …………………………………………………………………………… (120)

桂林工学院

概况 ……………………………………………………………………………… (120)
教育经费的收入与支出 …………………………………………………………… (121)
教学质量和教学改革 ……………………………………………………………… (121)
科研工作 …………………………………………………………………………… (121)
人才队伍建设 ……………………………………………………………………… (121)
学生工作 …………………………………………………………………………… (121)
雁山新校区建设 …………………………………………………………………… (122)
50周年校庆 ………………………………………………………………………… (122)

广西师范学院

概况 ……………………………………………………………………………… (122)
教育经费的收入与支出 …………………………………………………………… (122)
教学工作 …………………………………………………………………………… (123)
获奖情况 …………………………………………………………………………… (123)
学位点建设工作 …………………………………………………………………… (123)
学位与研究生教育工作 …………………………………………………………… (123)
科研工作 …………………………………………………………………………… (123)
学生工作 …………………………………………………………………………… (124)
招生就业工作 ……………………………………………………………………… (124)

广西艺术学院

概况 ……………………………………………………………………………… (124)
教育经费的收入与支出 …………………………………………………………… (125)
教学评估工作 ……………………………………………………………………… (125)
教学工作 …………………………………………………………………………… (125)
学位与研究生工作 ………………………………………………………………… (125)
师资队伍建设 ……………………………………………………………………… (126)
科研创作与艺术实践 ……………………………………………………………… (126)

基本建设 …… (126)
招生工作 …… (126)
学生工作 …… (126)
安全稳定工作 …… (126)

桂林医学院
概况 …… (127)
教育经费的收入与支出 …… (127)
教学评估工作 …… (127)
教育教学改革 …… (128)
师资队伍建设 …… (128)
科研工作 …… (128)
人才培养工作 …… (128)
基本建设 …… (129)
安全稳定工作 …… (129)

广西工学院
概况 …… (129)
教育经费的收入与支出 …… (129)
教学工作 …… (129)
科研工作 …… (130)
师资队伍建设 …… (130)
学生工作 …… (130)
获奖情况 …… (130)
招生就业工作 …… (130)
基本建设 …… (130)

右江民族医学院
概况 …… (131)
教育经费的收入与支出 …… (131)

玉林师范学院
概况 …… (131)
教育经费的收入与支出 …… (132)
本科教学评估工作 …… (132)
发展规划 …… (132)
获奖情况 …… (132)

河池学院
概况 …… (133)
教育经费的收入与支出 …… (133)
教学改革和管理 …… (133)

科研与学科建设 …… (134)
学生工作 …… (134)
财务与后勤基建工作 …… (134)

广西财经学院

概况 …… (135)
教育经费的收入与支出 …… (135)
教学科研 …… (135)
人才队伍建设 …… (135)
国际交流与合作 …… (136)
校园文化建设 …… (136)
招生就业工作 …… (136)

贺州学院

概况 …… (137)
教育经费的收入与支出 …… (137)
本科办学 …… (137)
教学科研 …… (137)
基本建设 …… (138)
学生工作 …… (138)
校园文化建设 …… (138)
安全稳定工作 …… (138)
招生就业工作 …… (138)

钦州学院

概况 …… (139)
教育经费的收入与支出 …… (139)
学院建设 …… (139)
教学科研 …… (139)
就业工作 …… (140)
获奖情况 …… (140)
国际交流与合作 …… (140)

百色学院

概况 …… (140)
教育经费的收入与支出 …… (141)
教学科研 …… (141)
发展规划 …… (141)
对外交流与合作 …… (141)
管理与后勤保障 …… (141)

梧州学院

概况 …… (142)
教育经费的收入与支出 …… (142)

桂林航天工业高等专科学校

概况 …… (142)
教育经费的收入与支出 …… (143)
教学改革 …… (143)
师资建设 …… (143)
学生工作 …… (143)
精神文明建设 …… (144)
安全稳定及后勤工作 …… (144)

广西体育高等专科学校

概况 …… (144)
教育经费的收入与支出 …… (145)

桂林旅游高等专科学校

概况 …… (145)
教育经费的收入与支出 …… (145)
教学改革工作 …… (146)
科研工作 …… (146)
旅游特色培训 …… (146)
校园文化建设 …… (146)
招生就业工作 …… (146)
国际交流与合作 …… (146)
校企合作 …… (147)
校区建设 …… (147)

柳州师范高等专科学校

概况 …… (147)
教育经费的收入与支出 …… (147)
“升格本科”申报立项工作 …… (148)
基础建设 …… (148)
教学科研 …… (148)
国际交流与合作 …… (148)
获奖情况 …… (148)

桂林师范高等专科学校

概况 …… (148)
教育经费的收入与支出 …… (149)
素质教育 …… (149)

第一届教学工作大会召开 …… (149)
迎评创建工作 …… (149)

柳州医学高等专科学校

概况 …… (149)
教育经费的收入与支出 …… (150)
教学质量管理 …… (150)
大学生心理健康教育 …… (150)
职业技能鉴定 …… (150)
科研工作 …… (150)
实训基地建设 …… (150)
招生就业工作 …… (150)
新校区建设 …… (150)

广西警官高等专科学校

概况 …… (151)
教育经费的收入与支出 …… (151)

广西广播电视大学

概况 …… (151)
教育经费的收入与支出 …… (152)
教学管理 …… (152)
服务工作 …… (152)

广西教育学院

概况 …… (152)
教育经费的收入与支出 …… (153)
校风建设 …… (153)
获奖情况 …… (153)
招生就业工作 …… (153)
学科建设 …… (153)
师资培训 …… (154)
教育科研 …… (154)
国际交流与合作情况 …… (155)

广西经济管理干部学院

概况 …… (155)
教育经费的收入与支出 …… (155)
人才培养 …… (156)
招生就业 …… (156)
教学科研 …… (156)

广西卫生管理干部学院

概况 …… (156)
教育经费的收入与支出 …… (156)

南宁地区教育学院

概况 …… (157)
教育经费的收入与支出 …… (157)
人才培养与学科专业发展 …… (157)

广西经贸职业技术学院

概况 …… (158)
教育经费的收入与支出 …… (158)
教育教学改革 …… (158)

桂林市职工大学

概况 …… (159)
师资建设 …… (159)

南宁职业技术学院

概况 …… (160)
教育经费的收入与支出 …… (160)

柳州职业技术学院

概况 …… (161)
教育经费的收入与支出 …… (161)
办学特色 …… (161)
教育教学改革 …… (161)
科研工作 …… (162)
就业工作 …… (162)
校企合作 …… (162)
外协加工 …… (162)
学生技能竞赛 …… (162)
获奖情况 …… (162)

广西机电职业技术学院

概况 …… (163)
教育经费的收入与支出 …… (163)
高职高专院校人才培养工作水平评估工作 …… (163)
专业建设 …… (163)
教学科研 …… (164)
实训基地建设 …… (164)
职业资格培训 …… (164)

师资队伍建设 …… (164)
学生管理 …… (164)
招生就业 …… (164)
管理体系的运行与成效 …… (165)
基本设施 …… (165)
党建与安全稳定工作 …… (165)

广西水利电力职业技术学院

概况 …… (165)
教育经费的收入与支出 …… (166)
党建工作 …… (166)
提出“创建全区、全国示范性高职院校”目标 …… (166)
校庆工作 …… (166)
师资建设 …… (166)
教学科研 …… (166)
实验实训工作 …… (166)
招生就业 …… (167)
成教培训 …… (167)
后勤保卫 …… (167)

广西交通职业技术学院

概况 …… (168)
教育经费的收入与支出 …… (168)

广西建设职业技术学院

概况 …… (169)
教育经费的收入与支出 …… (169)
人才培训 …… (169)

广西农业职业技术学院

概况 …… (170)
教育经费的收入与支出 …… (170)
教学科研 …… (170)
国际交流与合作 …… (171)
就业工作 …… (171)

广西生态工程职业技术学院

概况 …… (171)
教育经费的收入与支出 …… (172)

广西国际商务职业技术学院

概况 …… (172)

教育经费的收入与支出 …… (172)
就业情况 …… (172)
办学特色 …… (173)

广西工业职业技术学院

概况 …… (173)
教育经费的收入与支出 …… (174)
党建及制度建设 …… (174)
基础建设 …… (174)
师资建设 …… (174)
教学科研 …… (174)
实训基地建设 …… (174)
继续教育 …… (175)
合作办学 …… (175)
招生就业 …… (175)
学生管理 …… (175)
安全稳定工作 …… (175)
评建工作 …… (175)
50周年校庆 …… (175)

广西电力职业技术学院

概况 …… (176)
大学生思想政治教育工作 …… (176)
辅导员、班主任队伍建设 …… (176)
大学生社会实践 …… (176)
学生社团活动 …… (176)
校园文化建设 …… (177)
就业工作 …… (177)
助困工作 …… (177)
师资建设 …… (177)
专业建设 …… (177)
课程体系改革 …… (178)
实训实习基地建设 …… (178)
教学科研 …… (178)
基础建设 …… (179)
职业技能鉴定服务 …… (179)
招生就业 …… (179)
安全文明校园创建活动 …… (179)

广西工商职业技术学院

概况 …… (180)
教育经费的收入与支出 …… (180)

教育教学 …………………………………………………………………………………………… (180)
专业建设 …………………………………………………………………………………………… (180)
学生管理 …………………………………………………………………………………………… (181)
就业工作 …………………………………………………………………………………………… (181)
获奖情况 …………………………………………………………………………………………… (181)

柳州运输职业技术学院

概况 ………………………………………………………………………………………………… (181)
教育经费的收入与支出 ……………………………………………………………………………… (181)
优势特色专业 ……………………………………………………………………………………… (181)
职业培训与技能鉴定 ………………………………………………………………………………… (181)
成人教育与远程教育 ………………………………………………………………………………… (182)
中外合作办学 ……………………………………………………………………………………… (182)
产学合作 …………………………………………………………………………………………… (182)
新校区建设 ………………………………………………………………………………………… (182)
教学工作 …………………………………………………………………………………………… (182)
学生工作 …………………………………………………………………………………………… (182)

贵港职业学院

概况 ………………………………………………………………………………………………… (183)
教育经费的收入与支出 ……………………………………………………………………………… (183)
师资建设 …………………………………………………………………………………………… (183)
专业建设 …………………………………………………………………………………………… (184)
获奖情况 …………………………………………………………………………………………… (184)

河池职业学院

概况 ………………………………………………………………………………………………… (184)
教育经费的收入与支出 ……………………………………………………………………………… (185)
校企合作 …………………………………………………………………………………………… (185)
基础建设 …………………………………………………………………………………………… (185)
师资建设 …………………………………………………………………………………………… (185)
招生就业 …………………………………………………………………………………………… (185)
职业培训 …………………………………………………………………………………………… (185)
科研工作 …………………………………………………………………………………………… (185)

北海职业学院

概况 ………………………………………………………………………………………………… (186)
教育经费的收入与支出 ……………………………………………………………………………… (186)
内部管理 …………………………………………………………………………………………… (186)
基础建设 …………………………………………………………………………………………… (186)
教学工作 …………………………………………………………………………………………… (186)
科研工作 …………………………………………………………………………………………… (187)

师资建设 …… (187)
招生就业 …… (187)
培训工作 …… (187)

广西演艺职业学院

概况 …… (187)
教育经费的收入与支出 …… (187)
办学特色 …… (187)
教学工作 …… (188)

广西东方外语职业学院

概况 …… (188)
教育经费的收入与支出 …… (188)
师资建设 …… (188)
招生工作 …… (189)
教学工作 …… (189)
校园文化建设 …… (189)
国际交流与合作 …… (190)

桂林山水职业学院

概况 …… (190)
教育经费的收入与支出 …… (190)
教育教学改革 …… (190)
学生管理与就业工作 …… (191)

北海宏源足球职业学院

概况 …… (191)
教育经费的收入与支出 …… (191)
教学工作 …… (191)

广西城市职业学院

概况 …… (192)
教育经费的收入与支出 …… (192)

广西英华国际职业学院

概况 …… (192)
教育经费的收入与支出 …… (193)
基础建设 …… (193)
学院管理工作 …… (193)
后勤与安全保卫工作 …… (193)
师资建设 …… (193)
招生工作 …… (193)

学生管理工作 ………………………………………………………………………… (194)

广西大学行健文理学院
概况 ………………………………………………………………………… (194)
教育经费的收入与支出 ………………………………………………………… (195)

广西师范学院师园学院
概况 ………………………………………………………………………… (195)
教育经费的收入与支出 ………………………………………………………… (195)
教学工作 ………………………………………………………………………… (195)
学生工作 ………………………………………………………………………… (196)
招生工作 ………………………………………………………………………… (196)

桂林电子科技大学信息科技学院
概况 ………………………………………………………………………… (196)
教育经费的收入与支出 ………………………………………………………… (196)
人才培养 ………………………………………………………………………… (197)
教学工作 ………………………………………………………………………… (197)
校园文化建设 ………………………………………………………………… (197)

桂林工学院博文管理学院
概况 ………………………………………………………………………… (198)
教育经费的收入与支出 ………………………………………………………… (198)

广西幼儿师范学校
概况 ………………………………………………………………………… (198)
教育教学工作 ………………………………………………………………… (199)

各市、县（市、区）教育

南宁市教育
南宁市
概况 ………………………………………………………………………… (203)
教育经费的收入与支出 ………………………………………………………… (203)
教师队伍建设 ………………………………………………………………… (203)
教学技术装备 ………………………………………………………………… (204)
教育城域网建设 ……………………………………………………………… (204)
语言文字规范化工作 …………………………………………………………… (205)
教育收费治理 ………………………………………………………………… (206)
捐资助学 ………………………………………………………………………… (206)
中小学危房改造工程 …………………………………………………………… (207)
招生考试工作 ………………………………………………………………… (207)

教育督导 …… (208)
教育科研 …… (208)
教育对外交流与合作 …… (210)
百名中学校长、书记走进知名企业考察学习 …… (210)
全市中小学、中等职业学校德育工作会议 …… (210)
美国乔治城大学代表团莅临市三中参观考察 …… (211)
西藏考察团到武鸣县学校考察 …… (211)
全国城市教育督导协作会第十四届年会在南宁市召开 …… (211)
农村中小学远程教育“三种模式”应用专项培训 …… (211)
上林县“两基”工作通过自治区复查验收 …… (211)
马山县“普实”通过验收 …… (211)
第十届学交会圆满落幕 …… (212)
进城就业农民工子女就学 …… (212)
“中小学校长建设年”活动 …… (213)
市二十六中啦啦操代表队赴美参加世界啦啦操大赛 …… (213)
越南教育界代表团到市三十三中考察 …… (214)
吴恒副主席视察南宁市四职校 …… (214)
全市职业教育工作会议 …… (214)
市六职校在中国计算机学会第九届年会中获佳绩 …… (214)
特殊教育新发展 …… (214)

横县

概况 …… (215)
教育经费的收入与支出 …… (215)
义务教育经费保障机制 …… (215)
“两基”工作 …… (215)
普通高中发展 …… (215)
职业教育 …… (216)
师资队伍素质 …… (216)
素质教育 …… (216)
学校安全工作 …… (216)
贫困学生就学扶助 …… (216)

宾阳县

概况 …… (216)
教育经费的收入与支出 …… (217)
抓好学额巩固工作 …… (217)
开展校本教研基地建设活动 …… (217)
加大示范性普通高中建设，扩大优质高中招生面 …… (217)
高考备考工作成效显著 …… (217)

马山县

概况 …… (218)

教育经费的收入与支出 …… (218)

隆安县

概况 …… (218)

教育经费的收入与支出 …… (219)

“普实”工作 …… (219)

“两基”工作 …… (219)

学校基础建设 …… (219)

教师队伍建设 …… (219)

经费保障新机制 …… (220)

教改与教学质量 …… (220)

学校安全工作 …… (220)

兴宁区

概况 …… (221)

教育经费的收入与支出 …… (221)

兴宁区 2006 年教育纪要 …… (221)

西乡塘区

概况 …… (222)

教育经费的收入与支出 …… (222)

“两基”工作 …… (222)

成人教育工作 …… (222)

支教工作 …… (222)

“普实”工作 …… (222)

免收学杂费政策和扶助贫困生工作 …… (222)

教育开放创新工作 …… (223)

课改和科研工作 …… (223)

中小学教育信息化基础设施建设 …… (223)

中小学体育、艺术教育工作 …… (223)

民办及幼儿学校教育 …… (223)

教师队伍建设 …… (223)

德育教育工作 …… (223)

规范校园管理 …… (224)

获奖情况 …… (224)

良庆区

概况 …… (224)

教育经费的收入与支出 …… (224)

党建工作 …… (224)

德育建设 ……(224)
莫金丽被评为自治区中小学、中等职业学校道德工作标兵 ……………………………………………………(225)
梁细芳获"广州助学金"八桂优秀乡村教师称号 ………………………………………………………………(225)
陈紫茵荣获全国青少年科技创新大赛一等奖 ……………………………………………………………………(225)
陆莉玲获全国"我与版权"征文比赛优胜奖 ……………………………………………………………………(225)
中小学教育科研成绩显著 ………………………………………………………………………………………(225)
加强教师队伍建设 ………………………………………………………………………………………………(225)
中考成绩创历史新高 ……………………………………………………………………………………………(225)
庆祝第二十二个教师节 …………………………………………………………………………………………(225)
创建规范教育收费示范区 ………………………………………………………………………………………(226)
学校安全稳定工作 ………………………………………………………………………………………………(226)
实行免学杂费政策 ………………………………………………………………………………………………(226)
中小学危房改造 …………………………………………………………………………………………………(226)
捐资助学 ……(226)
加强教育教学技术装备 …………………………………………………………………………………………(226)
录取 117 名公办教师 ……………………………………………………………………………………………(226)

江南区

概况 ……(226)
教育经费的收入与支出 …………………………………………………………………………………………(227)

邕宁区

概况 ……(227)
教育经费的收入与支出 …………………………………………………………………………………………(227)
"八荣八耻"教育 …………………………………………………………………………………………………(227)
机关行政效能建设和政务公开工作 ………………………………………………………………………………(227)
社会主义新农村教育项目和学校"危改"项目 …………………………………………………………………(227)
"两免一补"政策 …………………………………………………………………………………………………(228)
中、高考成绩 ……………………………………………………………………………………………………(228)
调整学校布局 ……………………………………………………………………………………………………(228)
教师队伍建设 ……………………………………………………………………………………………………(228)
校长队伍建设 ……………………………………………………………………………………………………(228)
"两基"迎"国检"准备工作 ………………………………………………………………………………………(228)
校园文化建设 ……………………………………………………………………………………………………(228)
教研特色 ……(228)
教育宣传工作 ……………………………………………………………………………………………………(228)
2006 年邕宁区教育局获奖情况……………………………………………………………………………………(228)

青秀区

概况 ……(229)
教育经费的收入与支出 …………………………………………………………………………………………(229)
德育活动 ……(229)

校长建设年活动 …… (229)
教育国际交流 …… (229)
社区教育 …… (230)

柳州市教育

柳州市

概况 …… (230)
教育经费的收入与支出 …… (230)
“两基”工作 …… (230)
支教工作 …… (231)
创建规范收费示范县工作 …… (231)
免学杂费政策 …… (231)
高考招生 …… (232)
中考招生 …… (232)
示范学校建设 …… (232)
中考改革 …… (232)
首届大学生田径运动会 …… (232)
普通话培训测试工作 …… (232)
顺利通过国家二类城市柳州市语言文字工作评估 …… (232)
信息技术教育 …… (233)
首届全国城际机器人大赛 …… (233)
中等职业教育 …… (233)
高等职业教育 …… (233)
资助600名贫困生免费读职校 …… (233)
开展农村劳动力转移培训 …… (233)
“中小学校长建设年”工作 …… (233)
农民工子女定点就读学校师资建设 …… (234)
启动《柳州市中小学教师继续教育工程(2006—2010)》 …… (234)
教育科研成果 …… (234)

柳城县

概况 …… (234)
教育经费的收入与支出 …… (235)
师资队伍建设 …… (235)
学生思想道德建设 …… (235)
中考与高考 …… (235)
党风廉政建设 …… (236)
扩大优质高中办学规模 …… (236)
职业教育 …… (236)
成人教育 …… (236)
改造中小学危房 …… (236)

柳江县

概况 ……………………………………………………………………………………………… (236)
教育经费的收入与支出 …………………………………………………………………………… (237)
学校办学条件 ……………………………………………………………………………………… (237)
学校布局调整 ……………………………………………………………………………………… (237)
开展德育工作 ……………………………………………………………………………………… (237)
学校体卫艺工作 …………………………………………………………………………………… (237)
课改教研 …………………………………………………………………………………………… (237)
师资队伍建设 ……………………………………………………………………………………… (237)
教育教学质量 ……………………………………………………………………………………… (238)
高中教育 …………………………………………………………………………………………… (238)
职业教育 …………………………………………………………………………………………… (238)
成人教育 …………………………………………………………………………………………… (238)
民办教育 …………………………………………………………………………………………… (238)
农民工子女入学工作 ……………………………………………………………………………… (238)
扶贫助学工作 ……………………………………………………………………………………… (238)
支教工作 …………………………………………………………………………………………… (238)
安全稳定工作 ……………………………………………………………………………………… (238)

鹿寨县

概况 ……………………………………………………………………………………………… (239)
教育经费的收入与支出 …………………………………………………………………………… (239)
高中教育 …………………………………………………………………………………………… (239)
优化“义教”资源 ………………………………………………………………………………… (239)
规范教育收费 ……………………………………………………………………………………… (240)
远程培训 …………………………………………………………………………………………… (240)
扶困助学 …………………………………………………………………………………………… (240)
教师安居工程 ……………………………………………………………………………………… (240)

融水苗族自治县

概况 ……………………………………………………………………………………………… (240)
教育经费的收入与支出 …………………………………………………………………………… (240)
“两基”攻坚 ……………………………………………………………………………………… (241)
基础建设 …………………………………………………………………………………………… (241)
“两免一补”及扶困助学工作 …………………………………………………………………… (241)
民族教育 …………………………………………………………………………………………… (241)
教师编制及工资发放 ……………………………………………………………………………… (241)

融安县

概况 ……………………………………………………………………………………………… (242)
教育经费的收入与支出 …………………………………………………………………………… (242)
德育工作 …………………………………………………………………………………………… (242)

“两基”工作 …… (242)
安全卫生工作 …… (243)
校长和教师业务管理 …… (243)
职业教育 …… (244)

三江侗族自治县

概况 …… (244)
教育经费的收入与支出 …… (244)
“两基”工作 …… (244)
“普实”工作 …… (245)
“两免一补”工作 …… (245)

柳北区

概况 …… (245)
教育经费的收入与支出 …… (246)
教育法律法规建设 …… (246)
义务教育建设 …… (246)
教师队伍建设 …… (247)
教育教学改革与素质教育 …… (247)

鱼峰区

概况 …… (247)
教育经费的收入与支出 …… (248)
德育工作 …… (248)
课程改革 …… (248)
师资队伍建设 …… (248)
教育督导工作 …… (249)
“区对县”教育对口支援 …… (249)
进城务工农民子女入学 …… (249)
实施农村义务教育经费保障新机制 …… (249)
“两基”巩固提高工作 …… (249)

柳南区

概况 …… (249)
教育经费的收入与支出 …… (250)
教育发展现状 …… (250)
师德教育建设 …… (250)
党风廉政建设 …… (250)
安全教育建设 …… (250)
干部队伍建设 …… (250)
特色教育 …… (250)
教育投入 …… (250)

桂林市教育

桂林市

概况 …… (251)
教育经费的收入与支出 …… (251)
幼儿教育和特殊教育 …… (251)
中考、高考、研究生考试 …… (251)
文体工作 …… (251)
“两基”迎检工作 …… (252)
农村义务教育经费保障新机制 …… (252)
进城务工农民子女入学 …… (252)
廉政建设和治理教育乱收费 …… (252)
资助家庭经济困难学生 …… (252)
教育专项工程 …… (253)
校园安全管理 …… (253)
学校卫生防疫 …… (253)
德育建设 …… (253)
班主任建设 …… (253)
“中小学校长建设年” …… (254)
课程改革 …… (254)
教育科研和教学质量 …… (254)
中考制度改革 …… (254)
“桂林山水”重入中小学教材 …… (254)
班主任工作新规 …… (255)
示范性高中结对帮扶试点 …… (255)
推进教育信息化建设 …… (255)
语言文字工作 …… (255)
建设职教品牌 …… (255)
治理整顿“半工半读”等三项活动 …… (255)
职业教育建设 …… (256)
中职学校招、送生 …… (256)
农村劳动力转移培训 …… (256)
成人高考及自学考试 …… (256)
民办学校管理 …… (256)

临桂县

概况 …… (256)
教育经费的收入与支出 …… (257)
“两基”工作 …… (257)
德育工作 …… (257)
治理教育乱收费工作 …… (257)
安全教育 …… (257)
素质教育与教研教改活动 …… (257)

教师队伍建设 …… (257)

灵川县
概况 …… (258)
教育经费的收入与支出 …… (258)
“两基”工作 …… (258)
教学管理和教学质量 …… (258)
“两基”检查验收评估工作 …… (259)

全州县
概况 …… (259)
教育经费的收入与支出 …… (259)

兴安县
概况 …… (259)
教育经费的收入与支出 …… (260)

永福县
概况 …… (260)
教育经费的收入与支出 …… (260)
义务教育经费 …… (260)
学校建设 …… (260)
“两基”工作 …… (261)
教学质量 …… (261)
职业教育和成人教育 …… (261)
人事制度改革 …… (261)
中小学“校长建设年” …… (261)
教研活动和教学成果 …… (261)

阳朔县
概况 …… (262)
教育经费的收入与支出 …… (262)
学校建设和“两免一补”工作 …… (262)
“两基”工作 …… (262)
校园文化和寄宿制建设 …… (263)

灌阳县
概况 …… (263)
教育经费的收入与支出 …… (263)
“两基”工作 …… (264)
教改促教学 …… (264)

资源县
概况 …………………………………………………………………………………………………… (264)
教育经费的收入与支出 ……………………………………………………………………………… (264)

平乐县
概况 …………………………………………………………………………………………………… (265)
教育经费的收入与支出 ……………………………………………………………………………… (265)
教育教研建设 ………………………………………………………………………………………… (265)
招生考试 ……………………………………………………………………………………………… (265)
职业教育 ……………………………………………………………………………………………… (265)

荔浦县
概况 …………………………………………………………………………………………………… (266)
教育经费的收入与支出 ……………………………………………………………………………… (266)

恭城瑶族自治县
概况 …………………………………………………………………………………………………… (266)
教育经费的收入与支出 ……………………………………………………………………………… (267)

象山区
概况 …………………………………………………………………………………………………… (267)
教育经费的收入与支出 ……………………………………………………………………………… (267)
农村教育 ……………………………………………………………………………………………… (267)
全面调整教育布局 …………………………………………………………………………………… (267)
城市低保户儿童全免费入学 ………………………………………………………………………… (268)
建设校外教育基地 …………………………………………………………………………………… (268)
德育建设 ……………………………………………………………………………………………… (268)
加强校长队伍建设 …………………………………………………………………………………… (268)
“名师”培养工程 ……………………………………………………………………………………… (268)
课程改革 ……………………………………………………………………………………………… (268)
学校安全卫生管理 …………………………………………………………………………………… (268)
教育宣传 ……………………………………………………………………………………………… (269)

七星区
概况 …………………………………………………………………………………………………… (269)
教育经费的收入与支出 ……………………………………………………………………………… (269)
德育工作 ……………………………………………………………………………………………… (269)
教育教学 ……………………………………………………………………………………………… (269)
师资队伍建设 ………………………………………………………………………………………… (269)
体卫艺工作 …………………………………………………………………………………………… (269)
依法治教 ……………………………………………………………………………………………… (270)
安全工作 ……………………………………………………………………………………………… (270)

获奖情况 …… (270)

叠彩区

概况 …… (270)
教育经费的收入与支出 …… (270)
改善办学条件 …… (270)
师资队伍建设 …… (270)
德育工作 …… (271)
教育科研 …… (271)
安全工作 …… (271)

秀峰区

概况 …… (271)
教育经费的收入和支出 …… (271)
“两基”成果 …… (271)
“广西中小学校长建设年”工作 …… (272)
教科研工作 …… (272)
德育工作 …… (272)
规范管理工作 …… (272)
教育现代化建设 …… (273)
民办教育发展 …… (273)

雁山区

概况 …… (273)
教育经费的收入与支出 …… (273)

梧州市教育

梧州市

概况 …… (274)
教育经费的收入与支出 …… (274)
基础教育 …… (274)
幼儿教育 …… (275)
特殊教育 …… (275)
职业教育与成人教育 …… (275)
高等教育 …… (276)
抗击“6·8”地质灾害 …… (276)
农村中小学危房改造 …… (276)
校长队伍建设 …… (276)
学校德育工作 …… (276)
“创建和谐校园”活动 …… (277)
“两整一会战”活动 …… (277)
廉政文化和校园活动 …… (277)

读书教育活动 …… (277)

藤县

概况 …… (277)
教育经费的收入与支出 …… (278)
教育项目建设 …… (278)
“普实”工作 …… (278)
创建示范性高中工作 …… (278)
教育教学工作 …… (278)
高考、中考情况 …… (279)

蒙山县

概况 …… (279)
教育经费的收入与支出 …… (279)
中、高考工作 …… (279)
布局调整、招商引资 …… (280)
项目建设 …… (280)
教师队伍建设 …… (280)
中小学教研 …… (280)
学校电化教育和实验教学 …… (280)
素质教育 …… (280)

长洲区

概况 …… (281)
教育经费的收入与支出 …… (281)
教育教学管理 …… (281)
改善办学条件 …… (282)

万秀区

概况 …… (283)
教育经费的收入与支出 …… (283)
改善办学条件 …… (283)
“两基”成果 …… (284)

北海市教育

北海市

概况 …… (284)
教育经费的收入与支出 …… (285)
综述 …… (285)
高考情况 …… (285)
“两基”工作 …… (285)
研修培训 …… (285)

扶贫助困 …………………………………………………………………………………… (286)
治理乱收费 ………………………………………………………………………………… (286)
幼儿教育 …………………………………………………………………………………… (286)
普通初等教育 ……………………………………………………………………………… (286)
“两免一补”工作 ………………………………………………………………………… (287)
普通中等教育 ……………………………………………………………………………… (287)
改善办学条件 ……………………………………………………………………………… (288)
中等职业教育 ……………………………………………………………………………… (288)

合浦县

概况 ………………………………………………………………………………………… (289)
教育经费的收入与支出 …………………………………………………………………… (289)
“两基”工作 ……………………………………………………………………………… (290)
弱势群体教育 ……………………………………………………………………………… (290)
校园建设 …………………………………………………………………………………… (290)
高中教育 …………………………………………………………………………………… (290)
职业教育 …………………………………………………………………………………… (290)
教学科研 …………………………………………………………………………………… (290)
竞赛活动 …………………………………………………………………………………… (290)
教师培训 …………………………………………………………………………………… (290)

银海区

概况 ………………………………………………………………………………………… (291)
教育经费的收入与支出 …………………………………………………………………… (291)
活动成果 …………………………………………………………………………………… (291)

铁山港区

概况 ………………………………………………………………………………………… (291)
教育经费的收入与支出 …………………………………………………………………… (291)

防城港市教育

防城港市

概况 ………………………………………………………………………………………… (292)
教育经费的收入与支出 …………………………………………………………………… (292)
“两基”工作 ……………………………………………………………………………… (292)
“两免一补”工作 ………………………………………………………………………… (293)
中小学基础设施建设 ……………………………………………………………………… (293)
治理学校乱收费 …………………………………………………………………………… (293)
安全稳定工作 ……………………………………………………………………………… (293)
职业教育 …………………………………………………………………………………… (293)
语言文字达标工作 ………………………………………………………………………… (293)
教育教学质量 ……………………………………………………………………………… (294)

中考和高考 …… (294)
高等教育 …… (294)

钦州市教育
钦州市
概况 …… (295)
教育经费的收入与支出 …… (295)
“两基”工作 …… (295)
学前教育 …… (295)
高中教育 …… (295)
中等职业教育 …… (296)
高等教育 …… (296)
改善中小学办学条件 …… (296)
教育教学质量 …… (296)
师资建设 …… (296)
教育科研 …… (296)
基础教育 …… (297)
德育工作 …… (297)
安全工作 …… (297)

灵山县
概况 …… (297)
教育经费的收入与支出 …… (298)
“两基”工作 …… (298)
危房改造 …… (298)
师资建设 …… (298)
农村义务教育经费保障机制改革工作 …… (298)
职业教育 …… (298)
教学科研 …… (298)
中考和高考 …… (299)
获奖情况 …… (299)

浦北县
概况 …… (299)
教育经费的收入与支出 …… (299)
“两基”工作 …… (300)
创建自治区示范性高中 …… (300)
改善办学条件 …… (300)
信息管理 …… (300)
基础教育课程改革 …… (300)
教学质量 …… (300)
师资队伍建设 …… (300)

校长建设年活动 …… (300)
“两免一补”工作 …… (300)
职业教育 …… (301)

钦北区

概况 …… (301)
教育经费的收入与支出 …… (301)

贵港市教育

贵港市

概况 …… (302)
教育经费的收入与支出 …… (302)
“两基”工作 …… (302)
“职业教育发展年”活动 …… (303)
“农村基础教育工作加强年”活动 …… (303)
“民办教育发展年”活动 …… (303)
“中小学校长建设年”活动 …… (303)
“校园文化建设年”活动 …… (304)
“贵港市学校管理年”活动 …… (304)
幼儿教育和特殊教育 …… (304)
中考改革 …… (304)
教育调研 …… (304)
师资建设 …… (305)
课题研究 …… (305)
助困工作 …… (305)
教育宣传 …… (305)
法制工作 …… (305)
教师队伍建设 …… (305)
“两基”工作 …… (306)
高考情况 …… (306)
获奖情况 …… (306)

桂平市

概况 …… (307)
教育经费的收入与支出 …… (307)

港北区

概况 …… (307)
教育经费的收入与支出 …… (307)
“两基”工作 …… (308)
教师队伍建设 …… (308)
招生考试 …… (308)

改善办学条件 …… (308)
安全稳定工作 …… (308)

港南区
概况 …… (309)
教育经费的收入与支出 …… (309)
中考和高考 …… (309)
常规管理 …… (309)
素质教育 …… (309)
幼儿教育 …… (310)
教育科研 …… (310)
师资建设 …… (310)
主题活动月 …… (310)
“中小学校长建设年”活动 …… (310)
“实验教学普及县”工作 …… (310)
“远教”工程 …… (310)
助困工作 …… (311)
“两基”工作 …… (311)
“两免一补”工作 …… (311)

百色市教育
百色市
概况 …… (311)
教育经费的收入与支出 …… (312)
“两基”和“普九”工作 …… (312)
幼儿教育 …… (312)
高中教育 …… (312)
基础建设 …… (312)
师资建设 …… (312)
教育科研 …… (313)
助困工作 …… (313)
德育工作 …… (314)
安全卫生工作 …… (314)
职业教育 …… (314)
成人教育 …… (315)
民办教育 …… (315)
支教工作 …… (315)
教育督导 …… (315)

田阳县
概况 …… (316)
教育经费的收入与支出 …… (316)

学前教育 …………………………………………………………………………………… (316)
高中教育 …………………………………………………………………………………… (316)
职业教育和成人教育 ……………………………………………………………………… (316)
改善办学条件 ……………………………………………………………………………… (317)
师资建设 …………………………………………………………………………………… (317)
安全卫生工作 ……………………………………………………………………………… (317)
课程改革与教学研究成果 ………………………………………………………………… (317)
普及实验教学工作 ………………………………………………………………………… (317)
扶贫济困工作 ……………………………………………………………………………… (318)

田东县

概况 ………………………………………………………………………………………… (318)
教育经费的收入与支出 …………………………………………………………………… (318)
课程改革和教学研究成果 ………………………………………………………………… (318)
“普实”工作和现代信息技术教育 ……………………………………………………… (319)
职业教育 …………………………………………………………………………………… (319)
支教工作 …………………………………………………………………………………… (319)
基础建设 …………………………………………………………………………………… (319)
主要成果 …………………………………………………………………………………… (319)

凌云县

概况 ………………………………………………………………………………………… (319)
教育经费的收入与支出 …………………………………………………………………… (320)
控辍保学 …………………………………………………………………………………… (320)
农村义务教育经费保障机制改革 ………………………………………………………… (320)
改善办学条件 ……………………………………………………………………………… (320)
素质教育 …………………………………………………………………………………… (321)
各级各类教育 ……………………………………………………………………………… (321)

西林县

概况 ………………………………………………………………………………………… (321)
教育经费的收入与支出 …………………………………………………………………… (322)
“普九”工作 ……………………………………………………………………………… (322)

那坡县

概况 ………………………………………………………………………………………… (323)
教育经费的收入与支出 …………………………………………………………………… (323)
“普九”“普实”通过区级评估验收 ……………………………………………………… (324)
教学管理 …………………………………………………………………………………… (324)
教师队伍建设 ……………………………………………………………………………… (324)
改善办学条件 ……………………………………………………………………………… (324)

隆林县

概况 …… (324)
教育经费的收入与支出 …… (324)
“两基”开展情况 …… (325)
幼儿教育 …… (325)
特殊教育 …… (325)
高中教育 …… (325)
职业教育 …… (325)
改善办学条件 …… (325)
教师队伍建设 …… (325)
现代信息技术教育工作 …… (325)

乐业县

概况 …… (326)
教育经费的收入和支出 …… (326)
特殊教育 …… (326)
教学成果 …… (326)
成人教育 …… (326)
教师队伍建设 …… (327)
办学条件 …… (327)
捐资助学 …… (327)
教学研究 …… (327)

玉林市教育

玉林市

概况 …… (328)
教育经费的收入与支出 …… (328)
“两基”工作 …… (328)
高中教育 …… (328)
幼儿教育和特殊教育 …… (329)
基础教育课程改革 …… (329)
职业教育和成人教育 …… (329)
师资建设 …… (329)
教育科研 …… (330)
教学仪器装备和现代教育技术实验工作 …… (330)
招生考试工作 …… (330)
勤工俭学 …… (330)
改善办学条件 …… (330)
德育工作 …… (331)
教育督导 …… (331)
安全工作 …… (331)
纪检监察 …… (331)

治理中小学乱收费 …… (331)
支教工作 …… (331)
素质教育 …… (332)
其他工作 …… (332)

玉州区

概况 …… (332)
教育经费的收入与支出 …… (332)
“两基”工作 …… (333)
教育科研 …… (333)
体育、卫生、艺术教育 …… (333)
幼儿教育 …… (334)
职业教育和成人教育 …… (334)
师资建设 …… (334)
教育督导 …… (335)

福绵管理区

概况 …… (335)
教育经费的收入与支出 …… (335)
教育信息化与现代远程教育 …… (335)
控辍保学工作 …… (335)
“两基”普及程度达标 …… (336)
师资队伍建设 …… (336)
改善办学条件 …… (336)
农民技术培训工作 …… (337)

容县

概况 …… (337)
教育经费的收入与支出 …… (337)
校长建设年 …… (337)
“两基”工作 …… (337)
招生考试 …… (338)
德育工作 …… (338)
电化教育 …… (338)

陆川县

概况 …… (338)
教育经费的收入与支出 …… (338)
改善办学条件 …… (339)
师资建设 …… (339)
中考和高考 …… (339)
教育科研 …… (339)

博白县

概况 ……………………………… (339)
教育经费的收入与支出 ……………………………… (340)
师资建设 ……………………………… (340)
“普实”工作 ……………………………… (340)
远程教育工程 ……………………………… (340)
“两基”工作 ……………………………… (340)
德育工作 ……………………………… (340)
课改工作 ……………………………… (340)
教育科研 ……………………………… (340)
高考成绩 ……………………………… (341)
职业教育 ……………………………… (341)
危房改造 ……………………………… (341)

兴业县

概况 ……………………………… (341)
教育经费的收入与支出 ……………………………… (341)
教育教学质量 ……………………………… (341)
农村中小学现代远程教育 ……………………………… (341)
“普实”情况 ……………………………… (342)
“两基”工作 ……………………………… (342)

北流市

概况 ……………………………… (342)
教育经费的收入与支出 ……………………………… (342)
校园基础建设 ……………………………… (342)
“两基”工作 ……………………………… (343)
教育教学 ……………………………… (343)
教师队伍建设 ……………………………… (343)
电化教育 ……………………………… (343)

贺州市教育

贺州市

概况 ……………………………… (344)
教育经费的收入与支出 ……………………………… (344)
未成年人思想道德建设 ……………………………… (344)
“中小学校长建设年”活动 ……………………………… (345)
安全稳定工作 ……………………………… (346)
“校园清洁工程，争当文明小市民”活动 ……………………………… (346)
课外实践 ……………………………… (347)

八步区
概况 …… (347)
教育经费的收入与支出 …… (347)
“普九”工作 …… (348)
扫盲工作 …… (348)
“两基”工作 …… (348)
高中教育 …… (348)
职业教育 …… (348)
师资建设 …… (348)

钟山县
概况 …… (349)
教育经费的收入与支出 …… (349)
教育教学质量 …… (349)

昭平县
概况 …… (350)
教育经费的收入与支出 …… (350)
“两基”工作 …… (350)
未成年人思想道德建设 …… (350)
师资建设 …… (350)
普高、职高和学前教育 …… (351)
危房改造工作 …… (351)
教育教学质量 …… (351)
教育信息化 …… (351)

河池市教育
天峨县
概况 …… (352)
教育经费的收入与支出 …… (352)
学校基础设施建设 …… (352)
民办教育 …… (352)
库区学校搬迁工作 …… (352)
招生考试 …… (352)

凤山县
概况 …… (353)
教育经费的收入与支出 …… (353)
教育质量 …… (353)

环江毛南族自治县
概况 …… (353)

教育经费的收入与支出 …… (354)
“中小学实验教学普及县”工作 …… (354)

宜州市

概况 …… (354)
教育经费的收入与支出 …… (354)
控流保学工作 …… (355)
学校建设改造工作 …… (355)
教育经济管理工作 …… (355)
学校德育工作 …… (355)
教育教研工作 …… (355)
高考、中考情况 …… (356)
教师队伍建设 …… (356)
支教工作 …… (356)
人事制度改革工作 …… (356)
“中小学校长建设年”活动 …… (356)
学校安全管理工作 …… (356)
“普实”工作 …… (357)
“两基”国检工作 …… (357)
扶贫助学工作 …… (357)
成教职教工作 …… (357)
招生工作 …… (357)
调整学校布局工作 …… (357)
教育宣传工作 …… (357)
获奖情况 …… (358)

巴马瑶族自治县

概况 …… (358)
教育经费的收入与支出 …… (358)

罗城仫佬族自治县

概况 …… (358)
教育经费的收入与支出 …… (359)
“两基”工作 …… (359)
德育工作 …… (359)
基础设施建设 …… (359)
支教工作 …… (359)
普通高中教育 …… (359)
远程教育 …… (359)
职业教育与成人教育 …… (359)

来宾市教育

来宾市

概况 …… (360)
教育经费的收入与支出 …… (360)
“两基”工作 …… (360)
控辍保学工作 …… (361)
教育基础设施建设 …… (361)
“两免一补”工作 …… (361)
解决进城农民工子女读书问题 …… (361)
农村中小学现代远程教育工程 …… (362)
基础教育 …… (362)
素质教育 …… (362)
对外交流 …… (363)
幼儿教育 …… (363)
职业教育 …… (363)
安全卫生工作 …… (363)
教育督导 …… (363)
教师培训工作 …… (364)
扶困助学 …… (364)
电教工作 …… (364)
法制工作 …… (364)
纪检监察工作 …… (364)
柳州师专“申本”工作 …… (364)

兴宾区

概况 …… (365)
教育经费的收入与支出 …… (365)
德育工作 …… (365)
危房改造 …… (365)
现代远程教育 …… (365)
教育改革 …… (365)
师资建设 …… (366)
体育卫生和艺术教育 …… (366)
支教工作 …… (366)
教育管理 …… (366)
依法治教 …… (366)

象州县

概况 …… (367)
教育经费的收入与支出 …… (367)

武宣县
概况 …… (367)
教育经费的收入与支出 …… (367)
其他情况 …… (368)

金秀瑶族自治县
概况 …… (368)
教育经费的收入与支出 …… (368)

合山市
概况 …… (369)
教育经费的收入与支出 …… (369)
“两基”迎国检准备工作 …… (369)
接收矿务局学校 …… (369)
撤点并校工作 …… (369)
“中小学校长建设年”活动 …… (370)

崇左市教育
崇左市
概况 …… (370)
教育经费的收入和支出 …… (370)
“两基”工作 …… (371)
改善办学条件 …… (371)
师资建设 …… (371)
教育教学质量 …… (372)
职业教育 …… (372)
助困工作 …… (373)

江州区
概况 …… (373)
教育经费的收入与支出 …… (373)
“两基”迎国检工作 …… (373)
教学质量 …… (374)
新课程改革工作 …… (374)

大新县
概况 …… (374)
教育经费的收入与支出 …… (374)
“中小学校长建设年”活动 …… (375)
全国“两基”攻坚现场会参观点准备工作 …… (375)
普通高考 …… (375)
教研教改 …… (375)

农村基础教育工程项目建设 …… (375)
“两免一补”工作 …… (375)
资助家庭贫困大学新生入学 …… (376)
学校安全稳定工作 …… (376)

扶绥县

概况 …… (376)
教育经费的收入与支出 …… (376)
中考和高考 …… (376)
自治区示范性普通高中建设 …… (377)
“两基”工作 …… (377)
助困工作 …… (377)
农村义务教育 …… (377)
未成年人思想道德建设 …… (377)
校园廉政文化 …… (377)
特殊教育 …… (377)
“中小学校长建设年”活动 …… (377)
安全工作 …… (377)
体育艺术教育 …… (377)

天等县

概况 …… (378)
教育经费的收入与支出 …… (378)
课程改革 …… (378)
教育质量 …… (378)
中考和高考 …… (378)
改善办学条件 …… (378)
学校管理 …… (379)

龙州县

概况 …… (379)
教育经费的收入与支出 …… (379)
教育科研 …… (379)
“两基”工作 …… (380)
师资培训 …… (380)
支教工作 …… (381)
职业教育和成人教育 …… (381)

大事记

2006 年广西教育大事记 …… (385)

教育统计

高等教育

高等学校（机构）学生数（总计） …… (391)
高等学校（机构）学生数（普通高校） …… (392)
高等学校（机构）学生数（成人高校） …… (393)
高等学校分部门、分计划研究生数 …… (394)
高等学校分学科研究生数 …… (395)
普通本科、专科分形式、分学科学生数（普通高校） …… (396)
高等学校外国留学生情况 …… (397)
高等学校教职工情况（总计） …… (398)
高等学校专任教师、聘请校外教师岗位分类情况（总计） …… (398)
高等学校专任教师、聘请校外教师学历（位）情况（总计） …… (399)
高等学校专任教师年龄情况 …… (400)
高等学校分学科专任教师数（总计） …… (401)
高等学校专任教师变动情况 …… (402)
研究生指导教师情况（总计） …… (402)
高等学校资产情况 …… (403)

中等职业教育

中等职业学校（机构）数 …… (404)
中等职业学校（机构）各类学生数（总计） …… (404)
中等职业学校分办学类型及举办者的中职学生及教职工情况 …… (405)
中等职业学校学生分科类情况（总计） …… (406)
中等职业学校在校学生年龄情况（总计） …… (407)
中等职业学校学生变动情况（总计） …… (408)
中等职业学校培训学生情况（总计） …… (408)
中等职业学校外国留学生情况 …… (409)
中等职业学校教职工情况（总计） …… (409)
中等职业学校专任教师、聘请校外教师岗位分类情况（总计） …… (410)
中等职业学校专任教师年龄情况（总计） …… (411)
中等职业学校学生分科类情况 …… (411)
中等职业学校专任教师变动情况（总计） …… (412)
中等职业学校资产情况（总计） …… (413)
中等职业学校校舍情况（总计） …… (413)

基础教育

普通中学

普通中学校数 …… (414)
普通中学班数 …… (414)
普通中学班额情况 …… (416)

初级中学学龄人口及普通中学在校学生情况（总计） …………………………………………… (417)
普通初中分办别、分城乡学生情况 ………………………………………………………………… (417)
普通高中分办别、分城乡学生情况 ………………………………………………………………… (419)
普通中学教职工数 …………………………………………………………………………………… (420)
普通中学专任教师专业技术职称、年龄结构情况（总计） ……………………………………… (421)
普通中学分课程专任教师学历情况（总计） ……………………………………………………… (422)
普通中学办学条件（一）（总计） ………………………………………………………………… (423)
普通中学办学条件（一）（高中） ………………………………………………………………… (424)
普通中学办学条件（一）（初中） ………………………………………………………………… (425)
普通中学办学条件（二） …………………………………………………………………………… (426)
普通中学办学条件（三） …………………………………………………………………………… (426)

小学

小学校数 ……………………………………………………………………………………………… (427)
小学班数 ……………………………………………………………………………………………… (428)
小学学龄人口入学及在校生情况（总计） ………………………………………………………… (429)
小学分办别、分城乡学生情况 ……………………………………………………………………… (430)
小学教职工数 ………………………………………………………………………………………… (431)
小学专任教师专业技术职称、年龄结构情况（总计） …………………………………………… (432)
小学分课程专任教师学历情况（总计） …………………………………………………………… (432)
小学办学条件（一） ………………………………………………………………………………… (433)
小学办学条件（二） ………………………………………………………………………………… (434)
小学办学条件（三） ………………………………………………………………………………… (434)

幼儿园

幼儿园园数 …………………………………………………………………………………………… (435)
幼儿园教育基本情况（总计） ……………………………………………………………………… (435)
幼儿教育基本情况（独立设置幼儿园、小学附设幼儿园、独立设置学前班） ………………… (436)
幼儿教育基本情况（小学附设幼儿班、学前班） ………………………………………………… (437)
幼儿教育分年龄学生数（总计） …………………………………………………………………… (439)
幼儿园教职工数 ……………………………………………………………………………………… (440)
幼儿园园长、专任教师学历、职称情况 …………………………………………………………… (441)
幼儿园校舍及其他情况 ……………………………………………………………………………… (441)

特殊教育

特殊教育学校数 ……………………………………………………………………………………… (442)
特殊教育学校班数、学生数（总计） ……………………………………………………………… (443)
特殊教育学校教职工数 ……………………………………………………………………………… (444)
特殊教育学校专任教师学历、职称情况 …………………………………………………………… (444)

领导讲话

LINGDAO JIANGHUA

继往开来　开拓创新
努力实现广西高等教育新突破

——在2006年度全区高校党建工作暨高校年度工作会议上的报告

自治区高校工委书记、教育厅厅长　余益中

2006年2月17日

同志们：

这次全区高校党建工作暨高校年度工作会议，是在实施“十一五”规划开局之年召开的，意义十分重大。今天上午，自治区党委李纪恒副书记和自治区党委常委、自治区党委组织部陈际瓦部长作了重要讲话。两位领导对做好高等学校党的建设工作和促进全区高等教育事业改革与发展提出了要求。根据会议安排，我作全区高校党建工作和高校年度工作报告。下面，我讲三点意见。

一、“十五”期间教育改革和发展的回顾

（一）“十五”期间教育事业发展的主要成绩。

1.“两基”攻坚取得阶段性成果。

“十五”期间，我区全面实施“两基”攻坚规划。到2005年底，通过自治区“两基”达标验收并得到国家确认的县（市、区）已达98个，人口覆盖率为92.25%，与2000年相比，达标验收县数增加29个，人口覆盖率提高21.13个百分点。目前还有12个县未达到“普九”。我区规划到2007年，全部县（市、区）将通过国家“两基”达标验收。

2.加快发展普通高中教育，教育发展“瓶颈”问题得到缓解。

“十五”期间，全区实施高、初中分离办学，拓宽经费来源渠道，发展民办高中教育，集中建设示范性普通高中，带动全区普通高中教育整体水平提高，优质普通高中教育资源迅速扩大。到2005年，我区普通高中学校总数从2000年的464所发展到529所，增加65所，其中有示范性普通高中64所；在校生达到69.96万人，净增33万人，增幅达89.46%；万人拥有普通高中学生从78人发展到143人。普通高中教育的快速发展，有效缓解了初中升学和高校扩招之间的高中“瓶颈”问题，对广西各级各类教育持续、协调、健康发展，构建完善的国民教育体系，最大限度地满足人民群众子女升学的需求，保障各类人才培养，稳定社会起到了重大作用。

3.中等职业教育快速发展，服务经济的能力大大增强。

“十五”期间，自治区实施了农村教育“312工程”职业教育项目，加强了职业教育培养和培训基地建设，加大了对新生劳动力和转移就业劳动者的培养培训力度，调整了高中阶段教育中等职业学校招生政策，加强了国家级和自治区级重点中等职业学校建设。经过积极努力，全区中等职业教育经过短暂的调整于2001年就基本遏制了滑坡趋势，中等职业学校招生率先在全国反弹并持续稳步上升。2005年全区中等职业教育超额1万多人完成国家下达的18.5万人招生任务，全区409所中等职业学校共有在校生47万人，比2000年净增9万多人，增幅达25%。目前初步形成了以30所国家级和36所自治区级重点中专为龙头，带动300多所农村职校和大批培训网点共同发展的格局，使全区中等职业教育和培训机构具备学历教育年招生25万人、培训60多万人的能力，为全区县域经济的发展提供了强有力的技术和人才支撑。中等职业教育的快速发展，极大地增强了我区教育服务经济的能力。特别是在人才培养、科技传播、技术培训方面，为广西城乡经济发展和农民增收发挥了重要的推动作用，

4.高等教育实现跨越发展，开始进入大众化教育阶段。

——高等教育办学规模迅速扩大。2005年全区有各类高等教育在校学生48.56万人（不包括2005年秋季录取、2006年春季入学的6.01万名成人高等教育新生），比“九五”期末增加26.46万人，增幅达120%。其中普通高等教育本科、专科在校生33.83万人，比“九五”期末增加22.04万人，增幅达187%；成人本科、专科在校生13.66万人，比“九五”期末增加3.56万人，增幅达35.24%。硕士研究生教育发展快速。目前有全日制在校研究生

10711人，比2000年增加8654人，净增4.2倍。到2005年止，高等教育毛入学率超过15%。

——高等学校布局结构调整取得丰硕成果。全区高等学校布局结构调整方案实施以来，我区高校通过共建、调整、合作、合并和"改革、改制、改组"等形式，走以内涵发展为主、外延扩张并举的道路，先后重组、设置了一批高等院校。5年来，先后有2所学院更名为大学、7所专科层次院校升格为本科高校、18所中专和8所成人教育学校升格为专科以上高校获得教育部审批通过或获得全国高校设置评议委员会评议通过。全区三级师范向二级师范过渡也取得了重大突破，桂林市师范学校、南宁民族师范学校等一批中师学校合并到高等师范院校。全区现有高等学校59所，其中，普通本科高校15所，高等职业学校26所，高等专科学校11所，成人高校7所。经教育部正式审批，设置了9所本科独立学院。与2000年相比，本科院校由13所增加到15所，专科学校由13所调减为11所，高等职业学校由3所猛增到26所，成人高等学校由11所调减到7所。高等教育布局结构调整以来，全区14个地级市中目前设置有本科院校的市达到了10个，设置有高等学校的达到了13个。

5年来，我区高等职业教育由过去只有农类、财经类、旅游类、文化教育类、制造类高职高专院校，发展到现在已经拥有涵盖农林牧渔、交通、生物与制药、资源开发与测绘、材料与能源、土建、水利、制造、电子信息、环保气象与安全、轻纺食品、财经、医药卫生、旅游、公共事业、艺术设计、传媒、公安、法律等19个二级专业大类的37所高职高专学校。2005年，在校生19.74万人，其中26所高职院校在校生9.02万人。高等职业教育从小到大，占据了高等教育的半壁江山，实现了历史性的飞跃。

——高等学校办学条件大大改善，教育供给能力明显增强。我区高等教育经费投入稳步、快速增长。从2001至2004年间，高等教育经费投入总额共计88.72亿元，从2001年的16.38亿元增加到2004年的29.18亿元，增加了12.79亿元，增长78.1%，年平均增长21.22%。自治区重点支持广西大学"211工程"二期工程建设，财政安排专项拨款近4亿元；高校学位点建设共投入专项资金1.8亿元。除财政投入以外，各高校多方筹措资金，加强基础设施建设，极大地改善了办学条件。与2000年相比，2005年全区高等学校的学校占地面积由1384万平方米提高到2803万平方米，增长102.6%，校舍面积由455万平方米提高到1064万平方米，增长133.6%；学校藏书由1301万册提高到2733万册，增长110%；教学仪器设备值由5.6亿元提高到22亿元，增长293%。2004年广西生均普通院校教学仪器设备值为6150元/生，本科院校7296元/生（全国普通院校教学仪器设备值为6860元/生；本科院校5545元/生）。以上办学条件指标广西在全国排位均比较靠前，其中生均普通院校教学仪器设备值排全国第7位。

——高等学校教学管理进一步加强，教学质量得到保证。加强高校学科专业建设，启动精品工程，实施专业排行榜，高校学科专业规模迅速扩大，结构逐步优化，水平不断提高。在全区高校中确定了广西大学土木工程等20个自治区级普通本科精品专业，确定了自治区级精品课程50门、自治区级精品教材20种，其中南宁职业技术学院先后有两门课程成为国家级精品课程。广西大学的计算机科学与技术、广西师范大学的汉语言文学、化学名列全区同类专业榜首。南宁职业技术学院的"室内设计与装修"专业被评为国家级精品专业。目前，我区15所本科院校共设有普通本科专业点428个，分属57个二级科类的174种专业。我区有51所高等院校举办高职高专教育，现共设有专业点948个，分属66个二级专业类的248种专业。

大力推进学分制教学管理，各高校专业人才培养模式改革进一步深化。"十五"期间，自治区教育厅先后三次召开会议，印发了《关于在我区高等学校积极推行学分制的意见》等两个文件，指导高校稳步推进学分制改革。目前，全区有33所高校推行学分制，推进了专业人才培养模式改革。

"十五"期间，我区实施"新世纪广西高等教育教改工程"落实教育部"质量工程"，共确立了"新世纪教改工程"项目613项；产生了两届自治区级优秀教学成果242项；获得了两届国家级教学成果二等奖11项，其中2005年广西高等教育自治区级教学成果一等奖共25项，获国家级教学成果二等奖7项，比上一届增加3项，在全国名列第20位。

普通本科教学工作水平评估和高职高专人才培养工作水平评估取得了令人满意的成绩。在2003至2007年5月一轮的普通本科教学工作水平评估中，我区先后有6所普通本科院校参评，在教育部已公布的评估结论中，广西中医学院荣获优秀等级，3所获良好等级。受教育部委托，我厅已完成对5所高职院校的高职高专人才培养工作水平评估。

——高校教师队伍建设和人才工作整体推进。

“十五”期间，各高校对引进人才工作高度重视，通过采取以事业凝聚人才、以真挚的感情关心人才、以良好的待遇吸引人才，用灵活的方式柔性引进人才等措施做好人才引进工作，取得了较好成效。5年来，全区高校共引进博士268人，硕士2380人；引进具有正高职称人员154人，具有副高职称人员677人。其中，引进留学回国人员229人，柔性引进高层次人才621人。

全区高校教师队伍总量稳中有升，基本适应高等教育发展的需求。目前全区高校有教职工3.4万人，其中专任教师2.2万人，占教职工总数的64.2%。与2000年相比，专任教师数增加1万人，增长94.7%；专任教师所占比例提高了10.4个百分点。教师队伍职称结构逐步优化。2005年，高校专任教师中具有正高职务的1346人，副高5684人，具有正高、副高职务教师占专任教师的比例分别为6.3%、26.5%，与2000年相比，分别上升了0.8和1.7个百分点。高学历教师的比例明显提高。2005年，专任教师中具有博士学位933人，具有硕士学位5484人，占专任教师的比例分别为4.3%、25.5%，与2000年相比，分别增加2.4和13个百分点。年龄结构趋于合理，中青年教师已成为教师队伍的主要力量。2005年，高校专任教师中45岁以下教师所占比例已达到80.4%。

“十五”期间，高校人才小高地建设成效明显。广西大学的“广西亚热带生物工程人才小高地”和广西医科大学的“广西临床医学人才小高地”进入自治区级人才小高地建设行列，广西师范大学的“生物无机与配位化学、天然产物研究与开发重点实验室”也列入了广西医药产业人才小高地建设载体之一。广西大学英、日语高级翻译人才培养基地、广西民族学院东南亚非通用语种人才培养基地、广西国际商务职业技术学院已纳入东盟人才小高地建设载体。自治区教育厅启动实施了“广西高校人才小高地建设创新团队资助计划”，2005年，评选产生了广西师范大学基础教育教学与课程研究及其人才培养等10个广西高校人才小高地创新团队。从2002年开始实施“广西高校百名中青年学科带头人资助计划”和“广西高校百名中青年骨干教师资助计划”，到2005年共投入资金279万元，采取项目资助的办法资助了4批共81名中青年学科带头人从事科研工作，选派了4批共80名中青年骨干教师到北京大学、清华大学等6所著名高校做国内访问学者。在自治区教育厅资助的81名中青年学科带头人中，已经有19人进入了自治区“十百千人才工程”。目前，我区高校有“长江学者”特聘教授1名，“百千万人才工程”国家级人选12名，教育部“青年教师奖”获奖人选2名、教育部“优秀青年教师资助计划”资助人选13名、教育部“高等学校骨干教师资助计划”资助人选24名，广西“十百千人才工程”人选95名（全区共218人，高校占43.6%）。

——高等学校重点学科、重点实验室建设和科研工作得到加强。

“十五”期间，我区高校国家级重点学科和国家级重点实验室以及教育部重点实验室建设分别实现突破。目前我区高校中有国家级重点学科2个，“211工程”国家重点建设学科5个；省部共建国家重点实验室培育基地（立项建设）1个；教育部重点实验室1个、省部共建教育部重点实验室（立项建设）3个。同时教育部重点实验室“微生物与植物遗传工程”通过教育部组织的专家组的评估，成绩为良好。2001年自治区教育厅启动了广西高校重点学科和重点实验室建设工程，2005年确定了48个全区高校重点学科和38个全区高校重点实验室。

高校科研经费有了大幅度的增长，高校科研实力明显增强。

2000—2005年科研投入经费总计约为11亿元，其中当年的科研经费2005年比2000年增长了238%。科技投入总经费“十五”期间比“九五”期间的1.6亿元增长了588%。

高校完成或承担的国家级课题数大幅度上升。“十五”以来，广西大学、广西师范大学、广西医科大学、桂林电子工业学院、桂林工学院、广西中医学院、广西民族学院、广西师范学院、广西工学院和右江民族医学院等10所高校实现了承担国家重大科研项目的突破，累计承担国家“863”项目、国家重大科技攻关项目、国家自然科学基金和国家社会科学基金项目以及省部级重大科技项目370项，获得项目资助经费1.1亿多元。

同时，高校科研成果水平也不断提高。2001—2004年全区高校共出版科技学术专著86部，发表学术论文25586篇，其中被三大索引收录的论文总计为984篇。2000年以来广西高校完成的获奖成果数占全区获广西科技进步奖成果总数的比例不断提高，该项比例2000年仅为18.2%，2005年达到35.9%，提高了17.7个百分点。“十五”期间，全区高校科研成果共获得自治区科技进步奖175项。2005年，自治区科技进步奖共评出 4 项一等奖，其中 3 项为我区高校成果，它们是广西师范大学的“微分系统轨道吸引与矩阵 Hamilton 系统振动研究及其应用”，桂林工学院的“低缺陷氧化铝陶瓷的工业制造技术”和广西医科大学的“原发性肝癌综合防治基础与临床研究”。

高校专利及其知识产权保护工作有了较大的发展。专利申请量、授权量大幅度提升，专利管理工作水平也有了很大的提高。2001 年至 2005 年 5 年间，我区高校共申请专利 266 项，获得专利授权 95 项。

高校哲学社会科学研究基地建设得到加强，广西师范大学“八桂文化研究中心”等 5 个研究基地获准成为自治区人文社会科学重点研究基地并得到资助。

——高等学校学位工作有重大突破，学位点大幅增加。

“十五”期间，实施了《2000 年—2006 年广西学科建设与发展规划》，共实施了五批学位授权点学科建设计划。2005 年，我区组织高校参加全国第十次学位点审核工作，取得喜人成绩。与前九批学位点审核结果相比，我区高校已有博士授权单位 3 个；广西工学院和桂林医学院成为新增硕士学位授权单位，全区高校增加硕士学位授权单位 2 个，达到 11 个；新增博士点 10 个（其中广西大学 4 个、广西医科大学 3 个、广西师范大学 3 个），增长 83.3%，达到 22 个；获确认的硕士学位授权一级学科点 7 个，新增硕士学位授权一级学科点 31 个；新增硕士点（含新增一级学科点所覆盖的硕士点）194 个，增长 83%，达到 428 个。硕士专业学位授权单位 6 个，硕士专业学位授权种类 8 个，硕士专业学位授权点 11 个。与“九五”期末相比，博士授权单位增加 1 个，硕士学位授权单位增加 2 个，博士点增加 19 个，硕士点增加 317 个。

——高等学校毕业生就业双向选择模式建立，高校毕业生就业市场不断完善。

“十五”期间，我区普通高校毕业生每年以 21%－28% 的幅度递增，我区高校共培养毕业生 23.38 万人。我区高校毕业生就业工作按坚持“市场导向、政府调控、学校推荐、学生和用人单位双向选择”的改革方向，广泛开展毕业生就业指导，积极搭建高校毕业生就业服务平台，毕业生就业工作取得了较好成绩。5 年来，当年 7 月 31 日前就业的总人数为 14.31 万人（不含 7 月 31 日后就业的人数），平均初次就业率为 61.21%，其中本科毕业生平均初次就业率为 79.5%，高职高专毕业生平均初次就业率为 50.77%。经过努力，我区高校毕业生就业率在全国处于较高水平。我区高校毕业生就业率 2003 年排全国第 8 位，2005 年排第 11 位，排位都比较靠前。

5. 党建工作进一步加强。

“十五”期间，自治区党委、高校工委和教育厅，以及各有关高校高度重视党建工作，坚持党委领导下的校长负责制，党在高校的执政能力得到加强。

第一，加强高校班子建设。根据自治区党委的工作部署，自治区高校工委、教育厅协助党委组织部及时调整充实高校领导班子，一批中青年干部走上了领导岗位，领导班子的学历、学术层次明显提高。目前，全区 50 所高校（不含民办高校）共有校级领导班子成员 330 人，平均年龄 46.5 岁，具有硕士以上学位的 101 人（其中博士学位 54 人），占 33.3%；具有副高以上职称的 285 人，占 86.3%。与此同时，我们进一步加强了后备干部队伍的建设，为充实领导班子力量打好基础，目前全区已经建立起总数约 150 名左右的副厅级后备队伍。

第二，加强了高校党的基层组织建设。高校组织建设取得两个方面的明显成效。一是基层组织设置健全，不留空白点。目前，我区高校共有分党委 48 个，党总支 213 个，党支部 1606 个，其中学生党支部 371 个。二是党员发展呈上升趋势。2001—2005 年，教职工党员数从 9621 人发展到 13905 人，年均增加近 1000 人，增幅达 1.25%。学生党员数从 5861 人发展到 19954 人，占在校生的比例年均增幅 0.5%。

第三，加强了高校党的制度建设。自治区高校工委、教育厅出台了《关于加强广西普通高校举办的独立学院党的建设工作的意见》，对普通高校举办的独立学院建立党的组织、明确党组织的主要职责、加强自身建设和思想政治工作等提出要求。会同组织部制订了《广西高等学校实行党委领导下的校长负责制的实施办法（试行）》，进一步明确了党委议事和工作制度。制定下发了《关于加强和改进我区高等学校学生党建工作的若干意见》，在全区高校广泛开展优秀学生党支部创建活动。全区高校党风廉政建设和反腐败工作进一步制度化和规范化。

第四，强化了高校党的思想作风建设。我区重点抓了高校干部的教育培训工作，有校级领导干部的培训，有后备干部的培训，也有中层领导干部的培训。“十五”期间，我区共选派高校领导干部 30 人次，后备干部 260 人次到中央党校、国家高级教育行政学院以及有关培训机构学习，提高了干部的思想政治素质。特别是去年全区 34 所高校、32570 名党员开展了第二批保持共产党员先进性教育活动，先进性教育活动测评结果总评满意度达 98.6%，取得了显著成效：一是坚持用马克思主义武装教育师生党员，巩固了马克思主义在高校的指导地位；二是坚持以正面教育、自我教育为主，提高了师生党员素质；三是坚持加强基层党组织建设，增强了党在师生中的凝聚力和影响力；四是坚持育人为本，德育为先，加强和改进大学生思想政治教育；五是坚持把群众满意作为党建工作重要标准，解决了群众反映的突出问题，总体上实现了先进性教育活动工作目标，促进了高等教育事业全面协调可持续发展。

6. 大学生思想政治教育工作时效性、针对性进一步加强。

“十五”期间，我区高校贯彻落实中共中央、国务院关于进一步加强和改进大学生思想政治教育的有关文件精神，全面推进高等学校思想政治理论课建设和大学生思想政治教育工作，取得了一系列的工作成效。建立了党建与“两课”科研课题制度，共确定约 150 项课题，对思想政治理论课课程建设、教学实践等进行研究。2005 年，自治区党委、政府出台《自治区党委、自治区人民政府关于加强和改进大学生思想政治教育的意见》和自治区党委办公厅自治区人民政府办公厅关于印发《加强和改进大学生思想政治教育行动计划》的通知，在自治区普通本科院校实施“大学生党的基本知识教育工程”，启动全区普通高校大学生心理健康教育与咨询中心建设工程，组织了高校青年学生百场报告会，自治区党委李纪恒副书记等领导同志深入高校做报告，全区高校主动请自治区党政领导、专家学者到高校做报告，高校党政领导也亲自给大学生作报告。百场报告会的成功举办，增进了青年学生对时势政策的了解，调动了青年学生参与改革开放伟大实践，增强了青年学生对党、对国家、对政府的感情，也得到了教育部和自治区党委的高度评价。

全区各高校高度重视困难学生群体，把解决贫困生困难作为加强学生思想政治教育的要事实事切实抓紧抓好。2000 年来，我区组织开展了国家和自治区人民政府以及社会各界设立的奖学金、助学金（包括国家奖学金、助学金、自治区人民政府奖学金、广西风采助学金、广州助学金）评选。2000 年—2005 年全区高校共有 41733 名家庭贫困学生获得了奖励和资助，总金额达 3351.95 万元，减免学费 720 万元。同时，我区国家助学贷款工作也取得突破。从 2000—2005 年，共有 32 所高校与银行签订学生国家助学贷款发放协议。高校学生累计向银行提交申请 21415 份，银行审批通过 19047 人（份），通过审批贷款合同金额 24854 万元；累计实际发放人数 17643 人，实际发放贷款 10233 万元。大学生诚信教育得到加强。各高校通过认真细致的工作，为高校贫困学生及时提供帮助，解决他们学习、生活中的困难，体现了党和政府以及社会对高校贫困学生的关爱。

同时，为维护高校稳定，各高等学校做了大量深入细致的工作，全区高校连续 16 年保持稳定。

7. 推进高考改革，实施高考“阳光工程”。

“十五”期间，我区高等教育的快速发展和规模扩张，使高考竞争指数从“八五”期末的 2.35：1、“九五”期末的 1.80：1 下降到目前的 1.59：1，为广大考生创造了越来越多的上大学深造的机会。普通高等学校招生考试也在不断改革，为广大考生营造了越来越公平、公正的选拔考试环境，确保了全区招生考试工作的顺利进行。期间，我区在全国率先实行网上招生录取，实行“3＋X”、一年两考、全面实行复征志愿等项改革。2005 年我区普通高考实施“阳光工程”，坚持实行招生政策、高校招生资格及有关考生资格、招生计划、录取信息、考生咨询及申诉渠道、重大违规事件及处理结果“六公开”制度。坚决实行“六不准”工作纪律，即不准违反国家有关招生规定；不准徇私舞弊、弄虚作假；不准采取任何方式影响、干扰招生工作的正常秩序；不准协助、参与任何中介组织或个人的非法招生活动；不准索取或接受考生及家长的现金和有价证券；不准以任何理由向考生收取与录取挂钩的任何费用。建立了高等学校招生全国统一考试考生诚信档案。

8. 高校依法治校和常规管理工作有序开展。

“十五”期间，自治区教育厅先后制订了《关于加强广西教育法制工作的意见》；出台了依法治校工作实施方案和示范学校标准，印发了《关于在我区各级普通教育学校中开展建章立制，完善校内管理制度，推进依法治校工作的通知》，召开了一系列依法治校工作会议，推动了我区依法治校工作。几年来，各院校认真贯彻落实“意见”、“方案”和“标准”，组织制订和完善学校章程，清理和健全学校规章制度，建立教师、学生申诉委员会，完善各项民主法制制度建设等，有效地推动了高校依法办学，规范管理，促使了各项常规管理工作依法有序开展。2005年，广西师范大学被教育部授予“全国依法治校示范校”荣誉称号。

9. 教育国际交流与合作进一步扩大。

“十五”期间，高等学校国际交流活动活跃，校际中外合作交流项目数增多。2004年、2005年在越南成功举办广西教育展，共有42所院校、96人参加，参观展览人数上千人。部分院校与国外、境外多所院校签订了院校合作协议。共有12所院校举办18个中外合作办学项目。2000—2005年，全区高校出国交流考察1092批次、2451人，录取公派出国留学人员436人，聘请长短期外专外教1280人，招收外国留学生6997人。

10. 治理教育乱收费工作成效明显。

“十五”期间，我区认真贯彻落实党中央、国务院关于治理教育乱收费的决策、部署，认真抓好国家三部委关于高校收费工作文件精神的贯彻实施，严格规范高校收费行为。2005年组织18所区属高校制定了制止乱收费的具体措施，向社会公开承诺在高校招生中不乱收费。坚持检查制度，我区高校收费比较规范。治理工作取得了明显成效。教育乱收费蔓延的势头得到有效遏制，信访举报逐年下降，2004年比2003年下降38.7%、2005年比2004年下降20%。2005年，教育乱收费问题不再成为自治区“两会”期间人大代表、政协委员们关注的焦点。

（二）“十五”期间高等教育事业发展的主要措施和体会。

1. 坚持以“三个代表”重要思想和科学发展观为指导，促进教育全面协调可持续发展。

“十五”期间，我们认真践行“三个代表”重要思想，树立和落实科学发展观，按照教育发展规律，切实加强和改进教育领域的宏观管理和调控，努力做到“五个统筹”，即统筹教育规模、质量、结构、效益的协调发展，统筹各级各类教育的协调发展，统筹城乡教育和区域教育的协调发展，统筹教育事业的改革、发展和稳定，统筹各级各类学校学生德、智、体、美的全面发展，把握发展节奏，不断加大投入，抓紧解决、消化现存的问题与矛盾，确保高等教育沿着持续、健康的轨道前进。从总体上看，我区高等教育并没有因为规模急速扩张而引起负面效应。相反，各高校基本上做到在发展中提高，在做大中做强，在内外部合力推动下不断自我完善，良性发展。

2. 坚持抓好执政能力建设，不断提高高校领导驾驭改革发展的能力和水平。

执政能力，关键看领导班子的能力，领导干部的能力。党的执政方略要靠干部去执行，执政体制要靠干部去创新，执政方式要靠干部去改进，执政基础要靠干部去巩固。从一定意义上说，有什么样的干部队伍，就有什么样的执政水平，就有什么样的执政成效。几年来，我们结合高校实际，在加强高校领导干部执政能力建设方面做了大量工作，以建设高素质干部队伍为关键，以改革完善党的领导体制和工作机制为重点，坚持高校党委领导，加强班子建设，培养后备干部；加强党的基层组织和党员队伍建设，加强党的制度和思想作风建设，取得了显著成绩。全区高校领导班子广泛开展了树立和全面落实科学的发展观的教育。强调全面、协调、可持续发展，坚持用全面的而不是片面的观点，用联系的而不是孤立的观点，用发展的而不是静止的观点看问题，坚持用科学的发展观审视我们的思想观念和各项工作。要处理好改革发展与稳定的关系、学校内涵发展与外延拓展的关系、教学与科研的关系、数量与质量的关系、规模质量与效益的关系、办学特色与学校共性等关系。从而明确各高校的发展目标，理清思路，认真制定发展战略规划、学科建设和队伍建设规划，以及校园建设规划。科学地确定五年和十年发展的总体思路和重大战略。坚持要以发展为主题，以改革为动力，以学科建设为主线，以教学科学为中心，努力推进教育创新，不断提升办学实力和办学水平。全区高校通过加强高校党的执政能力建设，班子成员普遍提高了适应社会主义市场经济的能力；提高了建设社会主义先进文化的能力，进一步巩固了马克思主义对高校的指导地位；提高了应对复杂政治局面能力，准确把握工作运行中的重要矛盾和突出问题，适时提出有效的应对措施，使高校得以持续快速发展。实践证明，加强高校党的执政能力建设，是确保我区高校健康、快速发展的重要保障。

3. 坚持制度创新，不断增强高等教育发展的活力。

改革、创新是发展的动力和源泉。“十五”期间，自治区高校工委、教育厅以及各高等院校大胆改革，勇于创新，促进了高等教育的快速发展。

第一，实施高等教育办学管理体制改革。在办学管理方面，形成多种创新模式：一是确定了2所高校与国家有关部委进行省部共建；二是支持各地政府举办由地方政府主管的高等学校。全区高校布局结构调整工作的推进，已逐步实现了我区高等学校布局合理分布、重心下移的目标；三是调动行业主管部门的积极性，将一批由行业部门主管的中等职业学校升格为高等职业学校；四是鼓励和支持社会力量举办高等学校。事实证明，实施高等教育管理体制改革，多种办学管理体制共存，能够更广泛地调动起社会各方面的积极性，更有效地扩大我区的高等教育资源，更有利于形成生机勃勃的高校竞争局面，从而推进我区的高等教育事业向前发展。

第二，实施高校教学科研管理制度改革。一是以培养学生创新精神和实践能力为重点，推进了新世纪广西高等教育教学改革工程，实施“三品三重一名工程”。二是实施学分改革。大力推进以学分制为核心的教学管理制度改革；逐步构建和完善了高校教学质量监控体系，确保人才培养质量的提高。三是出台一系列政策措施，创造更加宽松的高校科研环境，鼓励科研人员科研创新。各高校积极改革现行的科技评价制度和指标体系，修改完善科研奖励、激励政策、科研工作量的核算方式、扶持科技产业发展等，营造更加宽松、健康和科学的创新环境，形成学术探索的创新氛围，充分发挥高校科技和人才优势，提高我区高校科技创新能力。

第三，实施高校招生考试和毕业生就业制度改革。“十五”期间，在招生考试管理方面，我区在全国试行了一系列的改革。这些改革，意义重大，影响深远。我区计算机远程录取、“无纸化”阅卷创新的做法，获得了全社会的好评。在毕业生就业管理方面，“十五”期间，我区从原来的全包分配，转为实行“国家宏观调控，各级政府和学校推荐，学生和用人单位双向选择”的就业办法，经过几年的努力，现在已经基本转为以市场为导向，毕业生自主择业的管理体制。自治区教育厅和各高校高度重视毕业生工作，从机构、人员、财力和制度上给予充分保障，努力培育和办好全区性的毕业生就业市场，积极拓宽就业渠道，创造性地开展工作，为毕业生就业提供良好的服务。我区高校毕业生就业情况总体良好，目前毕业生自主择业的观念已经被学生、家长以及全社会普遍接受。

第四，积极推进高校人事制度和分配制度改革。从“十五”初期开始，我区整体推进了高校人事制度改革，进一步增强了办学活力。在机构编制改革方面，进一步明确了管理机构职能，按照精干、高效、协调的原则，采取撤并和合署办公的办法，大力压缩高校党政管理机构，剥离服务、经营职能，划出教学科研辅助部门，努力克服机关行政化倾向。同时，根据学科、专业建设需要，调整专业结构，合理配置教育资源，优化院系组合，理顺校、院、系的关系，进一步调动院、系办学积极性。各高校在编制主管部门核定的编制限额内，本着保证重点，兼顾一般的原则，重新核定各类人员编制，在压缩党政管理人员和后勤服务人员编制的前提下，逐步提高教学、科研人员的编制比例。在用人制度改革方面，各高校积极推行中层领导干部公开选拔和竞争上岗，不断完善民主推荐、民意测验、民主评议制度，逐步实行考察预告制度、任职前公示制度、领导干部任职试用期制度和职务任期制度，逐步扩大了群众对干部工作的知情权、参与权、选择权和监督权，努力增加干部任用工作透明度，促进了领导干部能上能下，加强了对干部选拔任用工作的监督。全区高校启动了新一轮全员聘任工作，扩大了聘任制改革范围，以聘任制为主的基本用人制度逐步得到完善，进一步优化了学校人员队伍结构，缓解了学校人员编制紧缺的矛盾。

各高校还积极推进分配制度改革。按照“效率优先，兼顾公平”的原则，积极推进了校内分配制度改革，在学校实行岗位津贴制度，将教职工的岗位津贴与岗位职责、工作业绩、实际贡献直接挂钩，逐步形成了重实绩、重贡献，向高层次人才和关键岗位倾斜的分配激励机制，提高了教职工的收入水平，调动了教职工的积极性，吸引和稳定骨干教师队伍，取得了较好的效果。

第五，实施高校后勤社会化改革。“十五”期间，我区全面推进高等学校后勤社会化改革，区属部分高校通过社会化运作，筹措资金1亿多元，建设11万平方米的大学生公寓；一些地方政府也积极参与高校后勤社会化改革；各有关高校也通过向银行贷款或引进社会资金加快了大学生公寓建设。各高校还投入大量资金，加强基础设施建设，使校园供水、供电等办学条件大为改善。目前，高校后勤社会化保障机制已经初步形成，后勤社会化成效喜人。这一项改革，更新了传统的学校包办社会包办后勤的观念，形成了改革的社会氛围，有效地调动了社会各方力量，改善了高校的办学条件，提高了办学规模效益。

4. 坚持正确的办学方向，密切高等教育与经济社会的联系。

“十五”期间，自治区高校工委、教育厅要求各高校从自身实际出发，坚持服务经济社会发展的办学方向，正确搞好学校定位工作，在层次结构、学科专业、发展规模等方面作出调整，对学校发展、校园发展和学科建设等作出全面规划，取得了积极成果，创造了巨大的经济社会效益。比如说，广西工学院的办学定位就是立柳兴桂，面向地方，为柳州工业发展和广西区域经济建设服务的工科类高等学校。其学科专业设置和结构调整，始终坚持围绕地方经济建设的需要来开展，优先满足区域经济建设和社会发展的人才需求，为柳州的工业发展作出重要的贡献。教育部专家组对广西大学进行评估后认为，广西大学办学思路明确，定位准确，始终以本科教学工作为中心，立足广西，服务广西，办学特色鲜明，综合实力明显增强，人才培养质量得到了全面提高。其他高等院校也利用自身的人才技术优势，为地方政府和企业出谋划策，培养人才，推进专利技术成果产业化，参与地方经济建设，取得了良好的社会经济效益。实践证明，高校一旦定位准确，服务方向明确，密切与经济社会的联系，就会找到适合自己特点的发展路子，学校就会越办越兴旺，事业越来越发达!

5. 坚持稳定促发展，确保我区教育改革的顺利推进。

改革是动力，发展是硬道理，没有安定团结的政治局面，没有和谐协调的社会氛围，也就不可能有高校的健康、快速发展。几年来，我们对改革、发展与稳定的关系始终保持清醒的头脑，正确处理三者的矛盾统一关系，以改革促发展，以稳定保发展，从而确保我区教育改革的顺利推进。

第一，加强高校的常规管理，以科学、民主管理维护安定团结的政治局面。建立和健全各项管理规章制度，公开财务，公开政务，尊重民意，重视民主决策和程序合法，重大问题经党组、党委、校代会审议通过，切实推进依法治校，规范学校行政管理行为，赢得了广大干部和教职员工的尊重和好评，从而凝聚了人心，使大家聚精会神图改革，一心一意谋发展。可以说，高校常规管理的科学化、民主化和法制化，为形成我区高校良好的政治局面，确保我区教育改革的顺利推进发挥了重要作用。

第二，采取有效措施确保校园安全稳定。各高校强调安全责任意识，建立各项规章制度，健全突发事件应急处置预案，明确职责、规定程序、划定范围，责任到人，切实增强对突发事件的应对能力，加强学校及周边治安综合治理工作。加强高等学校互联网管理。在食品卫生、校园安全、防毒、防病、防溺水、防触电、防火灾、防“法轮功”分子破坏、防公共场所群体闹事等方面，做到经常研究、经常检查、密切关注。特别在非典型肺炎流行期间，做了大量工作，保持了学校的稳定。全区高校没有出现重大的安全责任事故，保持了平稳向上的良好局面。

二、认清形势，规划未来，加快广西教育事业发展

（一）认清形势，增强发展的紧迫感和责任感。

面对“十五”取得的成绩，我们必须保持一份清醒头脑，要充分认识到教育改革和发展中存在的各种困难和矛盾。当前的基本矛盾是经济社会快速发展对人才的大量需求以及人民群众对教育的强烈需求和教育资源供给严重不足的矛盾。一方面，随着工业化、城镇化的快速发展，人才需求扩大；同时，人民群众物质生活水平的不断提高，对其子女的教育期望值也越来越高，对优质教育的需求日趋旺盛，让子女有学上，有好学校上成为人民群众最大的愿望。另一方面，我区教育的总体发展水平仍然较低，教育资源尤其是优质教育资源短缺，与现代化建设和人民群众的需求相比仍有很大差距。我们现在存在的许多困难和问题，都是从这个基本矛盾派生出来的。我区高等教育事业快速发展与投入不足，高等学校办学规模迅速扩大与办学条件（包括师资、场地、校舍等）困难、发展空间有限的矛盾仍然十分突出；高等教育毛入学率和万人拥有大学生数低于全国平均水平；高等学校的自主创新能力不足，对社会生产力的直接推动作用不大等问题不容忽视。应该说，这些困难和问题的存在，是前进中的困难，发展中的问题，我们只能通过不断的改革和发展予以解决。

高等教育在实施科教兴桂战略和人才强区战略中具有重要地位。当前，我区经济发展步伐加快，工业化、城镇化建设提速，中国—东盟自由贸易区、大湄公河次区域经济合作区（GMS）、泛珠三角经济协作区全面启动，广西参与周边国家和地区经济协作，中国—东盟博览会永久性落户南宁，把广西推到了国际经济发展的前沿，给广西增加了经济增长的强大动力和极好的发展机遇。可以说，广西正处于经济发展、社会转型、现代化进程加快的关键阶段。但是，我区人口素质偏低，在从业人口中，接受大专及以上学历教育的人口仅占总人口的5%；专业技术人员仅占总人口的2%，每万人拥有专业技术人员约200名，远低于全国平均480名的水平；全区130多万技术工人，高级工仅占3.1%，发达地区和国家一般在25%以上，差距相当大。广西劳动者素质偏低，技能型人才紧缺，缺少科技创新能力，导致产品以低端为主、附加值低，资源能耗大。这种依靠拼资源、拼规模、拼体力的粗放型增长方式已经走到尽头，经济增长方式转型已到达关键时期。当前我区经济社会发展面临的主要困难，不在于增长速度上不去，而在于提高经济增长的质量和发展的可持续性。经济工作的着重点，是全面贯彻落实科学发展观，走新型工业化道路，转变经济增长方式。我区经济基础薄弱，自主创新不足，科技人才紧缺，只有加快发展高等教育，培养大量有科技创新、技术创新能力的人才，才能适应国际经济一体化和社会发展的需要，才能将科学技术转化为现实生产力，才能把我区巨大的人口压力转化为人力资源优势，提升经济竞争力和经济增长质量。

近年来，我区高等教育虽然发展较快，但与兄弟省区比，仍然存在很大差距，而且差距呈逐年拉大趋势。像江西、广东、湖南分别建设的大学城，仅一座大学城就能容纳20万名以上在校生，接近我区全部高校在校生的总和。2001年，广西万人拥有高校在校生63.55人，全国平均93.09人，相差31人；到2004年，广西万人有高校在校生106人，全国177人，相差40人。万人拥有高校在校生从2001年相差31人拉开到40人。从兄弟省区已经出台的“十一五”高等教育发展规划数据看，2010年，江苏省的高等教育毛入学率要达到40%，广东省30%，湖北省30%，山东省26%，四川省25%。可见，广西教育近年来虽然有了长足发展，但全国也在发展，而且发展的步伐比我们更快，差距正在拉大，如果我们不奋起直追、迎头赶上，我们就会大大落后于人。因此，我们必须要增强发展的紧迫感和责任感。

（二）谋划未来，加快发展，增强高等教育服务经济社会的能力。

党的十六届五中全会提出，要坚持教育优先发展，坚定不移地实施科教兴国和人才强国战略。加快教育发展，是把我区巨大人口压力转化为人力资源优势的根本途径。根据自治区第十届八次人民代表大会通过的广西国民经济与社会发展“十一五”规划纲要，我区“十一五”教育发展的指导思想是：坚持以邓小平理论和“三个代表”重要思想为指导，坚持科学发展观，全面贯彻落实党的十六大和十六届五中全会以及自治区党委八届六次全会精神，把教育摆在优先发展的战略地位；坚持以人为本，坚持服务经济社会发展，面向现代化，面向世界，面向未来，解放思想，深化改革，扩大总量，优化结构，提高质量和效益，实现教育协调快速发展，建立和完善适应我区经济社会发展需要的现代国民教育体系，为建设学习型社会打下坚实基础。

我区“十一五”教育事业发展的基本思路是：从广西实际出发，抓住机遇，创新体制，统筹教育的规模、质量、结构、效益，统筹各级各类教育的协调发展。以高等教育为龙头，拉动普通高中教育的发展和义务教育的巩固提高；以高等、中等职业教育为主要增长点，以民办教育为主要增长方式，扩大高中以上教育规模；以改革为动力，以重大项目为载体，实现教育发展关键点和难点的有效突破；抓住建立中国－东盟自由贸易区和开展泛珠三角区域合作的有利时机，扩大国际和区域间教育合作；以推进素质教育为主线，以全面普及义务教育、大力发展职业教育、提高高等教育质量为工作重点，大力扩充中等和高等职业教育资源，提高高等学校的学科建设水平，建设一批较高水平学科和若干所较高水平大学，稳步提高高等教育大众化水平；加强教育与经济社会的结合，重视发挥学校服务社会的功能；深化教学、科研和内部管理体制改革，调动一切积极因素，办好让人民满意的教育事业。

我区“十一五”期间教育发展和改革的主要目标是：到2007年全面普及九年义务教育，累计人口覆盖率达100%。高中阶段教育规模达到165万人，毛入学率达68%左右。城市的城区和经济发达地区普及高中阶段教育。普通高等教育在校生达58万人，成人及其他形式高等教育在学学生约34万人，高等教育总规模达到92万人，毛入学率达22%。研究生教育在校生达3.5万人左右。今后一个时期，全区上下要围绕这一目标，坚持“巩固、深化、提高、发展”的方针，推动高等教育规模、结构、质量、效益全面协调可持续发展和目标的实现，大力提高人才培养质量、科技创新能力和社会服务水平，不断满足人民群众日益增长的高等教育需求。

（三）深化改革，创新机制，努力办好让人民满意的教育。

1. 坚持贯彻科学发展观，推进高等教育事业改革与发展。

同志们，我们要深入学习贯彻党的十六届五中全会和自治区党委八届六次全会精神，认真落实科学发展观，推动我区高等教育健康、快速可持续发展。科学发展观是以邓小平理论和“三个代表”重要思想为指导，从新世纪新阶段党和国家事业发展出发，着眼于丰富发展内涵，创新发展观念，开拓发展思路，破解发展难题而提出的重大战略思想。这个科学发展观的本质和特点就是要坚持以人为本，以实现人的全面发展为目标，从人民群众的根本利益出发谋发展、促发展，不断满足人民群众日益增长的物质文化需要，切实保障人民群众的经济、政治和文化权益，让发展的成果惠及全体人民。我们要坚持以科学发展观统领全区高等教育事业发展全局，进一步转变发展观念、明确发展思路、创新发展模式、提高发展质量，加快发展步伐。

2. 以适应经济社会发展需要为目标，稳步扩大高等教育办学规模。

我们要实现上述规划目标，需要作出更大的努力，需要继续坚持“发展是硬道理”这一科学理念，进一步巩固存量，扩大增量。我区同兄弟省区的差距是明显的，发展不大，是落后；没有发展，就会更加落后，就会影响我区人才的培养，影响全区的经济建设。同志们必须要有全局的观念，整体的观念，加快高等教育的发展步伐。我区高教资源不足，是制约高等教育事业发展和全区人才培养总量的“瓶颈”。因此，我们要通过推进高等学校布局结构调整，千方百计扩大我区的高教资源，达到巩固存量，扩大增量的目的。自治区将要继续加强对部分高校办学层次的提升、办学资源的整合和发展问题的指导和协调，积极扩大高等教育资源，扩大办学规模。通过调整，使我区高校在区域、层次和科类布局上，符合广西经济社会发展的实际需要。

各高校要根据全区的高等教育的发展目标，从实际出发，制订好本院校的“十一五”发展规划，规划要体现“发展”这一主题，积极稳步扩大高等教育办学规模。整体规划要包括学校定位，服务方向，发展规模，学科专业、人才队伍建设以及与经济社会的结合等，一旦通过后就必须严格按照规划组织实施。

3. 以突出特色和优势为抓手，切实加强高等教育质量建设。

一要加强高水平大学和重点学科、重点实验室建设。我区要继续加大投入，扎实推进广西大学“211 工程”建设。同时，要加强 3—5 所高水平大学建设，争取在若干学科领域出一批人才和技术，并且形成较大规模的社会生产力，成为广西自主创新的重要技术支撑。我们要以培养拔尖创新人才和加强创新平台建设为重点，进一步完善工作机制，推动国家、自治区和学校三级重点学科的滚动发展，建设布局合理、各具优势、与经济社会发展有密切联系的重点学科体系。

二要加强高校学科专业建设。加大投入，进行地方院校专业改造，积极培育、重点发展、优先发展和大力扶持与我区经济社会发展紧密结合的学科专业。整合全区高等教育教学科研、学位、人才小高地等资源力量，加强高校的学科专业建设和自主创新能力建设。自治区教育厅将全面开展高校优质专业认定工作，打造广西高校专业品牌。

三要加强高校教学质量监控体系建设。要进一步完善全区高校教学质量评估指标体系。加强高校教学评估工作，以评估促进教学质量的提升，促使高校进一步完善基础设施建设，改善办学条件，提高教育质量。在新的一年里，我们要协助教育部做好广西艺术学院、桂林医学院本科教学工作水平评估和电大开放教育评估。开展高职高专人才培养工作水平评估，对柳州职业技术学院、广西生态工程职业技术学院和广西国际商务职业技术学院进行评估。组织专家对全区高校硕士学位授权点进行评估，进一步完善我区学位与研究生教育质量保障机制，以评促建，推动我区学位授权点整体水平提高。自治区将继续实施全区高等教育教学状态数据发布制度和评价制度，定期向社会发布高校有关信息。其他尚未列入评估计划的，也要自行对照评估指标，自行整改，自我完善。

4. 以改革创新为动力，不断增强高等教育发展活力。

改革、创新是发展的动力和源泉，历史的发展就是在不断的改革、创新中不断前进的。“问渠哪得清如许，为有源头活水来”，所谓“源头活水”，引申到人类社会实践，就是人的创新活动。可以说，没有改革、没有创新，就只能是死水一潭。“十五”期间，各高等院校在面临诸多困难面前，没有退缩，没有墨守成规，而是大胆改革，创造性地开展工作，积累了许多新鲜经验。这些经验都是值得继续发扬。在新的历史时期，我区高等教育仍然要继续上规模、抓质量，出效益。各高校要围绕发展目标，一定要善于总结经验，善于抓住机遇，做好“上规模、抓质量，出效益”这篇文章，推进我区高等教育事业健康、快速、协调、可持续发展。特别是要通过管理体制改革、制度建设和机制建立，使高等教育管理体制、办学体制和教育运行机制更具开放性，更具有活力，更加适应社会主义市场经济初步建立和改革开放的新形势，更有力地促进教育事业的发展。

一是完善中央和省（市、自治区）两级管理、以省级政府管理为主的高等教育管理体制。充分发挥中心城市在高等教育发展中的作用，继续促进中央、自治区与市（地）三级政府举办公办高等学校格局的形成，鼓励市级政府举办本科高等学校和高等职业学校。改革政府对公办高等学校的管理，落实高校办学自主权，促进公办高等学校的自主办学，自主发展，为推进现代学校制度建设创造条件。

二是加快发展多种所有制的民办高等教育。为了贯彻落实《民办教育促进法》及其条例，自治区人民政府已经出台了《关于加快发展民办教育的决定》(桂政发〔2006〕5号)，我们要认真贯彻落实自治区有关加快发展民办教育的文件精神，鼓励和支持发展民办高等教育，完善政府主导、面向市场、多元办学的机制。我们要继续引进国内外优质教育资源到我区举办独立学院和高等职业技术教育；鼓励和支持举办其他所有制形式的民办高校；继续规范独立学院的办学模式和办学行为，完善管理制度，推动独立学院办学条件建设和持续健康发展。要加强对民办高校执行课程计划、招生、学籍等工作的管理、督查和指导。

三是继续深化高校后勤社会化改革。几年来，我区高校后勤社会化改革取得了积极成效，我们要在原来工作基础上，进一步深化改革。要理顺学校行政与后勤企业管理的关系，按照政企分开的原则，剥离有关行政人员和业务关系。我们要加强对高校后勤服务质量的监督和管理，指导高校认真贯彻落实我区关于加强大学生食堂公寓建设，建立和完善高校后勤保障服务体系的意见，规范高校后勤管理，推进高校后勤社会化改革。继续抓好高校征地及基础设施建设。经过多次协调，自治区国土部门专项下达我厅高校用地指标3990亩，这将有效缓解高校办学用地不足的困难。我厅将协同自治区国土、发改、建设部门，做好用地计划编制下达、征地工作的统筹协调，推动高校新校区建设、高校重大项目建设计划工作，争取在建设规费、手续减免方面予以优惠照顾，进一步推动高校的建设与发展。同时，继续组织实施高校日元贷款项目以及中央、自治区预算的各项基本建设专项投资工程。各高校也要相应做好基本建设总体发展规划。

关于改革，各有关部门比如教学部门、人事部门、科研部门都要大胆地进行改革探索，鼓励创新。通过改革创新，进一步完善高等教育的运行机制。

5. 以促进产学研为重点，进一步提升高校自主创新能力。

胡锦涛总书记在全国科技大会上宣布，我国要坚持走自主创新的道路，建设成为创新型国家。在新的时期，我区要认真贯彻落实全国科技大会精神，重点解决高校自主创新能力不足的问题，加快提高高校自主创新水平。各高校一定要按照胡锦涛总书记提出的科技发展方针，寻找自身的合理定位，加强自主创新能力建设。特别要在加强原始创新、集成创新和引进消化吸收再创新方面；在关系富民兴桂的关键领域方面；在重大关键技术和共性技术方面，在前沿科技和基础研究方面，创造新的市场需求，培育新兴产业，支撑和引领经济社会持续协调发展。各高校要紧紧围绕我区经济社会发展面临的重大科学技术问题，加强科研工作，积极争取承担国家和自治区重大科研任务，进一步加强产学研结合，增加科研立项项目，力争在“十一五”期间我区高校取得一批标志性的自主创新成果。自治区教育厅将进一步指导高校围绕我区经济社会发展和行业发展的需求，开展科技大会战活动，促进高校科技成果转化，提高我区重点行业科技创新能力和水平。同时，扎实深入开展高校科技工作服务基层工作。要切实抓好高校专利工作，支持和规范高校科技产业的发展。要大胆改革科技产业的创收分配制度，创造条件，鼓励成熟的科技产业做大做强。自治区将制定实施计划和具体方案，启动我区高校研究生教育创新工程，推动我区研究生教育改革与发展。

6. 实施人才强校战略，加强人才工作和师德建设。

要大力推进人才强校战略，以高层次人才队伍建设为抓手，大力加强高校人才工作。坚持以人为本，科学制定高校人才队伍发展规划，加速培养高层次拔尖创新人才。开展高等学校自治区教学名师奖评选和表彰、国家级教学名师奖推荐评审工作。认真组织实施“广西高校人才小高地创新团队资助计划”，进一步加大高校人才小高地建设力度，汇集学科队伍，推动高校培养、吸引和用好高层次人才。进一步加大人才引进力度，加强在职教师的培养培训，不断优化教师队伍结构，提高教师队伍整体素质。积极推进高校人才工作机制和制度创新，建立健全激励与约束机制，努力营造关心人才、尊重人才的良好氛围，不断优化高校人才的成长环境。各高校要从全局和战略的高度出发，加强对人才工作的领导，以超常规的热情、超常规的努力、超常规的举措来抓人才工作，切实把人才作为推动学校发展的第一要素，增强做好人才工作的紧迫感和责任感，力争通过卓有成效的工作，开创我区高校人才工作的新局面，为我区高等教育事业持续、健康、协调发展提供坚实的人才保证和智力支持。

加强师德建设，进一步提升教师的职业道德水平。高校要重点加强学术规范和职业道德建设，各院校要认真检查贯彻落实自治区教育厅关于加强师德建设意见的情况。要创新师德教育的内容和形式，组织开展师德主题教育活动、教师节师德论坛、师德先进事迹报告会、师德教育工作专项检查等活动。建立和完善以教育为基础、以制度为核心、以评估为手段的教师职业道德评价、考核、奖惩机制，提高教师队伍的师德水平和整体素质。

7. 以学习贯彻党章为重点，全面加强高校党的建设。

全区高校要根据自治区党委的工作部署，以学习贯彻党章为重点，全面加强高校党的建设。加强理论武装，牢牢巩固马克思主义在高校的指导地位。加强高校领导班子建设和干部队伍建设，努力提高素质，优化结构，改进作风和增强团结。加强高校党的基层组织建设，要坚持把“支部建在班上”，努力实现本科学生班级“低年级有党员、高年级有党支部”的目标，积极探索在学生公寓、学生社区和学生社团组织中建立学生党组织，不断扩大党的工作覆盖面。

三、关于2006年高等教育方面的重点工作

同志们，2006年是“十一五”开局之年，我区高等教育仍然要加快发展，提高质量，提高水平，实现“十一五”的良好开局，为广西工业化、城镇化发展培养更多的人才。借此机会，强调11项重点工作：

（一）巩固高校党的先进性教育成果，加强高等学校党的建设。抓好高校先进性教育活动经验交流，建立先进性教育长效机制。

（二）颁布实施《广西教育事业第十一个五年规划纲要》，制定《2020年广西教育发展纲要》。推动并指导各高校制订教育事业“十一五”发展规划，做好高校教育事业发展规划。

（三）加强高校学科专业建设。围绕地方经济发展，进行地方院校专业改造。围绕自治区的攻坚任务，组织全区高校的学科力量进行科技攻坚。整合全区高等教育教学科研、学位、人才小高地等资源力量，加强高校的学科专业建设和自主创新能力建设。扎实推进广西大学“211工程”三期建设。

（四）继续推进高等学校布局结构调整。继续加强对部分高校办学层次的提升、办学资源的整合和发展问题的指导和协调。

（五）进一步加强和改进大学生思想政治教育工作。

加强高校思想政治教育工作，坚持用科学的理论武装广大师生员工的头脑，积极推进邓小平理论和“三个代表”重要思想的“三进”工作，努力提高“两课”教学质量。加强对大学生的理想信念、思想道德教育。扎实开展“全区高校大学生思想政治教育工程”，全面推进大学生思想政治教育课程建设、网络思想政治教育建设、党团组织和学生组织建设、帮扶体系建设、高校服务育人建设、大学生思想政治环境氛围建设、高校思想政治教育队伍建设和高校思想政治教育评估体系建设。推动高校校园文化建设。积极探索新形势下大学生思想政治教育工作的新思路、新办法，不断提高思想政治教育工作的针对性、实效性。

青年学生形势政策思想教育百场报告会是我区加强大学生思想政治教育工作的一个创新载体，我们要继续加强和完善这项工作。自治区高校工委、教育厅和各高校要做好每年度的工作计划，对报告会的主题构想、组织领导，经费场地，报告人选（高校拟邀请的区、市、县各级党政领导、各级各类英模人物、企业家、老红军和革命前辈、留学归国人员、各类创业创新成功人士等），都要精心安排，周密策划，做到制度化、规范化，防止流于形式。同时，还要做好工作总结，使形势报告会的形式与效果达到统一。我们要用五年时间，把这一创新载体做成加强青年学生思想政治工作的响亮品牌。

（六）继续实施高校招生“阳光工程”。加强招生考试工作管理。坚决执行招生录取工作信息公开政策，建立和完善更加公开透明的招生工作体系。严格执行招生责任制和责任追究制。加大综合整治招生考试环境力度，确保命题和考试安全，提高群众满意度。规范高校招生行为和办学秩序，重点治理招生乱收费、违规录取和招生中介。

（七）继续按照“三个不低于”的工作要求做好毕业生就业工作。2006年做好高校毕业生就业工作总体要求是：做到“三个提高”和“两个关心”，即提高毕业生就业工作水平，提高毕业生就业质量，提高就业率；关心每一个学生的成长，关心每一个毕业生的就业。着重抓好以下几个方面的工作：一是加大宏观调控和政策引导力度，引导高校毕业生面向基层就业和自主创业；二是大力发展和培育市场，完善我区毕业生就业市场体系；三是加大就业指导和服务力度，按照制度化、专业化、全程化、信息化的要求，提高就业指导服务水平。

（八）组织广西高等学校到东盟国家办广西教育展，扩大我区与东盟国家之间的教育交流与合作。

（九）贯彻落实《民办教育促进法》及其实施条例，按照自治区人民政府关于加快发展民办教育的有关文件精神，推动民办高等教育发展。

（十）要进一步加强民主法制建设，大力推进依法治校，建设安全文明校园。各高校要进一步贯彻落实2005年全区高校依法治校工作会议和有关文件精神，按照依法治校工作“实施方案”和“暂行标准”，积极推进依法治校。要继续建立和健全高校各项管理规章制度，严格按章办事，按规定程序办事，重大事项必须经过党委会、校代会讨论决策，做到政务公开透明，程序合法，运转规范。

进一步加强学校安全管理。各高校要按照《国家突发公共事件总体应急预案》，进一步完善学校安全预警机制和防险救灾应急预案。继续加强师生和各类从业人员安全教育，增强法制意识、危机意识和责任意识，提高自救和互救能力。认真做好学校饮食卫生管理和防疫工作，提高学校食品卫生与传染病防控工作水平。高校要接受地方政府的领导，与有关政法部门加强联系与合作，切实搞好校园及周边环境综合治理工作，开展专项整治行动，严密防范危及师生生命安全的恶性事件发生，营造安全文明和谐的校园和周边环境。

（十一）加强高校党风廉政建设和行风建设。

各高校要深入开展反腐倡廉教育，要认真贯彻落实中央《建立健全教育、制度、监督并重的惩治和预防腐败体系实施纲要》，严格执行党风廉政责任制，紧密结合高校实际，加强思想道德和制度建设，健全教育、制度、监督并重的惩治和预防腐败体系。认真抓好纠风专项治理工作，加大查办违纪违法案件工作力度。严格规范高校财务管理，开展高校预防职务犯罪工作。加强高校民主政治建设，积极推进校务公开工作，建立和完善学校内部监督机制，从制度上防止高校腐败行为的滋生，构建党风廉政建设的长效机制，确保高校的改革发展良性运行。

回顾过去，展望未来，重任在肩，加倍努力。同志们，让我们紧密地团结在以胡锦涛同志为总书记的党中央周围，高举邓小平理论伟大旗帜，全面贯彻“三个代表”重要思想，以发展为第一要务，精诚团结，扎实工作，为开创我区高等教育事业的新局面、为“四个广西”建设而努力奋斗！

在自治区“两基”巩固提高工作现场会上的讲话

自治区高校工委书记、教育厅厅长　余益中

2006年10月13日

各位领导，同志们：

8月17日，自治区人民政府召开了全区“两基”攻坚工作会议，自治区陆兵主席、郭声琨副主席、吴恒副主席分别在会上作重要讲话，动员全区上下积极行动起来，做好各项工作，确保2007年我区顺利通过国家“两基”验收。今天，自治区人民政府又召开会议，部署全区“两基”巩固提高工作。我认为，自治区人民政府在这么短的时间就“两基”工作召开两次会议，在座的县长和局长们都应该体会到这项工作的重要性和紧迫性。实际情况就是这样，我区“两基”攻坚已进入关键时期，按照国家西部地区“两基”攻坚计划和自治区人民政府与国家签订的“两基”攻坚责任书，我区必须在2007年底前实现“两基”目标。当前，我们要一手抓普及，一手抓巩固提高；一方面要继续完成“普九”攻坚任务，使尚未通过自治区验收的县实现“普九”达标，另一方面要使早期通过“普九”验收的县（市、区）完成巩固提高任务，确保在2007年通过国家的“两基”评估验收。因此，这次会议非常重要。等一下吴恒副主席将作重要讲话，请大家认真学习，贯彻落实。按吴副主席的安排，由我报告“两基”工作情况。

一、我区“两基”攻坚及巩固提高工作情况分析

根据国家的统一部署，我区实施基本扫除青壮年文盲和基本普及九年义务教育工作（简称“两基”）开始于1993年，到1998年，全区通过了国家基本扫除青壮年文盲的验收，实现了基本扫除青壮年文盲的目标。到目前，全区110个县（市、区）中已有105个县（市、区）通过自治区“两基”验收，“两基”人口覆盖率达到96.19%；剩余的5个县将于今年底到2007年上半年通过自治区“两基”评估验收。在此基础上，自治区人民政府初步定于2007年6月份申请国家验收。据教育部领导透露，国务院将于2007年9月份在北京召开“两基”攻坚表彰大会，会前，国家将组织专家对广西“两基”进行检查验收，如果验收顺利通过，广西将成为西部地区继新疆生产建设兵团之后第二个通过国家“两基”验收的省份。这将是广西教育史上具有里程碑意义的一件大事。

按照《广西壮族自治区“两基”攻坚实施规划（2004—2007年）》，从2004年开始，我区2002年底以前未通过国家“两基”达标确认的41个县列入国家“两基”攻坚实施计划。这个规划还要求我区2002年底以前通过国家“两基”达标确认的69个县（市、区）抓好巩固提高工作，保证2007年全区通过国家“两基”验收，全面实现“两基”。现将“两基”攻坚和巩固提高工作情况作简要汇报。

（一）“两基”攻坚和巩固提高工作进展情况。

1. 县级党政领导重视教育工作，把“两基”作为教育工作的“重中之重”，加快了“两基”攻坚和巩固提高工作的步伐。近几年来，各县（市、区）党政主要领导认真落实国家、自治区的教育方针政策，在贯彻落实“以县为主”的农村义务教育管理体制、保障教育经费投入、“两基”攻坚和巩固提高、发展当地高中阶段教育、加强教师队伍建设等方面做了大量的卓有成效的工作。例如，扶绥县委、县政府主要领导每年把教育工作目标任务纳入“三个文明”建设与各乡镇签订工作目标责任状，明确各乡镇政府和有关部门在教育工作中的目标责任；每年都召开教育工作专题会议，研究和部署教育工作；坚持“三教”统筹，促进普通教育、成人教育和职业教育的协调发展。武鸣县委、县政府高度重视教育工作，出台了《中共武鸣县委、武鸣县人民政府〈关于进一步加快教育发展的决定〉》、《武鸣县人民政府关于加快武鸣县教育发展的实施办法》等政策文件，全面规划、部署教育工作，促进各级各类教育协调发展；县委书记苏绍荣在2005年亲自主持召开县委常委会，决定将600名代课教师转为公办教师；县长杨维超同志召开县政府办公会，决定在县城划出90亩土地建设教师新村，现已建成12

栋住宅楼，解决了3500名教师住房难的问题。灵川县建立了县级人民政府及其有关职能部门教育工作目标责任制，书记、县长亲自担任教育工作的第一责任人，建立了县领导联系学校制度，及时研究和解决教育改革与发展中的问题，不定期召开乡镇中小学危房改造、学校卫生安全等专题会议，及时解决教育工作中遇到的实际困难。南宁青秀区党委、政府建立健全教育工作会议、教育专题研究会议制度，及时解决教育改革与发展中存在的问题，2005年，党委、政府召开教育专题会议共7次，重点研究了为学校办实事、农村中小学布局调整、代课教师的招录、教师引进、部分市属学校及乡镇学校接收工作、青少年科技活动中心建设、教育“十一五”规划等重大问题。根据今年初自治区党委组织部、自治区教育厅、自治区人民政府教育督导团联合对88个县、市、区开展的县级党政主要领导干部2005年度的教育工作督导进行考核，考核结果为优秀等级的有8个县、区，良好等级的有69个县（市、区），合格等级的有11个县（市、区），说明绝大多数县（市、区）党政主要领导在履行教育工作职责方面是称职的，其中部分书记、县（市、区）长表现很优秀。这个考核结果将于近日向全区通报。

2. “两基”攻坚和巩固提高工作阶段性目标如期实现。从2004年至今，全区41个“两基”攻坚县已有36个通过了自治区的“两基”评估验收，“两基”人口覆盖率为96.19%，比实施“两基”攻坚计划前提高了24.39个百分点，距全面实现“两基”的目标已越来越近。凤山、巴马和大化县的“普九”工作也将在近期接受自治区的评估验收，天等县和都安县在今年底或2007年初也将实现“普九”达标，届时，我区所有县市区的“两基”工作将按计划全部通过自治区的评估验收。2002年以来，自治区人民政府教育督导团分别组织检查组，分期分批对早期通过“两基”验收的69个县（市、区）进行了复查，目前复查工作已基本完成。从复查结果是，69个县（市、区）在普及九年义务教育方面的普及程度、师资队伍、办学条件、教育经费、教育质量、学校管理和扫盲教育方面的主要指标与当年验收时比，整体上都得到巩固和提高，基本达到自治区的标准要求，复查认定基本达标。普及实验教学是“普九”水平巩固提高的重要标志，自治区通过对“普及实验教学”工作的督导检查和评估验收，督促各地加大教学仪器设备投入，满足实验教学的需要，进一步提高教学质量。到目前为止，全区已有85个县（市、区）通过自治区的评估验收，实现“普及实验教学”，其中，69个早期通过“两基”验收的县（市、区）中已有66个县（市、区）实现“普及实验教学”。

3. 农村基础教育工程建设成效显著。自1998年以来，为加快“两基”实施步伐，我区相继实施了“西部地区农村寄宿制学校建设工程”、“国家贫困地区义务教育工程”、“农村中小学危房改造工程”等八大教育基本建设工程，至今总投入41.01亿元，其中土建投入33.6亿元，建设面积651万平方米，仪器投入3.4亿元，师资培训2.06亿元，资助贫困学生1.08亿元，其他0.86亿元。其中，41个攻坚县（市、区）投入28.74亿元，其中土建投入21.63亿元，建设面积405.26万平方米，仪器投入3.22亿元，师资培训1.94亿元，资助贫困学生1.08亿元，其他0.86亿元；69个前期“普九”县（市、区）总投入12.28亿元，其中土建投入11.98亿元，建设面积245.74万平方米，仪器投入0.18亿元，师资培训0.11亿元。这是新中国成立以来我区投入资金最多、建设项目最多、建设面积最多、建设质量最好时期，为“两基”攻坚和巩固提高奠定了坚实的物质基础。

从目前正在实施的2005年度农村寄宿制学校建设工程、2005年度农村中小学危房改造工程、2006年度农村寄宿制学校建设工程进展情况看，三项工程总投资59535.4万元，建设项目学校968所，单项工程1354个，建设面积107万平方米。截至2006年10月10日统计，所有项目已竣工的有53个县（市、区），分别是：南宁市良庆区、邕宁区、青秀区、兴宁区、江南区、武鸣县、宾阳县、横县、上林县；柳州市柳江县、柳城县、鹿寨县、融安县，桂林市灵川县、永福县、资源县、平乐县、荔浦县、阳朔县、恭城县，梧州市苍梧县，北海市铁山港区，防城港市防城区，钦州市钦南区、钦北区、灵山县、浦北县，贵港市港北区、桂平市，玉林市玉州区、福绵区、容县、陆川县、博白县、兴业县、北流市，崇左市扶绥县、江州区、大新县，来宾市合山市、象州县、武宣县、忻城县，贺州市八步区、钟山县、富川县，百色市田东县、平果县、田阳县、靖西县、田林县，河池市宜州市、环江县。这些县（市、区）领导重视，工程按时竣工，值得表扬。但是，有些县领导重视不够，工程进展缓慢，其中，项目竣工率低于50%的有15个县（区），目前仍未有项目开工的有4个县，请工程进展落后的有关县（市、区）

长回去以后要采取措施，加快工程进度，确保按时完成建设任务。

4. 深化农村义务教育经费保障机制改革，确保“两基”工作所需经费。早在2004年底，全区明确用于“普九”攻坚的经费（2004－2007年）为14.99亿元。实施“两基”攻坚以来，自治区各级财政也逐步加大了农村教育投入的力度。2004年、2005年，我区义务教育经费总投入分别为82.56亿元和92.18亿元，分别比上年增长13%和11.7%；其中预算内财政拨款分别为63亿元和70.7亿元，分别比上年增加7.6亿元和7.7亿元，分别比上年增长13.85%和12.16%。中央和自治区不断加大对农村教育的投入，基本达到“三个增长”的要求，“普九”攻坚所需经费得到较好的落实，为我区实现“两基”攻坚目标提供了有力的保障。

今年初，国务院发出了《关于深化农村义务教育经费保障机制改革的通知》，并召开全国会议部署深化农村义务教育经费保障机制改革工作。自治区人民政府决定将免除农村地区义务教育阶段公办学校学生杂费作为2006年为民办实事之一。我区各级政府和相关部门积极行动，采取有力措施，将农村义务教育经费保障机制改革各项工作落到实处。一是自治区足额落实了新机制改革资金，在自治区本级财政并不宽裕的情况下，自治区人民政府决定，我区应承担的20%免学杂费补助资金、公用经费补助资金和应承担的50%校舍维修改造资金共4亿元全部由自治区本级财政负担。二是免学杂费补助资金和公用经费补助资金按时到位，全区110个县（市、区）的免学杂费补助资金和公用经费补助资金都在春季、秋季学期开学前拨入县教育局专户，并全部拨付到学校。今年春季、秋季两个学期，全区农村地区义务教育阶段公办学校所有学生共630多万人享受了免除学杂费政策。继续实施对农村义务教育阶段贫困学生免费提供教科书和补助贫困寄宿生生活费政策。在对农村义务教育阶段公办学校学生全部免收学杂费的基础上，2006年，在中央的支持下，自治区继续对全区131.4万名农村义务教育阶段贫困学生免费提供教科书并对贫困寄宿生补助生活费。绝大部分县（市、区）在国家、自治区加大对义务教育投入的情况下，能够继续加大对义务教育的投入。例如，河池市金城江区自1998年通过“两基”评估验收以来，连续几年初中和小学生均公用经费不断增加，仅从1999年到2003年，初中生均公用经费就从21.9元提高到47.6元，增长幅度达到117.4%。农村义务教育经费保障机制的建立和完善，为“两基”攻坚和巩固提高工作的顺利推进提供了强有力的支撑。

5. 农村中小学现代远程教育工程初见成效。2004年和2005年，我区共在74个县（市、区）实施“农村中小学现代远程教育工程”，其中在9006所学校建教学光盘播放点，在5945所学校建卫星教学收视点，在871所初中建计算机网络教室。共投入资金1.37亿元，其中中央投入9000多万元，我区投入4500多万元。我们始终坚持建设和管理使用并重，边建设边培训，注意提高项目学校教师对现代远程教育设施管理和运用的能力和水平。现代远程教育工程的实施，为我区广大农村中小学初步创造了信息化的教学环境，为实现教育资源共享，为农村普及信息技术教育奠定了基础。

6. 采取有效措施，抓好控辍保学，提高义务教育普及程度。在普及九年义务教育过程中，学生流失辍学一直是各级党委、政府和教育行政部门关注的重大问题，并坚持把控辍保学工作特别是农村、山区、少数民族地区的控辍保学工作作为巩固“普九”成果的重点、难点，采取切实有效措施，认真抓紧抓好。控辍保学需要强有力的措施，各地建立的“双线责任制”就是一项非常有效的措施，即各级政府一条线、教育部门一条线双线同时负责的制度，由于各地认真落实控辍责任，学生辍学现象得到了有效控制。除了建立责任制外，还通过落实“两免一补”政策，大力资助家庭经济困难学生就学。例如，贵港市所辖各县（市、区）坚持落实“控辍保学”责任制，采取领导包片，教师包村屯的办法发动学生入学，规定凡是学生流失率超过“普九”标准的，乡镇中心小学和初中校长要对本乡镇、本校巩固学额工作情况做出说明，并制定整改方案报当地教育行政主管部门，严格落实把辍学率高低作为学校领导班子特别是校长管理能力和水平的考核内容的制度，在学校评先评优中实行辍学率超标“一票否决”。岑溪市实现“普九”后，长期狠抓学校常规管理工作，辖区内中小学校容校貌和学风校风不断得到加强，学校办学质量得到有效提高，提高了家长送学生入学的积极性，近年来每学期小学返校率均在99.5%以上，初中返校率也控制在97%以上，在控辍保学方面取得显著成效。经过全区上下共同努力，2005年全区小学学龄儿童入学率达到99.07%，初中阶段毛入学率达到101.91%。

7. 抓好扫除剩余文盲工作，巩固基本扫除青壮年文盲的成果。自1998年基本扫除青壮年文盲的目标以来，各县（市、区）实现集中力量扫除贫困地区、大石山区和少数民族地区青壮年文盲，重点扫除农村妇女文盲和流动人口文盲，重点扫除15－24周岁青年文盲。梧州市岑溪市则在巩固扫盲成果方面成绩突出，1998年以后重新对巩固扫盲成果，扫除剩余文盲作了规划布置，真正做到扫盲机构不撤，人员不散，经费不减，工作不停，在全区扫盲工作起到了引领示范作用。贵港市覃塘区在完成基本扫除青壮年文盲的基础上，实行扫盲包干责任制，从源头上堵住新生文盲的产生，凡是有小学四年级以下学生辍学的（新生文盲）由辍学生原来就读的小学负责组织“回炉”扫盲，直至经过考试达到脱盲标准。由于各地重视扫盲工作，据统计，目前全区青壮年文盲率已下降到1%左右。

8. 加强队伍建设和管理，师资水平迅速提高。几年来，我区通过开展新师资培养、学历提高培训、校本培训、新课程通识培训、信息技术培训、骨干教师研修培训等形式，全面提高我区中小学师资水平。2004年以来，在要求全区34.91万中小学教师参加全员培训的基础上，组织开展自治区、市、县三级培训，共培训了校长和教师16.74万人（次）。其中，2005年，我区师资培训经费达1.48亿元，共培训中小学教师11万多人次。目前，全区普通初中具有合格学历的教师占教师总数的94.66%，小学具有合格学历的教师占教师总数的97.97%。2006年，在全区中小学校开展了“校长建设年”活动，认真开展校长培训工作，使全区每一位中小学校长至少接受一次培训、撰写一篇学校管理方面的文章、参加一次“中小学校长论坛”，从整体上进一步更新了农村地区中小学校长的教育观念，提高了中小学校长全面贯彻党的教育方针、全面实施素质教育的能力和水平，造就一支富有改革创新精神，依法治校，以德治校，廉洁自律的农村中小学校长队伍。

各地结合“两基”攻坚和巩固提高工作，加快解决代课教师问题的步伐。1997年以来，尤其是2003年中小学编制核定后，我区各地严格编制管理，加大对编外用人清退工作的力度，将面向社会公开招录中小学教师工作与代课人员的清退工作同时进行，经过逐年清理整顿，我区代课人员数量逐年减少，代课人员总数从1997年的151588人减少到2005年的52751人。目前，有一些县已经基本解决了代课教师问题，如鹿寨、龙胜、东兰等县，全区代课教师占教师总数的比例由原来的三分之一下降到了现在的11.7%以下。在解决代课教师问题中，平果、田东等县（市、区）的经验值得学习借鉴。如平果县成立了代课人员清退工作领导小组，加强对此项工作的领导，制定出台了一系列代课人员再就业优惠办法，在政策许可的范围内提供条件，帮助被清退代课人员再就业，从县到乡（镇）学校，精心布置，层层包干，各学校领导班子成员采取包屯、包村或“一帮一”办法，引导被清退代课人员重新择业，免费进行技术培训并提供务工信息。平果县各中小学校根据实际需要，安排一些被清退人员到学校做门卫、清洁工、食堂零工；为他们创办幼儿园、托儿所、学前班提供方便，2005年清退的672名代课人员中，有98人创办了幼儿园、学前班，有19人在村委选举换届中进入村委会工作，有208人进入工厂务工，有122人从事个体经营。田东县2005年被清退的540名代课人员中有180多人创办了幼儿园，10多人当选村干部，30多人应聘到县内企业和私立学校，100多人外出务工。

（二）“两基”巩固提高工作面临的主要困难和问题。

我区的“两基”攻坚和巩固提高工作虽然取得了可喜的成绩，但是我们也要看到，要全面实现“两基”，还有很多工作要做，还面临不少困难和问题。今天参加会议的69个县（市、区），早已通过自治区的“两基”评估验收，下一步要做的工作是抓好“两基”成果的巩固提高。与“两基”攻坚相比，“两基”巩固提高工作有其更艰难的一面，因为“两基”验收时还存在不少薄弱环节，一些地方政府在攻坚时采取突击行为，工作基础不很扎实。此外，“两基”验收后各级党委政府普遍存在松一口气的思想，致使“两基”验收后一些指标出现下滑，直接威胁着“两基”成果的巩固。我区“两基”巩固提高工作面临的主要困难和问题有以下几个方面：

1. 危房问题。我区农村初中、小学现有校舍面积2703万平方米，尚有危房面积223.6万平方米，危房率为8.27%，其中大部分为D级危房。D级危房是禁止使用的，大面积的危房给中小学校带来严重的安全隐患。

2. 在校生辍学问题。辍学率偏高仍然是全区普遍存在的严重问题。由于受新的读书无用论的影响和打工潮的冲击，当前，农村初中学生辍学比较严重。中小学生辍学，已成为“普九”和农村教育的重点和难点问题。

3. 编外用教问题。在编制外大量且长期聘用代课教师的现象依然严重。使用代课教师属于编外用教问题。为解决编外用教问题，自治区和各市县区人民政府采取了一系列措施，使代课教师人数从1997年的15多万人下降到现在的5万多人。但目前仍有不少县没有按自治区核定编制数足额配备教师，不愿意使用编制，一边有大量的空编，一边又继续聘用大量代课教师。用代课教师来顶编，造成实际教师不足。按照国家“普九”标准中生师比的标准要求，教师不足，是不达标的。

4. 教学仪器设备和图书资料不足问题。很多县由于义务教育学校教学设施长期得不到更新，加之基础教育课程改革对教学设施的配备提出了新的要求，更显现出义务教育学校教学设施不能够适应教学改革需要的矛盾。学校基础设施建设不配套，有的有功能室没有设备，有的有设备没有功能室，有的有运动器材没有运动场地等等，很难为学生的全面发展提供一个良好的学习环境，严重影响了学校办学水平的提高。

5. “两基”档案资料不全问题。由于一些县比较早通过“扫盲”和“普九”的评估验收，验收后没有注意继续加强“两基”档案工作，没有专人管理，旧档案残缺不全，新资料没有及时收集归档。国家的督导检查和评估验收，很多项目、内容和指标都是要通过档案反映出来，要检查档案资料，我们很多县的“两基”档案资料不全，与国家的要求还有很大差距。

我区“两基”巩固提高工作面临的问题，实质上就是我区“两基”工作的现状与国家“两基”验收标准的差距，在下一步工作中，我们要强化措施，消除差距，才能确保按计划通过国家“两基”验收。

二、采取有力措施，确保我区顺利通过国家“两基”验收

到2007年实现基本普及九年义务教育、基本扫除青壮年文盲“两基”攻坚目标，是国务院下达的硬任务，也是自治区人民政府的重要工作目标。自治区人民政府还决定，把全区按时通过国家“两基”验收作为2008年自治区成立五十周年大庆的献礼工程。这充分说明了自治区党委、政府对“两基”攻坚工作的高度重视，也表明了自治区党委、政府对打赢这场攻坚战的信心与决心。各县（市、区）要结合当地实际，把国家、自治区关于“两基”工作的工作部署落到实处，确保我区顺利通过国家“两基”验收。

（一）建立健全“两基”工作机构，落实“两基”工作责任。“两基”工作是一项复杂的系统工程，情况复杂，任务艰巨，务必要加强领导。为此，自治区成立了迎接国家“两基”评估验收工作领导小组，陆兵主席亲自担任组长，领导小组下设办公室和经费督查组、办学条件督查组、普及程度督查组、师资建设督查组，各职能小组即将开展工作。各县（市、区）要照方抓药，按照自治区的做法，实行“两基”攻坚县长、市长、区长负责制，县长、市长、区长要亲自抓、负总责。县（市、区）主管领导一定要把主要精力用到抓好“两基”工作上，要亲自深入到基层调查研究，靠前指挥，督促检查，要切实加强政府的统筹领导，充分发挥各部门的积极性，共同完成“两基”巩固提高任务。先期“普九”的69个县（市、区），还没成立“两基”迎检工作领导机构的要尽快成立，县（市、区）长要亲自担任领导小组组长，要形成主要领导亲自抓，分管领导具体抓，职能部门组织实施，其他部门积极配合，共同努力攻坚的良好局面。领导小组办公室要安排专职工作人员，落实办公经费，保证工作正常运转。

县（市、区）长要强化“两基”工作第一责任人意识，进一步增强责任感和使命感。实施“两基”是政府行为，“两基”搞不好是政府的责任，县（市、区）长是第一责任人，县、乡（镇）政府领导干部要人人有任务，个个有责任。要建立领导联系制度，县领导和县直部门领导要分别挂点联系各乡镇、学校，分片包干各乡（镇）的“两基”巩固提高工作。各市、县、区必须按时完成“两基”巩固提高任务，确保“两基”达标，顺利通过国家督导检查和评估验收。

（二）继续深化农村义务教育经费保障机制改革，依法保障义务教育经费投入。农村义务教育经费保障机制改革的主要内容是：按照“明确各级责任、中央地方共担、加大财政投入、提高保障水平、分步组织实施”的基本原则，逐步将农村义务教育全面纳入公共财政保障范围，建立中央和地方分项目、按比例分担的农村义务教育经费保障机制。在深化农村义务教育经费保障机制改革中，自治区将坚持投入政策延续性，对危房改造新机制和免杂费资金由地方承担的部分，全部由自治区本级财政负责，确保危改新机制和免杂费的资金得到落实。自治区本级已经作出很大的努力，完善经费保障机制，想方设法增加投入，确保“两基”工作所需经费。一是要确保财政预算内教育经费达到“三个增长”

要求，各县（市、区）今明两年所增加的教育经费，扣除增人增资外，全部投入“两基”；二是要确保农村税费改革专项转移支付资金的65%用于教育，不得抵顶预算内教育经费，主要用于“两基”；三是要确保上级下达的各种专项教育经费足额到位，不得挪作他用；四是要确保征收好城市教育费附加和地方教育附加费并全额用于教育事业。为保障教育经费到位，各市、县要加强教育经费审计工作，除自治区审计厅近年来以及今明两年统一安排审计的县外，其他县要对本县2004－2006年的教育经费到位情况进行一次自查，凡未达到要求的，要主动采取措施整改到位，并书面报自治区人民政府教育督导团办公室，以备国家验收团检查。

（三）抓好农村中小学危房改造工程建设。抓好危房改造，减少危房面积，消除D级危房，是巩固提高“两基”成果的重要任务。国家验收标准对危房改造工作有严格的要求，学校不能使用D级危房，这是一票否决的指标。各地发现有D级危房又不能维修再使用的，必须拆除。为了进一步完善学校基础设施，顺利通过国家“两基”验收，根据我区的危房改造目标，到2007年国家评估验收前，我区要消除现有的D级危房。各县（市、区）首先要组织力量对中小学校危房进行一次全面核查，摸清家底，制定好全部消除辖区内D级危房的工作计划。其次要千方百计筹措危改资金，实行新机制后中央和自治区的危改资金已经落实，很快要下达，除了中央、自治区的危改资金、农村税费改革专项转移支付资金，各县（市、区）要增加投入，弥补资金缺口，保证危改计划落到实处。自治区有关部门将加强对全区农村中小学危改的统筹规划和指导，加强督促检查，确保全区危改有序推进，按时完成任务。各地要抓紧实施，在实施过程中要注意工程质量，要进一步规范工程实施管理，严格项目资金管理，加强对项目实施的督查工作。各地有关部门要加强协调沟通，采取领导具体挂点项目责任制、项目竣工倒计时建设计划、月报制度等有效措施进一步加快危改项目建设进度。各级政府一定要像去年抓好为民办实事一样抓好农村中小学危房改造工程建设，确保各项工程按质按量完成任务，尽快消除中小学D级危房，减少其他危房。

（四）加强编制管理，解决编外用教问题。在编制外长期聘用教师的问题在一些地方还比较严重，尤其是桂东南一些县市最为突出，虽然是历史原因造成的，但目前解决这个问题的条件已基本成熟，就要下决心解决，不能再往下拖。各地一定要按照自治区人民政府办公厅转发的自治区教育厅、编办、人事厅、财政厅《关于进一步加强农村中小学教师队伍建设的意见》（桂政办发〔2006〕73号），严格编制管理，充分使用好中小学教职工编制，减少中小学教职工空编率，原则上各地空编率要控制在5%以下，要及时妥善做好代课教师的清理工作，解决好编外用教问题。

（五）采取有效措施做好控辍保学工作。控制农村初中学生辍学，是我区“两基”巩固提高工作的重点，也是难点。控辍不仅仅是学校的责任、教师的责任，更是政府的责任，控辍的主要职责在县、乡政府。各级人民政府要从全面落实科学发展观和依法行政的高度，深刻认识新《义务教育法》的重大意义和深刻内涵，充分认识义务教育控辍保学重要意义，依法保障适龄儿童少年接受九年义务教育的权利，进一步增强控辍保学紧迫感和责任感，切实履行好对控辍保学工作的领导责任、法律责任、管理责任，要像抓经济工作那样抓好控辍保学工作。各县（市、区）政府要进一步加大工作力度，依法完善防辍控辍制度和建立防辍控辍的长效机制，严防适龄儿童少年尤其是农村初中学生辍学。各地要把控辍保学列入政府“两基”攻坚工作的重要内容，县（市、区）政府一把手作为第一责任人要对控辍保学工作负总责，亲自挂帅，亲自部署，亲自检查，扎实解决控辍保学工作中出现的各种困难和问题。

各地要继续完善义务教育控辍保学“双线目标责任制”，即县政府与乡政府、乡政府与村民自治组织、村民自治组织与村民签订控辍目标责任状，教育行政部门与学校、校长与教师、教师与家长签订控辍目标责任状。各市、县要把控辍保学目标责任细化、具体化，把任务指标具体落实到各级政府领导和有关部门。从这个学期开始，要确保初中和小学在校生辍学率控制在国家规定的范围以内，即小学要控制在1%以下，初中要控制在3%左右。凡是义务教育辍学率达不到国家标准的地区，市、县人民政府都要及时调研，采取法律、行政、经济等措施，限期予以解决，最大限度地把义务教育辍学率控制在国家规定的标准范围内，做到适龄儿童少年的入学一个都不能少，要让学生进得来，留得住，学得好。

（六）继续抓好现代远程教育工程和教学设施建设工作。现代远程教育工程的实施就是要在农村学校建设教学光盘播放点、教学收视点和计算机教室，利用信息化的手段和方式，向农村地区输送优质教育资源，有效解决广大农村中小学教育教学资源匮乏、师资短缺等问题，提高农村教育质量。各地要把普及实验教学和发展信息技术作为“两基”巩固提高的重要内容，抓好现代远程教育工程建设，坚持建设和管理使用并重，边建设边培训，提高教师对现代远程教育设施管理和运用的能力和水平。抓好教学配套设施建设，就是要充实和更新教育仪器设备和图书资料等，并加强管理和使用。前期“普九”县（市、区），除校舍不足外，教学仪器设备也普遍缺乏，而且老化，需要充实更新，这是巩固提高“两基”成果的基础性条件。69 个（县、市）区中，还有博白县、防城区、宜州市没有“普实”，一定要加大工作力度，尽快实现“普实”目标。各县（市、区）都要加大资金投入，加快中小学实验室、图书馆（室）及体育、艺术、劳动技术等教育设施的建设，努力提高装备水平。

（七）认真抓好扫盲工作，巩固扫盲成果。基本扫除青壮年文盲是“两基”工作之一，我区的扫盲工作虽然在 1998 年已通过国家的验收，但巩固和发展扫盲成果的任务仍十分艰巨，各地必须加强对扫盲工作领导，继续把扫除文盲工作及扫盲后的巩固提高工作放在教育工作的“重中之重”的地位，强化扫盲工作的领导力度。做到“机构不散，人员不减，经费不少，工作不停”。要继续实行地方政府、教育部门“双线”承包责任制，把扫盲任务列为县、乡（镇）和企业、单位行政负责人的职责。建立健全各级政府扫盲工作领导协调机构，动员各方面力量参与扫盲工作。各级政府要统筹、充实、完善扫盲工作领导协调机构，动员社会各方面力量参与扫盲工作，推进扫盲工作健康深入地发展。

要进一步加大扫盲后巩固提高工作力度，把扫盲后巩固提高工作和加强农民继续教育工作摆在重要位置。采取有效措施，防止复盲率反弹，而且要将工作中心转向大力开展各类实用技术培训。乡、村两级成人文化技术学校都坚持开展培训活动，要结合当地经济实际，根据当地产业发展，针对当地农作物生产所需开展技术培训和劳动力转移培训。我们发现，有些地方的成人文化技术学校已经撤销，有的已形同虚设，没有管理人员，没有活动经费，没有开展活动。这种状况必须改变，要按照国家和自治区的要求，认真抓好扫盲成果的巩固提高工作。

（八）认真做好“两基”档案资料工作，全面准确反映我区“两基”成果。2000 年以前验收“两基”的 69 个县，验收之后多年没有整理档案材料了，多数县的档案管理人员也更换了，新来的人不熟悉“两基”工作。各市县要重视这项工作，从现在开始着手整理档案，具体要求按自治区人民政府教育督导团下发的有关文件执行。

（九）继续加强监督检查。一是开展督查，按照《广西壮族自治区人民政府办公厅关于成立自治区迎接国家两基评估验收工作领导小组的通知》（桂改办发〔2006〕124 号）精神，自治区将组织经费督查组、办学条件督查组、普及程度督查组、师资建设督查组等到各地开展督查。二是继续实施县级党政主要领导干部教育工作督导考核制度，通过考核，促进各地党委、政府进一步加强对农村教育工作的领导，增强县级主要领导抓好教育的意识，大力发展农村教育，加快“两基”巩固提高工作进程。请各县、市、区长认真学习自治区出台的有关县级党政主要领导干部教育工作督导考核制度及其实施细则，推动“两基”工作，争取在考核中取得好成绩。

最后，我对教育局长提几点要求，对县长和县级有关部门提几点建议。

对教育局长的几点要求：

第一，教育局长要当好当地党委、政府的参谋和助手。要在调查研究的基础上，对照“两基”验收标准，向党委政府报告本县（市、区）“两基”巩固提高工作现有的工作基础、存在的差距、工作目标、达到目标的保障措施等，为政府出台“两基”攻坚提高工作计划做好基础性工作。要主动向党委、政府领导汇报“两基”工作取得的进展，存在的困难和问题，争取解决困难和问题的主动权。

第二，从现在开始到明年 6 月份，只剩下 8 个月时间，“两基”工作时间紧、任务重，各级教育行政部门一定要真正把“两基”摆在“重中之重”位置，局长亲自抓，分管副局长常抓不懈，其他副局长协同抓，调动教育系统所能调动的人力、物力、财力，全力以赴投入“两基”工作，真抓实干，艰苦奋斗，坚决把“两基”搞好，一定要取得决定性的最后胜利，不达目标决不罢休。

第三，教育局长要树立高度的责任感，主动联系发改委、财政、人事、公安、扶贫开发等部门以及乡镇党委政府和村民委，在落实建设资金、解决用编用教问题、“控辍保学”、改善办学条件、维护校园周边环境等方面争取有关部门支持，在形成“两基”工作全力方面发挥积极作用。

第四，教育局长要高度重视农村中小学校长在

“普九”工作当中的重要作用。全区“两基”工作以县为单位进行评估验收，一个县的“两基”工作靠一所所学校来反映，所以，“两基”工作要从一所所学校抓起。一所学校管理情况好坏，主要看校长。育行政部门要大力加强学校管理工作，首要问题是抓好校长培训。要执行问责制，今后哪个县的学校管理不善，教育局长要负主要责任，一是问你培训好校长没有，二是问你下工夫抓学校管理了没有。

对县长及有关部门的几点建议：

第一，由于相当多的县（市、区）长是今年换届后才走上现任岗位的，对国家、自治区关于“两基”工作的要求和部署，对于本县（市、区）“两基”工作情况还需要一个熟悉和适应的过程，建议县长们加强学习，深入调研，进一步深入了解国家、自治区有关教育工作的目标、任务、措施及政策以及当地教育工作情况。

第二，建议县长认真履行“两基”工作第一责任人的职责。建议县（市、区）长回去后立即抓4项工作：一是建议请县长们亲自召集县政府常务会，专题研究“两基”巩固提高工作，会议要有明确的解决问题的办法，并且要有清晰的会议记录。二是建议县（市、区）长一定要召集县政府有关部门亲自到你辖区内工作相对落后的乡、镇开一次现场的办公会，从最薄弱的地方起步，实在“两基”攻坚的难点，进而夺取全面胜利。三是建议县（市、区）长在县内的媒体上亲自作“两基”巩固提高工作动员讲话，号召全社会关心支持“两基”巩固提高工作，形成良好的工作氛围。四是建议县（市、区）长必须在向人大提交的政府工作报告当中向人大代表报告“两基”巩固提高的工作部署，表述县“两基”巩固提高工作的情况。

第三，建议县（市、区）长们突出重点，抓住“两基”工作的关键环节，有效推进各项工作。重点抓好建立健全机构、制定“两基”巩固提高规划、保障经费投入、抓好项目工程建设和危房改造、“控辍保学”、解决编外用教、保证教师工资按时足额发放等全局性工作。

第四，建议县级财政、发改委、人事、公安、扶贫开发等部门领导进一步关心、支持“两基”巩固提高工作。在当地党委、政府的领导下，发挥部门优势，加强沟通，密切协作，共同解决工作中面临的困难和问题，为“两基”工作顺利推进作出应有的贡献。

同志们，在我区全面实现“两基”，是一项必须完成的政治任务，无论任务多么艰巨，时间多么紧迫，也要坚决打赢这场攻坚战。隆安县作为国家扶贫开发重点县，论穷是够穷了，论条件也是够差的了。然而，当县委、县政府真正把“普九”作为历史责任扛起来后，情况就大不一样了。县里坚持确保教育专款足额拨付，确保教育经费“三个增长”，确保教师工资按时足额发放；县委书记、县长以及县副处级以上领导都挂钩联系一个乡镇的教育工作，深入了解“普九”情况，及时为“普九”排忧解难。还有罗城县、凌云县、融水县等，他们都是贫穷落后的县，但县的党政领导都非常重视“普九”工作，加强领导，始终坚持以扎实有效的工作多方筹措资金，争取国家和社会各界的大力支持，校舍改造，特别是初中校舍的改、扩建，为扩大初中招生规模创造了条件。县委、县政府的行动有力地感染和带动了各行各业及各族群众，当地群众为了建校办学，投工献料，呈现出浓烈的昂扬向上的“普九”氛围。他们这些贫困县充分依靠广大干部群众的力量，努力实现“普九”目标，这是值得各县学习的。今年底到明年上半年，“两基”工作是我区教育工作的重中之重，头等大事，也是各级政府工作的重中之重，我们必须迎难而上，竭尽全力，夺取“两基”巩固提高战役的全面胜利。

认清形势　明确目标
大力加强中小学教师队伍建设

——在 2006 年教师教育工作会上的讲话

自治区高校工委副书记、教育厅副厅长　潘　晔

2006 年 6 月 24 日

同志们：

百年大计，教育为本；教育大计，教师为本。在新的历史时期，面对全面建设小康社会、构建社会主义和谐社会以及社会主义新农村建设和“四个广西”建设的新形势和新任务；面对义务教育的逐步普及和教育事业改革发展的进一步推进，教师的地位和作用更加凸显。因此，进一步加强教师教育和中小学教师队伍建设工作就显得特别重要而紧迫。

刚才余厅长以科学发展观为统揽，分析了教师教育和中小学教师队伍建设面临的形势及其重要意义，提出了发展教师教育和搞好教师队伍建设必须树立的理念、实现的目标以及突出抓好的重点工作。这是一个既有高度，针对性又很强的讲话，为我们今后的工作指明了方向。希望大家在讨论中认真学习和领会，并贯彻到具体的实践工作中。

下面，我就加强教师教育和中小学教师队伍建设讲几点意见。

一、经过多年的建设，我区已拥有一支素质较高、爱岗奉献精神较好，基本能适应全区教育事业蓬勃发展需要的教师和校长队伍

长期以来，我区一直致力于建设一支数量足够、质量优良，能满足我区基础教育改革与发展需要的中小学教师和校长队伍。因此，我区根据不同发展阶段对队伍建设的要求，通过艰苦努力和创造性地开展工作，在基础较薄弱的情况下，取得了良好的成效。特别是“十五”以来，队伍建设逐步走上法制化轨道，进入良性发展阶段。之所以这样说，主要基于以下几方面的事实和根据。

*（一）在教师培养方面，我们培养了大批合格中小学教师，基本满足基础教育事业发展的师资需求。*一直以来我们都保持有完整的教师供给体系，数量上培养有足够的教师满足基础教育发展的需要，包括在进行师范院校布局结构调整时期也做到了以师范院校为主渠道提供教师（全区中小学教师有缺编和代课教师存在，不是没有足够的师资来源，而是当地财政困难无法支撑等原因造成），教师学历合格率得到大幅度提高。到 2005 年底，全区有中小学专任教师 38.31 万人（其中幼儿园、小学、初中、高中各为 2.60 万人、20.48 万人、11.71 万人、3.52 万人），比 2000 年增加 3.46 万人；幼儿园、小学、初中、高中专任教师学历合格率为 96.08%、97.97%、94.66%、76.42%，分别比 2000 年增长 0.49、2.52、11.63、11.12 个百分点；小学专任教师中具有大专以上学历的比例由 2000 年的 10.62% 提高到 49.99%，初中专任教师中具有本科以上学历的比例由 2000 年的 7.2%提高到 18.38%，高中专任教师中具有研究生学历的比例由 2000 年的 0.18%提高到 1.23%。

*（二）在教师培训方面，全面推进中小学教师继续教育工作，大幅度提高教师队伍整体素质。*由于经济教育发展水平等原因，长期以来，我国中小学教师的入职条件（资格条件）相对较低，中师毕业教小学、专科毕业教初中、本科毕业教高中，“十五”以前还有一大批年纪较大的教师连这样的学历也不具备，教师的整体素质可想而知。由此产生的低起点、短学程的教师培养和原有教师队伍素质偏低与教师专业化发展要求，特别是基础教育课程改革对高素质教师的需求所产生的矛盾非常尖锐，培训任务十分繁重。“十五”期间，我区坚持“面向全体，突出重点，抓住骨干，倾斜农村”为原则，采取多种形式对中小学教师进行了内容丰富的培训。具体做法是：以“21 世纪园丁工程”为载体，抓好自治区、市、县三级骨干教师培训；以“教师专业发展报告册”和校本培训为依托大力推进教师的全员培训，促进全体教师的自觉学习，使全区 97%以上的教师完成了继续教育任务。在成功完成了第一期“广西 21 世纪园丁工程”任务的基础上，顺利启动了第二期“广西 21 世纪园丁工程”，培养了一批

自治区级、市级和县级骨干教师，初步建立起了我区中小学骨干教师队伍和梯队；顺利完成了“二期义教工程”师资培训，启动了“两基”攻坚师资培训项目，为农村地区教师接受高质量的培训作出了切实的努力；顺利实施了基础教育新课程改革师资培训计划，使所有承担新课程的教师都有机会接受1次以上的培训，为我区基础教育课程改革的顺利推进奠定了良好基础；很好地执行了“英特尔（r）未来教育”师资培训任务，启动了“微软携手助学”项目和教师教育技术能力建设计划，为提高我区教师的信息技术和学科整合能力发挥了重要作用。

（三）在教师管理方面，通过依法加强管理，使教师队伍建设逐步走上科学化、规范化和法制化轨道。主要做了以下几方面的工作：

一是依法实施教师资格制度。根据教育部的统一部署，我区从2001年开始全面实施教师资格制度，组织开展了面向社会认定教师资格工作。据2004年3月的统计，全区中小学教师持证上岗率分别为：普通高中94%、初中96%、小学98%。去年没有作统计，但持证上岗率肯定比2004年有所提高，目前全区都做到了在招录教师时，首先要求要有教师资格证书，可以说基本做到了教师持证上岗，把好教师入口关。

二是核定中小学教职工编制。2003年，我区根据国务院制定的新的中小学教职工编制标准，重新核定了中小学教职工编制，并将编制核定到学校，极大地缓解了我区因近20年未核定编制造成的中小学校编制极不适应基础教育发展需要的困难。与此同时，结合中小学教职工编制的落实，积极妥善地解决编外使用教师问题。

三是稳步推进中小学人事制度改革。“十五”期间，我区按照“抓好试点、平稳起步、以点带面，稳妥推行”的指导思想，选定了南宁、柳州、桂林、北海等经济条件好，基础教育较为发达的中心城市开展以竞争上岗为核心的中小学教师聘任制度改革。这一改革促进了广大教职工思想观念的转变，激活了学校的用人机制，调动了教职工的积极性，优化了教师队伍结构，也为下一步全面推进人事制度改革积累了经验，打下了较好的基础。

四是提高教师待遇，表彰奖励优秀教师。到2005年底，中小学教职工月平均基本工资为979.39元，比2000年增加338.38元。在教师工资得到基本保证的同时，我们大力表彰优秀的教师，1989年以来，全区受自治区级以上表彰的教师就有3654人。“十五”期间，全区共评选2批294名中小学特级教师（今年还将评200名左右），受表彰奖励的全国模范教师51名、全国优秀教师119名、全国教育系统劳动模范5名、全国优秀教育工作者147名、全国教育系统先进工作者8名、自治区优秀教师360名、自治区优秀教育工作者39名。随着中小学教师经济地位和社会地位的不断提升，教师职业的光荣感不再停留在文件上、会议上和口号上，而变成了教师们实实在在的感同身受。

（四）在中小学校长建设方面，加大培训力度，提高校长的管理水平和能力。“十五”期间，全区各地按照教育部颁布的《中小学校长培训规定》的要求，组织实施中小学校长任职资格培训，使中小学校长持证上岗率达到97.6%；组织实施以学习新知识、掌握新技能、提高管理能力为主要内容的在职校长提高培训，累计培训2.58万人次。在此基础上，自治区本级组织了680名中小学骨干校长培训以及1500多人次乡镇中心校长专题培训，同时共推荐选拔106名自治区级骨干校长参加国家级研修。通过培训，不仅推动建立了中小学校长持证上岗制度，而且进一步提高了中小学校长的整体素质。除此之外，各地还根据当地的实际进行了校长任期目标责任制等探索，加强对校长的考核和管理。

当然，在取得成绩的同时，也存在一些较为突出的问题，主要表现在：

（一）中小学编制管理还不够规范。一是中小学编制总量空编与局部超编并存。从总量上看，教师编制有空余，据统计，全区中小学空编3.97万名。但是城镇中小学超编现象比较严重，而农村中小学教师又严重不足。二是一些地方空编不补、大量编外使用代课人员的现象依然存在。三是少数地方存在未将自治区下达的编制足额核定到中小学校的情况。

（二）编外使用代课人员数量多，解决速度慢。到2005年底，全区有编外使用代课人员5.28万人，这些编外人员绝大多数分布在农村小学和初中（小学4.64万人，中学0.64万人）。我区编外使用代课人员是在特殊的年代、复杂的地理环境、贫困的经济基础以及人事管理制度不完善等条件下产生的，尤其是20世纪90年代，为完成“普九”任务，各地聘用了大量的编外人员；实行农村义务教育以县为主的管理体制后，一些县级政府为了减轻财政负担，空着教师编制不用，采取低薪聘请编外代课人员的方法来维持教学基本运转。自治区已经出台了关于解决这一问题的有关政策，但各地处理这一问题进展不平衡，总体速度较慢，使得教师队伍不稳定。

（三）教师专业化水平不够高。一是学历层次偏低。近年来，中小学教师学历层次虽然有很大程度的提高，但比较而言仍然偏低。根据 2004 年的统计，小学、初中、高中教师学历合格率分别低于全国平均水平 1.01、0.95、7.05 个百分点，分别排在全国第 26、22、27 位；高学历教师占有比例的差距更大，小学专科以上学历教师、初中本科以上学历教师分别低于全国平均水平 9.52、16.47 个百分点。二是教育观念更新慢，不适应新一轮基础教育课程改革的要求；城镇中小学教师所带班额大，工作负担重，缺乏学习进修的时间；农村地域辽阔，教育发展不均衡，培训经费短缺，加之教师分散，工学矛盾突出，教师继续教育的难度相当大。三是教学水平不高。很多学校特别是农村学校教学设备匮乏，教师的教学方法简单，许多教师教学仍然是一本书、一张嘴、一支粉笔、一块黑板上课。

（四）教师队伍结构不尽合理。一是城乡教师分布不平衡，城乡教师无论是数量还是质量都存在较大的差距，据我们调查，越是边远落后的农村学校，教师越紧缺，许多学校为一师一校，一师一班，一个教师包班教学，甚至还存在复式班，一个教师负责几个年级的教学。二是年龄结构不合理，不少地方和学校 50 岁以上和 30 岁以下教师占绝大多数，30 岁至 50 岁的教师很少，中间出现了断层。三是职称结构不合理，这一现象在农村学校特别突出。造成这种现象的主要原因在于现行教师激励和评价机制不合理，以及农村贫困地区高级教师向城市发达地区流失的严重倾向。四是学科结构不合理，除高中和城区学校外，大部分学校语文、数学教师占专任教师的比例达 75%以上，初中和小学的英语、计算机、艺术、体育、综合实践活动课等学科教师严重短缺。基础教育师资结构这些严重的不合理现象，隐含着十分严重的危机，影响着基础教育的协调和可持续发展。

（五）中小学人事制度改革进展不平衡。一是中心城市起步较早，力度较大，效果也比较好。但县以下的中小学人事制度改革进展缓慢，对改革的紧迫性认识不足，力度不大。二是改革的配套政策措施还不够完善。三是中小学教师人事管理体制没有完全理顺，治事与用人脱节的现象依然存在，教育行政部门对教师的人事管理权限尚未真正落实到位，多头管理的现象比较突出，不利于教师、校长的交流和学校对教师的管理，也不利于中小学人事制度改革的推进。

（六）中小学教师和校长队伍建设经费得不到保证。教师和校长培训经费来源渠道不畅，许多地方没有按要求纳入财政预算，在“以财政拨款为主，实行政府、学校和个人三个一点”中，往往是政府那一点不到位，致使一些地方特别是县级教师培训工程无法开展。

总而言之，中小学教师和校长队伍建设工作在过去的几年取得了比较好的成绩，为基础教育的改革发展打下了良好的基础。但我们也必须清醒地认识到当前中小学教师和校长队伍建设工作存在的困难与问题。这些困难和问题，既有长期遗留下来的结构性、体制性的老问题，也有改革发展过程中出现的新问题，我们要在推进工作的过程中切实解决好这些困难和问题。

二、广西教育事业要在“十一五”时期取得更大发展，加强校长和教师队伍建设是关键

提高教育教学质量是教育发展的国际趋势，也是我国我区“普九”目标实现以后新的工作要求，这个新的工作要求的实现，必须依靠一支高素质的校长和教师队伍。因为教师和校长的质量决定教育质量，教师和校长的水平决定教育水平。全面实施素质教育，培养全面发展的一代新人，是包括各级各类教育特别是基础教育在内的一项紧迫任务。教师和校长作为素质教育的实践者和指导者，在推进素质教育的过程中发挥着主力军的作用。建设高质量的教师和校长队伍，是全面推进素质教育的基本保证。因此，不断推进教育事业的改革和发展，办好让人民满意的教育，必须全心全意依靠教师和校长，坚定不移建设好教师和校长队伍。

（一）我区加强中小学校长和教师队伍建设的主要任务。

关于“十一五”我区教师教育和中小学教师及校长队伍建设问题，我们分别提供了两个规划征求意见稿，请大家讨论提出修改意见。在这里我仅就当前和今后一段时期，我们工作的主要任务跟大家作个介绍。

任务之一，搞好师德建设工作。将师德建设放在教师队伍建设的首位，扎实开展师德教育工作这是任何时候我们都不能放松的一项重要任务。

当前及今后一段时期，要认真贯彻落实胡锦涛总书记关于“八荣八耻”的社会主义荣辱观和《教育部关于进一步加强和改进师德建设的意见》精神，坚定不移地把师德建设放在教师队伍建设的首位，着力推进以下几项工作：

1. 加强制度建设。建立健全师德建设学习培训制度、师德建设考核制度、师德建设激励和监督制度等各项规章制度，保障师德建设顺利开展。

2. 强化师德教育。加强教师教育专业学生的教师职业道德教育，今后，在教师资格认定和新教师聘用中，要把教师职业道德作为必备条件和重要考察内容；加强教师岗前和职后师德教育，要把师德教育作为新教师岗前培训和在职教师职后培训的必修课程和重点学习内容；加强对学校班主任、辅导员等德育工作者的师德教育专题培训。

3. 严格师德考核。要把师德考核结果作为教师奖惩、培训、聘任、辞退以及教师职称评定、职务晋升、晋级的重要依据。要在教师资格、专业技术职务评审和评聘等方面实行师德"一票否决制"。要切实把好教师入口关，择优选聘教师，将师德表现作为教师资格认定和新教师聘用的重要考核内容。要依法管理教师队伍，对违反教师职业道德规范的，视情节轻重给予批评教育、行政处分，直至撤销教师资格、清理出教师队伍。

4. 加强师德宣传。每年教师节组织开展师德主题教育活动，大力宣传和推广师德先进典型；表彰奖励师德先进个人和集体，在全区性的教师和教育工作者表彰奖励中，表彰师德标兵，优秀班主任、辅导员、德育工作者和师德建设先进集体、德育工作先进集体。各级教育行政部门和各高等学校也要组织相应的表彰奖励活动。

5. 加强师德监督。各级教育行政部门要把师德建设作为各类教育督导评估的重要指标。要面向社会公开师德举报电话或建立其他举报或反馈渠道，支持学生、家长和社会有关方面对师德建设进行监督和评议，加大社会对教师师德建设的监督力度，形成教育行政、学校领导齐抓共管与社会舆论监督配套的工作格局，预防和减少违反教师职业道德的行为。通过一段时间的努力，使我们的教师队伍在社会上享有良好的声誉。

任务之二，加强教师教育体系建设，提高教师培养培训质量。这是我们的基础和中心工作。

校长和教师队伍的稳定来源、素质的提升和整个队伍的可持续发展，对于我们庞大的基础教育至关重要，而承担这一任务的，目前乃至今后一段很长时间，主要依靠的仍然是教师教育。因此，教师教育体系的完善和创新是搞好校长和教师队伍建设的重要保障。"十一五"期间，关于教师教育体系建设我们的思路是，将教师教育纳入高等教育范畴，依托现有高等学校、县（市、区）教师教育机构，构建完成人网、天网、地网系统集成，职前职后教育相衔接，学历教育与非学历教育并举，实施教师资格证书教育和培训证书教育为主要任务的现代教师教育体系。重点抓好以下几项工作：

1. 采取有力措施，积极探索构建新型教师教育基地。教师教育体系的建设基础在基地。虽然我们一直保持有相对完整的教师培养培训基地，但是，针对在教师教育转型时期中等师范学校"关、停、并、转"，高等师范专科学校逐步不适应初中教师学历层次的培养，高等师范本科院校不再单一培养教师，培训机构能力不强等因素，我们提出了在全区分级建设教师教育基地的思路，在整合原有教师教育资源的基础上，加强教师教育基地的建设，规范教师教育行为，提高质量和效益。这是符合国家有关要求的，教育部将很快下发有关文件，进一步明确和规范教师的培养培训工作。主要就是要强调从事教师教育的资质和规范办学问题，有关要求在我们规划稿中已有要求，余厅长在讲话中也进行了强调，我就不重复。这项工作，在2005年的全区教师教育工作会议上，已经进行了部署，随后印发了《关于建立广西教师教育基地的意见》。在此基础上，根据新的发展要求，具体规划如下：

——建立2个示范教师教育基地。广西师范大学和广西师范学院要加大建设力度，建设成为我区领头和示范的教师教育基地（如果教育部启动教师教育基地建设工作，将向教育部申报建立国家级教师教育基地）。发挥教师教育学科和专业优势，主要承担高中教师培养任务，同时，面向高校本科以上毕业生实施教师资格教育和教育学士、硕士、博士学位教育以及国家级、自治区级骨干教师和校长培训。由自治区负责建设。

——立项建设5—7个自治区级教师教育基地。要将玉林师范学院、河池学院、梧州学院、钦州学院、贺州学院建设成为自治区级教师教育基地，主要承担初中教师的培养任务，同时，有条件的院校要设立初等教育学院，承担小学、幼儿园教师培养任务。高等师范专科学校要继续承担小学、幼儿园教师的培养任务。争取提升广西幼儿师范学校的办学层次，建设成为专门培养幼儿园教师，培训自治区级幼儿园骨干教师和园长的自治区级教师教育基地。由自治区和所在市共同建设。

——每个地级市建设一个市级教师教育基地。在没有自治区级教师教育基地的市，依托各市所属高等学校或改造现有市属中等师范学校建立市级教师教育基地，主要实施本市市级骨干教师和校长培训，市级教师教育基地的建立，由各市统筹规划和建设。

——建立一批县级教师学习与资源中心。要求各县（市、区）加大对本地教师教育资源统筹整合的力度，积极推进教师进修学校与当地教研室、电教站、仪器站等相关部门功能整合，建设成为新型的县级教师学习与资源中心；加快现有所属中等师范学校的调整和改制步伐，当地没有教师进修学校的，要将其与其他资源整合为县级教师学习与资源中心；县级教师学习与资源中心要按照“小实体、多功能、大服务”的原则和“五个中心”（教师培训中心、资料信息中心、教学实验中心、电化教学中心、教育科研中心）、“两个基地”（小学教师培训基地和小学校长培训基地）、“一个辅导站”（远程教育辅导站）的办学目标由各县（市、区）统筹规划与建设；县级教师学习与资源中心实施小学教师全员培训和小学校长培训，并发挥中学教师培训的组织作用及远程教育教学辅导站作用。

2. 积极整合有效资源，促进传统与现代网络相结合。与教师教育基地相适应的教师教育网络是教师教育体系的重要组成部分。这里所说的网络不但指传统意义上的教师培养和培训网络，还包括现代信息技术条件下的网络体系，即通常所说的现代远程教育网络。近年来，我区加强了对教师教育现代远程教育的研究和建设，2000 年自治区教育厅就拨出专款启动广西师范教育现代远程教育工程，2001 年广西教师教育网建成开通。后来虽然停滞了几年，但根据教育部的部署，2005 年全区教师教育会议以后我们又开始着手准备，重点工作放在研究传统与现代网络相结合的运行模式上，今年下半年，将正式启动我区“教师教育网络联盟计划”的试点工作。经过近一年的探索和研究，我们认为现代教师教育网络必须要与传统教师教育网络紧密结合，要使“教师教育网络联盟计划”真正落到实处，必须要做好四个方面的准备工作：

一是以计算机为核心的远程教育网络，也就是通常所说的“修路”。这项任务不一定要教师教育战线来完成，可以利用现有的网络与他人合作，但一定要覆盖城乡学校。

二是资源，我们可以把它看作“汽车”。这项工作也可以和他人合作进行，但必须丰富、适用和具有针对性。

三是引领专家，我们可以把它比喻为“驾驶员”。引领专家可分为三个层次，第一层是县级的，这一层次人数最多也是最重要，我们打算每县每学科培训 2 人，包括县级教师进修机构的学科教师和教研员各 1 人。其主要任务是以乡镇中心校（中学）为基本单位指导、引领各校在现代网络条件下进行校本研修，组织全县本学科教师开展教研活动及各种交流活动，解答中小学教师在学习过程中遇到的问题并将普遍存在和难以解决的问题向上反映，在这过程中，要求我们的中小学校长负起教师继续教育的第一责任人的使命，共同组织实施。第二层是自治区级，这一层次的专家主要包括自治区级教师培训主讲教师、教研员、高校专家、中小学骨干教师和特级教师，整合力量组成自治区级中小学教师继续教育专家库，负责对全区中小学教师开展继续教育进行指导和引领，研究开发地方资源，解答疑难问题并负责与国家级网盟专家联系。第三层是国家级，主要是服务于教师教育网络联盟的指导专家，这也是我们依靠的重要力量。

四是管理，它就象整个交通系统中的“交规”和“交警”，没有它车就会乱跑和出事故。首先要有功能够用、便宜操作的管理平台，要制定和完善教师继续教育有关规章制度，特别是学分登记制度，激励和规范教师积极利用网络学习的行为。同时，要有管理机构，我们的各级教师培训管理部门都要负起这一责任。

3. 积极引导，推进教师教育模式创新。教师教育模式是教师教育体系的核心内容。面对蓬勃发展的基础教育改革，我们教师教育的模式已滞后于它所服务的对象。因此，我们鼓励和引导师范院校积极进行模式创新，包括培养和培训模式，这也需要各地的配合和支持。在培养方面，针对中学和小学（幼儿园）不同学段的特点，探索不同的培养模式，加强教师教育专业建设。中学教师的培养在保持师范教育特性的前提下，提倡探索多种模式的培养，以解决专业性和师范性的矛盾问题；在学制上，可以开展多种形式的实验。小学（幼儿园）教师的培养则坚持原有师范教育的系统教育，根据基础教育课程改革的需要进行课程调整和教育教学改革；在培养基地建设方面，要整体纳入高等教育体系，并充分发挥原有培养小学（幼儿园）资源的作用。在教师培训方面，除必须的大规模集中培训外（比如，骨干教师的集中面授等），重点转向在岗的校本研修和网络跟踪指导。

同时，为了促进中小学教师队伍来源结构的多样化，在有关社会人员申请教师资格规定的基础上，我们对非师范类大学应届毕业生申请中小学教师资格作出了相关规定，将教师教育课程与教师资格教育课程相结合，鼓励综合性大学的优秀毕业生从教，进一步深化教师教育培养模式改革。

任务之三，深化中小学人事制度改革，加强教师队伍管理。这是我们工作的保障机制。

1. 严格按编制标准配备教职工。各级县级教育行政部门要在自治区核定的教职工编制内，统筹使用教职工编制，要特别考虑农村中小学区域广、生源分散、教学点较多等特点，尽最大可能满足农村中小学的实际需求。要严格按照中央和自治区制定的中小学教职工编制标准配备教师，对中小学教职工编制实行动态管理，每两年核定一次中小学教职工编制。中小学编制核定后，各地要严格按编制足额配备教师。任何部门和单位不得违反规定占用或变相占用农村中小学教职工编制，对占用学校编制的各类人员，要限期与学校脱离关系；对长期在编不在岗的教师，要按规定办理辞职、辞退手续。不满员的学校不得编外使用代课人员顶岗，由县级教育行政部门在教育系统内部调配或会人事部门向社会公开招聘具有教师资格的人员任教。要严格编制管理，既不能空编不进人，也不得超编进人。

要按自治区的规定和要求积极稳妥地清退编外使用代课人员问题。到2007年全区各市、县及乡镇政府所在地的中小学校不准再长期聘请编外人员代课；争取到2008年全区公办中小学校不再长期聘请编外人员代课，各地基本解决长期聘请编外人员代课问题。

2. 进一步完善和从严实施教师资格制度。严格执行教师持证上岗制度，凡在中小学专门从事教育教学的人员必须依法取得教师资格。严格掌握教师资格认定条件和标准，严把教师入口关。未经自治区教育行政部门批准和未按规定学制与课程计划培养的学生，均不能作为师范类专业毕业生申请认定教师资格。非师范类毕业生和社会人员必须在经自治区教育行政部门认定的教师教育机构修学规定的教师教育课程，并经过规范的教育实习，经考试考核合格后方可申请中小学教师资格证。各地要对不具备教师资格的人员坚决予以辞退。对违背《教师法》和《教师资格条例》相关规定的，一律依法撤销教师资格。

3. 加快推进中小学教师聘（任）用制。中小学要按照资格准入、公开招聘、择优聘任、严格考核、合同管理的原则，有计划、有步骤地推行教师聘任制度。学校和教师在平等自愿、协商一致的基础上，由学校与教职工签订聘任合同，明确聘期内的岗位职责、工作目标、任务以及相应待遇。实行教师告诫制度，对聘期内不能履行聘任合同的，先进行告诫，要求限期整改，告诫期满仍不能履行合同的予以解聘。中小学要在核定的教师职务结构比例内科学合理地设置教师职务岗位，县级教育行政部门要适当提高农村义务教育教师中、高级职务的比例，按照一岗一聘的原则，进一步强化教师职务聘用，严格聘用程序。

4. 建立健全教师考核制度。学校应对教师的师德修养、专业水平、教育教学能力、工作实绩进行年度考核和聘期考核。考核必须坚持客观、公正的原则。要研究制定符合实施素质教育和教师职业特点的考核办法。学校可根据实际情况，邀请社区代表以及学生家长参与学校评价和教师考核等工作。考核结果作为奖惩、聘（任）用和职务晋升的重要依据。在考核过程中，发现有悖教师职业道德的，要坚决清除出教师队伍。

5. 改善教师生活工作条件，提高教师生活待遇。要进一步完善中小学教师工资保障机制，确保农村教师平均工资不低于或高于当地国家公务员的平均工资水平。要按照现行规定进一步完善中小学教师医疗和养老等社会保障制度，切实保障教师合法权益。

6. 进一步理顺中小学教师管理体制。各地要认真落实“以县为主”的义务教育管理体制，将教职工工资发放和人事管理的权限上收到县。县级教育行政部门要依法履行中小学教师的资格认定、招聘录用、调配交流、职务评聘、培养培训和考核奖惩等管理职能，加强辖区内教师资源的统筹管理和教师的合理配置。

任务之四，将农村中小学教师队伍建设放在重中之重，大幅度提高农村教师素质。这是今后一段时期我们的重点工作。

1. 创新农村教师补充机制。各级教育行政部门要适应学龄人口变化和农村学校布局结构调整的新情况，抓住建立完善农村义务教育经费保障机制的契机，积极探索农村学校教师补充的新机制。对农村学校急需补充的新教师，要坚持高标准、高起点，严格实行公开招聘制度。新聘任的教师要先安排到师资紧缺的农村学校任教。要统筹使用教职工编制，聘任师范院校和其他持有教师资格证书的综合大学毕业生及社会人员到师资紧缺的农村学校任教。各级教育行政部门和中小学要根据《中共中央国务院关于推进社会主义新农村建设的若干意见》和《中共中央办公厅国务院办公厅印发〈关于引导和鼓励高校毕业生面向基层就业的意见〉的通知》精神制定优惠政策，并创造良好的工作环境，吸引优秀人才修学教师教育专业，并到农村中小学校任教。

2. 实行城乡中小学教师定期交流制度。组织城镇中小学教师支援农村教育，城镇中小学教师晋升高一级职称、参评特级教师和市级以上优秀教师，必须要有到农村学校任教1年以上的经历。各级教育行政部门要组织特级教师、优秀教师讲学团，到农村学校巡回讲学、培训教师。积极探索辖区内“校对校”教师交流，一方面城镇教师要到农村支教，另一方面农村教师要到城镇学校跟班学习，促进双向交流，并逐步形成制度，促进农村教师专业发展。

3. 设立农村贫困地区教师岗位。中央今年实施由中央财政支付工资的“农村义务教育阶段学校教师特设岗位计划”，在农村边远贫困地区师资紧缺的初中和部分小学设立教师岗位，公开招募大学本科及部分专科毕业生到农村学校任教。广西也要争取在农村小学和教学点设立一定数量的小学教师岗位，鼓励和吸引优秀大中专毕业生到农村小学任教，解决义务教育薄弱地区和学校的合格教师问题。

4. 组织农村中小学支教活动。继续组织高校新聘教师到农村支教。继续从“高校毕业生到农村服务计划”和“大学生志愿服务西部计划”中选派大学生到农村支教。组织高年级师范生实习支教，师范院校和其他举办教师教育的高等学校要在农村学校建立长期稳定的实习基地，组织高年级师范生进行实习支教。

5. 加强农村中小学教师培训。要结合基础教育新课程改革、“两基”攻坚计划、农村中小学远程教育工程、中小学教师教育技术能力建设计划和第二期“广西21世纪园丁工程”以及其他国际国内教师培训项目的实施，加强农村中小学教师培训，做到政策倾斜、经费支持、项目优先。

任务之五，以“广西中小学校长建设年”为契机，大力加强中小学校长队伍建设，将基础教育的基础夯实打牢。

俗话说：“一个好校长就是一所好学校。”著名教育家陶行知先生也曾说过：“做一个学校校长谈何容易？说得小些，他关系千百人的学业前途，说得大些，他关系国家与学术之兴衰。”这些话一方面说明了校长对于学校、对于教育的重要作用；另一方面也指出了校长在学校及教育发展中的重大责任。的确如此，一所学校办得好不好？贯彻党的教育方针怎样？校风怎样？学风怎样？各种活动开展得怎样？总之一句话，培养的人才质量怎样？就根本方面来说，是取决于校长的，有一个好的校长，就有一个好的学校，就能带出一批好的教师，就能培养出一大批优秀的学生。正因为如此，我们把2006年定为“广西中小学校长建设年”，同时也是抓中小学校长管理能力和水平提升的启动年。在这里我要强调几个问题。

1. “广西中小学校长建设年”的目标和任务。主要任务是：一是采取分层次、分类别、多形式的方式，使全区每一位校长至少接受1次培训，使其熟悉和掌握新颁发的教育法规和教育政策，提高构建和谐校园和依法治校的能力。二是通过读书征文、校长论坛等活动，使全区每一位校长至少掌握并会应用1—2个教育管理学的基本原理和要求、撰写1篇学校管理方面的心得体会和文章、参加1次“中小学校长论坛”，进一步更新教育观念，增强学习意识和开拓创新意识，提高科学管理的能力和水平。三是通过开展社区评议和家校合作活动，增强学校与社区的沟通和联系，转变校长办学观念，培养为人民群众服务的意识和能力，努力办让人民满意的教育。四是通过中小学规范管理达标评估活动，促使全区每1所中小学校达到规范管理合格标准，以评促改，以评促建，评建结合，重在建设，推动形成“民主管理、自主发展、自我约束、社会监督”的现代学校制度。五是通过“广西中小学校长建设年”活动，推进中小学校长队伍建设制度和机制创新，加强中小学校长管理和培训机构能力建设，为实施我区中小学校长队伍建设“十一五”规划奠定良好的基础。各级教育行政部门和各中小学要精心组织，认真实施，确保高质量完成“广西中小学校长建设年”各项任务。

2. 中小学校长队伍建设的重点工作。一是坚持和进一步完善中小学校长任职资格培训和持证上岗制度。中小学校长任职资格培训是按照中小学校长岗位规范要求进行的、以“应知”“应会”为主要内容的岗前培训。凡担任国家举办或社会力量举办的普通中小学校长（农村完小正、副校长以上）职务的，必须参加任职资格培训，并获得由自治区教育厅颁发的“任职资格合格培训证书”。因工作需要，培训前进入岗位的，只能任代理校长，待获得“任职资格合格培训证书”后再正式任命或聘任校长职务。各地要制订切实可行的培训计划，分期分批安排拟担任中小学校长职务的对象，到相应的培训机构接受任职资格培训，并做到持证上岗。二是全面推进中小学校长提高培训工作。已经接受过任职资格培训的校长，在取得“任职资格合格培训证书”后的每五年内均需接受累计不少于200学时的提高培训。各地要本着“全面规划、突出重点、分段推进、讲究实效”的原则，全面推进中小学校长提高培训工作。要根据形势发展和当地实际，及时更新、补充有针对性的培训内容。对“每五年不少于200学时”的培训任务，要视校长的具体情况对学时进行年度分解，可分年、分专题、分散施教，累计学分。每次培训，要结合实际，集中学习、研究一两个现实问题，真正将学习理论、总结经验、研讨问题、改进工作结合起来。三是加强对骨干校长的培训。骨干校长在校长队伍中起带动示范作用。在对校长进行全员提高培训的同时，要加强对骨干校长的培训。各地要选择一批优秀校长参加骨干研修，培养造就一批具有现代教育理论素养和现代办学思想、具有较强组织管理能力的学校管理专家或教育专家。四是推行中小学校长竞争上岗和聘任制度。通过施政演说、民主测评、组织考核、公示、聘任履职等程序任用中小学校长，并对中小学校长实行年度考核和任期考核制度，加强对中小学校长的管理。在此基础上，有条件的地方可以进行校长职级制的试点和探索。

（二）要切实落实加强中小学教师和校长队伍建设的保障措施。

1. 加强领导，明确职责。各级党委、政府和教育行政部门一定要从科教兴国和人才强国的战略高度出发，提高对加强中小学教师和校长队伍建设工作的认识，为提高中小学教师和校长队伍整体素质多办好事和实事。教育行政部门要制定中小学教师和校长队伍建设工作的规划和政策措施，全面负责中小学教师和校长队伍建设工作的实施、检查和评估。要加强与编制、人事、财政部门的联系和沟通，团结协作，密切配合，形成合力，共同推进中小学教师和校长队伍建设工作。各级教师教育机构要在主管教育行政部门的领导下，具体实施中小学教师和校长的培训工作。中小学校长是本校教师继续教育的第一责任人，中小学校应根据教育行政部门的培训规划，结合学校实际，制定本校的教师全员培训计划和具体实施方案，建立教师继续教育档案，积极组织开展校本研修。

2. 加强监管，保证质量。各级教育督导部门要将中小学教师、校长队伍建设和管理作为普及和巩固九年义务教育验收、学校办学水平评估、示范性学校验收评估、评优评先等教育督导评估的重要指标。并将农村中小学教师、校长队伍建设和管理情况作为党政主要领导、分管领导和教育行政部门领导教育工作督导考核和学校校长年度考核及任期考核的重要指标。

3. 加大投入，确保需求。各级政府要将中小学教师和校长培训经费纳入县级以上政府财政经常性预算支出，按照学校公用经费预算总额的5%安排，专款专用，并逐步提高。同时，每年要安排一定的专项资金用于骨干校长、教师培训和专项学习等活动。鼓励社会机构设立农村教师发展基金，帮助贫困学生学习教师教育专业并到农村学校任教和经济有困难的教师参加培训学习。

三、今年要抓好的几项重点工作

今年是新的五年计划的开头之年，许多工作都将在今年启动实施，而且有的工作将会延续几年才能完成，但我们必须抓好起步，打好基础。

（一）制订好2个规划：大家除了帮助我们提出修改意见共同做好全区的《中小学教师队伍建设“十一五”规划》和《中小学校长培训“十一五”规划》外，各地也要结合实际做好本地的规划，这是我们今后五年开展工作的依据和基础。请各地抓紧时间完成这项工作，并于7月底抄报我厅。

（二）启动教师教育基地建设工程工作：请符合条件并纳入规划的院校做好实施方案，并于8月底报送我厅；安排今年试点的3所院校要按照布置抓好试点工作，并于年底报告有关情况。

（三）组织实施好“校长建设年”活动：上半年各地根据我厅制订的方案和工作布置，认真开展各项活动，取得了阶段性成果；下半年还要继续抓好后2个阶段的各项活动，特别是合格评估环节，这是检验我们整个活动成果的关键，请各地务必抓实抓好，为“十一五”我区的校长队伍打下良好基础。

（四）启动实施我区教师教育网络联盟计划：这项二作是教育部在部署新一轮中小学教师全员培训

工作中要求推行的一种新的培训方式，也是促进教师教育信息化建设的举措。从刚才的分析来看，我区已基本具备条件。今年现在1—2个市进行试点，在总结经验的基础上，明年全面推开。请大家对会议提供的方案认真讨论和提出意见。

（五）正式启动实施教师教育技术能力建设计划：这个计划教育部去年已经布置，我区也在去年的年度会上召开了启动会，由于国家相关准备工作没跟上，推迟考试时间到今年11月。我区的试点工作相应推后，将于暑期进行培训者和骨干教师培训，试点县的培训将于考试前进行。根据教育部的要求，明年将全面推进这项工作，请各地各部门做好相关准备工作。

（六）继续组织实施第二期广西“21世纪园丁工程”：二期园丁工程的第一批自治区级培训已经结束，明天下午园丁工程办将进行小结，下半年要进行第二批的遴选和做好培训准备工作。各地各有关培训院校一定要高度重视这项工作，这是我区培养骨干教师的品牌工程。

（七）继续组织实施好基础教育新课程改革师资培训工作：这是确保我区基础教育课程改革取得成功的关键。义务教育阶段的课改师资培训工作在各地各有关部门的共同努力下进展顺利，下一步就是要深化和提高的问题；根据厅党组的决定，明年我区将进入高中课改，这项任务更为艰巨，师资培训要求更高，要及早做好准备。今年暑期将开始进行通识培训，希望各地各有关部门要通力合作，搞好这项工作，为我区的基础教育改革提供师资保障。

（八）组织开展好教师教育课题研究工作：进入“十一五”，为适应经济教育的发展，教师教育和中小学教师校长队伍将进入提升时期，必须对事业发展过程中的重要问题进行研究和探索。因此，厅里拨出专款设立了教师教育专项课题，这项工作，明天下午教师教育研究会还要作专门的布置，在这里我只强调一点，就是所设立的20个课题都与今后一段时期我们要推进的工作紧密联系，是为了推进工作而设立的课题。因此，不能搞成纯理论研究，而是要进行应用研究，要紧密结合工作开展研究。

（九）加强县级教师培训机构建设：刚才已经提到这一机构对全县教师素质提高的重要作用，我们希望通过示范性县级教师培训机构的创建工作推动全区各地加强对这一机构的建设。去年已评出5所，其中有2所受到了教育部的表彰，刚才也进行了颁奖；今年将按照原来的部署继续进行评选创建工作。希望已经立项的要按照要求加强建设，使示范名副其实；其他地区要创造条件，积极申报，力争通过几年的建设，改变县级培训机构的面貌。

（十）抓好面向农村特别是“两基”攻坚县的几项计划和项目：突出抓好农村教育工作是建设社会主义新农村的要求，也是我们今后一段时期教育的重点工作之一，因此，必须抓好农村师资队伍建设。我们将通过一系列的计划和项目来推进这项工作。

1. 组织实施好“农村中学教育硕士师资培养计划”。此项计划从2004年开始试点，2006年国家扩大了培养规模，目的是为广大农村中学培养硕士层次的师资。今年教育部共给我区下达了80名指标，共有300多名来自广西大学和广西师范大学符合条件的应届毕业生报名但由于受中学编制限制、用人单位所需专业不能满足等原因，目前只完成了计划的1/3。国家十分重视这项工作，今年“两会”期间，教育部还专门召开了新闻发布会，介绍这项计划。希望各地高度重视，今年做好计划，为明年实施好这项计划做好准备。

2. 组织实施好“农村义务教育阶段学校教师特设岗位计划”。该计划是中央财政补贴教师工资性支出，通过公开招聘高校毕业生到我区“两基”攻坚县、少数民族自治县、边境县以及“双语”教学地区农村学校任教，引导和鼓励高校毕业生从事农村义务教育工作，创新农村学校教师的补充机制，逐步解决农村学校教师总量不足和结构不合理等问题，提高农村教师队伍的整体素质和水平。2006年国家同意我区设立2000个岗位，在15个“两基”攻坚县进行试点，根据各县的实际共申报了1420个岗位；共有来自全国的5658人报名，经资格审查通过2562人，与各县达成意向并通过专项考试的有1248人。此项工作将经过确定考试合格人选、考核、培训、发教师资格证、签订正式聘用合同后于8月30日前到校上岗任教。这项计划实施5年，明年将进一步扩大，希望各地各有关高校高度重视并做好指导等相关工作。

3. 组织实施好“两基”攻坚师资培训项目。该项目由自治区拨出专款，用3年左右的时间对23个（另外18个县与世行贷款项目相结合实施）“两基”攻坚县的师资进行全面培训，使所有教师都有机会接受培训，使之适应基础教育新课程改革和实施素质教育的需要，全面提高农村地区教师队伍素质。2006年将有13000名教师接受自治区和县级的培训。

4. 组织实施世行贷款/英国政府赠款师资培训项

目。该项目将结合“两基”攻坚师资培训项目在18个“两基”攻坚县实施，重点进行参与式教学和学校发展计划为重点的教师和校长培训，2006年将有25000人接受自治区级和县级培训。

5. 组织实施好有关国际合作师资培训项目：一是中英西南基础教育项目。前期论证和设计工作全部结束，将于下半年启动实施。该项目将在我区的融水、都安、凤山、天等、那坡、西林等6个“两基”攻坚县实施，周期为5年，英国政府将无偿援助我区总金额为79380000元人民币。希望有关市加强领导和指导，把这个项目实施好。二是第二期“英特尔（r）未来教育项目”。这个项目虽然经费不多，但很有意义，第一周期该项目为我区培训了23000名信息技术与学科整合为主要内容的中小学学科教师，对我区教师教育技术能力的应用起到了积极的推动作用，特别是该项目推广的理念和方法非常适合广大教师实施新课改的需要，受到教师的极大欢迎。2006年进入第二个周期，每年我区将有5000名教师得到培训。三是教育部—微软（中国）“携手助学”项目。该项目与上个项目的不同之处就是专门针对信息技术学科教师。从今年开始在我区启动实施，每年将有240名骨干教师和5000名信息技术学科教师得到培训，将为我区信息技术教育的开展打下良好基础。四是组织实施好联合国儿基会教师和校长培训项目。这是一个传统项目，涉及的县不多，但它的理念为我区的师资和校长培训工作提供了很好的经验借鉴。

（十一）搞好几项评选表彰工作：一是今年要进行我区的第七次特级教师评选工作；二是开展首批优秀乡村教师评选和表彰工作；三是进行优秀班主任的评选工作。目前正在组织申报，请各地加强领导和协调，认真组织申报工作。

（十二）搞好今年的教师节系列活动：开展一系列庆祝教师节活动的目的是，弘扬人民教师的高尚情操和良好的师德师风；宣传我区教育事业特别是教师教育和中小学教师队伍建设的成就；彰显教育战线的精神风貌和良好的社会形象；体现党和政府对教育和教师的亲切关怀。作为我们教育部门来说，还有一个最主要的目的是开展师德主题教育。今年的教师节活动方案我们正在拟订中，希望各地要利用好这个舞台，宣传教育和教师工作，同时，使我们的教师得到教育。

同志们！当前，我区中小学教师和校长队伍建设工作正处于改革发展的关键时期，既面临前所未有的严峻挑战，又面临千载难逢的发展机遇。如何顺时应势，改革创新，是我们亟须思考和回答的问题。让我们牢固树立科学发展观，齐心协力，共同奋斗，努力开创中小学教师和校长队伍建设工作的新局面，为建设高质量的专业化教师和校长队伍而奋斗！

在2006年全区基础教育基本建设发展规划培训会议上的讲话

自治区教育厅副厅长　车芳仁

2006年3月22日

同志们，今天这个会议，我主要讲两个方面的问题：

一、关于实施校舍危房改造维修新机制若干问题的说明

深化农村义务教育经费保障机制改革，将农村义务教育全面纳入公共财政的保障范围，逐步建立新形势下中央和地方分担的农村义务教育保障机制，这是中共中央、国务院的重要决策。前一阶段我厅已对农村义务教育阶段学生免收学杂费工作进行统一部署，建立农村义务教育阶段中小学校舍维修改造长效机制是深化农村义务教育经费保障机制改革的重要组成部分，如何实施校舍维修改造新机制，目前各级教育部门都很关心，现就厅里对关于实施校舍维修改造新机制有关工作及相关问题的考虑说明如下。

（一）高度重视，加强领导，确保长效机制建立。

农村中小学校舍维修改造工作是一项长期任务，现阶段以危房校舍改造维修为主，逐步改善办学条件；随着社会经济发展水平的提高，校舍动态更新、校舍建设水平不断更新提高以及创造适合农村青少年德智体美全面发展的学校环境仍然是长期性的任务。因此，各地必须高度重视，加强领导，必须在资金投入、组织实施、管理体制、运行机制上予以保障并建立长效机制。

实施校舍维修改造新机制后，中央、自治区每年都有专项资金投入，同时我们考虑还要从自治区下达给各地农村税费改革专项转移支付资金用于教育的65%中拿出一定比例用于校舍维修改造，校舍建设、校舍维修改造是长期性的，建设资金投入也是长期性的、是有保障的。各地相应的要在组织实施、管理体制上予以保障，各级教育行政部门要建立健全具体的长期管理机构，配备专职人员，管理校舍维修改造建设、关注校舍办学保障条件、校园建设及用地的可持续发展，在具体管理机构上适应长效机制的要求。

（二）关于校舍维修改造新机制的基本原则。

1. 坚持统筹规划原则。

建立农村中小学校舍维修改造的长效机制，必须落实科学发展观，坚持统筹规划的原则。

实施长效机制以前，在校舍建设投入呈阶段性且投入比较少、校舍比较紧缺时，只要有投入，建什么、怎么建好象都是有道理的。部分地方在上报项目计划时没有摸清项目学校的现状，未能把教育工程与当地教育长远发展规划、中小学布局调整规划很好地结合起来，对国家现行的各级各类学校建设规范、标准不熟悉，对项目学校实际需要建设什么类型的用房、建设多少面积不甚了解，在制订学校基本建设发展规划时没有进行科学、充分的论证，导致学校基本建设发展规划粗糙，欠缺前瞻性、科学性、整体性、系统性和长远性。由于在工程计划安排上存在不够合理的情况，因此，在教育专项工程实施过程中，产生了一系列问题，主要表现在：项目计划与学校的实际需求不符，项目变更的情况时有发生；部分项目完工后利用率不高；部分地方项目建设没有集中投入；存在超范围安排工程项目的现象等等，无法保证工程实施实现预期目标，工程资金未能充分发挥效益。

当然，经过这么多年的建设，我区的校园建设、校舍建设已经有了一定的基础和水平。校舍维修改造投入保障长效机制建立之后，校园建设、校舍维修改造建设将成为长期任务，必须进一步加强对项目实施的管理，由粗放型向集约型转变，向科学化、规范化转变。实施农村中小学校舍维修改造的长效机制，规划必须先行，要高瞻远瞩统筹规划，只有注重规划的前瞻性、规范性、科学性及可持续发展，才能避免投资分散、随意、盲目以及延续性不够等弊病，保证计划投资及学校建设的经济、社会效益，保证学校建设的可持续发展。

2. 坚持依法行政原则。

建立农村义务教育经费保障新机制，建立农村中小学校舍维修改造的长效机制并真正落到实处，必须坚持依法行政、规范管理，在组织领导、工作步骤、规划编制、资金投入及安排、责任分担、组织实施、政策措施、监督检查等方面予以明确规定，纳入法制化、规范化范畴。

去年实施农村基础教育工程大家都付出了很大的努力，都很辛苦，但是全区总投资5个多亿元的工程，大部分工程均是在当年5、6月份甚至8、9月份动工，均在年内实施完成，是历年来实施专项工程建设进度最快的、资金拨付到位情况最好、最按时保质完成任务的。这其中最为主要的原因是农村基础教育工程实施列入自治区人民政府为民办实事的首件实事，纳入自治区政府2005年工作报告并经自治区人大审定成为法定性任务。所以从今年开始，每年校舍维修改造任务要切实纳入到依法行政范畴。除了今年是当年编制计划，当年安排、年内完成外，以后，各县（区、市）要于每年年底编制下一年度全县农村中小学校舍维修改造年度计划和资金预算，并逐级上报自治区级财政、教育部门审定后，纳入下一年度当地政府工作报告并通过人大审定，成为法定性任务，上半年在当地发改、规划、建设、土地部门予以立项并办理相关手续，尽早开工建设，下半年11月底前确保工程竣工，按质保量完成目标任务。

我区实施校舍维修改造长效机制，将继续严格按基本建设程序管理，严格履行定期排查、申请立项、审核报批、规划设计、工程建设、监理（质量监督）、检查评估、竣工验收、预结算审计、固定资产交付使用等程序。在基本建设管理、资金拨付管理等方面予以进一步明确规定，建章立制，规范管理，使实施校舍维修改造任务纳入法制化、规范化范畴。

在强化以县为主实施责任的基础上，要把每年校舍维修改造任务目标纳入县级党政事业领导干部教育工作督导考核制度，纳入行政监察范围，纳入自治区重点检查内容。

（三）关于“十一五”期间我区校舍维修改造任务的初步考虑。

1. 现有校舍基本情况。

2004年，全区有小学生452.79万人，初中生233.91万人，有农村中小学校舍面积4451.7万平方米，小学生均校舍面积6.4平方米，初中生均校舍面积6.6平方米。据统计，我区目前尚有288万平方米D级危房需要消除，同时我区农村中小学目前尚有近千万平方米的砖木结构、泥木结构平房，特别是其中有约606万平方米属于建于1980年以前（即50—70年代）的泥木瓦、砖木瓦结构的平房，这些平房大多质量差，已超过使用年限，一遇洪涝灾害、冰雹、山体滑坡等自然灾害极易成为新的D级危房；另在上个世纪80年代初期建设的部分砖混结构楼房由于设计、施工条件所限，质量低劣。以上这两部分校舍包括了现有90万平方米的B、C级危房校舍。面对庞大的已经鉴定的及潜在的D级危房，可以预计“十一五”乃至“十二五”期间仍然是我区危房校舍高发期。因此我区校舍维修改造主要应先立足于这些校舍的维修改造，以推倒重建、小修为主，视实际情况进行适当的中修及综合维修。预计经过“十一五”及“十二五”期间的建设，基本将现存及新增的包括潜在的D级危房（主要指现有的砖木、泥木结构平房校舍）改造完成，从而根本解决危房校舍逐年自然增长、大面积突发增长的问题，校舍危房自然增长率将逐年下降，控制在2%—3%之内。

2. “十一五”期间校舍维修改造的任务。

“十一五”期间主要立足于拆除改造现有288万平方米D级危房，基本消除逐年自然新增危房校舍约80万平方米（“十一五”期间按每年5%的D级危房自然增长率测算预计，“十五”期间D级危房自然增长率每年达10%—15%），并按照学校建设发展需要，填平补齐统筹规划所需建设校舍，定期维修现有校舍，努力使大部分学校校舍生均面积接近或达到现行《农村中小学校校舍建设标准》中的近期指标。

全区D级危房改造要新建的校舍统一要求建成砖混或框架结构校舍，以保证其牢固性及使用寿命50年以上。结合我区实际，砖混及框架结构的校舍建设施工预算控制在600元/平方米左右，小修、中修及综合维修施工预算按当地实际情况确定。防止互相攀比和盲目提高建设标准。单方造价每年将按实际情况进行动态修正。

（四）“十一五”期间校舍维修改造工作，我区“十一五”校舍维修改造预计需投入约24亿元。

1. 资金投入需求估算。

（1）D级危房改造资金。

消除现有288万平方米D级危房以及预计新增80万平方米D级危房，需回建校舍约368万平方米，按现造价600元/平方米计算，共需投入22.08亿元。

（2）校舍维修经费。

主要以小修为主，按现有农村中小学校舍每年15%左右维修量测算，小修工程的综合年平均费用为相同建筑新建造价的1%左右，每年需投入4000万元左右，5年需投入2亿元。

2. 资金来源。

主要有三项：

（1）一是“十一五”期间中央每年投入2亿元，共计10亿元；

（2）二是“十一五”期间自治区本级财政每年投入2亿元，共计10亿元；

（3）三是根据自治区财政厅提供的农村税费改革专项转移支付方案，农村税费改革专项转移支付资金总额15.53亿元，自治区要求各市县要将农村税费改革专项转移支付资金12.77亿元（已扣除农村中小学教师工资专项转移支付资金2.7599亿元）的65%以上用于教育，共计8.3亿元。按自治区原来规定拿出10%用于危改的要求，各县统筹用于校舍维修改造资金每年约8000万元左右，“十一五”明确作为自治区本级专项用于校舍维修改造的专项资金按专项进行管理，5年共计约4亿元。

（五）关于资金分配的初步考虑。

资金如何分配是大家最关心的主要问题，为体现中央及自治区农村校舍维修改造专项资金投入的公平、公正、公开，拟采用因素法进行分配，根据我区实际情况，有关资金分配涉及的因素初步考虑如下：

1. 分配资金的主要因素。

考虑农村中小学在校生人数以及校舍生均标准、校舍使用年限、单位造价等为分配资金的主要因素，注重长效机制的建立。

具体是：以学生数×生均校舍标准（初中6平方米每生、小学4.5平方米每生）×400元/平方米（危房拆除重建及校舍维修的综合造价）×1/30（按30年折旧）。即是以学生数参考《农村中小学校舍建设标准》中的近期校舍指标为主要因素配备各地所需校舍办学条件，并综合考虑校舍的折旧、危房拆除重建及校舍维修的综合造价，来确定每年各地所需的校舍维修改造资金，作为分配基数。中央就是基本上按这个方式把年度校舍维修改造长效机制的资金分配给各地（包括广西）的。

其中学生数的口径基本与农村义务教育阶段学生免杂费的口径一致，主要是在农村地区（含县城和建制镇）义务教育阶段学生，即扣除城市学生数后的学生数；由于考虑到全面实施免费义务教育后，民办义务教育阶段学校学生将绝大部分回流的实际情况，拟不扣除民办学校的学生数。

2. 分配资金的调整因素。

调整因素主要考虑有三项：

（1）现有D级危房校舍面积。

主要考虑由于我区现有大量D级危房校舍，严重危及广大师生生命财产安全，因此危房长效机制的实施现阶段主要任务是D级危房校舍改造。

（2）现有砖木、泥木结构校舍面积。

主要考虑我区农村中小学目前尚有近千万平方米的砖木结构、泥木结构平房，其中有约606万平方米左右属于建于1980年以前（即50—70年代）的泥木瓦、砖木瓦结构的平房（包含现有大部分的B、C级危房），这些平房大多质量差且早已超过使用年限，超期服役，一遇洪涝灾害、冰雹、山体滑坡等自然灾害极易成为新的D级危房。这是我区近年来危房校舍屡改屡增最主要的根本性原因，把这个作为D级危房因素的补充因素，可以弥补相当部分县由于资金缺乏、没有及时对超期使用的平房进行鉴定的不足，以及避免每次有危改专项工程实施时各地屡屡多报危房校舍攀比现象。

（3）现有生均校舍面积因素。

以现有各地的生均校舍面积与国家《农村中小学校舍建设标准》规划指标的差距作为调整因素之一。由于资金分配的主要因素考虑的是长效机制的建立，建立在假定各地校舍建设水平基本处于同一起跑线上，并没有考虑现有各地校舍建设水平的差距，因此，此项因素主要是作为第一项因素的补充调整，现有生均校舍面积较低的适当增加投入，反之则少投入或不投入。

通过以上因素法进行分配，并通过适当的调整，我们认为分配给各地的资金投入是基本合理的，既体现长效机制建立的需要，又体现近期内我们要解决的重点（如解决D级危房校舍改造）及照顾历年来得到中央、自治区专项投入较少且已“普九”的地区（尤其是桂东南地区）。

以上是厅里对于资金分配的初步考虑，当然最后我厅还要积极与自治区财政厅充分协商，全面测算，详细分析，并形成分配方案上报自治区人民政府审定后下发各地执行。

（六）扎实做好基础性规划工作。

实施校舍维修改造新机制前，扎实做好基础性规划工作是各级教育部门现阶段的工作重点。自上个世纪90年代末开始实施大规模专项工程以来，到目前共实施了近40个亿元的各项教育专项工程，取得成绩巨大，为我区实现“普九”目标提供了必要的支撑条件，打下坚实的基础，但也存在着不容忽视的问题。无论是2004年财政部广西专员办进行专项调查后提出认为我区中小学危房改造工程实施过程中存在的十大问题，还是2005年审计署特派办对于我区教育专项工程专项审计指出的若干问题，其中大部分问题均可以从源头上、从根本上找出原因，从建设规划、建设计划编制不规范、不科学上找到原因。

如何做好基础性规划工作？我们要明确并树立这样的规划思路，教育发展目标的实现具体落实到个体学校，反之个体学校目标的实现才能保障整体目标的实现。要从当地社会经济发展及人口规划→教育中长期发展规划→学校布局调整规划→每个学校发展规划→个体学校建设规划→年度校舍维修改造规划及建设计划，使实施校舍维修改造长效机制、中央及自治区专项投资、校舍维修改造建设规划、年度建设计划任务紧密地围绕教育发展目标及中心工作服务。具体来讲，在实施校舍维修改造新机制前应该统筹做好几个规划。

1. 做好当地教育中长期发展规划。

这是总纲，各地要从当地社会经济发展趋势出发，根据现在及若干年以前的人口出生情况，推算现在及若干年之后各级各类学校应有在校学生数，以此为主要依据，测算各级各类学校中长期稳定的发展规模。

2. 做好当地学校布局调整规划。

这点非常重要，这里有一组数据很能说明问题，目前我区109个县（市、区）有22个县初中生均校舍面积大于8.36平方米，有103个县小学生均校舍面积大于5平方米。初中生均校舍8.36平方米、小学生均校舍5平方米比现行《农村中小学校舍建设标准》中的近期指标略高，如果我区农村学校建设水平达到这个标准，就说明已经有足够的教室、学生宿舍、食堂，以及必备的其他教学及辅助用房（如实验室、图书室及阅览室、计算机教室、行政办公用房等），办学条件比较完善。但众所周知，我们的校舍建设还远远达不到这个水平，那就只能说明校舍建设浪费是比较严重的，其中一个很主要的原因就是由于我们历年来的教育发展规划及学校建设规划缺乏长远性，确实有不少校舍建设在撤并的校点，特别是小学。

3. 确定个体学校发展规划。

根据当地教育发展中长期规划及学校布局调整规划，确定布局规划保留的个体学校比较稳定的发展规模。

4. 做好个体学校基本建设发展规划。

教育局长及校长必须要有两本账，一本是保障运转账、财务预算账，加强学校财务管理，这点我们在部署做好免杂费工作时强调过；另一本就是基本建设账，要对学校有什么、需要建什么清清楚楚，就是我们每个学校的基本建设发展规划，要摸清学校现有校舍情况，全面排查摸清存在的危房数量和面积，按照各级各类学校各类用房建设标准、按照基本建设填平补齐计划任务书的要求，规范、科学测算学校校舍缺额，做好学校基本建设发展规划及总平建设规划，建立动态校舍维修改造项目库。

5. 年度校舍维修改造建设计划。

对纳入动态校舍维修改造项目库的项目逐一进行分类，并按照轻重缓急排序，优先解决D级危房改造，视财力情况逐年予以安排纳入年度校舍维修改造建设计划。

2004年自治区教育厅已经按此思路开发了基础教育基本建设发展规划管理系统，在编制全区农村寄宿制学校建设工程规划及建设计划时发挥了重要作用。为扎实做好校舍维修改造长效机制的基础性规划工作，这次会议的主要内容就是部署大家如何抓紧做好农村中小学基本建设发展规划。

扎实做好这项基础性规划工作，主要是基于以下考虑：

1. 做好配置资源的规范性、基础性工作。

由于以前对于校舍建设的财政投资渠道呈分散性，实施各教育专项工程的阶段性、短期性、应急性导致每次专项工程的实施，各个部门各管一块，各个部门都从上至下部署做一次规划及建设计划，各有各的原则要求，各自为政，协调不清，形不成合力，缺乏整体性、一贯性。由于各专项工程投向性、侧重性均有不同，为了从各种口径得到更多的投资，因此各地的各种上报数据前后反复不同，无法全面准确摸清情况，导致重复建设、利用率不高，浪费也不在少数。资金分配上属粗放型管理，10、20、30、40万好像可以随便分配，建设了教室还要建设教室，再把多余的教室改建挪作他用，对校舍建设的内在规律性缺乏必要的了解和认识，不注重校舍基本建设管理内在的科学性、规范性、规律性。存在着随意变更计划、变更用途的现象，计划管理不严格、投资不规范造成了新的拖欠，也存在组织实施管理不规范等问题。在项目实施过程中出现的这些问题近十年来不变，校舍建设水平仍然在比较低的层面上重复，规范管理仍然任重道远。实施校舍维修改造长效机制要从根本上解决以上存在的问题，首当其冲应扎实做好校舍建设基础性规划工作。

因此这项工作实际上是从规范我们自身工作做起，建立起各部门（特别是各级教育、财政、发改、建设、土地部门）沟通协调的具体操作平台，加强项目的前期论证工作，以形成合力。同时要努力推动这项专项性、动态性规划逐步成为县级人大、政府认可的法定性规划，以后无论是哪个部门、哪种渠道的资金投入都要服从这个规划；把农村中小学校舍维修改造专项资金的分配管理和使用纳入到科学、规范、法制建设的层面上，从根本上解决规范编制项目建设规划、项目建设计划的问题，从根本上保障投资效益。

2. 落实科学发展观具体到校舍建设、教育资源配置的要求。

《论语·里仁》中曾子曾经评价孔子的学问体系曰“夫子之道忠恕而已矣。”孔子曰：“乎，吾道一以之”。做学问如此，做事情同样如此。校舍规划建设中需要坚持的大方向、大原则是什么，一以贯之的是什么？就是要树立科学的发展观，做好学校中长期的基本建设发展规划，建立以科学发展观为中心、以现行国家有关学校建设标准为依据的指标体系来衡量、测算、建设、评估，保障校舍建设及各项资源配置的可持续发展，充分保障管理要求及投资效益一以贯之，以形成正确的发展导向。

二、关于加快2005、2006年度西部地区农村寄宿制学校建设工程及2005年度农村中小学危房改造工程建设进度的要求

2005、2006年度西部地区农村学校寄宿制学校建设工程及2005年度农村中小学危房改造工程，中央和自治区共投入建设资金总额为5.425亿元，建设学校856所，单项工程1211个，建筑面积96.9万平方米。项目多，时间紧，建设任务繁重。总的要求是：2006年3月份所有建设项目必须全部开工，2005年度西部地区农村寄宿制学校建设工程、2005年度农村中小学危房改造工程在今年8月底以前全部竣工交付秋季学期使用，2006年度西部地区农村寄宿制学校建设工程今年12月底前全部竣工交付2007年春季学期使用。

按照总的实施要求，为保证顺利完成建设任务，各地要采取有效措施进一步加快这三项“工程”的建设进度。在《自治区人民政府关于下达2006年国民经济和社会发展计划的通知》中，自治区人民政府把“重点实施寄宿制学校、中小学危房改造及远程教育等工程，新增10个‘两基’达标县”作为建设社会主义新农村的主要措施。按照自治区人民政府的要求，在3月12日召开的2006年全区普通高校招生工作会议上，自治区教育厅与各市的领导签署了项目建设责任书，在责任书上明确了自治区和市的责任。因此，各市要增强责任感和紧迫感，把这三项“工程”建设好，确保按时完成建设任务，为今年验收10个“普九”县的“两基”攻坚任务能顺利完成提供支撑保障条件，为我区争取国家的“两基”攻坚奖励资金提供有利条件。余厅长在这次会议上就这三项“工程”的实施也作了要求及部署，现在，我再强调几点：

（一）进一步充实了领导力量，加强项目建设管理。

去年实施农村基础教育工程，全区总投资5个多亿元，大部分工程均是年内动工、年内实施完成，是历年来实施专项工程建设进度最快的、资金拨付到位情况最好、最能按时保质完成任务的。之所以能在时间紧、任务重的情况下圆满完成建设任务，就是因为各级领导重视，进一步充实了领导力量，加强项目建设管理，强化了责任意识。自治区要求各地继续保持去年为民办实事的精神和做法，搞好今年“工程”建设。要进一步强化市、县（区）主要领导的责任，实行领导具体挂点项目责任制。要以高度的责任感和紧迫感继续抓好建设资金落实及项目实施管理，加强部门协调沟通，进一步明确部门职责，形成共识和合力，保证完成工程建设总体目标。要根据各个项目的实际情况制定项目竣工倒计时间建设计划，并严格按项目竣工倒计时间建设计划排好的工程实施进度计划执行。采取加快工程建设相关手续、减免项目前期费用、保障施工条件等特事特办的措施加快建设进度。项目实施要继续实行月报制度，对措施不力、项目建设进度缓慢的市、县（区）还要召集市、县（区）政府主要领导召开赶队会，分析、研究项目建设进度缓慢的原因、存在的困难和问题，落实加快建设进度的措施，确保工程项目按时完成。对这些市、县（区）的领导，将根据自治区有关文件精神，报请自治区党委、政府追究相关责任人的责任。

（二）加大部门沟通协调力度，落实好工程建设资金，规范资金管理。

市、县教育部门要主动联系财政部门，落实好工程建设资金，确保按建设进度拨款；要主动与建设、规划、土地等有关部门沟通协调，对工程建设过程中的收费能减免的要争取得到减免，以提高投资效益。各地要严格规范项目资金的管理，杜绝贪污、挪用、平调、挤占工程建设资金的现象，充分发挥资金效益。

（三）加强对项目实施的督查工作。

各市、县（区）要加强对项目实施的督查工作，并指导、协同项目学校切实解决工程实施过程中出现的各种问题，进一步优化和完善施工措施，确保工程质量和施工安全，保证按时保质完成建设任务。要进一步加大对项目建设资金使用的监督检查力度，充分保障及提高项目资金的使用效益。

去年实施农村基础教育工程的经验表明，自治区采取对工程建设进度缓慢的市、县进行专项督查、行政督查、重点督查、蹲点督查等措施是非常有力的，有效地推动了项目顺利实施，今年自治区继续实行。自治区教育厅将定期或不定期的组织专家力量到项目市、县（区）检查督促工程建设进度、建设质量、施工安全以及资金到位情况。自治区教育厅、发改委和财政厅、建设厅将继续联合组成督查组对工程进行专项督查。自治区人民政府已经决定将 2005、2006 年度西部地区农村学校寄宿制学校建设工程及 2005 年度农村中小学危房改造工程作为今年基础教育工作督查的重要内容，因此，我们这些教育基建工作者要扎扎实实抓好今年的项目建设工作，要吸取去年的经验教训，加强对项目实施的管理及督查工作，确保工程建设按时完成。

（四）做好项目竣工验收工作。

项目竣工验收是工程基本建设程序中十分重要的环节，各地要统筹做好项目竣工验收工作，规范验收工作程序。今年，自治区教育厅将组织力量对这几项教育专项工程进行竣工验收，促进度、保质量，使这些“工程”真正成为让人民满意、经得起时间考验的优质工程。

增强高校自主创新能力 服务广西经济社会发展

——在全区高校科技工作会议上的讲话

自治区教育厅副厅长　黄　宇

2006 年 5 月 16 日

同志们：

全区高校科技工作大会是一次很重要的会议，主要任务是深入学习贯彻全国、全区科学技术大会和 2006 年全国高等学校科技工作会议的精神；回顾总结“十五”期间高校科研工作取得的成绩和经验；研究分析新形势下我区高校科技工作所面临的机遇和挑战，进一步提高认识，不断增强我区高校的自主创新能力，更好地服务广西的经济建设和社会发展，下面我讲五个问题。

一、“十五”期间我区高校科研工作的主要成绩和基本经验

“十五”期间我区高校科研工作获得了快速发展，在科技创新平台的建设、科技创新团队的形成、科研成果的转化、专利申请以及知识产权保护、人文社会科学学科建设、服务广西经济和社会发展等方面都取得了显著的成绩，为我区高校在“十一五”期间的快速、协调、健康和可持续发展奠定了良好的基础，高校的科研力量正在成为我区区域经济和社会发展的重要支撑。

（一）科技创新平台和基地建设取得突破性进展。

“十五”期间，广西大学“211 工程”建设取得阶段性成绩，不仅顺利地通过了“九五”期间一期工程建设项目的整体验收，而且《广西大学“十五”“211 工程”建设项目可行性研究报告》得到国家发展改革委员会的批准立项。广西大学“十五”期间“211 工程”建设工程计划总投资为 3.57 亿人民币，主要分为重点学科建设、公共服务体系建设、师资队伍建设和基础设施建设 4 个内容 24 项子项目进行建设。

高校的重点学科和重点实验室建设得到加强。自 2001 年我厅启动广西高校重点学科和重点实验室建设工程以来，各高校高度重视科技创新平台建设，5 年间自治区教育厅和各高校累计投入建设经费达 6 亿多元，极大地促进了高校重点学科和重点实验室建设水平的提高，“十五”期间我区高校分别实现了国家级重点学科、国家级重点实验室和教育部重点实验室的零的突破。目前我区高校中有国家级重点学科 2 个，“211 工程”国家重点建设学科 5 个；省部共建国家重点实验室培育基地（立项建设）1 个；教育部重点实验室 1 个、省部共建教育部重点实验室（立项建设）3 个，有自治区重点学科 48 个、自治区重点实验室 6 个（占全区重点实验室总数的 75%），广西高校重点实验室 38 个，还有广西高校重点建设学科 6 个、重点建设实验室 4 个。此外我们还立项建设广西高校人文社会科学重点研究基地 8 个，再加上一批校级重点学科和重点实验室，可以说已经初步形成了从国家级、省（区）级到校级重点学科、重点实验室多层次、相互支撑、紧密结合的科技创新平台体系和科研基地支撑体系，基本上覆盖了我区经济、社会发展急需的学科领域，成为我区高校培养高层次、高水平创新型人才的基地，新知识、新技术的源泉和对外学术交流、合作的窗口。

（二）高校科研实力显著增强，科研成果水平不断提高。

“十五”期间，高校的科研经费增长迅速，承担国家重大科研项目的能力明显增强。2005 年，我区高校科研总经费达到 2.5 亿元，比 2000 年的 0.9 亿元增长了 178%，“十五”期间科研总经费累计约为 10.1 亿元，比“九五”期间的 1.59 亿元增长了 535%。同时，高校承担的国家级课题的数量和项目经费大幅度增加，“九五”时期，我区高校只有广西大学等个别高校能够申请获得国家“863”、国家自然科学基金等国家级重大科研项目的资助，“十五”以来，我区本科高校基本上都实现了承担国家重大科研项目的突破，累计承担和完成国家“863”项目、国家重大科技攻关项目、国家自然科学基金和国家社会科学基金项目以及省部级重大科技项目370项，获得相应的项目资助经费1.1亿多元。

“十五”期间，全区高校共出版学术专著104部，发表学术论文33102篇，其中被三大索引收录论文为1820篇。2000年以来高校获奖成果数占全区获奖总数的比例不断提高，从2000年的18.2%提高到2005年35.9%，提高了17.7个百分点。“十五”期间共有175项成果获得广西科技进步奖，其中一等奖5项，二等奖59项、三等奖111项。

（三）科研队伍不断壮大，科技创新能力日趋增强。

“十五”期间高校科研队伍不断壮大，承担科研课题的教师和科技人员增长迅速。2005年全区高校科技活动人员为7994人，其中参与研究与发展课题研究人员为6304人，承担课题的研发人员总数比2000年的2328人增长了171%。同时科研队伍的结构得到优化，科技创新能力得到明显提升，科技创新团队初步形成。目前我区高校中有“长江学者”特聘教授1名，“百千万人才工程”国家级人选12名，教育部“青年教师奖”获奖人选2名、教育部“优秀青年教师资助计划”资助人选13名、教育部“高等学校骨干教师资助计划”资助人选24名，广西“十百千人才工程”人选95名（全区共218人，高校占43.6%），有6人入选教育部“新世纪优秀人才支持计划”，有三个学术团队入选首批自治区“人才小高地”，10个学术团队入选广西高校人才小高地创新团队。高校逐步形成了一支团结协作，勇于开拓，年龄、学历、学缘结构合理、具有创新精神的科研队伍。

（四）专利等知识产权保护工作得到迅速发展。

“十五”期间，我区高校的专利及其知识产权保护工作得到了各级领导和广大教师们的高度重视，专利等知识产权的保护工作取得了突破性的进展，一是建立健全了知识产权管理制度和奖励、激励机制，完善了知识产权管理体系。二是专利申请量、授权量大幅度提升，2000年我区高校申请专利只有7项，获得授权专利8项；2005年我区高校申请专利100项，获得授权专利39项，共拥有专利96项，其中专利申请量和授权量分别增长了1329%和386%。2001年至2005年5年间，我区高校共申请专利283项，获授权专利109项。三是专利工作走在全区的前列，得到了自治区知识产权局的表彰，“十五”期间广西大学有潘树林、王双飞二位老师荣获全区“优秀发明人”的光荣称号，广西大学和桂林工学院两所高校连续三年专利申请总量和发明专利申请总量位居全区前列。

（五）哲学社会科学研究工作和基地建设得到加强。

“十五”期间我区高校的哲学社会科学研究工作得到快速发展，成为广西繁荣与发展哲学社会科学的主力军。来自自治区党委宣传部公布的数据显示，“十五”期间我区高校承担国家社科基金资助项目74项，占全区项目总数92项的80%，其中广西民族学院获得1项重点课题立项，资助额为15万元，实现了我区国家社会科学基金重点项目零的突破，广西师范大学和广西大学各有19项获得立项资助，获得立项数位居全区各单位之首。广西哲学社会科学“十五”规划项目中高校项目也占了90%以上。2004年末，面向社会公开招标的10个“2004年广西哲学社会科学‘十五’规划重大研究课题”，有6个被高校的专家和学者竞中，占中标总数的60%，充分表明高校哲学社会科学的研究在广西已具有雄厚的实力和竞争力。

此外，高校哲学社会科学的研究水平在区内也处于领先水平。“十五”期间，有两项成果获第三届全国普通高等学校人文社会科学优秀成果奖。“十五”期间有185项成果获广西社会科学优秀成果奖，仅2004年全区高校获第八届广西社会科学优秀成果奖的项目数占全区获奖总数43%。

“十五”期间，我厅加强了高校人文社会科学重点研究基地的建设工作，先后有广西民族学院的“壮学研究中心”、“瑶学研究中心”和广西艺术学院的“广西少数民族传统艺术研究基地”被批准为我区高校人文社会科学重点研究基地予以立项重点建设。

2005年，在自治区党委和政府的关心支持下，广西师范大学启动了“人文强桂”建设工程，重点建设5个人文社会科学重点研究基地和资助一批重大科研项目，从而辐射带动和整体提升广西的哲学社会科学研究水平和研究环境，为文化广西的建设作贡献。

（六）高校科研服务广西经济和社会发展的能力和水平不断提高，形式和内容更加丰富。

“十五”期间，高校科技创新工作紧密结合广西区情实际，采用多种方式全方位服务广西经济建设和社会发展。

一是充分发挥高校学科、人才、资源优势，解决广西经济和社会发展重大科学问题和关键性的技术难题。

广西大学张仲卿教授经过近二十年的研究和实践完成的《碾压混凝土高拱坝研究及应用》成果，不仅提出了用碾压混凝土修建拱坝的新概念，而且在国内外首次使用仿真结构模型模拟 RCC 拱坝，形象直观，大大提高了实验研究精度，并对中低 RCC 拱坝建设提出了创新性研究结果，该理论自 1986 年提出以来，至今国内外应用该项技术共建成碾压混凝土拱坝 11 座，碾压混凝土拱围堰 5 座，合计提前发电增加发电量 3.224 亿度，节省投资和增加发电效益 14454 万元，对我国大规模的水电建设作出理论和实践上的重大贡献。该成果获 2004 年广西科技进步一等奖。

广西大学动物遗传与育种重点学科 2004 年 11 月获得世界首例体细胞克隆水牛犊，克隆水牛研究的各项主要技术指标达到国际先进水平，为我区乃至全国水牛奶业特色产业的发展奠定了基础。

“十五”期间，桂林工学院承担了国家 863 科技攻关计划项目“桂林市水环境质量改善与综合示范项目”，对桂林市桃花江水质及两岸自然景观进行综合治理和生态恢复，对桂林市水资源的改善和生态环境的保护产生了重要影响；主持建设部项目“广西旅游型小城镇建设科技示范”，研究旅游小城镇保护与旅游业发展，为政府决策部门建言献策，有力促进社会主义新农村的建设；主持完成的“南宁味精厂废水处理新工艺研究”，解决了困扰企业多年的环境污染这一老大难问题，并以此获得 2003 年广西科技进步二等奖；该院还积极参与桂林市解放桥重建、东二环公路建设等一大批重大、重点工程的地质勘察、土木测量、环境评价等工作，为地方经济社会发展作出了积极贡献。

二是通过与企业共建产学研合作基地的模式，服务企业的技术创新工作，增强高校自主创新能力。

广西师范大学依托“药用资源化学与药物分子工程”重点实验室，与桂林三金药业、桂林集琦药业进行产学研结合，共同打造广西中草药研究与开发平台，开展广西和西南药用资源的深入研究与综合开发利用，根据市场和企业的需求，对罗汉果、两面针、白花丹等若干种广西特有或主产的药用植物有效成分进行系统研究，为创新药物的研发打下基础；同时与企业联合开展高级技术人员的培养工作。该校科研人员与两家企业技术人员组成的创新团队被批准为广西首批人才小高地。

广西中医学院与广西金秀县圣塘药业有限公司、广西北海北生集团、广西桂林兴达制药厂、培力（南宁）药业有限公司、南宁领标生物技术有限公司、梧州制药集团等合作，共建药物研究基地，省级中药工程中心，中药研究所，承担企业委托新药研发项目，其中一批新药研发项目已经完成，获得了新药证书，投放市场后产生了极大的经济效益，仅桂林三金药业股份有限公司的“脑脉泰口服液”等 6 个新药产品投产几年来累计销售额已经达 3300 万元，极大地促进了我区中医药产业的发展。

桂林电子科技大学与桂林机床股份有限公司共建“广西数控铣床及加工中心工程技术研究中心”，共同进行数控机床的研究；与美国品尼高公司数字视频联合共建实验室暨影视培训中心；与 Altera 公司共建“桂电—Altera 数字系统/SOPC 联合实验室和培训中心”；与全球领先的跨国高科技企业安捷伦科技共建“桂电——安捷伦微波光波传输技术共建实验室”；与华为公司共建“桂电—华为（金宏威）通信实验室”，使高校的科研工作能够直接参与企业的自主创新工作。

三是发挥重点学科和重点实验室的优势力量，服务广西的经济和社会发展需求。

广西民族大学充分利用本校民族学学科和小语种的学科特色，积极服务在南宁市召开的中国东盟博览会，学校资助经费 30 多万元，组织全院专家学者编著了《东盟国家概况丛书》、《国际会展秘书实务》等书籍，该校还成立了“中国—东盟研究中心”专门开展东盟相关问题的研究，为广西政府更好地承办东盟博览会做好决策参谋和咨询服务工作。

桂林电子科技大学充分发挥本校电子信息学科在提升优化传统产业方面的优势，积极探索与企业合作的新模式，不断扩大合作与服务领域。目前与五星网络（桂林）有限公司达成“共同培养创新人才”；与上海掌上灵通科技有限责任公司、桂林市丝绸之路科技有限公司、广西太极华青信息系统有限公司等企业合作共建二频创业人才基地。该校还与中国电子科技集团第 54 研究所、中国船舶重工集团公司第 705 所、四川广元 081 厂，广西柳工机械股份有限公司、广东肇庆风华电子工程开发有限公司、柳州华锡集团有限责任公司、桂林橡胶机械厂、深圳市科曼医疗设备有限公司、桂林市医疗电子仪器厂等多家单位建立了合作关系，承担多项科研合作项目，并在医疗仪器设备的开发方面取得了长足的进步，

桂林工学院充分发挥材料工程学科的优势，加

强与相关企业的合作，先后组织本院科技人员考察了广西柳州华锡集团、柳州钢铁集团公司、中国铝业公司广西分公司（平果铝业）、亚洲最大的氧化铝生产基地——广西华银铝业有限公司及三环陶瓷集团等大型工业企业，并签订多项科研合作、科研服务、人才培养合作意向；“桂林工学院——三环集团实验室”已正式挂牌，加快了探索校企合作新机制的步伐。

四是围绕优势和支柱产业的发展需求进行重点攻关，提升广西优势和支柱产业的核心竞争力。

广西大学围绕我区蔗糖支柱产业的发展需求，不仅开办了广西唯一的蔗糖工程专业，为广西培养蔗糖产业生产和管理人才，同时积极围绕产业发展的重大关键技术难题开展攻关，解决了甘蔗从种苗培育、栽培、甘蔗收割及其压榨、蔗糖生产及其深加工等一系列生产技术难题，为广西蔗糖产业的发展作出了巨大贡献。

广西大学还通过研发新工艺，以我区特色农产品木薯为原料生产高附加值、高效益的新产品（如海藻糖和1，3-丙二醇），对提升木薯的经济效益，提高农民的经济收入，使农民尽快脱贫致富，推进地方经济的发展具有巨大作用。目前该校的“生物转化木薯淀粉生产海藻糖”技术已经由南宁中诺生物工程有限公司产业化，使我国成为世界上第二个能产业化生产海藻糖的国家。

广西师范大学发挥生态学重点学科的优势，将动植物优质品种的选育、动植物病虫害防治、生态环境评价与保护等作为该校科技与经济结合工作的主攻方向。联合桂林市伯林公司，对桂林的特色经济植物如罗汉果、荔浦芋、银杏等进行品种改良选育以及规模化种植研究，为相关的县（如永福、龙胜、荔浦等）提供优质种苗和技术支持。组织我校科技人员与校办桑立实业公司联合攻关，进行动植物病虫害防治生物制剂的研究与开发，形成具有自主知识产权的产品投放市场。开展生态环境评价与保护研究工作，为桂林漓江流域的生态保护、广西各自然保护区的规划、石漠治理等提供理论和技术支持。

五是面向行业发展需求，积极开展科学普及、科技服务和职业技能培训工作。

广西职业技术学院发挥农垦行业特色，积极开展农产品的改良和培育，在芒果、龙眼、荔枝和柑橘等果树新品种的选育、种植和水果的保鲜运输方面开展科技攻关和农业新技术的推广工作，“十五”期间获国家发明专利4项、实用新型专利2项，获得各类科技成果奖励7项，其中获广西科技进步奖3项，取得了较好的经济效益和社会效益。

广西农业职业技术学院也积极针对农垦行业技能型人才培养的需求，建立职业技能鉴定站，努力开展职业技能培训工作，截至2005年底，该院共建立考评站或培训点15个，开考工种79个。该院还积极开展农垦干部职工及农民工培训，服务三农和农垦企业，近三年来开展对行业干部职工的技术培训和社会青年的岗前培训78期、5343人次；开展农民工、下岗工人等社会人员培训36期，2656人次，提高了各类专业技术人员、农民工和社会从业人员的生产水平和技能，促进了农垦经济的发展，同时也为农村劳动力转移、社会青年就业作出了重要贡献。

六是以各种形式的科技大篷车活动服务基层科技创新工作，开展科学普及、科技帮扶，提高公众的科学素养。

“十五”期间广西大学启动了“广西大学科技大篷车行动计划”，主动开展“科技服务县域经济”专项行动，取得了良好的社会反响。“科技大篷车行动”深入到梧州、贺州、北海、柳州等地市，对学校的科技成果和实用技术进行了广泛的宣传与推介，形成了广泛的社会影响。该行动实施一年多以来，参与的科技人员300余人次，参与的厂矿企业近600家，受益群众近万人。“十五”期间，该校共组织科技人员下乡1000余人次，涉及的厂矿企业有1500余家，近90个县，受益群众达10万余人次，为地方经济建设和社会发展作出了重要贡献。

广西大学还积极组织有关学院和研究所与梧州、南宁、柳州、百色、桂林、崇左、玉林等地有关市县（区）的科技部门、农业部门及有关企业结成了18个合作对子，签订科技合作协议，有力促进了科技与经济的结合。其中与崇左市新大洲农牧业有限公司、隆安县科技局、马山县生产力促进中心、玉林巨东公司、博白县科技局等正在实施的“结对共进”工程，已取得初步成效。通过结“对子”合作，共同建立研发中心，使学校科技成果直接为经济建设服务，大大提高了科技成果和实用技术的转化效率。如在北海市成立了“广西大学北海科技成果研发与转化中心”，与南宁市科技局合作成立了“南宁市生物工程技术中心”、“南宁市制造业信息化工程技术中心”、“南宁市农业技术应用培训中心”，与贺州市共建科技成果转化中心等，使学校初步形成了科技成果辐射、转化网络。

广西医科大学和广西中医学院等各医学院校积极开展医疗服务大篷车活动，送医、送药到基层，普及医学知识，提高广大人民群众的自我保健意识，营造和谐、健康社会氛围，仅 2005 年就组织开展医疗扶贫活动 25 批次，接待义诊医疗检查咨询 6000 多人次，发放科技宣传材料 18000 份。

（七）科研管理体系建设逐步完善，管理制度日趋健全，奖励和激励机制突显效益。

“十五”期间我区高校加大了科研管理体系的建设力度，各本科院校都加强了科研管理部门的建设，大部分专科院校和新成立的高职高专院校都成立了专门的科研管理部门，高校的科研管理工作得到加强。各高校通过召开全校科技大会，制定、修改和完善科研管理制度、不断激发高校教师的科研热情，加大对高校教师从事科研工作的奖励和支持力度，促进了高校科研事业的快速发展。

自治区教育厅科研管理工作坚持分类指导、重点工作专项推进的工作思路，根据各高校的科研基础和学科特色，分类、分层次指导高校的科研和重点学科、重点实验室的建设工作，引导学科建设和科研基础较好的高校在上层次、上水平上下工夫，扶持和指导科研基础薄弱、学科特色较明显的高校集中力量重点突破，收到了良好的效果。同时通过召开专题会议，制定和下发有关指导性文件，邀请专家进行专题辅导、科研专项支持等方式对科研工作中的重点和难点工作进行专项推进，如：“十五”期间召开了“广西高校知识产权工作会议”、“高校科技成果及其奖励工作会议”等会议，出台了《关于加强高等学校重点学科和重点实验室建设的若干意见》和《关于加强高等学校知识产权工作的意见》等文件，极大地促进了高校科研管理工作的全面、可持续发展。

高校科技工作取得的成绩离不开在座各位领导、同志们和广大科技人员的共同努力，借此机会，我谨代表自治区教育厅向你们并通过你们向高校的科技工作者们表示衷心的感谢和崇高的敬意！我还要特别向在座的各位领导和同志们表示诚挚的慰问，应该说没有科技管理工作者们兢兢业业、勤勤恳恳的默默奉献，就没有今天高校科研事业的辉煌，因此真诚地感谢你们长期以来对高校科研事业的无私奉献。稍后，我们还要对获得教育部“十五”高校科技管理先进集体和先进个人进行表彰，对获得广西教育厅“十五”高校科技管理先进集体颁发牌匾，让我在这里向获奖单位和个人表示衷心的祝贺和诚挚的问候！

回顾“十五”期间我区高校科研工作所取得的成绩，我认为有几点经验是值得我们在今后工作中继续坚持和加强。

一是坚持以科研平台和基地建设促进科研水平的提高和人才队伍的建设。通过“211 工程”建设和“十五”期间的重点学科、重点实验室建设，我们深刻感受到科技创新平台建设是高等学校科研工作的抓手和支撑平台。在科技投入有限的情况下，集中力量在高校建设一批高校重点学科和重点实验室，不仅能够对科研基础薄弱的地方院校起到凝练科研目标、汇聚科技资源、构筑科技平台、发挥科技队伍的作用，而且能够极大地促进高校科研、教学水平和人才培养质量的提高，提高高校整体的办学水平和办学效益。

二是坚持以科研工作促进学校学科建设水平的提高和学校特色的形成。一所大学的特色体现在学科的特色。一流的大学要有一流的学科，一流学科的建设要靠一流的科研队伍和一流的科学研究，因此高校的科研工作对整个高校的发展起着基础性的支撑作用，科研工作的特色就是学科的特色，学科的特色也就是高校的特色所在。

三是坚持自然科学与人文社会科学并重、多学科交叉发展科学技术的方针。高等学校的本质在于文化的传承和发展，繁荣与发展哲学社会科学学科是高校的重要任务和历史责任。要充分发挥高校学科综合的优势，大力推进学科交叉、融合和集成，积极推动社会科学和自然科学、工程技术的相互渗透，解决国家和地区经济社会发展中具有全局性、战略性的重大理论与现实问题，从而做到有为而有位。

四是坚持科学研究与人才培养工作紧密结合，促进高层次人才培养水平的提高。研究生教育是高层次人才培养的重要途径，科学研究工作是研究生培养的重要内容，高校通过积极鼓励和支持研究生参与科技创新，让研究生与导师一起承担重大科研项目，培养研究生的创新精神和能力，从而提高高层次人才的培养质量，培养和汇聚高水平人才，形成科技创新与人才培养密切结合的有效机制。

五是坚持有所为有所不为，地方高校科研工作要为区域经济和社会发展服务。高等学校的发展离不开政府的支持，地方高等学校不仅肩负着为地方经济和社会发展培养大批高素质专门人才的重任，而且必须成为地方经济发展和社会进步的知识源和技术源，因此地方高等学校的科研工作必须围绕区域经济社会发展需要，开展重大领域、重大科学问题和关键技术问题的研究和攻关，以为当地经济社会发展作出的巨大贡献而获得地方政府对高校更大的支持。

六是坚持以人为本进行制度创新和体制创新，形成宽松的创新文化氛围。科技创新工作的核心是人，要坚持以人为本地进行制度创新和体制创新，建立奖励和激励机制，激发广大师生的科技创新热情，使他们积极投身于科学研究工作。要建立客观、公正、科学的科技评价制度，加强创新文化建设，倡导科学精神，鼓励创新、宽容失败，努力形成宽松和谐、健康向上的创新文化氛围。

二、从全面落实科学发展观的战略高度，提高对科技自主创新重大意义的认识，明确高校面临的重大挑战、机遇及战略选择

（一）提高自主创新能力、加快科学技术进步是转变经济增长方式、促进全面协调可持续发展的关键环节

当今世界，科技进步日新月异，综合国力竞争日趋激烈，自主创新能力已成为国家竞争力的决定性因素。党中央、国务院审时度势，高瞻远瞩，提出了坚持自主创新、建设创新型国家的重大战略决策，召开了全国科学技术大会，颁布了《国家中长期科学和技术发展规划纲要 2006—2020 年》。我们要转变经济增长方式，就必须抓住提高自主创新能力、加快科学技术进步这个关键环节。党和国家的领导人高度重视坚持自主创新、建设创新型国家的问题。胡锦涛总书记强调："我国正处在全面建设小康社会、加快推进社会主义现代化的新的发展阶段，国际经济正处在产业结构朝着技术、知识、服务密集的方向发展的新的调整时期。只有加快转变经济增长方式，才能不断提高国民经济的整体素质，确保实现党的十六届五中全会提出的发展目标。只有加快转变经济增长方式，才能切实推动经济发展和人口、资源、环境相协调，确保实现我国经济社会可持续发展。只有加快转变经济增长方式，才能应对激烈的国际经济、科技竞争，切实提高我国经济的国际竞争力和抗风险能力，确保在国际分工中取得有利地位。我们一定要从贯彻落实科学发展观、实现全面建设小康社会宏伟目标的战略高度，进一步增强自觉性和紧迫感，下更大的气力，采取更有力的措施，切实把加快转变经济增长方式的工作抓紧抓实、抓出成效。"胡锦涛还指出：提高自主创新能力，是保持经济长期平稳较快发展的重要支撑，是调整经济结构、转变经济增长方式的重要支撑，是建设资源节约型、环境友好型社会的重要支撑，也是提高我国经济的国际竞争力和抗风险能力的重要支撑。我们要坚持以科学发展观统领经济社会发展全局，转变经济增长方式，"一是要按照建设创新型国家的要求，加快建设国家创新体系，建立以企业为主体、市场为导向、产学研相结合的技术创新体系，着力提高原始创新能力、集成创新能力和引进消化吸收再创新能力，为转变经济增长方式提供强大科技支撑。二是要加快推进经济结构的战略性调整，提升产业的整体技术水平，特别是要大力发展先进制造业和现代服务业，大力加强基础产业基础设施建设，大力促进区域协调发展。三是要坚持节约资源和保护环境的基本国策，大力发展循环经济，加强资源综合利用，全面推进清洁生产，加大环境保护和生态建设的力度，促进建设资源节约型、环境友好型社会。四是要进一步推进改革，努力形成有利于转变经济增长方式、促进全面协调可持续发展的体制机制，充分发挥市场机制对转变经济增长方式的引导作用。五是要树立人才资源是第一资源的观念，加强人力资源能力建设，努力造就数以亿计的高素质劳动者、数以千万计的专门人才和一大批拔尖的创新人才，积极营造人才辈出、人尽其才的社会氛围。"总书记的一系列重要指示，为我们指明了努力方向。我们一定要认真学习、深刻领会，把思想进一步统一到总书记的重要讲话精神上来，统一到中央关于推进自主创新的一系列决策部署上来，自觉把提高自主创新能力作为科学技术发展的战略基点和调整经济结构、转变经济增长方式的中心环节来抓，努力走出一条科技创新之路。

（二）进一步明确高校在建设创新型国家和"四个广西"实践中面临的重大挑战、机遇及战略选择

提高自主创新能力，是实现"三大转变"，促进我区经济社会又快又好发展的迫切需要。当前我区经济发展从艰难爬坡型向加速发展型转变。中央关于建立中国—东盟自由贸易区以及每年在南宁召开中国—东盟博览会的重大决策，加速了我区融入国际经济一体化的步伐，经济竞争的难度在增加，科技含量在提高。经济社会的发展大趋势，要求我区高校必须进一步加强科技工作，提高自主创新能力，为经济和社会发展提供科学技术与人才、智力的支撑。党的十六大以来，在以胡锦涛同志为总书记的党中央领导下，全区高校坚持以邓小平理论和"三

个代表”重要思想为指导，以科学发展观统领全局，按照自治区党委、政府“富民兴桂”的发展目标和工作思路，团结一致，解放思想，真抓实干，特别是通过大力实施“科教兴桂”和人才强区战略，全区高校自主创新能力有了新的提高，对推动全区经济建设和社会发展发挥了重要作用。但是，我们也要清醒地看到，我区经济社会发展还存在许多困难和问题。从经济社会发展的质量情况看，全区工业化水平不高，经济总量不大，人均水平低，经济增长方式粗放，质量效益不高，科技创新能力不强，各项社会事业发展仍然比较落后，后发优势和潜力未能充分发挥，国内外科技、创新、资源、人才、市场以及国内外各地竞相发展的竞争压力加大等问题都比较突出，影响经济增长的质量和效益。只有提高自主创新能力，才能优化我区经济结构，提高我区产品质量，提高资源利用效率，提高市场竞争能力，解决经济社会发展中的突出矛盾，不断达到新水平，迈上新台阶。从全区高校科技工作情况看，高校科研工作与科技产业相对落后，对经济社会发展的贡献率不大。高等学校在建设创新型国家中承担着科教兴国和人才强国的双重使命，具有不可替代的重要作用，是国家创新体系的重要组成部分。显然，我区高校面临着一个重大的历史挑战和良好的发展机遇，高校党政领导干部要进一步提高认识，增强自主创新、加快科技发展的紧迫感，坚持以科学发展观为指导，坚定不移地实施“科教兴桂”和人才强区战略，把致力于提高自主创新能力作为站在新起点、实现新发展的重大机遇和重要步骤，推动我区工业化、城镇化的发展，由经济增长方式粗放型向集约型转变，由抓好经济发展向经济社会全面协调可持续发展转变。

全区高等学校要深刻领会全国、全区科技大会的精神，明确高校自身的科技创新定位和科技发展任务，明确高校科技发展的战略选择。全区科技大会提出，我区将把提高自主创新能力作为科技工作的战略基点，突出引进消化吸收再创新，加强集成创新，鼓励原始创新，走跨越式创新发展之路。高校要进一步明确在“四个广西”建设中自身的科技创新定位和科技发展任务，制订规划，加快发展。要充分发挥高校人才、学科、科研设备条件的优势，加强高校科研工作，加强人才队伍、创新平台和创新体系的建设，努力提高科技创新能力，促进科技成果的转化和产业化。

根据建设创新型国家和“四个广西”建设的要求，我区高校的科技工作必须以增强自主创新能力为核心，以服务广西经济和社会发展为重点，以建立产学研合作战略联盟为突破口，不断加强科技创新平台建设，形成一批具有开拓创新精神的科技创新团队和人才高地，产生一批具有自主知识产权的科技成果，建设一批资源和技术互补、合作长期稳定的产学研合作基地，培养一大批高层次创新人才。

各高校要通过承担自治区的重大工程、承担企业的重大项目、参与重点行业、企业、重点领域的科技攻关和技术推广等工作建立和加强与地方政府、企业、农村的科技合作，通过与企业和科研院所共建研发中心、工程技术研究中心、企业技术中心等产学研基地，进一步加强产学研合作，建立产学研合作战略联盟，把技术与市场、各种生产要素有机结合起来，形成利益共同体，形成长效技术服务合作关系，建设一批长期稳定的产学研合作基地，促进科技成果的转化和产业化，推动企业和行业的科技进步。

要坚持自然科学与社会科学并重的方针，繁荣与发展哲学社会科学学科，为文化广西的建设作贡献。各高校要充分发挥高等学校学科综合的优势，大力推进学科交叉、融合和集成，积极推动社会科学和自然科学、工程技术的相互渗透，解决具有全局性、战略性、前瞻性的重大理论与现实问题。要围绕国家、区域社会发展、经济建设中的重大问题，建设一批跨学科、具有创新性、交叉性、开放性的哲学社会科学研究基地，全面推进哲学社会科学的知识创新、理论创新和方法创新，使高等学校成为创新型国家和“四个广西”建设的“思想库”和“人才库”。

要在高等学校中大力培育和发展创新文化。创新文化不仅是创新型国家的重要基础条件，也是创新型国家建设的主要目标之一。高等学校要大力加强创新文化建设，大力倡导拼搏进取、自觉奉献的爱国精神，求真务实、勇于创新的科学精神，团结协作、淡泊名利的团队精神。要提倡百家争鸣，倡导学术平等和自由探索，鼓励创新、宽容失败，激发创新思维，活跃学术气氛，努力形成宽松和谐、健康向上的创新文化氛围。

我们要紧紧围绕增强自主创新能力这个核心，以邓小平理论和“三个代表”重要思想为指导，贯彻落实科学发展观，坚持“自主创新、重点跨越、支撑发展、引领未来”的科技指导方针，从全面建设小康社会的全局出发，抓住机遇，乘势而上，努力开创高等教育工作新局面，成为富裕广西、文化广西、生态广西、平安广西建设的重要力量和支撑，为实现建设创新型国家的远大目标作出贡献。

三、围绕解决经济社会发展重大问题，大力提高高校科技自主创新能力

加强自主创新能力建设，必须紧紧围绕实现我区经济社会发展的奋斗目标，紧紧围绕解决经济社会发展中的重大科技问题，紧紧围绕调整经济结构、转变经济增长方式，突出重点，抓住关键，努力实现新突破。

（一）要把发展高新技术作为推进自主创新的重中之重。

高新技术集中体现自主创新水平，必须加大工作力度，在已有的基础上实现更大发展。要加强原始创新能力建设，坚持有所为有所不为，力争在电子信息、生物技术、新材料、新能源、医药业、海洋开发、农业新技术等领域有更多的科学发现和科技创新。要加强集成创新能力建设，围绕建设北部湾经济区，培植我区五大经济区支柱产业和拉长产业链，重点选择一批具有高度技术关联性和产业带动性的产品或项目，大力促进各种相关项目和技术的有机融合，加强关键领域的集成创新，开发一批具有自主知识产权、核心竞争能力强的技术和产品。高校要坚持项目、基地、人才一体化的原则，加快高新技术产业发展，强化服务功能，创新经营机制，实现由外延式发展向内涵式发展转变。

（二）要把引进技术再创新作为推进自主创新的有效途径。

高校要在积极引进国内外先进科学技术的同时，立足自主创新，依靠自身的创造逐步解决我区经济建设所面临的核心技术问题。要以提升自主创新能力为出发点，提高引进技术中专有技术、技术咨询、技术服务等软技术的比例，促进产业升级和技术创新。要注重引进国内外大企业的研发机构，鼓励和吸引跨国公司在区内高校联合设立研发中心，推进在核心技术领域的深层次合作，尽快学习掌握一批具有国际竞争力的重点先进技术，提升我区主导产业和优势产业的竞争力。

（三）要把高校和科研院所作为推进自主创新的生力军。

高校和科研院所具有人才智力密集、创新平台完备、科研实力雄厚的优势，是提高自主创新能力的中坚力量。要充分发挥高校和科研院所独特的创新优势，围绕我区重点发展的高新技术领域，不断提高自主创新能力。要选择一批研究力量强的高等院校、科研机构，进行自主创新基地建设试点，提高它们在基础研究和应用基础研究领域承担重大科研任务、培养高水平人才的能力。按照项目研究、人才培养与基地建设相结合的原则，积极支持高等院校、科研机构更多地承担国家重大科技攻关计划项目。强化资源整合与优势互补，结合事业单位人事制度改革，通过政策引导，鼓励部分科研机构整建制进入高等院校，与其现有的院系（所）结合、重组，增强高等院校的科研力量。强化创新平台建设，鼓励高等院校、科研机构与国内外企业共建实验室、研究开发中心等研究机构，形成部门、地方、社会力量共同支持、共同利用、共同建设的新机制，不断提高我区基础研究和应用基础研究能力。加强自主创新服务体系建设，提高各高校、科研机构服务全区高校经济社会发展的能力。

（四）要把建立和完善产学研结合技术创新体系作为自主创新的平台。

高校要寻找合适的企业和科研机构，开展各种形式的创新合作，在关键领域形成具有自主知识产权的核心专利和技术标准。通过基金支持、创业投资、贷款贴息、税收优惠等方式，重点扶持高校与企业特别是科技型中小企业的技术创新活动，提高企业科技成果的转化能力，积极发展各类科技中介服务机构，促进高校、科研单位和企业之间的知识流动和技术转移，加快科技成果产业化步伐。

（五）要把建设节约型社会作为推进自主创新的重要任务。

全区高校要充分认识建设资源节约型、环境友好型社会对于落实科学发展观的极端重要性，加快经济增长方式转变，推进经济结构战略性调整，实现经济社会的可持续发展。要依靠科技自主创新，突破能源、资源、环境对经济发展的瓶颈约束，为建设资源节约型、环境友好型社会提供有力支撑。要加强资源减量化、再利用、再制造、再循环等方面的关键共性技术研究，在重点区域、重点行业和企业，大力推广应用节能、节水、节材等先进技术，推广普及一批资源节约适用技术，为广西走出一条科技含量高、经济效益好、资源能源消耗低、环境污染少、人力资源得到充分发挥的新型工业化道路作出贡献。

（六）要把发挥人才作用作为推进自主创新的关键措施。

提高科技自主创新能力，必须牢固树立人才是第一资源的观念，尊重劳动，尊重知识，尊重人才，尊重创造。在人才培养方面，要以重点产业、重点学科、科研基地、重大科研和工程项目为依托，在创新实践中识别人才，在创新活动中培育人才，培养一批科技领军人物、科技骨干和创新人才团队，造就一支门类齐全、梯次合理、素质优良、规模宏大的科技创新人才队伍。在人才引进方面，要采用灵活多样的吸引人才政策，鼓励国内外优秀科技人才跨地区、跨部门流动，吸引国内外一流科技人才来我区创业。在人才使用方面，要大力支持创新，鼓励竞争，敢为人先，争创一流，努力营造人尽其才、人才辈出的创新环境。要积极探索技术要素资本化，鼓励资本、技术等生产要素参与分配，充分体现科技人员的劳动价值，激励他们创造更多的科技成果。

四、"十一五"期间高校科研重点工作

为了深入学习和贯彻全国、全区科技大会精神，我厅拟定了《关于加强高等学校科研工作，提高我区高校自主创新能力的若干意见》（征求意见稿）（以下简称《若干意见》），在这次会议上发给大家征求意见，制定这个《若干意见》的目的就是要明确高校今后一段时间的重点任务和工作目标，使我区高校的科研工作更好地服务广西的经济建设和社会发展。下面我对这些重点工作做一个简要的解释和说明：

（一）重点实施"三对行动计划"，全方位服务广西经济和社会发展。

"三对行动计划"，是指校市（县）一对一科技帮扶、校企一对一科技合作、校行（区）一对一科技培训。要求每所高校、每一个高校重点实验室或重点学科都要对应一个县（市）、一家企业（院所）、或是一个行业或社区，一对一、一帮一、一扶一地结成"产学研合作对子"、"帮扶对子"和"培训服务对子"，针对县（市）、企业和社会发展需要合作开展科学研究和技术创新工作、共同培养人才，积极开展科教兴企、科教兴县（市）、科学普及、科技扶贫，科教帮扶工作，支撑企业、区（县）域和基层的科技创新工作，促进高校与企业、科研院所、县（市、区）及其行业的全面联合与协作，提高我区高校服务广西经济建设和社会发展的能力和水平。"十一五"期间高等学校要重点落实和实施"三对行动计划"，依托高校重点学科和重点实验室建设一批长期、稳定的"产学研合作对子"、"帮扶对子"和"培训服务对子"，形成高校全方位服务和支撑广西经济和社会发展的局面。各高校在实施行动计划时要做到以项目为纽带，签协议、造声势、出成果、见效益，要把行动计划工作的绩效作为衡量高校科研工作的重要指标，对行动计划项目给予优先安排，对先进单位要进行表彰和奖励，要加强宣传，使其成为高校服务地方经济建设和社会发展的品牌工程。

各高校还要发挥人才、知识和信息的优势，广泛深入地开展"科技大篷车"活动，涉农院校要开展"农业科技大篷车"，将农业新技术、新品种和新产品及时送到农民手中，更好地为农民服务，为建设社会主义新农村作贡献；医学院校要开展"医疗服务大篷车活动"，送医、送药到基层，提高人民群众的医疗保健意识，普及医疗和保健知识，提高人民群众的健康水平。各高校要不断丰富"科技大篷车"的活动内容和活动方式，以各种灵活多样的宣传方式和形式将科技知识宣传普及到乡镇、厂矿、社区和农村，积极参与和支撑广西各个不同领域、不同层面的科技创新和科学普及工作，服务县域经济和新农村建设。

各高职高专院校要根据行业发展需要积极开展科技创新、科技成果推广和职业技能培训工作，农科类的院校要开展"农村技能培训活动"，提高农民的科技意识和种养技能，服务社会主义新农村建设；工科类的院校要开展"工业技能培训活动"，为企业和行业的发展培训高素质的专业技术人才；其他学科类的院校也要针对不同行业发展需要，制定和实施为行业开展职业技能培训和科技服务计划，积极开展职业技能鉴定工作，使高等学校成为推动全社会科技进步和人员素质提高的重要力量。

（二）实施"千项科研项目资助计划"，推动"三对行动计划"和科技重点工作。

"千项科研项目资助计划"即在"十一五"期间自治区教育厅要资助1000项左右高校科研项目，其中要重点支持开展"三对行动计划"提出的产学研合作科研项目、高校重点实验室与企业共建的产学研合作基地项目，重点支持"科技大篷车"活动和高职院校开展的行业技能培训活动项目；重点支持专利技术实施和转化项目；重点支持解决广西经济、社会发展重点领域、重大科技问题的项目；重点支持研究解决社会主义新农村建设中的重大社会问题等与"四个广西"建设联系紧密的高校科研项目。

（三）实施"百场重大学术交流活动项目计划"，营造鼓励科技创新的学术环境和文化氛围。

"十一五"期间争取举办100场左右我区高校主

办或承办的学术水平高，国际、国内影响广泛的重大学术交流活动，鼓励和引导高等学校积极参与国内外或区域性的双边、多边科技合作计划和人员交流，大力促进国际、国内的学术交流与合作，提升我区高校的知名度，扩大其在国内外的影响。

（四）实施“人文强桂”建设工程，服务文化广西建设。

“人文强桂”建设工程是自治区党委和政府为了繁荣和发展我区的哲学社会科学、促进文化广西建设，充分发挥广西高校在人文社会科学学科方面的特色和优势，重点支持人文社会科学重点研究基地和哲学社会科学重大科研项目的建设工程。

“十一五”期间我区高校的哲学社会科学研究工作要以“人文强桂”工程为龙头，以文化广西的建设为目标，以推进广西文化产业的发展为抓手，围绕国家和区域社会发展、经济建设中的重大问题特别是东盟自由贸易区的建立、泛珠三角区域合作、大湄公河次区域经济合作等领域，针对发展广西文化产业，提升产业文化内涵的战略要求，加强高校哲学社会科学应用对策研究，开展全局性、战略性、前瞻性的重大理论与现实问题研究，建设一批跨学科、具有创新性、交叉性、开放性的哲学社会科学研究基地，全面推进哲学社会科学的知识创新、理论创新和方法创新，力争产生一批在国内外有影响的哲学社会科学代表作，培养一批在国内外有一定影响的学科带头人，建设一批具有广西特色的文化产业研发基地，整体提升广西的哲学社会科学研究水平和研究环境，为繁荣和发展我区的哲学社会科学事业和实现“文化广西”的建设目标服务。

（五）实施广西高校重点学科和重点实验室“双百”建设工程，切实增强高校的科研实力。

广西高校重点学科和重点实验室“双百”建设工程，即在“十五”建设的基础上，“十一五”期间继续重点支持和建设高等学校重点学科和重点实验室，实现建设100个广西高校重点学科和100个广西高校重点实验室（包括人文社会科学研究基地）的目标，搭建高校科技创新平台，增强高校的自主创新能力。要进一步加强广西大学“211工程”建设，并以此为示范辐射和带动全区高校重点学科和重点实验室建设水平的提高，构建布局结构合理、全方位、多层次、服务创新型人才培养、面向经济社会发展新格局的广西高等学校科技创新体系，促进全区高等学校科学研究水平、人才培养能力的提高，推动科技创新团队和人才小高地的建设工作，全面提升我区高校的自主创新能力和服务区域经济社会发展的水平。

（六）实施“高等学校知识产权工程”，为提升我区产品和企业的核心竞争力服务。

当今世界，自主知识产权的拥有量和转化状况，已经成为衡量一个国家和地区核心竞争力的重要指标。实施高等学校知识产权工程就是要通过我区高校的科技创新工作取得一批拥有自主知识产权的成果，并将成果转化和产业化，不断加强知识产权保护力度，促进我区的产品创新工作，提升我区产品和企业的核心竞争力。

各高等学校要进一步增强知识产权保护意识，加强知识产权管理体系建设。要通过设立专利奖励基金、专利研发基金和专利转化基金等形式，提高高校教师的专利意识，鼓励高校教师积极研究、申请和转让专利，使专利申请量、授权量在“十一五”期间得到持续快速增长，比“十五”期间翻一番，同时专利质量不断提高，专利技术实施和成果产业化工作取得显著的经济和社会效益，不断增强广西产品的市场核心竞争优势，为富裕广西的建设作贡献。

（七）加强高校科技成果转化工作，提高科技成果对经济增长的贡献率。

高等学校要高度重视科技成果转化工作，坚持把理论研究与成果转化有机结合起来，把学科优势、技术优势转化为产业优势，要通过多种渠道、采取多种合作模式与企业和科研院所共建工程技术研究中心、成果转化中心和产学研合作基地，实现高校科研成果向企业的转化，积极参与以企业为主体的广西技术创新体系建设，促进以产品创新能力为核心的广西自主创新能力的提高。

要积极配合有关部门推动广西大学科技园和桂林大学科技园的建设，将大学科技园区与南宁、桂林、柳州和北海高新技术产业开发区的建设和发展紧密结合起来，使大学科技园成为广西高新技术研究开发中心、高新技术企业孵化器、创新创业人才培养摇篮和产学研结合的重要基地。

（八）实施“广西高校人才小高地建设计划”，推动高层次人才的选拔和培养。

“广西高校人才小高地建设计划”分为三个层次进行建设，第一个层次是“广西高校人才小高地创新团队资助计划”，主要资助建设广西高校人才小高地创新团队，目标是通过建设，迅速聚集一批高层次人才，以提高创新能力为核心，努力造就一批处于国内外前沿水平的学术技术精英，遴选一批八桂学者，形成创新团队，使一批广西高校人才小高地创新团队进入自治区级人才小高地、教育部“创新团队”、国家级重点学科、国家级重点实验室、国家级人才培养基地和博士学位授权点。第二个层次是“广西高校百名中青年学科带头人资助计划”，主要是遴选并资助一批高校中青年学术带头人从事科研工作，进一步提高科研能力，促进新一代学科带头人的成长。第三个层次是“广西高校百名中青年骨干教师资助计划”和“管理人员培训资助计划”，主要内容是选派高校中青年骨干教师、高校领导干部和高校中层领导干部分别到国内外大学学习、研修、培训和挂职锻炼，提高高校青年教师的业务素质和领导干部的管理水平。

（九）实施“2006—2010 年广西研究生教育创新计划”，培养具有科学精神和创新能力的高层次创新型人才。

实施“2006—2010 年广西研究生教育创新计划”，从我区经济社会发展全局和科技发展的需求出发，创新教育观念和人才培养模式，调整专业设置，加强学科建设，深化教育教学改革，着力培养我区研究生的创新精神和实践能力，通过每年安排专项经费重点资助博士和硕士研究生申报的科研课题，努力提高研究生的创新能力和研究水平，促进科学研究和人才培养工作的紧密结合，造就大批具有创新思维和创业精神的优秀人才，全面提高我区研究生的培养质量。

（十）加强管理，努力形成高校自主创新的激励机制。

“十一五”期间自治区教育厅将加大对高校自主创新工作的经费投入力度，推动高校不断增强自主创新能力，主动服务广西经济建设，引领广西的社会文化发展。要在高等学校中大力培育和发展创新文化，努力形成宽松和谐、健康向上的创新文化氛围。要建立科学、客观、公正的科技评价指标体系，形成联合、共享、竞争和淘汰的有效机制。建立激励保障机制，每年对高校科技重点工作进行跟踪检查和评比，对工作成绩突出的学校和个人进行表彰和奖励，并作为下一年度各项工作立项的依据。

五、加强对科技自主创新工作的领导，努力把各项政策措施落到实处

高校党政领导一定要牢固树立科学发展观，牢固树立科学技术是第一生产力的思想，牢固树立创新是一个民族兴旺发达的不竭动力的观念，切实把加强自主创新能力建设作为提高执政能力的重要内容来抓。要进一步加强对自主创新工作的领导，真正形成高度重视和支持自主创新的浓厚氛围。要根据国家和自治区的有关部署，在调查研究的基础上，进一步制定好各院校中长期科学和技术发展规划。要紧紧围绕提高自主创新能力，深化科技体制改革，重点解决影响发展的深层次矛盾和问题，解决创新体系中存在的结构性和机制性问题，努力建立与社会主义市场经济相适应的科技管理新机制。要进一步制定和完善促进科技发展的有关政策，加强高校教学与科研政策的相互协调，切实加大对科技的投入力度，建立稳定的财政科技投入增长机制。同时，充分发挥市场配置资源的基础性作用，促进科技要素和其他社会生产要素的有机结合，建立政府资金引导、社会多元化投入的科技投融资机制。要加大知识产权的保护力度，严厉打击侵犯知识产权的违法行为，加强知识产权法律法规宣传教育，增强保护知识产权的自觉性。要落实工作责任，加强有关方面的协调配合，形成共同推进自主创新的强大合力。要按照建立健全决策目标、执行责任、考核监督体系的要求，完善党政领导科技进步目标责任制，切实加大督促检查和考核奖惩力度，确保各项工作措施落到实处。要弘扬创新精神，增强创新意识，宣传创新典型，推进创新实践，在全社会营造支持参与自主创新的良好环境。

同志们，推进科技自主创新是经济社会发展的重大课题，是对高校党政领导干部执政能力的实际考验。让我们更加紧密地团结在以胡锦涛同志为总书记的党中央周围，坚持以邓小平理论和“三个代表”重要思想为指导，全面落实科学发展观，充分发挥高校科技人才聚集的优势，加快高校科技进步，为实现我区“富民兴桂”新跨越，全面建设小康社会作出更大贡献！

认真履行纪检监察职责
努力推进教育系统反腐倡廉工作

——在全区教育纪检监察工作会议上的讲话

自治区高校工委副书记、纪工委书记、教育厅
纪检组组长　孙海潮

2006年3月15日

同志们：

这次会议的主要任务是，认真学习贯彻胡锦涛总书记在中央纪委六次全会上的重要讲话和中央纪委六次全会、自治区纪委八次全会及全国教育纪检监察工作会议精神，总结2005年我区教育系统党风廉政建设和反腐败工作，部署今年反腐倡廉和纪检监察工作任务。自治区纪委、监察厅对这次会议很重视，自治区纪委副书记、监察厅厅长农立进同志出席会议并作重要讲话，充分肯定了我们的工作，明确了任务，提出了希望和要求。自治区高校工委书记、教育厅党组书记、厅长余益中同志会前专门听取了自治区高校纪工委领导对这次会议准备情况的汇报，要求一定要准备充分，把会议开好，把今年教育系统反腐倡廉工作部署好。上午，余益中同志代表高校工委、教育厅党组作了重要讲话，就如何学习贯彻落实胡锦涛总书记讲话精神，做好今年的纪检监察工作提出了明确要求。对两位领导的讲话，我们要认真学习领会，抓好贯彻落实。下面，我讲几点意见。

一、2005年的主要工作情况

过去的一年，我区教育系统各级党委、行政和纪检监察部门坚决贯彻落实中央和自治区关于反腐倡廉的重大决策、部署，全面贯彻落实科学发展观，紧紧围绕教育发展第一要务，认真学习贯彻中央关于《建立健全教育、制度、监督并重的惩治和预防腐败体系实施纲要》（以下简称《实施纲要》），积极推进反腐倡廉各项工作，党风廉政建设和反腐败工作在过去的基础上又取得了新的成效。

（一）《实施纲要》的学习贯彻扎实开展。《实施纲要》下发后，高校工委、教育厅党组及时组织了学习，对教育系统学习贯彻《实施纲要》提出了具体要求。教育系统的各级党委（党组）将学习贯彻《实施纲要》作为保持共产党员先进性教育活动的重要内容，纳入理论学习中心组学习计划，认真组织党员干部学习。组织党员干部观看《实施纲要》专题辅导报告，加深对《实施纲要》的理解。通过局域网、校园网、板报等形式宣传《实施纲要》，营造学习宣传氛围。召开区直高校纪委书记座谈会，专题研究教育系统贯彻落实《实施纲要》的具体措施。完成了高校工委、教育厅党组贯彻落实《实施纲要》的具体实施意见的起草任务。全区各高校和各市教育局普遍制定了贯彻落实《实施纲要》的具体措施，为学习贯彻《实施纲要》打下了良好的基础。

同时，认真抓好党风廉政宣传教育工作的落实。教育系统的各级党委（党组）和纪检监察部门及时学习中纪委五次全会、自治区纪委七次全会和全国教育纪检监察工作会议精神，结合实际抓好贯彻落实；结合开展保持共产党员先进性教育活动，组织党员干部认真学习《党章》、《“三个代表”重要思想反腐倡廉理论学习纲要》和《中国共产党党员权利保障条例》，进一步增强了党员干部的党性党纪观念；举办反腐倡廉形势报告会，委、厅机关和18所区直高校的大多数党员干部听取了专题报告；及时抓好重大节假日落实廉洁自律有关规定的宣传和上级有关严重违纪违法案件通报的传达学习，对党员干部进行警示教育；通过组织党员干部参观革命传统教育基地、观看《信天游》、《清风扬帆—广西反腐倡廉歌曲演唱会》等影视作品、开展《两个纲要》知识竞赛、举办文艺演出等一系列活动，营造了廉洁奉公、执政为民的良好氛围，促进了党风廉政宣传教育工作的落实。

（二）领导干部廉洁从政各项规定得到较好落实。从加强教育，健全制度，强化约束，严格监督检查入手，开展自查自纠、廉政谈话、述职述廉等活动，认真抓好领导干部廉洁从政各项规定的落实。领导干部不准收送现金、有价证券和支付凭证，不

准“跑官要官”，不准放任、纵容配偶、子女和身边工作人员利用领导干部职权和职务影响经商办企业或从事中介活动谋取非法利益，不准参与赌博，不准借婚丧嫁娶之机收钱敛财以及不准违反规定插手和干扰基建工程、大宗物资采购招投标、高考招生录取等规定得到较好的落实，年内，全区教育系统处以上领导干部中没有发现因违反上述规定而受党纪政纪处分的现象。

（三）治理教育乱收费工作取得新的成效。各级教育行政部门和各高校把治理教育乱收费作为纠正教育行业不正之风的一项重点工作，摆上重要位置，采取有力措施，加强组织协调，加大工作力度，治理教育乱收费工作取得新成效：“一费制”收费办法在义务教育阶段公办学校全面实行，进一步规范了中小学收费行为；“三限”政策得到较好落实，公办普通高中择校生招生、收费行为得到有效控制；严格规范高等学校收费行为，区直 18 所高校向社会做出承诺，不向学生家长收取与招生录取挂钩的任何费用；加强对招生考试的执法监督，高校招生“阳光工程”得到顺利实施，全区高校招生工作没有发生违反国家招生政策规定的现象；加强对学校收费行为的监督检查，据统计，2005 年我区县以上政府和有关部门共组织检查组 1203 个，检查了 10442 所学校，占学校总数的 89%，对乱收费行为进行了严肃查处，有 18 名责任人受到党纪政纪处分。

（四）查办违法违纪案件取得新进展。高校工委、教育厅党组和教育系统的各级党委高度重视案件查办工作，加强领导，纪检监察部门及时组织协调，充分发挥审计、财务等职能部门的作用，形成查办案件的合力，对发生在教育系统的违法违纪案件进行了认真查处。据统计，2005 年教育系统纪检监察部门共立案 210 件，已结案 198 件，涉案人员 265 人，处分 217 人，移送司法机关处理的案件 18 件。在查办这些案件中，高校纪工委协调力量，组成联合调查组，认真查办了玉林师范学院发生的经济案件。该案从 2004 年 5 月初立案调查，经过艰辛工作，已查清了主要问题，明确了责任，对涉案人员给予了党纪政纪处理。同时，对于涉嫌犯罪的有关人员，移交司法机关处理；加强对自治区直属高校纪委办理案件的指导，确保办案质量；开展预防职务犯罪调研，积极探索高校系统预防职务犯罪的办法、措施。五六月，高校纪工委会同自治区检察院、桂林市检察院分别在南宁、桂林两地召开了预防职务犯罪研讨会，认真分析个别高校发生职务犯罪的原因、教训，进一步研究做好预防职务犯罪工作的对策。下发了《广西壮族自治区人民检察院 广西壮族自治区教育厅关于共同开展预防职务犯罪工作的意见》，推动办案治本功能作用的发挥。

（五）制度建设进一步加强。2005 年，高校工委、教育厅党组进一步加强反腐倡廉工作制度建设，从制度上加强监督管理，取得了新的进展。根据中央和自治区关于反腐倡廉的方针、政策及规定，针对教育系统党风廉政建设面临的新情况，先后制定了《自治区高校工委、教育厅机关廉洁自律若干规定》、《自治区高校工委、教育厅党组成员落实党风廉政建设责任制分工》、《关于高等学校纪律检查工作暂行规定》、《广西高校领导干部廉洁自律的有关规定》等规章制度，进一步加强了委、厅机关和直属高校党风廉政建设和反腐败工作的制度管理和工作落实。根据中央和自治区关于贯彻落实《建立健全教育、制度、监督并重的惩治和预防腐败体系实施纲要》的要求，结合我区教育实际，组织制定了《自治区高校工委、教育厅贯彻落实〈实施纲要〉的具体实施意见》，推动教育系统反腐倡廉工作向制度化、规范化方向发展。

在加强制度建设的同时，我们还深入开展执法监察工作，促进依法行政和有关政策措施的贯彻落实。对直属高校贯彻执行党内“三项法规”情况进行了全面检查，促进了高校党风廉政建设和反腐败工作。

（六）信访举报工作落实较好。贯彻落实《信访工作条例》，认真做好群众来信来访登记、送阅审批、转办催办、查办结案、复信回访、立卷归档等工作。2005 年，各级教育纪检监察部门共接到信访、电话举报件 3917 件，按照信访举报工作规定进行了认真办理。其中教育厅监察室接到信访举报件 272 件，也都及时作了处理，信访工作得到了较好的落实。

（七）队伍自身建设进一步加强。全区教育系统的各级纪检监察干部通过参加保持共产党员先进性教育活动，进一步增强了党性观念和使命意识，激发了工作热情，大家立足本职，勤奋工作，钻研业务，研讨问题，较好地完成各项工作任务，为促进教育系统党风廉政建设和反腐败工作作出了积极的贡献，涌现出一批先进单位和个人。广西师范大学纪委、广西中医学院纪委和广西大学监察室副主任刘建新、桂林医学院纪委副书记、监察室主任刘承伟、广西工学院纪委副书记、监察室主任李光正、广西民族大学纪委副书记、监察室主任周文伟等单位和个人荣立二等功，受到自治区纪委、人事厅、监察厅的通报表彰。

2005 年的工作实践表明，我区教育系统党风廉政建设和反腐败工作呈现良好的发展态势，也证明了只要我们高度重视，措施得力，真抓实干，反腐倡廉工作就一定能够取得实效。但是，也要清醒地看到，我们的工作还存在问题与不足：教育乱收费问题依然存在；违纪违法案件还时有发生；个别单位对反腐倡廉工作重视不够，规章制度不够健全，工作落实不够到位；在队伍建设、工作机制、工作方式等方面与我区教育快速发展形势的要求还不相适应，对教育系统党风廉政建设面临的新情况、新问题，调查研究不够，解决问题的办法、措施还不多。因此，我们对已经取得的工作成效不能估计过高，对存在问题更不应掉以轻心。我们要增强政治意识和责任意识，以更大的努力，更有效的措施，继续深入推进教育系统党风廉政建设和反腐败工作。

二、2006 年的主要工作任务

2006 年教育系统反腐倡廉和纪检监察工作，要以邓小平理论和“三个代表”重要思想为指导，深入贯彻中央纪委六次全会、自治区纪委八次全会和全国教育纪检监察工作会议精神，坚持标本兼治、综合治理、惩防并举、注重预防的方针，以科学发展观统领全局，认真贯彻落实《实施纲要》，继续深化纠风专项治理，全面履行纪检监察职责，努力取得党风廉政建设和反腐败工作新成效，为构建和谐校园，为教育事业健康发展和人才健康成长提供有力保证。

（一）完善和创新“大宣教”工作格局，筑牢反腐倡廉的思想道德防线。

反腐倡廉教育是全党的一项重要工作，是一项系统工程，必须树立综合的思想，运用综合的力量，采取综合的手段，才能取得综合的效果。今年反腐倡廉的“大宣教”工作，一是要注意结合。要把反腐倡廉教育和党委、党员干部的理论学习、思想教育结合起来，与拓展先进性教育成果、建立保持共产党员先进性长效机制结合起来，与全面贯彻落实科学发展观、坚持教育发展第一要务结合起来，使之成为一项系统工程、长效工程；二是要创新形式。要不断创新教育载体，拓宽反腐倡廉的宣教领域，积极开展校园廉政文化建设和青少年廉洁教育活动，把廉洁教育渗透于学校管理、教学科研、学生培养、后勤服务各个方面，努力营造廉洁治校、廉洁治教、廉洁治学的校园氛围；三是突出重点。今年的“大宣教”工作，要突出学习党章。领导干部要带头学习好、遵守好、贯彻好、维护好党章，把胡总书记关于学习贯彻党章的要求落实到思想、政治、组织、纪律建设各个方面，进一步坚定理想信念，自觉严守政治纪律，确保中央政令畅通；要突出从政职业道德教育，通过经常的深入细致的职业道德教育，使广大党员干部做到传统美德与时代精神的统一，做人与做官的统一，责任与权力的统一，个人利益与奉献精神的统一；要突出正反典型的教育。一方面要大力宣传正面典型，弘扬正气，营造健康向上的社会风尚；另一方面，要把教育系统发生的违法犯罪案件作为反面教材，开展警示教育，做到警钟长鸣。

（二）深入开展纠风工作，坚决治理教育乱收费。

教育乱收费经多年治理，蔓延的势头已得到有效遏制，治理工作取得了明显成效。但严格规范教育收费行为，坚决治理教育乱收费，仍然是中央和自治区部署的 2006 年纠风工作的重要内容之一，仍然是我们教育系统加强党风廉政建设，纠正不正之风的重点工作。

从今年起，治理工作进入一个新的节点。一是从今年春季学期起开始实施农村义务教育经费保障机制改革，全部免除农村义务教育阶段公办学校学生学杂费，对农村贫困家庭学生免费提供教科书并补助寄宿生生活费；提高农村义务教育阶段中小学公用经费保障水平；建立农村义务教育阶段中小学校舍维修改造长效机制；巩固和完善农村中小学教师工资保障机制。经过几年的努力，逐步将农村义务教育全面纳入公共财政保障范围。这项改革将从根本上为治理农村教育乱收费提供制度保障。二是新修订的《义务教育法》将提交全国人大常委会通过，义务教育办学体制即将逐步规范，义务教育均衡发展正在进一步推进。三是治理工作将更加注重治本，通过深化体制机制创新和加快教育均衡发展来解决深层次的矛盾和问题。我们要紧紧抓住这一契机，积极做好今年的治理工作。

严格规范中小学校收费行为，坚决杜绝各种形式的乱收费。根据国务院关于深化农村义务教育经费保障机制改革的通知要求，自治区人民政府决定从 2006 年春季学期起，对全区农村义务教育阶段公办中小学校的学生全部免除学杂费，除可收取代收课本费、作业本费和寄宿生的住宿费外，严禁再向学生收取其他任何费用。在其他地区，要继续实行农村义务教育阶段公办学校“一费制”收费办法。严禁乱收费现象的发生。

严格规范公办高中招收择校生行为。要继续巩固和完善公办高中择校生“三限”政策，教育部已明确，今年公办高中招收择校生比例最高不得超过本校当年招生总数的30%，比例低于此标准的不准再提高。要把择校生纳入统一招生计划并向社会公示。择校收费不得用于教师个人福利。要严格执行“三限”政策，切实加强对执行“三限”政策的监督检查，对违反规定的要坚决追究责任。

严格规范高校收费行为。继续巩固和完善高校招生“阳光工程”政策，坚决制止与录取挂钩的各种乱收费。继续保持高校收费政策的总体稳定，严格执行各项收费政策规定，切实规范服务性收费和代收费管理。

进一步控制农村义务教育阶段公办学校教科书的种类和价格。学校不得向学生统一征订教辅材料，购买教辅材料以学生自愿为原则。

严格规范义务教育办学行为。从今年起，停止审批新的改制学校，对已改制学校要在调查研究的基础上进行清理规范，不准搞“一校两制”，不准以改制为名高收费。要积极推动区域内义务教育均衡发展，坚持义务教育“就近免试入学”原则，认真解决义务教育择校问题。

在着重做好上述工作的同时，要继续坚持和完善治理教育乱收费的长效机制，进一步完善收费公示制度、收费听证制度，严格执行“收支两条线”规定，切实用好管好教育经费。认真组织开展春、秋季学期开学收费工作大检查，要着重检查农村义务教育经费保障机制改革的各项政策规定落实情况和执行收费政策规定情况，发现问题，及时纠正。对违反规定乱收费的，要严肃处理有关责任人，直至撤销职务。同时，也要严肃查处行政部门挤占、挪用、截留教育经费的行为，发现一个查处一个，决不姑息迁就。要进一步开展创建“规范教育收费示范县”活动。自治区将采取措施进一步推动这项工作的开展，各市县教育行政部门要把这项活动作为一件大事来抓，力争这项活动有较大的突破。今年上半年，国家七部委将召开专项治理工作现场交流会，大力表彰和宣扬一批依法收费、规范管理的先进典型，深入推动教育行风建设，为教育发展创造良好的社会环境。各市可提前谋划，做好推荐典型的相应准备。

各级教育纪检监察部门要配合有关部门继续推进高校招生“阳光工程”的规范化、制度化、公开化，开展综合治理，坚决纠正违规招生行为；医科院校纪检监察部门要配合有关部门下大力纠正医药购销和医疗服务中的不正之风，认真清理整顿乱加价、乱收费等问题。

（三）落实制度，强化管理，促进领导干部廉洁从政。

各级教育行政部门和各高校要按照自治区关于贯彻落实《实施纲要》的意见要求，紧紧围绕规范决策行为、规范行政行为、规范办学行为、规范干部人事制度改革以及加强财务、基建、物资采购、校办企业的监管等方面，深入推进改革，着力加强制度建设，强化监督管理，进一步促进领导干部廉洁从政。要坚持重大事项集体决策制度，严格落实“三重一大”规定，对违反决策程序、滥用职权造成损失的要追究责任；要进一步减少和规范行政审批，逐步建立行政审批监管制度；要进一步加强对领导干部选拔工作的监督，不断推进领导干部经济责任审计工作；要严格财务制度，坚决清理“小金库”和经济往来中收受“回扣”、手续费等问题，强化财务内部监控机制，健全管理制度；要进一步完善建设工程、修缮工程、物资采购招投标制度，加强全程监督工作力度；要进一步推进图书、教材、教具采购改革，建立集中采购和监督制度。要切实加强对领导干部行使权力的全方位、全过程的监督，围绕腐败易发多发部位和领域，针对重点对象、重点岗位、重点时段，进一步完善监督制约机制，确保权力正确行使。

要严格执行“四大纪律、八项要求”和廉洁从政各项规定。开展经常性监督检查，运用纪律处分和组织处理，继续严肃查处领导干部违反规定收送现金、有价证券和支付凭证，参加赌博等党风方面存在的问题。

（四）坚决查办违法违纪案件，进一步推进预防职务犯罪工作。

查办违法违纪案件是纪检监察部门的一项基本职责。教育系统的各级纪检监察部门要旗帜鲜明，态度坚决，对腐败分子任何时候都要坚决查处，决不手软，决不姑息。

继续保持查办违法违纪案件的力度，坚决维护党纪政纪的严肃性。以查办发生在领导机关和领导干部中违反党纪政纪的案件为重点，严肃查办领导干部滥用权力、贪污贿赂、以权谋私的案件，严肃查办在招生、考试、收费中徇私舞弊、严重损害教育形象和群众利益的案件，严肃查办在学校基建工程建设、学生用品购销、教材出版、图书药品采购等领域的案件。今年要特别强调查处商业贿赂案件。温家宝总理在国务院第四次廉政工作会议上指出，商业贿赂已成为经济社会生活中的一大公害，要作为今年反腐败工作的重点，采取切实有力措施，坚决加以治理。

严格依纪依法办案，切实提高办案能力和水平。进一步规范案件检查措施，加强对办案全过程的管理监督，确保依法、安全、文明办案。发挥高校联合办案机制的作用，进一步增强高校系统查办案件的力量。加强信访、案件审理及案件备案等工作。坚持惩前毖后、治病救人的方针，坚持教育和惩治相结合，做到宽严相济。要尊重和保障被调查人的权利。各级教育纪检监察部门要根据自治区检察院、自治区教育厅《关于共同开展预防职务犯罪工作意见》要求，主动加强与所在地方检察部门的联系配合，认真总结发案特点和规律，积极开展警示教育活动，通过深化改革、完善制度、强化管理，逐步建立预防职务犯罪的有效机制。

要积极运用办案成果，充分发挥办案的治本作用。要整合案件资源，用身边案件进行警示教育；要剖析案件的成因，及时完善监督制约机制；要探索发案规律，增强工作的主动性、预见性。

三、切实履行纪检监察职责，努力推进反腐倡廉各项工作

党风廉政建设和反腐败的新形势、新任务对纪检监察工作提出了更高的要求，我们必须与时俱进，不断改进工作，提高能力，全面履行纪检监察职责，推动反腐倡廉各项任务落到实处。

（一）认真履行监督检查职责。各级教育纪检监察部门肩负维护党纪政纪、实施内部监督的重任，要紧紧围绕党的路线方针政策、紧贴党委、行政中心工作开展监督检查，推进领导干部牢固树立科学发展观和正确的政绩观，充分发挥监督在惩治和预防腐败体系建设中的关键作用。要重点对党风廉政建设责任制的执行情况进行监督检查，认真抓好反腐倡廉工作任务的分解、落实和责任追究。加强对教育改革发展重大决策措施和本地区本单位重要工作部署落实情况的监督检查，确保政令畅通。今年，要着重加强对农村义务教育阶段学生免收杂费等改革措施实施情况的检查监督，保证党和政府的惠民政策落到实处。要加强对党组织和党员干部执行党的政治纪律情况的监督检查，反对有令不行、有禁不止，坚决维护党的团结和统一。要加强对“八个坚持，八个反对”贯彻落实情况的监督检查，推动党员干部特别是领导干部坚持求真务实作风，克服形式主义、官僚主义和弄虚作假行为；要加强对民主集中制和“三重一大”等制度贯彻执行情况的监督，促进决策的科学化、民主化。

积极探索监督工作的有效途径，不断提高监督工作的能力和水平。认真贯彻执行党内监督条例，切实抓好领导干部个人重大事项报告、述职述廉、民主评议、诫勉谈话和函询等制度的落实。进一步加强和改进高校内部监察工作，深入开展高校招生、基建工程、物资设备采购等专项执法监察工作，加强从决策到执行各个环节的监督，注意总结经验，提高水平，不断拓展执法监察工作领域。全面推进教育政务公开和深化校务公开工作，不断加强学校民主政治建设。要进一步建立和完善纪检监察部门与有关部门的联席会议制度。要进一步落实党员权利保障条例，认真受理党员的申诉、控告，切实保障党员各项权利落实。

（二）积极发挥组织协调作用。认真贯彻执行中共中央纪委《关于纪委协助党委组织协调反腐败工作的规定（试行）》，紧紧围绕《实施纲要》的贯彻落实，围绕今年反腐倡廉各项工作，及时向党委、行政提出意见和建议，按照有关部门的职责和要求进行任务分解，明确责任，提出要求，认真组织落实并进行督促检查，不断提高组织协调能力和水平。通过建立健全与有关部门的协作配合、信息反馈和情况通报等制度，加强与各方面的联系与沟通，充分调动和依靠有关部门的主动性和积极性。要积极协助自治区党委巡视组对部分高校进行的巡视工作。

（三）切实加强自身队伍建设。各级教育纪检监察部门的主要领导要深入实际，掌握真实情况，解决实际问题，总结经验，发现典型，提高指导工作的针对性和有效性；要研究反腐倡廉工作面临的新情况、新问题，探索解决问题的办法和措施，提高指导工作的能力和水平。教育系统的纪检监察干部要进一步加强思想、作风、业务建设，努力提高履行职责的能力和水平。要抓思想认识，解决好爱岗敬业问题；要抓业务学习，不断提高工作能力和水平；要抓工作质量，确保各项任务圆满完成；要抓严格管理，规范纪检监察干部的执纪行为；要抓自身形象，处处以身作则做好样子。今年，我们要依托高校工委党校举办一期教育纪检监察干部培训班，全国教育监察学会拟在我区举办培训班，届时，请各单位积极组织干部参加培训学习。同时，提倡自学，把参加培训班培训与在职自学有机结合，通过各种形式的培训学习，使教育纪检监察干部素质和能力不断提高，促进工作任务的落实和完成。

同志们，2006 年是“十一五”规划的开局之年，也是我区教育发展进入关键期的重要一年。反腐倡廉，任务繁重，责任重大。我们要紧紧围绕教育工作中心，服务大局，全面履行纪检监察工作职责，切实加强领导，理清工作思路，抓住惩防重点，形成整体合力，保持强势推进，为我区教育事业健康发展和人才健康成长做出新的成绩。

在2006年全区普通高校招生工作会上的讲话

自治区招生考试院院长　杨伟嘉

2006年3月12日

各位领导、同志们：

我代表自治区招生考试院，对我区2005年普通高校招生考试工作进行总结回顾，并向大家报告我区2006年普通高校招生考试工作的基本思路。

一、2005年我区普通高校招生考试工作的回顾

2005年，在自治区人民政府、自治区招生考试委员会、自治区教育厅的领导下，全区招生考试系统以“三个代表”重要思想为指导，以科学发展观统领招生考试工作，深化改革，强化管理，优化服务，扎实工作，使我区普通高校招生考试事业的改革和发展取得了新的进展，全面完成了年度招生考试工作任务。下面，我从三个方面对去年的工作做一个简要的回顾。

（一）从数字看我区2005年普通高校招生考试的基本情况。

1. 报考数。

2005年，全区普通高校报考人数为255232人，比2004年增加38557人，增长17.79%。其中，参加全国统考的考生数为243198人。考生中，应届毕业生占80%，农村考生占56.8%，少数民族考生占35%。

2005年，全区艺术类报名人数为9992人，比2004年增长21.9%。其中美术类7097人，音乐类2895人。全区体育类报名人数6422人，比2004年增长8.9%。

2. 计划数。

2005年，共有1210所区内外高等学校在我区计划招生139600人，招生计划总数增长率为15.9%。其中本科招生计划56247人，高职高专招生计划83353人。招收全国统考考生计划数为131719人，“3+2”高职班和“高职、中职”对口招生计划7881人。

在招生计划数中，中央部属高校招生计划为5161人，与2004年相比，增长率约为3.7%；区外院校招生计划总数为47999人，增长率为24.7%；其中本科23893人，增长14%，高职高专24106人，增长37.5%；区内77所院校招生计划总数为91601人，增长率为16.3%；其中，本科32354人，增长11%，高职高专59247人，增长19.5%。

3. 录取数。

2005年，广西普通高校招生本专科共录取160742人，比原下达的计划总数139600人增加21142人，增长15.1%。其中，本科共录取64324人，比计划增长14.4%。在本科录取的人数中，区外本科录取27007人，比计划增长13%；区内本科录取37317人，比计划增长15.3%。专科共录取96418人，比计划增长15.7%。其中，区外专科录取23249人，比计划减少3.6%，区内专科录取73169人，比计划增长23.5%。

2005年全区普通高考的录取率为62.98%。

4. 民族考生录取情况。

壮族报考人数84798人，比2004年增加12635人，增17.51%，本专科录取47053人，比2004年减少1278人，减2.64%，录取率为55.49%。

瑶族报考人数9292人，比2004年增加1854人，增24.93%，本专科录取5827人，比2004年增加632人，增12.17%，录取率为62.71%。

苗族报考人数1610人，比2004年增加438人，增37.37%，本专科录取919人，比2004年增加124人，增15.60%，录取率为57.08%。

侗族报考人数1765人，比2004年增加446人，增33.81%，本专科录取1076人，本专科录取1072人，比2004年增加145人，增15.57%，录取率为60.96%。

仫佬族报考人数为1655人，比2004年增加362人，增28.00%，本专科录取1049人，比2004年增为153人，增17.08%，录取率63.38%。

少数民族考生上本科线为35706人，占37.37%，比2004年增加11350人，增长46.6%；上专科线的人数为78833人，比2004年增加17499人，增长28.53%。

少数民族考生本科共录取24950人，占

38.79%，专科录取 32395 人，占 38.11%，与 2004 年比较本科增长 11.31%，专科减少 7.44%。

5. 分市录取情况。

(1) 报考人最多南宁市为 46862 人，最少的防城港市为 3677 人；增幅最大的钦州市增长 30.5%，增幅最少的贺州市增长 3.29%。

(2) 本科上线人数前 3 名为南宁市 15485 人、桂林市 14668 人、玉林市 11344 人，专科上线前 3 名为南宁市、桂林市和玉林市；与 2004 年比较，本科上线增幅最大的前 3 名为防城港市 195.7%、崇左市 65.45%、钦州市 61.35%，专科增幅最大的前 3 名为防城港市 41.98%、钦州市 40.15%、百色市 36.87%。

(3) 本科录取前 3 名为南宁市 10752 人、桂林市 9667 人、玉林 7567 人，专科录取前 3 名为南宁市 14539 人、桂林市 11434 人、玉林市 10244 人；本科录取增幅最大的前 3 名为钦州市增 32.83%、防城港市 27.24%、崇左市 17.30%。

6. 2005 年普通高校招生复征志愿情况。

2005 年，本专科共安排四次复征志愿。参加复征院校共有 737 所，复征计划共有 37007 人，填报复征志愿人数共有 45223 人，通过填报复征志愿共录取考生 21321 人。其中：

本科第一批复征院校为 33 所，占院校数 22.30%，复征计划 2657 人，占原计划的 18.92%，填报复征志愿人数为 3121 人，录取人数 671 人，录取比例低的主要原因是进入复征的农、林、动等专业填报人数少，复征志愿不足。

本科第二批复征院校 213 所，占录取院校的 56.50%，复征计划 6122 人，占原计划的 21.26%，填报复征志愿人数 13887 人，录取 6510 人。

本科第三批复征院校 74 所，占录取院校的 58.73%，复征计划 3916 人，占原计划 49.50%，填报复征志愿人数 5200 人，录取 3504 人。

高职高专一批复征志愿的学校 417 所，占录取院校数的 69.85%，复征计划 24312 人，占原计划的 35.11%，填报复征志愿人数 23015 人，录取 10636 人。

(二) 从五项指标看我区 2005 年普通高校招生考试的工作成绩。

1. 考风考纪进一步好转，考试无群体舞弊事件发生。2005 年我区在考生人数比上一年增加 3 万多人的情况下，考试违规违纪率降为 0.07‰，是我区普通高考十多年来违规违纪率最低的一年。

2. 高考试卷安全保密，没有发生失、泄密事件和重大安全责任事件。

3. 招生秩序严格规范。到目前为止，尚未发现我区高校在今年招生录取有招生乱收费、违规录取问题的举报，中介诈骗活动得到了有效的遏制。

4. 高校招生工作公开透明，“阳光工程”深得人心。今年招生录取结束后，考生和考生家长到自治区招生考试院反映和投诉问题的情况大幅度减少，考生和考生家长向媒体反映我区招生工作问题的情况大幅度减少，2006 年自治区“两会”期间，人大代表、政协委员反映对我区 2005 年高考和招生录取工作意见的议案和提案数降为零。

5. 超额完成了 2005 年普通高校招生工作任务，实现了让更多的八桂子弟上大学的预定目标。去年，我区实际录取本专科人数比原计划数增加了 2 万多人，其中，本科增加了 7815 人。这相当于为我区增加了两所万人大学，圆了更多考生的大学梦。

这五项指标集中显示了我区 2005 年普通高校招生考试工作所取得的突出成绩。2005 年我区高校招生工作的社会舆论评价良好，人民群众的满意度明显上升。

(三) 从十二项措施看我区 2005 年招生考试的工作特点。

1. 从实际出发，顺从民意，调整高考方案。

2004 年高校招生工作结束后，我们多次召开座谈会和研讨会，对我区高考方案进行深入的调查研究，在广泛了解民意和反复认真论证的基础上，借鉴区外高考改革的成功思路，提出了我区 2005 年普通高考方案。主要作了四项调整：一是科目设置调整为“3＋小综合”，二是采用原始分录取，三是考生成绩公布后填报志愿，四是分批次进行复征志愿。四个方面的调整得到了考生和家长的支持，高校和中学的一致认同以及社会的广泛肯定。顺利实现了高考科目设置由“3＋X”向“3＋小综合”的平稳过渡。

2. 进一步加强考试管理，完善制度，明确责任，确保了高考安全保密顺利地进行。

(1) 依法治考，完善制度。

随着广大考生法制意识和维权意识的提高，高考面临着如何更好地维护考生权益、如何在制度上保证考试的公平公正的问题，为了进一步推进依法治考，规范考试秩序，2005 年，我们修改和完善了《广西壮族自治区 2005 年普通高等学校招生简章》等 10 个高考组织工作的管理规章，明确了各级招生部门的工作职责与业务范围，使考试管理有据可依、有法可循。

（2）加强培训，规范管理。

一是实行了分级培训，持证上岗制度。加强了对市、县一级招生考试工作人员的学习、培训、考核，规定凡未取得《招生考试工作人员上岗培训合格证书》者一律不得上岗。

二是加强了试卷印制的保密管理。试卷印制前，对印制工作场所进行了多次检查，对不符合规定的地方限期整改，印制中和印制后，通过多种形式进行检查督促，对出现的苗头及时进行处置，确保印制过程中的安全保密。

三是软件硬件一起抓，继续加强各级保密室的检查。4月份，各级招生考试机构对辖区的国家教育考试安全保密工作进行了自查，通过自查工作强化软件建设，切实加强保密室的管理。为了进一步巩固我区试卷答卷保密室建设验收的成果，2005年高考前，我们顺利完成了全区保密室远程视频监控系统建设，并于高考期间正式启用，使我区各级保密室的硬件建设在原有基础上又提高了一步。

（3）制订预案，防患于未然。

在2004年制订《关于处置在招生考试工作期间各类突发事件的应急预案》的基础上，2005年，我们根据吴恒副主席的指示，针对外部和社会因素可能导致考试泄密污染的突发事件情况，制订了《关于防范与清除普通高等学校招生考试泄密污染的工作预案》，使我区普通高校招生考试工作各类突发事件的应急预案进一步完善、规范。

（4）领导重视，责任落实。

2005年，我区普通高考共设91个考区，212个考点，8198个考场，报考人数255232人，实考人数241756人。全区共选派出16578名监考员、3440名考务工作人员，470名巡视员组织实施高考工作。

由于各级政府、教育行政部门和招生考试机构的高度重视，加大了投入，加强了危机管理，加强了考生诚信考试教育，增强了风险防范，实行了“谁主管，谁负责”的分级管理责任制，落实了第一责任人制度。各考务工作人员认真履行职责，严格管理，坚决打击有组织的群体舞弊和窃密泄密行为，考试期间，我区考试秩序井然，考风考纪良好，没有泄密事件和群体舞弊事件发生。据统计，全区共查处考试违规作弊考生17人，是我区普通高考违规违纪考生数最少的一年。

3. 高考所有科目首次实行计算机网上阅卷，阅卷质量进一步得到提高。

2005年的高考评卷，全区共有243198万考生的试卷需要进行无纸化阅卷，我区从大学和中学的骨干教师中选聘了1705人作为评卷教师，评卷教师在两个评卷点通过计算机进行阅卷。为了确保阅卷的质量和安全，我们强化管理，细化分工，规范流程，严格按程序操作。主要措施有：

（1）为确保准确性，我们对考生的1945560张答题卡全部通过高速图像扫描仪扫描了两遍输入计算机，对单选题出现多选的情况全部进行了复查。

（2）层层签订责任状，明确责任，分级负责。自治区招生考试院与学科评卷委员会签订了责任状，学科评卷委员会与评卷教师签订了责任状。

（3）对所有评卷教师均进行上岗前培训，学习评分标准和评分细则，明确工作任务、工作责任和工作纪律。

（4）评卷采用岗位责任制和流水作业法。客观题采取计算机自动评阅制，主观题采用计算机监控下的双人双评制。按照我区创立的网上阅卷误差管理办法，有效地控制了评卷的误差，确保了评卷的质量。

（5）组织各学科骨干教师对所评的试卷进行人工复查，纠正错评、漏评和宽严不一的情况，复查率高达60%，使评卷质量宽严适度，前后一致，确保了今年评卷工作的科学、公平、公正。

4. 制订了我区高校招生“阳光工程”的具体实施方案，建立了我区高校招生信息公开的制度。

根据教育部的部署，按照自治区吴恒副主席“阳光工程六公开，富民兴桂选英才”指示，我区高校招生“阳光工程”以公平公正为核心，以信息公开为重点，以建立有效监督机制为保障，以完善更加公开透明、公平公正的高校招生工作体系为目标，全力打造成我区高校招生“阳光工程”。

我区实施阳光工程方案的主要内容有：实行六公开的信息公开制度、执行六不准的工作纪律、落实六监督的和净化录取环境，实行网上远程录取。

2005年，我区高校招生“六公开”的主要内容有：

在招生政策公开方面，公开了少数民族考生降分照顾政策等20类照顾政策。

在高校招生资格和有关考生资格公开方面，一是对所有在广西招生的高校名单进行资格审核后公开；二是对保送生、艺术类专业、艺术特长生、高水平运动员、自主选拔录取、外语非通用语种单独考试、运动训练及民族传统体育单独考试等特殊类型招生的选拔标准、录取办法和测试程序公开；三是对符合教育部《2005 年普通高等学校招生工作规定》中第 43、44、45 条有关要求，享受加分投档和降分投档的考生进行公示，未经公示的考生不得享受相关项目分值。

在招生计划公开方面，一是公开国家和自治区计划部门下达的 2005 年区内外普通高校在广西的招生计划。二是公开进入复征志愿范围的招生计划（含录取期间因生源不足剩余的计划和院校在录取前和复征志愿前追加的计划）。

在录取信息公开方面，公开最低录取控制分数线、投档、退档原因和录取结果。

在重大违规事件处理结果公开方面，公开考试重大违规作弊事件、评卷重大违规事件、录取重大违规事件等事件的处理结果。

在考生咨询及申诉渠道公开方面，公开考生咨询及申诉的热线电话和招生投诉接待室地址。

5. 向社会公开承诺高校招生“六不准”工作纪律。

在招生录取工作期间，我们通过各种媒体向社会作出了招生录取工作人员要严格遵守“六不准”工作纪律的承诺。在上岗培训和各种工作会议中，我们都对工作人员反复进行不准违反国家有关招生规定；不准徇私舞弊、弄虚作假；不准采取任何方式影响、干扰招生工作的正常秩序；不准协助、参与任何中介组织或个人的非法招生活动；不准索取或接受考生及家长的现金、有价证券；不准以任何理由向考生收取与招生录取挂钩的任何费用的“六不准”纪律教育。

6. 建立有效的监督机制，确保招生录取工作的公平公正。

（1）落实高校和招生考试机构在录取工作上的互相监督。招生考试机构监督高校的录取，高校监督招生考试机构的投档。

（2）规范招生考试机构的内部监督，考试和招生录取信息一经汇集并合成，我院立即备份，由院领导、机要室、业务处、系统管理人员分别管理，任何人都不能在考生分数、填报志愿等信息上进行更改。在招生录取阶段，负责接收和调剂计划的人员不能投档，投档人员不能接收和调整计划，也不能审核录检，录取审核人员则不能接收计划和投档，各个关键岗位的工作人员均有严格的责任制。与此同时，在招生录取内部，还设有网上录取监督岗，实时监督工作人员有无违规操作的情况。

（3）扩大群众监督。自治区招生考试院提供网络、手机短信和电话查询招生录取动态信息的途径，让广大考生和家长在查询中了解情况，在了解情况的基础上进行监督。

（4）自觉接受舆论和社会的监督。自治区招生考试院通过媒体向社会公开所有的招生考试政策和工作承诺，并公布招生录取举报电话，随时接受社会各界的监督。

（5）加强组织监督。在招生录取期间，自治区监察厅、教育厅监察室派人在录取现场进行全程的监督。并设立招生录取现场接待室，现场接待家长和考生的投诉，解答疑问。

7. 采取多种措施，大力开展招生考试宣传。

（1）制定宣传方案，明确宣传目标，完善应急机制。

我们将我区 2005 年普通高校招生宣传工作的目标确定为“两营造三促进”：营造良好的舆论氛围，营造和谐的高校招生社会环境，促进高校招生工作更加公平公正，促进高校招生工作更加公开透明，促进我区更多的考生有机会上大学。

制订了《广西 2005 年普通高校招生考试宣传工作提纲》，明确了 2005 年普通高校招生考试宣传工作的指导思想、工作目标、工作重点、宣传专题、注意事项和工作规定。我们根据招生考试的工作进程和重点确定了 23 个宣传专题，宣传内容涵盖了高校招生考试政策、高校招生阳光工程，考生填报志愿、招生录取分数线、批次录取情况、招生录取信息等各阶段的工作重点。

制订了《关于我区 2005 年普通高校招生考试突发事件的宣传工作预案》，明确了招生考试宣传突发性事件的类别、应对措施、工作机制和善后措施。明确了报告制度、调查核实、情况通报、新闻发布的具体办法，明确了应急联动工作机制和负面报道审核机制。

（2）主动请示汇报，加强协调沟通，坚持正面宣传。

2005 年的招生考试宣传工作，我们加强了与各方面的联系，提前做好宣传沟通工作。一方面，主动将招生考试宣传工作的情况向自治区人民政府和自治区党委宣传部请示汇报，得到上级领导和部门对招生考试宣传工作的大力支持。另一方面，加强与新闻媒体协调沟通，把握正确的舆论导向，做好正面宣传工作，营造良好的招生录取社会氛围。在今年招生录取期间，自治区吴恒副主席多次召集新闻媒体会议，就进一步做好教育宣传和招生考试宣传问题做出指示。自治区党委宣传部两次主持召开新闻媒体宣传协调会，传达了中宣部、教育部关于高考和招生宣传工作的有关要求，就做好我区2005招生考试宣传工作问题进行了部署，并将会议纪要印发各新闻媒体知照。

（3）保证人员，拓宽渠道，进一步加大招生考试宣传工作的力度。

在2005年的招生考试期间，我们成立了专门的宣传小组，抽调专门人员开展宣传工作。采用了新闻发布、系列专题、新闻通稿、新闻专访、现场直播、宣传专版、现场咨询、网络答询、热线电话等多种宣传形式，收到了良好的宣传效果。对一些社会特别关注的热点问题，我们采取系列专题的形式，反复进行宣传，使之家喻户晓。例如，对非法招生中介诈骗问题，我们曾四次通过各种媒体进行专题揭露和提醒。据不完全统计，2005年中国教育报、科技日报、新华网、广西日报、广西电视台等区内外10多家媒体（含网站）刊发和播发了我区普通高校招生考试工作宣传稿达600多篇次。

总之，广西2005年普通高校招生宣传工作目标明确，思路清晰，领导重视，媒体配合，宣传力度大，宣传效果好，从而为招生考试营造了一个比较宽松和谐的工作环境。

8. 坚持以人为本，为考生和高校提供便捷和周到的服务。

（1）加强了考试过程的人文关怀。

考试期间，招生考试系统在各级招委和教育行政部门的领导下，加强与各有关部门的协调配合，努力为考生提供多种人文关怀和服务，为考生创造一个良好的考试环境。例如面对暴雨形成的内涝，防城港市启动高考应急预案，用船只将考生送进考场，政府拨款免费为考生提供食宿；为避免对考生的干扰，取消了领导到考试现场视察的惯例；协调电力、交通、环保等部门保障考试用电和考场周边的安静；南宁市、柳州市开展的士免费送考生到考场活动等等。

（2）加强了招生期间投诉接待和咨询答疑工作。

投诉接待和咨询答疑工作是招生工作直接面向考生与社会的一个窗口，能有效地缓解考生情绪与社会矛盾，将问题解决在危机之前。2005年，我们对招生期间的投诉接待和咨询答疑工作给予了更充分的重视，一是加强招生投诉接待和咨询答疑工作。我们抽调了14名熟悉招生政策、考生情况的各市招办主任与我院干部一起，组成了有20多人参加的招生录取投诉接待工作组，设立了宽敞舒适的接待环境，面对面地接待和解答考生的投诉和疑问。二是设立并向社会公布投诉和咨询电话，方便边远地区考生的咨询。凡是实名来信反映问题的我们都一一予以答复。这些做法及时发现和解决了问题，化解了矛盾，温暖了来信和来访的考生和家长的心田。

（3）加强了招生信息的及时公布和招生政策以及录取操作办法的公开透明工作。

2005年我们通过电视、报纸、电台等媒体、通过教育厅网、招生考试院网、桂龙网、新桂网等网站、通过《招生简章》、通过《广西2005年普通高校招生计划目录》、通过考生上网、电话、手机短信等查询方式、通过招生工作新闻发布会、招生咨询会、高考信息报告会等会议形式、通过发文件、出通告和公示等多种渠道和方式，多层面、全方位、及时地公开2005年普通高校各类招考信息，让广大考生和社会人士很方便就能了解到我区普通高校招生录取工作的政策和最新进展情况，为考生提供了及时便捷的招生信息服务，受到广大考生和家长的一致欢迎。例如我们在填报志愿期间公布的全区考生2005年高考成绩一分一档表、高校各专业毕业生就业率，高校各批次第一志愿投档线、平均分和录取人数等信息，为考生填报志愿提供了更多的参考。根据各方面得到的反馈，我区2005年普通高校招生工作的社会信度和赞誉度得到直线上升。

（4）想高校之所想，急考生之所急，真诚热情细致地为考生和高校服务。

为了方便区内外高校开展招生咨询、宣传和发动生源工作，满足考生和家长填报志愿的答疑要求，打击非法招生中介的有害信息宣传，2005年我们在南宁国际会展中心举办了普通高校招生咨询会，清华大学、北京大学、中国人民大学、中国科技大学、南京大学等近300所区内外普通高校参加了这次咨询活动，近10000名考生和家长前来咨询。自治区招生考试院组成了答询组现场回答考生和家长的提问，同时还印发了2005年招生考试政策问答免费分发考生和家长，

在招生录取期间，我们高度关注高校招生计划和生源分布状况，及时地向高校提供生源信息，及时地与高校进行沟通。通过及时沟通，一些高校看到我区生源好，临时增加了计划，解决了一批高分考生一志愿落选的问题；一些区外高校由于生源不

足，想撤走计划，我们积极提建议，通过调剂二志愿的高分考生和动员学校将计划进入复征的方式，千方百计将计划留在广西。对肢体残疾的考生，我们想方设法说服高校予以录取，使2005年我区上线的残疾考生全部都圆了大学梦。

9. 进一步严格了录取办法和投档规则。

为确保招生录取工作的公平和公正，2005年我区普通高等学校招生全部实行计算机网上远程录取，我院现场不为高校提供计算机设备和网络环境，不接待高校录取人员。

对因生源不足无法正常完成的缺额计划，我们一律通过向未被录取的上线考生重新公开征集志愿的办法予以解决。

对本人填有志愿或经高等学校征得同意后被录取的考生，不予退档换录。

对普通高考中有违规行为的考生，将其违规事实和处理结果如实记录在其考试诚信档案中。

投档严格实行以考生志愿为投档依据，分批次、分院校、分科、按考试成绩从高分到低分排序投档、按比例投档、按志愿顺序投档的规则。

10. 建立招生录取工作集体议事制度、工作责任制度和责任追究制度。

2005年，我区按照《教育部关于实行高等学校招生工作责任制及追究暂行办法》进一步完善招生工作责任制度，修订了工作规定，成立了工作机构，明确了工作责任。

招生录取工作领导小组负责招生录取的组织领导和协调指挥，各个工作小组都有具体明确的职责，各工作人员也有具体明确的工作和纪律要求，每个工作人员要和工作组组长签订《2005年普通高校招生录取工作责任书》，实行层层负责制。

招生录取工作按照集体讨论决定的原则，在录取过程中的每一个录取原则问题，都经领导小组集体讨论决定后，才交由各个工作小组按照决定组织开展各项具体工作，违规操作将被追究。

11. 采取有效的防范措施，加强了录取期间网络的实时监控，确保录取系统和网络的安全。

为了加强网络安全，我们高度重视录取系统可能遭到计算机病毒攻击和其他网络攻击问题，制定了《2005年普通高校录取网络安全工作方案》，聘请自治区公安厅网络监察处的技术人员负责我区招生录取系统和网络的安全工作。投资数百万元更新了设备和软件，进一步加强了对网络恶意攻击的阻隔，提高了安全防范等级，在招生录取期间，我区招生录取系统和网络未发现安全问题，录取工作进行顺利。

12. 严格管理，杜绝非法招生中介介入招生录取。

针对近年来各种形式的非法招生中介不断渗透到高校招生录取工作领域的情况，我们高度重视并严格按照《教育部关于做好2005年普通高等学校招生工作的通知》（教学〔2005〕2号）等文件要求，严禁任何非法招生中介机构参与招生录取工作，坚决揭露和打击非法招生中介的诈骗行为。在这方面，我们主要抓了以下几项工作：

一是加大工作的公开透明度，努力使各项招生政策规定、录取程序、操作办法、招生计划、高校收费标准等信息家喻户晓。

二是实行计算机远程网上录取，不接受高校委托他人录取或中介机构代为录取考生的任何请求。对“计划外招生”的学校，不提供考生信息，不协助组织生源，不予办理录取备案手续。

三是严把招生计划和分数关。自治区招生考试院从严控制招生计划、投档分数等重要事项，使招生中介机构难以兑现对考生及其家长的承诺，从而达到打击非法招生中介行为的目的。

四是依靠群众，与公安部门紧密配合打击招生中介行为。在录取过程中，我们认真对待群众的举报，并与公安机关联合侦查被举报对象，被举报对象经查实属于非法招生中介机构及其人员的，按有关规定严肃处理。

综上所述，2005年，我区考试规模和招生规模有了进一步增长，高考组织平静顺利，考试安全保密，综合治理考试环境取得了明显的成效，高校招生“阳光工程”的实施取得良好的社会效果，招生录取严格规范，超额完成了年度招生任务，实现了让更多的八桂子弟有机会接受高等教育的预定目标，为满足人民群众不断增长的教育需求，为维护社会稳定作出了积极的贡献，招生考试工作的社会满意度得到了进一步的提高。这些成绩的取得，是各级政府的正确领导、教育行政部门的高度重视、招生考试机构的齐心协力、各有关单位的密切合作、大力支持的结果。在此，我代表自治区招生考试委员会办公室、自治区招生考试院向关心、支持我区招生考试工作的各位市领导、教育行政部门领导、高校领导，向一直以来勤奋工作在招生考试第一线的同志们表示衷心的感谢。

在回顾成绩的同时，我们也要清醒地认识到，我区高考工作还存在一些困难和问题。主要表现在：

一是高考工作面临新的挑战和压力，我们的研究和应对措施还明显滞后。高考工作面临的新挑战和压力突出表现在五个方面：（1）巨大的并不断增长的考生数量对考试组织管理工作体系产生重大冲击和影响；（2）社会环境复杂化使招生考试难度加大，任务更加艰巨；（3）高等教育大众化对人才选拔标准和方式提出新的挑战；（4）基础教育改革呼唤与之相适应的高考改革；（5）创新型国家发展战略对教育创新机制、不拘一格选拔培养各类创新人才提出新的要求。我们招生考试队伍应对上述挑战和影响的新机制尚未建立完善。

二是试卷的安全保密方面仍存在隐患。高考结构性竞争不断加剧和社会诚信体系的不健全，使考试安全和保密体系也面临更加严峻的考验。虽然经过这几年的投入和建设，各级保密室的硬件条件都有了较大程度的改善，但一些保密室的软件条件却没有相应跟上，保密室启用期间不按规定配足值班人员，值班人员不按要求严格履行职责，值班期间打扑克、下棋的现象也时有发现。麻痹大意的思想仍存在于部分考务人员中。

三是考风考纪管理方面仍有一些漏洞。如还存在监考人员责任心不强、监考不严，报名环节诚信缺失信息造假的现象。这虽是个别现象，但也反映出我们工作中的问题。

四是招考队伍素质还有待进一步提高。随着计算机信息技术在招生考试领域的广泛应用，对考务人员基本素质的要求也不断提高，但我们招考队伍掌握现代信息技术的能力还不能很好的适应这种形势变化的要求，致使工作中还存在一些误差。

五是一些高校在招生计划的管理上还存在着随意性现象，致使“先上车后补票”的问题屡禁不止。有些高校则由于内部协调不到位，致使新生信息漏报现象也时有发生。

六是一些市、县考试经费被挤占、被拖欠的现象长期存在。报名考试费是支撑我们整个考试系统正常运转的唯一资金来源，这些市、县对报考费的任意截留，已严重影响了国家教育统一考试的正常开展和管理秩序。特别是随着国家和社会对高考和招生录取工作要求的提高，全区高考和招生录取的各项工作以及设备、系统开发等经费的投入也需要不断增大，经费的不足已使我区招考工作的技术含量远远不能适应形势发展的要求。

七是一些市、县招生考试机构还不够健全，人员配置不到位，致使招考管理环节难以面对考试规模不断扩大，考试种类不断增多，考试风险不断增大带来的压力。

对上述困难和问题，我们必须高度重视，采取有力措施深入研究并切实加以解决。

二、2006 年普通高校招生工作的基本思路

2006 年我区普通高校招生考试工作的基本思路是：以“三个代表”重要思想为指导，以办人民满意的招生考试为目标，深入贯彻落实科学发展观，进一步完善阳光工程的制度化建设，积极稳步推进高考改革，加强管理，优化服务，确保考试安全，维护公平公正，在全面完成今年普通高校招生考试任务的基础上，争取让更多的八桂子弟上大学。

（一）完善阳光工程制度化建设，切实维护公平公正。

实施高校招生“阳光工程”，从根本上说，就是要以“三个代表”重要思想为指导，牢固树立科学发展观，坚持以人为本，依法治招治考，以制度建设和从严管理为基础，通过建立高度的信息公开机制，提高服务质量，完善监督体系，促进公平公正，创造招生考试工作管理严格依法、过程公开有序、服务优质高效、监督全面细致、考生心情舒畅的高校招生考试工作环境，切实维护考生的信息知情权、公平竞争权、志愿选择权，提高政府管理的诚信度、国家招生考试的公信度、人民群众的满意度，为建设和谐社会添砖加瓦。

2006 年我区高校招生阳光工程要在 2005 年的基础上继续完善，稳步推进。主要抓好如下几方面的工作：

1. 继续坚持和完善以“六公开”为主要内容的信息公开制度。我们将在“招生政策公开、高校招生资格和有关考生资格公开、招生计划公开、录取信息公开、考生咨询及申诉渠道公开、重大违规事件处理结果公开”的六公开制度下，进一步细化和实化信息公开的基本内容和要求，建立起更加科学合理、公开公平的招生工作机制和体系。具体进行十三项公开：

一是公开符合降分或加分照顾政策的 12 类考生。

二是对所有在广西招生的高校名单进行资格审核后公开。

三是对保送生、艺术类专业、艺术特长生、高水平运动员、自主选拔录取、外语非通用语种单独考试、运动训练及民族传统体育单独考试等特殊类型招生的选拔标准、录取办法和测试程序公开。

四是对符合教育部2006年普通高等学校招生工作规定有关要求，享受加分投档和降分投档的考生进行公示，未经公示的考生不得享受相关项目分值。

五是公开国家和自治区计划部门下达的2006年区内外普通高校在广西的招生计划。

六是公开进入各批次重新征集志愿范畴的招生计划。

七是公开各批次最低录取控制分数线。

八是公开考生本人的投档情况、退档原因和录取结果。

九是公开高考成绩一分一档表。

十是公开高考和招生录取期间发生的重大违规作弊事件的处理结果。

十一是公开考生咨询及申诉的热线电话和招生投诉接待室地址。

十二是公开高考方案、考试须知、招生简章、考试违规处理办法、体检意见、招生考试政策21个问题答问。

十三是公开2005年普通本科院校在广西招生第一志愿投档和录取数据资料，包括院校、专业计划、投档人数、录取人数、分数分布情况。

根据教育部的要求，高等学校也要将本校的招生资格和招生计划、学校收费项目和标准、学生入学条件和录取结果向社会全部公开。

2. 加强制度建设，规范招生行为，使各项规章制度更好地为招生“阳光工程”服务。根据教育部2006年普通高校招生工作的文件要求，我们将从招生录取和考试管理两个方面入手，加强规章制度建设。一是修订和完善我区2006年高校招生录取管理规定。主要有：《普通高校招生录取现场的管理规定》、《普通高校招生录取工作人员工作程序》等6个规章制度。二是修订和完善我区2006年普通高考考试管理规定。主要有：《2006年普通高校招生考试考务工作细则》、《普通高校招生考试考场规则》、《普通高校招生考试试卷印制、运送、交接、保管的规定》、《普通高校招生考试评卷工作管理规定》等10个规章制度。

在实施阳光工程过程中，我们要努力做到制度刚性化、纪律严格化、操作规范化、信息公开化。要使阳光工程的品牌和内涵融入我们的日常工作管理，要使推进阳光工程成为我们招生考试战线每一位同志的自觉意识。

3. 严格执行“一个规定、五项制度和六不准工作纪律”。

“一个规定”就是教育部《2006年普通高校招生工作规定》。

“五项制度”就是“谁主管，谁负责”的制度、第一时间报告制度、重大问题集体议事制度、工作责任制度和违规责任追究制度。

“六不准工作纪律”就是不准违反国家有关招生规定；不准徇私舞弊、弄虚作假；不准采取任何方式影响、干扰招生工作的正常秩序；不准协助、参与任何中介组织或个人的非法招生活动；不准索取或接受考生及家长的现金、有价证券；不准以任何理由向考生收取与招生录取挂钩的任何费用。

4. 加强监督以保障阳光工程的顺利实施。今年招生录取期间，我们将在媒体和网站上公布监督和咨询电话，设立投诉和咨询接待室，接受考生和社会咨询和监督。同时，将继续请自治区监察厅、高校工委、教育厅纪检监察等部门组成的监察组对我们的工作进行全程监督。对违规行为要按照《高校招生工作责任制和责任追究办法》的有关规定严肃查处。

（二）严肃考风考纪，落实管理责任，进一步巩固考试环境综合治理成果，确保考试安全。

考试安全保密工作必须常抓不懈、警钟长鸣。2006年，我们要把做好安全保密工作作为普通高考的第一要务，进一步加强管理，明确责任，严肃考风考纪，倡导诚信考试。努力营造一个“环境”，实现两个“确保”，达到一个“目标”。即营造一个让人放心的考试环境，确保考试试卷不出现泄密事件，确保考试无群体作弊现象，达到“公平、安全、科学、准确、规范”的管理目标。主要抓好以下几项工作：

1. 加强检查和管理，明确保密安全责任，进一步完善各市、县及高校保密室的建设。保密安全责任就是“谁主管，谁负责；谁使用，谁负责；分级管理，分级负责”。高考前，各市、县招生考试机构要联合公安、保密部门对所有试卷保密室进行一次大检查，落实安全措施，做到每个岗位有专人负责，每个环节责任到人，确保所有试卷保密室在使用前必须全部达标，确保每个工作环节的安全保密。

2. 强化保密意识，加强安全保密措施，特别是加强试卷、答卷的印制、运送、保管的保密措施。要严格按要求配足硬件，按规定配足人员，严格做到责任到人、程序操作、工作细致、清点无误、交接清楚、签字确认、定时巡查、彻底消除隐患，杜绝安全事故的发生，确保安全保密工作的万无一失。

3. 认真总结经验，进一步做好考试的评卷工作。2006年，我区继续实行普通高考全科无纸化阅卷，与此同时，完善评卷基地建设和评卷教师的选调工作，做好评卷责任状的签订工作。

4. 加强对考生进行考试诚信专题教育，签订诚信高考承诺书，建立和完善考生诚信档案，考生的高考诚信档案在录取时将提供给高校作为是否予以录取的重要依据。要开展多种形式的考试纪律教育和警示教育，以教育部《国家教育考试违规处理办法》为基本教材，务必使每一个2006年考生知晓和了解考试规则和考试违规处理办法，坚决制止招生考试中的徇私舞弊行为，努力营造公平、公正的考试环境。

5. 加强对监考、巡考等考务工作人员的选聘、培训和考核工作，对于未经培训和考核不合格者不能上岗。坚决制止招生考试人员参与、组织、纵容考试作弊的行为，一经查实，将严肃查处。

6. 严肃考风考纪，依法治考。要加大对考试违规违纪、集体舞弊行为的处罚力度，采取切实有力的措施，形成对违纪舞弊现象的高压强势，使考试违规违纪和舞弊的歪风得到有效控制。要重点防范和打击有组织、有预谋的团伙舞弊以及利用现代通讯工具作弊等严重舞弊行为，确保不发生大面积群体舞弊事件。

7. 2006年，我们将继续与公安、保密、通讯管理等部门联合，采取有效技术手段，加强对互联网有害高考信息的联合封堵，净化网络环境。

8. 建立和完善考试安全监控体系。今年全区参加高考的人数比去年增加两万多人，考点和监考人员都将相应增加，考试组织管理难度将更大。因此，我们要努力建立高水平的突发事件应急处置预案和工作机制。请各市、县招生考试机构要在原有基础上，进一步修订完善应急预案，严格执行值班制度、第一时间报告制度、第一责任人制度，发现重大问题，要在第一时间报告市县招生考试工作第一责任人和自治区招生考试院，同时，采取措施，对事件进行快速有效的处理，防止事态扩大。

9. 进一步加强招生考试工作的目标管理，2006年，将制订招生考试达标实施细则，对2006年各级招生考试工作的达标进行细化评比，以求更科学、更准确、更刚性、更量化地评价各单位的工作情况。

（三）进一步改进管理办法，切实规范招生秩序。

我们将按照教育部的布置，在今年招生工作中，开展“杜绝招生乱收费，严禁违规录取，严打中介诈骗，有效防范和治理高考移民”的四项重点治理工作。

1. 在《招生计划目录》一书中，公布在我区招生的所有高校所有专业的收费标准，严禁任何高校以任何形式收取与录取挂钩的任何费用。

2. 严禁违规录取考生。对违规录取的考生，一经查实，要坚决取消其录取资格，并严肃处理相关责任人。未经自治区招生考试院办理录取手续的我区考生将一律不予学历电子注册。

3. 自治区招生考试院2006年将继续实施全程网上远程录取，现场不接待学校的录取人员，不受理高校委托的任何中介机构或个人的招生录取申请。在招生录取期间，我们将联合公安、监察部门对非法中介的诈骗活动进行坚决打击，并在新闻媒体中曝光。

4. 加强高考考生报名资格审查工作，制止高考移民群体事件的发生，维护高考秩序和社会稳定。对高级中等教育学校非应届毕业的在校生申请报名参加高考的，请各市、县、各中学报名点严格把关，一律不得为其办理高考报名手续。尽管目前高考报名已经结束，但是为了吸取去年个别中学的教训，请各市、县招生考试机构在会议之后做好一项工作，即要求各中学对已报名参加高考的考生作一次核对检查，主要看本校是否有非应届毕业的在校学生参加了高考报名，并将核对检查结果于四月底前报告自治区招生考试院。此事，请各级招生考试机构务必给予高度重视，并请你们转告各中学，不要受升学率和各种利益的驱动，也不要以“给学生一次锻炼机会、检验学生水平或学生和学生家长强烈要求”等所谓理由，组织或允许不合条件的学生报名参加高考。要知道，这属于扰乱高考秩序，违反国家招生工作规定的行为，是要受到纪律制裁的。对弄虚作假骗取报考资格的学生，一经查实，坚决取消其报考资格，并记入其本人高考诚信档案。对在其中组织、协助高级中等教育学校非应届毕业的在校生报名参加高考的中学、教师和工作人员，一经查实，将按规定追究责任人的责任。

与此同时，对外省迁入我区各地读书的学生申请在我区参加高考的，各市、县报名点要严格按照国家和自治区的有关规定办理。

5. 2006年，所有高校招生计划全部实行网上编制、执行和管理，录取期间的招生计划调整也使用专用系统软件在网上进行。

6. 各类招生录取信息，我们将在广西招生考试院网站上公布和公示，或报送媒体公开宣传，请查阅权威的信息发布渠道，不要道听途说，不要轻信非法中介的传说。

（四）积极稳步推进高考改革，探索考试评价模式，创新人才选拔机制。

我区2006年的普通高考改革，是在认真总结2005年普通高校招生考试工作的基础上，提出了坚持九个“不变”和进行四项“调整”的方案：

1. 九个“不变”是：坚持科目设置“3＋小综合”不变，坚持采用全国统一命制试题不变，坚持原始分录取不变，坚持本专科统考合一不变，坚持继续英语听力考试不变，坚持所有考试科目网上评卷不变，坚持公布成绩后填报志愿不变，坚持公开征集志愿不变，坚持网上远程录取不变。

2. 四项“调整”就是：

一是报名条件调整。

允许取得《广西壮族自治区居住证》，并且其子女取得广西高中毕业学历者在广西报名参加高考。删去“身体健康”这一坚持多年的报名条件规定，明确“患有国家规定的传染性疾病者”不得参加高考报名，使报名条件更具操作性和更具人性化。强化高考报名资格审查工作。要求各地加强考生报名资格审查，既要防止高考移民，又不炒作高考移民现象。

二是艺术类专业招生考试调整。

（1）专业统考报名与文化考试报名同时进行。

（2）专业统考分设四个考点。即美术设广西师范大学和广西演艺职业学院两个考点。音乐类、舞蹈专业设在广西艺术学院；播音与主持专业设在广西民族学院。

（3）报考区外院校艺术类专业的考生，必须参加我区组织的艺术类专业统一考试，且统考成绩合格者方能按学校的录取规则参加录取。

（4）按艺术类招生的高职（专科）专业一律使用我区统考考试合格考生的专业成绩，区内外高职（专科）院校不再自行组织专业考试。

（5）美术类专业及对美术有一定要求的艺术类专业全区统考考试科目为色彩、素描和速写共三科。

（6）报考区内外艺术类考生的文化考试数学成绩计入总分。

（7）停止中等艺术学校（附中）推荐免试生工作。

（8）高职（专科）院校及本科院校按艺术类招生的高职（专科）专业均须安排分省（自治区、直辖市）分专业招生来源计划。31所独立设置的艺术院校本、专科专业及普通高校按艺术类招生的本科专业由学校自行决定是否安排分省（自治区、直辖市）分专业招生来源计划。

三是录取批次和填报志愿调整。

“本科预科批”调整到本科第三批之前。即除本科第一批录取院校的预科班外，其他高校的预科班安排在本科第二批之后本科第三批之前。专科普通批填报志愿在本科录取结束后进行。

四是体育预科班调整。

根据教育部规定，高校将不再招收体育预科班。

（五）坚持正面引导，坚持主动宣传，努力维护良好的招生考试舆论环境。

我区2006年普通高校招生宣传工作的目标为：营造良好的招生舆论氛围，营造和谐的招生社会环境，促进招生工作更加公开透明。

普通高校招生考试工作作为备受舆论和社会高度关注的领域和热点之一，各高等学校、各级招生考试机构要高度重视招生考试宣传工作。

要积极争取宣传部门的支持，积极主动与新闻媒体沟通，坚持正面引导，坚持正面宣传和主动宣传，及时地将招生政策、招生规定和招生进展情况通过新闻媒体和单位公众网站向社会公布和宣传，让广大考生和社会各界能及时知道和了解各项招生考试信息。

要做好高校招生宣传工作预案，关注舆论热点，把握适当时机，对中介非法招生和诈骗事件，要从快从严查处并向社会公布查处结果，对招生考试违规事件的个案问题，要客观地将情况向媒体和社会公开，避免各种渠道的传播、渲染、炒作和误导。

（六）坚持以人为本，优化服务，力争超额完成今年招生录取任务。

2006年，我区招生考试工作要把“实实在在为考生服务”作为我们的出发点和落脚点，做到服务时间提前，服务关口前移，尽力为考生提供便利、热情、周到的服务。

1. 坚持以人为本，进一步增强服务意识。2006年，重点要在高考报名、考试环境、填报志愿、公开征集志愿、录取信息及考生咨询等方面为考生提供更人性化的服务。

2. 进一步发挥自治区招生考试院公众网站的信息发布功能，细分信息发布对象，扩展信息发布的范围，开展网上答问活动，为考生和考生家长提供更快、更便捷的信息服务。

3. 2006年，我们将在确保完成年度招生任务的基础上，通过我们自身的努力，提供优质服务，想方设法吸引区外高校向广西投放更多的招生计划，让更多的八桂子弟有机会上大学。

同志们，2006年是我国和我区推进改革和发展的关键年，也是我国和我区部署“十一五”规划的开局之年。开好头、起好步，对于实现今后一个时期我区招生考试改革和发展的目标意义十分重大。让我们以科学发展观为统领，进一步深化改革，加强管理，振奋精神，团结一致，为办好让人民满意的招生考试工作，开创我区招生考试工作的新局面作出新的更大的贡献。

WENJIAN XUANDENG

文件选登

广西壮族自治区人民政府关于加快发展民办教育的决定

政发〔2006〕5号

民办教育是公益性事业，是社会主义教育事业的重要组成部分。大力发展民办教育，对于深化教育体制改革，建设现代学习型社会，满足人民群众日益增长的教育需求，落实科教兴桂战略，实现“富民兴桂”新跨越，全面建设小康社会具有重要意义。为加快我区民办教育的发展，根据《中华人民共和国民办教育促进法》、《中华人民共和国民办教育促进法实施条例》等法律法规，结合我区实际，特作如下决定：

一、各级政府要充分认识大力发展民办教育的重要意义，全面贯彻“积极鼓励、大力支持、正确引导、依法管理”的方针，采取切实有效措施大力发展民办教育。

二、民办教育发展的重点是学前教育、高中阶段教育、高等教育、社区教育、升学预备教育，各种文化、职业资格、职业技能培训及其他非学历教育。在保证适龄儿童、少年均能就近进入公办小学和初中的前提下，经县级以上人民政府教育行政部门批准，可设立民办小学和初中。

三、城市、农村或贫困地区民办学校的准入标准应有所区别，农村和贫困地区适度放宽。民办高等教育执行国家有关标准；高中阶段以下教育准入标准由自治区教育或劳动保障行政部门根据我区的实际情况制定和组织实施；其他行业职业资格、技能培训的准入标准及其实施主体，按照国家和自治区的有关规定执行。

四、举办实施学历教育、学前教育、自学考试助学及其他文化教育的民办学校，由县级以上人民政府教育行政部门按照国家规定的权限审批。举办实施以职业技能为主的职业资格培训、职业技能培训的民办教育机构，由县级以上人民政府劳动保障行政部门按照国家规定的权限审批，并抄送同级教育行政部门备案。

（一）设立实施本科学历教育的高等学校和国务院尚未授权由自治区人民政府审批的实施专科学历教育的高等学校，依照有关规定报教育部审批。

（二）设立经国务院授权自治区人民政府审批的实施专科学历教育的高等学校，经自治区教育厅审核后报自治区人民政府审批，教育部备案。

（三）设立实施中等学历教育的民办初中、民办高中、民办职业技术学校，实施初等学历教育、幼儿教育、自学考试及其他文化教育的民办学校，由县级以上人民政府教育行政部门按照国家规定的权限审批。

（四）民办学校按属地管理原则由审批机关负责监督、管理。

五、允许民办学校出资人或机构从办学结余中获得合理回报。

（一）在每个会计年度结束时，捐资举办的民办学校和出资人不要求取得合理回报的民办学校应当从年度净资产增加额中、出资人要求取得合理回报的民办学校应当从年度净收益中，按不低于年度净资产增加额或者净收益的25%的比例提取发展基金，用于学校的建设、维护和教学设备的添置、更新等。

（二）提取学校发展基金后，民办学校或机构出资人可按实际出资额或股份比例计算其合理回报的额度。其中社会捐助部分的净收益留作学校发展基金，为学校所有；国有资产部分（含转制办学、国助民办、国家资助等形成的产权）的净收益上缴同级财政，专项设立地方民办教育发展资金，为政府所有。出资人不需回报的，其资产收益仍留在学校。

六、依照国家的现行规定，民办学校依法享受与公办学校的同等政策。对民办学校从事学历教育提供教育劳务取得的收入免征营业税；对实施职业资格培训、职业技能培训的民办教育机构取得的收入，以及民办教育机构取得与学历教育无关的收入应按国家的有关规定依法纳税。各地、各部门要依法治税，依法理财，不得超越权限擅自制定、解释税收政策，也不得越权批准减免税收，缓缴税或豁免欠税。

七、允许部分公办学校改制

（一）国有的非义务教育阶段学校（包括各类高

等学校、职业学校、企业所属学校，文化教育培训机构）均可在明晰产权、确保国有资产不流失的前提下进行办学体制改革。对国有资产的处理应根据评估结果合理确定出资额，或折算为联合办学的国有股份。有关国有资产的审计评估由当地教育或劳动保障行政部门会同财政部门、国有资产监管部门委托中介机构进行，评估结果报财政部门、国有资产监管部门核准备案。

国有教育资产由当地教育或劳动保障行政部门行使管理职权。闲置的土地、房产及其设备设施等资源，经市、县人民政府教育或劳动保障行政部门、国土部门、财政部门及国有资产监管部门批准，可以国有资产投入的形式与社会力量合作办学，不能拍卖或变相拍卖，不能改变其教育场所的性质。公办学校以及其他国有教育资产不得以抵债或租赁形式改制办学。

（二）公办中小学校中的薄弱学校（含偏远地区教学点）可以引进社会资金、聘用社会能人进行改造，以改善办学条件，提高办学质量。公办中小学校中的薄弱学校由市级教育行政部门会同机构编制、发展改革、财政等部门出台标准并评估认定，并报自治区教育行政部门批准后方能实施。

（三）高校举办独立学院、公办学校利用名校资源举办民办学校的，应成立董事会，制定学校章程，但学校（院）必须与母体脱钩，做到独立法人、独立校园、独立经费核算、独立人事管理、独立招生和独立颁发学历文凭。普通高校举办独立学院应与出资人签订包括校产资源权属、人员聘任、教学职责、投入资金比例及办学收入分配等内容的协议，经审批机关批准确认后执行。

（四）改制学校的教师管理实行新人新办法，老人老办法，即新聘教师的工资报酬及医疗、保险等福利开支均由改制学校负责。原校公办教师继续留校工作的，其职级工资由财政负责三年，三年后改由改制学校负责；按照国家规定符合提薪条件的，可参照公办学校同类型教师上调工资，由改制学校负责；有关医疗、保险等福利待遇从转制办学开始年起由改制学校负责。原校公办教师不愿继续留在改制学校工作的，当地教育行政部门应妥善安排。

八、县级人民政府根据本行政区域实施义务教育的需要，可以与民办学校签订协议，委托其承担部分义务教育任务。县级人民政府委托民办学校承担义务教育任务的，应当根据接受义务教育学生的数量和当地实施义务教育的公办学校的生均教育经费标准，拨付相应的教育经费。受委托的民办学校向学生收取的费用，不得高于当地同级同类公办学校的收费标准。

九、新建、扩建民办学校应纳入当地城乡建设总体规划，并享受如下优惠政策：

民办学校或教育机构征用或租赁土地修建校舍的，依照土地管理法律、法规规定办理。举办实施国家义务教育范围学历教育的民办学校用地，可以以划拨方式使用国有土地，也可以依照《中华人民共和国土地管理法》第四十三条的规定申请使用农民集体所有的土地。

民办学校或教育机构如改变用地性质的，应按有关规定补交土地出让金、收益金和各种税费。涉及土地使用权转移的，应报经市、县人民政府土地管理部门审查批准，并依法办理土地使用权变更手续。凡停办、撤销后的民办学校或教育机构不再享受优惠。

十、民办学校或教育机构可向学生收取学费或杂费、住宿费、服务性收费及代收费等费用。学费收费标准按生均培养成本确定，体现优质优价原则，允许不同地区、不同办学主体，不同学校、不同专业学费收费标准有所差别。各类民办学校或教育机构的收费管理程序如下：

学历教育的收费标准，由民办学校或教育机构制定，报价格主管部门批准。由自治区教育或劳动保障行政主管部门核发办学许可证，且具有中、高等学历教育的民办学校或教育机构的收费标准，由自治区价格主管部门审批。其他民办学历教育学校或教育机构的收费标准，由民办学校或教育机构制定，按隶属关系报同级价格主管部门审批。

非学历教育的收费标准，由民办学校或教育机构制定并报同级价格主管部门备案。

任何部门、单位不得违反规定向民办学校或教育机构收取未经法律、法规、国务院及其价格主管部门、自治区人民政府及其价格、财政主管部门规定以外的行政事业性收费。

十一、鼓励金融机构运用金融、信贷手段支持民办教育。银行对民办学校的信贷业务应与公办学校一视同仁。

十二、政府保障民办学校出资人（举办者）的合法权益。民办学校中的国有资产属于国家所有，按公益事业由政府划拨的土地、接纳社会捐助所形成的办学财产属国家所有；办学积累所形成的校产为学校所有；举办者出资所形成的资产属举办者所有。其增值部分，国家允许举办者取得合理回报部分归举办者所有，其余增值部分产权归学校所有。民办学校存续期间，所有校产归民办学校依法管理和使用，任何组织和个人不得侵占。

十三、各类民办学校可以自主独立招生，可以跨地区招生。招生实际人数要报主管的教育或劳动保障行政部门，学生学籍由学校所在地教育或劳动保障行政部门归口管理。

建立异地教育情况通报制度，由学校将新生入学，初中、高中会考以及高考有关情况在每年9月底前向生源所在地教育行政部门通报。

十四、经教育或劳动保障行政部门审核批准的民办学校，要依照有关法律和行政法规的规定，到同级政府的民政部门进行法人登记，并到物价部门、城建规划部门办理有关收费及建筑施工许可证等手续。有关部门应以教育或劳动保障行政部门的审批件及其申请办学报告书为主要依据，及时给予办理登记和审批手续。

十五、各级政府要扶持民办学校建立起一支数量适当、质量合格、结构合理、相对稳定的教师队伍，努力提高民办学校的教育教学质量。

（一）民办学校聘用教师必须符合国家规定的学历条件、并持有教师资格证书。凡大学专科以上毕业生到民办学校应聘，以后经教育、人事行政部门考核批准，受聘到公办学校任教的，其工龄可从民办学校任教时开始连续计算。

（二）民办学校的教师应实行人事代理制度。凡受聘到民办学校任教的教师和教育工作者，由所在学校到当地政府人事部门所属的人才交流服务机构为其办理人事代理。人才交流服务机构对民办学校聘用人员的人事档案管理费给予适当优惠。

（三）对自愿申请到民办学校任教的公办教师，原所在单位和新任教的民办学校应当及时为他们办理社会保险关系、住房公积金的移交和变更手续，改由民办学校按所在地公办教师的标准交纳。其工资由所聘任的民办学校支付。如遇工资调整，其档案工资由所在地教育或劳动保障行政部门负责作出相应调整。公办教师在民办学校聘用期满或辞职，仍可按公办教师身份参加公办学校岗位竞聘，原所在单位必须及时依法办理移交养老、医疗保险、住房公积金等手续。

凡具备教师资格、与民办学校签订2年以上聘任合同且在该校教学满2年的教师，可凭聘任合同到学校所在地的公安部门办理户口迁移手续。公安部门应根据学校聘用手续，按相关政策办理户籍登记。

（四）民办学校的教师享有与公办学校教师同等的权利。其业务进修培训、教学活动、职称评定、评优表彰、专业技术考核及参加职业技能鉴定等方面与公办学校教师同等对待，纳入教育或劳动保障行政部门统一安排，统一管理。民办学校的教师、职员在申请国家和自治区设立的有关科研项目、课题时，主管部门应按公办学校教师、职员申报课题同等条件受理，不得歧视。在评选优秀教育工作者、优秀教师、学科带头人时，要把民办学校纳入评选范畴。

民办学校应参照教育或劳动保障行政部门对教师继续教育的规划和要求，自行组织教师参加进修和培训，不断提高师资队伍的教育教学水平。对要求参加教育或劳动保障行政部门组织的教师进修、培训活动者，教育或劳动保障行政部门应一视同仁，允许其参加相应活动。

十六、民办学校学生在学籍管理，三好学生、优秀学生干部、优秀党团员、优秀班集体的评选，升学、就业等方面享有与公办学校学生同等权利。民办高等学校中品学兼优的贫困学生可以同公办学校一样享受国家奖学金、国家西部助学金、自治区人民政府奖学金以及银行助学贷款等。有关部门在分配国家奖学金、助学金时，应把民办学校学生列入奖励或资助的对象。民办高校、学历文凭考试、自学考试毕业生与普通高校同等学历毕业生享受同等待遇；民办大中专院校的学生同公办学校学生一样，假期可享受买车、船、机票优待票价。

十七、自治区、市、县人民政府要设立地方民办教育发展专项资金，用于加强民办教育管理；扶持贫困地区教育和民办学校发展；奖励和表彰有突出贡献的集体和个人。地方民办教育发展专项资金由政府拨款、社会捐助以及民办学校按规定比例上交的发展资金构成，存入财政专户，分别由自治区、市、县三级财政部门会同教育或劳动保障行政部门共同管理和使用。地方民办教育发展专项资金的管理和使用办法由自治区财政部门会教育、劳动保障行政部门制定实施。

十八、自治区教育或劳动保障行政部门负责开展优秀民办学校、优秀民办教育工作者的评选表彰活动，对管理好、质量高、有特色的民办学校和先进个人给予表彰奖励。

十九、各级教育或劳动保障行政部门要加强对民办学校的依法管理，规范受理和审批程序，依法审批民办教育机构；依法规范民办学校办学行为，促进民办学校健康发展。

（一）要严格审批权限及审批程序。各地在审批民办教育机构时，要严格执行国家和自治区规定的设置标准，严格审查民办教育机构举办者的资格、经费来源和办学条件，按照规定的管理权限颁发办学许可证，对未经审批无证办学的，要依法责令停办。

（二）民办学校自批准筹建之日起，应在3年内达到办学登记的设置标准；到期达不到设置标准或不申请办学登记的，由原批准部门取消其筹建资格。达到标准的，应向原批准筹建的教育或劳动保障行政部门提出正式设立学校申请，经审验合格后，由教育或劳动保障行政部门发给办学许可证正式招生办学。

（三）各民办学校的招生广告（简章）必须真实、准确、有效。广告的内容必须明确机构名称、办学类别、办学地点、师资力量、考试类型、证书名称及收费标准等事宜，并依法报审批机关审核备案，经备案后的广告内容不得随意更改。

（四）民办学校或教育机构要按照价格主管部门批准或备案的收费项目和标准收取费用，并按规定实行收费公示，接受社会监管，不得巧立名目收费或提高标准收费。

（三）民办学校或教育机构要建立健全财务会计制度和财产管理制度，财会人员应具有岗位资格证书，每一会计年度终了时均要制作财务会计报告，并根据审批机关的要求委托社会审计机构对其财务会计状况进行审计，报审批机关审查备案，并向社会公布审计结果。

（六）审批机关要监督管理民办学校或教育机构的办学行为、审核财务和保障校产。由审批机关委托教育中介机构和社会审计机构分别对民办学校或教育机构进行检查和审计，原则上每两年进行一次。凡办学行为不规范的，要限制招生或停止招生；对办学条件不合格的，要求整改提高，没有改进提高的，要限制招生或停止招生，直至取消办学资格。有关年检或抽查结果要向社会公布。

（七）自治区教育行政部门依据民办高等学校的教学条件、办学质量和办学效益等实际情况，核定民办高校举办专业范围和每年新增专业的数量。学校可在核定的专业类自主调整和设置专业；学校依法自主设置的专业应报自治区教育行政部门备案。民办中等职业技术学校可在教育部公布的专业目录范围内自主设置专业，分别报本级和上一级教育行政部门备案。

（八）民办学校和教育机构要认真履行统计法规定的义务，按有关要求做好教育事业统计工作。

二十、民办学校要遵守国家法律、法规，坚持依法治校，坚持社会主义办学方向，全面贯彻国家教育方针，全面推进素质教育。民办中小学校要严格执行国家颁布的课程标准和课程计划。民办学校要建立健全各项办学规章制度，规范办学行为，诚实守信，公平竞争。要不断改善办学条件，加强公共卫生管理，保障师生安全，全面提高办学水平和教育质量。

二十一、各级人民政府要切实加强对民办教育工作的领导，建立健全统筹管理，分工负责的管理体制和运行机制。加大扶持民办教育发展的力度，使民办学校健康发展。要将民办教育纳入本地经济和社会发展总体规划，将公办学校与民办学校统筹安排，合理布局；保证民办学校与公办学校具有同等的法律地位，保障民办学校的自主办学权；努力营造有利于发展民办教育的宽松环境，切实解决民办教育发展过程中的困难和问题。政府各有关部门要积极做好民办教育机构的办证登记工作，简化手续，提高效率，并依法加强对民办学校的监督管理。要加强民办学校周边的治安管理，严禁任何单位和个人干扰民办学校的正常教学秩序。严厉打击非法办学行为，严肃查处非法办学人员。

广西壮族自治区人民政府
二〇〇六年一月十七日

广西壮族自治区人民政府办公厅关于转发财政厅教育厅广西壮族自治区免除农村义务教育阶段学生学杂费和补助农村义务教育阶段中小学公用经费工作实施方案（试行）的通知

桂政办发〔20C6〕6号

各市、县人民政府，区直各委、办、厅、局：

自治区财政厅、教育厅《广西壮族自治区免除农村义务教育阶段学生学杂费和补助农村义务教育阶段中小学公用经费工作实施方案（试行）》已经自治区人民政府同意，现转发给你们，请结合本地区、本单位实际，认真贯彻执行。

广西壮族自治区人民政府办公厅
二〇〇六年一月十九日

广西壮族自治区免除农村义务教育阶段学生学杂费和补助农村义务教育阶段中小学公用经费工作实施方案（试行）

广西壮族自治区财政厅　广西壮族自治区教育厅
（二〇〇六年一月十九日）

在农村义务教育阶段学校实行免收学杂费和补助公用经费政策，是农村义务教育保障机制改革的一项重要内容，是强化政府对农村义务教育的保障责任，普及和巩固九年义务教育，促进社会主义新农村建设的重大举措。为全面贯彻和落实全国农村义务教育经费保障机制改革工作会议精神和《国务院关于深化农村义务教育经费保障机制改革的通知》（国发〔2005〕43号，以下简称《通知》）要求，扎实做好我区的农村义务教育经费保障机制改革的各项工作，结合我区的实际情况，制订本实施方案。

一、享受免除学杂费政策的对象

全区农村义务教育阶段中小学生（含农垦、林场等所属义务教育阶段中小学生）。

二、实施的内容

从2006年春季学期起，对全区农村义务教育阶段中小学生全部免除学杂费。免学杂费补助标准，按农村地区小学65元/生·学期、县镇小学80元/生·学期、农村地区初中90元/生·学期、县镇初中105元/生·学期核定。在免除学杂费的同时，逐步提高农村义务教育阶段中小学公用经费保障水平。2006年，落实我区制订的农村中小学预算内公用经费拨款标准：小学10元/生·年、初中15元/生·年。

三、免学杂费和补助公用经费资金的分担责任

根据《通知》要求，按照“明确各级责任、中央地方共担、加大财政投入、提高保障水平、分步组织实施”的基本原则，逐步建立起中央和地方分项目、按比例分担的经费长效保障机制。我区农村义务教育阶段学校免收学杂费和补助公用经费所需资金全部由中央财政和自治区本级财政按8∶2比例

分担。

四、实施的保障政策措施

（一）加强组织领导，落实各级责任。

在农村义务教育阶段中小学生全部免除学杂费，是党中央、国务院从构建社会主义和谐社会和建设社会主义新农村的大局出发所作出的重大决策，是惠及亿万农民群众的民心工程，是促进农村义务教育持续健康发展的治本之策。举国关注，关系重大，必须全力以赴地把好事办好、办实。自治区人民政府将其纳入政府重要议事日程，采取强有力的措施加强领导。

1. 加强组织领导，搞好协调配合。

自治区人民政府已将此项工作列为 2006 年为民办实事之一，并成立了自治区农村义务教育经费保障机制改革工作领导小组，下设办公室，加强对全区工作的组织领导和协调管理。各市、县也要相应成立领导机构和工作机构，“一把手”要亲自抓，负总责，亲自抓实施方案制定、抓资金落实、抓组织实施和部门协调。迅速组织精干力量，按照国家和自治区的有关要求，积极开展相关工作。

2. 落实各级政府责任，部门分工负责，确保政策落实。

自治区人民政府负责统筹落实全区农村义务教育经费，具体内容包括：统筹安排中央转移支付的资金；统筹确定自治区本级及以下各级政府的经费分担责任；统筹制定全区免学杂费和补助公用经费工作的总体实施方案和各项具体政策措施。

地级市人民政府负责根据自治区的总体部署，指导所辖县、区制订实施方案，监督检查各项工作的执行情况，并对财力困难的县、区给予经费支持。

县级人民政府作为农村义务教育经费的直接管理者和使用者，要按照国家和自治区的要求，认真履行职责，结合本地实际，制定具体实施方案，将农村义务教育各项经费全部纳入预算，筹措落实应承担的配套资金，科学合理地分配资金；建立健全科学规范、高效快捷的资金拨付制度，确保资金及时足额到位；建立健全农村中小学各项财务管理制度，加强监督检查，提高资金使用效益。

自治区财政厅负责自治区本级资金安排和及时拨付中央、自治区资金，制定资金管理和财务管理办法，指导各地编制农村义务教育经费预算，监督、检查各市、县农村义务教育各项经费的分配、使用情况。

自治区教育厅负责指导各地做好工作实施方案，完善细化相关配套政策，进一步深化教育内部改革，加强学校管理，配合自治区财政厅做好资金管理相关工作，监督检查农村义务教育阶段学校资金使用管理情况。

地级市财政部门负责及时拨付中央及自治区下拨的资金，指导所属县（市、区）编制农村义务教育经费预算，监督、检查其农村义务教育各项经费的落实和使用情况。并对财力困难的县（市、区）给予经费支持。

地级市教育部门负责指导所属县（市、区）做好工作实施方案，进一步深化教育内部改革，加强学校管理，配合同级财政部门做好资金管理相关工作，监督检查农村义务教育阶段学校资金安排、使用管理情况。

县级财政部门负责按照国家的要求，将农村义务教育各项经费全部纳入财政预算，落实本县应承担配套资金，及时拨付中央、自治区及本县的资金到教育部门，加强监督检查，确保财政资金管理的安全、规范、有效。

县级教育部门负责具体组织实施农村义务教育阶段学校免收学杂费工作，分校核定农村义务教育阶段学校免学杂费所需资金，组织并汇总编制农村中小学校预算，严格农村中小学收费管理，指导和监督学校按照有关财经制度管好、用好免学杂费和公用经费补助资金。

农村义务教育阶段各中小学校负责按照财务管理的有关规定，严格支出管理，规范资金使用，确保专款专用。

通过明确各级政府和相关部门的责任，形成一级管一级、一级抓一级、一级促一级、部门分工负责的管理体系。

（二）建章立制，规范管理。

免除学杂费及免学杂费资金和公用经费补助资金的安排、使用、管理，涉及面广，政策性强，要求细、情况复杂。建立相应的管理制度来规范工作行为，是保障这项政策能够落实到位的必要条件，使每一个工作环节都做到有章可循，有法可依。财政部、教育部为了指导和规范各地经费管理工作，起草了相应配套管理文件。根据国家的工作要求，各地要结合我区的区情、县情，进一步细化、完善，制定符合当地实际的经费管理文件，使其纳入制度化、规范化的轨道。

1. 资金的拨付管理。自治区下拨的免杂费经费及预算内公用经费在县级实行专户管理。为便于管理，各县（市、区）不必开设新的资金专户，可继续使用“国家贫困地区义务教育工程”或“农村中小学危房改造工程”资金专户，实行分账核算。根据我区农村中小学校现行财务管理体制状况，自治区财政厅按各地在校学生情况将免学杂费经费及公用经费补助资金通过专项调度下拨各地级市财政部门；各地级市财政部门及时转拨县级财政部门；各县级财政部门将自治区下拨的补助资金及时拨入财政专户，并通过财政专户及时拨入教育局专户；各县级教育部门负责将经费及时拨付各学校，以确保春季学期开学后学校的正常运转，不得下拨到乡镇。同时，积极推进国库集中支付改革，待条件成熟后，按照规范的国库集中支付要求进行管理。

2. 逐步建立健全科学、规范的农村中小学预算制度。农村义务教育阶段中小学要根据学校教育教学的基本需要，结合学校发展规划，实事求是地做好预算。把学校维持基本运转的日常经费和保证事业发展的建设经费全部纳入预算，将各项收支统一纳入学校预算，细化支出内容。支出预算的内容包括：人员经费支出、公用经费支出、资助贫困生支出、项目支出等。农村中小学校的预算要清晰地反映学校所有收支项目，做到完整准确。同时，要求各县将中央和自治区的专项资金，在各级财政预算中单列。各县在编制本级预算时，还要按照教育经费法定的增长比例，予以落实，不应占用教育经费的正常增量，更要坚决防止“挤出效应”，不能因为中央和自治区加大了投入，地方就将原本应有的教育投入挪作他用。县级原来安排的中小学预算内公用经费要继续保留，严禁将免学杂费补助资金冲减、抵顶财政预算内公用经费拨款。按照部门预算的要求，农村中小学预算以学校为预算单位，村小（教学点）统一纳入其所隶属的乡镇中心校统一编制，由县级教育部门汇总编报同级财政部门纳入财政预算，经县级人民代表大会审议批准后执行。预算经批准后，要维护其严肃性，财政部门要按照预算及时足额拨付资金，教育部门和学校要严格按照预算所列的支出项目，管理、使用经费，决不允许预算资金拨付不到位和不按预算支出的现象发生。如要调整预算，必须按规定的程序办理。

3. 加强农村中小学校财务管理，确保资金使用效益。农村中小学校要牢固树立勤俭节约的办学意识，合理安排支出结构，提高教育经费的使用效益。农村中小学校按照《中小学会计制度》、《中小学财务制度》和有关中小学财务管理的要求，加强农村中小学会计核算、财务管理和资产管理工作。农村中小学校要根据《中华人民共和国会计法》和相关规定，结合学校内部管理的需要，建立健全相应的内部财会管理制度。如建立财会岗位职责制度、内部会计控制制度和财务处理程序制度、收支审批和稽核制度等。各项费用的开支标准和范围按照财务制度规定执行，报销手续完备合法，按实际发生数列报支。免学杂费和公用经费补助资金全部用于农村中小学公用经费开支，保证农村中小学正常运转。公用经费开支范围包括：教学业务与管理、教师培训、实验实习、文体活动、水电、取暖、交通差旅、邮电，仪器设备及图书资料等购置，房屋、建筑物及仪器设备的日常维修维护等。不得用于发放工资和教师福利、基本建设投资、偿还债务等方面的开支。教师培训费按照学校年度公用经费预算总额的5%安排，用于教师按照学校年度培训计划参加培训所需的差旅费、伙食费、资料费和住宿费等开支。农村中小学校要加强财产物资的管理，建立和完善财产管理制度，确保财产物资安全和有效使用及完整保值。

任何单位和个人不得利用职权，向中小学校摊派不合理的收费项目或“搭车”收取其他费用，报销不属于学校业务活动范围的任何开支。不得强迫学校超出教育行政部门的要求进行报纸刊物订购。对于不符合开支范围的支出项目，学校有权拒付。对违反财经纪律和财务制度的学校，要追究校长及相关责任人的行政责任。

（三）严格规范收费行为，坚决杜绝各种形式的乱收费。

实施农村义务教育阶段中小学生免除学杂费及由财政安排免学杂费资金和公用经费，为从根本上治理农村教育乱收费提供了制度保障，各地要全面清理农村义务教育阶段中小学的收费项目，取消农村义务教育阶段学校除寄宿生住宿费外的各项行政事业性收费，严格限制和规范代收费，坚决杜绝一切乱收费。从2006年春季学期起，全区农村义务教育阶段中小学只能收取课本、作业本代收费和寄宿生的住宿费。进一步控制农村中小学校教科书的种类和价格。2006年春季学期，各地农村中小学校收取的课本费不能超过2005年的水平并要有所下降。严格寄宿生的住宿费标准的审批程序及管理使用，不得变相提高住宿费的收取标准。学校代学生购买课本、作业本，应据实结算，不得收取任何形式的“回扣”，严禁收取如手续费等任何形式的服务费。

违反者按乱收费严肃处理，追究教育主管部门领导和学校校长的行政责任。

（四）深化教育改革，全面提高农村义务教育质量。

建立新机制的目的，是为了全面巩固和普及九年义务教育，促进农村义务教育事业顺利健康发展。因此，新机制的建立，一方面将解决多年来教育急需和希望解决的突出问题；另一方面，也对教育管理和改革提出了新的要求。在新的农村义务教育保障机制下，教育自身的各项管理和改革必须跟上，要通过建立新机制，带动和深化教育综合改革；要结合农村城镇化建设和学龄儿童人口变动趋势，进一步调整农村中小学布局，优化农村义务教育资源配置；要改革农村教师人事制度，优化、调整农村教师队伍结构；要依法全面实施教师资格准入制度，严把教师入口关；要加强农村中小学编制管理，按照核定的教师编制数足额配齐教师，严禁继续聘用新的代课教师，坚决清退不合格的和超编的教职工，建立农村教师队伍的补充机制；要按照素质教育的要求，加快农村中小学课程改革，严格控制农村中小学教科书的种类和价格，推行教科书政府采购，逐步探索教科书循环使用制度；积极促进区域内义务教育均衡发展，防止教育资源过度向少数学校集中，促进教育公平。

（五）建立监督机制，确保资金落实到位并有效使用。

1. 市、县各级人民政府及相关部门要依法确保农村义务教育经费投入，并按法定要求向同级人大常委会报告执行情况。自治区定期对市、县级人民政府依法履行职能情况进行检查。既要对预算和财政转移支付资金的安排、使用进行监督，也要对预算执行过程和决算进行监督。各级财政部门年度预算执行情况和年度预算草案的报告，应详细说明依法落实义务教育经费预算和财政转移支付资金安排使用的具体情况。自治区将进一步制订和细化相应惩罚措施，对有法不依、执法不严的市、县政府和部门主要领导人实行问责制。

2. 加强对学校经费财务管理监督。各级教育行政主管部门及财政、审计部门要定期组织人员对中小学校的预算执行、会计核算、收费管理、经费收支管理及资产管理等方面进行检查监督和审计监督，防止教育经费被挤占、挪用，确保专项经费专款专用，促使学校严格遵守国家有关财经制度，杜绝违法、违纪或违反财务规定的现象发生，提高经费的使用效益。

3. 加强对义务教育经费投入的教育督导工作。在对县级人民政府教育工作进行督导评估时，将义务教育经费的落实到位和财政转移支付资金的使用管理情况作为一项重要内容。凡发现有违规行为的县，一经查实，不进行“普九”评估验收，对已评估达标的，要通报批评，严重者要取消达标称号。

4. 进一步完善义务教育经费投入情况监测制度。每年各级人民政府都要将义务教育经费安排使用情况进行公告，接受社会和舆论的监督。

（六）加大宣传工作力度，营造社会各界广泛参与和加强监督的良好社会氛围。

1. 各地要提高认识，加强领导，采取有力措施做好宣传工作。把党和政府这项惠及数以千万计农村家庭和学生的“民心工程”向广大农民群众宣讲，把党和政府的温暖送到千家万户，做到家喻户晓。要在短时间内，切实让农民群众、教师、学生都了解中央的政策，使各项政策的执行能够得到广大人民群众和社会各界的支持和监督。

2. 各地要组织力量编写宣传手册，发放到农村每所学校。学校、村委会要根据宣传手册内容，利用校务、村务板报等形式进行宣传。开学时，要组织学校举行相关仪式，同时对学生进行爱国主义教育，教育学生热爱党、热爱社会主义，勉励学生勤奋学习、报效祖国。

3. 在春秋两季开学前后，各级教育、财政部门要通过广播、电视、报刊等新闻媒体大张旗鼓、多形式地开展这项宣传工作，协助和引导新闻工作者深入农村、农户，学校进行采访。以多种形式反映改革的成效，反映农民、教师和学生的心声。

4. 充分发动、紧紧依靠广大教师开展宣传工作。各级教育部门组织学校、老师进行相关政策培训，认真学习领会国家和自治区有关政策、文件精神，熟悉、掌握免除学杂费的范围及内容。鼓励和组织校长、教师成立政策宣讲团，深入农户家中、田间地头向农民宣讲中央的政策，要在乡镇、村屯进行符合当地特点的宣传活动。要以农民群众喜闻乐见的形式，设计一批宣传画、宣传图片；组织学校张贴到村屯的中心位置。

五、实施的工作步骤

（一）动员部署阶段：2006 年 1 月 20 日之前。按照《通知》要求，自治区人民政府成立工作领导小组及办公室，制定全区总体实施方案和相关配套政策，落实自治区本级财政按规定比例应承担的资金，并召开全区农村义务教育经费保障机制改革工作电视电话会议，传达全国会议精神，讲解政策要点，全面部署我区农村义务教育经费保障机制改革工作，确保各地对改革目标、任务、政策、措施理解透彻、把握准确，抓紧做好工作准备。自治区教育厅、财政厅再结合各自的职责，分别对各市、县教育、财政部门，就相关的具体工作进行布置。

（二）前期准备阶段：2006 年 1 月 20 日至 2 月 10 日，各市、县人民政府按照自治区的总体部署，成立工作机构，结合本地实际，制定具体实施方案，筹措落实应承担的资金。把国家和自治区的有关政策及时传达到财政、教育等相关部门及所有农村义务教育阶段中小学，并部署他们做好相关准备工作。

（三）组织实施阶段：为了确保 2006 年春季学期开学后的学校正常运转，自治区将在 2006 年 2 月 6 日把中央和自治区财政安排的春季学期免学杂费经费及公用经费补助通过专项调度下拨各市财政；各市财政在 2 月 8 日前把自治区下拨的春季学期免学杂费经费及公用经费补助通过专项调度下拨所辖各县级财政部门；各县级财政部门在 2 月 13 日前将自治区下拨的春季学期免学杂费经费及公用经费补助拨入教育局专户；各县级教育部门在 2 月 18 日以前负责将经费拨付各学校，以确保春季学期开学后学校的正常运转。

（四）检查督促阶段：每年春、秋季开学后。各级人民政府组织相关部门人员对农村义务教育阶段中小学全部免除学杂费和免学杂费及公用经费补助资金安排工作的落实情况进行专项督察，及时纠正有关违规行为，总结成绩经验，并利用各种新闻媒体和宣传报道方式，做好宣传工作，使党和国家这一功在千秋的德政之举家喻户晓。

在全区农村义务教育阶段中小学生全部免除学杂费和财政安排免学杂费资金与公用经费补助资金，是一项全新的工作，各市、县财政、教育部门在认真落实国务院和自治区的工作实施方案的同时，要做好与此项工作相关的信息采集，加强政策性研究，并将工作开展过程遇到的新情况、新问题及时向自治区财政厅、自治区教育厅及领导小组办公室报告。

本实施方案的解释权在自治区财政厅、自治区教育厅。

广西壮族自治区人民政府办公厅转发教育厅编办人事厅财政厅关于进一步加强农村中小学教师队伍建设意见的通知

桂政办发〔2006〕73号

各市、县人民政府，区直各委、办、厅、局：

自治区教育厅、编办、人事厅、财政厅《关于进一步加强农村中小学教师队伍建设的意见》已经自治区人民政府同意。现转发给你们，请结合本地区、本单位实际，认真贯彻执行。

广西壮族自治区人民政府办公厅
二〇〇六年五月二十九日

关于进一步加强农村中小学教师队伍建设的意见

广西壮族自治区教育厅　广西壮族自治区编办
广西壮族自治区人事厅　广西壮族自治区财政厅
（二〇〇六年四月二十八日）

为深入贯彻落实《国务院关于进一步加强农村教育工作的决定》（国发〔2003〕19号）和《广西壮族自治区人民政府贯彻落实国务院关于进一步加强农村教育工作的决定的意见》（桂政发〔2003〕59号）精神，促进农村中小学教师队伍建设，加快我区农村教育的改革与发展，努力造就一支与建设社会主义新农村和全面实施素质教育相适应的教师队伍，现就进一步加强农村中小学教师队伍建设工作提出如下意见。

一、加强和规范中小学编制管理，提高编制使用效益

各地、各部门要严格执行国家颁布的中小学教职工编制标准和自治区下发的《广西壮族自治区人民政府办公厅转发自治区编办教育厅财政厅关于中小学教职工编制标准实施办法的通知》（桂政办发〔2002〕137号），对中小学教职工编制实行动态管理，每2年核定一次中小学教职工编制。中小学编制核定以后，各地要严格按编制足额配备教师，严禁编外用人和超编使用教师，各地要做好编外用人的清退工作和超编人员的分流工作。

到2007年全区各市、县及乡镇政府所在地的中小学校不准再长期聘请编外人员代课；争取到2008年全区公办中小学校不再长期聘请编外人员代课，各地要基本解决长期聘请编外人员代课的问题。

任何部门和单位不得违反规定占用或变相占用农村中小学教职工编制，对占用学校编制的各类人员，要限期与学校脱离关系。对各类长期在编不在岗的人员要按规定办理辞职、辞退手续。各地要充分使用好中小学教职工编制，减少教职工编制空编率，原则上各地空编率要控制在5%以下。

二、完善经费保障机制，进一步改善教师待遇

进一步完善农村中小学教职工工资保障机制。根据农村中小学教职工编制和国家有关工资制度的规定，各市、县（市、区）人民政府要统筹安排，采取有效措施，确保农村中小学教职工工资按时足额发放；同时要按照《中华人民共和国教师法》的规定落实教师的平均工资水平应当不低于或者高于国家公务员的平均工资水平，并逐步提高。

三、规范中小学教师招聘录用工作，确保公开、公平、公正

招聘录用中小学教师工作必须坚持公开、公平、公正的原则，自觉接受社会各界和广大人民群众的监督。市、县（市、区）人事部门和教育行政部门要严格按照有关法律、法规和《广西壮族自治区事业单位招聘工作人员试行办法》（桂政发〔2005〕45号）、《关于印发〈广西壮族自治区事业单位公开招聘人员实施细则〉的通知》（桂人发〔2006〕22号）、《关于做好中小学教师录用工作的通知》（桂人发〔2004〕75号）以及《关于做好2004年招考中小学教师工作有关问题的补充通知》（桂人发〔2004〕94号）等有关文件规定的程序办事，保证中小学教师招聘录用工作健康、顺利地进行。如发现有违规或弄虚作假行为，市、县（市、区）人民政府或上级主管部门应当责令其立即予以纠正，并视情节轻重对有关人员按有关规定进行严肃处理。

四、严格执行教师资格制度，严把教师队伍“入口”关

进一步完善和从严实施教师资格制度。严格执行教师持证上岗制度，凡在中小学专门从事教育教学工作的人员必须依法取得教师资格。严格掌握教师资格认定条件和标准，严把教师队伍“入口”关。严禁聘用不具备相应教师资格的人员担任教师。

五、加强督促检查

要将农村中小学教师队伍建设和管理情况纳入教育督导范围，督导检查的结果作为考核各级政府教育工作的重要依据。要把农村中小学教师队伍建设情况作为“普九”验收、“普九”复查的重要内容。

实行编制使用年报制度。各县编制使用、教师录用以及编外人员清退等有关工作情况，分别由各地级市汇总于每年11月底以前报送自治区编办、人事厅和教育厅。继续实行教职工工资月报制度，防止拖欠教职工工资现象的出现。

自治区编制、人事、教育、财政等有关部门将对各地中小学教职工编制使用、工资待遇、教师人事管理等有关情况进行检查或抽查，并不定期召开会议，督促各地提高认识、分析存在问题的原因、制定目标并采取有效措施解决问题。

关于印发《关于加大我区高校科研成果转化力度 提高高校为经济社会发展贡献力的意见》的通知

桂教科研〔2006〕22 号

各高等学校：

为了加大高等学校科研成果转化力度，提高我区高校为广西经济建设和社会发展服务的能力和水平，现将《关于加大我区高校科研成果转化力度 提高高校为经济社会发展贡献力的意见》印发给你们，请认真贯彻执行。

附件：关于加大我区高校科研成果转化力度提高高校为经济社会发展贡献力的意见

广西壮族自治区教育厅　广西壮族自治区科技厅
二〇〇六年七月二十一日

附件

关于加大我区高校科研成果转化力度 提高高校为经济社会发展贡献力的意见

为了加大高等学校科研成果转化力度，提高我区高校为广西经济建设和社会发展服务的能力和水平，特提出如下意见：

一、树立科学发展观，高度重视高等学校的科研成果转化工作

高等学校是国家和地区开展科技创新的一支重要力量，服务经济建设和社会发展是高等学校的重要任务。高等学校开展科研工作的目的不仅是要创造新知识、形成新思想、产生具有自主知识产权的创新成果或专利，而且还要把科技成果转化为现实生产力并为经济建设和社会发展作出贡献。因此加大高校科研成果转化力度既是高校提高科技创新能力和服务社会水平的重要措施，也是实现高校科研为经济建设和社会发展服务目标的必然要求。

二、充分发挥高校优势，加强集成创新，促进科研成果的转化

集成创新就是使各种相关知识和技术成果融合汇聚，形成具有市场竞争力的新产品和新技术。加强科技成果的转化，重要的是靠集成创新。高等学校具有学科齐全、覆盖面广，高层次、高水平人才汇集，学术交流频繁，高新技术成果积聚的特点，具有开展集成创新的得天独厚的优势。因此要充分发挥高等学校的优势，积极开展学科交叉和融合，大力发展新兴学科、交叉学科和高新技术学科，使高校的知识和人才资源通过不断的交叉、渗透、集成，产生新知识、新技术、新产品，实现科研成果的转化和产业化。

三、采用多种方式和措施，推动高校科研成果的转化工作

高等学校要通过承担自治区的重大工程、承担企业的重大项目、参与重点行业、企业、重点领域的科技攻关和技术推广等工作，以项目为纽带建立和加强与地方政府、企业、农村的科技合作，推广和转化科研成果。要通过与企业和科研院所共建重点实验室、研发中心、工程技术研究中心、科研成果转移中心、共同培养研究生等产学研合作形式，通过运用专利许可、技术转让、技术入股等各种方式，以及通过扶持一些服务性的中介机构建立包括投资融资、产权交易、法律咨询、信息发布、人力资源培训等在内的综合服务平台，大力推进高等学校科研成果的转化和高新技术的产业化。

四、积极推动大学科技园的建设工作，构筑科研成果转化和孵化平台

大学科技园是国家和地方技术创新体系的重要组成部分。建设好大学科技园不仅能为当地经济发展提供源源不断的技术创新资源，而且通过大学科技园的技术、人才等辐射和带动作用以及高新技术企业的不断孵化，能够有效地推动地方企业的技术创新，促进企业技术水平的提升，带动当地高新技术企业的发展以及改善投融资环境，进而带动地方经济的持续、快速发展。因此要发挥大学在服务社会、促进科技进步、推动经济和社会发展中的作用，就必须建设好大学科技园。

各高校要勇于探索，开拓创新，积极配合有关部门大力推动广西大学科技园和桂林大学科技园的建设，特别是要加强孵化能力与条件建设，将大学科技园区与南宁、桂林、柳州和北海高新技术产业开发区的建设和发展紧密结合起来，使大学科技园成为广西高等学校科研成果转化中心、广西高新技术研究开发中心、高新技术企业孵化器、创新创业人才培养摇篮和产学研结合的重要基地。

五、深入实施“三对创新行动计划”，建设高校科研成果转化基地和服务基地

“三对创新行动计划”是推动“十一五”期间我区高校科研成果转化和科技服务工作，提高高校为广西经济社会发展服务贡献力的重点工作。“三对”即：校市（县、区）一对一科技帮扶、校企一对一科技合作、校行一对一科技培训。即要求每所高校、每一个高校重点实验室或重点学科都要对应一个县（市）、一家企业（院所）、或是一个行业或社区，一对一、一帮一、一扶一地结成“产学研合作对子”、“帮扶对子”和“培训服务对子”，针对县（市）、企业和社会发展需要合作开展科学研究、技术创新和共同培养人才，积极开展科教兴企、科教兴县（市）、科学普及、科技扶贫，科教帮扶工作，支撑和服务企业、区（县）域和基层的科技创新，促进高校与企业、科研院所、县（市、区）及其行业的全面联合与协作，形成一批长期、稳定的“产学研合作对子”、“帮扶对子”和“培训服务对子”，建设一批科研成果转化基地、科技帮扶基地和科技培训、服务基地，切实提高我区高校为广西经济建设和社会发展服务的贡献力。

六、高等学校要做好知识传播、科学普及和培训工作，全方位服务广西经济和社会发展

各高等学校要广泛深入地开展“科技大篷车”活动，不断丰富活动内容和方式，以各种灵活多样的宣传方式和形式将科技知识宣传普及到乡镇、厂矿、社区和农村，积极参与和支撑广西各个不同领域、不同层面的科技创新和科学普及工作，服务县域经济和社会主义新农村建设。

各高职高专院校要根据行业发展需要积极开展科技创新、科技成果推广和职业技能培训工作，农科类的院校要开展“农村技能培训活动”服务社会主义新农村建设；工科类的院校要开展“工业技能培训活动”，为企业和行业的发展培训高素质的专业技术人才；其他学科类的院校也要针对不同行业发展需要，制定和实施为行业开展职业技能培训和科技服务的计划，积极开展职业技能鉴定工作，使高等学校成为推动全社会科技进步和全民素质提高的重要力量。

七、依托高校优势学科，创办新型校办企业，孵化推广科研成果

高等学校的优势学科具有人才聚集，实验设备齐全，信息畅通，资金投入充足和管理科学的优势，能够为科技产业的发展提供强大的研发后盾。因此部分具备条件的学科和高等学校要树立“激活大学资源、强化要素组合、推动科技创新、发展高科技、实现产业化”的科研工作新思路，通过制度创新和体制创新，依托学校学科优势，以作价入股的科技成果作为核心技术创建科技型企业，创办新型校办企业，运用现代企业制度，在市场经济环境下更有效地开展成果转化和高新技术产业化，同时推动学校、学科建设的发展。

八、实施“高等学校知识产权工程”，加强知识产权保护力度，为科研成果转化提供制度保证

实施高等学校知识产权工程就是要通过我区高等学校的科技创新工作取得一批拥有自主知识产权的成果，并将这些成果实施转化和产业化，不断加强知识产权保护力度，促进我区的产品创新工作，提升我区产品和企业的核心竞争力。

各高等学校要进一步增强知识产权保护意识，加强知识产权管理体系建设。要通过设立专利奖励基金、专利研发基金和专利转化基金等形式，提高高校教师的专利意识，鼓励高校教师积极申请和转让专利，使专利申请量、授权量在“十一五”期间得到持续快速增长，同时专利质量不断提高，专利技术实施和成果产业化工作取得显著的经济和社会效益，不断增强广西产品的市场核心竞争优势，为富裕广西的建设作贡献。

九、转变观念，加强管理，科研管理工作要成为成果转化的助推器

科研成果不仅是高校科研工作者知识和智慧的结晶，也是我区高校科研实力、办学水平的具体体现，更是国家的宝贵财富。因此科研管理部门要将为科研工作服务，为科研人员服务，为科研成果开发转化服务作为工作目标，切实转变观念，提高管理水平和服务质量，必须在科研管理政策的制定、科研项目的实施、科研成果的管理及其奖励等各个环节始终将有利于高水平的成果产生和转化作为科研管理的目的和任务，要主动为科研成果开发转化牵线搭桥、筹措资金，充分发挥业务主管部门在科技成果开发和转化过程中的桥梁纽带作用，采取各种有力措施切实加快科研成果的开发、转化、产业化和推广应用，为我区社会和经济的发展作出贡献。

ZONGHE GUANLI

综合管理

综合工作

【机关党建】 开展“我是共产党员”的主题教育活动。组织党员学习《中国共产党党章》和学习《自治区高校工委、教育厅共产党员先进性具体要求》，参加《中国共产党党章》知识竞赛活动。举办庆祝中国共产党建党八十五周年文艺晚会。开展“八荣八耻”和反腐倡廉等教育活动，联系工作生活实际，开展向优秀党员学习等活动，促使广大党员、干部进一步树立正确的人生观、价值观，筑牢反腐倡廉的思想基础，提高拒腐防变能力和转变作风的自觉性。吸收4位同志加入党组织，10位预备期满的预备党员按期转正。

【定点扶贫】 自治区教育厅选派3位同志到忻城县开展扶贫工作，连续4年在忻城县大塘镇敬流村开展扶贫工作，通过加强基础设施和生态建设，改善农民生产生活条件，优化农村产业结构，加强技术培训，确保农民增收，帮助兴建村委办公楼，帮助兴建五保示范村，创建村级科技文化中心，完善敬流小学的办学条件，发展劳务经济，开拓集体经济，以村党支部建设为核心，全面加强村基层组织建设，整体推进全村建设，全村实现了脱贫，农民人均收入从2002年的750元提高到2006年的1830元。2006年敬流村被评为自治区级文明村，自治区教育厅第四次获全区定点扶贫先进单位。

撰稿：郑学勤

【教育政策法规建设】 2006年，自治区教育厅办理自治区人大代表建议和政协提案共110件，其中人大代表建议45件，政协提案65件，办结满意率为100%。自治区人民政府出台了《自治区人民政府关于加快发展民办教育的决定》（桂政发〔2006〕5号），进一步推动了我区民办教育发展。自治区依法治桂办、自治区教育厅、自治区司法厅联合表彰“全区教育法制工作先进集体”39个，“全区教育法制工作先进个人”68人，“广西依法治校示范校”71所。制订了《全区教育系统二〇〇六年普法依法治理工作要点》（桂教政法〔2006〕4号），为指导全区开展教育法制建设，推进普法和依法治理工作提供了依据。组织自治区教育厅机关32人参加自治区法制培训，共有26人参加了资格考试，全部获得行政执法资格证书。加强和规范行政复核工作，全年自治区教育厅共受理行政复核案件5件。

撰稿：李勇齐

【语言文字工作】 2006年5月，自治区十届人大常委会第二十次会议审议通过《广西壮族自治区实施〈中华人民共和国国家通用语言文字法〉办法（草案）》，7月1日起施行，自治区语委、教育厅及时制定《广西壮族自治区实施〈中华人民共和国国家通用语言文字法〉办法》宣传活动方案，召开了新闻发布会，组织《广西日报》、《南国早报》、《生活报》、广西人民广播电台、电视台等新闻媒体开展报道宣传，大力推动全区贯彻落实《中华人民共和国国家通用语言文字法》。完成对柳州、北海、钦州、防城港等4个市的二类城市语言文字工作评估。组织了以举办“广西首届公务员、新闻媒体、服务行业青年普通话演讲大赛”为重点内容的第九届推普周系列活动。全年共安排普通话水平测试225场（次），测试104007人（次），比2005年增加6086人（次），其中，教师22701人（次）（公办教师15692、代课教师7009），学生76918人（次），公务员、服务行业及社会其他人员4388人（次）。全区共有普通话培训测试站32个，其中地级市中有14个，高校中有18个，全区有1651人具备测试员上岗证（国测员155人，省测员1496人），比2005年增加227人。开展少数民族教师普通话、民族语言培训，84位少数民族教师的普通话水平的等级得到提高。

撰稿：张　跃　王永娟　陈　卫

【国际交流与合作】 2006年，全区教育系统共组织 190 批 557 人次赴国外，53 批 128 人次赴港澳台地区进行访问、考察、学术交流、科研合作等活动，59 人赴澳大利亚、美国、日本、英国、加拿大等进修、学习，16 人赴国外任教。经国家汉办批准，广西师范大学、广西民族大学、广西大学分别与泰国宋卡王子大学、泰国玛哈沙拉坎大学、川登喜皇家大学共建孔子学院。赴越南、泰国举办第三届广西国际教育展。全年全区学校共招收外国自费留学生 1427 人，其中半年以上长期生 1235 人（攻读学历学位 440 人），短期留学生 192 人，全区有关学校聘请长期（半年以上）外国专家、外籍教师 102 人，高校 3 位外国文教专家获自治区人民政府“金绣球奖”，邀请、接待来自美国、英国、越南、泰国等国家和地区短期的专家 206 人。全年共受理 157 人次国外学位、学历认证工作，申请国外学历、学位认证人数较 2005 年增加了 153%。

撰稿：杨　林

【民族教育】　2006 年，全区有独立建制的民族学校 138 所（其中民族小学 52 所，壮文实验小学 65 所，民族中学 19 所，民族高等学校 2 所）。全区各级各类学校在校少数民族学生数及其所占同一阶段学生总人数比重分别为：学前教育 31.23 万人，占 31%。小学 160.3 万人，占 34.84%。初中阶段教育 83.5 万人，占 36.46%。高中阶段教育 40.15 万人，占 33.46%，其中普通高中 26.64 万人，占 36.01%；职业教育 13.51 万人，占 29.34%。高等教育 18.52 万人，占 32.37%，其中普通高等教育 12.07 万人，占 31.16%；研究生 2244 人，占 16.88%。少数民族专任教师数及其所占比重分别为：小学 8.93 万人，占 43.16%；普通中学 5.78 万人，占 37.43%；普通中等专业学校 0.63 万人，占 33.51%；普通高等学校 0.9 万人，占 20.3%。

撰稿：黄小鹏　王　颖　黄永和

【教育信息化】　进一步加强教育网站的监督管理，对两批共 130 个教育网站进行了前置审核。加快我区高校电子政务建设，选择广西财经学院作为我区申报教育电子政务工程试点单位并获教育部教育管理信息中心批准。

撰稿：张　华

思想政治教育和德育工作

【高校思想政治教育工作】　举办了首届广西高校党委宣传部长论坛和全区高职院校学生工作论坛，对我区高校宣传和思想政治教育工作做了积极有益的探索。加强辅导员队伍建设工作，召开高校辅导员队伍建设工作会议；连续举办 3 期辅导员岗前培训班，培训辅导员近 300 人；表彰了 76 名全区高校优秀辅导员和 22 名优秀班主任。推进高校党建和思想政治教育工作研究，开展全区高校党建和德育工作研究课题及辅导员、班主任工作研究课题立项申报工作，确立 90 多项研究课题，共资助研究经费 15 万元。加强大学生形势政策教育工作，制订了“2006 年—2010 年实施广西青年学生形势政策思想教育报告会工作规划”，并组织人员设计和在高校启用了形势政策思想教育报告标识，举办的各种类型报告会已经超过 1000 场，现场听报告的青年学生累计达 50 多万人次。报告会内容包含了国际国内和区内外的形势报告，大学生就业创业、心理健康、专业学习、生涯规划等。加强高校师生的社会主义荣辱观教育，根据中共中央开展社会主义荣辱观教育的意见，结合我区教育系统实际，制定了全区教育系统开展社会主义荣辱观教育实施意见和方案，并召开了教育系统学习和树立社会主义荣辱观座谈会，在全区教育系统掀起了学习和树立社会主义荣辱观的热潮。做好高校思想政治理论课课程建设工作。开设了新课程并对专任教师进行了全员培训，使新课程方案得到顺利实施。开展高校思想政治理论课教学巡视活动。对新升格本科院校和高职院校进行思想政治理论课的教学检查和指导。加强课程建设，整合全区高校思想政治理论课优秀教师资源，成立了 5 门新课程专家组，指导全区高校思想政治理论课新课程的教育教学工作。

【教育宣传工作】 加大宣传力度，形成良好的教育舆论宣传氛围，为教育工作打下了良好基础。召开多次媒体联谊会，协助组织召开了阳光高考宣传计划和新闻发布、语言文字法宣传和新闻发布、农村特设岗位教师计划宣传和新闻发布等，对我区形势政策报告会进行了系列宣传。特别是组织中央和自治区媒体宣传我区农村义务教育经费保障机制改革，组织自治区媒体宣传“两基”攻坚成就，以教师节为契机，组织系列尊师重教宣传，以开学检查为契机，组织义务教育法宣传。

【家庭经济困难学生资助工作】 在全区普通高校开展了2006年“自治区人民政府奖学金”和“广州助学金”的评选工作，共资助和奖励了4600名家庭经济困难、品学兼优的学生，其中“自治区人民政府奖学金”2800名，“广州助学金”1800名，两项奖助学金奖助金额共680万元。认真贯彻落实自治区党委刘奇葆书记“绝不能让一个学生因贫困而失学”的重要批示精神，自治区从本级财政中安排300万元经费，为11882名贫困新生解决了从家门到校门的路途费用。14个地级市财政共安排经费776万元，资助贫困大学新生6576名，其中县级财政安排经费430万元，资助贫困生3973名。自治区教育厅与广西卷烟总厂联合设立了2000万“真龙教育基金”，每年用基金的50万元利息在广西大学、广西师范大学、广西医科大学、广西工学院、广西民族大学开展“真龙助困奖学金”评选奖励活动，2006年奖励了168名品学兼优的广西籍贫困大学生，奖励金额50.4万元。积极推进国家助学贷款工作，截至8月31日，全区国家助学贷款经办银行已审批通过贷款28492人，贷款合同金额37004万元，实际发放贷款27865人，实际发放贷款20114万元。共安排2700万元国家助学金、500万元自治区助学金，资助贫困中职学生3.325万名。

【中小学德育工作】 召开全区中小学（含中等职业学校）德育工作会议，认真总结两年来全区中小学、中等职业学校贯彻落实中共8号文件的成绩和经验，深入分析两年来存在的问题和教训，研究部署今后两年的德育工作。组织开展2006年“中小学弘扬和培育民族精神月”活动。积极参加由中宣部、教育部、团中央组织“迎天安门国旗，传承长征精神”的活动；举行在国旗下讲话活动；认真开展“六个一”活动（读一本长征的书，看一部长征电影，唱一首红军的歌，参观一个革命的旧址，走访一位革命老前辈，做一件弘扬红军精神的事）。据不完全统计，我区有18380所中小学校、12747个教学点开展了活动，参加学生达766.60万人。开展工读学校办学情况调研。组织第七届宋庆龄奖学金评选。组织全区中小学校、中等职业学校开展“感恩教育”活动。

【学校安全稳定工作】 做好学校及周边治理工作，自治区教育厅会同自治区综治办各成员单位深入学校周边调查，研究部署全区学校及周边治安综合治理工作。结合“城乡清洁工程”，广泛开展校园及周边环境秩序治理工作，使学校周边的治安状况得到了明显改善。深入推进“安全文明校园”创建活动，在全区高校开展了“安全文明校园”检查评比，表彰了10所“安全文明校园创建优秀”学校，促进了全区高校安全、文明、和谐良好氛围的形成。做好突发性群体事件的预防及应急处置工作，加强敏感时期稳定情况调研及信息报送工作，确保在重大节庆日和敏感时期全区高校的安全稳定。认真组织开展全区第三个中小学“安全教育活动月”，明确开展“安全教育活动月”目标、任务。通过报告会、演讲会、知识竞赛、宣传栏、板报、校报校刊、校园广播、校园网络等多种形式，重点加强对学生进行防溺水、防交通事故和防火灾知识教育，重点加强学会游泳、溺水自救、发生火灾、地震紧急疏散安全演练，让学生正确掌握安全防范知识和技能。据不完全统计，全区有1万多所中小学校，800多万中小学生参加了不同的安全演练。加强学校安全管理工作，下发了《关于做好汛期中考各项工作的紧急通知》，转发了《教育部关于做好“五一”黄金周期间学校安全工作的紧急通知》、《教育部办公厅关于切实预防溺水事故进一步加强中小学生游泳安全教育的紧急通知》、《教育部关于切实加强汛期中小学安全工作的紧急通知》等5个文件，并结合实际提出了贯彻落实意见，在当年的大洪灾中，我区没有发生学生死亡的安全事故。

撰稿：李清先　廖国良　李晓勇

教育经费和基本建设

【教育经费的收入和支出】 2006年，全区教育经费总收入2137917.8万元，比上年增加305120万元，增长16.65%。其中，预算内教育经费收入1468480.9万元，比上年增加321714.5万元，增长28.05%；各级政府征收用于教育的税费68895.4万元，比上年增加19807.8万元，增长40.35%（城市“三税”教育费附加为42367.8万元，比上年增加9997万元，增长了30.88%；农村教育费附加为0万元，比上年减少201.2万元，地方教育附加费为26527.6万元，比上年增加10012万元，增长60.62%）；企业办学经费3427.4万元，比上年减少1462.8万元，减少29.91%；校办产业、勤工俭学和社会服务收入用于教育的经费8773.2万元，比上年增长550.1万元，增长6.69%。社会团体和公民个人办学经费73115.2万元，比上年增加17373.6万元，增长31.17%。社会捐、集资办学经费8341.3元，比上年增加401.4万元，上升5.06%。事业收入457175.1万元，比上年减少59229.7万元，下降11.47%，其中学杂费收入293840.1万元，比上年减少77380.1万元，下降20.84%。其他收入49709.3万元，比上年增加5965.1万元，上升13.64%。

2006年，我区教育经费总支出为2024599.6万元，比上年增加299257.2万元，增长了17.34%，其中，财政预算内教育经费支出1440163.7万元，比上年增加324147.4万元，增长29.05%。按投向来划分，主要分为事业性支出和基本建设支出，事业性经费支出1899639.6万元，比上年增加288796.7万元，增长了17.93%（人员经费支出1272850.9万元，比上年增加194019.3万元，增长了17.98%，公用经费支出626788.7万元，比上年增加94777.4万元，增长了17.81%）；基本建设支出124960万元，比上年增加10460.5万元，增长9.16%。按教育类型划分，主要分为高等教育、中等教育、初等教育支出，高等教育经费总支出387176.3万元，占全区教育经费总支出的19.12%，总比重比上年上升0.61%；中等教育经费总支出781828.8万元，占全区教育经费总支出的38.62%，总比重比上年下降0.88%；初等教育经费总支出699058.4万元，占全区教育经费总支出的34.53%（其中：普通小学教育经费支出696503.5万元，占全区教育经费总支出34.4%）。

【教育基本建设】 2006年我区地方所属各级学校基本建设计划总投资384552.4万元，比2005年的330200.8万元增加54351.8万元，增幅为16.46%。按投资来源分，中央专项安排投资61106万元，占整个教育基本建设投资计划的15.89%；地方预算内投资70538.7万元，占整个教育基本建设投资计划的18.34%；其他及自筹基建投资252907.7万元，占整个教育基本建设投资计划的65.77%。按学校类别分，高等学校（含民办高校、独立学院）基建投资计划为191578.2万元，占整个教育基本建设投资计划的49.8%；中等职业学校（含技工学校等）基建投资计划26911.3万元，占整个教育基本建设投资计划的7%；基础教育（含职业中学、特殊教育学校及幼儿教育等）基本建设投资计划为166062.9万元，占整个教育基本建设投资计划的43.2%。

2006年全区各级学校共完成投资366067.8万元，完成整个教育基建投资计划的95.19%。完成的投资主要用于征地（征用土地14394.97亩）和建设校舍（建设校舍6295244平方米，其中已竣工交付房屋为3281944平方米）。按投资来源分，中央专项投资完成53643.8万元，占中央专项投资计划的87.78%；地方预算投资完成61635.8万元，占地方预算内投资计划的87.38%；自筹及其他资金完成250788.2万元，占同类计划投资的99.16%。按学校类别分，高等学校完成投资193631.7万元，占高等学校计划投资的101%，投资主要用于征地（征用土地14147亩）和建设校舍（建设校舍3520047平方米，其中已竣工校舍面积为962782平方米）；中等职业学校完成投资24278.2万元，占中等专业学校基建投资计划的90.22%，投资主要用于建设校舍

（建设校舍322774平方米，其中已竣工校舍面积为212317平方米）和征用土地（征用土地30.831亩）；基础教育全年共完成投资147083.9万元，占基础教育基建投资计划的88.57%，投资主要用于校舍建设（建设校舍2452423平方米，其中已竣工2106845平方米）和补充少量的教育用地，全年基础教育共征用土地217.14亩。

【农村义务教育经费保障新机制改革】 2006年，中央和自治区财政安排春秋两季学期免杂费资金98844万元，补助公用经费7327万元，自治区按时全部下拨各地，各县根据当地农村中小学的财务管理体制状况和规定的方式、程序，直接将资金拨付到有关农村中小学账户，或县级财政部门和教育行政部门确定直接核算学校经费的有关账户。全区有631万名农村义务教育阶段公办学校学生享受了免学杂费政策，占义务教育阶段学生的90.86%，覆盖农村义务教育阶段中小学17412所，其中小学15242所、初中2170所。春秋两季学期免费教科书总发放册数为2669万册，涉及课程38科，其中小学17科，初中21科，涉及出版单位33家，免费教科书资金总额达12160万元。在中央承担了免费教科书资金，中央和自治区按8：2的比例分担免学杂费补助资金和公用经费补助资金的情况下，我区进一步要求各地要切实落实补助贫困寄宿生生活费的责任，明确补助贫困寄宿生生活费由市、县共同承担，具体补助对象、标准、比例及方式由市、县人民政府确定。2006年共有245099人享受到寄宿生生活补助，其中小学81282人，初中160522人，特教3295人，补助总金额约为3111万元。

为了进一步深化农村义务教育经费保障机制改革，国家决定从2006年起建立农村义务教育阶段中小学校舍维修改造的长效机制，并实施农村中小学校舍维修改造项目，2006年，我区农村中小学校舍维修改造项目按照中央与自治区本级1：1的比例各承担2.05亿元，总投资4.1亿元，建设项目1233个，建设面积717150平方米，项目计划在年底已下达各市。

【农村基础教育工程建设】 稳步推进农村基础教育工程，顺利完成2005、2006年西部地区农村寄宿制学校建设工程，工程总投入4.4亿元，其中中央资金3.9亿元，自治区资金0.45亿元，建设项目学校421个，单项工程807个。全面完成第二期危房改造工程，第二期中小学危房改造工程2005年度项目总投入1.56亿元，其中中央资金1.2亿元，自治区及市县资金0.36亿元，项目学校数共170个，单项项目337个。

撰稿：李勇齐　韦海韬

教师队伍建设和人才工作

【概况】 2006年，全区有普通高等师范院校6所（其中本科师范院校3所，专科师范院校3所），举办教师教育专业的普通高校6所。当年教师教育专业毕业生15480人，其中本科5052人，专科10428人；招生11686人，其中本科6095人，专科5591人；在校生42447人，其中本科22490人，专科19957人。普通高等师范院校有专任教师3964人，其中教授287人，副教授1041人，副高以上教师占教师总人数的33.5%；具有博士、硕士学位的教师1622人，占专任教师的40.9%。

教育学院2所。当年教师教育专业毕业生1513人，其中本科176人，专科1337人；招生2312人，其中本科1327人，专科1205人；在校生8781人，其中本科3320人，专科5461人。教育学院共有专任教师326人，教授12人，副教授110人，副高以上占37.4%；具有博士、硕士学位的教师47人，占专任教师的14.4%。

普通中等师范学校18所。当年中等师范学校毕业生2367人，招生1986人（主要是学前教育专业），在校生5503人。普通中等师范学校共有专任教师460人，高级讲师65人，讲师235人，讲师以上占65.2%。

教师进修学校70所，主要承担小学教师和校长培训任务。专任教师1526人，高级讲师113人，讲师587人，讲师以上占46.1%。

全区有中小学专任教师39.2万人，其中幼儿园、小学、初中、高中分别为3.1万人、20.7万人、11.6万人、3.8万人。全区幼儿园、小学、初中、高中专任教师学历合格率分别为95.8%、98.2%、96.1%、81.2%；幼儿园专任教师中具有大学专科以上学历者达到43.7%；小学专任教师中具有大学专科以上学历者达到56.4%；初中专任教师中具有大学本科以上学历者达到25.3%；高中专任教师中具有研究生学历者达到1.9%。

【师德建设】 对全区教师进行“爱与责任”和社会主义荣辱观主题师德教育活动。在教师节期间，举办以“尊师重教，为人师表”为主题的师德论坛。组织开展以“奉献精神、为人师表、关爱学生”为主题的优秀教师巡讲报告会，全区共有大中小学教师代表3600多人参加了报告会，取得了良好效果。组织专家学者开展师德教育理论研究，探索构建师德建设长效机制及其师德教育评估标准和评估办法。

【中小学教师管理】 依法实施教师资格证书制度，指导各地完成2006年上半年中小学教师资格认定工作，面向社会依法认定1250人的高等学校教师资格。表彰特级教师200名，自治区优秀班主任97名，自治区优秀乡村教师300名。组织开展以师德论坛、广西中小学校长论坛、文艺晚会暨优秀教师表彰大会、教育成就展和自治区领导慰问教师等为主要内容的教师节庆祝活动。

【中小学教师培养】 组织开展小学和幼儿园教育专业教学管理人员培训，深化中小学教师培养模式改革，加强教师教育专业建设，提高办学水平和培养质量。组织实施“农村学校教育硕士师资培养计划”，共选拔了22名优秀应届本科毕业生到11个国家扶贫开发工作重点县高中边任教边攻读“农村学校教育硕士”。组织实施“农村义务教育阶段学校教师特设岗位计划”，共招聘719名高校毕业生到15个“两基”攻坚县农村学校任教。在广西小学教师教育研究会的基础上成立广西教师教育研究会，启动并实施20多个教师教育和中小学教师/校长队伍建设课题研究和实验工作。

【中小学教师培训】 继续实施第二期“广西21世纪园丁工程”，年内培训自治区级中小学骨干教师2250名。组织开展新课程教师培训，共培训中小学教师7.8万人次。启动实施“中小学教师教育技术能力建设计划”，开展中小学教师教育技术能力培训2.1万人次，近1万名接受培训的教师参加了2006年全国中小学教师教育技术水平考试，参加考试的人数在全国10多个试点省份中排第二名。组织开展“两基”攻坚师资培训项目，共培训1.9万名中小学教师和532名中小学校长。组织实施国际合作师资培训项目，其中中国—联合国儿童基金会“爱生学校的教师支持体系建设”项目培训项目学校教师261名；中国—联合国儿童基金会“爱生学校的学校管理”培训项目学校校长50名；世界银行贷款/英国政府赠款“西部地区基础教育发展”项目培训教育行政管理人员231名、中小学校长2142名、中小学教师2.3万名；英特尔未来教育教师培训项目培训14个市的主讲教师240名和4960名中小学学科教师；教育部—微软（中国）“携手助学”项目培训中小学信息技术骨干教师120名；中美暑假英语教师培训项目培训中学英语骨干教师78名；组织制定“中英基础教育项目”文本并实施项目基线调查。组织开展运用远程视频培训系统对高中教师和校长进行培训的试点工作，全区40多所高中学校的700多名教师参加了培训。加强教师培训机构特别是县级教师培训机构建设，评估确定鹿寨县教师学习与资源中心、南丹县教师学习与资源中心、三江县教师进修学校、富川县教师进修学校、靖西县教师进修学校等5个教师培训机构为自治区立项建设示范性县级教师培训机构，其中鹿寨县教师学习与资源中心和南丹县教师学习与资源中心被教育部确定为首批表彰的国家级示范性县级教师培训机构。

【中小学管理者培训】 组织实施“广西中小学校长年”活动，对全区3万多名中小学校长进行了以学校行政管理、教学管理、教师队伍管理、学生管理、财务管理、资产管理、安全管理、校园文化管理和校长自我管理为主要内容的培训，同时，通过组织挂职锻炼、岗位实践和考察观摩等方式，加强对中小学校长培训后的跟踪指导，帮助中小学校长分析和解决学校管理中的实际问题，切实提高了中小学校长规范管理、依法治校的能力和水平。指导中小学校长进行学校管理大讨论，全区所有中小学校长都运用学习和掌握的教育管理基本理论及原理，并结合学校实际撰写1篇心得体会或科研论文，参加1次不同地域、不同层次的“中小学校长论坛”，进一步更新了教育观念，增强了学习意识、思考意识和创新意识。组织实施中国移动西部农村中小学校长培训项目，培训农村中小学校长 104 名。督促各市、县开展中小学校长任职资格培训和在职提高培训，其中任职资格培训 1918 名，在职提高培训 3510 名。组织选拔 8 名中小学校长参加国家级培训。抓好教育局局长培训工作。选派 7 名地级市教育局局长赴国家教育行政学院参加第 19、20 期全国地市教育局局长研修班研修，选派 22 名县教育局局长赴国家教育行政学院参加第 11、12 期全国县市教育局局长培训班学习。

撰稿：何锡光　李晓勇

【高校人才小高地建设】　自治区高校工委、教育厅组织召开全区高校人才工作会议，总结交流“十五”时期高校人才工作取得的成绩，分析了高校人才工作面临的新形势，存在困难、问题和挑战，提出了“十一五”期间高校人才工作的目标、任务和工作要求。会上，自治区高校工委书记、教育厅厅长余益中向广西师范大学基础教育课程与教学研究及其人才培养创新团队等 10 个首批广西高校人才小高地建设创新团队颁发了牌匾。自治区教育厅组织评估专家组对 2002、2003 年度“学科带头人资助计划”进行了验收，对 2004、2005 年度“学科带头人资助计划”进行了中期检查，同时对广西高校人才小高地创新团队建设情况进行了调研。完成首批“八桂学者”的聘任工作，聘任王双飞（广西大学）、施焕中（广西医科大学）、罗星凯（广西师范大学）、雷福厚（广西民族大学）、钟振国（广西中医学院）、谷正气（广西工学院）、杨建文（桂林工学院）、潘朗星（桂林医学院）、欧阳缮（桂林电子科技大学）等 9 位教授为首批广西高校人才小高地“八桂学者”。自治区教育厅会同自治区党委组织部承办了广西高校领导干部高等教育专题研讨班，全区 33 所副厅级建制以上高校的党政主要领导干部共 36 人参加了研讨班学习，学员在区内研修后，赴清华大学接受了为期 10 天的学习培训。继续组织实施“广西高校百名中青年学科带头人资助计划”、“广西高校百名中青年骨干教师资助计划”，资助中青年学科带头人 21 名开展课题研究，选派并资助 35 名高校骨干教师赴北京大学等 10 所重点高校访学，选派并资助 12 名高校中层管理干部到北京工业大学和华南理工大学挂职锻炼。

【中小学人事工作】　指导各地积极稳妥地处理好代课人员问题，自治区教育厅先后两次专门召开市、县教育局长会议，要求各地教育行政部门正确认识处理代课人员问题过程中存在的突出问题和困难，认真学习、准确把握国家和自治区关于代课人员问题的有关法规和政策，并提出妥善处理代课人员问题的工作要求。自治区教育厅先后会同自治区政法委、编办、人事厅、财政厅等有关部门先后 3 次组成调研组（督查组）分别赴来宾、玉林、钦州、崇左、百色等地，深入开展代课人员问题及中小学教职工编制问题的调研或督查，进一步深入掌握代课人员问题及中小学编制工作的有关情况，并形成调研报告，分别报送自治区人民政府、自治区政法委，向自治区党委、政府建言献策。自治区人民政府办公厅转发了自治区教育厅、编办、人事厅、财政厅《关于进一步加强农村中小学教师队伍建设的意见》（桂政办发〔2006〕73 号），要求各地充分使用好中小学教职工编制，减少中小学教职工空编率，原则上各地空编率要控制在 5%以下，并要求各地严格按编制足额配备教师，严禁编外用人和超编使用教师，要做好编外用人的清退工作和超编人员的分流工作。自治区教育厅、编办、财政厅、人事厅四部门先后两次联合召开规范用教工作座谈会（“赶队会”），全区“规范用教”工作问题突出的 15 个县、市、区（博白县、北流市、陆川县、容县、兴业县、兴宾区、桂平市、藤县、浦北县、灵山县、钦北区、钦南区、宾阳县、合浦县、大新县）分管教育工作的副县（市、区）长及教育、编制、财政、人事等相关部门的负责人参加了会议。

【职称改革工作】　自治区教育厅组织开展全区中小学教师职务聘任和城镇中小学教师到农村任教情况调研，向 14 个地级市及 34 个市辖区、75 个县（含县级市）发出调查问卷，并派出调研组深入桂平市、藤县、柳北区、环江县、宁明县等 5 个县的 11 所中小学调研教师职务聘任和城镇中小学教师到农村任教情况。推进职业高中教师职称评审办法改革。首次在全区部署将职业高中教师职称评审列入中专教师系列。积极宣传推进，争取自治区职改办和各市人事局的支持，并努力协调好职业高中教师参与中专教师职称评审在条件和要求上的过渡，保证了这项新工作的顺利进行。做好各系列高级评委会换届推荐、审核和评委库建设工作。2006 年职称评审工作中高校增设了管理学科组，中专学校增设了理科三组（工科类）和文科三组（经济学、管理学、法学等）学科组，配备了这些学科组的评委库，加强了新兴学科同行评审的公正性和权威性。在原组建的高校教师系列、高职教师系列、中专教师系列、中小学教师系列等4个评委库的基础上，新组建了社会科学研究系列、自然科学研究系列、实验系列等3个评委库。组织召开2006年高校、中专、中小学高级专业技术职务资格评审委员会。评审会共评审了全区高校、各市、各中专学校申报高级专业技术职务资格人员2272人的送审材料，其中：高校996人，中专186人，中小学1090人。通过各系列评委会评审人员为1409人，其中：高校638人，中专116人，中小学655人。平均通过率为62.02%，其中：高校为64.06%，中专为62.37%，中小学为60.09%。

【委厅机关、直属事业单位干部人事工作】 加强年轻干部的培养锻炼，选派2位同志到市、县挂职锻炼。积极推进干部交流。为加强干部队伍建设，根据工作需要，完成了对10名干部进行交流调整的工作。根据职位空缺情况和工作需要，采取民主推荐和组织考察相结合的办法，完成了6位副处级干部的选拔任用工作。完成了高教处、财基处和广西壮族自治区招生考试院信息技术处、自考与社考处等4个职位人选的考核、体检和录用工作。完成了调整充实二层单位领导班子的民主推荐和组织考察工作。完成直属事业单位机构编制清理工作。基本完成公务员登记以及公务员工资重新套改等到各项工作。完成委厅直属事业单位干部职工及离退休干部职工的工资套改工作。

撰稿：谢建平　莫锦荣

招生考试与高校毕业生就业工作

【普通高等教育考试招生】 2006年我区普通高考报考人数274904人，比2005年增加19507人，增长7.6%。其中，参加全国统考的考生数为262209人，其中，应届生209359人，占报考人数的76.2%，往届生65545人，占报考人数的23.8%，少数民族考生106861人，占报考人数的38.9%。

2006年广西艺术类报名人数为12950人，比2005年增加2958人，增长23%。其中美术类9194人，音乐类3154人，播音与主持艺术专业576人。广西体育类报名人数为6750人，其中报体育术科6675人，比2005年增加337人，增长5.3%。

2006年，共有1360所区内外高等学校在广西计划招生136942人，招生计划增长率为3.94%，其中本科招生计划61119人，高职高专招生计划75900人。

2006年，我区普通高校招生本专科共录取153822人，比原计划增加录取了16880人。其中，本科录取了63932人，比原计划增加录取2813人；高职高专录取88206人，比原计划增加录取12306人。预科录取1684人。

2006年广西艺术类专业共录取新生7043人，其中，本科录取3758人，高职高专录取3285人。体育类专业共录取新生2151人，其中本科录取984人，高职高专1167人。

【研究生考试招生】 2006年，我区硕士研究生入学考试报考人数14315人，比2005年增加1818人，增长15%。其中，少数民族考生3731人，占报考总数的26.1%；区内考生13097人，占报考总数的91.5%。区外考生1218人，占8.5%；本科毕业及以上学历考生13463人，占报考总数的94%；同等学历考生852人，占报考总数的6%；在职人员考生5446人，占报考总数的38%；非在职人员考生8869人，占62%；应届本科考生6362人，占报考总数的44.4%。全区共有9所院校计划招收硕士研究生4976人，实际招收5078人，比原计划招生增加录取了102人。

【成人高等教育招生】 2006年，我区各类成人高等教育考试报考人数88019人，其中专升本38077人，高升本1693人，高升专48249人，比2005年增加2784人。2006年在我区开展成高招生的高校有

227所，总招生计划为94288人，区内外高校共录取成高新生80367人，其中专升本34468人，高升本1385人，高升专44514人，录取率为91%。

【大学四六级英语考试和英语应用能力考试】 2006年全区大学英语四六级考试和英语应用能力考试报考总人数为387157人。上半年报考人数为181592人，其中四级94546人，六级24315人，英语应用能力62731人。下半年报考人数为205565人，其中四级101213人，六级27491人，英语应用能力76871人。报考人数比2005年增加了50987人，增长15%。

【自学考试】 2006年，我区组织了三次高等教育自学考试，共开设考试科目1074门，除671门由国家考试中心提供试题外，其余共有403门是由我区组织命题，其中1月份129门，4月份132门，10月份142门，考试用的录音磁带300多盒。1月有54595人次报考，共报考98004科次；4月有59228人次报考，共报考113538科次；10月有52485人次报考，共报考101134科次。此外，参加自学考试与其他教育形式课程沟通考试为16017科次。全年合计参加自学考试考生有166505人次，313135科次（含中英合作专业7月考试数据），与2005年的4次考试相比，分别减少了119903人次和202570科次，但报考新生人数为19936人，出现了稳定和回升的迹象。

【社会考试】 2006年，广西社会考试开考非学历考试项目9个。各项目参加考试人数为：全国计算机等级考试5070科次，全国英语等级考试3727科次，剑桥办公管理国际证书考试13科次，剑桥少儿英语考试2912科次，调查分析师证书考试585科次，机械工程师资格认证考试82科次，餐饮业经理人资格证书考试61科次，中国物流职业经理资格证书考试1521科次，中国市场营销售经理资格证书考试151科次。

【全区中小学教师教育技术水平考试】 2006年，首次组织广西中小学教师教育技术水平考试，全区共设隆安县等33个项目县考点，报考教师共有9870人，参加考试的人数为9847人，考生及格率达68%，参加考试的人数在全国排第二位。

【普通高考改革】 2006年广西高考改革是在2005年改革的基础上，坚持9个不变原则，即："3+小综合"科目设置不变，采用全国统一命制试题不变，以原始分录取不变，本专科统考合一不变，英语听力考试不变，所有考试科目实行网上评卷不变，公布成绩后填报志愿不变，复征志愿不变，网上远程录取不变。根据教育部关于实施"阳光工程"、实行"六公开"、"六不准"的规定，结合广西实际，将这项规定细化为"十三公开"、"六不准"的工作制度。"十三公开"指的是，录取前的"五公开"（公开高考方案、考试须知、招生简章、考试违规处理办法，体检意见以及招生考试政策。公开符合降分或加分政策12类考生。对所有在广西招生的高校名单进行资格审核后公开。对保送生、艺术类专业、艺术特长生、高水平运动员、自主选拔录取、外语小语种单招、体育类单招等特殊类型招生的选拔标准、录取办法和测试程序公开。对符合规定，享受加分投档和降分投档的考生进行公示）；增强服务意识的"三公开"（公开高考成绩的一分一档表。公开各批次最低录取控制分数线。公开2005年在广西招生的本科院校第一志愿投档和录取情况）；严格计划管理的"二公开"（填报志愿前公开国家或自治区计划管理部门下达的区内外高校在广西招生计划。在一本、二本、三本和专科提前批、专科普通批的录取过程中，分别对因生源不足、未能完成招生计划的院校进行了二次公开计划、二次公开征集志愿）；规范申诉渠道的"三公开"（公开考生本人的投档情况、退档原因和录取结果。公开高考和招生录取期间发生的重大违规作弊事件的处理结果。公开考生咨询及申诉的热线电话和招生投诉接待室地址）。"六不准"即不准违反国家有关招生规定；不准徇私舞弊、弄虚作假；不准采取任何方式影响、干扰招生工作的正常秩序；不准协助、参与任何中介组织或个人的非法招生活动；不准索取或接受考生及家长的现金、有价证券；不准以任何理由向考生收取与招生录取挂钩的任何费用。

【高校毕业生就业工作】 全面推进毕业生面向基层就业工作。各类招聘活动安全有序开展。自治区教育、人事、劳动保障部门分别组织了高校毕业生就业全区现场招聘会，广西大学生就业服务中心常设高校毕业生就业市场，定期为毕业生举办招聘会，还专门为"农村教师特设岗位"计划举行了专场招聘活动，不少高校举办了规模不等的校园招聘，部分高校校园招聘活动经常化，大部分高校建立了毕业生就业网络。高校毕业生就业率稳中有升，2006 年全区共有毕业生 85911 人，比上年增长 26%，其中研究生 2482 人，本科生 27338 人，专科生 56091 人，截止 9 月 1 日，毕业生就业率为 86.85%，比上年同期高 4 个百分点，其中研究生就业率为 95.49%，比上年同期高 1 个百分点，本科生就业率为 88.83%，比上年同期持平，专科生就业率为 85.50%，比上年同期高 6 个百分点。

撰稿：杨伟嘉　吕　逸　张喜喜　李晓勇

体育、卫生、艺术和国防教育

【学校体育教育】　积极推进体育课教学改革，努力提高体育教学质量。在教育部 2006 年组织开展的“第二届全国中小学体育教学观摩”优秀体育课评选活动中，我区获得 2 个一等奖、3 个二等奖。积极推行《学生体质健康标准》，坚持开展学生体质调研与监控工作，开展实施《学生体质健康标准》培训，参加培训人员达 1656 人次，上报测试数据学校的数量比 2005 年有较大幅度的提高。2006 年在美国举行世界拉拉队锦标赛中，广西大学及广西大学附中代表中国参赛并获得中学组亚军和大学组第 11 名的优异成绩。2006 年中国学生动感拉拉队锦标赛暨 2007 年世界拉拉队锦标赛选拔赛中，广西代表团获全国省区团体总分冠军，广西大学、广西大学附中代表队分别获 2 项一等奖和最佳明星队称号，并分别获得代表中国大学生、中学生参加 2007 年世界拉拉队锦标赛资格；梧州学院获普通大学组技巧拉拉队一等奖、舞蹈拉拉队二等奖；玉林师范学院获体育院系组舞蹈拉拉队一等奖；南宁二十六中获中学组技巧拉拉队、舞蹈拉拉队 2 项一等奖；南宁三中获中学组舞蹈拉拉队二等奖。组团参加广西第十一届少数民族运动会，并获得团体总分第四名，其中珍珠球获冠军、龙舟 500 米直道竞速获冠军和 800 米直道竞速获季军、板鞋竞速 3 项获冠军。超过 1 万名运动员参加第六届广西大学生运动会。

【学校卫生教育】　认真学习贯彻落实《艾滋病防治条例》，积极开展学校预防艾滋病教育工作，全年举办了 3 期预防艾滋病教育骨干师资培训，共培训骨干教育近 400 名。联合国教科文组织 2006 年在我区实施学校预防艾滋病教育项目，项目周期 2 年，在我区的南宁、柳州、玉林、百色四个市设立 8 所学校为项目示范学校，通过在项目学校开展预防艾滋病教育工作，总结经验，指导和带动全区学校防艾教育工作的开展。联合国儿基会学校预防艾滋病教育项目在三江、隆林县的 10 所学校开展，通过对项目学校预防艾滋病教育材料包的发放和预防艾滋病同伴教育的师资培训，开展预防艾滋病同伴教育，隆林县接受同伴教育的学生共 2441 名，培训师资 84 名；三江县接受同伴教育学生共 9838 名，培训师资 559 名。在我区学校食堂开展食品卫生监督量化分级管理。采取措施，加大对学校传染病的防控工作和食品卫生工作监管力度。

【学校艺术教育】　指导北流市、合浦县两个全国农村学校艺术教育实验县（市）对开展了 5 年的“全国农村学校艺术教育实验工作”进行总结，并对北流市教育局承担《农村学校艺术教育师资队伍建设研究》和合浦县教育局承担的《农村学校艺术教育管理机制研究》的课题进行结题，上述两个实验课题获得全国二等奖。遴选了 250 名骨干音乐、美术、舞蹈教师，建成了“广西中小学课外艺术活动骨干指导教师人才库”，并组织首批教师参加了全国培训。组织大学生参加教育部举办的“第四届珠江钢琴全国高校音乐教育专业大学生基本功比赛”，广西艺术学院获得本科五项全能三等奖，桂林师范高等专科学校获得专科团体二等奖、个人五项全能二等奖、三等奖、单项综合音乐知识第三名、歌唱与伴奏第四名的好成绩，实现了我区在此项全国比赛中零的突破。组织开展了“京剧走近青年，走进校园活动”，安排广西京剧团到驻邕 18 所普通高校开展巡回演出。举办了“广西第六届中等艺术教育‘红铜鼓’专业比赛”。举办了第二届广西中小学艺术展演活动和第四届广西学校艺术教育科学论文评选活动，全区数十万中小学生参与了形式多种多样、内容生动活泼的各类艺术展演活动。在“广西第二届中小学生艺术展演活动”中，共评选出市、县、学校优秀组织奖65个；艺术表演类节目一、二、三等奖64个，优秀节目创作奖15个，优秀指导教师62名；艺术作品一、二、三等奖370名，优秀指导教师125名；艺术教育科学论文一、二、三等奖和优秀奖537篇。我区报送了小学组、中学组各8个艺术表演节目参加全国评选，小学组获得全国一等奖3个、二等奖1个、三等奖4个，中学组获得全国一等奖5个、二等奖1个、三等奖2个。自治区教育厅、南宁市教育局、梧州市教育局及龙胜县教育局等17个县（市、区）教育局获得全国优秀组织奖。组织开展了“2006年广西普通高等学校普及高雅艺术活动”，安排广西艺术学院交响乐团和广西交响乐团到全区25所高校开展交响音乐巡回演出，组织安排“全国普通高等学校艺术教育专家讲学团”到广西大学等11所高校开展讲学活动。

【学校国防教育】 自治区教育厅与广西军区司令部、政治部印发了《2006年全区学生军训工作要点》和《关于下达2006年度全区高等学校学生军事训练计划的通知》，对全普通高等学校、高级中学、中等职业学校年度学生军训工作进行了总体部署，对进一步加强学生军事技能训练和军事理论课程教学、保障学生军训工作安全等方面的工作，提出了明确的要求。首次实现全区普通高等学校全面开展学生军训工作，参训学生达到13.7万人。组织开展了全区普通高等学校、高级中学、中等职业学校学生军训工作情况检查。组织全区高等学校军事理论课青年教师参加教育部举办的“2006年普通高等学校军事理论课青年教师培训班”学习。

撰稿：郑安宁

教育科研和高校科研

【中小学教学研究】 举办全区性的教研活动3次，参加观摩的老师16000多人。分别到玉林市苗园中学、桂林阳朔外语学校、上思县实验小学、南宁市三十三中、南宁英华学校等67所学校听课、评课118多节。召开教研座谈会8次。在南宁市举办的“全区小学课程改革探究课语文、数学、英语教学评选大赛”，初赛、复赛、决赛三个阶段历时一个多月，来自全区的参赛选手和观摩教师16000多人，这对转变我区中小学教师教学行为、转变学生学习方式、提高教师教学技能、适应课改要求、掌握课程标准、创新教学模式具有明显效果。组织评审2006年度广西教育科学“十一五”规划课题，共收到申报课题925项，批准立项481项。组织申报全国教育科学规划“十一五”课题，初评132项，上报115项，获立项9项。督促、指导立项课题开题200多项，结题412项，日常管理批复80项。积极开展《广西通志·教育志》编纂工作。

撰稿人：蒋国平　宁　耀

【高校科研工作】 2006年全区高校共有科技活动人员14697人，科技投入总经费39348.6万元，支出总经费34471.8万元，承担科技活动课题4510项，课题研究投入经费28553.0万元，当年支出经费25093.9万元，发表科技论文11105篇，其中被国际三大检索系统收录858篇（SCIE397篇，EI336篇，ISTP125篇），获得省（部）级以上科技奖励50项，申请专利103项，获授权专利60项。签订技术转让合同24项，合同金额230.3万元，当年实际收入158.7万元。2006年全区高校有社会科学研究活动人员8573人，科学研究投入总经费1120.9万元，支出总经费5887万元，承担社会科学研究课题2935项，投入研究经费2300万元，发表社会科学研究论文6693篇，获出版著作369部，获得省（部）级以上科技奖励185项。近年来，高校科研成果的数量和质量不断得到提高，全年我区高校共有80项成果申报奖励，其中申报广西科学技术特别贡献奖1项，79个项目申报广西科技进步奖，占全区奖励申报总数338项的23.6%，为历年中项目申报数最多的一年。经过评审，全区共有149项成果获得奖励，其中高校作为第一完成单位的成果有49项，占获奖成果总数的32.9%；其中获得一等奖的高校成果2项，占一等奖总数6项的33.3%；获得二等奖高校成果10项，占二等奖总数37项的27%；获得三等奖的高校成果37项，占三等奖总数106项的34.9%；获奖成果数和所占比例除一等奖比2005年有所下降外，其余基本与往年持平。2006年教育部下文批准我区高校的冯家勋、林基明和覃德清3人入选教育部2005年“新世纪优秀人才支持计划”。经教育部评审和遴选，广西大学科技处、广西师范大学科研处和广西医科大学科研处3个科技管理团队被评为“十五”高等学校科技管理先进团队。在自治区教育厅组织的评比表彰工作中，广西大学等11所高校的科技处被评为“十五”期间全区高校科研管理先进集体。

【重点学科、重点实验室等科研基地建设】 以广西大学和桂林工学院为依托单位的《有色金属材料及其加工新技术》重点实验室顺利通过教育的评估验收，以教育部重点实验室的名义正式开放运行，名称更为《有色金属及材料加工新技术》。广西大学申报的“糖业及综合利用”工程中心于2006年获得教育部的立项建设，成为我区高校第一个教育部工程研究中心。河池学院的“文艺学”，广西财经学院的“财政学”、“会计学”学科和河池学院的“文学创作人才培养基地”、“桂西北特色资源研究与开发实验室”以及广西财经学院的“ERP（企业资源计划）实验中心”、“财经科学实验中心”重点实验室获准立项建设为广西高校重点建设学科和重点建设实验室。另外，广西民族大学的“瑶学研究中心”也获准立项为广西高校人文社会科学研究基地。

【高校三对创新行动计划】 2006年，自治区教育厅提出在“十一五”期间实施“三对创新行动计划”[“校市（县、区）一对一科技帮扶”、“校企一对一科研合作”、“校行（部门）一对一科技培训”]，涵盖现代农业亚热带主要农产品高效种植技术推广及应用等科技服务、科普活动和行业培训活动等三大类共12个重大项目。按照“校地一对一科技帮扶”项目专项规划、“校企一对一科研合作”项目专项规划、“校行一对一科技培训”项目专项规划和“科技大篷车”行动（科学知识普及活动）项目专项规划，计划有47所高校计划实施项目308项，派出专家教授科技人员等0.8万人次，科技合作和帮扶服务面向14市60个县（市、区），120多个企业（单位）；科技培训面向各行各业，涉及高技术技能培训16万人次，印发科技资料等46万册；以科学知识普及活动为主题的高校“科技大篷车”行动计划受益85万人次、发放科普宣传资料65万册。“三对创新行动计划”得到了自治区领导的充分肯定和支持。

【高校知识产权工作】 2006年，全区高校共申请专利103项，其中发明专利73项，实用新型30项；获得专利授权60项，其中发明专利授权45项，实用新型专利授权15项，与2005年相比专利申请数增加了3项，获授权专利数增加了21项。2006年全区高校共拥有专利145项，其中发明专利82项，实用新型62项，外观设计1项。

撰稿：李向红

教育纪检监察审计

【规范教育收费工作】 发挥组织协调作用，积极配合有关部门狠抓各项工作落实，并取得了新的进展和成效。及时调整和完善普通高中招收择校生的“三限”政策，进一步规范择校生招生行为，据统计，在全区397所招收择校生的公办高中中，没有发现超过规定的招生比例和择校生收费标准的现象；进一步规范中小学教材和教辅资料管理，切实遏制教辅资料过多过滥现象。取消了16种地方选用教材和21种教辅资料，积极开展中小学教材出版发行招标工作，降低教材成本；加强监督检查，严肃查处违规收费行为。有44人受到了党纪政纪处分或其他处理。积极开展创建规范教育收费示范县活动，评审表彰了 18 个规范教育收费示范县（市、区）。确保农村义务教育经费保障机制改革措施落实，严禁一边免费，一边乱收费；认真实施高校招生“阳光工程”，坚决制止与招生录取挂钩的乱收费，区内外 1254 所高校在我区录取新生 149323 名，没有发现违规招生和违规收费的现象；对各级各类学校的收费项目和标准进行清理，进一步规范各级各类学校的办学行为和收费行为。

【治理商业贿赂工作】 根据中央和自治区关于开展治理商业贿赂专项工作的意见和要求，认真进行调查摸底和排查，以教材、教辅、图书编审发行、采购销售、教学仪器设备、医药等大宗物资采购、工程建设、校办企业经营以及其他活动中以各种名义给予、收受财物或其他利益的问题，以及“账外账”、“小金库”等作为教育系统的治理重点，认真开展自查自纠，查找个人和单位存在的问题以及工作中的薄弱环节，提出整改措施，建立健全惩治和预防商业贿赂的长效机制，对发生的商业贿赂案件，依纪依法严肃查处。在治理工作中加强督促检查，深入各地各校进行检查指导，召开高校治理工作汇报会，交流治理工作的做法和经验，运用工作简报等形式开展宣传教育，营造反对商业贿赂的社会环境和氛围，制订了《自治区教育厅关于进一步规范中小学教材和教辅管理工作的通知》、《关于印发〈广西壮族自治区教育厅办公用品、耗材管理办法（试行）〉的通知》、《广西壮族自治区高等学校基建修缮工程项目审计试行办法》等规章制度，促进各地各单位治理商业贿赂专项工作扎实开展。

【领导干部廉洁自律工作】 全区高校纪委负责人同下级党政主要负责人谈话 646 人次，领导干部任前谈话 826 人次，诫勉谈话 109 人次，领导干部述职述廉 2253 人次，对拟提拔的 745 名干部进行了廉政鉴定，为 2822 名领导干部建立了廉政档案。通过开展廉政教育，领导干部的廉政意识有了很大提高，有的主动上交不能拒收的现金，1083 名领导干部报告了个人重大事项，有力地促进了全区教育系统党风廉政建设和反腐败斗争的开展。

【内部审计工作】 2006 年，自治区教育厅协助自治区审计厅，先后对融水县、乐业县、巴马县、崇左市“两基”教育经费进行了审计检查，促进当地政府部门“两基”教育经费的落实；对玉林师范学院、河池学院、桂林航天工业高等专科学校、广西师范大学漓江学院、桂林工学院博文学院、广西工学院鹿山学院等学校进行了财务收支审计，规范普通高等学校和独立学院的财务管理；对桂林电子科技大学新校区建设的经费投入使用情况进行专项审计，分清了有关责任人的责任。对广西银行学校、广西电力职业技术学院、广西电化教育馆等直属事业单位进行了财务收支审计和专项经费审计。

撰稿：王锦生　卢树才

电化教育

【现代远程教育项目实施】 2006 年，我区在玉林和来宾两市的 13 个县（市、区）实施农村中小学现代远程教育工程项目。项目总投资 8562 万元（其中中央投入 5708 万元，地方投入 2854 万元），建设教学光盘播放点（模式一）1682 个、卫星教学收视点（模式二）1839 个和计算机教室（模式三）341 间，我区农村中小学现代远程教育工程项目已覆盖全区农村中小学总数的 73%。积极开展项目培训，“模式二”的培训共培训项目学校骨干教师 1839 人，“模式三”的培训共培训 686 人。获得我区各市 2004 年以来共 10509 所项目学校的接收远教 IP 资源的授权情况数据库，全年共向中央馆申请更改 IP 编号 58 所，新增报 276 所。并在资源网上提供两种专用软件的最新版下载，编写和汇总了“远教 IP 接收软件”、“专用频道资源管理软件”在接收和使用中常见问题及其处理方法供项目学校参考。继续在 BBS 专栏上解答涉及项目应用的各类问题，通过论坛服务和电话咨询的方式承担为项目学校进行技术服务的工作。

【中小学计算机网络教学应用】 2006 年，广西教育教学信息资源网开始启用，运行正常。建立在广西教育教学资源网上的广西教师教育远程视频培训系统，已有 54 所学校和单位建成了系统终端，共涵盖了 45 个县（市、区）。利用广西教师教育远程视频培训系统进行了 3 天 7 个单元对全区普通高中教师和校长的专题培训，约有 21000 人（次）接受了培训，取得了很好的效果。利用广西教育教学资源网完成《信息技术》课程的在线考试试点工作，共 3538 名学生参加了在线考试。构建广西职业教育网络平台，完成“广西职业教育网”的设计方案。开展了“2006 年全区中小学现代教育技术优秀论文、教育叙事报告、教学设计、课例、个人主题网站和计算机教育软件评选活动”，共收到送评的论文 221 篇，共评出论文一等奖 48 篇，二等奖 96 篇，三等奖 77 篇；教育叙事报告一等奖 4 篇，二等奖 6 篇；三等奖 4 篇，优良奖 3 篇；教学设计一等奖 14 篇，二等奖 25 篇，三等奖 29 篇，优良奖 1 篇；课例二等奖 5 节，三等奖 6 节；个人主题网站一等奖 3 个，二等奖 10 个，三等奖 16 个，优良奖 3 个；计算机教育软件一等奖 13 个，二等奖 21 个，三等奖 77 个，优良奖 17 个。从上述优秀作品中向中国教育技术协会 15 周年年会推荐了 34 件作品参评，获一等奖 3 个（论文），二等奖 3 个（论文），三等奖 10 个（2 个叙事报告，2 个主题网站，其他 6 个是论文），10 个优秀奖。

【音像教材出版】 全年摄制、出版（新版）了 37 种音像制品（光盘），其中农村中小学现代远程教育项目培训教材 1 种，基础教育课程改革新课型研究课例 15 种，农村中小学现代远程教育项目培训教材及示范课例 13 种，创新要素作文研究课例 4 种，小学音乐优秀课例 2 种，全区小学、初中教学探究课现场比赛一等奖课例 2 种。全年共完成出版选题 45 种，其中录音带 7 种，VCD 37 种，DVD 1 种。

撰稿：林大业　梁正义

GEJI GELEI JIAOYU

各级各类教育

高等教育

【概况】 2006年，全区共有高等学校71所，比上年增加4所。其中，普通本科学校19所，比上年增加4所，普通专科学校36所（高等职业学校28所，比上年增加3所），成人高等学校7所，独立学院9所。

高等教育在校生572189人，比上年增加86638人，增幅17.8%，毛入学率超过15%。其中博士研究生364人，比上年增加68人，增幅23%；硕士研究生12927人，比上年增加2512人，增幅24.1%；普通本科生165857人，比上年增加21345人，增幅14.8%；普通专科生221590人，比上年增加27841人，增幅14.4%；成人本科生53453人，比上年增加16839人，增幅46%；成人专科生117998人，比上年增加18033人，增幅18%。

全区高校教职工总数37406人，比上年增加3534人，增幅10.4%；专任教师24251人，比上年增加2775人，增幅12.9%。其中，普通高校教职工总数为34516人，比上年增加3813人，增幅12.4%；专任教师22450人，比上年增加2840人，增幅14.5%。

2006年普通高校计划毕业生87674人，比上年增加17454人，增幅25%。其中计划毕业研究生2589人，比上年增加942人，增幅57.19%；计划普通本科毕业生29114人，比上年增加6309人，增幅27.66%；计划高职（高专）毕业生55971人，比上年增加10203人，增幅22.29%。2006年9月1日总就业率为86.85%，比上年同期提高近4个百分点，其中毕业研究生就业率95.49%，比上年同期提高0.53%，普通本科毕业生就业率88.83%，比上年同期提高0.07%，高职（高专）毕业生就业率85.5%，比上年同期提高6.14%。

【教学评估工作】 2006年，下发了《关于加强我区高职高专院校人才培养工作水平整改工作的通知》（桂教高教〔2006〕3号）、《关于成立全区普通本科学校教学工作水平评估评建工作指导委员会的通知》（桂教高教〔2006〕38号）和《关于调整我区高职高专院校人才培养工作水平评估专家委员会的通知》（桂教高教〔2006〕39号），进一步贯彻教育部“以评促建、以评促管、评建结合、重在建设”的方针。经教育部公布，2005年接受教育部评估的广西大学本科教学工作水平评估结论为优秀，广西工学院的评估结论为良好。广西艺术学院和桂林医学院顺利通过教育部本科教学工作水平评估，获得教育部专家组的好评。受教育部委托，我区组织专家对柳州职业技术学院、广西国际商务职业技术学院、广西生态工程职业技术学院等3所高职院校的人才培养工作水平进行了评估，经全区高职高专评估专家委员会会议评议，柳州职业技术学院、广西国际商务职业技术学院评估结论为优秀，广西生态工程职业技术学院评估结论为良好。组织专家对广西职业技术学院、广西水利电力职业技术学院、广西交通职业技术学院、广西农业职业技术学院和广西机电职业技术学院、广西国际商务职业技术学院等6所高职院校的基础课实验室进行评估。组织开展对广西广播电视大学各分校和工作站的“中央广播电视大学人才培养模式改革和开放教育试点”项目终期评估。

【教学改革工作】 2006年，我区高校以提高高等教育教学质量为中心，继续推进教学改革，打造精品。

1. 加强专业改革和建设。对桂林医学院、玉林师范学院、右江民族医学院、河池学院和桂林航天工业高等专科学校等5所高校的部分专业进行改造。启动优质专业认定工作，完成了普通本科和高职高专的优质专业评估体系，认定139个普通本专科专业为广西高校“十一五”期间优质专业。

2. 确定了2006年自治区级精品课程103门，其中桂林工学院的《基础地质学》、南宁职业技术学院的《食品雕刻应用技术》和桂林旅游高等专科学校的《旅游概论》等3门课程荣获2006年度国家精品课程。

3. 启动高职高专示范性院校和示范性高等职业教育实训基地工作。下发《关于做好我区示范性高等职业院校申报与建设工作的通知》（桂教高教〔2006〕54号），正式启动我区示范性高等职业院校建设工作；下发《关于做好我区示范性高等职业教育实训基地申报与建设工作的通知》（桂教高教〔2006〕55号），启动我区示范性高等职业教育实训基地建设工作，认定了20个自治区示范性高等职业教育实训基地和11个自治区示范性建设高等职业教育实训基地。

4. 开展广西高等学校首届教学名师奖表彰工作，确定并表彰了20名自治区级教学名师奖获得者，其中广西大学孟勤国教授获第二届国家级教学名师奖。

5. 开展第二届广西高等学校优秀教材评选工作。经评审，确定164种教材为广西高等学校优秀教材，其中一等奖39种，二等奖60种，三等奖65种。

6. 开展新世纪教改工程“十一五”第二批立项工作，确立336个项目为新世纪教改工程“十一五”第二批项目。

7. 组织开展了每年一度的专业设置工作。2007年度广西高等教育普通本科、高职高专、成人高等教育专业设置工作首次实现网上申报、备案、评议及管理。

8. 组织开展“十五”期间广西高等学校教学工作先进单位和“十五”期间广西高等学校优秀教务处评选工作，确定并表彰广西大学等9个高校为“十五”期间广西高等学校教学工作先进单位，广西师范大学教务处等22个优秀教务处为“十五”期间广西高等学校优秀教务处。

9. 开展实验教学示范中心建设和评审工作。确定广西大学机械工程基础实验教学中心等8个自治区级实验教学示范中心和广西大学化学实验教学中心等11个自治区级实验教学示范建设中心。

10. 积极开展各种学科竞赛，成效显著。成功举办首次全区高校机械设计大赛、首届广西高校教育技术应用大赛、首届广西大学生电子设计竞赛、第七届广西高校大学生化学化工类论文及设计竞赛。在第六届全国课件大赛中我区取得优异成绩，在全国18个一等奖中我区有6所高校共获得9个一等奖，还有14个二等奖和11个三等奖。

11. 启动第一批高校“结对子”帮扶工作。广西大学帮扶广西工学院，广西师范大学帮扶河池学院，广西医科大学帮扶右江民族医学院，桂林电子科技大学帮扶玉林师范学院的广西首批结对子帮扶工作初见成效。

【国家示范性高等职业院校建设】 2006年，教育部启动国家示范性高等职业院校建设计划，确定了首批21个省（市、自治区）的28所院校为2006年度“国家示范性高等职业院校建设计划”立项建设单位，南宁职业技术学院是广西唯一入选的高职院校。南宁职业技术学院将获得中央财政3500万元的专项资金支持及自治区、市财政的配套资金支持。

撰稿：唐春生　魏莹莹

【学位与研究生教育】 全面启动研究生教育创新计划，制定了《2006—2010年广西研究生教育创新计划》，组织完成了2006年广西研究生教育创新计划项目的申报和评审工作。2006年资助研究生教育创新计划项目的财政专项经费共200万元，受资助的项目所在单位按2∶1的比例落实配套经费，共资助博士研究生科研创新项目15项、硕士研究生科研创新项目151项、研究生学术论坛7项及一批专题研究项目。通过单位自我评估、基本状态评价、硕士学位论文抽查和专家实地考察四个环节，自治区学位委员会对有关研究生培养单位的36个硕士点进行了评估，所有接受评估的36个硕士点全部顺利通过评估。自治区财政划拨800万元专项经费，资助广西大学、广西医科大学、广西师范大学、广西中医学院、桂林工学院、桂林电子科技大学、广西民族大学、广西师范学院、广西艺术学院、广西工学院、桂林医学院、右江民族医学院等12所高校的14个博士点建设学科和19个硕士点学科建设，建设周期2年。加强学位与研究生教育质量的监控，继续开展2006年度硕士学位论文抽样检查工作。共抽取2006届毕业生硕士学位论文200篇送区外同行专家进行“双盲”评审。其中38篇被评为优秀，136篇被评为良好，24篇被评为合格，2篇因接受论文省份无合适评审专家未参加评审。共评选出2006年度全区高校优秀研究生119名。

撰稿：胡兆阳　常军胜

中等职业教育

【概况】 2006 年，全区中等职业学校 383 所（不含技工学校），比上年减少 10 所；招生 209808 人，比上年增加 61449 人；在校生 460389 人，比上年增加 90177 人；毕业生 102070 人，比上年增加 2606 人；教职工 30114 人，比上年增加 1678 人；专任教师 18798 人，比上年增加 552 人。

全区技工学校 56 所，比上年增加 1 所；招生数 35429 人，比上年增加 4166 人；在校生 88739 人，比上年增加 9072 人；毕业生 24357 人，比上年增加 6324 人。技工学校教职工 4067 人，其中专任教师 3708 人。

【振兴职业教育的九大工程规划实施工作】

2006 年，开始实施以中等职业教育为主的《广西壮族自治区振兴职业教育九大工程规划》，进展顺利。一是百万技能型人才培养培训工程。我区各级各类职业院校积极探索和实践工学结合、半工半读人才培养模式，加大对职业院校基础能力建设投入力度，共培养技能人才 14.32 万人，培训技能人才 14.21 万人（具有中等职业教育以上学历证书和初级以上职业资格或技能等级证书），分别完成年度计划的 179%和 118%。二是千万农村实用人才素质提高培训工程。广西农业厅牵头组织开展农村实用人才素质提高培训 319 万人次（绿色证书培训 21 万人），完成年度任务的 159%。其中：教育部门统计承担培训 211 万人次（绿色证书培训 33.4 万人）；扶贫部门统计组织培训 21.5 万人次。三是 500 万农村劳动力转移培训工程。自治区农业厅牵头组织开展农村劳动力转移培训工程 127 万人，完成年度任务的 127%。其中：教育系统共有 161 所中等职业学校、1138 所乡镇成人文化技术学校积极实施农村劳动力培训，完成培训 51.66 万人次；自治区经委统计组织培训 2050 人；扶贫部门统计完成培训 2 万人次。以中等职业学校为主要对象，重点建设完善 24 个自治区、市、县农村劳动力转移培训基地任务完成。四是千万成人继续教育与促进就业培训工程。自治区劳动和社会保障厅牵头组织开展千万成人继续教育与促进就业培训 184.5978 万人次，完成年度任务的 106%。其中：教育部门统计完成培训 84.9 万人次；自治区经委组织培训 3500 人。五是百所示范性职业院校建设工程。公布第一批 20 所立项建设学校名单。中央和自治区财政共投入专项建设资金 3770 万元，重点支持广西银行学校、北海市合浦卫生学校、广西桂林烹饪旅游高级技术学校、广西经贸技工学校、广西轻工高级技工学校、贵港市职教中心、桂林市职教中心、柳州市技工学校、南宁市技工学校、南宁市第一职业技术学校、梧州市第二职业高级中学、梧州市技工学校、玉林市第一中等职业技术学校、广西职业技术学院、广西水利电力职业技术学院、广西电力职业技术学院、广西机电职业技术学院等 17 所骨干学校建设，新增教学用房 35210 平方米，新增教学实训设备 9000 多套。各市、自治区直属办学主管部门（含自治区直属学校自筹经费）共投入 35976 万元用于 63 所职业学校建设示范性职业院校。六是百个职业教育实训基地建设工程。中央和自治区财政共投入 2120 万元，用于广西机电工业学校等 13 所中等职业学校的数控技术应用等 5 个专业领域实训基地，新增数控机床、电子电器维修检测设备等实训设备近 5000 套。广西机电职业技术学院等 8 所高职院校 9 个实训基地被教育部、财政部认定为国家级示范性实训基地，柳州职业技术学院的汽车维修技术等 18 个实训基地获认定为自治区示范性高等职业教育实训基地，广西交通职业技术学院的计算机应用与软件技术等 11 个实训基地获认定为自治区示范性建设高等职业教育实训基地。各市、县、自治区直属办学主管部门（含自治区直属学校自筹经费）共投入 14270.3 万元，用于数控技术、机电技术、纺织技术、计算机应用等 77 个专业实训基地建设。其中，新建实训楼 62837.7 平方米，购置 10601 套（台）专业实训设备。七是百县（区）职教中心建设工程。印发了《广西壮族自治区人民政府转发自治区教育厅关于推进县级职教中心建设意见的通知》，明确了县级职教中心建设的各项要求。自治区发改委、教育厅和劳动和社会保障厅联合制定《广西壮族自治区2005—2010年中等职业教育基础能力建设规划》。2006年中央、自治区财政投入专项经费3050万元重点支持鹿寨县、武鸣县、融安县、田东县、恭城县、岑溪市、上思县、浦北县、容县、富川县、宜州市、忻城县等12个县级职教中心建设，新建教学用房4万平方米，装备更新一批实训室。市县政府共投入17461万元，用于岑溪市等69个县级职教中心建设。其中，新增教学用地2424亩，新建教学楼102497平方米，购置3770套（台）实训设备。八是万名职业院校教师素质提高工程。自治区教育厅投入250万元组织开展职业学校专任教师和管理干部培训2318名，超额完成了2000名年度培训计划。其中组织专业课、文化课教师素质提升培训项目，9个培训点共开设30个专业，培训专业教师2035人，完成培训计划的101.8%；组织"十大专业百位名师"培养项目；组织管理干部培训提升项目，共培训管理干部137人，同时选派10名骨干中职学校教学副校长到上海市学校挂职学习。全区各市、县和区直办学主管部门（含区直学校自筹经费）共投入2342万元，组织开展7327名市级（区直中职学校、高职院校校级）职业学校教师素质提升培训。九是职业教育教学改革工程。制定《关于制定中等职业学校教学方案的指导意见（试行）》和《中等职业学校数控技术应用等12个示范性教学方案》等教学规范文件，组织广西机电工程学校等3所学校进入教育部半工半读试点学校，指导学校与合作企业共同制定《职业学校半工半读试行方案》，全区中等职业学校组织3万多名学生灵活利用寒暑假期到企业务工。推进职业教育课程开发、深化教学改革，在国家规划教材的基础上，完成改编语文、数学、英语、计算机应用基础等4门基础文化课程教材，并于2006年秋季学期在全区推广使用。举办系列技能比赛，加强实践教学，推进校企合作、订单培养。2006年全区中职学校（不含技工学校）毕业生就业率达95.6%，对口就业率74%，通过订单培养就业占40%，获取职业资格证书率达71%，就业起薪生均744元。贯彻落实《国务院关于加强未成年人思想道德建设》和教育部《中等职业学校德育大纲》，切实加强和改进职业学校德育工作。

【重点中等职业学校建设】 2006年广西柳州畜牧兽医学校、桂林市机电工程学校获得国家级重点中等职业学校，全区共有"国家级重点中等职业学校"34所。广西梧州农业学校、广西工商行政管理学校、南宁市卫生学校、河池市机电工程学校、玉林市电子工业学校、钟山县职业技术学校、广西桂林农业学校、桂林市电子中等专业学校获得自治区级重点中等职业学校，全区共有"自治区级重点中等职业学校"学校32所。经评估，2006年有32所职业学校获得"合格学校"，全区共有"合格学校"205所。

【引企入桂】 广西职业教育战线全面实施"广西振兴职业教育九大工程"，构建城乡职业教育与培训网络，培养企业急需的技能型人才，为我区承接东部产业转移构筑技能型人才供给平台，在产业布局由"人力资源跟着资金和技术走"转向"资金和技术跟着人力资源走"的新趋势中发挥了积极的作用，我区职业教育服务地方经济建设和社会发展的作用得到不断加强。2006年，全区共有90所中等职业学校通过校企合作、引企入校等形式，吸引334家企业在我区办厂、投资，投资金额达8.5亿元。

【招生工作】 全区448所中专、技校共招生250692人，完成计划115.4%，比2005年招生19.8万人增加5.2万人，增长26.2%，比教育部下达的20.5万人招生任务增加4.5万人，增长21.9%。其中，区直中专校招生51993人，完成计划133.5%；市属中专校招生163130人，完成计划108.5%；区直技工校招生35429人，完成计划126.5%。按时段分类：春季招生26250人，秋季招生224442人。按类别分类：招高中起点新生4508人，招初中起点新生246184人。按办学形式分类：全日制216823人（其中合作办学7248人），半工半读26543人，成人在职7326人。按学校性质分类：公办204443人，民办46249人。按生源分类：招区内生源246607人，招区外生源4085人。全区全年高中阶段招生51.3万人，其中普高招生26.3万人，中职招生25.5万人，普职比为1：0.95。

撰稿：李俊才　张建虹

基础教育

【概况】 小学招生数、在校生数略有增加，学校数继续减少。2006 年全区共有小学 15152 所，比上年减少 348 所；招生 779629 人，比上年增加 45074 人；在校生 4601201 人，比上年增加 73313 人；小学学龄儿童净入学率达到 99.25%，其中男女童净入学率分别为 99.26%和 99.25%，男童高于女童 0.01 个百分点。小学毕业生数 774149 人，比上年减少 70028 人。

小学教职工和专任教师略有增加，专任教师学历合格率继续提高。全区小学教职工 234827 人，比上年增加 1650 人，其中专任教师 206912 人，比上年增加 2124 人。小学专任教师学历合格率 98.23%，比上年提高 0.26 个百分点，小学生师比 22.24：1，比上年的 22.11：1 有所增大。

初中校数、招生数、在校生数和毕业生数略有减少。全区共有初中学校 2243 所（其中职业初中 4 所)，比上年减少 125 所。招生 783600 人，比上年减少 31036 人；在校生 2292885 人，比上年减少 50550 人；毕业生 732013 人，比上年减少 15831 人。初中阶段毛入学率 104.71%，比上年提高 2.8 个百分点。初中毕业生升学率 69.64%，比上年提高 11.27 个百分点。

全区初中专任教师 116427 人，比上年减少 913 人。初中专任教师学历合格率 96.12%，比上年增长 1.45 个百分点。生师比 19.69：1，比上年的 19.97：1 有所降低。

普通中小学校办学条件进一步改善。全区普通中小学校舍建筑面积 5613.54 万平方米，比上年增加 188.75 万平方米。小学体育运动场（馆）面积达标校数的比例为 47.57%、体育器械配备达标校数的比例为 51.94%，音乐器械配备达标校数的比例为 47.04%，美术器械配备达标校数的比例为 47.05%，数学自然实验仪器达标校数的比例为 54.8%。普通初中体育运动场（馆）面积达标校数的比例为 55.34%，体育器械配备达标校数的比例为 61.99%，音乐器械配备达标校数的比例为 50.20%，美术器械配备达标校数的比例为 49.67%，理科实验仪器达标校数的比例为 70.57%。

学前教育进一步发展。幼儿园数、在园幼儿数及幼儿园园长和教师数均有增加。2006 年全区共有幼儿园 3743 所，比上年增加 591 所，在园幼儿（包括学前班）1007489 人，比上年增加 119679 人。幼儿园园长和教师共 33738 人，比上年增加 5244 人。

2006 年全区共有特殊教育学校 54 所，比上年增加 2 所；招收残疾儿童 1985 人，比上年增加 378 人；在校残疾儿童 13528 人，比上年增加 759 人。其中在盲人学校就读的学生 228 人，在聋人学校就读的学生 1695 人，在弱智学校及辅读班就读的学生 1528 人。在普通学校随班就读和附设特教班就读的残疾儿童在校生数占特殊教育在校生总数的 74.49%。残疾儿童毕业人数 1235 人，比上年增加 327 人。

【高中阶段教育】 全区高中阶段教育发展较快。高中阶段教育（包括普通高中、中等职业学校、技工学校）共有学校 976 所，比上年减少 1 所；招生 509609 人，比上年增加 73110 人；在校学生 1288794 人，比上年增加 139271 人。高中阶段毛入学率 48%，比上年提高 3 个百分点。

全区普通高中 537 所，比上年增加 8 所；招生 264552 人，比上年增加 7675 人，增长 2.99%；在校生 739666 人，比上年增加 40022 人，增长 5.72%；毕业生 201957 人，比上年增加 8426 人，增长 4.35%。

普通高中专任教师 38048 人，比上年增加 2799 人，生师比 19.44：1，比上年的 19.85：1 有所降低，专任教师学历合格率 81.25%，比上年提高 4.83 个百分点。普通高中体育运动场（馆）面积达标校数的比例为 73.00%，体育器材配备达标校数的比例为 76.72%，音乐器材配备达标校数的比例为 66.29%，美术器材配备达标校数的比例为 68.16%，理科实验仪器达标校数的比例为 80.07%，建立校园网的学校占普通高中学校总数的比例为 60.89%。各项办学条件比上年有所改善。

撰稿：宁耀

【教育督导工作】 （一）实施“两基”攻坚规划，“两基”工作取得重大进展。2006年我区“两基”工作取得了重大进展，融水、三江、东兰、巴马、凤山、大化、德保、那坡、乐业、天等、西林等11个县实现“两基”，其中天等县提前一年达标。41个“两基”攻坚县已有40个通过自治区评估验收，累计有109个县（市、区）实现了“两基”，“两基”人口覆盖率达到98.74%。在抓好“两基”攻坚的同时，认真抓好“两基”巩固提高工作，“普九”验收与“两基”复查工作同时进行，巩固提高“两基”工作成果。对上林、岑溪、兴业、博白、桂平、合浦、浦北、防城、江州、富川等一批县（市、区）进行“两基”复查，取得较好成效。

（二）实施对县级党政主要领导干部教育工作督导考核制度。从2006年开始，对县级政府及县级党政主要领导干部教育工作督导考核，全区88个县（市、区）对本地党政主要领导干部2005年度履行教育职责情况进行自查，11个市组织开展了对所辖各县（市、区）党政主要领导干部教育工作进行督导考核工作。自治区在各市组织督导考核的基础上进行抽查，共抽查了10个县的党政主要领导干部教育工作的考核情况，并对各市的考核结果进行了审核，其中8个县评为优秀，69个县评为良好，11个县评为合格。

（三）普及实验教学工作取得新进展。2006年，隆安、融水、兴业、岑溪、三江、隆林、防城、南丹、环江、德保、那坡、上林、江州、金秀、忻城、藤县等16个县（市、区）的普及实验教学工作通过了自治区的评估验收，办学装备条件均达到国家和自治区的新规定要求。至2006年底，已实现“普实”的县（市、区）达101个，占全区110个县（市、区）总数的90.9%。

撰稿：施广明　刘谋桂

GAODENG XUEXIAO

高等学校

广西大学

【概况】 2006年，广西大学占地面积307.34万平方米，教学行政用房面积48.58万平方米，学生宿舍面积21.94万平方米。学校教学科研仪器设备总值48100万元，拥有教学用计算机5739台，语音实验室座位1690个，多媒体教室座位10035个。图书馆及各院部、所资料室藏书437万册，电子图书157万册，中外文纸质期刊4000多种，全文电子期刊1.7万种。学校有教职员工3672人，其中专任教师1831人，具有研究生学位教师756人，博士生指导教师69人，教授253人，副教授536人，专职辅导员97人。

2006年，学校有机械工程学院、电气工程学院、土木建筑工程学院、化学化工学院、资源与环境学院、轻工与食品工程学院、计算机与电子信息学院、生命科学与技术学院、农学院、动物科学技术学院、林学院、数学与信息科学学院、物理科学与工程技术学院、文化与传播学院、外国语学院、公共管理学院、商学院、法学院、中加国际学院、研究生院、继续教育学院等21个二级学院，思想政治理论课教学部、体育教学部等2个直属教学部，教育系1个直属系；65个研究所，党委办公室、校长办公室，纪检、监察室、审计处，组织部、统战部，宣传部，学生工作部（处）、团委，工会委员会、计划生育委员会办公室，发展规划处、“211工程”办公室、对口支援办公室，人事处、教务处、校友工作办公室、教育评估办公室、学生资助管理中心、科技处、国际交流处、财务处、离退休工作处、实验设备处、基建处、武装部、保卫处，招生就业指导中心、校产管理委员会办公室等21个行政机构。拥有85个本科专业，178个硕士学位点，10个博士学位点，2个国家重点学科，5个“211工程”国家重点建设学科，16个自治区重点学科，1个国家重点实验室培育基地，3个部级重点开放实验室，1个省部共建教育部重点开放实验室，1个教育部立项建设工程研究中心，1个国家人才培养基地，1个自治区马克思主义理论研究与建设工程研究基地，15个广西高校重点实验室。

2006年，学校有各类学生53646人，其中在校普通高校全日制本科生20212人，硕士研究生4006人，博士研究生221人，留学生346人，在职攻读硕士学位研究生944人，成人教育学生27795人。

【教育经费的收入与支出】 2006年，广西大学教育经费总收入43379.79万元，比上年增加2579.71万元，增长率为6.32%。其中财政拨款24862.52万元，比上年减少720.66万元，占总收入的57.31%；教育事业费收入18404.62万元，比上年增长21.67%。全年支出49066.85万元，比上年增长10.87%。在总支出中，人员经费支出18479.38万元，占总支出37.66%；日常公用经费支出20840.14万元，占总支出42.47%；对个人和家庭补助支出9747.33万元，占总支出19.87%。2006年末，学校共有资产118680.71万元，比上年增加16051.96万元，增长15.64%。其中货币资金28973.73万元，比年初增加6499.74万元；固定资产83210.76万元，比上年初增长9552.22万元。

【“211工程”建设】 2006年，广西大学圆满完成“十五”“211工程”建设任务并通过自治区人民政府组织的整体验收。学校“十五”“211工程”建设取得了“碾压混凝土高拱坝筑坝技术”“水牛繁殖新技术”“微生物—寄主相互作用的功能基因组学”“结构非线性分析的新理论新方法”“基因工程酶法转化木薯淀粉研究”“反重力近终形调压成形技术的应用”“合金相图与化合物结构研究”“高纯度蔗果低聚糖的研究”“低成本、高效能工业废水处理及回用系统”“教学实验平台”等10项标志性成果。其中，“生物技术与亚热带生物资源开发利用学科”“结构工程与红水河流域水力资源开发学科”和“动物遗传育种与繁殖学科”整体实力达到国内先进水平，微生物技术研究和水牛克隆技术已在国际上有了很高的知名度。“碾压混凝土拱坝筑技术”“固定化酶及纳滤膜技术生产高纯度蔗果低聚糖”“野油菜黄单胞菌致病性的功能基因组学”“动物转基因克隆平台技术研究—体细胞克隆水牛”四大建设成果还被国家“211工程”办公室写入《“211工程”发展报告（1995—2005）》中。

【教学工作】 2006年，学校新增教育技术学、越语、糖科学与工程、翻译、对外汉语、泰语、工业工程等7个本科专业；数学模型、大学生心理健康教育、机械制造技术基础、计算机文化基础、电气接线原理及安装技术、木材学、动物微生物学等7门课程被确定为2006年度自治区级精品课程；《物权法》《创造学原理和方法：广义创造学》《知识产权管理》《创新思维与创造性技法》《机械设计（第2版）系列教材》《信息安全概论（第2版）》《多媒体应用技术》《网站规划建设与管理维护》《英语口语教程（1—4）》等9种教材进入“十一五”规划教材立项建设。在广西高等学校优秀教材奖评选活动中，《农业植物病理学（华南本）》《多媒体应用技术》《电气接线原理与运行》《信息安全概论》《网络数据库》《知识产权管理》《工程经济学》《战略管理》《综合技术与素质》、《英语口语教程（1—4）》等10种教材荣获一等奖，《林木繁育实验技术》《家具涂料与涂饰工艺》《有机化学实验》《网站建设与管理》《财政学》《语言学导论》《商务英语谈判》《财务管理理论与实务系列》等8种教材荣获二等奖，《无机化学实验》《信息检索原理与实践（双语）》《8096单片机原理及应用》《阅读加拿大》等4种教材荣获三等奖。在第六届全国多媒体课件大赛中，广西大学取得了1个一等奖，3个二等奖的优异成绩。

【科技工作】 2006年，学校共承担科研项目514项，其中国家级项目31项，仅“863”“973”等国家高水平科技攻关项目和省部级重大项目就达5项；出版专著、教材62部，发表论文3046篇，其中被SCI收入203篇、被EI收入179篇、被ISTP收入62篇；鉴定成果18项，获国家发明专利授权13项，实用新型专利1项，省部级以上奖81项；荣获2006年广西科技进步奖一等奖1项、二等奖4项、三等奖9项；获广西第九届社会科学优秀成果奖一等奖3项、二等奖18项、三等奖32项。人文社科课题《CAFTA进程中我国周边省区产业政策协调与区域分工研究》成功中标国家社科基金重大招标项目，这是学校乃至我区获得的首个最高级别的国家社科项目，实现了广西国家社科基金重大项目零的突破。

【教师队伍建设】 2006年，学校共引进教师133人，其中学术带头人3人，学术骨干2人，博士19人；送培博士42人、硕士13人，派出国内访问学者14人，另有300多人参加各类进修、培训活动。2006年，谢舜、孟勤国、黎明洁、李陶深、郭进、燕柳斌、武波、张喜燕、王双飞、马少健、陈喜强、胡映宁、阎世平等13名教师入选成为教育部高校有关科类教学指导委员会委员；孟勤国教授荣获第二届高等学校教学名师奖，成为广西高校首位国家级教学名师；石德顺研究员被授予2006年全国五一劳动奖章；陈保善教授被评为“全国师德标兵”。

目前，学校高层次人才中有“长江学者奖励计划”特聘教授1人，国家教学名师1人，国家有突出贡献的中青年专家5人，国家杰出青年基金获得者1人，全国杰出专业技术人才1人，国家“百千万人才工程”第一、二层次人选6人，教育部高等学校学科专业教学指导委员会委员13人，全国高等学校优秀骨干教师3人，教育部骨干教师7人，教育部“新世纪优秀人才支持计划”入选者2人，广西教学名师3人，广西“十百千人才工程”第一、二层次人选34人，享受政府特殊津贴41人。另外，有全国先进工作者3人，全国“五一劳动奖章”获得者8人，全国模范教师3人，全国优秀教师7人，全国优秀教育工作者3人，全国师德标兵1人，全国师德先进个人2人，广西先进工作者9人，广西有突出贡献科技人员12人，广西优秀专家11人，广西优秀教师15人，广西优秀教育工作者2人。

【国际交流】 2006年，学校共接待来自美国、英国、加拿大、日本、法国、德国、意大利、越南等国家来访团体、个人327人次，举办各类学术讲座25场。随着中国—东盟博览会永久落户南宁，广西大学分别与新加坡、印尼、菲律宾、越南、马来西亚等国的政府部门和高校签订了友好合作协议。12月，广西大学与泰国川登喜皇家大学合作创办的素攀孔子学院正式挂牌成立。

【获奖情况】 2006年，中共广西大学委员会荣获“全国先进基层党组织”称号，广西大学分别荣获全国“大学生心理健康教育工作先进单位”、“暑期三下乡社会实践活动优秀服务队”称号，广西大学“雨无声”网站被共青团中央、教育部评选为“全国十佳高校学生网站”。

附：广西大学领导

党委书记：余　瑾（2006年8月15日免职）
　　　　　阳国亮（2006年8月15日任职）
校长、党委副书记：唐纪良
党委副书记：李继兵
党委副书记、纪委书记：赵发旗（2006年8月调防城港市任职）
副校长：黄维义　魏远安　韦　化　唐立照
　　　　张协奎（2006年8月24日任职）
电话：0771－3232111，3232246
地址：南宁市大学东路100号
邮编：530004

撰稿：刘　苑

广西师范大学

【概况】 2006年，广西师范大学有育才校区（育才路15号）、王城校区（桂林市王城内）、雁山校区（桂林市雁山区雁山镇）3个校区。育才、王城两校区占地面积100.65万平方米，建筑面积54万平方米，雁山校区规划用地225.53万平方米，规划建筑面积72万平方米，第一期在建面积16万平方米。学校教学科研仪器设备总值10835万元，拥有教学用计算机4129台，多媒体教室座位9644个、语音实验室座位1344个，图书馆藏书228万册，电子图书15万册。

2006年，学校设有文学院、历史文化与旅游学院、政治与行政学院、法学院、经济管理学院、教育科学学院、外国语学院、数学科学学院、物理与电子工程学院、计算机科学与信息工程学院、化学化工学院、生命科学学院、环境与资源学院、体育学院、美术学院、音乐学院、应用科学学院、国际文化教育学院、教师教育学院、研究生学院、成人教育学院（继续教育学院）等22个二级学院，1个独立学院（漓江学院）；有24个校属研究所和广西师范大学附属中学、广西师范大学附属外国语学校、实验幼儿园等9个校直业务部门。拥有3个二级学科博士学位授权点，5个一级学科硕士学位授权点、87个二级学科硕士学位授权点，1个专业学位（教育硕士）授权点；设置普通高等教育本科专业51个，成人高等教育本科专业45个、专科专业55个。有广西高校重点学科10个，省部共建教育部重点实验室1个，自治区重点实验室1个，广西高校重点实验室6个，自治区级实验教学示范中心2个，自治区级实验教学示范建设中心1个。该校的自治区重点实验室被评为自治区优秀金源单位，2个重点实验室被确定为广西医药产业“人才小高地”项目的共建载体，“基础教育课程与教学研究及其人才培养”团队被确定为首批广西高校“人才小高地”创新团队。学校有1个国家文科基础学科人才培养和科学研究基地（汉语言文学），被批准为国家大学生文化素质教育基地、中小学骨干教师国家级培训基地；是广西“人文强桂建设工程”实施主体单位，设有5个“人文强桂建设工程”重点建设基地；学校是广西马克思主义理论研究和建设工程的3个研究基地之一，教育部基础教育课程研究中心、广西高校师资培训中心、广西高校政工干部培训中心、广西高校辅导员培训与研修基地也设在该校。

2006年，学校有教职工2062人，其中专任教师1152人。教师中有博士学位208人、有硕士学位453人；有博士生导师10人，硕士生导师390人；有正高级专业技术职务人员191人、副高级专业技术职务人员530人；有38名教师享受国务院特殊津贴；10人入选国家“百千万人才工程”、教育部“新世纪优秀人才支持计划”、教育部“优秀青年教师支持计划”、教育部“高校骨干教师支持计划”或被评为国家有突出贡献中青年专家；有广西优秀专家9人、广西有突出贡献科技人员8人；15人入选广西“十百千人才工程”、12人入选广西“高校百名中青年学科带头人资助计划”，2人入选首届广西高等学校教学名师。

2006年，学校有各类学生41000余人，其中硕士研究生3740人（含教育硕士531人），在职研究生班学员2600多人，普通高等教育本科生14262人（含校外教学点专升本和小教大专班学生879人），成人高等教育本、专科生17570人，高等教育自学考试助学班学生2520人，外国留学生550人，中外合作办学项目学生600人。

【教育经费的收入与支出】 2006年，广西师范大学教育经费总收入26148.26万元，比上年增加4100.77万元，增长18.60%。其中财政拨款12386.77万元，比上年增加1044.80万元，占总收入的47.37%；教育事业费收入11000万元，比上年增长28.28%。全年支出26648.63万元，比上年增长17.14%。在总支出中人员经费支出7034.55万元，占总支出的26.40%；日常公用经费支出11176.35万元，占总支出的41.94%；对个人和家庭补助支出4234.10万元，占总支出的15.89%。2006年末，学校拥有资产83683.10万元，比上年增加16324.25万元，增长24.23%。其中货币资金

21678.14万元，比年初增加8333.84万元；固定资产46743.12万元，比上年增加4057.08万元。

【教学工作】 2006年，学校贯彻教育部《关于进一步加强高等学校本科教学工作提高教学质量的若干意见》（教高〔2001〕4号）的精神，改进和加强教学工作，深化教育教学改革，提高教学质量。继续修订、完善教学管理制度，健全教学质量监控机制，加强对二级学院教学质量的管理与评价。加强实践教学，重新修订实验教学大纲，成立了5个实验教学中心。抓好学生毕业实习和毕业设计工作，组织学生开展课外科技学术活动。开展应用型本科人才培养模式的调研，探讨建立应用型本科的教学管理体系。继续加强教材建设，年内，在自治区教育厅组织的第二届广西高等学校优秀教材评奖中，学校有20种教材获奖。积极开展新世纪广西高等教育教学改革工程“十一五”第二批立项项目申报工作，共有50个项目获得立项，其中37个项目获得自治区教育厅的经费资助。精品课程、重点课程建设获新进展，年内有5门课程被确定为自治区级精品课程，2门课程获推荐参评国家级精品课程。截至2006年，学校拥有的自治区级重点课程已达24门、自治区级精品课程达10门。在自治区学位委员会进行的2006年广西硕士研究生学位论文抽样检查中，被评为优秀等级的论文数居广西高校第一（占优秀论文总数的34%），优良率达到88%。

【科研工作】 2006年，学校制订、实施《广西师范大学中长期科学和技术发展规划》和《广西师范大学人文社会科学“十一五”规划纲要》，取得显著的成果。在科研项目申报立项方面，共获得国家基金项目14项，其中国家哲学社会科学基金项目6项，国家自然科学基金项目8项。共获5项广西科技进步奖（二等奖2项、三等奖3项）。29个项目在第十次广西哲学社会科学优秀成果评奖中获奖（二等奖8项、三等奖21项），1项成果获第四届中国高校人文社会科学研究优秀成果二等奖（广西高校获得的唯一奖项），2项成果分获第三届全国教育科学研究优秀成果二、三等奖（此奖项广西仅该2项获奖）。成立了“广西马克思主义理论研究和建设工程广西师范大学研究基地”，采取措施加强广西“人文强桂建设工程”5个重点研究基地的建设。广泛开展学术交流活动，年内主办、承办或协办国际学术会议6次、国内各级各类学术会议23次，邀请国内外专家学者来校讲学158人次、举办报告会和讲座88次，363人次参加国际或国内学术会议。《广西师范大学学报》（自然科学版）进入美国的《化学文摘》《数学评论》《剑桥科学文摘》、英国的《动物学记录》、德国的《数学文摘》、波兰的《哥白尼索引》等6家国际权威检索机构，以及《中国数学文摘》《中国物理文摘》《中国化学化工文摘》《中国生物学文摘》《中国药学文摘》《中国无机分析化学文摘》《全国报刊索引》《中国科技期刊数据库》等8家国内权威文摘刊物和数据库，影响因子排全国理科类学报第25位、全国师范大学学报第2位、广西科技期刊第1位。《广西师范大学学报》（哲学社会科学版）被评为全国百强社科学报，刊载的论文被《中国人民大学复印报刊资料》《高等学校文科学报文摘》转载（摘）13篇次。

【学科建设】 2006年，学校将第十一次学位授权审核作为学位建设工作的重点，顺利完成了国家学位委员会组织的对该校20个硕士学位授权点评估的工作，自治区学位委员会对学校2003—2005年专项资助的学位授权点学科建设的检查验收获得顺利通过。专业学位工作取得新进展，除继续推进教育硕士专业学位的建设以外，申报法律硕士专业学位培养单位通过了全国法律硕士专业学位委员会的初审。年内遴选出博士生导师6名，新增硕士生导师56名，新增教育硕士导师22名。新增普通高等教育本科专业3个。组织14个本科专业参加广西高等学校优质专业认定评审，经济学、法学、思想政治教育、汉语言文学、英语、历史学、化学、生物科学、数学与应用数学、物理学等10个专业被确定为广西高等学校优质专业。学校已拥有广西高校重点学科10个、自治区级重点专业2个、自治区级精品专业2个。

【学生教育培养工作】 2006年，学校出台了加强与改进大学生思想政治教育、加强大学生党建工作、学生工作校院两级管理、毕业生就业工作、学生心理健康教育等管理规章，根据国家法律和规定重新修订了学籍管理、考试管理、违纪处分、学生公寓管理、学生校内申诉处理等一系列制度，实行依法、规范管理。开展“安全、文明、法纪”教育，对学生实施个人达标综合考评，营造优良学风。年内，为1316名学生办理国家助学贷款，贷款总额2047.27万元；设立贫困生奖、助学金14项，资助金额279.19万元，1689人次获资助；在校内设置勤工助学岗位1900多个，发放勤工助学款130多万元。完善毕业生就业服务体系，加强就业指导工作，截至9月1日，本科毕业生就业率达到90.37%，硕士研究生达到93%。

【竞赛活动】 学生参加各种学术科技和专业技能竞赛取得较好成绩：获全国大学生英语竞赛广西赛区比赛复赛特等奖2项、广西赛区一等奖11项；获“CCTV杯”全国英语演讲大赛全国决赛优胜奖1项、广西赛区复赛特等奖1项、三等奖3项；获全国大学生数学建模竞赛广西赛区二等奖4项、三等奖4项；获首届广西高校教育技术应用大赛一等奖1项、三等奖3项；获广西首届大学生电子设计竞赛一等奖3项、二等奖1项；获广西高校第七届化学化工类论文及设计竞赛一等奖3项、二等奖4项、三等奖1项。

【国际交流与合作】 留学生教育继续发展，与国外高校合作办学工作继续推进，在校攻读硕士、学士学位及国际合作项目的长期留学生达到550人；以“3+1”或“2+2”等形式与国外高校合作办学，在校修读本科学位的中外学生达600人。在泰国与宋卡王子大学合作共建孔子学院1所，于12月举行了揭牌仪式。派出参加国际交流的出访团组25批86人次，与22所国（境）外高校签署了交流协议，使与该校建立国际交流与合作关系的国（境）外高校和科研机构达140多所，分布于30多个国家和地区。学校是承担“国际汉语教师中国志愿者计划”培训任务的首批高校，2006年派出了第二、第三批共48名国际汉语教师志愿者分赴泰国和尼泊尔任教。全年接待来校进行学术、科技和文化教育交流的国（境）外代表团57个525人次。

【新校区建设】 2006年，雁山校区一期建设的文科组团项目有文科教学楼、文科行政楼、学生食堂、学生宿舍、道路等，总建筑面积约16万平方米，建设占地面积40多万平方米，投资近1.5亿元。各项目于9月5日破土动工，计划工期260天。在开展第一期项目建设的同时，进行了第二期建设用地68.6万平方米的申报征用工作，4月4日获得自治区人民政府的批复，4月30日划定了土地地界，年底完成了土地征收丈量及地类确定任务的90%。

【获奖情况】 学校继2005年被教育部确定为全国首批“依法治校示范校”之后，2006年被自治区依法治桂办公室、自治区司法厅、自治区教育厅确定为“广西依法治校示范校”。年末，被自治区党委宣传部、自治区环保局、自治区教育厅命名为“绿色大学”。王城校区被国家旅游局评为“4A景区”。科协工作、科技管理工作获全国先进称号，高等教育自学考试管理和助学工作、教学管理工作、社科联工作、港澳台工作、附属实验幼儿园均获自治区先进称号。

附：广西师范大学领导

党委书记：陈大克
校长、党委副书记：梁　宏
党委副书记：张　鹏（任至2006年10月）
　　林　娜
　　王源平（2006年10月起任）
副校长：蓝常周　刘健斌　钟瑞添
　　刘慕仁（任至2006年9月）　易　忠
　　白晓军（2006年9月起任）
　　贺祖斌（2006年10月起任）
电话：0773－5803405
地址：桂林市育才路15号
邮编：541004

撰稿：冯建和

广西医科大学

【概况】 2006年，广西医科大学占地面积37.94万平方米，建筑面积29.61万平方米，学生宿舍建筑面积56770平方米。截至2006年底，学校教学科研仪器设备总值22770.45万元，拥有教学用计算机1667台，多媒体教室和语音实验室座位9507个。馆藏书刊64.21万册，电子图书81.48万册。

2006年，学校有13个学院：基础医学院、公共卫生学院、成人教育学院、高等职业技术学院、继续教育学院、研究生学院、国际教育学院、药学院、护理学院、肿瘤医学院、口腔医学院、第一、二临床医学院；18个研究室、所：针麻基础研究室、临床免疫研究室、耳鼻喉科研究室、呼吸疾病研究所、血红蛋白病研究室、尘肺研究室、小儿呼吸道病毒性疾病研究室、血液病研究室、妇产科遗传病研究室、蛇伤研究室、灵长类研究室、泌尿外科研究所、呼吸复苏研究室、蛇毒研究所、心血管病研究所、脑血管病研究所、肿瘤防治研究所、医学科学实验中心。设有校办、纪委、组织人事统战部（处）、宣传部、教务处、研究生处（与研究生学院合署）、国际交流处（与国际教育学院合署）、工会、后勤处、审计处、财务处、保卫处、学工处、科研处、图书馆、老干处等行政机构。拥有 13 个本科专业，2 个专科专业，39 个硕士点，9 个博士点，1 个博士后流动站，7 个自治区级重点学科，2 个省级重点实验室。

2006 年，学校有教职工 1036 人，其中专任教师 560 名，具有研究生学位教师 335 人，博士生导师 64 人，教授 121 人，副教授 167 人，专职辅导员 19 人。

2006 年，学校有各类学生 13826 人，其中本科生 5065 人，硕士研究生 1520 人，博士研究生 135 人，在站博士后研究人员 8 人，留学生 317 人，在职攻读硕士学位研究生 69 人，专科生 1418 人，成人教育 5688 人。

【教育经费的收入与支出】 2006 年，广西医科大学教育经费总收入 21028.38 万元，比上年增加 2017.53 万元，增长 10.61%。其中财政拨款 5974.02 万元，比上年增加 308.11 万元，占总收入的 28.41%；教育事业费收入 8296 万元，比上年增长 19.62%。全年支出 21698.46 万元，比上年增长 21.08%。在总支出中人员经费支出 4393.83 万元，占总支出 20.08%；日常公用经费支出 10161.18 万元，占总支出 46.83%；对个人和家庭补助支出 2388.15 万元，占总支出 11%。2006 年末，学校拥有资产 55285.31 万元，比上年增加 9135.09 万元，增长 19.29%。其中货币资金 5128.29 万元，比年初增加 195.64 万元；固定资产 45875.35 万元，比上年初增长 10511.22 万元。

【法制工作】 2006 年，启动“五五”普法宣传教育工作，制定了《广西医科大学关于在师生员工中开展法制宣传教育的第五个五年规划》。开展治理商业贿赂专项工作，成立治理商业贿赂专项工作领导小组，制定《治理商业贿赂专项工作实施方案》，建立健全防治商业贿赂的长效机制。

【教学评估工作】 2006 年 11 月 9 日，召开本科教学工作水平评估动员大会。黄光武校长作迎评工作动员报告，校党委书记李国坚作重要讲话。学校与各二级学院、非直属附院、行政部处签订了评估责任状。自治区教育厅副厅长黄宇到会并作重要指示。

【教学工作】 2006 年，学校全面加强教学、教材和实验室管理。修订《广西医科大学本科教学工作三级管理评建要点》和一系列教材、实验室管理规定。加强七年制临床医学专业、医学检验专业等新办专业的建设与管理，提高教学管理水平。

2006 年，口腔医学、预防医学获“十一五”期间第二批广西高等学校优质专业（试点）；生理学、实验生理科学、生物化学、外科学总论、诊断学等五门课程获 2006 年度广西高等学校自治区级精品课程。参加 21 世纪第二届（2006 年）广西高等学校优秀教材评奖活动，《实验生理科学》（主编莫书荣）、《疼痛诊疗学》（主编谭冠先）、《〈希望英语〉综合教程、教师用书、学习卡》第四册（主编卢保江）获一等奖；《医学伦理学》（主编蔡建章）获二等奖；《病理学实习指导》（主编莫维光）、《人体解剖学学习指南》（主编郭灵）获三等奖。实验生理科学实验中心获第一批自治区级实验教学示范中心，公共卫生学院中心实验室获第一批自治区级实验教学示范建设中心。获全国第六届多媒体课件大赛一等奖 3 项、二等奖 2 项、优秀组织奖。获首届广西高校教育技术应用大赛特等奖 1 项、二等奖 3 项、优秀奖 3 项、优秀组织奖。开展广西医科大学首届教学名师奖评选活动，评选出校级名师 17 人。黎乐群、仇小强获 2006 年度广西高等学校教学名师奖。施焕中教授首批广西高校人才小高地创新团队“八桂学者”称号。

【科研工作】 2006 年，学校获资助项目 113 项，获资助经费 744 万。其中获国家自然科学基金资助项目 16 项，教育部博士点项目 1 项。

2006 年，共组织科研成果鉴定 29 项，推荐申报广西科技进步奖 38 项。获广西科学技术特别贡献奖 1 项，是校长黄光武教授等人员主持完成的“广西常见头颈部恶性肿瘤的基础与临床研究”，这是广西高校、广西医疗卫生系统至今唯一获得的广西科学技术特别贡献奖。获广西科技进步奖二等奖 4 项，三等奖 6 项。

【人事工作】 2006 年，学校面向全国招聘高层次人才，共接收高校毕业生 35 人（其中博士 13 人、硕士 18 人、本科 4 人）。重新修订了《引进博士协议书》《申请在职攻读国家计划定向、委培博士学位协议书》《申请在职攻读国家计划定向、委培硕士学位协议书》《公派出国留学协议书》[委培（引进）博士服务期未满人员公派出国留学使用]、《自费出国留学协议书》[委培（引进）博士服务期未满人员自费出国留学使用]、《自费出国留学协议书》（一般职工使用）、《高校毕业生新到职工协议书》等七个协议书。

根据桂政发〔2006〕50号文件精神，进行全校职工工资制度改革实施工作，认真细致地做好工资套改工作。

2006年，共组织培训教师250人，经考试全部合格并获结业证书。有52名符合条件的获得高校教师资格。学校评审、推荐专业技术资格人员共175人（其中，正高级45人、副高级109人、中级9人、初级12人）。

【研究生教育与学科建设】 2006年，学校硕博招生634人。内科学、外科学、流行病与卫生统计学获得博士学位授予权。加上以前获得的儿科学、人体解剖与组织胚胎学、药理学、病理学与病理生理学、肿瘤学、耳鼻咽喉科学博士点共有9个博士点。上岗博士生导师64人，上岗硕士生导师410人。遴选了一批非直属附院和外单位的专家为硕士生导师。

【国际交流与合作】 2006年，共有来自英国、美国、日本、俄罗斯8个代表团64人到学校进行学术交流活动；招收本科全英班留学生46人，汉语教学本科留学生班37人，汉语语言学习留学生57人。共有34批62人次到21个国家和地区出国留学、参加学术会议及学术交流。聘请了7名外籍教师。组织、指导、协助教职工申请2005—2006年度国家留学基金委出国留学和广西财政资助出国留学人员，获“国家西部项目出国留学”基金3人；获“广西财政资助出国留学”基金7人。

【学生工作】 2006年，在学生中发展入党积极分子365人，党员42人。学生党员数占学生总数的13.3%。学生分党校共举办了1期入党积极分子培训班，1503人报名参加学习。各级团组织向党组织推荐了764名优秀团员作为发展对象。

多项措施并举，扶贫扶志扶学，继续建立和完善了“奖、贷、勤、减、缓、补”、“绿色通道”、思想学习追踪等多项资助措施和工作体系，积极主动做好贫困生资助工作。

通过举办系列讲座、报告会、学生干部会、党员会、评优创先的形式加强毕业生离校教育，发出倡议号召全体毕业生文明离校。1011名2006届毕业生按时、顺利、文明离校。

初步构建“年龄老中青均衡、岗位专兼职结合、职称高中低匹配、背景理工文医组合”专职学工干部队，建立工作业绩和发展计划档案，完善规范化考核办法，建立严进宽出的培养和使用机制。

附：广西医科大学领导

党委书记：刘唐威（2006年9月免职）
　　　　　李国坚（2006年9月任职）
校长：黄光武
党委副书记：李民胜（2007年8月免职）
　　　　　　罗国容
党委副书记、纪委书记：莫诗浦
副校长：刘华钢　夏　宁
　　　　叶德明（2006年11月任职）
　　　　黄　慧（2006年9月任职）
　　　　仇小强（2006年9月免职）
　　　　王昌辉（2007年4月免职）

电话：0771-5352512
地址：南宁市双拥路22号
邮编：530021

撰稿：秦耀武

广西民族大学

【概况】 2006年，广西民族大学东校区占地面积71.98万平方米，西校区占地面积60.3万平方米，合计建筑面积36.88万平方米。其中，教学行政用房面积14.08万平方米，学生宿舍面积12.3万平方米，运动场地4.45万平方米，绿化用地26.82万平方米。学校教学科研仪器设备总值7862.86万元，拥有教学科研用计算机 3524 台，语音实验室座位 1000 个，多媒体教室座位数 10635 个。馆藏一般图书 116.19 万册，电子图书 98.14 万种。学校有教职工 1228 人，其中专任教师 718 人，硕士研究生导师 177 人，正高职称 120 人，副高职称 278 人，博士学位 60 人，硕士学位 266 人，专职辅导员 11 人。

2006 年，学校设有政法学院、管理学院、商学院、文学院、外国语学院、民族学与社会学学院、数学与计算机科学学院、物理与电子工程学院、化学与生态工程学院、体育与健康科学学院、艺术学院、国际教育学院、继续教育学院、相思湖学院、人民武装学院、预科教育学院等 16 个学院，28 个研究所（中心），设有监察室、党委办公室、组织部、宣传部、学生工作部（处）、离退休人员工作处、校长办公室、教务处、科研处、发展规划处、研究生工作处、人事处、财务处、审计处、保卫处、国际交流处、设备实验管理处、基建管理处、后勤管理处、校办产业管理办公室等机构。拥有社会科学、人文科学、商学、理学、工学 5 个学科的 50 个本科专业，40 个硕士点，2 个省部级重点学科，1 个省级重点实验室，1 个国家级本科人才培养基地。国家汉语水平考试（HSK）定点单位。

2006 年，学校有各类在校生 26705 人，其中硕士研究生 719 人，研究生班 580 人，本科生 12281 人，专科（高职）生 1318 人，预科生 1010 人，留学生 540 人，成人高等学历教育学生 10257 人。

2006 年，学校以实施“十一五”规划、申报博士点准备工作和西校区建设工作为重点，积极推进教育教学改革，提高教育质量，增强自主创新能力，促进学校各方面工作上新台阶。2006 年 1 月，自治区第十届人民代表大会第四次会议通过的《广西壮族自治区国民经济和社会发展第十一个五年规划纲要》中，明确提出重点建设省部共建的广西民族大学。2006 年 2 月，学校再次荣获“自治区民族团结先进集体”称号。

2006 年 2 月 14 日，教育部批准学校更名为广西民族大学；5 月 18 日，学校举行广西民族学院更名广西民族大学揭牌暨建校 54 周年庆典大会，自治区主席陆兵等领导亲临祝贺。

【教育经费的收入与支出】 2006 年，广西民族大学教育经费总收入 16013.90 万元，比上年增加 1537.03 万元，增长 10.62%。其中财政拨款 7437.38 万元，比上年增加 980.03 万元，占总收入的 46.44%；教育事业费收入 8349.15 万元，比上年增长 6.74%。全年支出 16077.39 万元，比上年增长 14.79%。在总支出中，人员经费支出 5301.98 万元，占总支出的 32.98%；日常公用经费支出 7170.18 万元，占总支出的 44.60%；对个人和家庭补助支出 3096.21 万元，占总支出 19.26%。2006 年末，学校拥有资产 67397.52 万元，比上年增加 26971.97 万元，增长 66.72%。其中货币资金 7154.42 万元，比年初增加 3677.52 万元；固定资产 25991.48 万元，比年初增加 4556.94 万元。

附：广西民族大学领导

党委书记：梁　颖
校长、党委副书记：何龙群
党委副书记：杨再延　唐耀华
副校长：韦茂繁　容本镇　贺争平　袁鼎生
电话：0771－3260212
东校区地址：南宁市大学东路 188 号
西校区地址：南宁市大学西路 158 号
邮编：530006

撰稿：陈积光

桂林电子科技大学

【概况】 2006 年，桂林电子科技大学占地面积 183.71 万平方米，校舍建筑面积 61.36 万平方米，教学行政用房面积 26.65 万平方米，学生宿舍面积 15.48 万平方米，分为西校区、东校区和尧山校区。截止 2006 年，学校教学科研仪器设备总值 12557 万元，拥有教学用计算机 4240 台，多媒体教室和语音实验室座位 8469 个，图书 136.52 万册，美国 IEL 等中外文电子文献数据库 34 个，中外文期刊 1788

种，中外文电子期刊15314种。学校有教职工1413人，其中专任教师902人，具有博士、硕士学位教师599人，博士生指导教师14人，教授90人，副教授211人，有享受国务院特殊津贴教师34人，专职辅导员49人。

2006年，桂林电子科技大学有15个教学单位，18个校属研究所，设有党委办公室、校长办公室、组织部、宣传部、纪委办公室、审计处、工会、教务处、人事处、科技处、招生就业处、国际合作处、发展规划处（学科建设办公室）、学生工作部（处）、武装部、团委、财务处、保卫处、国有资产管理处、基建处、后勤处、离退休工作处、尧山校区管理委员会办公室、图书馆、网络中心、现代教育中心、体育部、教学实践部、研究生部、校医院等行政机构。拥有39个本科专业，34个硕士点，有1个联合培养博士点，7个部级重点学科，5个广西高校重点学科。1个广西科技创新金源单位，1个广西区重点实验室，5个广西高校重点实验室，2个广西工程技术研究中心。

2006年，学校有各类学生18236人，其中本科生13919人，硕士研究生1095人，联合培养博士研究生9人，留学生27人，在职攻读硕士学位研究生442人，成人教育2744人。

【教育经费的收入与支出】 2006年，桂林电子科技大学教育经费总收入21709.32万元，比上年增加296.13万元，增长1.38%。其中财政拨款6546.47万元，比上年减少582.26万元，占总收入的30.16%；教育事业费收入13300万元，比上年增长5.11%。全年支出22409.32万元，比上年减少4.4%。在总支出人员经费支出6704.89万元，占总支出的29.92%；日常公用经费支出7917.69万元，占总支出的35.33%；对个人和家庭补助支出2913.26万元，占总支出的13%。2006年末，学校拥有资产67706.78万元，比上年增加6412.66万元，增长10.46%。其中货币资金6908.53万元，比年初增加4581.47万元；固定资产42167.97万元，比上年初增长2764.25万元。

【更名大学工作】 2006年2月，经国家教育部下文批准，桂林电子工业学院更名为桂林电子科技大学，并于6月6日举行了更名庆典活动。

【尧山校区建设】 2006年，尧山校区建设项目列入了自治区层面统筹推进的重大项目。目前，尧山校区一期工程约12万平方米建筑及净水厂等配套工程已投入使用，入住学生约3400人。其他各项工程的建设正稳步推进。

【教学工作】 2006年，新增6门自治区级精品课程，区级精品课程达到10门。7个专业被评为区级优质专业，13个专业被评为“十一五”期间首批校级优质专业。20个项目获广西高等教育教学改革工程“十一五”第二批立项，13个项目获广西教育科学“十一五”规划课题资助，其中获广西资助经费重点课题3项。1个实验教学中心被评为自治区级实验教学示范中心，1个实验中心被评为自治区级实验教学示范建设中心。2部教材入选教育部“普通高等教育‘十一五’国家级教材规划”。14部教材获自治区组织评审的21世纪第二届广西高等学校优秀教材奖励，其中一等奖5部，二等奖5部，三等奖4部。加强了网上教学信息化建设，除了学生网上评教，还开通了网上教师评学、网上辅导答疑查询等项新功能，网上教学资源库教学课件增至352门。

【学科建设和研究生工作】 2006年，学校学位点以较好成绩通过了国务院学位办委托自治区学位办进行的评估。新增2个工程硕士招生领域。获自治区财政资助的2006年研究生创新计划项目24项，获广西学位与研究生教育改革专项课题2项。对研究生教育管理制度进行创新，将研究生的学制改为2—5年弹性学制。

【科研工作】 2006年，学校首次获得国家社科基金项目，1件作品获世界包装组织（WPO）举办的“世界之星”包装设计奖，为国内高校唯一获奖项目。5个项目获得国家自然科学基金项目资助，其中重点项目1项。获得广西自然科学基金等省级科研项目29项。5个国防科研项目通过了由总装备部、中电集团的验收。获自治区科技进步奖2项，获广西计算机推广应用成果奖2项、桂林市科技进步奖2项。获专利授权10项，其中发明专利4项。受国家发改委的委托研制开发的《国家行政事业性收费统计系统》完成开发工作，该系统已经在全国各省、市、区范围内正式推广使用。继成为桂林市信息产业人才小高地之后，又成为广西高校人才小高地的载体单位。承办了ICCT2006第十届国际通信会议、第七届全国固态相变与凝固及其应用学术会议等国内外学术会议。获得“‘十五’期间广西高等学校科研管理先进集体”荣誉称号。

【师资队伍建设】 2006年，学校在国内重点大学兼职的博士生导师人数增至14人。2人获首届广西高校教学名师荣誉称号，1人获第八届广西青年科技奖，1人入选教育部“新世纪优秀人才支持计划”，

1人入选广西“新世纪十百千人才工程”第二层次人选，2人入选“广西高校百名中青年学科带头人资助计划”，1人荣获“广西留学回国人员先进个人”。

【学生科技活动】 2006年，学校发挥全国青联创新示范基地——大学生创新实践基地的示范带动作用，建设10个院系级创新实践基地；进一步完善了学分制，为学生开展创新实践创造条件。获教育部和中国工业与应用数学学会主办的全国大学生数学建模比赛全国一等奖1个，二等奖4个，同时甲组成绩广西赛区排名第一；获教育部高教司举办的全国大学生机械创新设计大赛全国一等奖1个，广西一等奖1个，二等奖4个，三等奖1个；获中国管理软件领导厂商用友软件股份有限公司、中国高等教育协会主办的第二届全国大学生ERP沙盘对抗赛二等奖；获科技部火炬高技术产业开发中心、国家科技风险开发事业中心和宁波市政府联合举办的宁波科技创业计划大赛新苗奖；获无锡市政府和江南大学共同主办的全国大学生主题设计大赛杰出应用设计奖1个，评审特别奖1个，优秀设计奖3个；获高等学校大学外语教学指导委员会、高等学校大学外语教学研究会联合主办，英语辅导报社承办全国大学生英语竞赛广西区特等奖2个，一等奖3个。

【国际交流与合作】 2006年，学校先后接待欧美、澳洲、东盟等国的来访团体共54个近300人次，与国外大学签署校际合作协议新增9个，使校际合作协议数达到25个，中外合作办学项目已经招收近260多名学生。派出留学教师及学生共80多名。

【获奖情况】 2006年，学校获广西教育系统信息工作先进单位、国家助学贷款工作先进、全区高等学校后勤社会化改革先进集体、自治区“帮助攻坚、资助贫困特别贡献奖”、广西区高校“安全文明校园”“城市节约用水管理工作先进单位”“桂林市职业道德建设十佳单位”等荣誉称号。

附：桂林电子科技大学领导

党委书记：唐贵伍
校长、党委副书记：周怀营
党委副书记：李纷平　梁丁丁
副校长：肖岳峰　古天龙　李思敏
电话：0773－5601358
地址：桂林市金鸡路1号
邮编：541004

撰稿：黎　昕

桂林工学院

【概况】 2006年，桂林工学院占地面积114万平方米，建筑面积45.7万平方米，运动场地9.3万平方米，绿化用地16.3万平方米。截至2006年，学院教学仪器设备总值9900万元，拥有教学用计算机4106台，语音实验室座位1148个。馆藏书刊106.2万册。

学院拥有屏风、雁山和南宁两个校区。2006年，设有资源与环境工程系、土木工程系、材料与化学工程系、电子与计算机系、外语系、艺术设计系、数理系、人文社会科学系、民族基础教学部、体育教学部等10个系（部），管理学院、旅游学院、成人教育学院、高等职业技术学院、应用技术学院、国际教育学院等6个二级学院和独立学院博文管理学院，设有党委办公室、院长办公室、党委组织部、党委宣传部、纪委、党委统战部、学生工作部、武装部、发展规划处、人事处、教务处、学生工作处、科技处、研究生部、监察室、审计室、财务处、保卫处、招生就业处、国际交流处、综合管理处、基建处等党政部门以及工会、团委等群团组织。学院有35个硕士点、49个本科专业，32个专科专业，有地质工程、勘查技术与工程、材料学、环境工程等4个省部级重点学科，地质工程中心、环境工程中心、材料工程中心、建筑工程检测与实验中心等4个省部级重点实验室和“有色金属材料及加工新技术”教育部重点实验室。学院拥有一支结构较为合理的高素质师资队伍，在890多名专任教师中，有博士生导师17人，教授101人，副教授305人，有博士106人，硕士376人。学院有各类在校学生

24902人，其中本科生10804人，硕士研究生980人，高职、高专学生4290人，成人教育学生8773人。

【教育经费的收入与支出】 2006年，桂林工学院教育经费总收入19026.69万元（院本部，不含南宁分院），比上年增加1675.22万元，增加9.65%。其中财政拨款7598万元，比上年增加926万元，占总收入的40；教育事业费收入7705万元，比上年减少6%。全年支出18787.98万元，比上年增加13%。在总支出中人员经费支出6107.53万元，占总支出33%；日常公用经费支出3776.65万元，占总支出21%；对个人和家庭补助支出3066.87万元，占总支出16.33%。2006年末，学院拥有资产46105.51万元，比上年增加11726.9万元，增加34.11%；其中货币资金2306.84万元，比年初增加132.08万元；固定资产24203.83万元，比上年年初减少39.83万元。

【教学质量和教学改革】 2006年，学院有10个本科专业入选自治区级首批优质专业，入选数量排位全区高校第一；"基础地质学"获得2006年国家级精品课程，成为自治区唯一的国家级本科精品课程；8种教材获得国家"十一五"规划教材立项，数量名列广西高校第二；多媒体课件在国家级大赛中取得突破，获一等奖1项，二等奖2项；全年获得国家教育科学规划课题1项，广西区教育科学规划课题17项，广西区新世纪教改工程项目19项，是历年获得教育科学和教改项目数量最多的一年；在广西区第二届高等学校优秀教材评奖中获一等奖3项、二等奖6项、三等奖5项，为学院历年来获得省部级优秀教材奖励最多的一次；组织"应用物理学"等5个新增本科专业的申报工作，全部通过教育部的审批；组织5门课程申报自治区级精品课程，有4门课程入选。在2006年大学生数学建模比赛中，学院17个数模竞赛小组获全国一等奖2项、二等奖3项，广西赛区一等奖5项，二等奖7项，三等奖5项，获奖比例及等级位居广西各高校首位。另外，学院组织进行了第二轮本科专业排行评估，全院平均分由2005年的61.8分提高到70.8分；学院修订和完善了44个本科专业的教学计划，完成了1560门课程教学大纲的制（修）订工作，完成了"外语教学实验中心"的建设工作，启动了"电工电子实验中心"、"金工实习实验中心"两个教学实验中心的建设，"力学实验教学中心"获自治区级"实验教学示范中心"。

【科研工作】 2006年，新增国家级项目12项，其中国家自然科学基金项目7项，国防科工委项目1项，国家社科项目1项，教育部项目2项，国家基础研究平台项目1项，使在研国家级项目达26项。新增广西自然科学基金项目27项，广西科学研究与技术开发项目15项，广西教育厅项目46项，企事业单位委托项目200多项，科研项目总经费达到3500多万元。另外，2006年获得广西科技进步二等奖1项，三等奖1项，广西哲学社会科学"十五"规划研究课题优秀成果三等奖1项，广西社会科学研究优秀成果二等奖1项、三等奖1项，广西计算机推广应用优秀成果三等奖1项等多项科技奖励。全年共发表论文700多篇，其中被SCI/EI/ISTP收录96篇，出版专著14部；全年获得专利授权16项，申请专利17项，位居广西企事业单位专利申请第二名；有色金属及材料加工新技术教育部重点实验室以良好的成绩通过了教育部专家组的评估，已正式挂牌运行；自治区重点实验室的建设取得了关键性进展，除已获批准的"新材料及其制备新技术"重点实验室外，"地质工程中心实验室"、"建筑工程检测与试验实验室"、"环境工程与保护评价实验室"等3个重点实验室新获得批准为自治区重点实验室。

【人才队伍建设】 2006年，学院修订并出台了《桂林工学院拔尖人才特殊津贴暂行办法》《桂林工学院引进与接收教师工作实施办法》《桂林工学院教师、教辅人员进修管理办法》《桂林工学院人才待遇发放细则》《桂林工学院人事代理管理办法》《桂林工学院出国留学人员管理暂行办法》等十余份文件，通过制度的建立和完善，使人事管理适应了学院发展的新需要，推进了人事管理的规范化和科学化。2006年，学院新增教职工66人，其中引进正高职称5人，博士10人，硕士43人；全年共有11人通过正高职称评审，27人通过副高职称评审，并先后选送了146名教师到校外进修培训，为学院申报更名大学和申报博士学位授予权和学院的建设发展提供了良好的人才储备。

【学生工作】 2006年，学院规范了学生日常管理，加大宣传教育力度，进一步推进学风建设。完善了经济困难学生的资助政策和措施，全年共有1312名家庭困难学生获得国家助学贷款，合同金额为1802.79万元；学院为850名同学安排了校内勤工助学固定岗位，157个校外内勤工助学固定岗位，经济困难学生均受到不同程度的资助。学院加强就业指导力度，努力拓宽就业渠道，加强在需求信息、就业技巧和就业观念等方面的指导，引导毕业生树立正确的择业观念，调整就业期望值，促进毕业生充分就业。学院2006届毕业生初次就业率研究生为95.7%、本科生92.6%、专科生94.7%，全院初次平均就业率为93.15%，实现了毕业生就业率达到90%的目标，被评为2006年度全区高校毕业生就业工作先进集体。

【雁山新校区建设】 2006年，组织完成了雁山新校区总体规划，完成了新校区一期建设用地1004亩征地拆迁工作，约10万平方米的第一批建筑以及道路管网等项目设计全面完成，新校区2栋教学楼、1栋学生食堂和5栋学生公寓正式进场施工，以上项目按计划均可于2007年秋季投入使用。

【50周年校庆】 2006年11月11日，顺利成功举办了建校五十周年系列庆祝活动，500余名嘉宾、1500余名校友和13000余名师生参加庆典大会。教育部、自治区党委书记刘奇葆、自治区人民政府主席陆兵等纷纷发来贺信祝贺；有色金属工业协会会长康义和自治区领导彭祖意、袁凤兰、吴恒、梁裕宁以及教育部有关司局、自治区有关厅局、地市、高校、企事业单位领导出席了庆典。学校共收到捐赠人民币500多万元，共收到物品折合人民币200多万元。

附：桂林工学院领导

党委书记：黎志逘

院长、党委副书记：赵艳林

党委副书记：张学洪　赵　君

副院长：李祥清　周德俭　阮百尧　肖明贵

电话：0773－5896079

地址：桂林市建干路12号

邮编：541004

撰稿：唐壮东

广西师范学院

【概况】 2006年，广西师范学院占地面积32.5834万平方米，教学行政用房面积12.088万平方米，学生宿舍面积8.24万平方米，运动场地4.654万平方米，绿化用地10.6672万平方米。截至2006年底，学校教学科研仪器设备总值4809.79万多元，拥有教学用计算机2436台，语音实验室座位1070个，馆藏书刊100万册。

2006年，学院有明秀、长堽两个校区，设有14个直属教学系（院），2个公共教学机构，27个科学研究机构，设有党委办公室、组织部、纪委监察室、宣传部、学工部（处）、工会、院长办公室、长岗校区综合办、人事处、离退处、教务处、研究生处、科技处、财务处、后勤管理中心、基建处、保卫处、招生就业处、成人教育学院、审计室、国际交流办、图书馆、学报编辑部等23个行政机构，并拥有《广西师范学院学报（哲学版）》、《广西师范学院学报（自然科学版）》2种定期出版刊物。学院设置有39个本科专业，5个专科专业，31个硕士点，广西高校重点建设学科1个，广西高校重点建设实验室2个，自治区科技创新金源单位1个。

2006年，广西师范学院有各类学生22147人，其中本科生11069人，硕士研究生465人，留学生101人，在职攻读硕士学位研究生810人，专科生395人，成人教育学生9307人。学院现有教职工1187人，其中专任教师629名，具有研究生学位教师266人，教授49人，副教授159人，讲师206人，专职辅导员23人。

【教育经费的收入与支出】 2006年，广西师范学院教育经费总收入12307.12万元，比上年增加393.84万元，增长3.31%。其中财政拨款6843.95万元，比上年增加387.47万元，占总收入的55.61%；教育事业费收入5395.86万元，比上年增加137.9万元，增长2.62%。全年支出12789.11万元，比上年增加900.87万元，比上年增长7.58%。其中人员经费支出4644.16万元，占总支出36.31%；日常公用经费支出3590.13万元，占总支出28.07%；对个人和家庭补助支出3323.88万元，占总支出的25.99%。2006年末，广西师范学院拥有资产28873.54万元，比上年增加2038.64万元，增长7.60%。其中货币资金2756.22万元，比年初减少 314.04 万元；固定资产 19083.04 万元，比年初增加 684.08 万元。

【教学工作】 2006 年，学院汉语言文学、思想政治教育、英语、教育学、数学与应用数学、化学、地理科学、地理信息系统、土地资源管理等 9 个专业被认定为“十一五”期间第二批广西高等学校优质专业（试点）；广告学、国际经济与贸易、物流管理 3 个本科专业获得教育部批准设置，汉语言文学专业获得了第二学士学位授予权；思想政治教育学原理、自然地理学、土地利用规划学和旅游资源与开发等 4 门课程被评为广西壮族自治区 2006 年度精品课程，并被确立为新世纪广西高等教育教学改革工程“十一五”精品课程改革与建设项目；基础化学实验室获准成为广西实验教学实验建设示范中心；在第二届“广西高等学校优秀教材评奖活动”中，学院获得一等奖 2 部、二等奖 4 部、三等奖 4 部的好成绩；有 3 项课题获全国教育科学“十一五”规划 2006 年度教育部规划课题，23 个项目获广西教育科学“十一五”规划 2006 年度立项课题和教师教育研究会指定课题，17 个项目获新世纪广西高等教育教学改革工程“十一五”第二批立项。

【获奖情况】 2006 年，学院开展现代教育技术培训，进一步提高学院教师运用现代教育技术的能力和水平。在第六届全国多媒体课件大赛中，获得一等奖 1 名、二等奖 2 名、优秀奖 5 名及组织奖的优异成绩；在首届广西高校教育技术应用大赛中，学院选送的 6 件作品分获二等奖 1 名，三等奖 1 名，优秀奖 1 名。同时，加强对大学生创新学科竞赛的管理与指导，精心组织各类学科竞赛。2006 年，学院学生在全国大学生英语竞赛中获特等奖 2 项；在全国大学生 CCTV 杯英语演讲大赛中，获广西赛区个人二等奖 1 项，集体三等奖 1 项；在全国大学生数学建模竞赛中，获得全国二等奖 1 名，广西赛区一等奖 1 名，二等奖 4 名，三等奖 7 名；在广西大学生化学化工类论文及设计竞赛中获一等奖 2 名，二等奖 1 名，三等奖 3 名。

【学位点建设工作】 2006 年，自治区教育厅组织专家组对学院学位点学科进行评估、检查和验收。文艺学、地图学与地理信息系统两个硕士学位授权点评估合格；2004 年启动建设的土地资源管理、区域经济学、计算机应用技术、课程与教学论、教育技术学、比较文学与世界文学、高分子化学与物理等 7 个学位点通过验收；2005 年启动建设的应用化学、应用数学、自然地理学、中国现当代文学、教育硕士专业等 5 个学位点通过中期检查。

【学位与研究生教育工作】 2006 年，学院召开了第一次学位与研究生教育工作会议。会议对学位与研究生教育工作进行了全面回顾，明确了今后学位与研究生教育的目标定位和改革发展思路。

2006 年，自治区学位委员会、自治区教育厅进行了首次研究生教育创新计划项目的申报与立项，学院获得 14 项广西研究生教育创新计划项目，其中硕士研究生科研创新项目 8 项，学位与研究生教育改革和发展专项课题研究项目 5 项（其中自治区学位委员会委托课题 1 项、重大课题 1 项、重要课题 1 项、一般课题 2 项），研究生学术论坛 1 项，共获得资助经费 25.5 万元。

在 2006 年自治区教育厅的评选中，学院有 6 位研究生被评为“2006 年度自治区高校优秀研究生”；化学系廖正福教授指导的 2003 级有机化学专业研究生罗伟昂撰写的硕士学位论文《聚对苯二甲酸丙二醇酯的光谱特性、结晶动力学及共混改性研究》，被评为“2006 年全区优秀硕士学位论文”。

【科研工作】 2006 年，学院在科研立项方面，共获批准立项 161 项，获资助总经费 492 万元。其中，获纵向国家级项目 3 项、省部级项目 20 项、厅级和院级项目 118 项，获资助经费 300 万元；获横向课题 20 项，资助经费 192 万元。于瑮院长、教授主持的“中越边境地区民族文化多样性与和谐社会构建研究”和黄志强教授主持的“广西喀斯特区农地石漠化预警、农业重建与可持续发展研究”获国家社科基金立项，分获资助 8 万元；廖赤眉教授主持的“基于 SOTER 数据库的广西石漠化的胁迫阈值与综合评估研究”获国家自然科学基金立项，获资助 25 万元。全院教职工在省级以上刊物发表的论文 680 多篇，其中 SCI 收录论文 10 篇、EI 收录论文 11 篇、ISTP 收录论文 5 篇；出版著作和教材共 51 部。在科研成果奖励和成果鉴定方面，作为第一完成单位共获广西科技进步奖三等奖 2 项、广西社科研究优秀成果奖 10 项（包括一等奖 1 项、二等奖 2 项、三等奖 7 项）、广西哲学社会科学“十五”规划研究课题优秀成果二等奖 1 项。在成果鉴定方面，我院组织申请鉴定的 3 项科研成果中，有 2 项被鉴定为国际领先水平，1 项被鉴定为国内先进水平。学院共开设面向学生的学术报告 121 场，邀请 20 多位国内知名专家学者前来作学术报告，累计有 1 万余人次参加。先后承办和协办“2006 年全国土地资源战略与区域协调发展研讨会”“中国高等教育学会师范教育分会2006年学术年会”等4场全国性重大学术会议。组织百余名师生到南宁市望州南社区参加2006年全国科普日活动暨南宁市“十月科普大行动”启动仪式，开展以“科学·节约·和谐发展”为主题的系列科普服务活动，深受社区群众的欢迎和好评。8月，学院被自治区党委宣传部、广西高校工委联合确定为“广西马克思主义理论研究和建设工程研究基地”，成为全区首批被确定为基地的三所高校之一。

【学生工作】 2006年，学院先后被评为广西高校大学生“党在我心中”主题实践活动优秀组织单位、全区“希望工程爱心圆梦大学”行动先进单位和全区增强共青团员意识主题教育活动先进单位，荣获自治区“五四红旗团委”和广西国际博览事务局、共青团广西区委、广西区教育厅联合授予的“三会”志愿服务先进集体称号。

2006年，学院团委积极开展“五四红旗团委”创建工作，开展贫困生帮扶“希望工程爱心圆梦大学”行动；深入开展系列主题教育活动，加强学生思想政治教育；积极组织学生志愿者们参加“三会一节”服务；以大学生暑期“三下乡”社会实践活动为主，结合平时开展的“和谐成长路，实践万人行”主题社会实践活动，大力推进大学生社会实践活动建设。

【招生就业工作】 2006年，学院普通本科（二本）录取新生2577人，其中区内录取新生2013人，区外21个省录取新生564人。另外，招收民族预科生68人。

2006年，学院共有本科、专科毕业生1584名，其中本科毕业生1537名，小教大专毕业生47名。截止9月28日，本科毕业生已就业人数为1396名，就业率为90.8%；大专毕业生已就业43名，就业率91.5%，并取得了本科就业率位居全区第二的好成绩。

附：广西师范学院领导

党委书记：钟海青
党委副书记、院长：于瑮
党委副书记：蒙南生　傅真放
副院长：黄少琴　黄初升
电话：0771-3908690　0771-3127591（传真）
地址：广西壮族自治区南宁市明秀东路175号（明秀校区）
广西壮族自治区南宁市燕子岭路4号（长堽校区）
邮编：530001（明秀校区）　530023（长堽校区）

撰稿：龙学禧

广西艺术学院

【概况】 2006年，广西艺术学院占地面积10.74万平方米，教学行政用房面积7.7967万平方米，学生宿舍面积2.2336万平方米。截至2006年底，学校教学科研仪器设备总值3029.4万元，拥有教学用计算机821台，多媒体教室和语音实验室座位2158个，图书36.28万册。

2006年，广西艺术学院设有美术学院、设计学院、桂林中国画学院、音乐学院、音乐教育学院、舞蹈系、艺术文化系、成人教育学院8个专业学院（系）和1所附属中等艺术学校，此外还在桂林设有桂林校区；1个民族艺术研究所，设有党委办公室（院长办公室）（合署办公）、纪律检查委员会、组织部（人事处）（合署办公）、宣传部（学生工作处）（合署办公）、统战部、武装部（保卫处）（合署办公）、教务处、研究生处、科研创作处、监察处、审计处、财务处、招生办、离退休人员工作处、艺术创作实践中心、后勤中心等行政机构（全面罗列）。拥有12个本科专业，具有音乐学、美术学、设计艺术学3个硕士点。

2006年，广西艺术学院学校有教职工632人，其中专任教师401人，具有研究生学位以上教师109人，教授32人，副教授99人，专职辅导员16人。有各类学生5652人，其中普通全日制本科生3345人，硕士研究生197人，普通全日制专科生127人，成人教育学生1214人，附属中等艺术学校学生769人。

【教育经费的收入与支出】 2006年，广西艺术学院教育经费总收入7188.76万元，比上年增加868.47万元，增长13.74%。其中财政拨款2879.12万元，比上年增加473.08万元，占总收入的40.05%；教育事业费收入4023.4万元，比上年增长9.02%；全年支出8280.18万元，比上年增长19.59%。在总支出中人员经费支出2881.15万元，占总支出34.79%；日常公用经费支出2327.21万元，占总支出28.10%；对个人和家庭补助支出1260.29万元，占总支出15.22%。2006年末，广西艺术学院拥有资产16787.04万元，比上年增加3455.54万元，增长25.92%。其中货币资金1887.86万元，比年初增加240.19万元，固定资产11145.81万元，比上年初增长2444.27万元。

【教学评估工作】 2006年12月18日至22日，教育部专家组对学院本科教学工作进行了实地考查与评估，从六个方面给予了充分肯定，认为学院办学指导思想明确，思路清晰、定位准确；师资队伍建设措施得力，发展态势良好；加大教学投入，办学条件显著改善；不断深化教学改革，积极探索多样化人才培养模式；教学管理制度健全，严格规范管理，建立了较为完善的质量监控保障体系；坚持育人为本，把师德建设贯穿教学全过程，以教风促进学风，形成优良的育人环境。

【教学工作】 加强教学基本建设。2006年，广告学和绘画两个专业被评为“十一五”期间第二批广西高等学校优质专业，《黑白木刻》《作曲》《基础图案设计》《音乐教育学》4门课程被评为2006年度自治区精品课程，并同时被确定为新世纪广西高等教育教学改革工程“十一五”精品课程改革与建设项目。加强教材建设与管理，制定了《广西艺术学院“十一五”教材建设规划》《广西艺术学院关于教材订购暂行规定》等文件。7位教师编撰的教材获得21世纪第二届（2006年）广西高等学校优秀教材奖，其中一等奖一个、二等奖三个、三等奖三个。《艺术美学》被评为普通高等教育“十一五”国家级规划教材。

狠抓教学管理工作。一是抓好教师教学工作的规范化管理和新进教师的教学指导工作。二是加强考试环节的规范管理及监督检查工作。三是加强学风、教风建设，狠抓教学纪律管理工作；制定了《关于加强课堂教学纪律管理的有关规定》等文件，实行学院及二级院系两级督察，巡查教学情况，组建了老干部教学纪律督察组，对全院各教学区的课堂纪律进行全面检查。四是进一步完善教学质量保障体系，加强教学质量的监控。五是建立和完善网络教学平台及综合教务管理系统，提高课程建设效率和管理水平。六是加强毕业论文（设计）的管理与指导，切实提高学生的综合素质和创新能力。

加强和改进实践教学。一是构建完整的实践教学体系，形成了由基础实践、专业实践、综合实践三大教学模块组成的立体化实践教学体系。二是以学生社团为载体，大学生校园文化艺术节为平台，全国各类专业比赛为契机，着力提高学生的专业素质；以大学生“三下乡”和各类社会实践活动为途径，大力提高学生的综合素质。三是加大校外实习基地建设的力度，制定了《广西艺术学院校外实习基地管理规定》和《广西艺术学院实践教学管理规定》等文件，进一步规范实践教学。

积极推广多媒体教学技术的运用。2006年，开展了教学软件大赛，评出20项院级优秀教学软件。在教育部主办的全国多媒体教育软件大赛中，作品山水画写生获三等奖，视唱练耳教学网、计算机音乐教学网获优秀奖。

重点学科建设取得重要突破。音乐学、美术学、设计艺术学三门学科被自治区教育厅批准为广西区高校重点建设学科。

【学位与研究生工作】 2006年，成立了学位授权点学科建设领导小组，制定了《学位授权点学科建设任务书》，全面启动学位授权点学科建设工作。加强对中国少数民族艺术、传播学、舞蹈学、艺术硕士4个学科的建设，目前，已投入48.5万元进行硬件建设，取得了良好的成效。舞蹈学、艺术硕士2个学科被批准列入自治区启动建设的硕士学位授权点学科，每个学科获得自治区财政专项经费资助35万元。

加强研究生课程建设。一是组织修订《研究生各专业方向培养方案》，着力构建科学合理的课程体系。一方面压缩、合理分配课时，另一方面打通同一专业各方向的教学，每一专业确定2门公共专业基础课（音乐学专业1门），同时还增加了《专业外语》《科学研究方法论》两门公共基础课。二是启动院级研究生重点课程建设。启动建设了音乐美学、中国绘画的现代进程、艺术批评方法与实践、民族图形运用设计、中外设计史论和英语等六门重点课程，每门课程安排1万元的启动建设经费，制定了经费使用办法。三是加强课程教学监控，组织各研究生培养单位修订《课程教学指导》，抓教学质量标准。

组织申报自治区研究生教育创新计划项目。2006年，学院获得10项自治区启动建设资助项目，其中硕士研究生科研创新项目3项，学位与研究生教育改革和发展专项课题研究项目7项（重大课题1项，重要课题1项，一般课题5项）。学院制定了研究生教育创新计划项目启动方案，对获自治区资助的项目，按学院配套与财政专项2∶1的比例配套建设经费，制订了《广西艺术学院研究生教育创新计划项目经费使用管理办法》，对项目经费实行专款专用，专项管理。

【师资队伍建设】 2006年，学院继续加大师资队伍的建设力度。共调入、接收（聘用）教职员工68人，其中硕士42人，副高职称2人。同时加大师资队伍的培训力度，通过入校教育、岗前培训、派出进修、攻读硕士博士、青年教师导师制、开展专题讲座、聘请客座教授不定期来校讲学等各种形式，加强对教职工的培养。

【科研创作与艺术实践】 2006年，在文化部主办的全国第八届"桃李杯"舞蹈比赛中，学院舞蹈系作品《山娃仔》荣获民间群舞组创作一等奖、表演二等奖，《瑶鼓谣》获民间群舞组创作三等奖、优秀表演奖，国标《黑白情》获得创作和表演三等奖。附属中等艺术学校作品《走在山水间》获得群舞编导一等奖和表演二等奖。4人获第五届广西文艺铜鼓奖，1人获广西青年歌手电视大赛暨第十二届全国青年歌手电视大奖赛广西赛区选拔赛一等奖，2人获广西青年歌手电视大赛暨第十二届全国青年歌手电视大奖赛广西赛区选拔赛二等奖。获教育厅科研立项12项，发表论文57篇，出版专著（译著）12本，在民族艺术研究方面，出版了《广西特色器乐》《骨胡艺术》《广西少数民族音乐暨广西音乐创作民族化研究论文集》等3本学术专著。

2006年，学院交响乐团被自治区政协命名为"同心乐团"。9月，承办了由教育厅主办的庆祝第22个教师节"全区教师摄影展"和文艺晚会；11月，承办了由自治区党委宣传部、自治区文化厅主办，为庆祝中国共产党广西壮族自治区第九次代表大会胜利召开而举行的大型文艺晚会《扬帆远航》；11月，学院交响乐团承担了由自治区教育厅主办的"高雅艺术进校园"巡回演出任务，在南宁、桂林、梧州等地的普通高校连续演出交响音乐会10场。

【基本建设】 2006年，共投入1468万元用于音乐舞蹈教学综合楼建设，投入936万元用于教学、办公设备的购置，投入116万元用于图书购置经费，投入400万元用于教室及其他基础设施的修缮。

【招生工作】 2006年，第一志愿报考我院全日制普通本科的考生人数达18644人，研究生达598名。在录取过程中，严格按照政策，做到"录之有理，退之有据，客观公正，全面衡量"，坚持"公平、公正、公开"的录取原则，自觉接受社会监督，共录取本科生1030名，硕士研究生103名。

【学生工作】 继续积极推进思想政治教育进网络、进学生社团、进学生公寓的工作，落实辅导员进驻学生公寓、指导老师驻点学生社团工作；学工、思想政治理论课教研单位加强合作，努力推进"三个代表"重要思想"进课堂、进教材、进学生头脑"的工作。

加强队伍建设，努力建设一支敬业精神好、工作能力强、专业水平高、学术素养厚的专职思想政治干部队伍。2006年，学院一次引进6名硕士研究生作为专职辅导员，又在机关聘任了10名素质高、能力强、作风正的年轻党员干部作为兼职辅导员。制订了《广西艺术学院二级学院（系）学生工作副书记岗位职责》《广西艺术学院学生政治辅导员工作管理办法》《广西艺术学院班主任工作管理办法（试行）》《广西艺术学院学生兼职辅导员工作管理细则（试行）》等系列文件。明确了思想政治队伍岗位职责，健全了管理评价机制。

加强思想政治队伍工作研讨。4月，召开了2006年班主任工作会及辅导员队伍建设工作会，对班主任、学生政治辅导员进行理论、业务知识的培训。

通过评优表彰活动，树立典型，表彰先进。2006年，开展了"宣传思想政治工作先进集体""宣传思想政治优秀工作者" "优秀学生政治辅导员""优秀班主任"评选活动。2人获得全区高校"优秀学生政治辅导员"称号，1人获得全区高校"优秀班主任"称号。

做好经济困难学生资助工作，进一步完善"奖、贷、助"等多元化资助体系和经济困难学生档案并积极开展相应的扶助措施。同时加强了对经济困难学生的思想教育、心理辅导及勤工助学活动，大力开展学生诚信教育，鼓励他们树立"自立、自强、自尊、自信"的意识。

同时，加强学生心理健康教育工作，进一步加强毕业生就业指导工作。

【安全稳定工作】 2006年，学院从各方面采取措施，加强对师生的安全宣传教育和日常管理，加强对学生宿舍、网络、食堂、交通秩序的管理；配合有关部门，继续抓好校园及周边环境的综合治理；建立健全了各类突发事件应急处置机制，确保了学院的安全和稳定，荣获“全区高校安全文明校园”称号和城区社会治安综合治理先进单位。进一步加强普法工作，大力推进依法治校，2006 年顺利通过全区“四五”普法验收并荣获“广西依法治校示范学校”称号。

附：广西艺术学院领导

党委书记：梁启光

院长：黄格胜

党委副书记：李绍忠　韦彩英

副院长：黄志豪　禤　思

电话：0771－5333099

地址：南宁市教育路 7 号

邮编：530022

撰稿：易春平

桂林医学院

【概况】　2006 年，桂林医学院有乐群、东城和临桂 3 个校区，占地总面积 847993.26 平方米，教学行政用房总面积 130501.34 平方米，学生宿舍总面积 48154.71 平方米。截至 2006 年底，学校教学科研仪器设备总值 6995.72 万元，生均教学科研仪器设备总值 10035.60 元，拥有教学用计算机 848 台，多媒体教室和语音教室座位数为 5714 个，图书 68.3 万册（其中纸张藏书 53.4 册，电子图书 14.9 万册）。学校（含临床医学院）有教职工 1878 人，其中专任教师 516 人，具有研究生学位教师 278 人，博士生指导教师 3 人，教授 71 人，副教授 123 人，专职辅导员 30 人，有享受国务院政府特殊津贴 6 人，全国优秀教师、优秀教育工作者 4 人，广西高校教学名师 2 人，入选广西“十百千人才工程”第二层次人选 4 人。

2006 年，学校有 9 个二级学院，3 个教学部，有附属医院 5 所，临床教学医院 21 所，有党办院办、组织部人事处、宣传部统战部、武装部保卫部、教务处、学生工作处（部）、后勤管理处、科技与产业处、研究生处、招生就业处、离退休人员管理处、财务办公室、基建办公室、监察室、审计室等行政机构；拥有 5 个本科专业，7 个专科专业，3 个硕士点，2 个自治区级重点学科，1 个教育部人文社会科学重点研究基地。

2006 年，有各类学生 10280 人，其中本科生 4896 人，硕士研究生 12 人（联合培养），专科生 1217 人，远程教育 166 人，成人教育 3989 人。

【教育经费的收入与支出】　2006 年，桂林医学院教育经费总收入 6938 万元，比上年增加 1417.12 万元，增长 25.67%。其中财政拨款 3313.34 万元，比上年增加 1016.51 万元，占总收入的 47.76%；教育事业费收入 3595.70 万元，比上年增长 15.25%。全年支出 6922.31 万元，比上年增长 30.17%。在总支出中人员经费支出 1831.31 万元，占总支出 26.64%；日常办公经费支出 1114.69 万元，占总支出 17.28%。2006 年末，学校拥有资产 28399.72 万元，比上年增加 11217.89 万元，增长 39.50%。其中货币资金 1336.47 万元，比年初减少 255.43 万元；固定资产 28399.72 万元，比上年初增加 11217.89 万元。

【教学评估工作】　2006 年，学校通过召开动员大会、誓师大会、学习报告会、发放评建宣传手册、举行评建知识考试、建立“评建在线”网站、出版《评建简报》和开通校园广播专题等措施，使评建工作的重要意义和基本要求深入人心；通过签订评建工作责任书和下发整改任务书，明确具体目标和要求，使评建工作有序进行；通过督促检查，积极整改，提高了整个评建工作的实效性。在评建期间，学校进行了全校办学指导思想、办学特色和“十一五”发展规划大讨论，并通过教代会确定了学校的发展目标和办学指导思想。先后编辑、出版了《桂林医学院办学思想探索与实践》《医学院校思想政治教育改革与研究》《高等教育教学研究论文集》等 10 多本书籍。通过中央电视台、《中国教育报》、《广西日报》等媒体宣传学校教学、科研、医疗、管理、学生工作等方面的成绩和经验，编辑出版宣传画册、制作学校改革发展光碟宣传学校形象，进行毕业生问卷调查和校友走访，不断提高学校的知名度和社会影响力。2006年11月26日至12月1日，教育部本科教学工作水平评估专家组到我校进行实地考察评估，学校取得了优异成绩。

【教育教学改革】 进一步规范教育教学管理。2006年，学校在教学运行、学籍管理、毕业设计和实习基地管理、质量监控、教学研究、学科建设、实验室和教材管理等方面修订和完善了《桂林医学院学分制管理试行办法》《桂林医学院学籍管理规定》《桂林医学院学士学位授予工作细则》《桂林医学院实验室开放管理暂行办法》和《桂林医学院毕业实习管理暂行条例》等70多个教学管理文件；建立、健全教学质量监控体系，开展教学检查、听课、教学督导、教学巡视、学生教学信息员反馈信息以及评教、评管等工作。

修订人才培养方案和教学大纲。学校根据高等教育发展要求和自身办学定位，修订了人才培养方案，加强注重知识、能力、素质的协调发展，突出学生创新精神及实践能力培养；同时修订了教学大纲，规范了各门课程教学基本要求，完善了教学基本文件，促进了教学内容的改革。

加大学科建设的力度。重新调整并确定了《桂林医学院2005—2010年学位授权点学科建设和研究生教育发展规划》，实施学科建设工程，全面推进硕士学位授权点的建设。做好精品课程和优秀教材的评选及推荐工作，组织胚胎学等5门课程获2006年度自治区精品课程；主编的《基础生物化学实验》《药理学》《药理学学习指导》获自治区级优秀教材二等奖。做好教学研究与改革的申报及推荐工作，其中"高校大学生艾滋病知识、态度行为现状研究及对策"被批准为广西教育科学"十一五"第一批规划课题的A类资助课题，"创新实习医师巡诊制度的探索"等5项课题为C类课题；"西部地方医学院校适用开放式教学需要的实践教学管理模式研究"等7个项目被批准为新世纪广西高等教育教学改革工程"十一五"第二批一般资助项目，"以心理短剧演示为中心的体验式大学生心理健康教育新模式"等8个项目为启动项目。

【师资队伍建设】 截止到2006年底，共引进博士研究生5人，硕士研究生98人，其中95位教师具有硕士或博士学位，使专任教师中具有硕士、博士学位的比例上升为53.88%，总体生师比升至12.8：1，医学门类生师比升至8.93：1，达到了教育部该项评估指标的A级标准。

2006年，学院有3人获批区级资助人选及区教学名师称号；黄健入选"广西高校百名中青年学科带头人资助计划"；张秋红入选"广西高校百名中青年骨干教师资助计划"；仇小强、曾思恩荣获"广西高校教学名师"荣誉称号。

此外，学校加强人才小高地建设工作，成立了创新团队建设和管理工作领导小组、创新团队建设和管理办公室等领导机构，并制定了《桂林医学院病理学人才小高地创新团队建设方案》。

【科研工作】 2006年，学院进一步健全科研项目管理制度，出台了《桂林医学院科研项目管理办法》《桂林医学院科研经费管理办法》等5个科研管理文件，制定了科研工作"十一五"计划和中长期发展规划，推动整个科研工作深入开展。全年组织申报各类项目111项，获立项58项，科研合同纵向支持经费735万元。积极组织学生开展课外科技活动，吸引学生参与教师的科研课题研究，学生独立或参与教师的科研立项研究达400余人次，在各级各类杂志发表科研论文281篇；《华夏医学》科研杂志按时、按质、按量出版了6期杂志和其他学术专刊，编发各类学术论文1001篇，比2005年增长了40.9%。

【人才培养工作】 2006年，学院实施"四个工程"（文明桂医、文化桂医、诚信桂医、平安桂医），加强校园建设，营造良好的育人氛围；通过主题教育、社会实践活动和课外科技文化活动等，全面拓展学生综合素质。修订《学生管理文件汇编》和制定《学生综合素质测评手册》，通过组织学生学习有关文件精神、召开学生座谈会、网络宣传等形式，引导学生自觉遵守学校规章制度，规范自己的行为，积极参加各项政治活动和社会实践活动，确保学生综合素质能力的不断提高。2006年，共有6名学生被评为自治区级"三好学生"、3名学生被评为自治区级"优秀学生干部"，2个班级获"区先进班集体"称号；有16名学生获得"国家奖学金"；有297人获得"国家助学奖学金"；有54人获得"广西壮族自治区人民政府奖学金"，50人获得"广州助学金"。积极开展丰富多彩的社团活动，获2006年广西大学生社团社会时间活动立项三项，其中大学生心理健康协会获重点资助项目。大学英语四级通过率、计算机一级通过率、学位授予率均居广西高校前列。

毕业生年底就业率达93.95%，学校获“2006年度全区高校毕业生就业工作先进集体”荣誉称号。

【基本建设】 2006年，学院新建图书馆（28257平方米）和食堂（11143平方米）已投入使用；完成了塑胶跑道工程；改建和完善了护理学实验教学中心、形态学实验室、解剖学实验室、机能学实验室、药物制剂与GMP实践教学中心、临床医学实验教学中心等实验室；新建了校史馆、名人苑和校园百米文化长廊；完成了药学、生物技术教学实验综合楼（37042平方米）的设计招标工作；在桂林市临桂县新增教学用地65.33万平方米；进一步拓宽教学和实习基地，新增梧州市红十字会医院为非直属附院和临床医学院；建立了桂林市疾病预防控制中心等4个预防实习基地。

【安全稳定工作】 2006年，学院落实安全稳定和综合治理工作责任制，努力建设平安校园，获全区高校安全文明校园先进单位荣誉称号；继续做好支教工作，获自治区支教工作“有突出贡献奖”后援单位光荣称号。

附：桂林医学院领导

党委书记：朱　华

院长、党委副书记：仇小强

党委副书记、纪委书记：宿富国

副院长：罗伟生　罗　放

电话：0773－5895881

地址：桂林市环城北二路109号

邮编：541104

撰稿：邓宏林

广西工学院

【概况】 2006年，广西工学院占地面积74.92万平方米，校舍建筑总面积约38万平方米，运动场地5.58万平方米，绿化用地31.87万平方米。截至2006年，学校教学科研仪器设备总值8761.25万元，有教学用计算机2469台，语音实验室座位724个；馆藏纸质图书111.09万册，电子文献83.17万册。

2006年，广西工学院设有机械工程系、管理系等13个系，应用技术学院、继续教育学院、鹿山学院等3个二级学院，有40个本科专业，5个硕士点；1个自治区重点学科、3个重点建设学科；2个自治区级重点专业、4门自治区级精品课程、2门自治区级重点课程。学校与企事业单位联合建设了18个校外专业教学实验室和110个校外教学实习基地，其中，校外专业教学实验室可有效使用设备的价值达7500多万元。

2006年，广西工学院有教职工1083人，其中专任教师710人。专任教师中正高职称47人，副高职称214人，副高职称以上比例36.76%，中级职称213人；具有博士学位的23人，硕士学位的297人，硕士以上比例45.07%。此外，还有在站博士后2人，在读博士28人，在读硕士129人。各类学生22140人，其中本科生12113人，留学生2人，成人高等教育学生10025人。

2006年，被教育部增列为硕士授权单位，获得5个硕士点。

【教育经费的收入与支出】 2006年，广西工学院教育经费总收入11666.30万元，比上年增加170.72万元，增长1.49%。其中财政拨款4266.23万元，比上年下降86.45万元，占总收入的36.57%；教育事业费收入6900.07万元，比上年增长3.87%。全年支出12000.56万元，比上年增长5.34%。在总支出中人员经费支出4524.64万元，占总支出的37.70%；日常公用经费支出5854.59万元，占总支出的48.79%；对个人和家庭补助支出1621.33万元，占总支出的13.51%。2006年末，广西工学院拥有资产58435.20万元，比上年增加11185.45万元，增长23.67%。其中货币资金3707.77万元，比年初下降992.80万元；固定资产29523.37万元，比年初增长1356.62万元。

【教学工作】 2006年，广西工学院新增普通本科专业5个，有5个专业被评为自治区优质专业，4门课程被评为自治区级精品课程，10个项目被确立为新世纪广西高等教育教学改革工程“十一五”第一批立项项目，14项被确立为第二批立项项目，7个项目被确立为广西教育科学“十一五”规划2006

年度立项课题，4种教材获区级优秀教材奖，工程训练中心获得“自治区级实验教学示范中心”荣誉称号，1人获广西教学名师奖称号。在首届广西高校教育技术教学应用大赛中，1人获二等奖、2人获三等奖、5人获优秀奖。

【科研工作】 2006年，广西工学院建有汽车工程研究所等13个科研所（中心）以及通信工程等20个实验室。学院承担各级各类在研科研项目312项，其中纵向172项、横向99项，包括“863”计划1项、国家自然科学基金7项、国家社会科学规划项目1项、教育部在研课题2项，发表论文439篇，其中21篇论文被SCI收录、14篇被EI收录、9篇被ISTP收录。获广西区哲学社会科学“十五”规划研究成果奖二等奖1项、广西第九次社会科学研究优秀成果奖二等奖1项，三等奖2项、柳州科技进步奖三等奖1项。

【师资队伍建设】 2006年，广西工学院共投入人才引进经费800万元，引进博士、硕士及副高以上人员共计54人；出台了《广西工学院教职工继续教育管理规定》《广西工学院关于专业技术人员赴爱尔兰沃特福德理工学院开展双语教学培训和攻读硕士学位工作实施方案》；拓宽教师培养途径，将“外培”和“内培”有机结合，支持外出读博、读硕、做国内访问学者、在职攻读硕士学位教师49人，资助出国进修教师7人，岗前培训新教师105人，1人入选“广西高校百名中青年学科带头人资助计划”，3人入选“广西高校百名中青年骨干教师资助计划”。

【学生工作】 重视选优配强学生工作队伍。在378名专兼职学生工作干部中，有高级职称47人，中级职称187人，博士5人，硕士184人。

做好在校贫困大学生的资助工作。独立设置学校学生资助管理中心，配备专门的工作人员。不断完善“奖、助、贷、补、勤、减、免、缓”八位一体的贫困学生资助体系。2006年，通过“绿色通道”，为502名2006级新生办理了学费缓交手续，批准缓交学费230余万元；组织评选了“国家奖学金”“国家助学金”“自治区人民政府奖学金”“广州助学金”“广西风采助学金”“学院优秀学生奖学金”等多项奖助学金，共发放各项奖、助学金金额240余万元；通过“院内勤工助学岗位双选会”，为贫困学生提供校内勤工助学岗位500余个，累计发放勤工助学津贴50万元。大力推进国家助学贷款业务，共帮助349名贫困在校学生获得国家助学贷款总额为427.372万元。

【获奖情况】 2006年，组织开展了主题为“用智慧赢得未来”的广西工学院第三届大学生科技节，举办了三维设计作品竞赛等13个竞赛及活动项目，参加人数超过10000人次，共收到各类参赛作品1001件，获奖学生达587人次，获奖作品达292件，大学生科技讲座和学术报告约56场次。组织大学生参加“高教社杯”全国大学生数学建模竞赛、“长庆杯”第二届全国大学生机械创新设计大赛、第十五届中国“真维斯杯”休闲装设计大赛、全球华人大学生平面设计大赛、CCTV杯英语演讲大赛等19项赛事，取得了优异的成绩，有287人次获奖，其中获自治区级二等奖以上126人次（不包括体育竞赛项目）。组织近240名师生分别在融水县暑假社会实践服务点、红军长征线路实践点、柳州市城区社区实践点开展以“践行荣辱观，服务新农村”为主题的大学生暑期“三下乡”社会实践活动。社会实践活动主题鲜明，内容丰富，形式多样，效果显著，荣获共青团中央、教育部以及共青团广西区委表彰。

【招生就业工作】 2006年，广西工学院面向全国28个省、自治区、直辖市招生，全部线上录取，第一志愿录取率达88.1%。为切实做好毕业生就业工作，保证毕业生充分就业，学院分别与广东东莞市中心人才市场、广州市黄埔东区人力资源市场、肇庆市人才中心联合招聘共建了“大学生实习就业基地”。同时，充分发挥校企合作的作用，与世界500强企业东莞市大岭山铃鹿富士施乐电器厂携手在我院建立了人才培养基地。2006年本科毕业生初次就业率为88.75%，年度就业率为96.10%。

【基本建设】 2006年，广西工学院继续完善校园基本建设，对生活区规划进行调整，使土地利用率提高，增加可建住房套数。学生宿舍、工程训练中心、南区道路、南区给水工程竣工投入使用；体育馆、科教中心工程在建；改造教工生活区道路、停车场等设施；进行校园美化绿化及景观建设；装修部分教学实验用房，完善学生公寓、食堂的相关设施。年度完成基建投资约6500万元。完成“西部大学校园计算机网络建设工程”项目自治区级验收和教育部专家技术验收工作；完成鹿山学院校区接入校本部校园网建设工作；积极推进我院数字化校园建设工程的进度，努力实现我院数字化校园的规划目标。

附：广西工学院领导
党委书记：林　宁
院长：李德伟
党委副书记：黎　平
副院长：李创第　李利军　曾仕先
电话：0772－2685979
地址：柳州市东环大道268号
邮编：545006

撰稿：谷晓玲

右江民族医学院

【概况】　2006年，右江民族医学院占地面积571798.63平方米，教学行政用房面积95836平方米，学生宿舍面积34515平方米。截至2006年底，学校教学科研仪器设备总值3611.93万元，拥有教学用计算机788台，多媒体教室和语音教室座位4512个，图书487426册。学校现有教职工658人，其中专任教师360人，具有博士、硕士学位149人，占专任教师41.39%，教授20人，副教授112人，专职辅导员17人，形成了一支数量与结构合理、发展趋势好的师资队伍。

2006年，学校有基础学院、临床学院、护理学院、医学检验学院、成人教育学院5个二级学院和口腔医学系、医学影像系、人文与社会科学部3个系部。拥有临床医学、口腔医学、医学检验、医学影像学、护理学、公共事业管理6个本科专业，有护理、助产、药学、医学检验4个专科专业。学校有1个自治区级重点建设学科，1个省级重点建设实验室。

2006年，学校有各类学生5022人，其中本科生4180人，与广西医科大学联合招收硕士研究生4人，专科生844人，成人教育3892人。

【教育经费的收入与支出】　2006年，右江民族医学院教育经费总收入5912.47万元，比上年增加1151.84万元，增长率24.20%。其中财政拨款3048.47万元，比上年增加887.84万元，占总收入的51.56%；教育事业费收入2864.00万元，比上年增长10.15%。全年支出5912.47万元，比上年增长24.20%。在总支出中人员经费支出2904.06万元，占总支出的35.42%；日常公用经费支出2904.55万元，占总支出49.13%；对个人和家庭补助支出913.86万元，占总支出15.46%。2006年末，学校拥有资产152578165.74元，比上年增加14375164.50元，增长10.40%。其中货币资金7802355.66元，比年初减少6175268.12元；固定资产76205422.22元，比上年增长4824378.39元。

附：右江民族医学院领导
党委书记：黄瑞雅
党委副书记、院长：黄岑汉
党委副书记、纪委书记：李旭东
副院长：梁伟江　吴琪俊　李培春　姚金光
电话：0776－2825469
地址：百色市城乡路98号
邮编：533000

撰稿：宾晓芸

玉林师范学院

【概况】　2006年，玉林师范学院占地面积703972平方米。截至2006年，学校教学科研仪器设备总值5293.03万元，拥有教学用计算机1616台，多媒体教室和语音实验实座位11042个，图书71.07

万册，电子图书34.75万册。学校有教职工967人，其中专任教师610人，具有研究生学位教师179人(其中获博士学位9人、硕士学位149人、本科获硕士学位21人)，教授11人，副教授126人，专职辅导员29人，兼职辅导员21人。

2006年，学校有11个专业学院（系）：中文系、政治与法律系、外语系、数学与计算机科学系、物理与信息科学系、化学与生物系、体育系、艺术系、教育科学系、职业技术学院、继续教授学院；教学教辅单位5个：社会科学教育研究部、大学外语教学部、教育技术中心、图书馆、学报编辑部；研究机构1个：桂东南研究发展中心；附属医院1个。设有行政管理机构16个：院长办公室、人事处、离退休办、教务处、科研处、后勤处、学生资助管理中心、学工处、财务处、基建办公室、国有资产管理处、保卫处、招生就业处、国际交流处、审计处、监察室。学校拥有本科专业33个：经济学、法学、思想政治教育、学前教育、教育技术学、小学教育、科学教育、体育教育、运动康复与健康、汉语言文学、应用英语、英语、日语、广播电视新闻学、广告学、音乐学、美术学、艺术设计、舞蹈学、历史学、数学与应用数学、信息与计算机科学、物理学、应用物理学、化学、应用化学、生物科学、生物技术、电子信息科学与技术、材料化学、计算机科学与技术、信息管理与信息系统、行政管理；专科专业11个：计算机应用技术、计算机网络技术、电子信息工程技术、应用电子技术、服装设计、会计电算化、旅游管理、烹饪工艺与营养、秘书与办公自动化、初等教育、广告设计与制作。

2006年，学院有各类学生16060人，其中本科生9578人，专科生2238人，成人教育4244人。

【教育经费的收入与支出】 2006年，玉林师范学院教育经费总收入9720万元，比上年增加223万元，增长2.2%。其中财政拨款5567万元，比上年增加386万元，占总收入的57%；教育事业费收入5256万元，比上年增长7.13%。全年支出10068万元，比上年增长0.9%。在总支出中人员经费支出2425万元，占总支出24%；日常公用经费支出4105万元，占总支出40.8%；对个人和家庭补助支出1562万元，占总支出15.5%。

2006年末，学校拥有资产61608万元，比上年增加26251万元，增长74%。其中货币资产2440万元，比年初增加1033万元；固定资产45909万元，比上年初增加20615万元。

【本科教学评估工作】 为迎接2007年教育部对学院本科教学工作水平评估，按照“以评促建，以评促改，以评促管，评建结合，重在建设”的方针，学院评建各项工作有序开展。首先，学院多次召开全院教职员工、中层领导干部会议，进行动员、研讨、部署，使全院教职员工在思想上，行动上全面进入迎评工作状态。其次，制定迎评工作计划，学院成立了本科教学工作水平评估办公室，设立学院评估工作领导小组，下设12个工作组，落实各工作组职责，开展工作。制定了《玉林师范学院本科教学工作水平评估总体方案》，组织各教学单位首先开展自评工作，营造学院评建氛围。

【发展规划】 2006年，学院明确提出从成立起到2020年三步走的战略发展思路：第一步，2000年到2007年，通过本科教学工作水平评估达到良好；第二步，2008年到2013年争取学院成为硕士授权单位；第三步，2014年到2020年形成比较完整的人才培养体系。

确定学院办学指导思想：以邓小平理论和“三个代表”重要思想为指导，坚持科学发展观，全面贯彻党的教育方针，坚持社会主义办学方向，按照高等教育发展规律，以人为本，以创新人才培养为核心，推进教育教学改革，努力提高人才培养质量，办人民满意的高等教育为地方经济建设、社会发展作贡献。

明确学院办学定位：立足桂东南，服务全广西，把学院办成以义务教育阶段的教师教育为特色，在区内有较高水平的教学型普通高等学校。

【获奖情况】 2006年，学院教师在全区、全国课件赛“首届广西高校教育技术应用大赛”中，有6个作品入围决赛；参加第六届全国多媒体课件大赛，9个教学课件参赛作品，获2个一等奖、2个二等奖、3个三等奖、2个优秀奖，其中“音响技术”“英国文学”获全国理科、文科组最高分一等奖，学院获大赛优秀组织奖。

学生参加“CCTV杯”全国大学生英语演讲比赛广西赛区复赛中取得本科组团体总分第六名，获团体三等奖；在全国大学生英语竞赛中，320人获自治区级以上奖，其中获全国A级特等奖2名、一等奖12名、二等奖32名、三等奖72名、优秀奖120名；获全国B级一等奖6名、二等奖12名、三等奖24名、优秀奖40名，获奖学生人数居全区首位。2006年“英派斯杯”第二届中国学生健康活力大赛、首届中国全明星啦啦操锦标赛暨2007年世界啦啦操锦标赛选拔赛中，学院啦啦操队获第一名。

附：玉林师范学院领导

党委书记：江小玲（2006 年 9 月免职） 张 鹏

院长、党委副书记：刘 力

党委副书记：庞焕秋（2006 年 9 月免职）

韦春北

纪委书记：甘志明

副院长：谢尚果 王志明

电话：0775－2825978

地址：玉林市教育中路 299 号

邮编：537000

撰稿：陈凤军

河池学院

【概况】 2006 年，河池学院占地面积 38.53 万平方米，教学行政用房 4.4 万平方米，学生公寓面积 3.1 万平方米，运动场地面积 8.7 万平方米，校舍建筑总面积 14 万多平方米。截至 2006 年，学院教学科研设备总值 2660 万元，拥有教学用计算机 1450 台，多媒体教室和语音实验室座位 1850 个，图书 51 万册，电子图书 42 万册，中外期刊 1800 多种，电子阅览室 2 个。在职教职工 595 人，其中专任教师 370 人，专职辅导员 17 人；具有正高职称的 17 人（含聘请的常驻教授），副高级职称的 71 人；具有硕士或研究生以上学历的 130 人（含在读博士 9 人和在读硕士 61 人）；外聘兼职教授 25 人，外籍教师 3 人；享受政府特殊津贴 2 人。

2006 年，学院设有中国语言文学系、政治与法律系、外国语言文学系、数学系、物理与电子工程系、化学与生命科学系、计算机与信息科学系、体育系、艺术系、教师教育学院、社会科学教学部等 11 个教学系（院、部），设有“少数民族研究室”“红水河文化研究中心”“科学与人文研究中心”“生命科学研究所”“信息技术研究中心”等科研机构。学院在保持师范教育优势的基础上，大力拓展非师范教育，共有 20 个普通本科专业，22 个普通专科专业，9 个成人高等教育本科专业。2006 年 2 月，“文艺学”学科被列为广西高校重点建设学科，“文学创作人才培养基地”和“桂西北特色资源研究与开发实验室”被列为广西高校重点建设实验室。《河池学院学报》面向国内外公开发行。

2006 年，学院有全日制在校学生 6157 人，其中全日制本科生 4138 人，专科学生 2019 人；函授本专科学生 1970 多人。全日制本专科实际招生 2102 人，其中本科 1368 人，专科 734 人；函授本专科招生 650 人。本专科毕业生 1932 人。

【教育经费的收入与支出】 2006 年，河池学院教育经费总收入 6113 万元，比上年增加 2067 万元，增长 51%。其中财政拨款 4152 万元，比上年增加 1918 万元，占总收入的 68%；教育事业费收入 1934 万元，比上年增长 11%；全年支出 5657 万，比上年增长 40%。在总支出中人员经费支出 2031 万元，占总支出 36%；日常公用经费支出 2528 万元，占总支出 45%；对个人和家庭补助支出 1098 万元，占总支出 19%。2006 年末，学校拥有资产 12701 万元，比上年增加 3124 万元，增长 33%。其中货币资金 9791 万元，比年初增加 8645 万元；固定资产 8901 万元，比年初增长 1508 万元。

【教学改革和管理】 2006 年 5 月，学院完成了《河池学院“十一五”发展战略规划和 2020 年远景目标》（讨论稿）的编制工作，确定了“学科建设和师资队伍建设规划”“校园建设规划”“文化建设规划”三个子规划。2006 年 8 月，学院召开研讨会，对学院“十一五”发展战略规划及 2020 年远景目标进行了深入讨论，提出了修改的意见和建议。2006 年 10 月，完成了对规划的进一步修改、完善，为学院今后的发展描绘了蓝图。

2006 年，河池学院组织各教学系（院）有关人员到区内外 30 多所本科院校和河池市各市县及周边地区，开展了学科专业建设和办学特色专题调研，并在此基础上召开了由全体中层干部参加的研讨会，基本明晰了以红水河流域文化研究、民族研究和桂西北特色资源开发与利用为重点的特色办学思路。2006 年 9 月，学院第一次教学工作大会召开，全面启动了迎接教育部本科教学工作水平评估的评建工作，成立了评估领导小组、评估办公室、自评专家组等组织机构，邀请教育部本科教学工作水平评估有关专家到校开展讲座，组织有关人员到有关高校进行相关的考察调研，组织各部门全面开展了第一次本科教学工作水平评估的自评工作。

建章立制是学院2006年工作重点之一。在教学方面，制定了《河池学院教学责任事故处理条例》等九个教学管理文件，加强教学计划管理和教学运行管理；坚持教学工作例会制度，及时研究解决教学中的有关问题；加强教学指导和教学质量的监控，构建和完善院、系两级教学质量监控体系；在人事管理方面，制订了《河池学院事业编制外临时聘用人员管理暂行办法》等一系列管理文件，推进学院教学和人事管理的科学化、制度化、规范化，教师队伍的结构得到优化。在行政效能建设方面，成立行政督查工作小组，制定了《河池学院行政督查工作条例》，并对一些重点工作实施督查。在科研管理方面，制定了《河池学院科研经费管理办法（试行)》等文件，学院各系（院、部）都成立了学术委员会；在学生管理方面，制定了《河池学院学生考试违纪考试作弊认定办法》等文件，修订并印发新的《河池学院学生手册》；在财务管理方面，制定了《河池学院财务管理暂行规定》等规章制度；在后勤管理方面，制定了《河池学院基建专项维修管理暂行规定》等规章制度。

2006年，经自治区学位委员会同意，学院被增列为学士学位授权单位，英语等5个专业被增列为学士学位授权专业，135名本科毕业生获得学士学位；新增艺术设计、市场营销两个普通本科专业和小学教育语文教育方向、数学教育方向两个专科专业；“网络工程”本科专业也已上报教育部审批。在教育厅的大力支持下，投入了200万元对化学专业和电子信息工程专业进行调整改造，同时加强重点专业和重点课程建设。汉语言文学等4个专业被确定为院级重点专业，写作等11门课程被确定为院级重点课程。完成了2005年本专科专业课程教学计划的修订和2006级本专科专业课程教学计划的制定工作。积极组织学生参与各种竞赛活动，并取得较好成绩。组织教师申报教学改革研究立项课题，强化教学研究，共有4项教学改革研究项目获得新世纪广西高等教育教学改革工程“十一五”第二批立项启动项目，有13项教学改革研究项目被确定为院级教学改革立项课题。整合校内教育教学资源，成立了公共艺术教学部、公共体育教学部和教师教育学院。

【科研与学科建设】 2006年初，河池学院“文艺学”学科被列为自治区高校重点建设学科，“文学创作人才培养基地”和“桂西北特色资源研究与开发实验室”被列为广西高校重点建设实验室。27项科研课题获得上级资助，特别是学院自主申报自治区科技课题并获得资助，实现了历史性突破。20余项课题被列为学院级科研课题。有两篇论文分获自治区社会科学优秀成果二、三等奖。投入20多万元用于科研奖励，进一步调动了广大教师的科研积极性。

【学生工作】 完成了新的《河池学院学生手册》的编印工作，深化思想政治理论课程的教学改革，建立了河池学院思想政治教育网站（山谷网），聘用了11名专职学生辅导员并加以培训，加强大学生文明素养的培养，建立较完善的心理健康咨询服务系统。进一步完善了学生“奖、勤、贷、补、助、免”等帮困助学体系。共为1053位家庭经济困难学生办理国家助学贷款，获得贷款总金额为714.8万元。有630人次获得国家奖学金、自治区人民政府奖学金等，总金额为99.1万元。

高度重视大学生就业工作，建立健全就业工作机制，拓展就业渠道，就业率和就业质量不断提高。2006届本科毕业生就业率为92.8%，专科毕业生就业率为73.86%。

【财务与后勤基建工作】 2006年，河池学院全年共争取专项经费300多万元，年度总经费收入6113万元（不含借款），财务状况得到较大改善。同时积极开展审计工作，完善审计制度。对学院2001年至2003年以来的基建维修工程等进行审计，核减金额3万多元。

2006年，河池学院撤销原后勤服务集团，成立后勤基建处，实行小机关多实体的后勤管理模式，进一步完善后勤管理体制和运行机制。全年共完成1470万元的基建任务，体育馆和两栋教职工集资楼竣工并投入使用；完成了11.87万平方米新征土地和校园总体规划，以及一些基建项目的前期准备工作；重视校园绿化美化工作，2006年，学院被确定为广西“绿色大学”和“绿化模范单位”。现代教育技术中心和教务处2006年共完成新增教学科研仪器设备值320万元的招标采购任务；基本完成399万欧元西班牙政府贷款前期工作；东西两校区联网的光缆铺设完毕，并进行主要设备招标采购；利用社会力量，开通了学生宿舍宽带网。

2006年，学院被评为宜州市“平安单位”和

"无毒学校"。

附：河池学院领导

党委书记：银建军

院长、党委副书记：覃伟年

党委副书记：董塔健 覃福珠

副院长：郎耀秀 罗之勇

电话：0778－3141174

地址：宜州市龙江路42号

邮编：546300

撰稿：陈志学

广西财经学院

【概况】 2006年，广西财经学院占地面积42.06万平方米，教学行政用房面积14.2万平方米，学生宿舍面积8.01万平方米。截至2006年底，学校教学科研仪器设备总值3736万元，拥有教学用计算机3210台，多媒体教室和语音实验室座位5661个，图书94.1万册。学校有教职工1043人，其中专任教师754人，具有研究生学位教师280人，教授15人，副教授150人，专职辅导员50人。

2006年，学校设有11个系，5个教辅机构，2个研究所，设党委办公室、组织部（统战部）、宣传部、学工部（处）、纪检监察审计办公室、团委、工会、院长办公室、督查办公室、人事处、教务处、教学评估办公室、科研处、招生就业办公室、财务处、保卫处（武装部）、后勤管理处、基建办公室、国有资产管理委员会办公室、离退休工作委员会办公室、南校区管理委员会办公室等21个行政机构。拥有22个本科专业，23个专科专业，2个自治区级重点建设学科，2个自治区级重点建设实验室，3个广西高等学校优质专业（高职高专），3门自治区级精品课程。

2006年，学校有各类学生24199人，其中本科生6459人，专科生7332人，留学生60人，成人教育10391人。

【教育经费的收入与支出】 2006年，广西财经学院教育经费总收入13257.13万元，比上年增加516.54万元，增长4.05%。其中财政拨款5653.55万元，比上年增加65.61万元，占总收入的42.65%；教育事业费收入7389.66万元，比上年增加407.04万元，比上年增加5.83%。全年支出12234.03万元，比上年增长10.05%。在总支出中人员经费支出4877.44万元，占总支出39.87%；日常公用经费支出4623.28万元，占总支出37.79%；对个人和家庭补助支出1991.69万元，占总支出16.28%。

2006年末，学校拥有资产29402.06万元，比上年增加30.29万元，增长0.1%。其中货币资金6050.91万元，比年初减少792.68万元；固定资产22885.31万元，比上年初增长825.37万元。

【教学科研】 广西财经学院坚持实施"质量立校、人才强校、科研兴校、和谐建校"战略，牢固确立教学工作中心地位的思想观念，先后召开第一次实验教学工作会议，院领导带领相关中层分别赴全区13个市进行大型社会调研，了解社会及用人单位对经济管理类人才的质量要求，在全校师生员工中深入开展办学思想大讨论，承办了全国部分财经政法类院校应用型人才培养模式探讨与实践项目经验交流会、广西新建本科院校发展战略研讨会、中国—东盟国际税收研讨会、2006年广西高校科研管理研究会工作年会暨全区高校科研管理研讨会、广西经济法学研究会2006年学术年会暨广西第二次经济理论研讨会等国内区内外有重大影响的大型会议。2006年，获准自治区级新世纪教改工程项目立项14项，学院教改工程立项22项。2006年，共出版教材18部，其中9种教材获得自治区级优秀教材奖。2006年，申报国家社科基金、国家自然科学基金等项目11批共149项，全年共荣获全国教学成果二等奖1项、广西哲社优秀成果活动二等奖2项，三等奖4项，自治区哲学社会科学"十五"规划立项课题一等奖1项、三等奖1项，全区教学成果一等奖1项。

【人才队伍建设】 2006年，广西财经学院以师资队伍建设为重点，以中层干部竞聘上岗和全员竞聘为突破口，大力推进用人制度改革，初步形成人尽其才、能上能下、富有活力的用人机制和人才竞争机制，努力营造促使优秀人才脱颖而出的良好氛围。2006年，先后制定和实施《广西财经学院学科（学术）带头人遴选和管理办法》等一系列制度和优惠政策。对高层次人才在职称、住房、科研等方面进行扶持；注重师德建设，制定和实施《广西财经学院三育人工作条例》《广西财经学院教师职业道德考核办法》和《广西财经学院学术道德规范》；开展中层领导干部学习培训班，强化服务意识、端正服务态度，提高服务能力及服务水平；召开人才工作会议，总结学校组建两年来人才工作的基本经验，分析人才资源开发利用的新形势，以及学校实施“人才强校”战略面临的困难，部署学校“十一五”期间和今后一个时期人才工作的战略目标、步骤和举措。2006年，共引进博士8人、硕士研究生76人，使学院专任教师数量由去年的570名增加到654名，硕士及以上学位的教师在专任教师中所占的比例上升至32.2%；修订完善实施包括学术带头人培养对象和中青年骨干教师的和管理办法等在内的人才培养和队伍建设制度及规定，遴选出学术带头人18人，中青年骨干教师20人；继续实施中青年教师培养计划，2006年新增24名教师在职攻读硕士，4名教师在职攻读博士。

【国际交流与合作】 2006年，学院接待来自美、英、法、泰、越等5个国家的7所外国大学代表团的访问，派出4个代表团出访，先后与亚洲、欧洲多国的高等院校和科研机构建立了良好的合作关系，与国外4所高校签署了合作办学协议；采取互派学生、互认学分等形式，开展在本科和研究生层次的联合培养；与英国格林威治大学合作举办国际会计（ACCA）教育项目，与法国奥弗涅—克莱蒙费朗第一大学合作举办“企业管理”“金融与会计”“网络通讯服务”教育项目，招收首届学生共267人；组织力量翻译越文图书资料7本，约20万字，翻译学术论文6篇，约5万字。

【校园文化建设】 2006年，广西财经学院确定了“诚以修身、信以立业”校训，开展“今日诚信做人，明日诚信创业”大学生诚信教育主题系列活动，进一步增强学校的精神底蕴与人文内涵；开展了形式多样、主题鲜明的社会主义荣辱观学习实践主题活动；在大学生自愿者服务环北部湾经济合作论坛和“三会一节”获得表彰，3名优秀毕业生人选西部计划，树立了“投身基层，奉献西部”优秀大学生典型。2006年，学院学生在参加全国、全区等各种反映大学生综合素质的比赛中，获得了第五届“挑战杯”飞利浦中国大学生创业计划大赛全国铜奖、“高校优秀组织奖”；全国青少年创意传播大赛“全国十佳社团”；大学生数学建模竞赛6个全国二等奖、6个全区一等奖、4个赛区三等奖等优异成绩。

【招生就业工作】 2006年，广西财经学院在招生工作中坚持“组织健全、制度完善、要求严格、公正透明、阳光操作”的阳光工程招生制度，本科招生计划占总计划比重的60%，首次实现办学层次结构由以专科为主到以本科为主的转变，实际完成招生4737人，其中本科2400人，预科60人，高职高专（含3+2高职）2277人，超额26.7%完成招生任务。生源结构优化、生源质量的提高，为人才培养质量提供了有力保障。

2006年，学校共有本科、专科（高职）毕业生4639人，其中本科生304人，高职高专毕业生4335人。2006年，毕业生就业率达到93.1%，高于全区平均水平6.25个百分点，被自治区教育厅评为2006年度就业工作先进单位。

附：广西财经学院领导

党委书记：王春明（2004年8月起任）
党委副书记、院长：席鸿建（2004年8月起任）
党委副书记、纪委书记：莫亦飞（2004年8月起任）
党委副书记：韦　良（2006年8月起任）
副院长：蒙丽珍（2004年8月起任）
　　　　黄晓虹（2004年8月起任）
　　　　李　海（2005年6月起任）

电话：0771-3825464　0771-3822678
地址：南宁市明秀西路100号
邮编：530003

撰稿：黄维平

贺州学院

【概况】 2006年，贺州学院有东、西两个校区，占地总面积52万平方米，校舍建筑总面积22万平方米，教学行政用房面积9.1万平方米，学生宿舍面积5.7万平方米。校园环境优美，被授予自治区首批“绿色大学”“安全文明校园”称号。截至2006年底，图书馆有纸质图书57万册，电子图书15万册，连续多年征订中外期刊1100余种。

2006年，全院教学仪器设备总值2922万元，拥有教学用计算机1537台，多媒体教室和语音实验室座位5330个；建有校园网络中心、现代教育技术中心和远程网络教学系统。目前学院正进行外国政府贷款480万欧元（折合人民币约5000万元）教学仪器设备的采购工作。

2006年，学院设有中文系、外语系、人文与管理系、数学系、物理与电子信息系、计算机科学系、教育技术系、化生系、体育系、艺术系、初等教育系、社科部等12个系（部）和桂东族群研究所、语文教育研究所、物理教育研究所、英语教育科学研究所、客家文化研究所、数学与应用数学研究所、初等教育科学研究所、农产品精深加工研究所、稀土材料研究所、伦理与思想道德研究所、天然产物研究所、人类学研究所、桂东语言文化研究所、数学教育研究所、生物技术研究所、教育科学研究所等16个研究所。开办有汉语言文学、英语、数学与应用数学、物理学、化学、电子信息工程6个本科专业和新闻采编与制作、媒体策划与管理、多媒体设计与制作、市场营销、电子商务、旅游英语、旅游管理、计算机应用技术、计算机网络技术、软件技术、通信技术、模具设计与制造、工程造价、生物技术及应用、化学制药技术、艺术设计、环境艺术设计、历史教育、学前教育、初等教育、体育教育、音乐教育、美术教育等23个高职高专专业。学院始终以教学为中心，不断推进教育教学改革，“数学分析”“中学数学教材教法”被确定为自治区级重点课程，“数学分析教程”“语文教学技能培育教程”被列为广西“十五”期间第一批重点教材立项项目，应用电子技术专业被确立为全区教育改革和建设试点专业，计算机实验室、语言实验室、基础物理实验室、基础化学实验室等均已通过了自治区级合格评估。

2006年，全院教职员工575人，其中专任教师361人，有教授8人，副教授105人，研究生学历119人；另有外籍教师4人，聘任教授25人，有13人次荣获全国优秀教师等国家级荣誉。

2006年，学院有全日制学生6386人，其中本科生1003人，专科生5383人。

【教育经费的收入与支出】 2006年，贺州学院教育经费总收入4235万元。其中财政拨款1852万元，占总收入的2.24%；教育事业费收入2373万元。全年支出3398万元。在总支出中人员经费支出1333万元，占总支出36.2%；对个人和家庭补助支出837万元，占总支出24.6%。

2006年末，学院拥有资产10308万元，比上年增加1100万元，增长12%。其中货币资金201万元，比年初减少94万元，固定资产5625万元，比上年初增长225万元。

【本科办学】 学院是由原梧州师专升格为贺州学院，意味着由专科师范院校向多科性本科院校转型。为此，学院围绕本科办学这一中心任务，开展了系列讨论活动，从学院办学定位、发展目标、教育教学理念、专业设置、科研层次与方向、人才培养模式、管理体制与效能等方面都展开了广泛而热烈的讨论，切实转变观念，更新理念，为学院建设合格本科院校奠定坚实的思想基础。

【教学科研】 2006年，学院组织学习了《教育部关于进一步加强高等学校本科教学工作的若干意见》《普通高等学校教育评估暂行规定》和广西《关于加强我区普通高等学校教学工作全面提高教学质量的意见》等文件精神；加大对“大学英语”、“计算机应用基础”和“普通话”三门课程的改革力度，实行“教考分离”；增加选修课和实践课分量，各系每学期至少新增开设三门选修课。

2006年，在广西首届大学生电子设计大赛中贺州学院参赛的两支代表队分别荣获专科组一等奖和二等奖；“CCTV”杯全国英语大赛广西赛区二等奖；第一届“新华杯”广西高校计算机应用大赛二等奖；广西高校大学生化学化工类论文及竞赛二等奖、三等奖各一项；广西计算机一级考试通过率为62.7%，普通话水平测试通过二乙等级以上的通过率为65%。

在科研工作上，确定了校级项目42个，全年教职工发表论文400多篇，其中核心论文103篇，获教育厅科研课题立项6项，获广西教育科学“十一五”规划课题B类2项、C类4项，有2人承担国家语委“桂北平话与推广普通话研究”的3个子课题研究并出版专著3部，承担了贺州市重大课题项目2项，项目资金共1.5万元。在学科专业改造上。在完成现有6个本科专业的设计和指导的基础上，新申报并通过了思想政治教育、小学教育、艺术设计、电气工程及其自动化、通信工程、计算机科学与技术、食品科学与工程等7个新设本科专业。为保证学科专业改造顺利进行，学院新建了数控实验室、模具设计与制作实验室等，新购了一批新学科专业的图书。2006年，引进人才45人，其中副高2人，研究生13人，选送进修30多人，攻读硕士学位8人；新晋升教授3人、副教授16人。

【基本建设】 2006年，西校区扩建工程顺利完成了教学大楼、实验楼装修工程及主干道路、校大门、运动球场、绿化工程、学生公寓2幢等工程建设，提供了扩大办学规模基本条件，秋季学期开学时投入了使用，目前西校区已安排学生3500多人；同时，全年引进社会资金3000多万元建设了学生公寓3幢和西校区食堂、服务中心等工程项目；还与农村信用联社进行了协商，达成了给学院8000万元的信用贷款意向，年底已到位2000万元，解决了学院发展困难时期的大投入问题；开展“我为新校园作贡献”活动，全院师生约1万人（次）开展新校区义务植树、清理环境活动，共植树约1.3万株。

【学生工作】 抓好新生入学教育工作和军训工作，采取措施加强学生宿舍管理，积极做好贫困生和毕业生思想教育和管理工作，全院各系配备了专职学生辅导员。组织开展了“部门领导与学生代表对话会”，开辟了学生思想政治网络1个，开通了QQ谈心站2个，心理咨询热线3个。

【校园文化建设】 在校园文化建设上，以实施“大学生素质拓展计划”为主线，以实施青年学生百场报告会为切入点，广泛开展了红五月科技文化节，系列文娱体育活动，义务植树、献血活动，社会实践和青年志愿者活动等，进行了“扶贫助困圆大学梦”行动，全院教工捐款19180元，全部用于资助在校贫困大学生。院团委还组织团员青年帮扶富川县富阳镇铁耕村，开展社会主义新农村建设“兴旺行动”，2006年学院荣获广西优秀“三下乡”先进单位。

【安全稳定工作】 学院加强了校园管理，安全防范工作，群防群治，特别是加强了新校区的安全保卫及综合治理工作，投入10多万元在新校区综合实验楼安装了闭路电视监控自动报警系统，增设新校区保卫人员12人。

【招生就业工作】 2006年，学院面向15个省（直辖市）、自治区招生，招生录取人数共2874人，其中本科生1240人、专科生1382人、“3+2”形式小教大专生252人。开学新生报到总人数2211人，其中本科977人（占本科录取新生的78.79%），专科（含小教大专生）1234人（占专科录取新生的75.52%）；加上“专升本”新生25人，2006年学院最后实际入学新生2236人。2006年学院成人高等教育招生539人，其中本科345人，专科194人。2006年学院毕业生1817人，截至12月，全院毕业生累计就业率达90.2%。

附：贺州学院领导

党委书记：潘立文

院长：陈洪江

党委副书记、纪委书记：梁　华

副院长：解庆林　汤千文

电话：0774－5282522

地址：贺州市八步区西约街169号

邮编：542800

撰稿：麦茂生

钦州学院

【概况】 2006年，钦州学院分东、西和相辉苑三个校区，校园占地面积32万多平方米。建筑面积18.08万平方米，其中教学行政用房面积8.2135万平方米，学生宿舍面积3.5915万平方米，运动场地7.1万平方米。截至2006年底，学校教学仪器设备总值2380万元；拥有教学计算机810台，语音实验室座位420个，多媒体教室座位980个；馆藏纸质图书48.79万册，电子图书22.5万册。

2006年，学校设置有政治与经济系、数学与计算机科学系、物理与电子技术工程系、环境与经济学系、中文系、外语系、美术系、音乐系、化学与生物系、体育系、初等教育系和社会科学教育部、教育科学部和电大教学部等14个系、部，11个科研机构；设有党委办公室、院长办公室、组织人事处、党委宣传部、纪委监察审计室、教务处、科研处、学生工作处、招生就业办公室、后勤处、财务处、保卫处、成教处等行政机构；拥有6个本科专业(11个专业方向)，39个专科专业。2006年，学校有各类学生8016人，其中本科生694人，专科生4479人，成人教育2013人，电大生230人，电大开放教育600人。建校33年来，培养、培训了2万多名合格师资和其他专门人才。

学校有教职工536人，专任教师326人，外聘兼职教授22人。在专任教师中，有教授15人，副高级专业技术职务85人，具有高级专业技术职务的专任教师占教师总数的30.6%；具有研究生学历的专任教师117人，占教师总数的35.8%，还有在读研究生42人；有外籍教师2人，专职辅导员6人。先后有5人享受国务院或自治区人民政府特殊津贴；8人获得曾宪梓教育基金三等奖；32人次获得省级以上优秀教师或先进工作者光荣称号；7人先后获得市专业技术拔尖人才称号；6人先后获得市优秀青年科技人才称号。

近年来，学校先后荣获“全国高校学生社会实践活动先进单位”“广西绿化先进单位”“广西高校德育工作先进单位”“广西高校实验室评估工作先进单位”“广西学生军训工作先进单位”和“钦州市文明单位”等称号。

【教育经费的收入与支出】 2006年，钦州学院教育经费总收入3931万元，比上年增加531万元，增长15.62%。其中财政拨款1382万元，比上年增加232万元，占总收入的20.17%；教育事业费收入2175万元，比上年减少0.05%。全年支出4491万元，比上年增长28.17%。在总支出中人员经费支出1652万元，占总支出的36.7%；日常公用经费支出2487万元，占总支出55.38%；对个人和家庭补助支出352万元，占总支出的7.84%。

2006年末，钦州学院拥有资产14184万元，比上年增加2773万元，增长13.2%。其中货币资金128万元，比年初减少24万元；固定资产12916万元，比上年初增加2850万元。

【学院建设】 2006年2月14日，教育部致函自治区人民政府，同意钦州师范高等专科学校改建为钦州学院，钦州学院是本科层次的普通高等院校。

12月9日，钦州学院隆重举行成立庆典。自治区党委常委、钦州市委书记黄道伟，自治区人民政府副主席吴恒等出席。自治区人大常委会副主任甘幼玶，自治区高校工委书记、教育厅厅长余益中，钦州市人民政府市长汤世保讲话。钦州学院党委书记黄定嵩致欢迎词。庆祝大会由钦州学院院长李尚平主持。市领导陆将和、韦瑞能、杨海空、白志繁、王德伦、郑世丰、王学文等出席庆祝大会。庆祝大会开始前，黄道伟、吴恒、黄定嵩、李尚平为钦州学院校牌揭牌。自治区教育厅，防城港市委、市政府，北海市政府，崇左市政府、泰国清迈大学等20多个单位分别向庆祝大会发来贺电或贺信。自治区有关部门、各兄弟院校和兄弟市，钦州市各部门、各县区的负责同志以及钦州学院师生员工1万多人参加了庆祝大会。

【教学科研】 2006年4月29日至30日，钦州学院召开2006年教学工作大会，总结“十五”以来学院教学工作的经验，分析教学工作存在的主要问题，探讨、交流教学经验，认真规划“十一五”期间教学工作，确定教学工作的基本思路，提出教学建设、教学改革和教学管理的目标与任务，转变教育思想观念，全面推进学校从专科向本科教育的转轨，全面提升教学工作水平，实现“十一五”期间通过教育部本科院校合格评估的目标，将学院建设成为富有沿海地方特色的综合本科院校。

2006 年，根据《关于申报 2006 年度广西高等学校自治区和国家级精品课程的通知》（桂教高教〔2006〕57 号）的要求，经过教育厅组织专家组对各高等学校 2006 年上报的校级精品课程进行评审，钦州学院分别由黄宇鸿教授负责的“古代汉语”和刘琼副教授负责的“数学建模”两门课程被确定为 2006 年度广西高校自治区级精品课程。以钦州学院徐书业教授为课题负责人申报的科研课题“社会转型期民族地区学校文化生态研究”获得全国教育科学“十五”规划重点课题立项。

2006 年 6 月，广西壮族自治区语言文字工作委员会、广西壮族自治区教育厅确认钦州学院为自治区级语言文字规范化示范校，并授予“广西壮族自治区语言文字规范化示范校”牌匾。

2006 年下半年，钦州学院启动教授、副教授工程及中青年教师人才培养工程，加大师资培养力度，支持在职教师攻读硕士、博士学位和在职进修提高。

11 月至 12 月，钦州学院组团到广西区内外有关高校参观考察，实地考察校园建设、实验室建设等，学习各高校先进的管理经验及学科专业建设、教育教学改革、开展本科教学水平评估等教育教学经验。

【就业工作】 2006 年 3 月 25 日，钦州市人才市场和钦州学院联合举办了 2006 年春季大型人才交流会（钦州学院专场），共有区内外 150 多家行政、企事业单位参加，提供了约 3400 多个就业岗位，3000 多名大中专毕业生和社会待岗人员和用人单位进行了面对面的交流。

2006 年 7 月 1 日，钦州学院和中国人才网合作，在钦州学院举办人才招聘会。钦州市区和周边市、县及外省的部分市、县的 250 家企业参加了招聘会，提供 4000 多个就业岗位，吸引了当地和周边城市的近 5000 名求职者前来参加。

【获奖情况】 10 月 28 日，全国“CCTV 杯”英语演讲大赛广西赛区复赛在广西师范大学举行，全区有 20 所本科院校和 28 所高职高专学校的 100 多名选手参加了比赛。钦州学院外语系的潘景丽老师带队参加了专科组比赛，成绩斐然：方盈月同学荣获一等奖，唐广梅同学荣获三等奖；钦州学院团体总分排名第一，获专科组团体一等奖。

【国际交流与合作】 2006 年 6 月 16 日，钦州学院与泰中促进教育中心签订教育、文化合作协议。10 月 12 日，与泰国佛统皇家大学签订办学合作协议。

附：钦州学院领导

党委书记：黄定嵩

院长：李尚平

党委副书记、纪委书记：赖 每

副院长：徐书业 曾 彦 陈俊伟

撰稿：杜树营

百色学院

【概况】 2006 年，百色学院占地面积 127.6 万平方米，教学行政用房面积 13.2 万平方米，学生宿舍面积近 4 万平方米。截至 2006 年底，学校教学科研仪器设备总值 2230 万元，拥有教学用计算机 830 台，多媒体教室和语音实验室座位 2000 个，图书 61.2 万册。学校有教职工 509 人，其中专任教师 282 人，具有研究生学位教师 15 人，教授 12 人，副教授 71 人，专职辅导员 15 人。

2006 年，学校有中文、政治与法律、历史文化与旅游、经济管理、外语、数学与计算机科学、物理与电信工程、化学与生命科学、计算机与信息科学、体育、艺术和教育等 12 个专业系（部），有人类学研究所和高等教育与民族教育研究所等 2 个研究所，设有党委办公室、组织部、宣传部、纪委办公室、工会、团委、院长办公室、人事处（职改办）、教务处、科研处、学生工作处（部）、总务处、财务处、监察审计室、离退办、保卫办（武装部）、成人教育学院、图书馆、学报编辑部、网络与教育技术中心、澄碧校区管委会办公室、卫生所等行政机构。拥有13个本科专业，36个专科专业。

2006年，学校有各类学生4657人，其中本科生736人，成人教育919人。

【教育经费的收入与支出】 2006年，百色学院教育经费总收入3685.69万元，比上年增加484.94万元，增长15.15%。其中财政拨款2180.7万元，比上年增加416.08万元，占总收入的59.17%；教育事业费收入1337.24万元，比上年增长63.54%；全年支出3545.08万元，比上年增长21.94%。在总支出中人员经费支出1396.13万元，占总支出39.39%；日常公用经费支出516.96%，占总支出14.58%；对个人和家庭补助支出768.85万元，占总支出21.69%。

2006年末，学校拥有资产9312.84万元，比上年增加1427.88万元，增长18.11%，其中货币资金314.81万元，比年初增加203.07万元；固定资产6159.71万元，比上年初增加450.78万元。

【教学科研】 2006年，学院申报了10个本科新专业和5个专科新专业，共获批准设立7个本科新专业和3个专科新专业。"电磁学"课程被评为自治区级高职高专精品课程。学院先后与华为3COM公司等企业共建网络实验室，与百色起义纪念馆、右江民族博物馆、右江日报社、广西区电信公司百色分公司等企事业单位，共建百色学院爱国主义教育基地、教育与研究基地、教育教学实习基地。建成百色市少数民族传统体育项目训练基地。

"电磁学网络课程"课件和"法拉第电磁感应定律"课例在2006年12月首届广西高校教育技术应用大赛中荣获二等奖，"英语教学法"课件和"语言交际原则及交际性活动的设计"课例荣获三等奖，"数学建模"课件和"数学建模入门及示例"课例荣获优秀奖；有1件学生作品在2006年全国大学生数学建模竞赛中荣获广西赛区三等奖。

召开了百色学院首次教学科工作大会和实施教学质量工程暨迎接教育部本科教学工作水平评估动员大会，启动了教学质量工程和本科教学工作水平评估工作。

先后邀请了左昌鸿、黄国勋、曾冬梅、徐杰舜、覃乃昌、郭进、柳继斌等区内知名专家和日本东亚文化研究所所长、东洋大学文学部谷口房男教授，清华大学博士生导师、教育部政治理论教育指导委员会委员、清华大学吴倬教授，华南师范大学教育技术学院教授谢幼如博士等一批海外、区外知名专家学者到校讲学。

学院学报在第五届广西优秀报刊评选活动中被评为优秀社会期刊，在中国人文社会科学学报学会第三届评优活动中被评为全国优秀社科学报。学院教师先后荣获自治区社会科学研究优秀成果三等奖1项；第二届广西高校优秀教材评比二等奖1项，三等奖1项；第五届广西文艺创作奖"铜鼓奖"1项；第九次广西社会科学研究优秀成果奖论文类三等奖1项。

【发展规划】 学院制定了"四大规划"，即《百色学院"十一五"建设与发展规划》《百色学院"十一五"学科专业建设与发展规划》《百色学院"十一五"师资队伍建设规划》《百色学院"十一五"校园建设发展规划》。明确了办学指导思想和办学定位；提出了"以教学为中心，积极开展科学研究和社会服务，提高竞争能力和创新能力；以人才培养为中心，深化教育教学改革，促进教学科研相长，强化科学管理，全面提高教育质量和办学效益；依法和以德治校、人才强校、质量立校、科研兴校、特色创校、和谐建校"的办学道路。

【对外交流与合作】 2006年，学院领导分别到区外广东、陕西等地，区内钦州、防城港等地考察学习办学定位问题；到百色市田阳、田东、平果、靖西、德堡、那坡、田林、隆林、凌云、乐业等县了解人才需求情况，调研与地方政府合作办学的问题；与百色矿务局、百色电信局、建设银行等企业商谈校企合作问题。并与清华大学、广州大学等高校达成了对口帮扶的意向。

2006年，学院组团参加自治区教育厅在越南举办的广西教育展，共有8人次赴国外进行访问考察，继续聘请外教3人。2006年3月又组团赴越南高校考察学习，并与越南河内国家大学所属人文社会科学大学签订了合作办学协议。

【管理与后勤保障】 2006年，学院制定了《百色学院关于机关作风、提高行政效能和加强校风、教风、学风、建设活动方案》和《百色学院庭院专项整治活动方案》等，成立了百色学院创建自治区文明单位文明学校工作、构建和谐校园、依法治校等领导小组。成立饮食服务中心，实行自主经营、目标管理，坚持"三服务、两育人"的工作方针和以人为本的服务理念，以实惠、经济、营养、卫生为原则，为全院师生员工提供优质、安全的餐饮服务，为学院的不断发展和构建稳定和谐校园提供保障。

附：百色学院领导
党委书记：周炳群
党委副书记、院长：卞成林
党委副书记、纪委书记：梁文化
副院长：韦宗发　凌绍崇
电话：0776－2848088
地址：百色市中山二路21号
邮编：533000

撰稿：王　敦

梧州学院

【概况】　2006年，梧州学院占地面积54.47万平方米，教学行政用房面积12.18万平方米，学生宿舍面积5.08万平方米。截至2006年底，学校教学科研仪器设备总值44100万元，拥有教学用计算机1800台，多媒体教室和语音实验室座位4436个，图书81.1万册。学校有教职工946人，其中专任教师460人，具有研究生学位教师77人，博士生指导教师2人，教授21人，副教授97人，专职辅导员29人。

2006年，学校有8个专业学院（系），设有党委办公室、院长办公室、国际交流处、人事处、学生工作处、招生就业指导工作办公室、共青团梧州学院委员会、教务处、成人教育部、财务科、保卫科、审计科、科研处、心理健康教育中心、妇女委员会、学报编辑部、设备处、基建科、总务处、老龄委员会20个行政机构。拥有6个本科专业，31个专科专业。

2006年，学校有各类学生14623人，其中本科生4436人，留学生58人，在职攻读硕士学位研究生115人，专科生4500人，成人教育5629人。

【教育经费的收入与支出】　2006年，梧州学院教育经费总收入6420.64万元，比上年减少893.69万元，减少率13.92%。其中财政拨款2075.36万元，比上年增加323.03万元，占总收入的32.32%；教育事业费收入3560万元，比上年减少39.49%。全年支出4828.85万元，比上年增长6.79%。在总支出中人员经费支出1237.03万元，占总支出25.62%；日常公用经费支出1261.32万元，占总支出26.12%；对个人和家庭补助支出1823.31万元，占总支出37.76%。

2006年末，学校拥有资产29144.91万元，比上年增加3883.48万元，增长13.15%。其中货币资金299.63万元，比年初减少1566.66万元；固定资产6410.84万元，比上年初增长411.76万元。

附：梧州学院领导
党委书记：唐善茂
院长：刘慕仁
党委副书记、纪委书记：陈爱民
副院长：唐林　杨奔任
电话：0774－5827755
地址：梧州市富民三路82号
邮编：543002

撰稿：韦德华

桂林航天工业高等专科学校

【概况】　2006年，桂林航天工业高等专科学校占地面积52.34万平方米，建筑面积22.63万平方米，运动场地3.88万平方米，绿化用地12.8万平方米。截至2006年，学校教学仪器设备总值3389万元，拥有教学用计算机1184台，多媒体教室和语音实验室座位4421个。馆藏书刊58.4万册。

桂林航天工业高等专科学校设有工商管理系、计算机系、机械工程系、电子工程系、动力工程系、外语系、人文与社会科学系、经济与贸易系8个系和继续教育中心，开设了45个专业。学校被教育部确定为“承担数控技术应用专业领域技能型紧缺人才培养培训任务的院校”。汽车检测与维护专业、机电一体化专业为广西高职高专教学改革与建设试点专业。学校与多所本科院校联合举办专升本教育，各专业的优秀在校专科生经过选拔，可以直接升格进入本科相应或相近专业学习。

学校现有教职工550人，其中专任教师435人。在专任教师中，高级职称教师136人，具有研究生学历教师135人，广西高校百名中青年骨干教师2名；学校还拥有一批青年骨干教师、学科专业带头人。

2006年，桂林航天工业高等专科学校有各类学生9703人，其中专科生8602人，成人教育学生1101人。

【教育经费的收入与支出】 2006年，桂林航天工业高等专科学校教育经费总收入6511.93万元，比上年增加892.53万元，增长15.88%。其中财政拨款2497.82万元，比上年增加408.28万元，占总收入的38.36%；教育事业费收入3930万元，比上年增长16.79%。全年支出4859.88万元，比上年增加13.72%；在总支出中人员经费支出1487.66万元，占总支出30.61%；日常公用经费支出2021.22万元，占总支出41.59%；对个人和家庭补助支出837.91万元，占总支出17.24%；基建支出513.09万元，占总支出的10.56%。

2006年末，桂林航天工业高等专科学校拥有资产2.11亿元。其中货币资金2509.62万元，比年初增加580.38万元；固定资产1.48亿元，比上年初增长417.17万元。

【教学改革】 2006年，桂林航天工业高等专科学校按“以工为主，文理结合，一体两翼”“立足广西，面向全国，服务基层”的战略思想，拓展新学科和专业大类，整合了相关系和专业，撤销了经济与管理系、外语外贸系，成立了工商管理系、经济与贸易系、外语系。新增了焊接技术及自动化、机械制造及自动化、计算机信息管理、连锁经营管理、会计、税务筹划方向、工程造价、装潢艺术设计、室内设计技术、空中乘务等9个专业，使专业数达到45个。学校积极树立品牌意识，打造品牌战略，数控技术应用、机电一体化、应用电子技术、通信技术、计算机通信、模具设计与制造、人力资源管理、市场营销、文秘等9个专业被确定为广西高等学校优质试点专业，人力资源管理、C语言程序设计、工程力学等3门课程被评为区级精品课程；汽车维修技术实训基地被认定为自治区示范性建设高等职业教育实训基地。年内，学校新获准成立了国家数控职业技能鉴定站和汽车维修职业技能鉴定工作站，使得相关职业培训鉴定机构共有13个，可进行20个工种的培训鉴定工作。学校拥有校外教学实习实训基地66个、毕业生就业基地58个，校内建有教学实验室43个、实训室30个、实训基地6个、多媒体教室38个，为强化学生实践教学，提高学生职业技能水平，使其尽快适应工作岗位和顺利就业奠定良好基础。同时，学校进一步规范教学管理，完善教学督导工作，并充分利用信息技术和校园网络，使教学管理基本上实现了电子化、网络化、系统化。为提高教师教学技能和教学水平，学校还举办了第五届青年教师教学技能大赛、十佳青年教师和优秀教案评选表彰等一系列活动，并组织教师参加首届广西高校教育技术应用大赛，有两个课件获二等奖，两个网络课件获三等奖，学校获“优秀组织奖”。

【师资建设】 2006年，学校选送了24名教师攻读硕士、博士学位；鼓励教师参加各类学习培训，先后选派118名教师参加校外举行的其他培训。2006年，学校组织教师申报各级各类项目160余项，获准立项127项，并获得广西社会科学研究优秀成果二等奖一项，获得国家专利局授权的专利两项；全年发表论文300多篇，其中核心刊物60余篇，三大检索论文收录5篇。全年编写专著、教材、讲义37种，其中正式出版5种。另外，还进一步加强了产学研合作，与桂林航天电器有限公司等企业和科研院所进行横向联系，并建立了培训合作关系。

【学生工作】 2006年，学校平均就业率达98.43%，毕业生就业率再创新高，获“2006年全区高校毕业生就业工作先进集体”称号。年内，学校组织学生参加各级各类比赛活动也取得了良好的成绩。参加全国大学生数学建模大赛获得全国乙组二等奖2个，广西区乙组一等奖2个、二等奖2个。组织师生参加第二届全国数控大赛，在桂林赛区比赛中有一位老师获数控铣教师组第一名并被授予“桂林市技术能手”荣誉称号，6名同学分别包揽学生组数控铣床操作工前三名和加工中心操作工前三名；一位老师代表广西参加决赛，获教师组全国第十四名，该成绩是广西区教师组取得的最好成绩；学校被授予

"桂林市数控技能人才培养先进单位"称号，并荣获第二届广西数控技能大赛人才培育贡献奖。参加全国大学英语竞赛荣获全国特等奖 2 名、一等奖 2 名、二等奖 11 名，三等奖 22 名；在 2006 年"CCTV杯"全国大学生英语演讲比赛中，学校荣获广西区专科组团体第二名，两个个人三等奖。在首届广西大学生电子设计大赛中，有 2 个作品获得高职高专组一等奖。

【精神文明建设】 2006 年，桂林航天工业高等专科学校高度重视党建工作和思想政治教育工作，加强精神文明建设，推进"六大工程"（基本知识教育工程、创新工程、大学生职业生涯规划工程、砺志工程、心理健康教育工程、队伍建设工程）建设，充分发挥政治核心作用，不断增强师生员工的凝聚力和向心力，为学校的改革与发展保驾护航。学校狠抓"强基工程"，积极探索新形势下高校党建工作的新思路、新方法，开展了形式多样的党建主题活动，同时，实施"推优育苗"工程，加强了"党建带团建、团建促党建"工作。2006 年，学校党委分别荣获"自治区先进基层党组织"和"桂林市先进基层党组织"称号，工商管理系第二党支部荣获"广西高校先进基层党组织"称号。学校重视思想政治教育内容和方式的探索和创新，扎实推进"六大工程"建设并取得了明显的效果：大学生生活园区工作委员会正式挂牌成立；社会主义荣辱观主题教育实践活动扎实开展；并着力打造了"百场报告会"这一思想政治教育创新的大平台，全年共举办了 58 场报告会；开展了思想政治理论课新方案的各项实施工作；设立专项基金，开展了大学生思想政治教育研究工作，同时还组织开展了反邪教及反非法宗教等活动。2006 年，学校大学生思想政治教育工作获得了自治区党委办公厅、人民政府办公厅大学生思想政治教育工作督查组的充分肯定和好评。同时，学校加大信息宣传工作力度，被广西教育厅授予"广西教育系统信息工作先进集体"荣誉称号。此外，学校还十分重视支教工作，在广西支教工作第十一期动员暨第十期总结表彰大会上，被授予"自治区帮助攻坚、资助贫困特别贡献奖"；重视普法工作，组织处级以上干部和科级以下职工进行了年度普法考试，参考率、合格率达到 100%，被评为桂林市"四五"普法依法治理工作先进单位。

【安全稳定及后勤工作】 2006 年，桂林航天工业高等专科学校积极创建平安校园，进一步完善了校园突发事件处置机制和防范设施，建立了人、财、物全面保障的校内安全防范体系，成立了学生校园治安巡逻大队；对校园网实行 24 小时监控，及时清除有害信息。在基建及后勤工作方面，学校不断优化资源配置，加大经费投入，加强基础建设，7800 平方米的 15 号学生公寓楼按时竣工并投入使用，同时完成了对游泳池的维修和简易广场的建设。后勤集团饮食服务中心、学生公寓管理中心荣获"全区高校后勤社会化改革先进集体"荣誉称号；组队参加广西高校烹饪技术大赛获得大众面点团体一等奖；学校作为广西唯一高职高专学校代表参加中国高校首届烹饪大赛，获得一银和一铜的好成绩，并获得团体优秀奖。

附：桂林航天工业高等专科学校领导

党委书记：叶宗波
校长、党委副书记：张昌年
党委副书记：莫燕萍
党委副书记、纪委书记：旷永青
副校长：郝德温　罗国湘　詹皖生
电话：0773-5863280　0773-5863290
地址：桂林市金鸡路 2 号
邮编：541004

撰稿：黄　丽

广西体育高等专科学校

【概况】 2006 年，广西体育高等专科学校占地面积 87977 平方米，建筑面积 32157 平方米，运动场地 14306 平方米，绿化用地 320 平方米。截至 2006 年，学校教学科研仪器设备总值 4722.2 万元，拥有教学用计算机 132 台，9 个多媒体教室和 1 个语音实验室座位 1146 个，图书馆馆藏书刊 8.61 万册。

学校现有教职工142人，其中专任教师89人，教授2人，副教授等副高职称22人，讲师等中级职称58人，另外还有国家级裁判员7人；博士学位1人，在读博士1人，具有研究生以上学历教师30人，其中硕士研究生16人，研究生班14人；专职辅导员8人。此外，学校还聘请了曲宗湖、朱咏贤、邢文华、邹亮畴等国内知名专家教授为客座教授。

2006年，学校设有党委办公室、校长办公室、教务处、总务处、学生工作办公室、团委、招生就业办公室、工会、监察室、科研办、财务科、图书馆、卫生所、成教部等14个党政机构。开设有体育教育、运动训练和社会体育3个专科专业，学制均为两年，田径课是自治区重点课程。从1998年开始与广西师范大学联合办“专升本”。成人高等教育开设体育教育专业三年制函授专科；从2002年开始，分别与广西师范大学、武汉体育学院、上海体育学院、江汉大学联办体育教育专业三年制函授本科。“广西教练员培训中心”“广西国民体质监测中心”均设在本校，分别承担广西体育管理干部、全国和全区教练员岗位培训以及各运动项目裁判员和社会体育指导员等级培训考试的任务，以及全区的国民体质监测工作。

2006年，学校有各类学生1451人，其中在校普通全日制专科生1270人，成人高等教育学生181人。

【教育经费的收入与支出】 2006年，广西体育高等专科学校教育经费总收入1425.77万元，比上年增加22.26万元，增长1%。其中财政拨款821.35万元，比上年增加115.12万元，占总收入的57%；教育事业费收入572.53万元，比上年减少13%；全年支出1298.60万元，比上年减少2%。在总支出中人员经费支出526.15万元，占总支出40%；日常公用经费支出262.17万元，占总支出20%；对个人和家庭补助支出339.54万元，占总支出26%。

2006年末，广西体育高等专科学校拥有资产4310.39万元，比上年增加237.55万元，增长5%。其中货币资金1154.10万元，比年初增加134.21万元；固定资产3156.29万元，比上年初增长103.35万元。

附：广西体育高等专科学校领导
党委书记：陈　锋
校长：姚辉洲
党委副书记、纪委书记：姜建民
副校长：时殿辉　卢　存
电话：0771－2810790
地址：南宁市公园路2号
邮编：530012

撰稿：叶　萍

桂林旅游高等专科学校

【概况】 2006年，桂林旅游高等专科学校占地面积125万平方米，校舍建筑面积14.18万平方米。截至2006年，学校教学科研仪器设备总值3000.8万元，拥有教学用计算机1181台，多媒体教师和语音实验室座位4368个；图书馆拥有纸质图书43.33万册，电子图书41.7万册。学校有教职工496人，其中专任教师344名，具有研究生学位教师125人，博士生指导教师1人，教授8人，副教授38人，双师型教师117人，专职辅导员19人。学校4位老师被聘为2006－2010年教育部高等学校（高职高专类）教学指导委员会委员，其中一名为主任委员，一名为副主任委员；一名老师被评为“广西高等学校教学名师”，为2006年广西20名高校教学名师之一。

2006年，桂林旅游高等专科学校有6个系，4个研究所，设有党办、校办、人事处、组织部、财务处、教务处、科技处、学生处、团委、宣传部、国际交流处、成人教育处、保卫处、基建处、综合管理处、监察室、工会等行政机构；拥有25个专科专业。

2006年，学校有各类学生7829人，其中高专7019人，成高793人，外国留学生17人。

【教育经费的收入与支出】 2006年，桂林旅游高等专科学校教育经费总收入4496.77万元，比上年增加330.18万元，增长7.29%。其中，财政拨款1241.27万元，比上年增加11.51万元，占总收入的27.60%；教育事业费收入3150万元，比上年增长12.55%；全年支出4496.77万元，比上年增长16.45%。在总支出中，人员经费支出1564.59万元，占总支出34.79%；日常公用经费支出1582.54万元，占总支出35.19%；对个人和家庭补助支出436.54万元，占总支出9.71%。

2006年末，桂林旅游高等专科学校拥有资产18967.81万元，比上年增加1309.50万元，增长7.42%；其中货币资金1240.68万元，比年初新增加80.40万元；固定资产14667.23万元，比上年初增长125.17万元。

【教学改革工作】 2006年，学校在优质专业、精品课程建设、教改立项、教材规划、实训基地建设等方面成绩显著。学校专业的"两化"（即所有专业优质化、强势专业精品化）建设初见成效，专业建设的"三主"管理制（即学校主导、系里主办、教研室为主体的管理体制）基本形成，共确定了12个校级优质专业；酒店管理、旅游管理、景区开发与管理、旅游英语、旅游日语、装饰艺术设计、环境艺术设计、导游等8个专业被确定为2006年自治区高等学校优质专业（试点），自治区级优质专业在全校专业的覆盖率达到了30%。"旅游经济学"和"旅游礼宾礼仪"获自治区级精品课程；"旅游概论"荣获2006年度国家级精品课程，实现了广西高专院校国家级精品课程零的突破。学校确定了12项校级教改项目，并获自治区教育厅指定自治区级教改工程项目2项，获自治区"十一五"第二次教改工程项目6项。《旅游经济常识》《旅游概论》《中国旅游资源概况》3种选题获"十一五"国家级教材规划立项；《旅游经济》《导游日语》《旅游市场营销》《中国历史文化》《旅游概论》5种教材分获自治区第二届优秀教材一、二、三等奖。"酒店管理专业实训基地"被认定为自治区示范性高等职业教育实训基地，"导游专业实训基地"被认定为自治区示范性建设高等职业教育实训基地。学校在首届广西高校教育技术应用大赛上获一等奖1项，三等奖1项。

【科研工作】 2006年，学校获得自治区科技攻关项目1项，获得广西自然科学基金课题1项，教育厅学术带头人课题1项，广西"十一五"教育科学规划重点课题3项，广西社科联课题1项，桂林市科技攻关课题3项，广西教育厅科研经费资助课题4项，横向项目4项。学校作为自治区科技攻关项目——"旅游特色科技开发"牵头单位，统管全区的旅游科研攻关课题9项。2006年全校教师出版专著、教材19本，画册2本，在各级各类学术刊物发表论文162篇，艺术作品49件。"桂林导游多媒体开发及应用""广西著名景区金属、陶瓷特色旅游商品开发""桂北乡村旅游开发示范"等3项广西科技攻关项目研究成果达到国内先进水平。

【旅游特色培训】 2006年，学校整合资源，加大人才培养工作力度，旅游培训取得社会效益和经济效益。在培养职业化人才方面，开办了2006年导游考试考前培训班，培训各类人员580多人，并组织了2900多人参加导游考试；在岗位培训方面，分别在柳州、南宁举办了全国旅游饭店总经理岗位培训班。通过开展培训，为旅游业输送了一批优秀人才。

【校园文化建设】 2006年，学校成功举办了"女生节"、庆五四系列活动、"夏之韵"校园歌手大赛、2006级新生开学典礼暨迎新生文艺晚会、第二届"十佳团日活动"评比、第六届"新势力杯"7人制足球赛、第六届美食文化节、第四届社团文化节等，还与广西电视综艺频道联合举办了"全民星偶像唱响校园"旅专专场，并在电视上进行播出。年内，学校对"马踏飞燕"思政网进行改版，将政治学习的文件和音像资料及时上传网站"党建聚焦"栏目，以便学习之用。同时，学校以采、编、播为一体，打造"马踏飞燕视频新闻"，将学校重大活动制作成新闻、花絮、人物访谈等形式的视频节目，搬上校园网络。为学校开办了"旅专讲坛"，邀请国内外的知名专家学者进行讲学。年内已有世界旅游组织、香港理工大学、国务院发展研究中心等国际知名专家、学者登上"旅专讲坛"讲学。

【招生就业工作】 2006年，学校在全国31个省、市、自治区招生，共招收各类学生3210人，其中高专2806人，成高154人，自考240人，越南留学生10人。年内，毕业生1976人，其中高职高专1879人，成人自考97人。学校通过健全组织，落实责任，思想动员，加强择业就业教育，精心组织毕业生与用人单位"双向选择洽谈会"，积极主动地开展就业指导服务工作等措施，使学校毕业生初次就业率达到98.24%，名列自治区高校前茅。学校被自治区教育厅评为"全区高校毕业生就业工作先进集体"。

【国际交流与合作】 2006年，学校接待来自美国、西班牙、塞浦路斯、日本、韩国、越南及香港地区团组16批共118人次，组织赴美国、英国、德国、泰国、越南和台湾地区访问、学习团组10批（教师、学生）共16人次；与塞浦路斯国际学院、美国西俄勒冈大学签订交流协议或合作备忘录；5月，学校加入亚太旅游教育培训机构（APETIT）。与联合国世界旅游组织的合作取得实质性进展；10月，学校成为世界旅游组织重点支持单位；11月，学校与世界旅游组织合作项目正式启动。世界旅游组织委派了全球旅游教育机构中排名第四、亚洲排名第一的香港理工大学酒店与旅游管理学院，以国际办学的标准帮助学校在酒店管理专业的办学理念、教学计划、课程设置、课程大纲、实训模式、师资培养等方面进行提升，尽快使学校成为中国及亚太地区一流的旅游教育与培训机构。

【校企合作】 2006年8月，学校与桂林佳源投资管理有限公司签订校企合作协议，该公司投资建设学校雁山校区南区学生公寓3栋，并委托学校负责其所投资建设的学生公寓的日常管理和商业中心的物业管理。11月，学校与广西维伯教育管理服务有限公司签订校企合作协议，该公司在学校投资600万元建设总建筑面积为6500平方米的酒店管理实训大楼暨国际交流中心，双方将逐步合作开展中外合作学历教育、国际培训、出国留学、招收国外留学生等国际教育业务。

【校区建设】 2006年，学校组织实施了新校区建设一期后续工程，进行了琴房、13、18、19栋学生宿舍建设，完成建筑面积约22000平方米；改造了教学楼架空层、运动场，进行了模拟导游实验室、电子商务实验室、形体房、舞蹈房、录音棚装修，同时还有系列供电、供水、网络、通讯、绿化工程。对一些工程进行工程验收、消防验收、防雷验收；启动了行政办公大楼、国际学术交流中心、5号学生食堂、学校大门、运动场观礼台等新工程。

2006年，学校组织了两次搬迁工作。第一次为年初的行政教辅部门和部分实验室、社团的搬迁，涉及17个行政部门、10个实验室、8个多媒体教室、若干个学生社团。第二次搬迁为年中的若干系部和行政教辅部门，涉及2个教学系、2个行政部门、15个实验室及若干教学行政用房。至此，学校实现了新老校区的顺利过渡，除了视觉艺术系及成教部门外，学校已经全部搬迁至雁山校区。

附：桂林旅游高等专科学校领导

党委书记：王 枬

校长：李丰生

党委副书记：蒋 伟

副校长：李肇荣 黄国良 容作信

电话：0773－3691009

地址：桂林市雁山区

邮编：541006

撰稿：李伟华

柳州师范高等专科学校

【概况】 2006年，柳州师范高等专科学校有南、北、西3个校区，总占地面积40.33万平方米，校舍总建筑面积12万平方米。图书馆藏书45万册，教学仪器设备总值1910万元，拥有专业学科实验室27个和500台教学用计算机，各类球馆（场）43个，建有功能较齐全的电子阅览室和校园网。在职教职工512人，其中专任教师312人，教授6人，副教授职称75人，博士研究生6人，聘有英语、越南语外籍教师7名。设有中国语言文学系、政治与法律系、外国语言文学系、数学与计算机科学系、物理与信息科学系、化学与生命科学系、体育与健康教育系、教育心理科学系、财经系、艺术系、社会科学研究部等11个系（部）34个专业（师范专业10个，非师范专业24个），涵盖了理、工、文、经、管、法、教育等学科。全日制在校本、专科生5137人，成人高教函授学员1000人。

【教育经费的收入与支出】 2006年，学校的教育经费总收入3974万元，比上年增加1849万元，增长率87.01%。其中财政拨款1328万元，比上年增加516万元，占总收入的33.42%；教育事业费收入2646万元，比上年增长101.52%。在总支出中人员经费支出1299万元，占总支出44.70%；日常公用经费支出946万元，占总支出32.55%；对个人和家庭补助支出661万元，占总支出22.75%。

2006年末，学校拥有资产6955万元，比上年增加2141万元，增长44.47%。其中货币资金631万元，比年初增加424万元；固定资产5546万元，比上年初增长1194万元。

【“升格本科”申报立项工作】 2006年，学校“专科升格本科”的申报工作已全面启动。来宾市委、市政府将学校的升本工作列入了市政府“十一五”规划，同时，区教育厅已把学校升本列入“十一五”规划并上报教育部。

【基础建设】 2006年，学校完成南、北两校区的大门建设、南校区学生宿舍和食堂的改造，以及接通柳州市自来水管道安装工程。

【教学科研】 2006年，学校深化教育改革，推进教学科研工作快速发展，继续推行和完善学分制，修订了部分专业教学计划，增加了选修课和实践课的教学比重。科研成果有10个课题获省级以上立项，其中国家级1项、自治区级9项；参编、出版的教材（著作）6部，其中主编教材2部，参编4部；教师公开发表学术论文130多篇，其中，有10篇在国家核心刊物上发表，有3篇被SCI收录。加强实习实训基地建设，学校在广西翁氏八达物流公司、柳州市五顺模具制造有限公司、融安县长安中学等企事业单位建立了实习实训基地。根据社会经济发展需求组建调整教学部门，成立了财经系、艺术系，撤销了信息技术系，新增了会计与审计、金融与保险、物业管理、环境与艺术设计、运动训练等五个专业。

【国际交流与合作】 2006年，聘请英国、加拿大、芬兰、越南等国外籍教师7名；2006年11月16日，学校与越南东方民立大学签订了联合办学协议，学校将选派一批应用越南语专业学生赴越南东方民立大学进行为期一年的专业教育学习。

【获奖情况】 2006年，学校被自治区授予“帮助攻坚、资助贫困特别贡献奖”称号；被自治区党委宣传部、自治区环保局、自治区教育厅命名为“绿色大学”；获自治区卫生厅、红十字会、广西军分区颁授“无偿献血促进奖”；学校红十字会被自治区教育厅、自治区红十字会授予“自治区学校红十字会先进集体”称号；学校教务处被授予“‘十五’期间广西高等学校优秀教务处”称号；学校学生代表队在广西第三届啦啦操大赛中获体育专业组三等奖；在“CCTV”杯全国大学生英语演讲比赛中获广西赛区团体总分第三名。

附：柳州师范高等专科学校领导

党委书记：蓝凡华
校长：曾凡平
党委副书记、副校长：虞继敏
党委副书记、纪委书记：廖德祥
副校长：朱宝骧
电话：0772－2725131
地址：柳州市柳北区沙塘镇君武路170号
邮编：545004

撰稿：陆　茂

桂林师范高等专科学校

【概况】 2006年，桂林师范高等专科学校占地面积23万多平方米，建筑面积18万平方米，教学行政用房面积6.7万平方米，学生宿舍面积3.7万平方米。截至2006年，学校教学科研仪器设备总值2400余万元，拥有教学用计算机837台，多媒体教室和语音实验室座位2052个，音乐系钢琴和琴房的生均占有率居全区同类高校前列；有图书资料100余万册。

2006年，学校有教职工524人，其中专任教师364人，具有研究生学位教师58人，教授10人，副教授76人，讲师195人，各专业均有一支教学水平高、结构合理的师资和教学管理队伍；学校还常年聘请多名外籍教师任教。

桂林师范高等专科学校现有政治与社会学系、

中文系、外语系、数学与计算机科学系、物理与信息技术系、化学与工程技术系、音乐系、美术系、教育与管理系 9 个系和社科部、公共体育教学部、大学外语教学部、计算机教学部、公共艺术教学部等 5 个教学部；设有党办、校办、监察室、宣传部、组织部、人事处、教务科研处、学生工作处、保卫处、总务处等行政机构。拥有 40 个专业。学校除在广西招生外，还面向河南、河北、吉林、黑龙江、湖南、江西、云南等 18 个省市招生。

2006 年，学校有各类学生 6538 人，其中普通师专生 5940 人、本科生 148 人、成人函授大专生 450 人。年内毕业生 2170 人，截至 12 月 25 日，就业率为 88.13%，居全区同类高校前列。

【教育经费的收入与支出】 2006 年，桂林师范高等专科学校教育经费总收入 5211.41 万元，比上年增加 484.01 万元，增长 10%。其中财政拨款 3051.76 万元，比上年增加 558.16 万元，占总收入的 58%；教育事业费收入 2140.92 万元，比上年增长 13%；全年支出 5210.80 万元，比上年增长 12%。在总支出中人员经费支出 2304 万元，占总支出 44%；日常公用经费支出 768.80 万元，占总支出 14%。对个人和家庭补助支出 1222.84.92 万元，占总支出的 23%。2006 年末，桂林师范高等专科学校拥有资产 9190.80 万元，比上年增加 2098.90 万元，增长 29%。其中货币资金 1498.60 万元，比年初增加 1054.70 万元；固定资产 7692.20 万元，比上年初增长 1339.80 万元。

【素质教育】 2006 年，学校组织数学与计算机科学系学生参加广西赛区数学建模比赛，获优秀组织奖及两项三等奖；组织学生参加 CCTV 杯全国大学生英语演讲比赛，中文系学生何炳云荣获广西赛区决赛第一名，并代表广西赴北京参加全国高职高专英语演讲比赛，获优胜奖；音乐系学生代表广西高校参加在武汉举行的第四届“珠江钢琴”全国高校音乐教育专业大学生基本功比赛，喜获团体奖第二名、个人五项全能二等奖和三项个人单项奖；学生啦啦操队参加由广西区教育厅、广西电视台主办的广西第三届“馥珮杯”啦啦操比赛暨全区第六届大学生啦啦操大赛，获高职高专组一等奖和最佳完成奖；参加广西第六届大运会获羽毛球比赛女子团体第一名、男子团体第四名。

【第一届教学工作大会召开】 2006 年 12 月 14 日—15 日，学校召开第一届教学工作大会。大会表彰了一批在教育教学工作中成绩突出的优秀教师和优秀教育工作者，出台了《桂林师范高等专科学校全面提高教学质量行动计划》。

【迎评创建工作】 2006 年 2 月 24 日，学校召开全体教职工参加的迎接教育部高职高专院校人才培养工作水平评估动员大会，成立了以校党委书记、校长为组长，其他校领导班子成员及有关主要部门负责人为副组长的迎评工作领导小组（桂林市人民政府成立了以分管副市长为组长，市人民政府副秘书长、市教育局局长、本校校长为副组长，市政府有关部、委、办、局领导为成员的桂林师范高等专科学校迎评工作领导小组），并按评估指标体系的分类，组建了 7 个迎评大组。邀请了区内外专家分别就高职高专评估指标体系内涵的解读、教学档案的收集整理和精品课程的建设与申报等问题到校作专题讲座；先后派出 11 人次参加国家教育行政学院和自治区教育厅组织的高职高专院校人才培养工作水平评估研修（培训）班学习；开通了学校迎评专题网站。

撰稿：桂林师范高等专科学校

柳州医学高等专科学校

【概况】 2006 年，柳州医学高等专科学校占地面积 55.82 万平方米，建筑面积 18.26 万平方米，运动场 2.35 万平方米，绿化用地 18.61 万平方米。截至 2006 年底，学校教学科研仪器设备总值 2846.22 万元，拥有教学用计算机 550 台，语音实验室座位 572 个。馆藏书刊 30 万册。

学校设有人文社科部、医学基础部、临床医学系、公共卫生中医系、护理系、影像药学口腔系及现代教育技术中心、实验实训中心，以举办医学高等专科教育为主（含普通专科、高职、成人专科），开设有临床医学、护理、医学影像技术、妇幼卫生、卫生监督、公共卫生管理、营养医学、口腔工艺技术、药学等12个专业。

2006年，学校有406名专任教师，其中教授14人、副教授130人，博士、硕士研究生共123人，自治区首届教学名师1人。

2006年，学校高职高专在校生6266人。

【教育经费的收入与支出】 2006年，学校教育经费总收入5491.70万元，比上年增加1110.70万元，增长25.35%。其中财政拨款1543.6万元，比上年增加285.80万元，占总收入的28.11%；教育事业费收入3948.10万元，比上年增长27.11%；全年支出5399.50万元，比上年增长40.37%。在总支出中人员经费支出1476.36万元，占总支出27.34%；日常公用经费支出1363.70万元，占总支出25.26%；对个人和家庭补助支出882.55万元，占总支出16.35%。固定资产购建和大修支出1676.5万元，占总支出31.05%。

2006年末，学校拥有资产7719.04万元，比上年增加2057.93万元。其中货币资金2270.78万元，比年初增加1143.54万元；固定资产5448.26万元，比上年初增长914.39万元。

【教学质量管理】 2006年，学校根据教育部高职高专人才培养工作水平评估标准和要求，进一步加强日常教学管理，特别是建立了教学质量监控体系；制（修）订了《教学质量学生信息采集和反馈工作制度》《教学质量监控与评价实施方案》《听课反馈制度》等教学质量管理与监控的相关制度；建立“学生—系部—学校”的三级教学质量监控网络，成立系级和学校教学督导组，加强教学督导活动。定期召开学生教学质量信息员会议，听取学生对教学的反馈意见，教学质量不断提高。学生在参加2006年全国大学英语竞赛比赛中，获全国特等奖1名、一等奖3名、二等奖8名、三等奖15名、鼓励奖24名，获奖率达10%。大学英语应用能力考试，一次通过率达48.8%；全国计算机等级考试一次通过率达73.7%；高校计算机联考一次通过率达53.8%。

【大学生心理健康教育】 2006年，学校大学生心理健康教育中心开展了以“关爱自我，珍爱生命，演绎成功人生”为主题的“5·25”大学生心理健康活动周，开设了大学生心理健康知识讲座，开展心理影片欣赏、心理剧表演等系列活动，并为在校女生开展了3期“女性心理卫生知识”报告，为大学生提供了及时、有效、高质量的心理健康指导和服务，促进了学生身心健康发展，并培养了学生良好的心理品质和自尊、自爱、自律的优良品格。

【职业技能鉴定】 2006年，学校获广西劳动和社会保障厅批准成立了的职业技术鉴定所通过，独立开展按摩师、养老护理员、育婴师、保健刮痧师的初级技能和中级技能鉴定工作；获卫生部职业技能鉴定指导中心批准开设卫生行业职业技能培训班，开展护理员、口腔修复工、中药药剂员、西药药剂员、妇幼保健员、卫生检验员的培训的工作，学员经培训后参加相应资格考试，考试通过者获得由卫生部职业技能鉴定指导中心颁发的《国家职业资格证书》，推进了学校毕业生学历证书和资格证书并行的“双证书”制度的实施，拓宽毕业生的就业渠道，增加学生就业机会。

【科研工作】 2006年，学校制订了科研工作激励机制，鼓励教师积极开展科研活动，全年学校组织申报课题共24项，其中自治区级科研立项8项；“功能性单侧唇裂显微整复术的基础与临床研究”、“口腔颌面外科应用解剖学研究”2个科研项目顺利通过自治区科技厅科研成果鉴定，其中“功能性单侧唇裂显微整复术的基础与临床研究”获广西医药卫生适宜技术推广奖二等奖、柳州市科研进步三等奖。“大学教学管理制度的人文关怀诉求”获广西壮族自治区第九次社会科学研究优秀成果三等奖。

【实训基地建设】 2006年，学校重点对护理实训基地进行人员培训、资源重组，加大资金投入力度，提升了基地的水平，使学校护理实训基地成为自治区示范性高等职业教育实训基地。此外，学校还加强了临床医学实训基地、公共卫生实训基地、口腔医学实训基地的建设。

【招生就业工作】 2006年，学校计划招生2200人，实际完成招生数2278人，完成计划数的104%。学校2006届毕业生1699人，比去年增加了87%。学校毕业生就业率达89.7%，基本与去年持平，其中就业率100%的专业有高级助产、医学影像学、预防医学等专业，学校在保持就业率的同时，进一步提高了学生的就业质量。

【新校区建设】 2006年，学校加快新校区建设步伐，与柳州市商业银行签订了银校合作协议书，获银行1亿元人民币贷款的支持，完成了新校区教学综合楼、讲堂群以及图书馆的招标工作。

附：柳州医学高等专科学校领导

党委书记、校长：熊云新

党委副书记、纪委书记：覃远生

副校长：秦小云　郑陈光

电话：0772－2613217

地址：柳州市窑埠街114号

邮编：545006

撰稿：韦相立

广西警官高等专科学校

【概况】　2006年，广西警官高等专科学校有校本部、仙葫、北海三个校区，占地总面积43.02万平方米，教学行政用房8.8万平方米，学生宿舍2.98万平方米。截至2006年，教学科研仪器设备总值1402万元，拥有教学用计算机481台，多媒体教室座位2084个，语音实验室座位326个。馆藏书刊24.6万册。

广西警官高等专科学校设有7个教学系、部，6个党政管理机构，3个教学辅助机构。现开设有侦查、刑事技术、警察管理、治安管理、交通管理、特警、禁毒等14个专业。有在编教职工288人，其中专任教师189人。专任教师中，有教授7人，副教授48人，讲师73人，具有研究生学位教师23人。

2006年，广西警官高等专科学校有各类学生4977人，其中全日制在校专科学生4640人，全日制在校中专学历学生64人，成人高等学历教育专科生273人，另有成人教育合作办学在籍大专和本科生852人，自考大专生126人，自考本科生3982人。

【教育经费的收入与支出】　2006年，广西警官高等专科学校，教育经费总收入3732.22万元，全年支出5208.60万元，2006年末，学校拥有资产10456.44万元。

附：广西警官高等专科学校领导

党委书记：林爵枢

党委副书记、校长：胡章记

党委副书记、纪委书记：韦志兆

副校长：黄章文　李克龙　刘建昌

电话：0771－5616000

地址：南宁市长湖路6号

邮政编码：530023

撰稿：广西警官高等专科学校

广西广播电视大学

【概况】　2006年，广西广播电视大学占地面积115.77万平方米，教学行政用房面积26.68万平方米，学生宿舍面积12.88万平方米。截至2006年底，学校教学科研仪器设备总值9965.15万元，拥有教学用计算机5538台，多媒体教室和语音实验室座位8456个，图书158.83万册。学校有教职工1225名，其中专任教师666人，具有硕士研究生学历的教师51人，具有正高级职称4人，副高级职称195人，中级职称499人。

学校有文法、经管、理工、高职、继教5个学院和中专校，设有党委办公室、校长办公室、组织人事处、离退办、纪委办公室、监察室、审计室、工会、财务处、后勤保卫处、教务处、考试管理办公室、发展规划处、招生就业办公室、基层电大工作办公室、科研设备处、远程教育中心、教学资源与技术中心、教材管理中心、学工处等行政机构。拥有13个本科专业，80个专科专业，10个中专专业。

2006年，各类在校学生39366人，其中开放教育本科生6439人，开放教育专科生15139人，教育部“一村一名大学生”计划专科生1765人，普招专科（含高职）2303人，成招专科1579人，网络教育生9700人，自考生900人，中专生1541人，另非学历教育7700人次。

【教育经费的收入与支出】 2006年，广西广播电视大学教育经费总收入3435.04万元，比上年增加198.25万元，增幅6.12%。其中财政拨款863.70万元，占总收入的25.14%，比上年增加99.80万元；教育事业费收入2571.34万元，比上年增加2.85%。全年支出3352.25万元，比上年增长7.53%。在总支出中，人员经费支出988.61万元，占总支出的29.49%；日常公用经费支出1005.76万元，占总支出的30.00%；对个人和家庭补助支出209.87万元，占总支出的6.26%；结转自筹基建支出813.21万元，占总支出的24.26%。

2006年末，学校拥有资产5956.72万元，比上年增加571.97万元，增幅10.62%。其中货币资金2412.61万元，比年初增加299.66万元；固定资产2910.75万元，比年初增加92.27万元。

【教学管理】 广西广播电视大学已经形成了以自治区电大为中心、19所市级电大分校和工作站、96个教学点为基础的、基本覆盖全区城乡的广西最大的现代远程教育网络。2006年5月，顺利通过了教育部对广西电大开放教育试点项目总结性评估，评估结论为良好。广西广播电视大学以学习者为中心，构建了现代远程开放教育人才培养模式的基本框架：在现代教育理论和教育思想指导下，按照开放教育的教育规律、培养目标和人才规格要求，根据成人在职学习的特点，通过形成能支持广西民族地区远程教育实施的技术环境，通过构建适合广西民族地区特点的教学模式和教学管理模式，通过科学设置运行机构，制定规章制度、合理调配资源等措施，确保教学的有效运作，保障人才培养的质量，为广西社会经济发展培养“学得好、用得上、留得住”的应用型高等专门人才。

【服务工作】 2006年，广西广播电视大学对原有网络进行改造，实现了区电大与市、县级电大的公网连接，组成了具有更好的拓展性、更方便向基层延伸的新的现代远程教育网络系统。广西电大将各类教学资源上网公布，方便电大师生浏览、下载使用。同时，2006年完成了200余盒录音带的转录和3000张光盘的刻录工作，发放光盘4000多张。

广西广播电视大学对如何做好教学支持服务进行了有益的探索和尝试，建立了教学服务“四个支持”机制。一是通过加强远程教学设施建设，建立了“技术支持”服务机制。二是通过资源建设与资源整合，建立了“资源支持”服务机制。三是加强师资队伍建设，建立了“教师支持”服务机制。四是通过完善管理制度，建立了“管理支持”服务机制。

附：广西广播电视大学领导

党委书记：崔　践
校长：毛汉领
党委副书记：韦利英
副校长：宋志生　韦泽红　胡泽民
电话：0771－5851916
地址：南宁市东宝路2号
邮编：530022

撰稿：施　菱

广西教育学院

【概况】 2006年，广西教育学院分南、北两个校区，占地面积4.75万平方米，建筑面积7.88万平方米，其中教学行政用房面积3.27万平方米，学生宿舍面积1.12万平方米。截至2006年10月，学院教学科研仪器设备总价值1559.53万元，教学用计算机1056台，多媒体教室座位和语音实验室座位1126个。馆藏书刊28.88万册。

2006年，学院设有9个教学系，分别是中文系、数学与计算机科学系、外语系、政治经济系、教育管理系、旅游与环境学系、现代教育技术系、艺术系、文化与传播学系。目前设有文学、教育学、理学、工学、管理学、法学、历史学等学科门类，26个本科层次专业，24个专科层次专业，其中的现代教育技术专业是国家级示范性高职高专专业，旅游管理专业是省级示范性高职高专专业。现有在校学生8611人，其中普通专科生2514人，成人本、专科生6097人。留学生8人。

除了上述教学系，另有设在学院的“广西中小学教师继续教育指导中心”、挂靠学院的广西教育学会秘书处、前身为“广西中小学教学研究部”的学院教学研究部和全区高校办刊历史较长的学院杂志社。另有广西教育学院生态文化研究所、广西教育学院人力资源研究所、广西教育学院教育科学研究所、广西教育学院思想政治教育研究所和广西教育学院公共行政管理研究所5个研究所。学院目前面向社会公开发行的刊物共有6种，分别是《广西教育学院学报》《小学教学参考》《中学文科》《中学理科》《创新作文》和《基础教育研究》，其中的《小学教学参考》《中学文科》为全国中文核心期刊，《中学理科》为广西优秀期刊。

2006年，培训中小学教师近5万人（次）以上，培训中小学校长2029人。2006年培养省级测试员12名，组织5次全区普通话水平测试，人数达1581人，是全区主要的普通话培训和测试基地。

学院现有教职工300人，专任教师226人。其中，具有博士、硕士学位或研究生学历的82人，占教学及研究人员总数的36.28%；具有高级职称的105人，其中教授、研究员12人，副教授、副研究员93人，占专任教师总数的46.46%。有专职辅导员8人。

【教育经费的收入与支出】 2006年，广西教育学院经费总收入3958.38万元，比上年增加684.62万元，增长率20.91%。其中财政拨款2149.22万元，比上年增加688.73万元，占总收入的54.29%；教育事业费收入1750万元，比上年增长5.93%。全年支出3617.16万元，比上年减少9.52%。在总支出中人员经费支出1396.35万元，占总支出的38.6%；日常公用经费支出961.71万元，占总支出的26.59%；对个人和家庭补助支出959.04万元，占总支出的26.51%。

2006年末，学院拥有资产6180.27万元，比上年增加438.66万元，增长7.64%。其中货币资金725.87万元，比年初减少138.97万元；固定资产4439.46万元，比上年初增加172.9万元。

【校风建设】 2006年，学院全面修订学院规章制度，完善学院管理机制。全面修订学院规章制度是完善学院管理机制的一项重大举措。按照自治区教育厅的要求，对规章制度进行全面修订，管理更趋规范。

切实转变工作作风。根据自治区人民政府办公厅的文件精神，下发了《关于严肃会议纪律切实转变作风的通知》。要求全体教职工做好表率，按照教育职业道德的标准严格要求自己，树立良好的教风和良好的机关工作作风。

【获奖情况】 2006年，学院学生有12人被评为“自治区人民政府奖学金”优秀学生，有7人被评为自治区级优秀大学毕业生，有131人被评为院级优秀大学毕业生，有48人被评为2007届全日制成人班院级优秀毕业生。2006年五四青年节期间，评选出了100名优秀团员，50名优秀团干部，10个红旗团组织，10名十佳社团负责人，10名十佳文艺宣传骨干，10名社会实践先进工作者，250名社团活动先进个人。

【招生就业工作】 2006年，有563人获得了初级中学教师资格证。普通专科毕业生中，有78人获得了辅修专业证书，有53人直接升入本科阶段继续学习。毕业生就业情况也继续保持良好。2006届毕业生共有1319人，其中成高班593人，普高班726人。截至9月1日，学院普专毕业生就业率为71.1%。

2006年，学院首次与广西艺术学院联合办学，新增了音乐学（音乐教育）和艺术设计（装潢艺术设计）两个普通本科专业，共招收66人。全年共录取新生2357人。其中，成高本科生882人（含专科直接升入本科学生的53名学生），成高专科生455人，普高专科生1020人。

【学科建设】 2006年，学院首次与广西艺术学院联合办学，新增了音乐学（音乐教育）和艺术设计（装潢艺术设计）两个普通本科专业；首次与广西团校合作，新增了思想政治教育专业青少年教育与管理方向。同时成立文传系，新增汉语专业的人文编辑出版方向和科技编辑出版方向；政经系新增市场营销专业的东南亚方向。出台并组织实施《广西教育学院精品课程建设实施方案（试行）》，组织申报了2006年度自治区精品课程，中文系的“唐诗宋词专题”、现技系的“数码影视制作”课程均被评为2006年度自治区精品课程，并自动转为“十一五”第二批教改立项项目。

推进学分制的实施使其进一步深化。在全日制学生实行学分制以后，2006 年正式启动了函授学分制改革的试点工作，首先在数计系和外语系进行了函授教育学分制试点工作。

强化实行学分制过程中各项工作的正规管理。根据学院实际情况调整了选课程序，充分利用有限的师资，减少各系的重复工作量，提高了管理效率；完善学分制学籍管理与教务管理系统的相互结合，学生的学籍信息已进入教务管理系统；按照学分制的要求改革教材管理办法，在做好必修课程教材发放的同时，做好公选课和任选课的教材发放工作；各专业课程学分与学费相对应，为学生跨系选课提供收费管理依据；推动师生使用教务管理综合系统，提高学分制的教学管理效率。

加强公选课建设取得初步成效。2006 年进一步规范了公选课的管理。提早了每学期的开课时间、制定了公选课教师手册、根据学院实际情况进一步调整了公选课程的结构和门类。2006 年上半年全院开出公选课程 19 门，下半年增加到 24 门。

加强教学评估与督导，有效提高教学质量。出台《广西教育学院课堂教学质量评估与奖励办法》，将原来的抽样评估改革为全面的综合评估。教学质量监控水平显著提高。强化检查制度；实行意见征询制度，教务处向学生开设了电子邮箱，随时接收学生的意见和建议，及时改进和调整教学工作；完善信息发布制度，在教务处的网页上设置教学监控信息专栏，定期或不定期发布对教学活动的监控信息，以促进教学质量的提高，有效地加强了教学质量监控；完善督导反馈制度，从系级反馈、院级反馈到领导反馈，从不同层面确保了教学质量监控信息的畅通，促进问题的解决。加强督导制度的建设，及时处理督导专家反馈的意见。

继续加强教改项目建设。2006 年组织申报自治区教育厅“新世纪教改工程”“十一五”第二批教改立项项目 5 个。组织首届院级教育教学软件立项建设工作，共立项 17 项，其中院级重点建设项目 8 个，一般立项建设项目 9 个。

召开 2006 年学院教学工作大会。2006 年 11 月 7—8 日，学院召开 2006 年教学工作大会。大会主题为：深化改革，加强管理，提高人才培养质量。通过此次大会，促进了全院教职工对学院提升教学质量的思想认识。

【师资培训】 2006 年，“广西中小学教师教育技术应用能力培训”项目在南宁、柳州和桂林三地同时举办 8 个县级主讲教师培训班，为各项目县培训了 352 名县级主讲教师。采用送教下乡的方式，由中心人员和省级主讲教师一起分期分批赴 41 个项目县开展县级学科教师培训，共培训学科教师 2000 多人，其中“义教工程”项目 100 人、“两基”攻坚项目 1158 人、“西发”项目 924 人；2006 年是“英特尔未来教育”项目在中国实施第二个培训周期的第一年，也是广西实施“英特尔未来教育”项目的第五年，2006 年广西超额完成了培训任务，共培训学科教师 5089 人，培训新主讲教师 46 人；为自治区级培训活动共计 50 多个培训班进行继续教育学分认定，发放继续教育学分证明书近万份。

继续做好 2006 年暑期广西实验区实验教材师资培训工作。暑期组织了为期两个月的广西实验区实验教材师资培训活动。培训在柳州、桂林、南宁等 30 个县市举办，共 52 个班，培训教师 35000 人次。

开展“两基攻坚”“西部地区基础教育课程发展”项目初中参与式教学教师培训。承担了教育厅下达的“两基攻坚”“西部地区基础教育课程发展”项目初中参与式教学教师培训工作，培训教师 1500 人。

受教育厅委派，参与对 2005 年进入课程改革实验的 20 个县的课改巡回指导工作，培训教师 7000 余人次。

组织设计“第二期广西 21 世纪园丁工程”的后续工作。在去年圆满完成“第二期广西 21 世纪园丁工程”初中 9 个学科的 711 名骨干教师的培训任务的基础上，2006 年，继续做好总结等后续工作。

2006 年，举行中学校长任职资格培训 3 期共 216 人，举行中学校长提高培训 2 期共 123 人；举办了两期校长建设培训者的培训班，共培训 120 人；SDP 共培训了 2 期 8 个班共计 320 多人；西部英国政府赠款项目 2 期 6 个班共计 360 人；PTT 参与式项目 2 期 6 个班 410 多人；两基攻坚项目班 2 期 6 个班共计 480 人；成功地组织了第二届泛珠三角区域中小学校长论坛，来自泛珠三角区域各省区教育行政部门的领导、教育界专家和中小校长代表近 300 人出席并参加论坛的各项活动，收到论文 281 篇。

【教育科研】 2006 年，学院组织申报了广西高校学校党建和德育研究课题，截至 2006 年 12 月 31 日，共有 6 个申报课题获得立项，获得 2006 年广西高校党建和德育研究重点课题立项 1 项，获得广西教育科学“十五”规划课题立项 5 项。组织申报广西哲学社会科学“十五”规划课题优秀成果和第九次广西哲学社会科学优秀成果，共获 4 项奖励。先后有7项课题结项，其中国家级课题1项，省部级课题5项，厅级课题1项。评选出学院2004—2005年度优秀科研成果一等奖6项，二等奖14项，三等奖19项。

建成了我区第一家专业教学研究网站——《广西基础教育研究网》，并组织开展网上教研活动。化学教研室承担中国教育学会化学教学专业会委员“十一五”科研规划重点课题《广西农村学校实施义务教育化学新课程的策略研究》；地理教研室承担课题“新课程中学地理教学案例研究”［自治区级课程改革实验研究课题（B类）］；中小学体育教研室开展课题研究：《广西中小学体育课程资源开发与利用的研究》，《西部少数民族地区学校体育教育质量评价方案及标准》，《少数民族地区基础教育阶段地方课程的研究与实验》，《广西农村学校体育课程教学内容改革与设计研究》；物理教研室开展课题研究：“十五”规划教育部重点课题《少数民族地区基础教育阶段地方课程的研究与实验》的子课题《少数民族地区实施主体性物理教学的研究与实验》，广西壮族自治区课程改革领导小组办公室B级课题《主体性物理教学的研究与实验》，“十五”规划教育部重大课题《国家高中物理课程标准研制》，广西“十一五”教育科学课题《初中生科学探究能力评价研究》，中国教育学会“十一五”教育科学课题《表现性评价在科学探究中的应用研究》。

【国际交流与合作情况】 完成“2006年国家留学基金资助出国留学人员”以及“西部地区人才培养特别项目”的申报工作。接待越南河内国家人文大学代表团，并与该大学签订了教学、科研等一系列合作协议；接待了英国YMCA执行主席及助手一行三人，开拓了学院与英国大学的合作渠道；接待了英国GlobalPartner以及该组织选送的美国大学生代表。加强引进国外智力，聘请、管理外籍教师及外国留学生。2006年共聘请外籍教师三名。做好留学生教材的整理、登记、归档工作。圆满完成了2006年暑期中小学英语教师培训班有关工作的协调、落实和管理工作。

附：广西教育学院领导

党委书记：丘贵明

党委副书记、院长：陈　洛

党委副书记、纪委书记：卫荣凡

副院长：梁肇华、唐晓萍

电话：0771－5624977

地址：南宁市建政路37号

邮编：530023

撰稿：邱　晖

广西经济管理干部学院

【概况】 2006年，广西经济管理干部学院占地面积33.85万平方米，教学行政用房面积5.38万平方米，学生宿舍面积2.72万平方米。截至2006年底，学院教学科研仪器设备总值1820.7万元，拥有教学用计算机996台，多媒体教室和语音实验室座位2359个，图书32万册。学院有教职工415人，其中专任教师283人，其中正高职称5人，副高职称46人。

2006年，学院设有会计系、财税金融系、工商管理系、信息管理系、建筑管理系、贸易经济系、行政管理系、外语系、计算机系、文化与传播系、社会科学部、公共课部、业余函授部、培训部等14个系（部），拥有20个本科专业，42个专科专业和32个高职专业，形成了以经济管理类专业为主，其他各专业协调发展、相互支撑的专业结构。

2006年，学院现共有全日制学生6552人，业余函授学生5305人，在册学生共10880人。其中本科生977人，专科生9903人。

【教育经费的收入与支出】 2006年，广西经济管理干部学院教育经费总收入4385.15万元，比上年减少538.62万元，减少率10.94%。其中财政拨款1586.66万元，比上年减少85.99万元，占总收入的36.18%；教育事业费收入2745.76万元，比上年减少293.31万元。全年支出3663.45万元，比上年减少62.61%。在总支出中人员经费支出1142.58万元，占总支出31.19%；日常公用经费支出1036.78

万元，占总支出 28.30%；对个人和家庭补助支出 657.28 万元，占总支出 17.94%。

2006 年末，学院拥有资产 7024.64 万元，比上年增加 329.19 万元，增长 4.92%。其中货币资金 1368.25 万元，比年初减少 499.32 万元；固定资产 5431.10 万元，比上年初增长 603.22 万元。

【人才培养】 2006 年，学院继续改革教学计划，加大实践课时，使理论课时、实验课时、社会实践安排符合教育部要求。有两个项目获得新世纪广西高等教育教学改革工程“十一五”第二批立项项目，“市场营销”课获自治区精品课程。将职证教育纳入教学计划，学生积极参与国家各类职证考试，考试平均通过率达 50%以上，“双证”教育蔚然成风。学院被授予 2006 年全国职业技能鉴定“优秀工作站”称号。2006 年，组织学生参加首届全国大学生金融投资模拟交易大赛，取得全国总分排名第十五名，广西高校第一名的成绩。

【招生就业】 2006 年，学院面向区内外共招收了高职新生 1618 名。认真做好成人学历教育招生工作，获得“全区成人高等学校招生工作先进集体”荣誉。

在学院毕业生就业工作领导小组的领导下，全院教职工高度重视毕业生的就业指导工作，提出“人盯人”的就业工作方针，层层落实，确保毕业生能够顺利就业。2006 年高职生的就业工作成绩突出，就业率达 96.99%，被评为“全区高校就业荣誉单位”。

【教学科研】 2006 年，学院申报省级课题 6 个，申报自治区科技厅、教育厅整体“三对”项目 7 项，立项院级课题项目 8 个，验收院级课题项目 4 个，科研论文层次、数量大幅提升。学报被评为“全国优秀社科学报”，二次文献“人大”复印资料全文转载率在广西社科学报和广西社科类期刊中排位均居第一。

附：广西经济管理干部学院领导

党委书记、院长：叶永生

党委副书记：潘俊英 秦德勇

副院长：王允光 梁 毅 何品荣

电话：0771-3247552

地址：南宁市大学东路 105 号

邮编：530007

撰稿：陆 冰

广西卫生管理干部学院

【概况】 2006 年，广西卫生管理干部学院占地面积 2.0777 万平方米，建筑面积 7.909 万平方米。截至 2006 年底，学院教学科研仪器设备总值 2029 多万元，拥有教学用计算机 500 台，多媒体教室 19 个，座位 1854 个；多媒体语音实验室 4 个，座位 256 个；馆藏书刊 20 多万册。学院有教职工 277 人，其中教授、副教授 61 人、中级职称 89 人，还聘请区内外医学院校、卫生医疗单位的 50 多位专家、学者、教授为兼职教师。学院多名教师承担自治区级科研项目，多人多次获广西科技厅、广西卫生厅科技进步奖。有各类学生 8109 人，其中，普高全日制学生 3311 人，成高教育学生 4798 人。

学院设有 7 个系（部），31 个教研室（中心）。开设临床医学、护理、助产、医学检验、药学、医药营销、医学口腔技术、眼视光技术、康复医学、卫生事业管理、医学影像技术等 11 个专业。其中，医学检验专业在 2002 年被教育部定为国家级高职高专教育改革示范专业，2003 年护理专业和药学专业被评为省级高职高专示范专业。学院与华中科技大学同济医学院、重庆医科大学、中国药科大学等国内著名医药大学联合举办专升本学历教育，开设了卫生事业管理、临床医学、护理、医学检验、药学等本科班。并与全区 63 家三等甲级医院合作，作为学院的定点教学和学生实习实训基地。还承担区卫生厅全科医师理论培训、社区护士岗位培训和广西药学、临床医学、医学检验等技术资格考试培训工作。

【教育经费的收入与支出】 2006 年，广西卫生管理干部学院教育经费总收入 3860.50 万元，比上年增加 164.27 万元，增长 4.44%。其中财政拨款 1194.70 万元，比上年增加 150.34 万元，占总收入的

30.95%；教育事业费收入2650万元，比上年增长0.62%；其他收入15.80万元，比上年减少13.23%。全年支出3834.20万元，比上年增长4.28%。

2006年末，学院拥有资产8141.49万元，比上年增加61.37万元，增长0.76%。其中货币资金1023.49万元，比年初减少78.62万元；固定资产7118万元，比上年初增加139.99万元。

附：广西卫生管理干部学院领导

党委书记、院长：王潮临

党委副书记、纪委书记：王金荣

副院长：林忠文　陶立新

撰稿：广西卫生管理干部学院

南宁地区教育学院

【概况】 2006年，南宁地区教育学院占地面积3.81万平方米，建筑面积1.39万平方米，运动场地0.58万平方米，绿化用地1.17万平方米；是广西21世纪园丁工程（B类）人才培养的支撑单位和初中教师继续教育基地。学院建设有校园计算机局域网，拥有计算机房3间、拥有教学用计算机200多台、多媒体语音室2间、多媒体教室3间、远程教学视频教室1间，物理实验室、化学实验室各1间。图书馆藏书14万余册，报刊、杂志1000多种，电子期刊8000多种。

学院设有5个教学系：文化传播系、数学与计算机科学系、公共管理系、理工系、外语系；设有4个教研室：人文社会科学教研室，普通话教研室，大学英语教研室，计算机等级考试教研室；开设21个专业：语文教育、文秘、汉语、政治与法律教育、行政管理、社区管理与服务、资产评估与管理、英语教育、商务英语、应用英语、计算机应用技术、计算机网络技术、电脑艺术设计、地理教育、涉外旅游（东南亚方向）、数学教育、物理教育、电子与信息技术、化学教育、食品营养与检测、心理咨询。设有党、院办、教务处、总务处、学生工作处、成人教育处、保卫科、图书信息中心等行政机构。办学形式有：全日制普通高等教育专科，成人高等教育专科，远程开放教育专、本科，继续教育，中等职业教育以及各种短期职业培训，学历教育涵盖中专、专科和本科层次。2007，在全日制普通高等专科、成人高等教育专科的应届毕业生中选拔10%—15%的优秀生共22人直升本科。

2006年，南宁地区教育学院有专任教师110人，高级职称的26人，中级职称的72人，还聘请外籍教师1人从事外语教学；从事人文社会科学教学的专任教师共38人；专职辅导员10人。获自治区级科研立项1项，公开发表学术论文62篇。

2006年，南宁地区教育学院有各类学生2800多人，其中全日制普通专科生1785人，远程教育、成人教育人约1100人。

【教育经费的收入与支出】 2006年，南宁地区教育学院教育经费总收入1038万元，比上年增加111万元，增长10.7%。其中财政拨款410万元，比上年增加130万元，占总收入的39.5%；教育事业费收入579万元，比上年减少15万元。全年支出1007万元，比上年增长16.7%，在总支出中人员经费支出603万元，占总支出的60%；日常公用经费支出201万元，占总支出的20%；对个人和家庭补助支出119万元，占总支出11.8%。

2006年末，南宁地区教育学院拥有资产2386万元，比上年增加218万元，增长9.1%。其中货币资金521万元，比年初增加199万元；固定资产1865万元，比上年初增长19%。

【人才培养与学科专业发展】 为培养适应市场经济发展需要的高素质应用型人才，南宁地区教育学院在人才培养模式上加强各项综合技能训练，实行“多证书”育人模式，为就业打下良好基础。2006年，应届毕业生人数有402人，就业率为85%。同时，加快了学科的发展与建设，积极增设非师范类专业，改造旧专业，专业设置及课程体系向综合化方向迈进，办学体制正由成人教育向普通高等职业教育转轨。

附：南宁地区教育学院领导
党委书记、院长：许红深
党委副书记、副院长：覃　泽　黄　崇
党委委员、副院长：苏　力
党委委员、纪委书记、工会主席：杨　旋

电话：0771－3133499
地址：南宁市北湖北路57号
邮编：530001

撰稿：南宁地区教育学院

广西经贸职业技术学院

【概况】 2006年，广西经贸职业技术学院占地面积11.45万平方米。其中，建筑面积6.7万平方米，运动场地1.2万平方米，绿化用地3万平方米。截至2006年，学院教学科研仪器设备总值975元，拥有教学用计算机727台，语音实验室座位1276座，图书馆藏书刊18万册。

学院设有计算机信息工程系、经贸系、财政金融系、旅游系、文化与传媒系、社科部等6个系部和1个成教分院，开设有计算机软件技术、计算机网络技术、计算机信息管理、图形图像制作、楼宇智能化管理、电子商务、会计电算化、会计—国际专门化、工商管理、商务文秘、涉外旅游、旅游管理、酒店管理、旅行社经营管理、营销与策划、物流管理、连锁经营与管理、房地产经营与估价、保险实务等19个专科专业（共21个专业方向）。2006年，学院有教职工211人，其中专任教师172人，教授1人，副教授24人，讲师85人，专职辅导员21人，具有研究生学历或学位的20人，常年聘请区内一批教授、有突出贡献的有关专家、高级工程师、管理人员担任兼职教师。学院共有各类在校生4850人，其中，高职大专生3253人，成人高等教育学生1600人。

学院设立计算机ATA专业考试、电子商务师考试等国家级考点。在国家星火计划中被国家科学技术部确定为农民科技培训星火学校。2006年学院先后荣获“全区高等教育事业统计工作先进单位”“全区学生军训工作先进单位”“社会治安综合治理工作模范单位”“全区德育工作先进集体”等多项荣誉称号。

【教育经费的收入与支出】 2006年，广西经贸职业技术学院教育经费总收入2953万元，比上年增加795万元，增长36.84%。其中财政拨款820万元，比上年增加22万元，占总收入的27.77%；教育事业费收入2133万元，比上年增长61.95%。全年支出2983万元，比上年增长39.98%。在总支出中人员经费支出727万元，占总支出的24.37%；日常公用经费支出1799万元，占总支出的60.31%；对个人和家庭补助支出457万元，占总支出的15.32%。

2006年末，广西经贸职业技术学院拥有资产4826万元，比上年增加1982万元，增加66.69%。其中货币资金446万元，比年初增加315万元；固定资产2605万元，比上年初增长272万元。

【教育教学改革】 学院根据教育部对发展高职教育的指示精神，以转变教育观念、稳定教学秩序为前提，以提高学生的综合素质和实践能力为标准，不断推进教育教学改革，并在人才培养模式、教学课程体系、产学研相结合等方面取得突破性进展。学院一是根据用人单位对技能型人才的用人需求和人才培养规格，科学合理地制定各专业培养目标、课程计划、教学组织、教学方法、评估方法在内的人才培养方案。二是以职业能力为中心，构建适应高职教育发展和岗位职业群需要的以能力为本位、以职业实践为主线、以项目课程为主体的模块化课程体系，全面培养学生的知识、能力和素质。三是推行了学分制，这一改革既为学生自主学习创造了良好条件，也为学生自主择业提供了保障，改革了传统的人才培养模式。四是实行学历证书和职业资格证书多证制教育，组织学生参加会计证、物流师证、电子商务师证、高级营销员证、计算机等级证、英语等级证、导游证、公关员证等相关职业资格证书的考试，使学生毕业时能同时获得相应的专科学历证书和1—2个中级技术等级证书或岗位资格证书。五是采取多种措施加强学院同社会、教学同生产科技工作的紧密结合。其一，邀请企事业单位的专家、技术人员参与学院专业设置、培训计划的制订和实施，依靠企事业为学生提供良好的实训基地和生产实习场地，形成产学结合的新的教育机制。其二，鼓励教师、实验实训人员参加社会、行业组织的工程实践活动和职业资格考试，并取得相应的注册资格证书；组织专任教师到企业一线进行调研和实践，主持或参加实验实训室建设和科技开发。其三，完善科研管理制度，鼓励教师进行学术研究，积极参加自治区级或国家级的教育教学改革科研项目申报工作。2006年学院承担省部级科研项目12项，在正式出版的各类刊物上发表论文126篇，获省区级奖励22篇。

附：广西经贸职业技术学院领导

党委书记：樊正强

党委副书记、院长：魏文展

党委副书记、纪委书记：叶庆展

副院长：黄建丰　谢世龙

电话：0771－5302168

地址：南宁市青山路14号

邮编：530021

撰稿：广西经贸职业技术学院

桂林市职工大学

【概况】　2006年，桂林市职工大学占地面积2.45万平方米，校舍各类建筑面积1.92万平方米，其中学生宿舍面积2208平方米，学生食堂面积944平方米，教室面积3999平方米，实验室及附属用房面积5500平方米，图书馆面积644平方米。截至2006年，学校教学科研仪器设备总值126.67万元，拥有教学用网络化计算机室4间（共186台），多媒体教室2间，语音实验室4间（共293座），有电子电工实验室、测量实验室各1间和多个实训基地。学校馆藏书刊5.8万册，常年订阅报刊200多种。

2006年，全校有教职工75人，其中专任教师47人，占教职工总数的63%，副高级以上职称人数占教职工总数的21%。

2006年，学校共开设大、中专专业15个，其中大专有经济管理、法律、旅游商务英语、计算机信息管理、文秘、房屋建筑工程、机电一体化、财务管理、市场营销、工商管理、电子商务等11个专业，中专有旅游服务与管理（英语）、计算机及应用、会计、计算机网络技术等4个专业。学校分别与中南民族大学、江西财经大学、长沙理工大学、河北科技大学等建立了本科函授站，开设了汉语言文学、法学、会计学、经济学、计算机科学与技术、工商企业管理等专业，还与陕西师范大学联合开办了本科现代远程教育，开设了汉语言文学、法律、英语等9个专业。目前，学校已从原来单一的大专层次业余及全日制教学扩展为现在的大专（业余、全日制、函授）与本科（函授、远程教育）等多种教学形式、多种学历教育层次并举的教学体系。

2006年，学校招收本科、大专、中专新生共514人，其中大专新生276人，本科新生94人，中专新生144人。在校大专35个班级，共1213人，中专在校10个班级，共461人。另外，在办好学历教育的同时，学校还开展各种形式的非学历教育、继续教育及岗位技能培训，开办各类职业鉴定及考前辅导培训班，积极配合桂林市总工会的中心工作，协助做好农民工培训和工会干部培训，多层次、多规格地为广大职工提供不断学习新知识、新技能的机会和条件，成为桂林市职工培训的一个主要基地。经统计，2006年学校培训部共开设各类培训班80个，总培训人数3000多人。

【师资建设】　学校根据每学期开设课程情况，适量返聘离退休教师，外聘其他高校教师和社会上各行业技术专家，大量聘用“双师型”教师，通过多条途径，集中教学师资，合理搭配教师队伍，满足多元化教学的需求。

附：桂林市职工大学领导

党委书记、校长：和志蓉

副校长：谢永祥　蒙红　周开源

电话：0773－2110008

地址：桂林市环城西二路67号

邮编：541002

撰稿：龙云枝

南宁职业技术学院

【概况】 2006 年，南宁职业技术学院占地面积 147.68 万平方米，教学行政用房面积 15.3189 万平方米，学生宿舍面积 7.1248 万平方米。截至 2006 年底，学校教学科研仪器设备总值 7449 万元，拥有教学用计算机 1513 台，多媒体教室和语音实验室座位 5828 个，图书 42.7 万册。学校有教职工 654 人，其中专任教师 376 人，具有研究生学位教师 85 人，教授 2 人，副教授 141 人，专职辅导员 54 人。高级专业技术职称教师占专任教师 30.3%，具有硕士学位的青年教师达 35.5%，“双师型”教师占专业教师 70.8%。

2006 年，学校有机电工程系、经济与管理系、艺术工程系、旅游与服务系、计算机与信息工程系、应用外语与信息工程系、建筑工程系、远程教育部、公共教学部、成人教育学院、技能培训学院等 10 个专业学院（系、部），广西少数民族服装设计研究所、广西民族装饰艺术设计研究所、广西食文化研究所、东南亚语言文化研究所、计算机应用研究所、经济发展研究所、南宁旅游资源开发研究所、南宁职业技术学院高等职业教育研究所等八个研究所，设有党委办公室、学院办公室、人才培养水平评估办公室、人事处、纪检监察审计处、学生工作处、团委、工会、规划建设办公室、招生就业办公室、财务处、招标采购办公室、保卫处、后勤管理处、督导办公室、教务处、科研处、现代教育技术中心、图书馆、学报编辑部、实业开发中心等行政机构。拥有 54 个专科专业。目前有国家级精品专业 1 个、国家级精品课程 3 门、教育部教改试点专业 2 个，自治区级精品专业 3 个、教改试点专业 4 个、优质专业 12 个、精品课程 6 门。2006 年，学院成为广西唯一拥有国家级精品专业、唯一拥有三门国家级精品课程、唯一连续三年获得国家级精品课程的高等院校。

2006 年，学校有各类学生 14103 人，其中全日制在校生 9168 人，远程教育 4100 人，成人教育 835 人。建有 72 个校外实习实训基地、六大校内实训基地（含 69 个实训室），其中电工电子与自动化实训基地和计算机应用与软件技术实训基地为中央财政支持建设的实训基地。2006 年有 400 多名学生在国外留学，其中有部分学生已在国外就业。截至 2006 年 7 月 31 日，该院 2006 届毕业生共有 2535 人落实就业，初次就业率为 97.8%，排在全区高职高专的第九位。

2006 年，南宁职业技术学院被列为 2006 年度全国 28 所“国家示范性高等职业院校建设计划”立项建设单位之一，是广西唯一进入 2006 年度国家示范院校建设立项建设单位的院校。

2006 年，先后被评为“广西高校教学工作先进单位”“广西高校就业工作先进单位”“南宁市先进基层党组织”。

【教育经费的收入与支出】 2006 年，南宁职业技术学院教育经费总收入 6237 万元，比上年增加 605 万元，增长率 11%。其中财政拨款 1698 万元，比上年增加 105 万元，占总收入的 27.22%；教育事业费收入 4422 万元，比上年增长 9.6%；其他收入 117 万元。全年支出 5915 万元，比上年增长 6.7%。在总支出中人员经费支出 993 万元，占总支出 16.8%；日常公用经费支出 998 万元，占总支出 16.9%；对个人和家庭补助支出 333 万元，占总支出 5.6%；项目支出 2576 万元，占 43.6%；结转自筹基建支出 1015 万元，占 17.1%。

2006 年末，学校拥有资产 9846 万元，比上年增加 2196 万元，增长 22%。其中货币资金 2088 万元，比年初增加 1926 万元；固定资产 7266 万元，比上年初增长 648 万元。

撰稿：南宁职业技术学院

柳州职业技术学院

【概况】 2006年，柳州职业技术学院有全日制高职生人数8817人，成人教育学生2438人，教职工566人，其中专任教师410人，"双师"素质教师262人，具有研究生学位教师114人，教授1人，副教授128人，专职辅导员31人。学院占地面积33.4784万平方米，教学行政用房面积11.3863万平方米，学生宿舍面积5.5068万平方米，教学科研仪器设备总值4098万元，拥有教学用计算机1986台，多媒体教室和语音实验室座位3473个，图书馆藏书71.17万册。学院现设有8个教学系部、43个高职专业，其中国家级教改试点专业、自治区级精品、自治区教改试点专业、自治区级优质专业等共13个，自治区级精品（重点）课程7门。

学院是教育部高职高专院校人才培养工作水平评估优秀院校、国家汽车应用与维护紧缺人才培养工作院校、第一批国家高技能人才培养（机电项目）培训基地、全国青工技能鉴定示范单位、广西壮族自治区优秀贫困村劳动力转移就业培训基地。拥有高水平的产学一体化实训基地，校内实习实训基地5个，其中国家部级实训基地1个，自治区级实训基地3个，校外实训基地64家，职业技能鉴定站3个，各类培训点12个，是广西区内拥有较先进、较完善的实训条件的高职院校之一。

【教育经费的收入与支出】 2006年，柳州职业技术学院教育经费总收入6655万元，比上年增加1097万元，增长19.74%。其中财政拨款2931万元，比上年增加995万元，占总收入的44.04%；教育事业费收入3644万元，比上年增加1.87%。全年支出6740万元，比上年增加20.85%，在总支出中人员经费支出1512万元，占总支出22.43%；日常公用经费支出3079万元，占总支出45.68%；对个人和家庭补助支出882万元，占总支出13.09%。

2006年末，学院拥有资产25171万元，比上年增加2076万元，增长9%。其中货币资金668万元，比年初减少975万元；固定资产20389万元，比上年初增长1322万元。

【办学特色】 2006年，学院坚持"质量强校，特色兴校"的办学理念和产学研结合的办学模式，构建了以制造、电子信息专业大类为主，以财经、艺术设计传媒等专业大类为辅的专业布局，凝练了"产学互动，服务地方"的办学特色，形成了"前面是学院，后面是工厂，左面是教室，右面是车间"的颇具职业教育特点的校园格局。学院通过开展"订单式"人才培养及企业员工职业培训，为柳州市各大中型骨干企业的发展提供了强有力的人才支撑。同时利用学院实训设备的规模生产能力，承接了柳州工程机械股份有限公司等柳州市骨干企业配套零部件的外协加工，实现了每年产值超过千万，利润超百万，成为该公司仅有的六家"优秀供方"单位之一。学院校企办学模式已被收入《中国高校与大型企业合作典型案例集》。

【教育教学改革】 2006年，学院在专业建设、课程建设和教材建设等方面取得了显著成绩。学院以广西高校优质专业认定（试点）工程为契机进一步深化专业教学改革，优化人才培养模式。结合"优质专业认定试点案例研究"课题研究，遴选一批专业开展优质专业建设并参加自治区优质专业认定（试点）。经自治区教育厅评审，模具设计与制造、数控技术、电子商务等9个专业被认定为"十一五"期间首批广西高等学校优质专业（试点）。

2006年，学院围绕职业能力，初步组织实施了课程体系改革，全面修订了全院43个专业的人才培养方案。按照职业岗位的需求，对专业课程的教学内容进行了增删和归并，由970多门课程合并为650多门课程，并对所有课程的教学大纲进行了修订或制订。为促进学生的个性发展和素质提升，面向全院学生开设院级选修课，课程数量和选修人数不断增多。同时，按照《教育部关于启动高等学校教学质量和教学改革工程精品课程建设工作的通知》文件精神，学院大力开展精品课程建设。2006年，学院"机械设计基础""可编程序控制器""英语视听说""就业与创业"和"声乐"等5门区级精品课程获得了"新世纪广西高等教育教学改革工程'十一五'精品课程改革与建设项目"立项，"市场营销学"

等16门课程被确立为院级精品（重点）课程。

2006年，学院成立了现代教育技术中心，开展多层次的教育技术培训，现已经建成网络课程41门，评出8门年度院级优秀网络课程。2006年首届广西高校教育技术应用大赛中，学院获一等奖1项，二等奖3项，三等奖3项。

在教材建设方面，2006年，学院公开出版自编教材15本，其中国家"十一五"规划教材一本；组织印制了各种讲义、实验、实习指导书12本。在2006年广西高等学校优秀教材评审中，学院获二等奖两个，三等奖一个。

【科研工作】 2006年，学院获省级立项科研项目18项，承担和参与柳州市各类重大课题8项，与企业签订技术合作项目1项，全年获院外资助经费达到20.54万元，比上年增加6.35万元，增长幅度达到44.75%。2006年，学院教职工发表论文突破130篇，其中在中文核心期刊发表论文25篇，2篇论文被中国人民大学复印资料中心全文刊登，出版研究专著1部，承接了柳州市"职业院校创新教育基地建设模式研究""柳州市职业教育发展研究""柳州市科普发展战略研究""提高柳州市公众人文科学素质研究""柳州市文化产业发展研究""柳州市转变政府职能研究"等课题。

【就业工作】 2006年，学院举办就业指导系列活动，丰富就业指导的内容和形式，同时多渠道，多层次开展就业咨询工作，提供全方位就业咨询服务。建设了就业信息网络，充分发挥网络平台优势，加大就业宣传力度，学院《就业指导网站》以其灵活、简洁、迅捷的特点，成为开展就业指导的重要阵地。同时广泛开拓区内外就业渠道，积极收集各类用人信息，联系就业单位，做好学生的思想工作和就业推荐工作，提高毕业生就业数量和就业质量。2006届毕业生就业率达96.66%，在全区同类院校中名列前茅。

【校企合作】 学院坚持以产带学，以产养学，产教结合的实训教学模式，加强产学研工作，积极与企业联系，根据校企互惠的原则，学院提供场地，企业出资或提供设备共同建设实训基地。2006年柳州电信分公司与学院签订共建协议，成立了企校联盟——柳州电信人才培育基地和柳州职业技术学院校外实习基地，电信公司向学院捐赠了价值292万元的程控、数据交换网络设备。柳州五菱汽车有限责任公司柳州机械厂捐赠3.3万元的汽车发动机6台，原值70万元的宝马轿车1台，并与学院共建实训基地，同时学院承担了企业员工的培训工作。此外，学院还与柳州佳力电工集团、柳州自动化研究所、柳州烟厂等签订了合作办学协议，并与东莞伟易达电子设备厂开展了工学交替办学模式，在学生就业和实训基地建设方面取得了很大成绩。

【外协加工】 在外协加工方面，在基本稳定原有的合作项目（如柳工的液压元件、内齿轮、机车架改造、模具加工等）的基础上，努力开发新的加工业务，2006年新开发加工的产品有拉杆、勾齿、滑板、摆座、钢圈幅板及50C钢圈加工等，全年共创造加工经济收入约120万元。外协加工零件的进入，使得产教结合工作能保持健康地开展，使产与教结合得更加紧密，产学互动得以保证，对提高实习教学质量起到了较大作用。

【学生技能竞赛】 2006年，学院全面推进素质教育，高度重视对学生职业技能的训练，学生综合素质高，就业竞争力强。2006年首次组队参加全国高职高专院校大学生数学建模竞赛，荣获全国二等奖1项，广西赛区一等奖1项，二等奖2项，三等奖1项；罗华珍同学获全国大学生英语竞赛全国决赛三等奖，数十名同学获得广西赛区B级各等奖项；在全国电视主持新星大赛中，基础部2004级中文专业李健同学荣获大学组二等奖；基础部李莉和黄静两位同学共同撰写的论文《竹鹅溪水污染现状调查及监测数据分析》获得广西高校大学生第七届化学化工类论文及设计竞赛三等奖；学院学生节目《美女与野兽》获广西首届大学生英语戏剧节剧目决赛三等奖；由文化部、中国文化报社主办、中国音乐学院协办的"东方青少年艺术明星推选活动"7月16日在广西工学院音乐厅举行广西赛区选拔赛，学院2004级学生潘稳获得声乐专业组金奖，胡艳获得银奖。

【获奖情况】 2006年，学院被评为"广西技能人才培育突出贡献奖"获奖单位、"2006年全区普通高校毕业生就业工作先进集体""全区高等学校后勤社会化改革先进集体""全区学生军训工作先进集体""自治区级语言文字规范化示范校""柳州市教育系统2004—2005学年度、2005—2006学年度推进素质教育先进单位""2005—2006年度柳州市'学习型组织'标兵单位""柳州市教育系统2006年度安全稳定工作先进单位""柳州市厂务公开工作先进单位"，荣获自治区卫生厅、自治区红十字会、广西军区后勤部颁发的自治区"2003—2004年度无偿献血促进奖"、学院教务处被自治区教育厅授予"'十五'

期间广西高等学校优秀教务处”荣誉称号、学院人事处被评为“全市人事编制系统先进集体”。

附：柳州职业技术学院领导

党委书记：朱伟才

院长：石令明

党委副书记：石令明　阳旭

副院长：熊文华　杨毅

电话：0772－3156001

地址：柳州市社湾路28号

邮编：545006

撰稿：潘春玲

广西机电职业技术学院

【概况】 2006年，广西机电职业技术学院占地面积51.7万平方米，建筑面积20.95万平方米，运动场地面积5.7万平方米，绿化用地面积24.5万平方米。截至2006年底，学院教学科研仪器设备总值5661.74万元，拥有教学用计算机1685台，语音实验室座位560个，馆藏图书76.3万册。

2006年，学院有教职工692人，教师526人，教授、副教授116人，中级职称250人。学院设有机械工程系、电气工程系、计算机与信息工程系、工商管理系、公共教学部、社科部、成教部、基础技能实训中心等8个教学系部，党委办公室、行政办公室、人事处、教务处等18个党政机构，设有39个全日制专科专业。

2006年，学院有各类学生11371人，其中全日制在校高职生10587人，成人教育793人，高职新生入学数达3725人。

【教育经费的收入与支出】 2006年，学院教育经费总收入7911.11万元，比上年增加356.68万元，增长4.22%。其中财政拨款1714.84万元，比上年减少247.44万元，占总收入的21.67%；教育事业费收入6076.42万元，比上年增长11.61%。全年支出7627.85万元，比上年增长3.06%。在总支出中人员经费支出2762.17万元，占总支出36.21%；日常公用经费支出3322.70万元，占总支出43.56%；对个人和家庭补助支出1142.98万元，占总支出14.98%。

2006年末，学院拥有资产21837.64万元，比上年增加4295.30万元，增长24.49%，其中货币资金614.99万元，比年初减少460.04万元；固定资产19809.20万元，比上年初增长3981.60万元。

【高职高专院校人才培养工作水平评估工作】

2006年，学院按照“巩固成果、深化改革、提高质量、持续发展”的方针，以创建国家示范性高等职业院校为目标，重点抓好评估整改工作，持续改进管理体系，全面提高人才培养工作水平与质量。学院认真总结“十五”期间改革与发展的经验，颁布、实施《广西机电职业技术学院“十一五”发展规划》。

2006年1月，学院接受教育部门高职高专院校人才培养工作水平评估，被确定为优秀。学院认真巩固评估的优秀成果，成立了评估整改工作领导小组和整改工作办公室，负责整改工作的组织、指导和检查。根据评估专家组的反馈意见，制订评估整改方案，采取有效措施重点加强师资队伍建设，加强教研、科研与对外培训工作等方面的整改。整改工作成效显著，在评估回访中得到了专家组的一致好评。积极申报国家示范性院校建设，获自治区推荐为国家示范性高职院建设单位并参加全国首批45所申报院校的评审答辩工作。

【专业建设】 2006年，学院根据市场需求，滚动式修订专业教学计划和课程教学大纲。加强课程建设，推进课程和教学内容体系改革，优化课程和教学内容体系，积极申报自治区级精品课程，塑料模具设计与制造、焊接方法与工艺、数控编程、电子商务概论等4门课程获准为自治区精品课程。根据专业发展规划，申报新增建筑工程技术、移动通信技术、会计与统计核算等三个新专业。同时继续做好国家级、自治区级和学院级教改试点专业、重点专业、优质专业、精品专业的立项、申报和建设工作，焊接技术及自动化、数控技术、模具设计与制造、计算机辅助设计与制造、汽车检测与维修、电气自动化技术、应用电子技术、楼宇智能化工程技术、计算机应用技术、物业管理等 10 个专业获准为自治区高校优质专业。

【教学科研】 2006 年，学院加强"以学生为主体"的教学模式改革，推进教学方法、教学手段和教育评估模式的改革和创新。加强专业教育与品行教育的结合，积极推行校企合作、工学结合的人才培养模式，建立和完善学生顶岗实习制度，试行"2＋1"模式，开展半工半读试点。

加强科研与教研工作。制订了《关于进一步加强我院教研科研工作的若干意见》，2006 年学院获广西教育科学"十一五"规划立项课题 4 项，新世纪广西高等教育教学改革工程"十一五"首批规划课题 5 项、第二批规划课题 4 项等。广西教育科学规划重点课题"ISO9000 族标准在高职教育管理中应用的研究"等课题顺利结题。《应用统计学》《焊接生产管理与检测》《液压与传动》等 3 本教材人选普通高等教育"十一五"国家级规划教材。

【实训基地建设】 2006 年，学院制订了《2006—2010 年高等职业教育实训基地建设和改革总体规划》，全年投入 1200 多万元用于教学仪器设备的购置，进一步规范校内外实习、实训基地及各培训认证机构的建设与管理，数控技术实训基地、电工电子与自动化技术实训基地获准为自治区示范性实训基地，数控实训基地获准为 2005 年中央财政支持、教育部财政部认定的职业教育实训基地。

【职业资格培训】 2006 年，学院加强学生自主创新能力的培养，积极组织学生参加市、自治区及全国的各级各类技能竞赛，共有 365 名学生获得奖励。制定了《关于进一步加强我院对外培训工作的若干意见》，进一步规范学院培训机构、考试认证机构的管理，加强职业技能培训考核管理和培训成本核算，提高办学效益。积极组织了 53 名涵盖各专业工种的考评员和培训师培训。全年共组织了 58 批共 6847 人次的培训与鉴定工作，荣获"第二届全国企业教育培训百强机构"称号。积极探索对外服务新机制，成立了校办企业"广西知行科技有限公司"。

【师资队伍建设】 2006 年，学院制订了《"十一五"师资队伍建设规划》《关于进一步加强我院师资队伍建设的若干意见》，从教师资源规划、开发和管理等方面，全方位推进师资队伍建设。积极引进高学历高职称人才，共引进了各类人才近 60 名，实施"教授工程"，完善"专业带头人＋青年骨干教师"的创新团队建设，完善相应激励和约束机制，推进教师队伍整体素质水平的提高。积极组织教师参加南宁市、自治区及全国的各类技能大赛，有 18 名教师获得奖励，"双师"素质教师的培养成效显著，教风和师德建设进一步推进，逐渐形成"尚德、精业、爱生"的教风。

【学生管理】 2006 年，学院加强学生管理，建设优良的校风、学风。通过耐心细致的思想教育、丰富的社会实践活动、精心策划的文体活动来建设学风，以学生宿舍管理为重点，严格的考勤管理、加强学生晚归检查，大力开展安全文明宿舍评比活动；利用现代信息化手段，规范学籍管理程序，建立学生考勤与晚归统计管理系统。加强校园文化建设，"明理、尚学、笃行"的学风逐渐形成。进一步完善助学体系的建设，发挥"奖、助、勤、贷、减、免"助学体系的作用，全年共有 23 名学生获得国家奖学金，38 名学生获得自治区人民政府奖学金，4767 人获院级奖学金，437 人获国家助学金，另有 528 名学生获得国家助学贷款，贷款额达 303 万元；10 人获"永凯奖学金"，全年有 1574 名学生参加勤工助学工作。

"育人为本，德育为首"，加强和改进学生思想政治教育水平。认真落实《中共中央宣传部教育部关于进一步加强和改进高等学校思想政治理论课的意见》，全面实施思想政治理论课新课程方案。

加强大学生心理健康教育工作，探索学院、系部与班级的三级的大学生心理健康教育工作机制，加强大学生心理健康咨询和教育，做好学生心理健康教育实施计划及心理健康教育师资的培训工作，开展大学生心理健康档案管理试点工作。广泛开展组织开展各类体育比赛活动，提高学生的身体素质。

【招生就业】 2006 年，学院继续面向全国 22 个省、市、自治区招生，在 1 万多名上线的考生中，以平均超出分数线 148 分录取新生，报到人数 3725 人，全日制在校生达 10587 人，为全区首家也是唯一一所达万人的高职院校。加强毕业生思想教育和就业指导工作，引导正确的择业观，增强毕业生就业的基层意识和创业意识；完善毕业生就业指导和服务体系，多方式、多渠道收集就业信息，先后组织 100 多场校内小型"双选会"，近 1000 家用人单位提供 10000 多个就业岗位录用毕业生。2006 届共有 2887 名毕业生，就业率达 99%，就业质量也在不断提高。学院同时加强毕业生跟踪调查工作，为就业工作与教学改革及时提供准确的市场信息。学院被评为 2006 年度全区高校毕业生就业工作先进集体。

【管理体系的运行与成效】 质量健康安全管理体系保持了有效的运行和持续改进，结合学院的实际，以学生管理、安全管理、教学管理和后勤管理等过程的控制为重点，及时修订、改进体系文件，年内顺利组织了管理体系的内部审核、管理评审，顺利通过了第三方的监督审核。在管理评审中修改了《质量健康安全管理手册》，修改了《物品采购控制程序》、《教职工考核奖惩控制程序》等 4 个程序文件，修改了《对外服务收支管理办法》等 34 个作业文件，新增了《学院维护安全管理和安全事故责任追究制度》等 76 个作业文件，做好管理体系内审及监督审核中不合格项的整改工作。

【基本设施】 2006 年，学院进一步优化资源配置，继续积极挖掘潜力，加大建设投人，全年投人总额为 600 多万元，重点完成了南区学生宿舍楼、青工楼、培训楼、北区学生宿舍加建、教工东西苑停车场工程、教工西 7 栋宿舍楼工程、商业服务用房建设及校舍维修工程等改造建设项目。

【党建与安全稳定工作】 巩固先进性教育活动成果，建立保持共产党员先进性的长效机制。加强基层组织建设、思想政治建设与能力建设，全年发展党员 252 名，其中学生党员 242 名，落实党风廉政建设，强化民主监督，加强反腐倡廉教育，组织开展了治理商业贿赂专项工作，对 2001 年以来的工程建设、大宗物资采购、教学仪器设备采购、教材图书采购等涉及金额 1.1 亿元的 218 个招标项目开展清查，没有发现不正当交易和违规行为。

高度重视安全稳定和社会治安综合治理工作，结合安全管理体系的运行，层层落实安全稳定责任制，完善安全预警机制和防险救灾应急预案，加强校园及周边环境综合治理工作，密切关注不稳定因素的动态，创建安全文明校园。积极开展“安全文明校园”创建活动，积极参加“城乡清洁工程”活动，在校园内开展“治理五乱”等活动。2006 年学院被授予“区直机关文明单位”荣誉称号。

附：广西机电职业技术学院领导

党委书记、副院长：罗家玲
党委副书记、院长：张桂宁
党委副书记：龙伟忠
副院长：邹　宁　戴建树　蒋文沛　蒙启成
　　　　马启步
电话：0771－3249900
地址：南宁市大学东路 101 号
邮编：530007

撰稿：黄政艳　周申才

广西水利电力职业技术学院

【概况】 2006 年，广西水利电力职业技术学院占地面积 60 万平方米，其中校本部占地面积 10.33 万平方米，南校区占地面积 4.13 万平方米，大王滩实验实训基地占地面积 45.54 万平方米。现有校舍建筑面积 16.67 万平方米，其中教学行政用房 8.3 万平方米，学生宿舍面积 3.54 万平方米。截至 2006 年底，拥有校内实验实训室 18 个、与企业共建实训室 6 个、稳定的校外实习基地 43 个；图书馆藏书 30.22 万册；建有技术设备先进的校园网，拥有教学用计算机 1532 台；现有多媒体教室 22 间、语音室 4 间。

2006 年，广西水利电力职业技术学院设有水利与建筑工程系、电力工程系、机电工程系、计算机与信息工程系、电子工程系、汽车工程系、经济管理系、公共课教学部、社科部等 7 个专业系 2 个教学部，拥有 38 个高职高专专业，其中电力技术类等 7 个二类专业具有自主设置专业资格，水利水电工程建筑、电力系统及自动化两个专业已被确定为自治区级教学改革试点专业。

全院教职工 503 人，在 365 名专任教师中，博士生导师 1 人，博士 3 人，具有研究生学位 35 人，高级职称教师 100 人，教师中“双师素质”教师 101 人，专职辅导员 28 人，已逐步形成一支理论扎实、实践能力强、教学经验丰富、专兼职比例合理的师资队伍。

2006 年，广西水利电力职业技术学院面向 22 个省、市、自治区招生，现有各类学生 9181 人，其中全日制高职高专在校生 6870 人，成人教育 2311 人。2006 年毕业生就业率为 96.12%。

【教育经费的收入与支出】 2006 年，广西水利电力职业技术学院教育经费总收入 5218.19 万元，比上年增加 413.06 万元，增长 8.6%。其中财政拨款 2220.67 万元，比上年增加 38.34 万元，占总收入的 42.56%；教育事业费收入 2985.07 万元，比上年增长 14.29%。全年支出 5434.66 万元，比上年增长 17.37%。在总支出中人员经费支出 1309.08 万元，占总支出 24.09%；日常公用经费支出 2364.22 万元，占总支出 43.50%；对个人和家庭补助支出 761.36 万元，占总支出 14.01%；结账筹基建 1000 万元，占总支出 18.40%。

2006 年末，广西水利电力职业技术学院拥有资产 15876.53 万元，比上年增加 1941.77 万元，增长 12.23%。其中货币资金 1704.13 万元，比年初减少 1209.78 万元；固定资产 10648.33 万元，比上年初增长 5200.92 万元。

【党建工作】 2006 年，广西水利电力职业技术学院开展创建学习型党组织活动，成立学生党总支和系学生党支部，基层党组织由 11 个增加到 17 个，共举办 2 期业余党校培训班，参加学生人数 2464 人，一年来，发展党员 78 名（其中教工党员 5 名，学生党员 73 名）。

【提出“创建全区、全国示范性高职院校”目标】 2006 年，在顺利通过高职高专人才培养工作水平评估并成为广西高职院校首个获得评估“优秀”等级称号的院校后，广西水利电力职业技术学院在“十一五”发展规划中提出“创建全区、全国示范性高职院校”的目标，认真开展整改工作，加快专业建设，规范教学管理，把工作重点转移到“抓好整改工作，巩固评估成果”上来。2006 年 10 月 10 日，自治区教育厅评估回访专家组，对学院评估整改后的情况进行回访检查并给予充分肯定。2006 年广西水利电力职业技术学院首次进行院内系部人才培养工作水平评估，确保办学水平和教学质量得到进一步提高。

【校庆工作】 2006 年是广西水利电力职业技术学院建校 50 周年，学院成立校友总会，制作校庆标志；举办第四届校园文化艺术节暨第三届社团文化节、校庆日主题为“母校，你好”的文艺会演，举行以“校庆杯”为主题的各类球赛；出版《学院院志》《学院校友风采录》《学院五十周年校庆画册》《学院五十周年校庆科教成果集》等 4 本标志性校庆刊物；举行学院教科成果展，开通校庆网站及网上视频直播点播系统；在 11 月 10 日校庆当日，广西水利电力职业技术学院有史以来突破性利用光纤线路，通过网络远程传输信号，对学院 50 周年庆典活动进行校园有线网、校园广播网、校园网络“三网”首次全程现场直播。广西水利电力职业技术学院校庆活动邀请到区内外 40 多所兄弟高校的负责人和数百名知名校友；水利部发来贺信，自治区水利厅厅长文明、自治区教育厅厅长余益中等为学校题词祝贺，东北电力大学、上海第二工业大学、广西大学等 36 所区内外兄弟院校给学院发来贺电，出席校庆庆典的共有 668 名嘉宾，2248 名校友；据不完全统计，西门子、联想、TCL－罗格朗等 8 家国内外知名企业及 30 多家民营、私营企业都派出代表到会祝贺。

【师资建设】 2006 年，广西水利电力职业技术学院录用或聘用 38 人（其中硕士研究生 8 人，本科生 26 人，大专生 2 人，高级职称 3 人，中级职称 1 人，学生政治辅导员 19 人），成立研究生实践流动站，与广西水电设计院达成初步师资合作协议，继续实施专家带徒弟“手拉手”工程，2006 年共结“对子”18 对。参加教师职称评定或转正定级共 52 人，参加高校教师资格岗前培训 32 人，申请高校教师资格认定 36 人，150 名教师参加生产实践学习，5 名教师获得研究生学历或硕士学位。

【教学科研】 2006 年，广西水利电力职业技术学院推进与桂平马骝滩电厂大坝闸门融入电厂监控系统的远程监控及优化控制的研究，为那板水库管理处设计开发职业工种考核试题库，与广西博联信通公司合作开展焊工上岗证培训，积极与企业开展产学研合作。广西水利电力职业技术学院在广西高校优秀教材评比中有 2 本教材分别获得一、三等奖；在广西职业教育教学优秀论文评选中有 2 篇论文获得一等奖、9 篇论文获得二等奖、4 篇论文获得三等奖，同时荣获优秀组织奖；有 10 个专业和 4 门课程被评为自治区级优质专业和精品课程，其中，《电力系统继电保护》课程被自治区教育厅推荐申报国家级精品课程；在首届广西高校教育技术应用大赛上，有七课例分别获得特等奖、一等奖各一名，二、三等奖各两名，优秀奖一名，同时荣获大赛优秀组织奖，这是我院教育技术成果评奖活动中获奖项目最多的一次，在数量和质量上都取得新的突破。

【实验实训工作】 2006 年，广西水利电力职业技术学院积极开展实验实训基地外延工作，充分利用校外设备和条件为培训实用性技术应用型人才服务，利用第六学期的综合实训项目为提高教学质量服务；申报成功由中央职教财政资助的“电工电子与自动化实训基地”建设项目，获资助资金 340 万元；与深圳北开电器有限公司共建“高低压电气设备实训室”，由厂家提供近 50 万元的最新出厂的低压设备供学生学习和培训；与自治区送变电建设公司洽谈“订单式”办学模式，该公司赠送一套价值 10 万元的输电铁塔辅助设备；初步建成“自动化系统工程师资格论证（ASEA）测试中心”，并通过中国自动化学会专家论证；初步完成电工、机床电器、机械制图、机械设计、液压传动、汽车电器等 6 间“三明治”式教学场所的建设；完成思科网络学院建设；新建办公自动化实训室和会计电算化实训室、餐饮服务实训室。6 月，广西水利电力职业技术学院电工电子与自动化技术、建筑技术、数控技术三个实训基地被自治区教育厅评为自治区示范性建设高等职业教育实训基地。

【招生就业】 2006 年，广西水利电力职业技术学院进一步拓宽招生渠道，面向 22 个省共 35 个专业招生，各专业生源充足，全部在一志愿考生中录取，其中理科最高分是 525 分，最低分是 313 分；文科最高分是 542 分，最低分是 383 分，生源质量相对较高，居同类院校前列，实际报到新生 2237 人。2006 年共有 1598 名高职高专毕业生，截至 2006 年 12 月 31 日，已有 1536 名毕业生落实就业单位并签订就业协议书，就业率为 96.12%，居全区同类院校前列，被评为 2006 年全区就业工作先进集体，获得教育厅的嘉奖，其中 1015 名毕业生与用人单位签订正式就业协议书，占就业人数（签约率）中的 66.69%。共有 834 名毕业生在广西电网公司、广西华银铝业有限公司等单位工作，约占毕业生总数的 52.23%，签约率和就业质量均有所提高。

【成教培训】 2006 年，广西水利电力职业技术学院函授本、专科实际录取 898 人（其中：专科 495 人，本科 403 人），新增电子信息工程技术、建筑工程技术（土木施工方向）、计算机辅助设计与制造、工程造价、建筑工程管理、文秘等函授专科专业；增设河北科技大学的电气工程及其自动化和土木工程专业；新增“四川大学南宁函授站”，今年起开设本科“水利水电工程”专业；与四川大学合作开办远程教育，首次招生 19 人，实现了零的突破。除本部外，共设函授站 4 个，教学点 25 个。同时，通过各类短期培训，培养出适合各个岗位的在岗职工数百人。为广西水利电业有限公司开办计算机网络管理员培训班，培训人数 56 人；为桂平市水利局组织技术工人等级培训，培训人数 266 人；举办第三、四期 ISO9000 质量管理培训班，参加培训学生 271 人。

【后勤保卫】 2006 年，广西水利电力职业技术学院强化食品卫生监督管理，狠抓制度落实，做到重要制度上墙，卫生责任到人，从业人员培训持证上岗，做到经常监督抽查，奖罚分明；按标准食堂的要求，进一步美化完善食堂的功能分区及流程布局，更新部分设备，食堂初步与高校食堂接轨，惜谷轩食堂通过自治区卫生监督所评审获得“食品卫生 A 级食堂”称号，成为南宁市第三个获得此殊荣高校食堂，与此同时，后勤服务中心被评为“全区高等学校后勤社会化改革先进集体”。聘请园林专家作为校园绿化的顾问，对校园多个景点认真设计、布局、施工，引进景石，修剪乔灌木和植物造型，修建校史长廊，种植足球场草坪，凸显校园人文景观，获南宁市“绿化先进单位”称号。认真做好基建工作，装修改造教职工住宅楼、电工楼、综合楼、图书馆、校友楼、南校区礼堂，改造 3 栋学生公寓洗漱间，对灯光球场进行塑胶改造，同时做好其他 30 多个小型装修项目，为教室配置了 600 套课桌椅，更换了学生宿舍的床架 300 多套，对全院的教室、宿舍、实验室、办公室进行了整改和加固，提高了安全防范的水平。严格执行《学院交通安全管理办法》，促进校园交通的有序安全。定期对教学楼、办公楼、实验室、图书馆、学生食堂、宿舍、存放易燃、易爆物品的场所等重点要害部位进行防火、防盗、防安全事故大检查，确保校园安全。

附：广西水利电力职业技术学院领导

党委书记：李海峰

院长：蔡德所

党委副书记：黎志键　莫以祯

副院长：李海峰　莫以祯　张春乐　黄伟军　唐桂清

电话：0771－2085123

地址：南宁市长堽路 99 号（本部）南宁市大沙田金沙大道 104 号（南校区）

邮编：530023（本部）　530219（南校区）

撰稿：广西水利电力职业技术学院

广西交通职业技术学院

【概况】 2006 年，广西交通职业技术学院占地面积 80.32 万平方米，教学行政用房 7.5 万平方米，学生宿舍面积 5.6 万平方米，运动场地 16.39 万平方米，绿化用地 43.5 万平方米。截至 2006 年底，学校教学科研仪器设备总值 2327 万元，拥有教学用计算机 810 台，语音实验室座位 330 个，馆藏书刊 22.58 万册。

学院目前设有土木工程系、机电工程系、管理工程系、信息工程系和外语系等 5 个系和基础部等教学部门，开设有道路桥梁工程技术、高等级公路维护与管理、公路工程监理、桥梁工程、公路工程造价与成本控制、公路环境检测与保护、港口工程技术、市政工程技术、现代汽车检测与维修、汽车电子技术、机电一体化技术、汽车贸易、汽车保险与理赔、集装箱运输管理、信息与多媒体技术、网络技术与信息处理、计算机及应用、电子信息工程技术、电子商务、物流管理、财务会计、人力资源管理、商务英语、越南语、旅游英语等 30 多个专业和方向。学院努力建设稳定的“双师”型师资队伍，学校有教职工 416 人，其中专任教师 228 人，“双师”型教师 83 人，副教授 65 人。

2006 年，学院有各类学生 5459 人，其中全日制度在校专科生 4509 人，“3＋2”中职生 380 人，成人教育 570 人。学院先后与长安大学等多所院校联合开办成人专科、本科、研究生函授教育，形成了以全日制高职教育为主，非全日制成人学历教育和短期培训为辅的多层次办学格局。

2006 年 1 月，学院“汽车维修专业实训基地”被教育部、财政部认定为中央财政支持的职业教育实训基地。2006 年 6 月，道路桥梁工程技术专业实训基地被自治区教育厅评为“自治区示范性高等职业教育实训基地”，并被推荐申报 2006 年中央财政支持的国家级职业教育实训基地。同时，“计算机应用与软件技术实训基地”评为“自治区示范性建设高等职业教育实训基地”。

【教育经费的收入与支出】 2006 年，学院教育经费总收入 4819.62 万元，比上年增加 544.81 万元，增长 13%。其中财政拨款 1402.38 万元，比上年增加 192.92 万元，占总收入的 29%；教育事业费收入 4521.92 万元，比上年增加 10%。全年支出 4764.33 万元，比上年增长 15%。在总支出中人员经费支出 1576.46 万元，占总支出 33%；日常公用经费支出 1962.88%，占总支出 41%；对个人和家庭补助支出 713.25 万元，占总支出 15%。

2006 年末，学院拥有资产 11053.79 万元，比上年增加 272.55 万元，增长 3%。其中货币资金 415.66 万元，比年初增加－538.72 万元；固定资产 10135.4 万元，比上年初增长 671.89 万元。

附：广西交通职业技术学院领导

党委书记：张尔利
院长：程　轮
党委副书记：蒙正中
副院长：覃　胜　岑　春
电话：0771－5626108
地址：南宁市园湖北路 12 号
邮编：530023

撰稿：韦　耀

广西建设职业技术学院

【概况】 2006年，广西建设职业技术学院占地面积13.1073万平方米，建筑面积为16.229万平方米，教学行政用房面积9.4599万平方米，学生宿舍面积3.9989万平方米。截至2006年底，学院教学科研仪器设备总值2698.93万元，拥有教学用计算机470台，多媒体教室和语音实验室座位3092个，图书36.79万册（含电子图书15.02万册）。学院有教职工653人，其中专任教师305人（含行政兼课教师36人），专职辅导员25人。专任教师中，具有研究生学位教师48人，教授1人，副高级职称77人，占25.2%，中级职称148人，占48.5%。专业课教师中，具有全国注册建造师、注册造价师、监理工程师等执业资格的“双师型”教师90人，占专业教师的37.3%。

学院设有学院办公室、人事处、财务处、教务处、评估办公室、学生工作处、招生就业办公室、产学研合作办公室、招标采购办公室、后勤管理处、基建处、安全保卫处等行政机构和图书馆、实验实训中心、成人教育部、培训部等教辅部门。2006年，学院设有土木工程系、管理工程系、规划与建筑艺术系、城市建设系、计算机与信息技术系、公共教学部、社会科学部等7个教学系部。办学形式有3年制高职、“3+2”学制高职及各类短期专业技术培训等，并与重庆大学、沈阳建筑大学合作举办成人高等教育。专业设置主要以土建大类专业为主，设有工业与民用建筑工程、建筑装饰设计与工程、工程造价管理、工程建设监理、城镇规划等18个专科专业。2006年，学院获省部级科研立项3项，国家行业协会立项6项，厅级15项，院级立项20项，有17名教师确定为“校级专业带头人”。建筑施工技术和工程造价被确定为自治区优质专业，建筑工程定额预算与清单报价被确定为自治区级精品课程，建筑施工技术被确定为自治区级重点课程，《Photo Shop Cs平面设计与制作（上、下）》被确定为自治区级优秀教材。目前，学院建有校内试验实训室24个，其中土建类专业实训室17个，基础性实验室5个，计算机专业实验（实训）室2个。学院下属有广西建筑科学研究设计院、建筑勘察设计院、建设咨询公司等3个企事业单位；建有广西建工集团、广西建设监理有限公司、广西城乡规划设计院等56个稳定的校外实训基地。广西建设职业技能岗位鉴定总站设在我院。

2006年，学院面向全国20多个省区招生，有各类学生6755人，其中专科生5762人，成人教育993人。2006年，学院毕业生初次就业率分别为99.51%，名列广西高校第一。

【教育经费的收入与支出】 2006年，广西建设职业技术学院教育经费总收入4757.26万元，比上年增加789.7万元，增长19.9%。其中财政拨款1253.93万元，比上年增加290.26万元，占总收入的26.36%；教育事业费收入3500万元，比上年增长16.67%。全年支出4601.04万元，比上年增长17.8%。在总支出中人员经费支出1890.46万元，占总支出41.09%；日常公用经费支出1161.57万元，占总支出25.25%；对个人和家庭补助支出566.38万元，占总支出12.31%。

2006年末，学校拥有资产7073.79万元，比上年增1820.88万元，增长34.66%。其中货币资金913.96万元，比年初增647.03万元；固定资产6050.09万元，比上年初增长704.35万元。

【人才培训】 学院是教育部、建设部确定的建设行业实施技能型紧缺人才示范性培训基地和中央财政支持建设的职业教育建筑技术专业性实训基地。2006年，教育部确定学院为国家职业教育实训基地，自治区教育厅同时确定学院为自治区级示范性高等职业教育实训基地。2006年12月，学院被自治区教育厅授予“2006年度全区高校毕业生就业工作先进集体”称号。同年，学院还荣获中宣部、中央文明办、教育部、共青团中央、全国学联等五部委共同授予“2006年全国大中专学生志愿者暑期‘三下乡’社会实践活动先进单位”称号，成为广西获此殊荣的两所高校之一。

撰稿：广西建设职业技术学院

广西农业职业技术学院

【概况】 2006年，广西农业职业技术学院占地面积66.25万平方米，教学行政用房面积104521平方米，学生宿舍面积44705平方米。截至2006年底，学校教学科研仪器设备总值3340.83万元，拥有教学用计算机750台，多媒体教室和语音实验室座位6336个，图书40.3万册，并配备了电子阅览室。有400米跑道的田径场、足球场和其他球类球场。建有广西现代农业技术展示中心、生物组织培养中心、玉米与水稻育种中心等校内实习基地和其他校外实习基地78个，充分满足各学科技能实训需要。

学院现设置七系三部一室，即园艺工程系、生物技术系、动物科学技术系、食品与机电工程系、商贸管理系、电子信息工程系、外语系、公共基础部、继续教育部、社会科学教学研究部、教学督导室。开设有各类专业20个（含专业方向为29个）。畜牧兽医、种子种苗专业被认定为自治区优质专业；生物技术（应用园艺方向）实训基地被确定为自治区示范性实训基地；食品生物技术实训基地被确定为自治区示范性建设实训基地；果树栽培课程被确定为自治区精品课程建设课程。

学院有广西南宁燎原农业科技开发有限责任公司、广西南宁绿悦食品有限公司、广西南宁绿兴种猪有限责任公司、广西华亚金桥农业科技开发有限责任公司等4个校办产业。设有学院办公室、人事处、监察室、教务处、学生工作处、计划财务处、保卫处、科技与产业处、后勤处、国际交流中心、离退休人员管理处、招生办公室、职业指导办公室等13个行政机构。

2006年，在校生人数6663人，其中高职生5932人，有函授教育专科学员2919人。学院有教职工413人，其中专任教师244人，具有研究生学历教师57人，正高职称2人，副高职称40人，专职辅导员13人。

【教育经费的收入与支出】 2006年，学院教育经费总收入3508.54万元，比上年增加6.97万元，增长0.2%。其中财政拨款1764.47万元，比上年减少28万元，占总收入的50%；教育事业费收入1744.07万元，比上年减少2.9%；全年支出3123.86万元，比上年减少11%。在总支出中人员经费支出902.16万元，占总支出29%；日常公用经费支出1592.80万元，占总支出51%；对个人和家庭补助支出628.90万元，占总支出20%。

2006年末，学院拥有资产9335.08万元，比上年增加2168.96万元，增长30%；其中货币资金457.56万元，比年初减少92.19万元；固定资产6768.16万元。

【教学科研】 2006年，学院坚持以教学工作为中心，全面提高教学质量。紧紧围绕“六化”总体思路（教务管理规范化、教学改革项目化、专业建设优质化、质量监控体系化、管理目标具体化、业务考核日常化）、“三大”工作重点（二级管理的推进、教学秩序的确保、学分制的实施）、“九项”主抓内容（二级管理的规范、教学秩序的确保、教学改革的深入、实践教学的强化、监控体系的落实、师资队伍的建设、学籍管理的加强、职业技能的鉴定、系部档案的完善）开展各项教学管理工作，取得了明显的成效。一是教学改革与建设取得可喜成效。全年教师申报的教育教学研究项目共25项，已获学院立项6项，教育厅立项8项，全国农业职业教育研究会立项4项，教育教学研究经费达18万余元。教师申报科研课题，参与教改实践已蔚然成风。组织本院教师主编的3本教材参评广西高校优秀教材，其中1本获一等奖，2本获三等奖。二是教学质量监控取得新的突破。在做好常规教学检查、教学测评等工作的同时，教学督导工作在督导方法、测评结果应用、督导内容、督导理论研究等方面取得了突破。每学期对教学质量测评排名在前的教师进行表彰，并对连续两年获得教学质量奖的13名教师授予“教学质量标兵”称号。三是师资队伍建设得到明显加强。加强了教学管理队伍建设和教师的进修与培训。四是教学管理工作进一步规范。主要是通过完善教学管理制度，加强授课计划的检查、期考试卷的检查、日常教学秩序的检查、教学计划执行的审批等手段，使教学管理工作得到进一步规范。

学院把科研工作当作兴校之本，科研成果硕果累累，尤其在玉米、水稻育种方面成绩显著。2006年，获立项的科技项目共25项，其中省部级2项，地厅级7项，学院立项16项。由学院承担的3个广西教育科学“十五”规划课题已通过广西教育科学规划办结题验收；国家科技部下达成果转化基金项目“玉米高产优质新品种‘南校15号’区域试验与示范”，通过了广西科技厅组织有关专家的成果鉴定，成果达到国内同类项目先进水平。组织玉米、水稻和西瓜共5个新品种进行审定，有4个品种顺利通过了广西区农作物品种审定委员会的审定。

【国际交流与合作】 2006年，学院组织2004级商贸越南语专业学生182人到越南4所大学留学一年；与河内外语大学（2006年9月更名为河内大学）签订了“2+2”教育合作协议；与老挝的合作项目——“中国果蔬新品种试种基地”目前已完成了道路、水电等基础设施的建设，开展了果树、蔬菜试种等工作，正在组织中国企业在基地投资建设；接待了老挝农林部长、占巴塞省省长等多名官员到该基地参观考察；在缅甸曼德勒地区租地15亩建立了杂交玉米试种基地。此外，学院承接了商务部下达的援外人才培训任务，承办了“发展中国家甘蔗生产与加工技术培训班”。

【就业工作】 学院重视学生就业服务与指导工作，把帮助学生就业作为促进学院发展的动力，把就业创业教育贯穿于教育教学的始终。主要开展了以下工作：开展社会人才需求调研，了解人才需求动向；开设就业指导课，引导学生树立正确的就业创业观；聘请专家指导，提高学生就业技巧；组织学生参加校外人才交流会，公布就业信息，提供就业服务；召开校内毕业生“双选会”，推荐学生就业；联系省内外企事业单位，建立就业推荐网络；开展毕业生就业跟踪调查，建立毕业生就业档案。

2006届毕业生初次就业率为95.02%，高于全区高职高专院校毕业生平均就业率，被自治区教育厅授予“2006年度高校毕业生就业工作先进单位”。

2006年，学院荣获了广西大学生志愿者暑期“三下乡”社会实践活动先进单位及优秀团队、广西区直机关五四红旗团组织、国家助学贷款工作先进单位、全区高校毕业生就业工作先进单位、全区高校后勤社会化改革“先进集体”、自治区科协“科技服务奖”、全区农业厅系统老干部工作先进单位、南宁市绿化先进单位等21项荣誉称号。

附：广西农业职业技术学院领导

党委书记：覃武云
院长：郑恒受
常务副院长、党委副书记：覃国森
党委副书记：青增计
副院长：杨昌鹏　任起太
电话：0771-3249899
地址：南宁市大学东路176号
邮编：530007

撰稿：罗忠丽

广西生态工程职业技术学院

【概况】 2006年，广西生态工程职业技术学院位于柳州市北郊，占地60.3万平方米，教学行政用房面积6.50万平方米，学生宿舍面积2.70万平方米。截至2006年末，学院教学科研仪器设备总值2158万元，拥有教学用计算机1152台，语音室4间座位数200个，多媒体教室44间座位数3086个，图书馆藏书37.7万册。学院在职教职工382人，其中专任教师169人，具有研究生学位教师42人，教授3人，副教授48人，专职辅导员8人。

2006年，学院设有生态工程系、园林系、经济贸易系、信息工程系、艺术设计系、旅游系和社会科学部、成人教育中心等系部；设有科研产业处、生物技术中心、木材研究所、沼气研究开发中心、园林研究所、林业调查规划设计室等科研机构；设有院长办公室、党委办公室、人事处、督导办公室、教务处、学生工作处、招生办公室、就业指导中心、财务处、后勤管理处、保卫处等中层机构。全日制高等职业教育开设有林业技术、林业信息工程与管理、生物技术及应用、环境监测与治理技术、园林工程技术、环境艺术设计、城镇规划、会计、电子商务、物流管理、旅游管理、导游、酒店管理、房地产经营与估价、室内设计技术、木材加工技术、广告设计与制作、雕刻艺术与家具设计、软件技术、图形图像制作、计算机系统维护等21个专业及园林花卉等12个专业方向，其中林业技术和园林工程技术为广西高校优质试点专业，“林业管理”实训基地为自治区示范性高等职业教育实训基地。

2006年，学院有全日制高职大专生4050人，成人教育在读生1425人。

【教育经费的收入与支出】 2006年，学院教育经费总收入3969万元，比上年增加1100万元，增加40%。其中财政拨款1779万元，比上年增加357万元，占总收入的44.8%；教育事业费收入1936万元，比上年增长207万元，比上年增长12%。全年支出3969万元，比上年增长1100元，比上年增长40%。在总支出中人员经费支出1100万元，占总支出27.8%；日常公用经费支出1467万元，占总支出37%；对个人和家庭补助支出516万元，占总支出13%。

2006年末，学院拥有资产9690万元，比上年增加1118万元，增长11.5%。其中货币资金293万元，比年初减少76万元；固定资产5818万元，比上年初增长300万元。

附：广西生态工程职业技术学院领导

党委书记：张　力

院长：安家成

党委副书记：黄　健

副院长：刘代汉　石荣胜　时祖豪　王　伟

电话：0772-2725030

地址：柳州市柳北区沙塘

邮编：545004

撰稿：黄进伟

广西国际商务职业技术学院

【概况】 2006年，广西国际商务职业技术学院占地面积62万平方米，教学行政用房面积2.64万平方米，学生宿舍面积2.86万平方米。截至2006年底，学校教学科研仪器设备总值1981万元，拥有教学用计算机807台，多媒体教室和语音实验室座位3377个，图书39.11万册。学校有教职工356人，其中专任教师233人，具有研究生学位教师30人，副教授63人，专职辅导员17人。

2006年，广西国际商务职业技术学院建有国际贸易系、应用外语系、对外经济管理系、市场流通系、旅游管理系、公共基础教学部、社会教学教学部等，共开设国际贸易、商务英语等22个高职专业。在校生5159人，其中专科生4988人，成人教育171人。

【教育经费的收入与支出】 2006年，广西国际商务职业技术学院教育经费总收入3036.81万元，比上年增加261.71万元，增长率9.43%。其中财政拨款552.26万元，比上年增加53.72万元，占总收入的10.77%；教育事业费收入2433.50万元，比上年增加9.55万元。全年支出3839.92万元，比上年增长92.72%。在总支出中人员经费支出938.34万元，占总支出24.44%；日常公用经费支出1699.37万元，占总支出的44.26%；对个人和家庭补助支出332.20万元，占总支出8.65%。

2006年末，学院拥有资产7957.08万元，比上年增加2149.56万元，增长37.01%。其中货币资金1712.34万元，比上年增加524.61万元；固定资产5154.43万元，比上年增长891.80万元。

【就业情况】 2006年，广西国际商务职业技术学院就业率达到98.1%，被评为全区普通高校毕业生就业工作先进单位。学院就业指导办公室配备具有职业指导师资格的专职就业指导老师，负责毕业生的推荐工作，采用“供需见面、双向选择”的方式落实就业单位。同时学院还在广西区内外建立了100多个人才基地，为毕业生提供了大量的就业机会。由于毕业生的专业知识扎实，外语水平突出，学生的就业质量好，就业范围分布于广西、广东、上海、江苏、浙江、重庆、福建、云南、海南等省市及越南、柬埔寨等国家企业也接收学院毕业生。就业岗位涵盖外贸业务、文员、翻译、财务、营销、导游、涉外酒店等工作。

【办学特色】 广西国际商务职业技术学院作为广西唯一专门培养外向型高技能国际商务人才的高等职业学校，办学30多年来，坚持以市场需求为导向，紧紧依托外经贸行业，主动适应广西区域经济的发展，不断探索、大胆实践，勇于创新，积极培植和发展自身优势，在专业设置布局、课程体系构建、教学改革创新、实训条件建设、师资队伍建设等方面突出“外”字特色，形成了“立足广西，依托行业，培养外向型高技能专门人才”鲜明的人才培养特色。

学院现是全国外销员、全国国际货运代理从业资格、全国国际商务单证员、全国电子商务师、国家大学英语等级培训与考试定点学校；是广西高校计算机等级考试定点单位、普通话等级考试定点单位；是广西商务系统各类专业技术人员和管理人员岗位培训的基地；是广西国际商贸人才小高地建设载体；设在学院的广西外派劳务培训中心是获国家批准、具有出国（境）劳务及研修生培训资格的机构。同时学院还具有招收外国留学生的资格。2006年区人民政府正式批准成立广西国际商贸人才小高地，并被商务部列入“人才强商”项目建设单位。学院21人次担任了全国外经贸行业指导委员会委员、广西国际货运代理协会副会长、广西会展行业副会长、广西市场协会副会长等多个知名学术团体的主要领导，通过开展学术活动和业务交流，在全区、全国商务行业有着重要影响。

附：广西国际商务职业技术学院领导

党委书记、院长：陆耀新

党委副书记：林　震　杜远阳

常务副院长：蔡龙生

副院长：聂伟东　黎红米　林　震

地址：南宁市大学东路168号

撰稿：广西国际商务职业技术学院

广西工业职业技术学院

【概况】 2006年，广西工业职业技术学院占地面积15.55万平方米，建筑面积17万平方米，在校生人数9000余人，固定资产总值13326万元，其中教学、科研设备总值2267万元。图书馆藏书28.8万册。学院拥有16个实训中心共84个院内实验实训场所和46个院外实训基地，其中中央财政支持的国家级职业教育实训基地1个，自治区示范性高等职业教育实训基地2个。

2006年，广西工业职业技术学院有在职教职工458人，其中专任教师342人，教授1人，副高级职称92人，双师素质教师133人，在读博士1人，硕士研究生和研究生学历教师61人。教育部2006—2010年高职高专自动化技术类专业教学指导委员会委员1人，机械职业教育模具类专业教学指导委员会副主任委员1人，其他各类学科专业教学指导委员会4人。

广西工业职业技术学院以全日制高等职业教育为主，成人高等教育、国际合作办学及各类培训教育为辅，学历教育与职业技能鉴定相结合。设有食品与生物工程系、石油与化学工程系、机械工程系、电子与电气工程系、计算机与信息工程系、管理科学系、基础教学部等7个教学系部，开设有机械设计制造类、轻化工类、食品类、电子信息类、自动化类、计算机类、工商管理类等32个高职专业，共50多个专业方向。有自治区级优质专业（“工业分析与检验”）1个，自治区级精品课程（“有机化学”、“甘蔗制糖工业分析”）2门。学院与北京化工大学、南京工业大学、沈阳化工学院、南京师范大学、云南财贸学院等联办函授成人教育本科、大专和助考大专班，与美国半岛学院、新加坡亚太商学院、越南清化省清化市兴盛股份公司技术培训—高技中心、新西兰旅游观光学院联合办学。学院为中国糖业协会常务理事单位，设有科研机构“广西糖业研究发展中心”，是广西糖业教学、科研的基地之一。学院设有中国轻工业特有工种职业技能培训基地，中国化学工业特有工种职业技能鉴定培训基地，中国糖业南宁培训中心，全国计算机应用技术证书考试（NIT）培训机构，三维 CAD 教育培训基地，Autodesk 授权培训中心，以及专门培训危险化学品产销、电工、制冷、焊接等从业人员的三级安全培训机构，各类培训专业（工种）共 76 个。设有国家职业技能鉴定所，全国轻工行业特有工种职业技能鉴定站，全国化工行业特有工种职业技能鉴定站，全国大学英语等级证和全国计算机应用技术证书考试（NIT）的考试点，计算机 ATA 特许授权考试站，有鉴定资格的职业工种 38 个，有国家职业技能鉴定考评员 86 人，有国家职业技能鉴定质量督导员 5 人。

【教育经费的收入与支出】 2006 年，广西工业职业技术学院教育经费总收入 6871 万元，比上年增加 666 万元，增长 10.7%。其中财政拨款 1918 万元，比上年增加 339 万元，占总收入的 27.9%；教育事业费收入 4446 万元，比上年增长 77%。全年支出 6871 万元，比上年增长 10.7%。在总支出中人员经费支出 2224 万元，占总支出 32.3%；日常公用经费支出 2003 万元，占总支出 29.1%；对个人和家庭补助支出 795 万元，占总支出 11.6%；基建支出 1849 万元，占总支出 27%。

2006 年末，学院拥有资产 14822 万元，比上年增加 2593 万元，增长 21%。其中货币资金；固定资产 13326 万元，比上年初增长 4735 万元。

【党建及制度建设】 2006 年，广西工业职业技术学院坚持用马克思主义中国化的最新理论成果引导广大教职工，把解决思想问题和实际工作结合起来，树立和落实科学发展观，努力构建和谐校园。根据高职高专人才培养工作水平评估要求，进一步建立健全教学管理、学生管理、后勤管理等各方面的规章制度，逐步推动管理工作的规范化、制度化进程。学院于 2006 年 3 月召开第一届教职工代表大会第二次会议，制定了《广西工业职业技术学院“十一五”规划》，为学院发展描绘了宏伟蓝图。

【基础建设】 2006 年，广西工业职业技术学院通过银行贷款、社会融资、自筹等途径筹措资金，投入 2500 万元加强校园基础建设和教学实验设施建设，学院的固定资产达到 13326 万元，比去年增长 25.48%，其中教学仪器设备值新增 697 万元。新建校舍建筑面积 12002 平方米，其中新建教学行政用房建筑面积 11692 平方米。

【师资建设】 广西工业职业技术学院以高职高专人才培养工作水平评估指标体系为依据，加强专业带头人、骨干教师、双师型教师、高学历人才和紧缺专业教师的培养与引进工作，使教师的学历结构、职称结构、知识结构、能力结构不断改善，整体素质和教学科研能力逐步提高。2006 年学院引进副高级职称教师 7 人，中级职称教师 4 人，硕士研究生 13 人，使专任教师达 342 人比 2005 年增长 22.5%。同时，通过选派专业教师到企业锻炼和聘请企业的专业人才和能工巧匠到学院承担相应课程等形式，实现人才资源的共享和对接。

【教学科研】 2006 年，广西工业职业技术学院以开展“教育教学管理年”活动为契机，制定和完善了学院各项教学管理制度，建立院系二级教学质量监控督导系统，逐步完善教学质量评价体系。

2006 年，学院投入 37.1 万元，积极开展职业教育教学改革。成立“学院专业建设指导委员会”和各系部专业建设领导小组，按照经济社会的发展要求，积极开展专业剖析，合理调整专业结构。2006 年获广西优质专业 1 个，精品课程 2 门，新增专业 4 个。

学院完善教学、教研管理机制，组织教师参加各种科研学术活动。2006 年，获得自治区级科研立项 6 个，厅级科研立项 4 个，院级科研立项 20 个，发表论文 15 篇，教师编写高职高专教材共 11 册。争取到专项科研经费 4.3 万元，学院配套的科研经费 7.55 万元。组织教师参加首届广西高校教育技术应用大赛，获得三等奖 1 个，优秀奖 1 个。

2006 年，由自治区经委推荐，“广西糖业研究发展中心”在广西工业职业技术学院挂牌成立。“广西糖业研究发展中心”项目总投资 1460 万元，其中区财政资金支持 680 万元，学院自筹 780 万元，目标是充分发挥制糖专业的优势，在 5 年内形成一定的项目开发规模，产生较好的经济效益和社会效益。

【实训基地建设】 2006 年，学院“生物技术（食品）”实训基地和“化工技术”实训基地被评为自治区示范性高等职业教育实训基地；“生物技术（食品）”实训基地获得中央财政扶持的国家级职业教育实训基地，国家和地方政府配套 300 万元专项建设资金。

学院投入 700 多万元，建设电工电子实训基地、数控实训基地、计算机实训基地以及获得自治区级示范性高等职业教育实训基地的化工技术专业实训基地。获得西班牙政府贷款 400 万欧元（人民币 4000 万元），用于采购实验、实训设备，全面加强实训基地建设。投入 300 万元改善实验、实训基础条件。对实验、实训室进行整合，提高利用率，实现资源共享。

【继续教育】 2006年，学院对外培训与鉴定共6300多人次，对内进行技能鉴定学生人数达2100多人次，培训与鉴定的人数和收入均比上一年增长200%。学院被劳动和社会保障部授予“第二届中国企业教育培训机构百强”荣誉称号。加强成人教育宣传力度，使函授招生规模不断扩大。2006年招收新生人数达400多人，比上一年增长100%。

【合作办学】 2006年，广西工业职业技术学院加强校企合作，先后与苏州英格玛人力资源有限公司、广州风神物流有限公司和北京麦雨红缨动画制作有限公司签订合作办学协议，开展工学交替和订单式人才培养。加强与国外教育机构的联合办学，先后与美国半岛学院、新加坡亚太商学院、越南清化省清化市兴盛股份公司技术培训—高技中心、新西兰旅游观光学院签订联合办学协议，双方将秉着平等互利、互相支持的原则合作培养应用型人才，提高教育水平。加强与国内院所的合作，与南京工业职业技术学院签订对口支援合作协议，双方在“教育教学、专业建设、师资培训”等方面建立了长期、紧密、实效的全面合作关系，推进学院教育教学改革的深入开展；与广州军区综合训练基地（原桂林陆军学院）联合办学，拓宽学院的发展空间。

【招生就业】 2006年，广西工业职业技术学院高职招生3114人，比2005年增长了25.35%。在校高职大专生达到7600多人。2006届毕业生共计1933人，初次就业率为96.88%。2006届毕业生就业率比2005届提高了3.25个百分点，毕业生就业对口率、稳定率比2005届都有所提高。

【学生管理】 广西工业职业技术学院健全了学生院系二级管理机制，组织修订学生管理制度。强化纪律教育，实施政治、形势、法制、国防、道德、诚信、革命传统、心理健康等教育。成立了“大学生素质拓展教育中心”，统一实施大学生素质拓展教育。成立院心理健康教育与咨询中心等五级大学生心理素质教育工作体系，全面推进学生心理健康教育。强化学生自我教育、自我管理的功能，促使学生养成良好的行为规范，学生违纪处分率大幅度下降。

2006年学院投入200多万元，建设以“奖、贷、助、补、免、减、缓、勤、工、捐”为内容的资助贫困大学生体系，将帮困工作落到实处。

【安全稳定工作】 广西工业职业技术学院把安全稳定工作作为头等大事来抓，健全制度，明确责任，落实任务，建立了集人防、物防和技防于一体的治安防控体系，实行校园治安社会化管理，创建安全文明平安校园。2006年，学院被授予“区直机关文明单位”“社会治安综合治理模范单位”荣誉称号。

【评建工作】 广西工业职业技术深入开展评建工作，制定《人才水平评估工作奖惩办法》，为全面开展评建工作提供制度保障。加强对评估材料的收集整理，进一步建设完善了评估数据库。学院计算机基础课实验（实训）室顺利通过了自治区教育厅合格评估。

【50周年校庆】 2006年是广西工业职业技术学院建校50周年。学院在全区14个地市建立了校友会，成功举办了建校50周年庆典活动。通过校庆，认真总结了50年来的办学经验和传统，探讨了今后的发展思路和目标，充分展示全院师生员工积极向上、团结奋发的精神风貌，塑造了良好的社会形象，使学院得到了上级领导和社会各界的关注，进一步提高了知名度和影响力。

附：广西工业职业技术学院领导

党委书记、副院长：农　光
党委副书记、院长：金长义
党委副书记、纪委书记：罗桂全
副院长：王作正　王瑞忠　赖晓桦　郑　琪
　　　　罗英极

撰稿：广西工业职业技术学院

广西电力职业技术学院

【概况】 2006年，广西电力职业技术学院占地面积为19.92万平方米，建筑总面积约8.5万平方米。设有16个系、部、处室，目前在职职工396人，其中教师202人，副高以上职称教师52人，中级职称教师119人，“双师型”教师67人。现有离退休人员93人。学院有大中专全日制在校生6000多人，函授、网络远程教育专、本科生500多人。

2006年，学院教学科研仪器设备总值993万元，建有全区唯一达到国家领先水平的水电厂、火电厂教学仿真系统和校园计算机宽带网。拥有先进的多媒体教师、语音室、计算机中心、闭路电视教学系统集电机、电子、金工、电焊等25个实验室，现代化的图书馆实现联网检索和电子阅览。学院还设有广西电工技能鉴定所、广西第一火力发电国家职业技能鉴定站和南宁市计算机等级考试鉴定站，承担学生电工、电气运行、计算机、电器维修等技术工种的鉴定发证工作。

学院中专部开设有电厂及变电站电气运行、电厂热力设备运行、供用电技术、文秘、电子电器应用与维修、计算机及应用等12个专业；高职设有发电厂及电力系统、热能动力设备与应用、水电站动力设备与管理、供用电技术、应用电子技术和计算机应用技术等16个专业。

【大学生思想政治教育工作】 加强思想政治理论课的学科建设，不断完善课程体系，充分发挥“两课”的主渠道教育作用。2006年5月，自治区教育厅思想政治理论课教学工作巡视组对学院思想政治理论课教学给予了充分肯定，他们认为：“学院高度重视思想政治理论教学，按教育部规定开设了毛泽东思想、邓小平理论和‘三个代表’重要思想概论课和思想道德修养与法律基础课两门必修课以及形势与政策课。尤其是形势与政策课学院党委亲自抓，院领导直接参与授课，教学内容紧跟时代潮流，时效性很强，专题有特色，比区内其他高职院校做得好，说明学院党政领导高度重视。”“教学内容新颖，具有时代感，有特色。”“不断改善教学条件，实现多媒体教学。在多媒体教学普及程度方面做得较为突出，目前在区内高职院校中做得最好。”

【辅导员、班主任队伍建设】 2006年，学院认真贯彻中央关于加强和改进大学生思想政治教育工作的精神以及全国、全区高校辅导员队伍建设工作会议精神，从人才培养高度将加强辅导员队伍建设作为一项具有长期性、基础性的重大任务，作为加强和改进大学生思想政治教育的关键措施来抓。一是相继颁布并实施了《中共广西电力职业技术学院委员会关于实施大学生思想政治教育“六大工程”的意见》《中共广西电力职业技术学院委员会关于加强班级政治辅导员队伍建设的意见》《广西电力职业技术学院政治辅导员班主任管理办法》《广西电力职业技术学院政治辅导员工作考核细则》，按照教育部提出的“高进、严管、精育、优出”的八字方针和“双重领导、双重身份，全方位培养、多样化发展”的工作思路，进一步健全和完善辅导员队伍选聘、管理、培养、发展的长效机制；二是充实辅导员队伍，从2005年的4名辅导员增加到15名，且学历、专业结构等更加完整；三是辅导员待遇得到全面提高，辅导员享受正式职工待遇，岗位津贴、奖金分配等与学院同类同等岗位工作人员相同，还特别设立了辅导员工作津贴、话费补贴制度；四是强化了辅导员的培训，通过建立专职辅导员例会制度、培训制度等途径，提高辅导员、班主任的政治素养和业务水平。2006年，电子与信息工程系辅导员蔡燕被评为全区高校优秀辅导员。

【大学生社会实践】 2006年，学院党委和行政高度重视大学生社会实践活动，倡导“大实践”理论，引导大学生用好每年多达170多天的节假日、寒暑假时间，到实践中增长才干、认知社会、发展自己的兴趣、检查自己的书本知识。为了推动这项工作，学院制定了《广西电力职业技术学院2006年暑假社会实践活动方案》，并设立社会实践奖，发放专项经费，实施导师制。各系利用暑假纷纷组织“三下乡”实践团，近900名大中专学生参与暑期社会实践团的活动。

【学生社团活动】 2006年，鼓励开展学生社团活动，构建学生实践能力和创造能力的平台。一是为学生社团提供所需场所和必要的活动经费。目前学院共有25个学生社团，每个社团都有一个活动场所，有的社团还配备电脑、打印机等，社团开展活动都有活动经费；二是在课余时间开放实验室，为学生自主学习技能提供条件。目前，学院已有电工工艺、火电仿真、电子电器维修等9个实验、实训室在课余时间向学生开放；三是各教学系部大力支持学生社团开展各种技能竞赛，如电工协会在电力工程系的指导下已连续举办了三届电工技能竞赛；计算机协会在电子与信息工程系的指导下举办了网页设计比赛、平面设计比赛、电子商务比赛、计算机录入比赛；数学建模协会在基础教学部的指导下举办了“趣味数学能力竞赛”等，其中学院数学建模代表队在2006年9月第一次参加全国大学生数学建模竞赛就获得全国二等奖2个、参赛的7个队在广西赛区全部获奖的好成绩。

【校园文化建设】 2006年，举办主题为“爱国、勤奋、创新、成才”的首届科技文化艺术节，开展了“践行荣辱观，展青春风采”演讲比赛、“求知·创新”数学应用能力竞赛、舞蹈大赛、“魅力南宁·青春活力”摄影大赛、“践行荣辱观，建设新农村”网页设计大赛、校园歌手大赛、主持人大赛等10个竞赛项目，使大学生们在科技文化艺术节这个大舞台上得以施展才华、张扬个性。

【就业工作】 加强就业指导。学院在开设《职业与人生》课的同时，积极邀请企业领导、专家给学生作就业形势和就业指导报告，将职业素质培养与就业服务有机地结合起来。通过系统的教育培养，帮助他们建立个人发展规划，督促他们养成良好的职业素质，教会他们捕捉就业机会的技巧。

【助困工作】 一是在新生入学教育中进行立志成才的专题教育；二是把勤工助学与培养敬业精神相结合，通过开展勤工助学活动；三是把学生申请助学贷款、勤工助学岗位的过程与如何做人、如何感恩和服务社会、报效祖国的教育紧密地结合起来，如专门邀请中国银行的信贷员给学生讲解关于诚信和征信方面的知识，学院领导亲自主讲了有关“饮水思源常记养育之恩”的专题讲座等；四是拓宽思路，开辟勤工助学新岗位，使学生在实践中增长才干。

2006年底，学院一次性投入近2万元，按公司化管理模式成立了勤工助学送水服务部、勤工助学文印部、勤工助学洗衣部，开辟勤工助学新岗位43个。2006年以来，学院学生资助管理中心为400多名贫困生建立了档案，共有170多名贫困生通过“绿色通道”顺利入学，其中有41名贫困生获得了国家助学贷款17.71万元。此外，学院还将原招待所的棉胎407床、毛巾被216件、被套300件、床单332件无偿资助给了贫困学生，并安排勤工助学岗位400多个，确保了贫困生正常的学习和生活。

【师资建设】 2006年，学院引进电力工程及其自动化、热能动力工程、机械制造与设计、工商管理、人力资源管理等急需专业教师38名。学院通过大型“双选会”、人才交流会，在380多名投递推荐书的毕业生中，共引进应届本科毕业生6人，硕士研究生4人。此外，学院还引进了1名高级讲师、1名高级工程师和2名副教授。此外，学院还录取了12名涵盖了思想政治教育、马克思主义哲学、语言文学、英语、艺术、体育等多个专业在内的优秀毕业生充实到辅导员队伍中。

2006年，学院出台了《广西电力职业技术学院教职工进修暂行规定》，对通过进修提高学历、学位的给予相应的奖励。2006年8月，学院组织新录用和聘用的教师参加师资中心举办的教师岗前培训；2C06年暑假，派出社科教研室全体专兼职教师参加由自治区教育厅举办的广西高校思想政治理论课《思想道德修养与法律基础》教师培训班；选派管理系主任全细珍到广东技术师范学院参加人力资源管理培训；选派何翠、张兵到深圳职业技术学院参加现代电工技术、JZEE项目开发培训；选派吴学强、陆小丹到上海第二工业大学参加工业过程控制原理与实训、创业教育培训。

2006年，学院有4人由职工教育高级讲师专业技术资格重新确认为副教授专业技术资格，13人获得高级职称，10人获得中级职称，33人获技师、高级技师职称。

【专业建设】 2006年，学院根据区域经济发展的要求和市场需求情况，通过组织专家论证，确定了“热能动力设备与应用”“发电厂及电力系统”“供用电技术”等三个传统优势专业为院级教学改革试点专业及品牌特色专业，进行重点建设。

2006年，学院共新增高职专业10个，使学院专业数由学院成立时的6个增加到16个，专业涵盖了能源类、电力技术类专业6个，自动化类专业4个，电子信息类专业3个，财经类专业2个，公共管理类专业1个，并根据就业市场需求扩展了10个专业方向。以热能动力工程、发电厂及电力系统、供用电技术、应用电子技术等传统优势专业为主体，多门类专业协调发展的专业构架体系已初步形成。在此基础上，10 月份，学院又组织申报了 2007 年 4 个新专业：建筑电气工程技术、汽车电子技术、物流管理、网络系统管理，增设 11 个专业方向，同时扩充专业方向群，为学院专业拓展打下良好基础。

【课程体系改革】 2006 年，学院着重构建行业专家顾问制度，进一步加快新专业建设，共邀请了 20 多位行业专家顾问为学院专业建设与课程体系改革把脉问诊，花大力气加大新办专业的师资力量、课程建设、教材建设等教学基础建设，并在教学资源的配置上向新专业倾斜，确保新办专业的教学条件和教学质量。

2006 年，学院将建设精品课程作为课程改革的重点，以申报自治区精品课程为契机，调动各教学系部所有资源，初步建成了“单元机组集控运行”精品课程构架，为进一步打造自治区精品课程奠定了良好的基础。

【实训实习基地建设】 2006 年，学院分别与柳州发电有限责任公司、麻石水电厂深入合作，建成“前厂后校”式基地，与横县供电公司、地凯科技防雷公司、北海银河科技电子公司等 20 多家企业签订了实习协议，与横县供电公司签订了产学研合作协议，并为横县供电公司 66 名职工提供了电气设备、继电保护、电气运行和电气设备巡检的培训。

2006 年，学院电子电工与自动化技术实训基地被确认为自治区示范性高等职业教育实训基地，获得专项建设经费 200 万元。

在加强实训、实习基地建设的同时，进一步强化了专业工程实践能力的培养，如学院动力工程系已在柳州实习基地开设了 2004 级高职热动专业 3 个班的 3 门理论课程、1 门实践课程；在麻石实习基地开设了 2004 级水动专业 1 个班 4 门理论课程、1 门实践课程。电力工程系“发电厂及电力系统”专业 6 个班 280 人在麻石实习基地开设了电气运行模块、发电厂变电站二次回路等 7 门课程；“水电站动力设备与管理”专业 1 个班 57 人在麻石实习基地开设了水轮机模块、水力机组安装与检修等 5 门课程；“水电站动力设备”专业 1 个班 27 人在麻石实习基地开设了水力机组安装与检修课程。

【教学科研】 2006 年，学院以迎接区教育厅对我院申报全区示范性高职院校建设单位评估为契机，开展“教学规范管理年”活动，进一步加大教学管理建设与改革力度。

完善教学管理制度。一年来共出台了教学管理规章制度 20 多项，使课堂教学、实践教学、教学评价、教学档案以及教学改革与研究等各个教学环节有了严格的制度保障。

规范教学运行。一是加强教学计划的管理，认真审核教师任务安排表，并印发教学任务书；二是实行教学信息系统化管理，有效地组织、协调好学生选课选考及学籍成绩管理等各教学环节，确保了正常的教学秩序；三是规范实践教学环节管理，特别是校外实习基地的教学管理，出台了《广西电力职业技术学院校外实训基地建设与管理规程》《广西电力职业技术学院校外实践性教学安全管理规定》《广西电力职业技术学院校外实习（实训）学生管理办法》等一系列管理文件，从而确保教学工作有序、高效运行。

结合学分制教学计划的修订，制定了专业培养方案，实现了“模块课程”和“系列课程”的衔接配套和整体优化，使课程教学内容与课程体系更加合理。

初步建立了规范、有效的教学质量监控体系，教学质量评估与检查做到制度化和经常化。学院、系（院）部、学生共同参与的、“院级行政、教学系部、教研室”三级教学管理监控和“教学信息员制度、学生对教师教学质量评价制度和专业课程评估制度”等一系列的教学质量监督体系得到了不断完善和巩固，确保教学质量得到较大提高。2006 年 1 月学院组织了 1447 名学生参加了广西高校计算机等级一级考试，通过人数为 1079 人，考试通过率为 74.6%，超过了本次全区考试的平均通过率。

科研能力得到较大提高。2006 年 3 月，学院共申报了“广西教育科学十一五规划立项课题”4 项，其中李元庆的“高职〈电机技术〉一体化模块教学改革的研究与实践”获 A 类；张海燕的“基于工学结合培养模式的高职教育实践教学体系的研究与实践”获 C 类；姚旭明的《广西高职与中职电力类专业分工和衔接的研究》获 C 类。7 月，由何佳、蒙忠、陈国华、张海燕、姚旭明等申报的“广西高等教育高职高专材料与能源大类‘十一五’专业发展规划的研究与实践”获新世纪广西高等教育教学改革工程“十一五”委托立项项目；12 月，由傅辉明主持申报的“电厂、变电站仿真实训基地新模式的研究与实践”获新世纪广西高等教育教学改革立项“十一五”第二批资助项目；王亚忠的“高级技术人才创新型教育体系的研究与实践”和滕海燕的“广西能源动力类高技能人才的需求趋势与培养研究"获新世纪广西高等教育教学改革立项"十一五"第二批立项项目；周跃申报的"WZ－1型微机轴线测量装置"和曹艳华申报的"工业炉、窑、烟气除尘脱硫装置的研制"获自治区教育厅2006年度科研立项项目。

此外，在广西教育科学研究所举办的2006年广西职业院校教育教学论文比赛中学院有12篇论文获奖，其中一等奖4篇，二等奖8篇，学院还荣获了2006年广西职业院校教育教学论文评选工作优秀组织奖。2006年来学院教师在公开刊物上发表论文25篇。

2006年学院启动了首届优质课评比活动暨教学创新大赛。通过开展课题立项、现代教育技术运用和多媒体课件制作培训等活动，广大教师运用现代教育技术的水平和课件制作能力不断提高。

【基础建设】 2006年1月，学院投资31万元用于女生宿舍供热水系统安装；7月，投入8.5万元对学生宿舍1栋所有门框、窗等进行维修及2栋宿舍内部装修；投入11万元专线工程费用接入教育科技网；8月，投入13.5万元将一餐厅、二餐厅合并为学院第二食堂，还投资了20多万元用于一食堂和二食堂购置餐桌椅及紧缺就餐炊用具、冰柜、水控机、蒸饭柜等设施；9月，投入360多万元用于教学楼办公楼内部及外墙的装修；11月，投入9.38万元用于足球场主席台及看台的整修；12月，投资993万元新建实验大楼；投入15万元租用附近的居民小区住宅供青年教师使用。

【职业技能鉴定服务】 2006上半年，学院组织了1988名高职、中职学生参加职业技能鉴定，共有1855名学生获得了相应的等级证书；2006年9月至12月，组织了1692名学生参加职业技能鉴定。另外，学院积极开拓市场，主动上门为企业提供职业技能鉴定服务，为来宾电厂、钦州供电局等10多个单位培训鉴定人数为886人，得到企业的好评。

此外，学院除了继续利用与武汉大学、四川大学网络教育学院、南昌工程学院建立的函授办学资源为师生和社会各界人士提供大专以上的函授学历教育外，还积极开拓办学市场，利用自身资源继续在来宾电厂建立函授站。2006年，共招收大专函授学员147人，四川大学44人，武汉大学92人，目前函授在读本专科生人数550人。

【招生就业】 2006年，学院在11个省、市、自治区招生，共录取新生2123人，实际报到1738人，报到率86.4%，顺利完成了1700人的招生计划。在毕业生中大力开展就业指导工作，转变学生就业观。目前，每个班均开设了就业指导课，还邀请区高校就业指导中心领导、企业家、校友到学院给学生作就业形势和就业指导报告，收到较好效果。12月16日，学院成功举办了2007届毕业生"双选会"，共为732名高职毕业生和1144名中职毕业生提供1800多个就业岗位。

【安全文明校园创建活动】 学院党委行政高度重视安全文明校园创建活动，将其列入学院重要议事日程，制定了《安全文明校园创建活动方案》。此外，学院还与院属各部门签订了2006年度"安全稳定责任书"，建立健全安全稳定工作机制和应急预案。学院积极展开调查摸底，认真梳理校园及周边环境存在的主要问题，主动与辖区综合治理管理部门联系，就学院的周边环境治理进行协调，积极争取有关部门的大力支持，认真开展校园及周边环境整治活动。通过开展安全文明校园创建和检查评比活动，促进了校园及周边综合治理工作，营造了良好的育人环境。一年来投入保安工资19万元，保卫基础设施、警械1.2万元。全年实现了无重大治安刑事案件、无人修炼"法轮功"、无重大火灾事故、无重大交通安全事故的发生。

附：广西电力职业技术学院领导

党委书记：何　佳

院长：张路进

党委副书记、纪委书记：兰胜德

副院长：伍耿清　何宏华　陆宇兰

撰稿：文　雯

广西工商职业技术学院

【概况】 2006年，广西工商职业技术学院占地面积70034.89平方米，建筑面积64778.14平方米，运动场地16281.14平方米，绿化用地22147平方米。截至2006年，教学科研仪器设备总值1100万元，拥有教学用计算机1200多台，多媒体教室和语音实验室座位2881个，馆藏书刊22.5万册。学院有教职员工280人，其中，有专任教师180名，具有研究生学历和学位的教师有50人，教授1人，副教授64人，专职辅导员25人。此外学院还常年聘请一批教学和实践经验丰富的客座教授、外籍教师和专业顾问。

2006年，学院设有商贸系、经管系、财会系、电子信息工程系、食品工程系等5个系，开设有市场营销、电子商务、物流管理、广告设计与制作、酒店管理、税务、金融保险、会计电算化、计算机应用技术、计算机网络技术、粮食工程、汽车检测与维修、汽车技术服务与营销、应用电子技术、工商企业管理、商务管理、连锁经营管理、旅游管理、商务英语、装饰艺术设计、房地产会计、物流会计等28个专业（方向）。

学院目前设有“全国计算机等级考试”“全国公共英语等级考试”两个国家级考点和十多个专业技能省级考点；建有一批校内实验实训场馆和校外实习基地。

2006年，广西工商职业技术学院在校学生3471人。

【教育经费的收入与支出】 2006年，广西工商职业技术学院教育经费总收入2660.5万元，比上年增加326.54万元，增长率13.99%。其中财政拨款1044万元，比上年增加84.75万元，占总收入的40%；教育事业费收入1590.95万元，比上年增长18.73%。全年支出2662.93万元，比上年增长18.73%。在总支出中人员经费支出1086.31万元，占总支出41%；日常公用经费支出925.14万元，占总支出35%；对个人和家庭补助支出327.6万元，占总支出13%。

2006年末，学院拥有资产7242.47万元，比上年增加1169.72万元，增长20%，其中货币资金736.67万元，比年初减少10.27万元；固定资产5594.49万元，比上年初增长444.51万元。

【教育教学】 2006年，学院不断深化教育教学改革，具体做法：一是调整和改革教学计划，加大实践教学的比重，在教学全过程的控制上确保新的教学体系的实施；二是通过“精简、融合、重组、增设”，调整和更新教学内容，构建新的课程体系；三是以岗位需要为考试、考核内容，改革考试考核方法，建立新的质量评价体系，突出考核学生综合运用知识和解决问题的能力；四是在教学模式上，积极探索“分阶段培养目标体系”“N＋1”教学模式，逐步建立和完善理论教学体系和相对独立的实践教学体系，将职业资格证书课程纳入教学计划之中，将证书课程考试大纲与专业教学大纲相衔接，坚持实行“双证书”制，创新人才培养模式；五是加强实习、实训基地建设和“双师型”师资队伍建设，积极探索建立产学研结合的长效机制。同时，建立起一套模块式、开放式的实践教学体系。实践教学内容划分为单项课程训练、专业综合训练、职业素质训练三大模块。以此确定实训课程，并制定相应的实训教学大纲，将之划分成若干可独立进行的基本训练单元，每个训练单元对应为一个项目，每个项目必须有项目单、项目卡、项目报告等内容，为实施新的教学体系创造条件；六是加强素质教育，推行弹性学制和以学分制为主要内容的灵活的教学管理制度，并根据学校实际积极探索开设“辅修专业”“第二专业”或“双专业”以及系列实用课程等，允许学生在相关专业领域自主选择学习，以灵活的专业和课程设置，培养社会需要的复合型职业技术人才。

【专业建设】 2006年，学院在已开设的专业基础上，增设了广告设计与制作、酒店管理、税务、金融保险、计算机多媒体技术、电子信息工程技术、汽车检测与维修等7个专业，当年已开始招生。下半年在经过深入调查和论证的基础上完成了2007年度新增设专业的申报工作，经教育部审批，学院

2007年新增专业（方向）有：汽车技术服务与营销、应用电子技术、工商企业管理、商务管理、连锁经营管理、旅游管理、商务英语、装饰艺术设计、房地产会计、物流会计等10个专业（方向），于2007年开始招生。

【学生管理】 2006年，学院通过建立多层次、多形式的第二课堂活动架构，积极开展大学生暑期“三下乡”社会实践、校园科技文化艺术节等活动，活跃校园气氛，提高学生的综合素质。目前学院社团呈现出良好的发展势头，两校区目前共有学生社团30个，参加社团的学生人数占在校生人数36%。篮球场、羽毛球场、足球场，处处都有学生活跃的身影；艺术团、记者团、护校队、口才协会、文学社，处处都是学生成长的舞台。

【就业工作】 学院与广西、广东两省区的100多个企业建立有毕业生就业推荐的合作关系，并在深圳宝安区挂牌建立了毕业生就业基地，构建了比较完善的毕业生就业网络。近几年来，学院毕业生以良好的职业道德和出色的职业能力，在各行各业建功立业，赢得了用人单位和社会各界的赞誉。

【获奖情况】 近年来，学院先后获得了国家级重点职业学校、自治区级文明单位、广西职业技术教育先进单位、广西军（警）民共建先进单位、南宁市花园式单位、中国百个优秀青年志愿者服务集体、广西大中专学生社会实践先进单位、广西五四红旗团委等荣誉称号。

附：广西工商职业技术学院领导

党委书记：陈　杰

党委副书记、院长：陆炳坚

副院长：廖树霖　黄祖江　植文选

纪委书记：付春生

工会主席：韦　扬

电话：0771－3153630

地址：南宁市中尧路15号

邮编：530003

撰稿：陈　梅

柳州运输职业技术学院

【概况】 2006年，柳州运输职业技术学院占地面积15.8万平方米，校舍建筑面积10万多平方米（不含教职工家庭住宅面积），在编教职工388人，其中191人具有高校教师资格，专任教师214人。共开设高职专业29个，在校生4536人（其中高职生3202人）。

学院设有运输与经济管理系、信息工程系、电子工程系、机电工程系、文理系5个教学系和成人教育部、图书馆、现代技术中心等教学机构，设有12个行政中层职能机构，1个后勤服务中心。建有通信技术、电子技术、电子商务、铁路运输与信号、铁路机车车辆、数控加工技术、音像制作、物流管理、计算机技术等校内技能演练实训基地，实验室近80个，教学仪器设备总值2497.3多万元。学院图书馆藏书（含电子光盘读物）25.02万册。

学院是自治区文明单位、自治区职业教育先进单位、柳州市素质教育先进单位。

【教育经费的收入与支出】 2006年，学院教育经费总收入3601.6万元，比上年增加349.6万元，增长10.7%。其中财政拨款1744.6万元，占总收入的48.4%；教育事业费收入1703.8万元，比上年增长27.6%，占总收入的47.3%；其他收入153.2万元占总收入4.3%。全年支出3652.5万元，比上年增长12.8%。在总支出中人员经费支出1784.8万元，占总支出48.9%；日常公用经费支出1548.8万元，占总支出42.4%；对个人和家庭补助支出253.3万元，占总支出6.9%。

2006年末，学院拥有资产7018.5万元，比上年增加230.5万元，增长3.4%。其中货币资金536.5万元；固定资产6182万元，比年初增长286万元。

【优势特色专业】 学院的主要优势特色专业有通信技术、计算机技术、电子技术、自动控制、物流管理、铁路机车车辆、铁路运营管理等，其中通信技术专业是自治区示范专业。

【职业培训与技能鉴定】 除举办中高职全日制职业教育以外，学院组织开展有关计算机应用、电子技术、通信技术以及铁路运输、信号、车辆等工种的职业技能鉴定和岗位培训，是全国计算机等级考试考点，全国英语等级考试考点、电子商务师等级考点、ATA 考试站，是自治区教育厅认定的全国大学生英语应用能力 B 级、四级考点，全国大学生计算机联合考试考点。铁道部客运、车务站段长培训基地和铁路机车司机培训基地，劳动部认定的铁道行业特有工种技能鉴定站，学院同时开展通信工、维修电工、家用电子产品维修工、计算机操作工、装配钳工等工种的上岗培训。

【成人教育与远程教育】 学院分别与西南交通大学、兰州交通大学等区外高等院校联合举办成人本专科函授教育，是西南交通大学成人教育学院柳州教学分部。学院积极开展远程网络教育，与同济大学、西南交通大学、东北财经大学、大连理工大学、中南大学、西南大学等高校联合建立了本、专科远程教育学习中心，开办这些院校的特色专业，提供学历进修平台。

【中外合作办学】 学院注重引进境外优质职业教育资源，与加拿大戴尔特国际商学院共同建立“柳州戴尔特国际商学院”，是自治区教育厅正式批准的高职院校中的第一个中外教育教学合作项目，采用全外籍师资、全英语环境、全英文教材的小班情景模拟授课教学方式，灵活提供高级英语口语和工商管理大专专业课程的培训，面向柳州市和周边地区需要外语培训的单位和个人提供英语教学服务。经教育厅批准，2006 年开始与英国黑斯廷思艺术与技术学院合作举办专科层次双学历教育，开办双学历教育专业 4 个。同时在校内部分专业实行双语教学，列入教学计划。

【产学合作】 学院积极推进人才培养模式改革，坚持以市场用人为导向，为学生做好长远考虑，坚持走订单办学之路，在与铁路企业和国内众多大中型企业合作办学的同时，还与广西青年企业家协会、柳州高新技术开发区、阳和工业新区等机构建立合作关系，成立了广西首家高校发起的产学合作促进会。最近又与广西区电信有限公司柳州分公司建立了校企联盟。

【新校区建设】 市委市政府把官塘职教区建设摆上了工作日程，通过土地置换等方式筹措建设资金，建设新校区，使学院整体搬迁，实现学院新发展。目前已经启动，成立了新校区建设领导小组和校园土地置换工作组，开展有关工作。

【教学工作】 学院在教学管理上实行院系两级管理，以系为主，各职能部门、教辅部门和后勤服务部门在工作中以教学为中心，全面为教学部门提供优质服务。学院从 2002 年开始试行学分制管理，以学分来体现学生所完成学业的进度，每个专业均开设有两个以上的专业方向，由学生根据自己的特长与爱好来选择专业方向，同时为鼓励学生自主学习，学院实行了课程置换，学生通过国家认可的专业技能考证后，可凭专业技能证书申请转换对应的专业课程。

在教学改革方面以精品课程建设和优质专业建设来带动课程改革与专业建设，每个教学系在努力建设一门自治区级精品课程和一个自治区级优质专业——“双一”工程。

学院的每个专业均建有校内实训基地，电工电子与自动化实训基地是自治区级示范性实训基地，铁道运输类专业和财会专业还是铁道部继续教育培训基地。校内实训基地平时对学生开放，学生可在课余时间自行到实训室进行专业技能训练，学院通过加强实训基地建设和增加实践教学学时比例，努力培养高技能型人才。

学院对铁道运输类专业实行定单与半定单式培养，最后一年基本上按企业的岗位技术与技能要求开设课程，部分课程由企业中有具体实践经验的工程师来承担教学任务。学院正在探索“2＋1”教学模式，加强专业技能的培养，利用一年的时间在校内进行专业技能训练和到企业进行顶岗实习。

【学生工作】 学生思想政治教育取得新成效。学院坚持以贯彻落实中央 16 号文件为重点，大力加强学生的思想政治教育工作。学院积极探索思想政治教育的有效途径，积极开展围绕学生学习与成才的主题教育活动。学院积极加强学生党团组织建设，切实增强党团组织的凝聚力和战斗力。认真做好发展学生党员工作，学生党员比例稳步提高，入党积极分子队伍不断壮大。学院各级党团组织坚持举办党校、团校和学生干部培训班，对团员干部和广大入党积极分子进行全面培训，不断提高学生骨干队伍的整体素质。

学生日常管理实现新跨越。学院积极探索学生工作院系两级管理的模式，学生工作“教、管、导、育、评”五位一体的运行机制初步形成，学生工作进入一个比较良性的发展环境中。学院努力加强制度建设，促进学生工作科学化、制度化、规范化。结合新的《普通高等学校学生管理规定》和《高等学校学生行为准则》的贯彻实施，学院按照管理内容系统化、管理主体明晰化、管理程序规范化、管理方式透明化和权益救济法制化的要求，制定了相关规章制度，并编印成《学生手册》印发到学生手上，使得学院学生工作有章可循、有方案可依，学生日常管理工作得到有序进行。

贫困学生资助工作取得新进展。随着高校收费制度的变化和一些社会经济因素的影响，贫困大学生问题日益突出，从一定的程度上影响了学院的稳定和发展，为更好地落实这项工作，学院设立专人负责贫困学生的勤工助学工作，学生资助工作得到了有效进行。

安全稳定工作作出新贡献。学院认真抓好每年的安全教育月和法纪教育月活动，广泛开展了安全教育，及时沟通信息，加大校园和周边环境治理力度，积极倡导优良秩序、优美环境、优质服务，确保了学校各项事业的顺利进行，努力创建平安校园。学院定期召开学生代表座谈会或院长接待日，认真落实学生提出的包括专业学习、就业和生活服务等问题，切实做好维护学校稳定工作。

校园文化建设进入新境界。学院在整合已有的校园文化资源的基础上，进一步挖掘校园文化品牌，努力营造浓厚的校园文化氛围。校园文化活动既有特色鲜明的专场文艺演出、英语演讲比赛、计算机技能比赛、大学生电子制作大赛，也有紧密联系社会的“三下乡”社会实践活动和彰显学生个性的校园歌手大赛、校园服装展示比赛，还有综合性的校园文化艺术节、金色潮系列文化活动以及周末文化广场等活动。这些活动呈现出系列化、特色化、品牌化的特点，为广大学生所喜闻乐见，为他们展示自我、陶冶情操、增长才干提供了广阔空间。学院现有学生社团 19 个，成为校园文化建设一道亮丽的风景。

撰稿：张益德　梁将　黄锋　向凯　周明

贵港职业学院

【概况】　2006 年，学院设有新老两个校区。老校区（即原贵港市师范学校）占地面积 3.53 万平方米，教学行政用房面积 1.94 万平方米，学生宿舍面积 0.88 万平方米。截至 2006 年底，学校教学科研仪器设备总值 481 万元，拥有教学用计算机 380 台，多媒体教室和语音实验室座位 64 个，图书 13 万册。学院有教职工 189 人，其中专任教师 136 人，副教授 25 人，讲师 72 人。新校区地处市城北新区规划用地 805 亩分两期建设完成。2008 年完成一期建设，预计 2007 年可部分投入使用。

2006 年，学院内部教学管理机构设教师教育系、电子机械系、外语系、艺术系、经济管理系，社科部、实习实训中心等 7 个系部。学院内部行政管理机构设：办公室、人事处、教务处、科研督导处、成人教育处、学生工作处、后勤管理处、招生就业工作处。学院开设了小学教育、计算机应用、商务英语、物流管理、电子商务、应用越语、旅游管理、采购与供应链管理、应用电子技术、汽车检测与维修技术等 22 个专业。经自治区教育厅批准，学院成为英语应用能力考试点和高校计算机联合考试点。2006 年被列为首批贵港市人才小高地。

2006 年，学院有各类学生 3334 人，其中专科生 2532 人，远程教育本科生 256 人，中职生 546 人。

【教育经费的收入与支出】　2006 年，贵港职业学院教育经费总收入 1325 万元，比上年增加 288 万元，增长 28%。其中财政拨款 458 万元，比上年增加 40 万元，占总收入的 35%；教育事业费收入 863 万元，比上年增长 41%；全年支出 1441 万元，比去年增长 40%。在总支出中人员经费支出 583 万元，占总支出 40%；日常公用经费支出 430 万元，占总支出 30%；对个人和家庭补助支出 165 万元，占总支出 11%。

2006 年末，学院拥有资产 2539 万元，比上年增加 7 万元，增长 0.3%。其中货币资金 125 万元，固定资产 2397 万元，比上年初增长 174 万元。

【师资建设】　学院在加强队伍建设，提高师资素质，建设一专多能“双师”型队伍上采取了六项措施：一是采取外出学习，引进，外聘及自我进修等多种形式，帮助教师转型，强调所有大专学历的专任教师参加本科进修学习，35 岁以下的本科学历教师要参加研究生学习，以利于提高教师的专业理论和职业教育理论水平，提高学历层次；二是采取校内培训与校外送培相结合的方式，出台政策，鼓励教师校内自我进行专业转型，对紧缺专业采取校外送培方式培养专业教师。2006 年送培 20 名教师参加相关专业培训，已获得各种技能证书的双师型教师有 17 名；三是开展教学督导，促进教师成长。制定青年教师培养制度和具体的“传、帮、带”培养方案，对青年教师进行督导、帮扶，并通过举行青年教师讲课比赛，为青年教师成长搭建舞台；四是实行教学与课题研究联动，将问题当课题研究，在研究与实践中成长；五是建立外聘教师制度，一方面通过支持教师参与产学研结合，到企业挂职，顶岗锻炼，掌握实际操作技能，另一方面重视从社会行业引进既有实践经验又有扎实理论基础的高级技术人员和管理人员充实教师队伍；六是引进职业类的教师到校任教。目前职业类专业教师占教师总数的比例不断提高。原来单一师资结构得到了改善，一专多能的“双师”型队伍逐步形成，教师的职业技能和教育能力不断提高。

【专业建设】 学院注重发挥自身的优势，积极采取措施，强化专业建设，加强校企合作。一是院系两级领导强化教学质量第一责任人意识，把教学工作当作头等大事抓紧、抓实、抓好；二是加强特色专业建设，着力打造学院发展的支撑专业。通过对特色支撑专业扶持，加大外聘技能教师的力度，以“引智”加强实践教学，促进专业建设，形成自己的办学特色，取得了与同类院校的错位竞争优势；三是寻找合作伙伴，找准就业出口，定位市场服务对象，拓宽办学渠道，先是坚持面向市场培养人才，根据市场需求设置专业；四是与行业、协会联合或校校联合，采取“定向培养”“订单式培养”方式办学，保证学生毕业就业有能力，发展有空间。目前学院工科综合性专业已初显优势，物流专业、计算机应用与维修专业、电子技术应用专业、汽车检测与维修专业已逐步形成学院支撑专业。学院与上海新桥职业技术学院、上海环众物流、上海宜隆国际物流、中国移动、广西南宁赛科企业管理顾问有限责任公司、贵港市环宇进口汽车维修中心等单位合作办学，并努力寻求就业途径。2006 年 8 月，成功安置物流专业 55 名毕业生到上海多家知名物流企业就业；学院还派人前往广东、珠三角、长三角洽谈校企合作，不断拓宽办学与就业的渠道。

【获奖情况】 2006 年，学院代表贵港市纪委监察局参加自治区纪委监察系统廉政歌曲演唱比赛获三等奖；获广西语言文字规范示范学校称号；获全区高校图书馆第三届气排球赛第二名；获 2006 年“CCTV 杯”全国英语演讲大赛优秀组织奖；学生参加全国高职高专英语应用能力考试总平均分在全区 8 所参赛高校中名列第五名，何凤玲以个人成绩 94 分名列全区第二。

附：贵港职业学院领导

党委书记、院长：沈并昇

党委副书记、纪委书记：马武伟

副院长：磨志仁 梁和兴

电话：0775－4224101

地址：贵港市公园路 195 号

邮编：537100

撰稿：杨景源 黎珍珍

河池职业学院

【概况】 2006 年，河池职业学院占地面积 17.1 万平方米，教学行政用房面积 4.09 万平方米。截至 2006 年底，学院教学科研仪器设备总值 1052 万元，拥有教学用计算机 614 台，多媒体教室和语音实验室座位 756 个，印版图书 18.2 万册，电子图书 30 万册。学院有教职工 230 人，其中专任教师 129 人，具有研究生学位教师 19 人，副教授 29 人，专职辅导员 17 人。

2006 年，学院设有机电工程系、资源工程系、计算机应用科学系、社会科学系、外语系、公共课教学部、远程教学部等 7 个教学单位。设置冶炼技术、矿物加工技术、工业分析与检验、精细化学品生产技术、环境监测与治理技术、电子信息工程技术、电子应用技术、机械制造与自动化、机电设备维修与管理、数控技术、模具设计与制造、计算机辅助设计与制造、计算机网络技术、计算机应用技术、电脑艺术设计、图形图像制作、建筑装饰工程技术、广告设计与制作、物流管理、市场营销、应用英语、应用日语、应用越南语、英语教育、语文教育、文秘等 26 个专业。设有现代教育技术中心、图书馆等教辅单位。设有学院办公室、教务处、学生工作处、后勤处、组织人事部、财务处、保卫处、纪检监察办、招生就业办等 9 个党政管理机构，以及工会、团委、学生会等群团组织。

2006 年，学院有各类学生 5200 人，其中普通专科在校生 2200 人，“3+2”大专生 500 人，中职生 300 人，远程教育学员 1200 人，成人教育学员 1000 人。

2006 年，学院被授予“广西高等学校安全文明单位”“河池市‘四五’普法先进集体”“河池市科协工作先进集体”等荣誉称号；2007 年 3 月，被广西壮族自治区绿化委员会、广西壮族自治区人事厅、广西壮族自治区林业局授予“自治区绿色工程建设先进单位”荣誉称号。

【教育经费的收入与支出】 2006 年，河池职业学院教育经费总收入 1581 万元，比上年增加 448 万元，增长 40%。其中财政拨款 541 万元，比上年增加 163 万元，占总收入的 34%；教育事业费收入 1040 万元，比上年增长 66%。全年支出 1719 万元，比上年增长 49%。在总支出中人员经费支出 606 万元，占总支出 35%；日常公用经费支出 532 万元，占总支出 31%；对个人和家庭补助支出 187 万元，占总支出 11%。

2006 年末，学院拥有资产 5152 万元，比上年增加 1419 万元，增长 38%。其中货币资金 188 万元，比年初增加 15 万元；固定资产 4727 万元，比年初增加 1390 万元

【校企合作】 学院以就业为导向，以岗位职业能力形成目标，根据各专业和行业特点，采取灵活学制，推行“订单式”“有偿教学实践式”“双证制”培养模式，实现毕业生与市场无缝衔接。

2006 年，学院与河池南方冶炼厂合作，为厂方培养冶炼、机械、化验等方面的高级技术人才，从当年参加高考并被我院录取的普通专科学生中选拔。利用企业的资金解决学生的学费，与企业合作，由企业负责学费，学院负责教学，共同培养企业急需的人才，共培养技术人员 200 名。构造贫困地区高职学生有偿教学实践模式，利用暑假进行为期 2—3 个月的有偿教学实践活动。2006 年，学院组织 510 名学生到广东深圳、珠海等知名企业进行为期两个月的有偿教学实践。

【基础建设】 2006 年，学院共筹集资金 1000 万元用于基础设施建设，其中用于改善学生住宿条件 620 万元，用于购置教学设备 220 万元，用于购置图书 80 万元，用于改善教室用房 50 万元，用于校园建设 30 万元。利用企业的设备、场地、技术和人才资源共建实验实，截至 2006 年底，学院与区内外知名企业（行业）共建校外实训基地 23 个。有 400 米跑道标准田径运动场 1 个，标准足球场 1 个，篮球场 11 个，排球场 3 个，实外羽毛球场 10 个，健身房 1 个，舞蹈室 1 个，举重房 1 个，乒乓球室 1 个等体育活动场所以及体育运动设备。体育运动场所总面积 22280 平方米。另外，栽种绿化树 500 棵，种草皮 6000 平方米，修建花圃 4 个。截至 2006 年底，有花圃 10 个，草坪 20 个，校园绿化面积达 3 万多平方米。

【师资建设】 2006 年，学院引进、聘用各类中高级人才 32 人，送培研究生、双师素质教师 16 人；表彰教师 26 人，10 人获得院级优秀教学奖，3 人获得自治区级先进奖励；学生对教师的评课考核满意率都在 85%以上。

【招生就业】 2006 年，学院面向广西、湖南、贵州、重庆、四川、湖北、江西、广东、甘肃等 9 个省区招生，共招收各类新生 2500 人，普通大专新生录取报到率为 100%。2006 届毕业生就业安置率达 96%。

【职业培训】 2006 年，学院开展各种类型的职业资格、职业技能培训，培训中小学校长 100 人，培训中小学教师 800 人，培训党政、企事业人员 4500 人，培训农民工 450 人。在 2006 年 11 月秘书资格考试中，过级率达 70%，在 2006 年 12 月全区英语能力等级考试中，通过率达 30%。

【科研工作】 2006 年，《拉么矿选矿工艺研究及生产实践》被评为河池市 2006 年度科学技术进步奖三等奖，《拉么矿选厂降低铜精矿中锌含量的工艺研究及生产实践》投入使用，为企业增加收入 500 万元，《当前河池有色金属矿产资源产业的重组整合与效益最大化发展战略研究》课题在广西专家论坛上宣读，受到来自全国有关专家的好评。编写出版教材《大学生审美基础》《冶金原理》《矿石分析》《铅锑冶金生产技术》《显法炼锌工艺学》《计算机实验教程》《体育教程》《大学基础英语语法》《新编大学实用英语教程》。

附：河池职业学院领导

院长、党委副书记：邓福田

党委副书记、纪委书记：李建和

副院长：覃志航

院务委员：潘尚河　冯忠伟

电话：0778－2102260

地址：河池市新建西路 02 号

邮编：547000

撰稿：张发和

北海职业学院

【概况】 2006 年，北海职业学院占地面积 19.38 万平方米，建筑面积 7.4 万平方米，教学科研仪器设备总值 902.3 万元，拥有教学用计算机 602 台，多媒体教室和语音实验室座位数 734 个，馆藏图书 16.07 万册。

2006 年，北海职业学院有教职工 277 人，其中专任教师 195 人，硕士学位 11 人，副高职称以上 39 人；有各类学生 4850 人，其中全日制在校生 3562 人，成人教育 1288 人（包括学历教育和非学历教育)。2000 年开始在全区范围内招收初中起点“3＋2”大专生，2004 年开始在全国范围内招收高中起点三年制大专生；培训中心与全国知名高校联办成人在职研究生班、本科班及专科班。

北海职业学院开设有港口物流设备与自动控制、制冷与冷藏技术、艺术设计、商务英语、计算机应用技术等 30 个专业。设教育系、管理系、工学系、中专部 4 个系部，办公室、教务处、学生工作处、科研处、培训中心、招就办、计财处、后勤服务中心 8 个行政机构、5 个党支部。

北海职业学院内设研究机构及实习实训基地有：普通话水平培训及测试点，有国家级普通话水平测试员 4 人；自治区劳动厅批准设立的职业技能鉴定所，有职业技能鉴定师 10 人，可以面向社会及学生对维修电工、电焊、餐厅服务、客房服务、计算机、家用电器维修（制冷)、汽车维修等专业技能进行鉴定并颁发国家劳动和社会保障部承认的国家职业资格证书；汽车检测与维修实验基地，家电检测和维修实验基地，餐厅客房实训基地，形体训练基地，计算机应用实训基地，环境艺术及艺术设计实训基地，空调及制冷实验基地、物理实验室、化学实验室、生物实验室，琴房。

【教育经费的收入与支出】 2006 年，北海职业学院教育经费总收入 2424.9 万元，比上年增加 1036.84 万元，增长率 74%。其中财政拨款 887.12 万元，比上年增加 69 万元，占总收入的 36%；教育事业费收入 1537.78 万元，比上年增长 77%。全年支出 2424.9 万元，比上年增长 52%。在总支出中人员经费支出 506.56 万元，占总支出 21%；日常公用经费支出 998.9 万元，占总支出 41%；对个人和家庭补助支出 124.95 万元，占总支出 5%。

2006 年，北海职业学院拥有资产 6116.97 万元，其中货币资金 241.97 万元，比年初增加 133.5 万元；固定资产 5875 万元，比上年初增长 775 万元。

【内部管理】 2006 年，北海职业学院调整充实了各科室和系部机构，增设了中专部、网络管理中心等机构。加大了对各部门的管理和指导力度，对各科室、系部文秘人员进行了公文写作、档案管理等培训；对各系部教学管理人员进行了教务、考务、学籍管理等培训。

【基础建设】 2006 年，北海职业学院启动了新校区建设，教学楼、后勤服务中心大楼破土动工，学院的发展空间再次得到拓展。图书馆和 10 号学生宿舍楼竣工投入使用；添购了一批图书和教学仪器设备，引进了图书管理系统，使图书馆建设初具现代化规模。

【教学工作】 2006 年，北海职业学院制定了《北海职业学院外籍教师工作管理制度》《北海职业学院学生补考申请办法》《北海职业学院实习教学工作管理规定》等一系列管理文件，保证了各项工作依法正常运转，促进了学院制度化建设。同时，修订了专业教学计划，制定了重点课程建设方案，启动了重点课程建设工作；加强了实验室、校内外实践基地建设，新建了一批实验室，解决了困扰学生实验实习设备不足的问题；和北海港股份有限公司、香格里拉大饭店、北海出口加工区等企业建立了友好关系，签订了教学合作协议。

【科研工作】 2006年，北海职业学院课题研究工作实现了量和质的飞跃。学院承担的两个“十五”课题按计划完成了研究，顺利结题。其中1个为本院独立承担的北海市级重点课题；另一个为省级课题的子课题。截至2006年，共有5个课题获得了省级立项，实现省级课题“零”的突破。启动了学院“十一五”教学改革工程，制定和组织实施了“十一五”高职教育教学改革课题，立项了20个院级课题。

【师资建设】 2006年，北海职业学院加大了师资建设力度。首先加大了引进人才力度，通过人才网在全国招聘，并且把好审查关，新聘用的教师中以研究生、副教授为主，并结合专业建设特点，注重对重点专业教师的聘用；其次聘用了一批校外专家和技术人员，充实了教师队伍；再次对师资建设和管理进行了系统研究，设立了相关课题，主要有教师队伍结构达标途径研究与实践、教师管理理性与非理性结合研究、青年教师师德修养建设研究与实践、青年教师不良工作态度、方法及其纠正的理论和实践研究等。

【招生就业】 2006年，北海职业学院加强了对招生宣传人员及网上录取、录入等信息处理技术人员的培训，规范了录取工作。高职的报到率较2005年有了明显的提高，新生全部达到高考录取控制线。同时，积极为毕业生提供就业机会。来学院招聘的单位有100多家，岗位涉及面广，招生就业逐步形成了良性循环。

【培训工作】 2006年，北海职业面向社会进行了各种学历和非学历、职业和非职业的培训，主要有北海本地区高校新任教师岗前培训、全市一县三区“北海市中小学校长建设年”集中培训、全市中小学骨干教师“第二期北海市21世纪园丁工程”培训；同时组织本院学生参加各类考证培训、组织本院在校学生300多人参加了专升本全国自学考试。

附：北海职业学院领导
党委书记、院长：林旺兴
党委副书记：麦齐好
电话：0779－3920352

撰稿：麦齐好　尹云霞　陈　杏

广西演艺职业学院

【概况】 2006年，广西演艺职业学院由长堽校区和园湖校区组成，占地面积3.74万平方米，教学行政用房1.39万平方米，学生宿舍面积0.64万平方米。截至2006年底，学校教学科研仪器设备总值122万元，拥有教学计算机150台，多媒体教室和语音实验室座位120个，图书3.5万册。学校有教职工86人，其中专任教师61人，具有研究生学历教师16人，教授8人，副教授12人，专职辅导员4人。

2006年，学院有两个系，设有学院办公室、教务处、组织人事处、后勤处、学工处、招生办、就业指导中心等行政机构。拥有表演艺术、舞蹈表演、模特礼仪、主持与播音、艺术设计、产品造型设计、环境艺术设计、雕刻艺术与家具设计、舞台艺术设计、服装设计等10个专业，20多个培养方向。06年在校学生497人。

【教育经费的收入与支出】 2006年，广西演艺职业学院教育经费总收入265万元，比上年增加167万元，增长170％。全年支出394万元，比上年116％。在总支出中人员经费支出168万元，占总支出的42.6％；对个人和家庭补助支出13.5万元，占总支出3.43％。

2006年末，学校拥有资产784万元，比上年增加357万元，增长83.4％。其中货币资金36.5万元，比年初增加8万元；固定资产154万元，比上年初增长72万元。

【办学特色】 学院以艺术性、民族性和实用性为办学特色，以弘扬民族文化，繁荣我国文化艺术事业，培养大批具有创新精神和实践能力、适应社会发展所需的应用型、技艺型高级文化演艺人才为目标，逐步构建多层次、形式多样的教育教学模式和学科门类齐全的办学格局。

【教学工作】 2006年起，学院受广西壮族自治区招生考试院委托，负责组织每年一度的全区艺术类美术专业统考考务工作。学院高效的组织管理能力和热情周到的服务，赢得了广大考生和家长的赞誉，得到了上级领导和区招生考试院的充分肯定。

随着教育教学质量的逐年提高，学生在全区乃至全国的专业大赛中屡屡获奖，其中，2004级音乐班杨洋获2006年“广西十大影视歌手奖”；2005级声乐班唐菁获2006年广西音乐舞蹈比赛优秀奖，2005级舞蹈编导班兰智等获2006年“全国大学生文化艺术节”街舞大赛二等奖。

附：广西演艺职业学院领导

党委书记：龙长生

代理院长：潘世明

副院长：黄艳珍　陈　勇

电话：0771－5600536

地址：南宁市长堽路二里二号

邮编：530023

撰稿：农福庞

广西东方外语职业学院

【概况】 2006年，广西东方外语职业学院占地总面积66.7万平方米，目前已开发面积30多万平方米，其中建筑面积9.5万平方米，教学行政用房2.09万平方米，运动场地9.5万平方米；已投资150万元进行校园绿化美化，种植草坪4.5万平方米，绿化用地达到11.5万平方米，种植各种名花名树6200余株，校园绿化率达60%以上。截至2006年，学校教学科研仪器设备总值1280万元，拥有教学用计算机600台，多媒体教室和语音实验室座位1000个。馆藏书刊16万册。

学院以开设应用型外国语专业为主，同时向经贸、管理、信息类专业扩展。设有应用语言文化学院、东南亚语言文化学院和经济与贸易学院3个二级学院，设有学院办公室、教务处、学工处、团委、招生就业办、科研处、财务处、基建处、总务处、人力资源部、国际交流处、膳食中心等行政机构。2006年，设置有应用英语、应用越语、应用泰语、商务日语、英语教育、旅游英语、东南亚贸易、电子商务、计算机应用技术、会计电算化、文秘、经济信息管理、市场营销、营销与策划、工商企业管理、物业管理、旅游管理、资产评估与管理、涉外旅游、国际经济与贸易和汉语等21个专业，在专业人才培养方面，采用“外语特长＋专业知识＋中文底蕴＋公共技能”的创新培养模式，大幅度增加外语课时数，三年连续学习强化外语，突出东盟非通用语种教学，同时增设小汽车驾驶、计算机应用、中文写作三大公共技能课，使学生知识结构得以扩展，致力于培养应用型、外向型、复合型的高级人才，不断适应新形势发展需要。

【教育经费的收入与支出】 2006年，学院教育经费总收入1852万元，比上年增加952万元，增长105.8%。全年支出1162万元，比上年增长83.3%，在总支出中人员经费支出383万元，占总支出33%；日常公用经费支出473万元，占总支出41%。

2006年末，学院拥有资产10017万元，比上年增加2750万元，增长37.8%。其中货币资金307万元，比年初增加140万元；固定资产5895万元，比上年初增长2600万元。

【师资建设】 学院现有教师250多人，其中从泰国、越南、澳大利亚、日、英、美等国聘请了12名外籍教师到学院执教；正副教授45人，具有博士和硕士学位32人；留学回国人员15人；双师型教师35人；专职辅导员18人。他们中有相当一部分是“211工程”大学和二本院校的专家、名师和优秀教师。学院坚持以人为本，按照“高质量、低收费、公益性”原则办学，建立了规范化的教育教学质量保障体系，采用国内外优秀教材和先进的现代教学方法，按照“注重基础、提高质量、立足应用”的原则进行教学。通过深入开展教书育人、管理育人、服务育人，进行师德建设等活动，提高了青年教师的思想政治素质和业务工作能力，建设了一支合格的高水平的师资队伍。

【招生工作】 2006年在校大专学生3500多人，留学越南学生45人。2006年是第三年招生，自治区教育厅下达招生计划指标1800人。院领导高度重视，3月初开始就组建扩充了招生工作队伍，从招生简章的制作到组织专职招生人员深入到全区各地进行招生宣传发动，同时还通过网络、电视、报刊等媒体发布招生资料。在招生宣传过程中我们始终实事求是，把学院的性质、办学方向、办学理念、办学规模、办学特色、专业优势、就业前景、学院承诺等学生及家长所关心的问题，都作了详细的介绍。由于领导重视，宣传到位，考生报名火爆，仅第一志愿报读考生就将近4000人，在第一志愿录取时就已录满指标。

【教学工作】 学院把大学生思想政治教育和专业知识教育相结合，以培养对社会有用的“四有新人”为目标，热爱祖国、关心集体、助人为乐、拾金不昧等好人好事不断涌现，学生“德、智、体、美”得到全面发展。2005级东南亚贸易二班张颖、2005级工商企业管理一班许春红、2005会计电算化一班蒋显云、2005级东南亚贸易二班罗彬彬、2005级应用泰语一班石柳群、刘彩云、2005级应用泰语三班黄雪萍、2005应用越语三班凌兰共8位同学获得广西壮族自治区人民政府奖学金；2006年全院共评出先进班集体7个，三好学生32名，优秀学生干部51名，优秀共青团员118名，优秀学生团体干部6名，优秀学生团体学员5名。

学院党校举办了两期培训班，共有800多名学生参加了党校学习，并且其中第一期就有59名学员荣获“优秀学员”称号。南宁市委基层办梁韶勇同志、陆仕仁，南宁市青秀区党委常委组织部部长李柏林，南宁市仙葫经济开发区党工委副书记莫小东出席了第一期党校培训班开学典礼并对学院的党建工作作了重要指示。通过学院党支部领导班子及广大党员的共同努力，学院党建工作不断创佳绩，2006年6月中共南宁市青秀区组织部下文确定学院党支部为城区级党建工作示范点。

加强国防教育，积极开展拥军爱国教育活动。在新生入学时进行了为期半个月军训活动，使学生从理论到实践对国防知识有一定的了解，并与南宁市公安局特警支队三大队结成了警民共建单位，不定期进行交流。由于学院在2005年度全区学生军训工作中成绩突出，被广西壮族自治区教育厅、广西军区司令部、广西军区政治部评为2005年度全区学生军训工作先进单位，同时院学工处、团委钟志锋老师被授予2005年度全区学生军训工作“先进个人”称号；学院积极响应国家征兵政策，根据青秀区武装部的要求和工作需要，对参加应征并合格的学生作好思想政治教育工作，加强管理，为定兵、送兵创造条件，2005级应用英语3班韦尚棣、2005级应用越语2班陈祖安分别光荣加入了湖南武警总队和驻香港部队。

【校园文化建设】 学生社团队伍不断壮大。在2005年15个学生社团的基础上，2006年又增加了旅游实践协会、法律实践协会、创业实践协会、东方英语合唱团、樱花俱乐部、营养保健协会、花样轮滑协会、火苗音乐协会、电子商务协会等，为学生的实践活动提供了广阔的舞台，使学生的课余生活丰富多彩。

加强校园文化建设，营造浓厚的语言学习和校园文化氛围。针对不同的语种和专业，从入学时开始用“双语教学”逐步演化为“全外语教学”，无论课堂教学、师生交流、同学往来还是校园广播、黑板报、就餐等日常生活均要求用外语交流，每周一次的“外语角”，每天40分钟的外语晨读，营造校园浓厚的外语学习氛围，迅速提高学生的听、说、读、写能力。同时积极开展各种校园文化活动，与广西演艺职业学院联开展“手拉手，心连心”联谊活动，举办“八荣八耻”演讲与征文比赛、第一届“5·25我爱我”大学生心理健康大型签名活动、第一届校园风筝节、第二届校园文化艺术节、“弘扬爱国精神，构建和谐校园”为主题的纪念“一二九”爱国运动71周年大型签名活动、首届国际艺术节——“民族魂　心连心”“新生杯”篮球比赛等。

响应自治区党委、政府在全区范围内深入持久实施“城乡清洁”工程，全面治理“五乱”的号召，多次组织学生干部和入党积极分子在学院门口道路两旁、东方广场及校园内进行全面清扫果皮、纸屑、塑料袋等垃圾，美化了校园内外环境，使广大师生增强了爱护环境、美化环境的意识。积极开展“讲文明、树新风”“捐资助残，扶贫救济”“为中国—东盟献爱心”等活动。组织师生慰问孤儿和孤寡老人，组织师生参加植树节活动，组织学生参加中国—东盟博览会志愿者，组织师生以义演义卖等方式为贫困学生捐资助学。

学院被中共南宁市青秀区委、南宁市青秀区人民政府授予文明单位和文体工作先进单位的光荣称号，董事长朱桂玲被评为文体工作先进个人精神文明建设先进个人。

【国际交流与合作】 2006年2月以来，泰国碧武里皇家大学、皇太后大学、西北大学、川登喜（师范）大学等高校多次率团到学院进行访问，先后分别与学院领导进行了学术交流，并给学生送上多场精彩的报告会。越南国家大学外国语大学、对外贸易大学、人文大学、国民经济大学等高校多次率团到学院进行访问，并和学院领导、学生进行学术交流。学院2004级应用越语专业45名学生赴越南河内对外贸易大学进行为期一年的留学深造。2006年7月8日—8月5日，第二批越南留学生一行92人来到学院，进行为期一个月的汉语培训学习。2006年6月6日、8月9日，美国西俄勒冈大学（WOU）校长John Minahan两次来到学院访问。2006年10月30日，缅甸仰光市秘书长一行二人来到学院访问交流。2006年11月2日下午，2006年南宁国际民歌节“绿城歌台”分会场、“广西东方外语职业学院歌台”隆重举行，与来自美国、越南、澳大利亚、加拿大等外国艺术家进行联欢。

附：广西东方外语职业学院地址

地址：南宁市仙葫经济开发区五合大学城

邮编：530222

电话：0771－4797128

撰稿：谢牡丹

桂林山水职业学院

【概况】 2006年，桂林山水职业学院占地面积14.29万平方米，教学行政用房面积1.95万平方米，学生宿舍面积1.18万平方米。截至2006年底，学院教学科研仪器设备总值779万元，拥有教学用计算机174台，多媒体教室和语音实验室座位350个，图书13.6万册。学院现有教职工123人，其中专任教师80人，具有研究生学位教师3人，教授4人，副教授20人，专职辅导员6人。

2006年，学院有五系一部：计算机及信息管理系、外语与旅游系、管理一系、管理二系、艺术系和社科部；3个研究所：职业教育研究所、房地产研究所和小企业管理研究所；设有三处一室：教务处、学工处、总务处和学院办公室，下设有财务科、人事科、保卫科和招生办。拥有13个专科专业，共有专科生1501人。

【教育经费的收入与支出】 2006年，学院教育经费总收入612万元，比上年增加166万元，增长27.12%。教育事业费收入542万元，比上年增长28.78%。全年支出410万元，比上年增长12.20%。在总支出中人员经费支出131万元，占总支出31.95%；日常公用经费支出92万元，占总支出的22.44%；对个人和家庭补助支出3.4万元，占总支出的1%。

2006年末，学院拥有资产3205万元，比上年增加43万元，增长1.34%。其中货币资金0.5万元，比年初减少2.1万元；固定资产3349万元，比上年初增长349万元。

【教育教学改革】 2006年，学院加大了教育教学改革力度，转变教育教学观念，从以理论教学为重点转向以实践教学为重点，以课堂为中心逐步转向以企业为中心，不断淡化理论教学和实践教学的界线，淡化基础实践与专业实践的界线，淡化专业课教师和实践课教师的界线，把培育学生实践能力、创造能力、就业能力和创业能力放在教育教学改革的首位。

学院还积极开展教学、科研活动。2006年共申报了15项科研课题，其中获自治区“十一五”教育规划B类课题1项，C类课题2项，教育厅思想政治课题1项，教育厅高教处课题1项。此外批准立项的院级课题10项。

2006年学院还成立了3个研究所：职业教育研究所、房地产研究所和小企业管理研究所。职业教育研究所正在编写《职业院校教育教学管理的理论与实践》；房地产研究所与国联公司共同成立的房价研究组编写的《为房价飞涨支招》论文，获得有关人士的高度评价，登载在房地产权威杂志《中国房地产估价师》2006年第五期上，并正在组织编写房地产经纪教材；小企业管理研究所正在研究小企业管理问题，通过对广东东莞年盛公司的协助管理，摸索和把握中国小企业发展的内在规律，同时为学院的教育教学改革打下坚实基础。

【学生管理与就业工作】 2006年，学院按教育部规定，进一步完善了以人为本的《学生管理规定》，本着“一切为了学生，为了学生的一切”的主旨，从管理制度和人文关怀诸方面给学生营造良好的学习、生活环境。建立健全了辅导员、班主任管理制度，将班级管理建设和月度考核与辅导员、班主任的工作业绩挂钩。实施班级流动红旗制度，每月实行评比活动，结合学习综合表现进行全面考核，大大促进了班风、学风的树立和良性竞争。在院团委和学生会的领导下，大力开展社团活动，丰富了学生的文体生活。

2006年，学院有了第一届大专毕业生241人，共有238人就业，就业率98%，经教育厅检查，回访在岗率达100%。

附：桂林山水职业学院领导

院长、理事长：邹　津
常务副院长：魏文举
副院长：江邦杰（兼党支部书记）　李江生
　　胡若楠
电话：0773－3661099
地址：桂林西城经济开发区人民路289号
邮编：541100

撰稿：蒋礼之

北海宏源足球职业学院

【概况】 2006年，北海宏源足球职业学院占地面积10万平方米，教学行政用房面积1.838万平方米，学生宿舍面积0.9万平方米。学院现有12块标准足球训练场及2块比赛专用灯光球场，拥有设备齐全的健身房和体操房以及多功能大礼堂和美育活动室，为学生提供锻炼、实践和娱乐的舞台。截至2006年底，学校教学科研仪器设备总值达251万元，拥有教学用计算机150台，多媒体教室和语音室实验室座位1200个，同时学院加大基金投入，新增了大批书籍和电子图书，图书馆藏书达2.53万册。

学院立足于高起点、专业化的原则，积极引进高素质人才，努力提高教职员工的薪酬水平，完善各项福利制度，增加教职工在职培训和提高学历层次的学习机会，完善管理制度，落实“以人为本”、“创建和谐社会”的宗旨，增强学院的凝聚力，稳步扩大教师队伍，2006年底，学院拥有教职工66人，其中专任教师36人，为学生的成才奠定了坚实的基础。

学院秉承特色办学的理念，积极跟踪市场人才需求走势，灵活转变专业培养方向，加强职业教育学科建设，2006年，学院有2个系，共7个专业。截至2006年底，学院共有各专业专科生486人。

【教育经费的收入与支出】 2006年，学院教育经费总收入310.84万元，比上年减少46.75万元，减少率13.07%；其中教育事业费收入291.99万元，比上年减少7.24%。全年支出361.29万元，比上年增长41.63%。在总支出中，人员经费支出198.46万元，占总支出的54.93%；日常公用经费支出141.14万元，占总支出的39.06%。

2006年末，学院拥有资产2358.56万元，比上年增加227.72万元，增长11%。其中货币资金137.89万元，比年初增加94.29万元；固定资产1986.80万元，比上年初增长167.75万元。

【教学工作】 建校以来，学院积极实施教学及管理体制改革，不断完善各项监督体制，提高管理层次，同时以人为本，严格治校，全心育人，全力打造优秀“宏源”教育品牌。

附：北海宏源足球职业学院领导

院长：栗宏刚
执行院长：周兆祥
电话：0779－3221258　0779－3221259
地址：北海市龙潭南珠大道宏源大学园
邮编：536000

撰稿：黄福艳

广西城市职业学院

【概况】 2006年，广西城市职业学院占地面积33.33万平方米，校舍建筑总面积13.13万平方米，教学行政用房面积4.19万平方米，学生宿舍面积8.49万平方米。办学容量达到万人。已经建成的有教学大楼2栋，学生公寓楼10栋，生活综合服务楼2栋，学生饭堂、图书馆、行政办公楼、大学生创业园、教工宿舍等各1栋；正在建设的有学生公寓4栋、教工宿舍、综合实验楼和图书馆二期工程各1栋。

截至2006年底，学院教学科研仪器设备总值448.52万元，拥有教学用计算机591台，多媒体教室和语音实验室座位3640个，图书4.69万册。学院有教职工515人，其中专任教师307人，具有研究生学位教师48人，教授6人，副教授12人，专职辅导员21人。

2006年，学院有经济技术分院、机电工程系、人文科学系、外语系等4个二级院系，拥有27个专科专业。学院下设党委办公室、学院办公室、教务处、人事处、财务处、招生办公室、就业指导中心、大学生创业园、传媒中心、督察室、成人教育处、后勤保卫处等行政机构。

2006年，学校有各类学生5600人，其中专科生5400人，成人教育200人。

学院各种生活设施和体育运动场所比较齐全，建有一个标准足球场、7个篮球场、8个羽毛球场。校园绿化美化共投入200多万元，种植小叶榕、菠萝蜜、白玉兰、红山茶等乔木4000多株，灌木20多万株，草坪面积约48000平方米，铺设校道32000平方米，还建起了人高园、棋局、写说坛、相思林小花园等具有深刻人文内涵的景观。

【教育经费的收入与支出】 2006年，广西城市职业学院教育经费总收入2344万元，比上年增加1733万元，增长73.93%。全年支出4259万元，比上年增长2%。在总支出中人员经费支出266万元，占总支出6.25%；日常公用经费支出491万元，占总支出11.53%；对个人和家庭补助支出114万元，占总支出2.68%。

2006年末，学院拥有资产7926万元，比上年增加4234万元，增长53.42%。其中货币资金85.19万元，固定资产7840.81万元，比上年初增长3918.81万元。

附：广西城市职业学院领导

党委书记：宁德君

院长：周武能

副书记：吴体夫

副院长：黄妙红　邓　驰　石流沙

电话：0771-7515099

地址：扶绥县扶绥大道339号

邮编：532100

撰稿：谈华志

广西英华国际职业学院

【概况】 2006年，广西英华国际职业学院规划占地面积66.67万平方米，首期工程占地16.67万平方米，计划投资1.2亿元，已投资8000万元，完成建筑面积约10万平方米，配备有教学楼、实验楼、图书馆、学生公寓、食堂等现代化教学设施。计划二期建筑面积4万平方米，投资7000万元，三期建筑面积5万平方米，投资2.5亿元（含征地费用）。学院现有教职工128人，其中专业教师73人，具有研究生学位教师6人，博士生指导教师1人，教授7人，副教授8人，“双师型”教师19人，专职辅导员14人。2006年秋季正式招生办学，在校专科学生1082人，计划明年招生3500－4000人，三年起在校生争取达到6000—8000人。

【教育经费的收入与支出】 2006年，学院教育经费总收入500万元，全年总支出约2000万元，其中基础建设支出约1100万元，占总支出55%；在总支出中人员经费支出约200万元，占总支出10%；日常公用经费支出约80万元，占总支出4%；教学设备经费支出约600万元，占总支出30%；对个人和家庭补助支出约20万元，占总支出1%。

2006年末，学院拥有资产约8000万元，其中货币资金20万元，固定资产7980万元。

【基础建设】 按照规划要求及学院办学的实际情况，2006年学院投入了近8000万元建设基础设施和教学设施，现已基本完成了三栋教学楼、一栋实验楼、图书馆、四幢学生公寓、食堂、行政主楼、教师住宅等近10万平方米的建筑面积，已投入使用的有教学楼、实验楼、图书馆、两幢学生公寓、食堂、教师住宅等，其他的正在加紧装修，预计2007年8月前装修完毕，秋季开学投入使用。辅助工程和校园绿化正在施工，争取在2007年8月前完成首期工程的所有工程计划。学院开学至今，投入教学科研仪器设备总值600万元，拥有教学用计算机250台，多媒体教室座位数300个，语音实验室座位数240个，图书8.2万册。购进了全新的课桌椅1500套、计算机250台、网络设备、学生公寓组合家具、教师住宅组合家具、音响、体育器材等教学生活设备，使学生老师安心学习和教学。

学院现设有财经系、商学系、旅游管理系、外语系、艺术工程系、信息系等6个系，1个公共基础部，开设出国留学预科和各类培训课程，计划从2008年逐步引进英国HND、注册会计师ACCA（含会计专业本科）课程和国外本科、研究生文凭“3＋1”“3＋1＋1”培养模式，大力开展与东盟十国的教育合作。学院的专业设置充分考虑市场人才需求和就业率，同时兼顾国际合作。2006年学院根据市场需求开设了国际经济与贸易、国际会计与金融、国际商务、物流管理、空中乘务、艺术设计等12个学科专业，27个专业方向。2007年，根据钦州市“大工业、大旅游、大港口”的建设和发展，以及广西沿海地区专业人才的需求，增设了房地产经营与评估、海事管理、园林技术、报关4个专业，并将根据教育部有关规定，在条件成熟时，引进或设立本科层次新型专业，积极开展国际教育合作，提升学院的办学水平，为学院的招生就业工作奠定良好的基础。

【学院管理工作】 学院强调高标准的教学质量和符合实际需求的教学内容及国际性、时代性和应用性，注重对学生的综合素质要求和理论联系实际的应用能力，更重视学生创新思维和能力的培养。因此，强化学院各方面的管理是学院实现教学目标的基础保证。“管理有制度，工作有标准，办事有秩序，岗位有规划”是确保教学质量的管理基础，学院按照办学的目标要求，逐步订立了适合学院发展的管理制度，包括：教学教研管理制度，学生管理制度，人事管理制度，财务管理制度，办公室管理制度，后勤管理制度等相关制度以及国际合作办学的相关政策，并将根据学院发展需要进一步制定完善所需要的其他管理制度，确保学院的发展规划顺利进行。

【后勤与安全保卫工作】 学院注重师生的生活和安全，在做好其他管理工作的同时，加强对食堂、学生公寓的管理。不定期召开学生座谈会，征求学生意见，不断改善和提高服务质量，使学生安心学习。在安全管理工作中，加大管理力度，组织学生进行安全教育，增强学生的自我安全防范意识。严格施工安全和交通安全管理，对施工单位明确要求，在工地要设置安全警示牌，实行保安人员24小时值班制，确保师生的人身财产安全，杜绝安全事故发生。

【师资建设】 根据学科建设与专业设置的需要，以充实教学第一线为目的，创造一个珍惜、培养、吸引人才的政策环境，积极引进高职称、高学历的人才（含留学归国人士），激励教师接受培训，选拔学科带头人，引入竞争机制和激励机制，努力建设一支数量充足、结构合理、素质优良、业务精湛的师资队伍。开学初，学院召开了全院教师大会，对教学工作提出了明确要求，组织教师进行公开讲课和评课。各系部根据专业特点对任课教师提出了实施性的教学要求，加强教学质量的监督与反馈工作，把各项制度落实到日常教学管理工作中，大大提高了教学质量。学院的教学工作进展顺利，教学秩序稳定正常，学生对教学效果反映良好。

【招生工作】 为了做好招生工作，树立广西英华国际职业学院的良好形象，除了在做好学院的硬件设施外，加大力度开展招生宣传，利用地方报纸、电视、互联网、印刷宣传资料等等，进行了多渠道、多形式的宣传，有力地促进了招生工作。

为圆满完成 2006 年的 1000 个招生计划任务，学院领导对招生工作进行了细致的策划和整体部署，除了外省部分指标外，重点针对区内生源情况，分组宣传，责任明确。由于学院第一次招生办学，招生小组成员许多是新入职的员工，学院领导对招生小组成员进行了相关培训，切实提高了招生队伍的素质。

招生工作涉及学院的生存与发展，在自治区教育厅、自治区招考考试院及钦州市委、市政府和教育局领导的关心和大力支持下，全体英华员工齐心协力，从而使第一届招生工作取得了巨大成功，报名人数达 2100 多人，参加军训新生达 900 多人，实际报到人数 1082 人，超额完成了 2006 年的招生任务。

【学生管理工作】 为了做好新生入学教育及军训工作，学院制定了《2006 级新生入学教育计划和具体措施》，对新生进行入学教育、爱校教育、心理健康教育、规章制度教育、安全教育、理想成材教育及学习和生活方法指导，强化新生教育和管理，夯实基础。

学院高度重视学生的思想政治稳定，始终把学生思想政治稳定工作放在学院工作的首位，坚持“以人为本”的工作理念，根据学生不同阶段的成长需要制定工作重点，不断探索大学生思想政治教育的规律性。多次召开学生思想政治稳定工作会议，以落实“一手抓校园建设，一手抓学院内涵发展”的任务为目标，不断完善工作机制，与时俱进、求真务实，全面开创学院大学生思想政治工作的新局面。1. 抓好“安全文化校园”的创建工作，从校风建设、师德建设、学风建设和丰富多彩的文化活动等几个方面进一步加强和完善校园文化建设。2. 抓好大学生文明公寓建设。3. 抓好“一支队伍”“三层管理”“四个阵地”。“一支队伍”即党团组织、学生处和班主任、生活老师这支队伍。“三层管理”即院、系、班，院抓系、系抓班，一级抓一级，层层抓管理的工作格局，建立健全一整套管理体系。“四个阵地”即课堂、公寓、校园网、文化活动四个思想政治教育阵地。4. 根据学院实际，制定了《广西英华国际职业学院学生手册》，包含 17 个学生管理制度，在学生的日常管理中，注重科学管理，为进一步做好学生工作提供依据。

学风建设是学校中心工作之一，也是学院工作重点，为了加强学风建设，学院采取多种途径调动学生学习的积极性，以就业为导向，以外语学习为切入点，以学风建设为主线，以提高学风建设为工作目标，努力营造良好院风，逐步实现学校育人成才的目标。充分激发与调动大学生的学习主动性，营造浓厚的学习氛围，使学生达到“乐学、勤学、会学”，形成“求真、务实、笃学、创新”的良好风气，养成自主学习和终身学习的良好习惯。

在学院的管理中，学院团组织充分发挥优势，组建学生会、各类社团、广播站等，并对其进行规范化管理。经常开展形式多样的活动，组织学生参加文化、艺术、体育等活动，举办了英语演讲比赛、迎新生篮球赛、迎新生与元旦晚会、趣味体育比赛等，学院爱心社还自发组织了爱心社成员进行无偿献血，得到了社会各界的好评。此外，还开展综合知识竞赛，有奖征文活动，丰富多彩的校园文化活动极大地调动了学生们参与的积极性，陶冶了学生的心灵。

附：广西英华国际职业学院领导

院长：蔡义发

副院长：侯振梅

电话：0777－2808789

地址：钦州市西环南路 188 号

邮编：535000

撰稿：彭　雪

广西大学行健文理学院

【概况】 2006 年，广西大学行健文理学院占地面积 20 万平方米，教学行政用房面积 7.14 万平方米，已竣工投入使用的学生宿舍面积 5.29 万平方米，学生食堂及活动中心面积 1.84 万平方米。截至

2006年，学校教学科研仪器设备总值1072.77万元，拥有计算机1200多台，计算机实验室16间，座位数1280个，多媒体教室56间，座位数5884个，语音实验室23间，座位数920个，普通教室112间，座位数11296个，馆藏书刊17.8万册。

2006年，学院有教职员工432人，其中聘期一年以上的专任教师348人。在348名专任教师中，具有博士学位的教师19人，硕士学位的教师188人，教授11人，副教授106人，外籍教师10人，专职辅导员13人。

2006年，学院设有计算机科学与技术、电子商务、网络工程、管理科学、信息管理与信息系统、广告学、新闻学、广播电视新闻学、工商管理、财务管理、市场营销、会计学、生物工程、汉语言文学、英语、法学、国际经济与贸易、公共事业管理、旅游管理等19个本科专业，1个国际学院，在校生3874人。2006年首届毕业生235人。

【教育经费的收入与支出】 2006年，广西大学行健文理学院教育经费总收入4900.47万元，比上年增加636.25万元，增长13%。教育事业费收入4900.47万元，比上年增长13%。全年支出1461.04万元，比上年增长41%。在总支出中人员经费支出599.45万元，占总支出41.03%；日常公用经费支出857.39万元，占总支出58.68%；对个人和家庭补助支出4.2万元，占总支出0.29%。

2006年末，学院拥有资产9870.85万元，比上年增加4131.85万元，增长42%。其中货币资金8798.08万元，比年初增加3300.88万元；固定资产1072.77万元，比上年初增加1021.14万元。

附：广西大学行健文理学院领导

董事长：阳国亮
党委书记：余　瑾
院长：唐纪良
常务副院长：陈炮祥
党委副书记：许祥玉　蔡民廷
副院长：朱复谦　梁仕云
电话：0771－3223315
地址：南宁市秀灵路75号
邮编：530005

撰稿：莫　锋

广西师范学院师园学院

【概况】 2006年，广西师范学院师园学院校园占地13.51万平方米，建筑面积8.92万平方米，运动场3.03万平方米，绿化用地2.23万平方米。截至2006年，学校教学科研仪器设备总值1302万元，拥有教学用计算机380台，语音实验室座位408个，馆藏书刊98万册。

2006年，学院开设有汉语言文学、英语、体育教育、音乐学、市场营销、国际经济与贸易、计算机科学与技术、信息管理与信息系统、艺术设计、电子信息工程、广告学、化学、应用心理学、信息与计算科学、数学与应用数学等15个全日制普通本科专业。

2006年，广西师范学院师园学院有本科生1768人，学院共聘任专任教师247名，其中教授22人，副教授85人，讲师92人。

2006年，学院设置党支部、党政事务部、教学科研事务部、学生工作事务部、财务部、团委等机构，专职管理人员19人，兼职管理人员3人。

【教育经费的收入与支出】 2006年，广西师范学院师园学院教育事业费收入1926.2万元，比上年增加886.5万元。全年支出722.9万元，在总支出中人员经费支出92万元，占总支出12.7%；日常公用经费支出603.2万元，占总支出83.4%；对个人和家庭补助支出27.7万元，占总支出3.8%。

【教学工作】 2006年，学院教学工作以制度建设为重点，制订和完善教学管理规章制度。一是成立了学院教学指导委员会，对学院教学改革与发展和教学管理工作中的有关问题进行研讨。二是狠抓教学常规管理，确保教学质量。三是以学分制为核心，进一步建立和完善选课制、辅修制、第二学位制、弹性学制和教材建设等工作机制。四是加强和健全教学质量监控和评价体系，加强教学指导和监督力度。五是建立教务管理电子系统，逐步实现教学管理、考试管理和教学质量的科学化。六是适应广西经济社会发展和产业结构调整的需要，积极组织申报新专业，获批了1个新专业，使学院本科专业达到15个。七是启动实验室和研究室建设，加大教学科研仪器设备的投入。

【学生工作】 2006年，学院不断创新学生工作的内容、形式、方法、手段、机制，坚持安全、稳定、有序的指导思想，以学生党建为龙头，以主题教育为核心，以常规教育为基础，加强学风建设和思想教育，通过制度教育、理想成才教育、专业思想教育和文化、科技活动，激发学生创新意识，全面提高学生综合素质。

2006年，学院开展丰富的文体活动，积极参加校内外文体活动，取得了较好成绩。开展了“社团建设月”活动、“与支部共同成长　齐为团旗添光彩”团支部建设月活动、“爱心文化节”活动、“青春　活力　成长”校园文艺竞赛、第一届校园“吉尼斯”项目比赛等活动。我院有1人在“CCTV杯”全国英语演讲大赛中获得一等奖，1人在全国大学生英语知识竞赛中获一等奖。

【招生工作】 2006年，学院共招收新生816人，从区内的录取情况看，文科录取最高分为547分，理科录取最高分为534分。录取平均分数比上年大幅提高，生源质量较好。

附：广西师范学院师园学院领导

董事长：钟海青
院长：于　璨
常务副院长：罗　坚
电话：0771－5663192
地址：南宁市燕子岭路4号
邮编：530023

撰稿：陈宗武

桂林电子科技大学信息科技学院

【概况】 2006年，桂林电子科技大学信息科技学院占地面积11.2万平方米，其中绿化用地面积4.26万平方米，运动场地面积1.5万平方米，校园内绿树成荫，环境幽雅。新建尧山校区规划用地23.47万平方米，一期工程已于2007年9月正式开工建设。截至2006年底，学院教学行政用房面积2317万平方米，学生宿舍面积2.2万平方米；教学科研仪器设备总值2081万元，有13个教学实验室（中心），拥有教学用计算机485台，多媒体教室和语音实验室座位790个，建有独立的图书馆，馆藏图书19.5万册，其中纸质图书总数14.3万册，电子图书5.2万册，同时，共享桂林电子科技大学图书资料。

2006年，学院有信息科学与技术系、机电工程系、管理系、设计系、基础教学部、实践教学部等6个教学单位，设有通信工程、电子信息工程、计算机科学与技术、机械设计制造及其自动化、工业工程、电子商务、市场营销、财务管理、人力资源管理、工业设计、艺术设计等11个本科专业，按国家统一招生计划面向全国17个省、市（自治区）招收全日制普通本科生1300名。

2006年学院有在校学生共3002人。学院有教职工137人，其中专任教师112人，教师队伍中具有硕士学位以上教师41人，占教师人数的37%，教授8人，副教授27人，具有高级职称的占教师人数的31%。

【教育经费的收入与支出】 2006年，桂林电子科技大学信息科技学院教育经费总收入4550万元，比上年增加1903万元，增长41.8%。其中财政拨款无；教育事业费收入4550万元，比上年增长41.8%。全年支出3276万元，比上年增长66.4%。在总支出中人员经费支出360.9万元，占总支出的11%；日常公用经费支出2725万元，占总支出的83%；对个人和家庭补助支出190.1万元，占总支出的6%。

2006年末，学院拥有资产6630.6万元，比上年增加1067.8万元，增长16.1%。其中货币资金3327万元，比年初减少736.6万元；固定资产1760.1万元，比上年初增长323.6万元。

【人才培养】 学院制定人才培养方案的基本思路是：在注重专业基本素质培养的同时，加强综合素质的训练；在注重专业基本理论教学的同时，加强专业技能的训练与提高；在注重实践能力培养的同时，加强创新能力的培养。学院坚持“以人为本”的办学理念，贯彻“办出特色，创出品牌”的办学方针，培养“厚基础、强能力、注重应用、具有扎实的专业基础知识、较高的人文素质和管理素质、较强的专业工程能力、外语应用能力和社会适应能力”的“SEMI”复合型高级技术应用型人才。根据专业培养目标，以应用能力培养为主线，制定能力模块式教学计划，促进学生知识、能力、素质协调发展，施行教学过程管理的质量监控体系。学院的校训是：立志修身、知行合一。

【教学工作】 学院坚持把质量作为办学的生命线，严格教学管理，不断完善质量监控体系。2004年结合独立学院培养应用型本科人才特点制定了《实训教学管理规定》；为规范教学过程，2004年推出教学档案记录本，包括教学计划、大纲、教学过程登记、试卷命题计划、考试分析、课程教学总结等；2005年以ISO9000质量管理体系为依据制定了《关于课程教学过程管理的暂行规定》；建立了英语自主学习中心，并制定了《关于英语综合训练中心管理的若干规定》；结合学院实际实行暑期小学期制，进行暑期社会实践、生产实习以及二次选课，并制定了《关于二次选课管理办法》；同时还制定了《考试管理暂行规定》《学生信息员管理办法》《英语课程教学管理办法》《体育课程教学管理办法》等一系列规章制度并严格执行。通过听课、教学检查、实习巡查、教师座谈会、教务信箱等多种渠道收集教学信息，及时发现教学中存在的问题并加以解决。在教学改革方面，“广西区应用型本科人才培养模式的研究”和“思想政治课程教学改革的研究”两项课题获广西区教育科研项目。

学院强化实践教学，提高基本技能，突出创新实践能力的培养。所有实验室全天免费为学生开放，组织学生科协，建立大学生创新基地，委派辅导教师开设专题讲座，指导学生开展课外科技制作活动。2006年学院首次参加第三届“挑战杯”广西大学生课外学术科技作品竞赛，在决赛中取得二等奖的好成绩。首届“金蝶杯”全国高校企业经营实战模拟精英赛学院代表队作为唯一独立学院参赛队取得了总分第四、团体一等奖的好成绩。

2004级学生参加全国大学英语四级考试，通过率超过40%。在第十一届“外研社杯”全国英语辩论赛中，学院电子工程系06级学生贤锦铨和桂林电子科技大学法律系学生杨茜雯喜夺三等奖。

学院重视强化学生计算机应用能力的培养，免费为学生开放计算机中心，建立学生计算机自主学习中心，成立科协电脑部，开设网上交流平台，实行网上批改作业等等。2004级、2005级、2006级学生参加广西区计算机一级等级考试，通过率分别为97.5%、98.8%、99.2%。

学院的学生管理工作科学严谨，措施到位。严格按照比例为学生配备专职政治辅导员，从早读到就寝，从生活、思想教育到学习指导全方位、“零距离”关护，保持与家长的联系和沟通，及时反馈学生在校表现情况，确保了学院的教学到位、服务到位、管理到位。

【校园文化建设】 学院开辟多种途径，培养学生综合素质。注重校园文化建设，组建学生会、团委，创建英语协会、科协、记者站、广播站、模拟航空协会、自行车协会等学生社团，其中英语协会荣获广西区优秀社团，自行车协会会员陈虹谷荣获广西区优秀社团先进个人。定期邀请校内外专家、学者举办学术报告或讲座，开展丰富多彩的校园文化活动；注重加强学生思想素质的提高，定期为入党分子开设党课，组织学生参观湘江战役纪念馆、祭奠陈光烈士墓等。学生积极要求上进，目前要求入党的学生已达40%以上。

为激励优秀学生，学院制定了《学生奖励暂行规定》，设立了优秀学生奖学金、优秀学生干部奖学金、科技创新奖学金、考研奖学金、社会实践奖学金、文体活动奖及各种单项奖等多种奖学金，受奖面达40%，优秀学生奖学金特等奖为10000元/年·人。

附：桂林电子科技大学信息科技学院领导

董事长兼院长：李思敏
党委书记：黄桂阳
常务副院长：罗源伟
党委副书记：黄金标
副院长：徐亚宁
电话（传真）：0773-5606300
地址：桂林市六合路123号
邮编：541004

撰稿：王南萍

桂林工学院博文管理学院

【概况】 2006年，桂林工学院博文管理学院占地面积11.46万平方米，教学行政用房面积4.35万平方米，学生宿舍面积1.3万平方米。截至2006年底，学校教学科研仪器设备总值1470万元，拥有教学用计算机370台，多媒体教室座位1580个，语音实验室座位240个，图书馆、阅览室馆藏图书7.55万册。学校有教职工154人，其中专任教师128名，具有研究生学位教师51人，教授7人，副教授37人，专职辅导员10人。

桂林工学院博文管理学院现设有学院办公室、招生就业办公室、学工部、团委、教务部、总务部、财务部、保卫部等职能部门。学院现有基础教学部、外语系、建筑工程系、信息科学系、经济与管理系、园林与艺术设计系和实验实训中心等“一部五系一中心”，开设英语、电子信息工程、通信工程、建筑学、土木工程、测绘工程、勘查技术与工程、国际经济与贸易、工商管理、工程管理、旅游管理、信息管理与信息系统、计算机科学与技术、艺术设计等十四个本科专业。现设有科研机构博文中国文化创意产业研究中心。截至2006年底共有在校本科学生1675人。

【教育经费的收入与支出】 2006年，桂林工学院博文管理学院教育经费总收入1825万元，比上年增加802万元，增长78.4%。其中教育事业费收入1769万元，比上年增长81.51%。全年支出3315万元，比上年增长499.67%。在总支出中人员经费支出247万元，占总支出7.45%；日常共用经费支出2971万元，占总支出的89.62%，对个人和家庭补助支出97万元，占总支出的2.93%。

2006年末，学校拥有资产18754万元，比上年增加18128万元，增长2896%。其中货币资金1034万元，比年初增加566万元，固定资产5821万元，比上年初增长5670万元。

附：桂林工学院博文管理学院领导

常务副院长：李少游

直属党支部书记：刘战胜

副院长：江晓云　秦勤忠　杨　祥

电话：0773－5898882

地址：桂林市建干路10号

邮编：541004

撰稿：秦勤忠　李　杏

广西幼儿师范学校

【概况】 2006年，广西幼儿师范学校占地面积41230.65平方米，现有建筑面积76835平方米，其中教学用房面积47607平方米，学生宿舍12780平方米。2006年学校在第三届东盟博览会上与广西平果县签订1000亩广西幼儿师范高等专科学校（筹）教育项目用地，学校平果校区建设开始启动。

学校教学设施和教学设备完备，现有电化教室面积3150平方米，图书馆2092平方米，图书阅览室170平方米，音像阅览室120平方米。电脑200多台，钢琴203台，风琴、手风琴270台，琴房200多间，音乐、美术等各种专业教室20间，电子琴教室3间，多媒体专用教室10间，语音教室3间，标准舞蹈教室8间。学校图书馆藏书12.5万册，电子图书49万册，现期期刊400多种。

学校现有专任教师111人，其中，硕士研究生（含教育硕士）学历12人，研究生班学历16人，占教师总数的25.2%；有高级讲师40人，占教师总数的37.4%；有80人具有高等学校教师资格，占教师总数的75%。教师队伍政治、业务素质优良、数量充足、结构合理。

2006年，在校学生1969人，其中大专生（三二分段五年制）1583人，占学生总数的80%（学校2000年开始与广西师范大学合作举办大专教育）。目前学校已形成以学前教育专业为主，小学艺术教育专业为辅；五年制（3+2）大专生为主，三年制中专生为辅的办学格局。2006年学校新开设了师范类的体育教育专业、非师范类的美术、音乐、体育、英语和休闲体育服务与管理专业，非师范专业的规模日趋扩大。据自治区统计局的统计资料显示，学校学生的初次就业率连年达到99%以上。

【教育教学工作】 学校立足于“教育思想现代化、办学条件标准化、学校管理规范化、学生素质优良化”的目标高标准办学，始终以市场需求为导向，紧紧围绕“质量与创新”的教改主题和“以教学为中心，面向全体，全面发展，学有所长”的育人宗旨，坚持“以德为本，以知识为基础，以能力为主线”的教育结构体系，大力开展教育教学改革，严抓教育教学管理，努力使学生增长知识，提高能力，完善人格，适应社会，始终把为学前教育培养合格的师资作为学校的主要任务，为区域经济建设和社会发展作出了重要贡献。

2006年学校教职工共著书20本，出版光盘2张，发表论文47篇，其中发表在国家级核心刊物上4篇，在省级以上的各种比赛中获奖的论文有50篇、作品有20件、教学活动7个。

50多年来，学校为广西培养了近4万名幼儿园和小学艺术教师，学生遍布广西各地。现在，学校已经成为广西培养和培训学前幼儿教师的主要基地。学校环境优美，设施完善，花木葱茏，琴韵悠扬。校风严谨，学风浓厚，人才辈出。先后获得南宁市、自治区文明单位、文明示范学校、爱国卫生先进单位、绿化先进单位、花园式单位等一系列荣誉称号。学校所参加自治区、市各类文艺节目比赛多次获得一等奖或特等奖。学校还入选“中国中等师范名校”，先后被教育部授予“全国校园文化建设先进单位”“全国艺术教育先进单位”“为基础教育作出突出贡献学校”等荣誉称号。

附：广西幼儿师范学校领导

校长：李小邕

党委书记：崔燕军

副校长：周祖强　李艳荣

电话：0771－5851718

地址：南宁市民族大道77号

邮编：530022

撰稿：广西幼儿师范学校

GE SHI XIAN（SHI QU）JIAOYU

各市、县（市、区）教育

南宁市教育

南宁市

【概况】 2006年，南宁市教育情况：

学校数和学生数 共有各级各类中小学幼儿园2697所，在校生人数115.73万人。其中幼儿园637所，在园人数13.66万人；小学1605所，教学点1882个，在校生55.61万人；普通初中294所，在校生30.58万人；普通高中91所，在校生11.24万人；中等职业学校60所，在校生44382人（不含职业初中525人）；特殊教育学校10所，在校生2032人。此外，驻市中等职业学校有32所，全年招生3.24万人，在校生7.49万人，毕业生2.06万人。全市辖区范围内有技工学校16所，在校生2.87万人，毕业生0.73万人，其中市属技工学校7所，在校生1.02万人，毕业生2773人。

全市辖区范围内有高等院校35所（其中高职高专院校18所，独立学院4所），折合在校生24.02万人，全日制在校生21.87万人，比上年增加约3万人。其中普通高等院校29所（含高等职业技术学院），普通高等教育在校生18.79万人，成人高等教育在校生8.48万人。有2所院校的19个专业获得博士授予权，6所院校300多个专业获得硕士学位授予权；全年招收研究生3145人，在校研究生8025人，毕业生1509人。成人高等院校6所，折合在校生2.51万人。民办的其他高等教育机构有3所。

教职工和专任教师数 教职工：幼儿园5625人；小学31237人；普通中学27335人；中等职业学校3940人。专任教师：幼儿园3280人，小学28147人，普通初中15701，普通高中6217人，中等职业学校2309人。

师生比例 幼儿园1∶40.64，小学1∶19.76，普通初中1∶19.47，普通高中1∶18.07，中等职业学校1∶19.22。每万人口在校生：幼儿园203人，小学828人，普通初中455人，普通高中167人，职业高中66人。

校园面积和生均校园面积 小学1390.03万平方米和24.99平方米，普通初中701.90万平方米和22.95平方米，普通高中547.12万平方米和48.69平方米，中等职业学校491.80万平方米和110.81平方米。

校舍面积和生均校舍面积 小学364.24万平方米和6.55平方米，普通初中222.41万平方米和7.27平方米，普通高中223.60万平方米和19.90平方米，中等职业学校110.39万平方米和24.87平方米。

少数民族在校生比例 小学54.24%，普通初中56.72%，普通高中53.28%。

义务教育普及程度 小学学龄儿童入学率99.36%，小学生辍学率0.02%，小学毕业生升学率99.90%；初中毛入学率111.07%，初中辍学率0.86%，初中毕业生升学率68%。

【教育经费的收入与支出】 2006年，全市教育经费总收入25.97亿元，比上年增加3.34亿元，增长14.77%，其中财政拨款收入18.30亿元，比上年增加3.84亿元，增长26.55%；预算外资金收入5.09亿元，比上年减少7700万元，下降13.13%。教育经费总支出24.06亿元，比上年增加2.80亿元，增长13.18%，其中财政拨款支出17.91亿元，比上年增加4.31亿元，增长31.70%；预算外资金支出3.78亿元，比上年减少1.53亿元，下降28.78%；总支出中，人员经费支出16.18亿元，公用经费支出6.74亿元，基建支出1.14亿元。全市完成教育固定资产投资3.41亿元，比上年增加1.15亿元，完成全年投资计划151%。

从2006年起国家实施农村义务教育经费保障机制政策，全面免除农村义务教育阶段公办学校学杂费，并补助公用经费，即由学校向学生收取的学杂费（原列入预算外收入）全额由财政拨款，因此预算外收支数额减少。

【教师队伍建设】 2006年，南宁市师德教育的主题是“树立社会主义荣辱观，培育新时期‘四有’新人”。市教育局对广大教师提出了四条要求：一是将社会主义荣辱观教育贯穿于课堂教学之中；二是以身作则，自觉规范言行举止，做到敬业爱生、为人师表；三是继承和发扬艰苦奋斗的光荣传统，厉行勤俭节约；四是加强团结协作，乐于帮助他人。提倡每个教师精读一本社会主义荣辱观方面的书，写一篇社会主义荣辱观方面的文章，上一节社会主义荣辱观为主题的公开课，主持或参加一次社会主义荣辱观为主题的班会等。从 4 月起，市教育局通过南宁晚报、广西电台的专题节目，连续报导和宣传全市 81 位中小学优秀教师的先进事迹，大力弘扬高尚师德，鼓励广大教师奋发向上，在社会上营造尊师重教的良好氛围。

与此同时，进一步加强中小学教师继续教育工作，不断提高教师业务水平，特别是加强对农村教师的培训。暑假期间，举办了农村中小学英语教师培训班，邀请美国爱德育基金会的教师到邕讲课，参加培养的教师 80 人。组织实施“农村义务教育阶段学校教师特设岗位计划”，通过自治区教育厅统一招聘，挑选 72 名大学生到马山支教，培养和锻炼青年教师，并逐步解决农村中小学的教师不足和结构不合理等问题。

2006 年，南宁市还启动了新一轮中小学骨干教师培养计划，制定了《南宁市“十一五”时期教坛明星、学科带头人、教学骨干实施方案》，上半年组织评选教坛明星 10 人，学科带头人 93 人，教学骨干 1264 人。确定了第二期南宁市 21 世纪园丁工程及选拔 B 类培养学员共 279 名，计划通过 2 年的培养，使之成为南宁市各学科的骨干力量。全年组织评选推荐自治区特级教师候选人 41 人，经自治区人民政府批准同意，评为特级教师 27 人。评选自治区优秀班主任 14 名，自治区八桂乡村优秀教师 16 名，评选南宁市优秀教师、教育工作者 245 名。评选出 2006 年南宁市“我最喜爱的老师”20 人。

【教学技术装备】 2006 年，全市教学技术装备共投入 9008.2 万元，其中市政府投入 978 万元，各县区政府投入 3110.4 万元，各中小学校自筹 4919.8 万元，主要用于购买实验室成套设备，普教仪器、计算机教室设备、多媒体设备、教学软件、图书及成套配套设备等。这批新装备的教学设备使全市 485 所学校教学技术装备得到进一步充实和完善，其中 159 所学校教育技术装备达到一类配备标准。全年新增加计算机室 327 间，新增加计算机 10181 台。拥有图书室（馆）的学校由 2005 年的 944 所增加到 1471 所，净增 527 所。全市开展理科实验操作考核的学校由原来的 285 所增到 529 所，净增 244 所，为 2006 年 8.73 万初中毕业生理化实验操作考试的顺利完成提供了有力保障。为配合新课标的实施，培养学生的创新意识，提高动手能力，全市 685 所学校实行了实验室、图书室、计算机室的开放。

2006 年是上林、马山两县“普及实验教学”（简称“普实”）达标年，南宁市重点加强对上林、马山两县“普实”达标工作的检查指导，送教、送技术下乡，为上林、马山两县举办实验室、图书室（馆）规范管理、实验室操作技能培训班共 10 期，参加培训人员达 1359 人次。上林、马山两县政府在财政较困难的情况下共抽出 933.6 万元用于充实和改善中小学教学技术装备，确保如期通过自治区“普实”评估验收。

【教育城域网建设】 南宁教育城域网是由城域网信息资源中心，市、县区教育局局域网，市教育局二层机构局域网，各中小学校校园网组成的宽带教育专网。城域网采用宽带 IP 城域网技术，以大集中式的结构建设。城域网的组网线路采用数字线路，通过光纤连接的方式组建。

南宁教育城域网按照“总体规划、分期实施、逐步推广”的原则进行建设，第一期先将市区内市教育局、城区教育局、市教育局直属学校、二层机构共 51 个单位以 10M 数字电路（光纤接入）方式接入教育城域网并通过统一出口访问互联网，其他中小学通过互联网接入教育城域网。以后再逐步将符合条件的各中小学校通过 10M 数字电路（光纤接入）方式接入教育城域网，最终达到全市所有中小学校通过 10M 数字电路（光纤接入）方式接入教育城域网的目标。

南宁教育城域网于 2005 年 12 月 16 日获得南宁市信息化工作办公室批准立项，获得立项后南宁市教育局组织有关专家、信息技术学科教师和其他学科教师经过 9 个多月的规划、设计，编制完成《南宁教育城域网一期工程建设初步设计方案》并于 2006 年 9 月 28 日通过市信息化工作办公室组织的评审。评审通过后市教育局立即着手组织开展项目的招标采购工作，到 2006 年底，招标采购工作全部完成，将于 2007 年 1 月启动教育城域网一期工程建设。

南宁教育城域网一期工程总投资 913.45 万元，主要项目是建设教育城域网信息资源中心，完成教育管理部门和市直属中小学校共 51 个单位通过 10M 数字光纤专线接入教育城域网，其他中小学通过互联网接入教育城域网，建立基于教育城域网的教育业务信息管理与应用系统。一期工程建成后对加快我市教育信息化建设步伐，构建“数字南宁”教育平台，实现南宁市区域性优质教育资源共享，提高教育管理水平和教学水平，构建终身学习体系，促进教育的跨越式发展具有重要意义。

【语言文字规范化工作】 2006年3月29日至31日，教育部在北京召开2006年度全国语言文字工作会议，市语委办裴力主任参加会议，会上，南宁市受到国家语委、教育部的表彰，被授予“‘普通话初步普及、汉字社会应用基本规范’达标城市”荣誉称号，成为全国第十五个语言文字工作达标的一类城市。

4月14日，市语委在市政府召开南宁市语言文字工作总结表彰会。参加会议的有自治区有关直属单位的领导、有关驻邕大专院校的领导、各县区语委领导和语委办主任、市语委成员单位领导、市直属学校领导以及部分公共服务行业窗口单位的领导等人。臧国平副市长在会上总结了南宁市2002年以来开展一类城市语言文字达标工作的成绩和经验，提出了新形势下南宁市语言文字工作的目标和任务及完成任务的要求。这次会议为在语言文字工作中作出突出贡献、成绩显著的兴宁区、江南区、青秀区、西乡塘区4个城区授予“南宁市语言文字工作先进城区”称号，市政府办公厅等122个单位被授予“南宁市语言文字工作先进单位”称号，覃益功等315人被授予“南宁市语言文字工作先进个人”称号。兴宁区语委、市交通局、南宁市师范学校等单位工作人员和自治区新闻出版局利来友分别在会上作了经验介绍。2006年，南宁市语言文字工作的重点是：

一、启动全市三类城市（县城）语言文字达标工作。5月上旬，市语委办召开全市县区语委办负责人会议，六城区的语委办主任、六县教育局分管语言文字工作的副局长参加会议。会议主要是传达2006年全国语言文字工作会议精神以及具体布置有关语言文字工作。这次会议，是南宁市通过国家一类城市语言文字评估后，启动三类城市（县城）语言文字达标工作前期工作会议，也是对三类城市语言文字工作具体负责人的培训会议。会后，下发《关于我市三类城市（县城）开展语言文字达标工作的通知》，正式启动了南宁市三类城市（县城）达标工作。

二、开展普通话培训和测试工作。组织首府省级普通话水平测试员330人进行口语复查，同时组织横县、宾阳、马山、隆安、邕宁、良庆等县（区）2380名教师进行普通话水平培训测试，1940人达到等级标准要求，通过率为81.5%。还组织市区一职校、南师、职院、一师的学生1220人参加普通话水平测试，1050人达到等级标准要求，通过率86%。为帮助农民工提高说普通话的能力，以利于农民工外出寻找工作，上半年，市语委办联合有关部门在市一职校、西乡塘区举办六期对农村进城务工人员进行普通话培训班，参加培训班的都是来自南宁市各县穷困山村从事家政保健服务、商业营销、社区服务、餐饮旅游服务等进城务工人员，接受培训共600多人。

三、创建市、自治区两级语言文字示范校。为树立榜样，促进南宁市学校语言文字规范化水平的提高，继2005年南宁市师范学校、南宁市第六职业技术学校、南宁市天桃实验学校、南宁市民主路小学、南宁市新阳路小学、南宁市第一幼儿园、广西大学、广西师范学院等8所学校被命名为南宁市首批市级语言文字规范化示范学校以后，2006年5月又经自治区语委办组织专家抽查评估，这8所学校被确认为首批“广西壮族自治区语言文字规范化示范校”。

四、进一步完善南宁市语言文字工作管理的地方法规。在2004年市政府出台的《南宁市社会用字管理暂行规定》基础上，经过深入部分县区的基层中小学调研，向省内外先进地区学习立法经验，收集有关语言文字立法方面的资料，学习自治区制定出台《广西壮族自治区实施〈中华人民共和国国家通用语言文字法〉办法》立法过程、立法说明和立法步骤等立法工作经验，市语委办和市教育局法规科联合调研、起草《南宁市语言文字应用管理规定》，力争列入市人大2007年立法计划。

同时，应自治区语委办邀请，参与了对广西二类城市语言文字工作评估标准及实施细则进行修改的工作，修改后的评估标准和实施细则内容更明确，更具体，更实际，更易操作。受自治区语委办的委托，草拟出《广西三类城市语言文字工作评估标准》、《〈广西三类城市语言文字工作评估标准〉实施细则》。

五、做好第九届全国推普周宣传活动。今年推普周、市语委办组织开展系列宣传活动，一是发放《广西实施（国家通用语言文字法）办法》小册子，挂图台卡等8000多份；二是在横县开展广西第九届全国推普周“大篷车”宣传活动；三是与市工商局联合举办两期市区广告公司审查员和招牌制作广告铺有关人员培训班，共360多人参加了学习，由市语委办裴力同志主讲；四是与工商部门联合对民族大道等主要街道社会用字进行检查；五是举办全市语言文字工作骨干培训班，市语委办成员单位联络员、各县区语委办人员、街道办、学校有关负责人员150多人参加了学习，自治区语委办原主任陆红同志主讲，主要是学习《广西实施〈国家通用语言文字法〉办法》；六是组织南宁市党政机关、新闻媒体、窗口服务行业三大领域青年参加全区青年普通话大赛，并取得好成绩，获二等奖2名，三等奖1名，优秀奖6名，成绩名列全区前茅，市语委获组织奖。

六、组织力量检查公共场所社会用字（中英文）。为进一步提高南宁市公共场所社会用字规范水平，为“三会一节”创造良好的语言文字环境，结合创文明城市，市语委办加大公共场所、街道的社会用字检查力度。5月底，由市语委办牵头，会同市工商局、旅游局、园林局与广西大学外国语学院联合组成三个检查组（每个检查组都有西大外籍教师），对市区主要街道、商场、星级宾馆、风景区、公园的社会用字（中英文）进行检查。检查组分别对百货大楼、万达商业广场，星光大道等5条街道，凤凰宾馆、夏威夷大酒店等8家四星级宾馆和伊岭岩等5个公园与风景区进行检查。检查结果是大多数公共场所的社会用字都较规范，但是也发现一些问题，个别风景区、宾馆英文出现错误。为此，对不规范社会用字，检查组下发了整改通知书，有关单位做了整改。9月，为迎“三会一节”，参加由市工商局牵头，市教育局、残联、规划局、民政局组成的检查组，对每个城区两条主要道路的广告用字进行检查。在检查中，对发现的不规范字及时进行纠正，如在华强路发现不规范用字并及时通报兴宁区政府进行整治。参加由市体育局牵头，市语委办、消防支队组成的创建文明城市活动检查组，对兴宁、青秀、江南、西乡塘四城区16个体育场所的社会用字进行检查，检查结果没有发现不规范社会用字。10月，市语委办、市工商局以及青秀区工商分局联合组成检查组重点对青秀区民族大道等主要街道以及机场、机场路的社会用字进行检查。对发现的不规范社会用字，青秀区工商分局进行了整治。

【教育收费治理】 为巩固教育收费管理成果，2006年，南宁市教育局采取七项措施严格规范学校收费行为。一是两次召开局际联席会，制定春、秋季学期的中小学收费工作检查方案。二是全市全年共组织市一级联合检查组12个，重点对16个县区教育局和70多所学校进行了检查和抽查，市教育局在春、秋季对40所局直属学校进行检查。各县区教育局也组成200多个检查组，对所管辖的2000多所学校进行了检查，确保做到依法办学、规范收费。三是市教育局先后转发了国务院纠风办、教育部等部门治理教育乱收费的多份文件，并多次召开各县区教育局和直属学校校长会议，对治理教育乱收费提出了明确要求。四是严格实行“三限”政策，规范学校招生行为。五是开展创建规范教育收费示范县活动，并评选和推荐出了自治区级示范县，为南宁市教育事业发展和治理工作营造了良好的环境。六是与局际联席会成员单位对贯彻落实教育经费保障机制进行了监督和检查。七是加大对教辅材料的征订，代购保险、征订校服、违规补课等检查和监督力度，查处和清退违规收费金额125.75万元，切实维护了学生的利益。

目前存在的主要问题有：实行“一费制”后，由于上级拨付标准偏低，同时取消了服务性收费，学校经费出现较严重短缺。此外，个别学校仍存在为学生代购保险及变相违规统一征订教辅材料问题。

【捐资助学】 2006年，南宁市教育基金会广泛深入动员社会力量参与扶困助学，香港、澳门的热心公益事业人士和浦发银行南宁分行积极捐款，分别为马山县古零镇乔志小学兴建一栋23万元的教学楼，为隆安县布泉乡兴隆村小学兴建一栋20万元的综合楼。此外，收到各类捐赠30万元。本着“不让一个学生因贫困失学”的精神，基金会全年共筹集资金338万元，投入356万元用于奖教、奖学、扶困助学、救济困难教师和改善学校办学条件。其中实施“西部开发助学工程”，资助12名大学生每年5000元，享受4年，帮助他们完成学业，至2006年，全市已有70名大学生获得此项助学补助。作为市政府为民办实事项目，筹措308万元经费，扶持家庭经济困难学生4500人，其中小学1800人，每人400元；初中生1950人，每人700元；高中生450人，每人800元；大学新生300人，每人2000元。同时，继续动员、组织市级和县级党政机关、企事业单位及城镇中办学条件较好，教育管理和教学水平较高的学校组成后援小组，支援农村薄弱中小学校。全年共派出由109个党政机关、人民团体、企事业单位和52所学校组成市本级支教队，分52

个组支援马山县、隆安县、上林县、横县、宾阳县、武鸣县、邕宁区、青秀区、江南区的86所农村薄弱学校；继续派出西乡塘区、青秀区、兴宁区、邕宁区、横县、宾阳县等6个县、区参加自治区“县对县”支教工作队，分别对口支援南宁市的隆安县、马山县和百色市的西林县、乐业县、那坡县及河池市的都安县；南宁市的各县、区也派出了县、区内教育教学水平较高的学校挂钩支援本县、区的农村薄弱学校。市本级派出驻点教师52名，县区派出参加“县对县”支教的驻点教师42名，6个县派出支援本县的驻点教师215名。

市本级支教采取“2+1”对一（即2个单位加1所学校对口支援1所农村薄弱学校）的模式，单位主要实行对受援学校硬件方面的援助，学校主要实行软件方面的帮扶；“县对县”的支教以政府行为实行对整个受援县基础教育的帮助；县、区内的支教实行校际结对定点帮扶。据统计，以支教为载体，共为农村学校捐集资金1544.25万元；捐献物品折款175.7万元；捐资扶助贫困生5597人；培训学校领导、教师32350人次。受援学校办学条件得到了进一步的改善，学校管理水平、教育教学质量有明显的提高，促进了农村教育均衡发展。

【中小学危房改造工程】 2006年南宁市共实施中小学危房改造项目276个，投入资金1.11亿元，建筑面积19.21万元平方米，全市农村中小学校原有16.82万平方米D级危房全部拆除，所有项目均如期完成。其中包括：

1. 自治区人民政府与我市签署的本年度100个农村基础教育工程项目的建设任务，工程项目共投入资金4433.6万元，其中中央补助4060.1万元、自治区补助231.5万元、市县配套142万元，建筑面积78623平方米。

2. 建立农村中小学校舍维修改造长效机制前期工作和农村初中改造工程筹备工作。根据自治区教育厅的统一部署，南宁市农村中小学校舍维修改造长效机制于2006年下半年正式开始实施，中央、自治区下拨4674万元专项资金，用于南宁市农村中小学校舍维修改造长效机制2006年度111个土建项目建设，建筑面积76359平方米。

3. 市委、市政府本年度安排建设社会主义新农村所需的学校危改专项经费及各县区“两基”巩固补助资金共2000万元用于实施土建项目65个，建筑面积37112平方米。

【招生考试工作】 2006年，南宁市招生考试工作坚持以办好让政府放心、让人民满意的考试为目标，大力发扬求真务实的工作作风，认真执行国家和自治区有关考试的方针、政策，始终把质量管理作为考试发展的生命线，严格管理，规范操作，强化措施，从严治考，确保了国家教育考试的公平、公正，圆满地完成了各项考试工作任务。全年，南宁市报名参加普通高考全国统考人数为43452人，比上年增加1917人，增幅为4.4%，其中应届毕业生32732人，历届和社会考生10720人。全市共设7个考区，45个考点，1455个考场。本科上线18114人，比上年增加1254人，上线率为41.69%，一本上线人数在全区排位第二，二本和三本以上上线人数在全区排位第一，录取10412人；专科上线35897人，比上年增加2113人，上线率82.61%，录取13914人。高校录取总人数为24326人，本专科录取率为55.98%。全市650分以上共有31人，其中理科27人，文科4人。理科最高分687分（三中、宾阳中学），文科最高分666分（三中），全市理、文科前50名中，市二中占43人，市三中16人，宾阳中学11人，武鸣高中9人，邕宁高中2人，横县中学3人，广西民族高中4人，东方外国语学校5人，其他学校7人。

成人高考报名总人数为24510人，比去年增加4671人，增幅为19%；全市共设7个考区，38个考点，845个考场。

全年三次自学考试累计报考人数28650人，报考总科数53860科。

普通中考报名总人数为88225人，比去年增加12071人，增幅为15.85%；全市设立13个考区，163个考点，3006个考场。全市共录取高中段新生6.81万人（含普通高中、职业高中、中专和技工学校）比原计划多0.11万人，超额完成计划1.64%。

为做好今年的工作，市招生考试院始终把考生利益放在第一位，狠抓考风考纪和安全保密工作，确保招生工作公平和公正。

一是健全领导体系。市委、市政府高度重视招生考试工作，由市政府分管副市长为主任委员，教育、公安、纪检、计委等部门的负责同志为成员的南宁市招生考试委员会于5月中旬召开了2006年招生考试工作联席会议，听取普通高考、普通中考有关备考情况汇报，研究和部署具体工作措施，进行动态管理。会议要求各有关部门加强领导，统筹协调，督促、检查、落实各项有关招生考试的工作，及时解决招生考试工作中遇到的问题，确保了各项考试工作圆满完成。

二是健全工作机制。各有关职能部门密切配合，各司其职，各负其责，同心协力，建立了协调高效、快速反应的考试工作机制。公安部门抽调了骨干警力认真担负起对试卷的保密、看管、监护及维护考点、考试秩序等安全保卫工作。保密部门对市、县招生考试部门的保密、守密工作进行检查，对试卷保管措施进行验收，对存在的安全隐患及时提出了整改意见。供电部门对全市供电设施进行全面检修，确保考试期间各考点的电力供应。环保部门在考试期间对全市建筑工地进行监测，严禁各考点周边施工工地噪声干扰考生考试，晚上对施工单位进行限时施工，以免影响考生休息。卫生防疫部门在考试前、考试中对考点周边环境进行了跟踪检查，确保监考人员、考生身体健康和饮食安全。

三是健全责任体制。在自治区政府与市政府、自治区教育厅和市教育局签订责任书的基础上，市教育局与各县区教育局、市招生考试院和各县招办、市属各考点也签订了责任书，考点负责人与监考员、考务人员签订了责任书，做到层层签订责任书，逐级逐人明确责任。同时建立了重大问题报告制度，严格执行考试期间 24 小时值班制度，凡发生突发性事件，立即逐级汇报。通过建立科学完善的工作制度与管理机制，强化薄弱环节，堵塞管理漏洞，使招生考试工作全面实现法制化、科学化与规范化。

四是规范操作要求。市招生考试院制定并向各考点下发了《组考工作任务和要求》《考试组考工作手册》《考点试卷安全保密规定》《考试工作人员的选聘与培训》《考点工作考评表》等规定要求，明确了各类考试工作人员的任务和职责，从领取试题、组织考生入场、拆启分发试卷到试卷的回收、验收、装订和密封以及各个考试环节的操作要领都作了严格细致的规定，使主考、监考员和工作人员能够有章可循。

五是做好检查巡视。考试期间，市教育局领导班子成员、市教育督考团成员分别组成巡视组，深入市县各考点、考场进行巡视。还选派政治素质高、责任心强的干部担任考点联络员，在考试前负责监考员的业务培训，在考试期间负责试卷的押送和协助考点主考处理各类突发事情，对考点的实施考试情况进行全程监督和检查，并在各考点公布举报电话，广泛接受社会监督，及时处理考生的意见和建议。

【教育督导】 继 2005 年全市“基本普及九年义务教育、基本扫除青壮年文盲”达标之后，2006 年南宁市教育督导部门以“两基”巩固提高为重点，以“县级党政主要领导干部教育工作督导考核”为切入点，全面开展督政督学工作。指导各县区扎实开展“普及实验教学”（简称“普实”）活动，督促县（区）政府制订“普实”达标工作规划，落实工作责任制和保障措施，加强人员培训，使南宁市通过了自治区“普实”验收。强化督政职能，对县（区）政府教育工作职责进行考核。2 月 16 日，市委、市政府下发《中共南宁市委办公厅南宁市人民政府办公厅关于建立南宁市县（区）党政主要领导干部教育工作督导考核制度的通知》（南办发〔2006〕13 号）和《中共南宁市委南宁市人民政府关于成立南宁市县（区）党政主要领导干部教育工作督导考核工作领导小组的通知》（南办发〔2006〕18 号）文，建立县（区）党政主要领导干部教育工作督导考核制度并成立领导小组，3 月 2 日至 3 日，南宁市在隆安县召开了市级县（区）党政主要领导干部教育工作督导考核现场观摩会。3 月 6 日至 8 日，自治区人民政府教育督导团在南宁市的宾阳县召开全区县级主要领导干部教育工作督导考核现场观摩会。3 月 2 日到 4 月 14 日，广西启动第一轮县（区）党政主要领导干部教育工作督导考核，在各县区自查、市政府对县区党政主要领导干部教育工作进行督导考核、自治区督导考核组抽查基础上，自治区党委组织部、自治区人民政府教育督导团、自治区教育厅对各市考核结果进行审核，最后评出优秀、良好、合格三个等次在全区进行通报。南宁市各县区均评为良好以上，其中，青秀区、兴宁区、武鸣县评为优秀，占全区优秀县区总数的三分之一强。积极开展合格学校评估工作，促进义务教育均衡发展。市教育督导部门制定并印发了《南宁市开展义务教育合格学校督导评估工作实施方案》，分四个阶段实施督导评估工作。2006 年为准备和评估阶段，对督导评估人员进行培训，各校开展合格学校创建活动，对照标准进行自评，找出问题，认真整改，在此基础上开展县区评估工作。2007 年为审定和总结阶段，开展市级评估，审核认定评估结果，最后进行总结表彰。抓好队伍建设，1 月 13 日在职教大厦举办县区教育督导人员培训班，总结交流了工作经验，对各县（区）督学共 40 多人进行了业务培训。

【教育科研】 2006 年，南宁市教科所以科研为先导，以教研为中心，以现代教育技术为平台，积极开展教育科研和教学研究活动，认真扎实地做好如下三个方面的工作：

一、课程改革

1. 对课程改革的薄弱环节进行了专项调研，在此基础上形成《南宁市中小学开设综合实践活动课和开发校本课程的指导意见》。做好教材培训工作，共举办新课程教师教材培训约160场，参加培训的中小学教师约4万人。

2. 做好教育厅对南宁市课程改革检查评估的迎检工作，完成了南宁市基础教育课程改革专题片和展板的制作，课改工作获得自治区调研工作组的好评。到县、区24所学校调研，听课292节，与1000多名教师进行交流，对3000名师生进行问卷调查并完成调研报告。自治区教育厅评估组对我市6年的课程改革实验工作给予充分肯定。

3. 进行教育评价研究，取得初步成果。完成了《南宁市2006年初中毕业生综合素质评价方案》及等级评定标准的制订，在南宁市实施并在全区推广。研制了《小学毕业生综合素质评价方案（讨论稿）》和《南宁市中小学教师评价手册（讨论稿）》。

4. 指导教师参加广西初中课程改革探究课评比，数学、英语科获一等奖第一名，语文科获二等奖第一名。指导教师参加广西小学语文阅读教学大赛获一等奖；参加广西作文特色展示课评比获一等奖；参加中南、华北八省区第三届小学数学优质课评比获一等奖。

5. 协助5所学校录制了开发校本课程、开展校本教研以及开设综合实践活动课、考试评价改革等系列专题片，交送教育厅后，南宁市的9个专题片及展板全部上送教育部。

二、教学研究

1. 继续抓好中小学教材教法的研究，分学科举办课例分析研讨会。配合市总工会组织“2006年南宁市职工技能大赛——教育系统教学创新技能竞赛”活动，全市共有6千多名教师参加，评出一等奖73人，二等奖268人，三等奖412人。

组织教研员深入学校听课评课，中学室教研员全年听课1193节，举办全市性研究课120节；小学室教研员到了78所学校听课、评课约380节，组织了18次专题教研活动，参加研讨的教师约1200人次。

2006年，中学各学科教研员指导学生参加学科竞赛成绩显著，荣获国家级一等奖376名，二等奖1108名，三等奖1672名；荣获自治区一等奖752名，二等奖2216名，三等奖3264名。数学科成绩尤其突出，全区有25人获全国一等奖，南宁市占16名，并包揽了前三名，代表广西参加全国冬令营数学奥林匹克集训队，创造了南宁市历史最好记录。在全国第二届西部数学奥林匹克竞赛中，南宁市又获得一枚金牌、一枚银牌，两枚铜牌的全区最好成绩，实现了我区全国数学竞赛金牌零的突破。

2. 切实抓好常规教学管理工作。制定了《关于加强教研工作、提高中小学教学质量的指导意见》，规范全市中小学校的教学行为。

做好中小学部分学科教学质量抽样检测，全年共抽考36个科目，并进行质量分析反馈。

积极组织学校开展校本教研活动，教研员指导青年教师参加全国、全区优质课比赛获得优异成绩，获得国家级一等奖37名，二等奖105名，三等奖181名；获得自治区一等奖74名，二等奖210名，三等奖362名。

举办职业学校课堂教学展示课活动，选出2005年说课比赛一等奖的获得者为全市职业学校教师上展示课。举办课堂教学评比活动，全市有近50名教师参加比赛，评出一等奖10名，二等奖15名，三等奖25名。

体育艺术教研方面，参加全国第二届体育优质课（录像课）展示活动获得2个一等奖，3个二等奖。组织音乐教师参加第四届广西学校艺术教育科学（音乐类）论文评比，获得2个一等奖、11个二等奖、10个三等奖；参加第七届中南六省（区）音乐交流协作会的比赛活动，获得教案一等奖1名，有2篇论文获得一等奖并在会上宣读。组织美术教师参加第四届广西学校艺术教育（美术类）论文评比，获一等奖3篇，二等奖4篇，三等奖9篇，组织美术教师赴玉林市观摩全区中小学美术教师现场执教评比活动，获得小学组一等奖1名、二等奖1名，中学组一等奖1名。

三、教育科研

认真指导组织区市“十一五”课题的申报工作，获得广西教育科学规划领导小组办公室立项58项，立项率77%，其中A类13项，B类13项，C类31项，立项率及立项课题数量在全区各地市遥遥领先，其中获立项A类重点课题居广西第一。本所申报的课题有4项被确立为A类重点课题，1项为C类课题，创下历史纪录。立项市级课题312个，其中A类33个，B类92个，C类187个。我市的科研工作继续走在全广西前列。

加强对市级“十五”规划课题和由南宁市所托

管的广西教育科学“十五”规划课题的管理和指导，做好结题指导和鉴定工作，已完成100多个课题的结题鉴定验收工作。

加强对学校教师科研意识及科研方法的培训，组织开展了“科研课题开题及调查法”培训活动，培训教师约12000人次。

认真组织开展“南宁市基础教育科研工作先进单位”评选活动，评选出先进学校66所。

组织召开了幼儿园第四届、小学第六届、中学第八届科研兴校研讨会，表彰南宁市基础教育科研工作先进单位，研讨会增设教科研论坛，交流各校在“十五”期间取得的科研成果及其推广经验，成为我市教育改革的亮点之一。

协助市教育局、市关工委、团市委组织“南宁市青少年心理健康教育月活动”，在全市中小学掀起了心理健康教育的热潮。

【教育对外交流与合作】 2006年南宁市教育对外交流活动频繁。2006年2月25日，越南河内市阿姆斯特丹学校师生一行14人，参加南宁市机器人大赛后，到南宁市外国语学校，第一中等职业学校参观访问，与师生进行联欢交流，南宁市外国语学校与阿姆斯特丹学校初步达成两校合作协议。

4月22日至5月6日，市教育局基础教育科科长章志宏率领中小学校长、书记一行26人前往英国、法国、德国、荷兰、奥地利、意大利等九个国家进行教育考察，了解欧洲各国教育机构运作的模式和经验。

5月19日至6月2日，刘彪副局长率领由夏良健、赵斯宁、钱宏、彭东东、沈汉秋、蓝惠玲等人组成的教育考察团出访加拿大、美国，考察加、美两国教育管理和教师培训机构，课程设置，洽谈和落实报送南宁市部分校长、教师外送培训的具体事项。

6月8日至6月19日，南宁市教育局首次组织教育参展团，以刘彪副局长为团长，带领夏良健、何伟萍、赵斯宁、梁敏、汪潜等人前往越南、泰国，与自治区教育厅组织的各高校一起，到越南河内市举办“第三届广西教育展”及泰国“第一届广西教育展”。

7月8日至8月26日，美国爱德会、加拿大素里教育局分别派出教师8人为南宁市培训220名英语教师。

9月20日至9月25日，应市教育局邀请，越南河内市教育厅副厅长范文代率教育厅访问团一行五人，对南宁市进行友好访问。双方就两市教育全面合作进行了友好协商，特别在几个方面的交流与合作交换了意见：一是学历互认；二是鼓励民间到对方国家城市投资合作办学；三是鼓励和支持同等级学校之间的合作交流，特别是教育科研信息技术开发、教育教学管理等领域进行合作；四是建立校长、教师、学术交流机制；五是根据需求，开展教师培训工作；六是组织开展青少年学生的交流，增进青少年学生的友谊，组织开展科学知识、体育项目竞赛、艺术团队互访和夏令营等活动。

访问期间，访问团还出席参加了“第十届南宁国际学生用品交易会暨2006年南宁国际教育展览会”，并参观考察了南宁市第三中学、外国语学校、第十四中学、第一中等职业学校和滨湖小学。

【百名中学校长、书记走进知名企业考察学习】

为加强南宁市中小学校长队伍建设，提高校长队伍整体素质，推进教育改革与发展，根据“校长建设年”工作计划和“开放创新”大讨论工作需要，今年4月，南宁市教育系统组织县区教育局局长（书记）、市教育局直属学校校长（书记）100多人，分两期赴深圳华为技术有限公司、联想（深圳）电子有限公司、大亚湾核电站、大芬油画村考察学习。

近年来，南宁市积极探索灵活多样的校长培训新路子，此次百名校长、书记走进企业，目的就是引导校长坚持树立和落实科学发展观，跳出教育看教育，用大教育的眼光审视和思考教育问题，用新的思路谋求学校的新发展。为期一个星期的考察学习，使校长们感受了先进企业文化，借鉴了现代企业的管理理念，进一步强化校长依法治校和开放创新的意识，提高校长科学管理的能力和水平，促使学校逐步建立起“民主管理、自主发展、自我约束、社会监督”的现代学校制度，努力办好人民满意的教育。

【全市中小学、中等职业学校德育工作会议】

2006年5月18日，市教育局在市滨湖路小学召开南宁市2006年中小学校德育工作会议。全市各县区、开发区教育局，市教育局直属学校、企事业办、民办学校约250名代表参加会议。市教育局夏建军局长、施日全副局长出席会议并讲话。

大会安排了隆安县教育局、西乡塘区教育局、市一中、市第六中等职业学校、市二十六中、市天桃实验学校、市滨湖路小学、市英华学校等八个单位制作了专题音像资料在会上播放，并在滨湖路小学校园内布置14个展点，滨湖路小学、市四中、市第四幼儿园等学校通过展板及音像资料对学校的特色德育工作进行宣传，并设立了现场交流、沟通的环节，由与会代表就感兴趣的问题与参展单位进行对话讨论，收到了很好的效果。此外，从全市范围内精心挑选了40个单位的经验材料汇编成册，发放到各县（区）教育局及各中小学校。这些单位的经验材料，把全面性与重点性有机融合起来，反映了我市近年在加强未成年人思想道德建设工作方面取得的成绩，内容涉及农村空巢子女教育，进城务工农民子女教育，社会主义荣辱观教育，校园文化建设，家庭、社会、学校“三位一体”德育网络的构建，以及实践活动育人等方面，对各学校的德育工作起到了很好的指导和借鉴作用。

【美国乔治城大学代表团莅临市三中参观考察】

5月10日，美国乔治城大学代表团一行在中央党校原副校长杨春贵、区党委副书记李纪恒、区教育厅副厅长车芳仁、市政府副市长郑军健、市教育局副局长潘永钟等领导的陪同下，到市三中进行参观考察。

学校领导向代表团介绍了市三中的有关情况，李纪恒副书记、郑军健副市长就开展教育教学的交流与合作与代表团进行了交流。之后，代表团参观了学校新教学楼、四大主题活动园、图书馆、学生公寓，并与部分高一学生进行了英语会话交流。乔治城大学校长对市三中的校园风貌、教学教学成效很赞赏，希望市三中的学生报读他们的学校。

【西藏考察团到武鸣县学校考察】 4月下旬，西藏自治区政协副主席次仁卓嘎带领西藏考察团，在广西政协领导的陪同下，到武鸣县学校考察，参观了双桥小学和广西壮文学校。

考察团就民族教育教学、人才培养和教育方面的民族地方政策等问题进行交流，并深入了解有关“两免一补”政策落实情况和存在的问题。次仁卓嘎副主席说，西藏和广西同是西部民族地区，在教育教学方面存在很多共同之处，希望双方加强联系，互通有无，相互借鉴，共同进步。

【全国城市教育督导协作会第十四届年会在南宁市召开】 10月17日至19日，全国城市教育督导协作会第十四届年会在南宁市召开，来自全国34个城市教育督导室的160多位代表参加了会议。

市人民政府臧国平副市长在开幕式上致辞，市教育局夏建军局长介绍南宁市教育的基本情况和教育督导工作经验。全国教育督导研究会理事长、原国家督导办副主任白景龙就举办本届全国城市教育督导协作会年会的背景和主要议程作了说明。开幕式后，中国教育学会副会长、国家督学郭振有作了《当前中国的基础教育和教育督导的新使命》的专场报告。国家督学、原教育部基础教育司司长王文湛分别作了关于学习贯彻《义务教育法》的专场报告和关于实施素质教育有关问题的报告。会议举行了分组讨论和经验交流。

会议期间，与会代表们还分别到我市的三中、北大南宁附属学校、滨湖小学，一职校、外国语学校、衡阳小学等学校参观访问。

【农村中小学远程教育“三种模式”应用专项培训】 为推动农村中小学现代远程教育工程的实施，今年市教育部门开展农村中小学远程教育教学光盘播放点、卫星教学收视点、计算机教室“三种模式”应用专项培训活动。这次专项培训活动，共举办培训班19期，采取听专家讲座、观摩“三种模式”示范课、评课、上课教师与专家现场答疑、交流经验等方式，培训农村中小学远程教育项目学校校长和骨干教师3300名。通过培训，更好地发挥农村中小学现代远程教育项目设备和资源在教育教学中的作月，提高应用水平和使用效益。

【上林县“两基”工作通过自治区复查验收】

12月9日，经自治区“两基”工作复查小组督导评估，上林县“两基”工作各项指标均达到国家规定标准，顺利通过自治区的复查验收。

近年来，上林县充分发挥教育行政主管部门的职能作用，加大教育法规的宣传力度，宣传《教育法》和《义务教育法》，让“按时送适龄儿童少年入学是每个公民的应尽义务”深入人心，家喻户晓。与此同时，加大扫盲的工作力度，把扫盲后巩固提高工作与公民道德建设、普法教育、科普教育和社会主义精神文明建设结合起来，与劳动力转移培训，农业先进实用技术传播相结合。全县中小学普及率、完成率和扫盲率进一步巩固提高，为教育发展奠定了扎实的基础。

【马山县“普实”通过验收】 2005年，马山县“普九”通过自治区评估验收后，把工作的重点转移到“普及实验教学”工作上，把“普实”作为巩固提高“普九”成果的重要措施来抓，从人力、物力、财力上大力支持“普实”工作，各族群众共同努力，形成了一个人人关心和支持“普实”工作的良好局面。全县建立健全工作组织机构，全面动员，做好规划，统一全县各乡（镇）、各学校的“普实”工作要求和标准。县政府拿出281万元资金，投入图书、仪器的采购，装备全县初中实验室、中心小学自然实验室。请来专家、教师，对全县的中小学校长、理、化、生、自然学科教师及实验管理员进行培训，提高学校实验教学的管理水平及授课教师、实验管理员的实验操作技能。目前，全县中小学共设有实验室85间、仪器室210间、仪器柜1504个、图书架914个、实验室桌凳2107套、计算机室55间、图书馆（室）158间、多媒体教室17间，共有藏书778429册、计算机1100台，大部分中学及部分中心小学开设了信息技术课。全县中小学仪器经统一购置、配发后，基本上满足学校实验教学的需要。12月底马山县顺利通过自治区“普实”评估验收。

【第十届学交会圆满落幕】 9月27日，历时7天的第十届南宁国际学生用品交易会暨2006年南宁国际教育展览会在南宁国际会展中心圆满落幕。

今年的学交会为十年庆典之作，在规模、层次、内容、档次上与历届展会相比有了历史性的突破，更加突出了专业性、国际性和实效性。参展的国外院校和使馆达到30多家，设国际标准展位1000个，展览面积达2万平方米。各国际知名品牌在展会上争奇斗妍。在本届学交会和教育展期间，还同时举办广西动漫节、西南六省省会城市航模比赛、百童诵读经典、绿城书市、第二届中国DL&N教育洽谈会、2006年秋季大型人才交流会等一系列配套活动，内容丰富，形式新颖，吸引了数万观众前来观摩展会。

据统计，在22日下午和23日上午举办的两场教育洽谈会上，共有加州大学等14所国外院校与广西大学、广西民族大学等14所国内院校进行洽谈。其中，广西民族大学分别与法国波尔多学院达成教师互访、互派留学生合作意向，与泰国玛希隆大学达成留学生输出合作意向；与日本驻华使馆达成高层互访合作意向。德国DAAD大学与南宁市外国语学校洽谈合作事宜。广西美容美发协会分别与TK墨尔本美容美发学校、韩国大庆大学、北京达利通投资咨询有限公司签订四方同意建立战略伙伴关系协议。绿城书市4天零售额为52239元，订单154832元。同时西南六省（区）航模大赛、COSPLAY表演大赛、广西首届电子竞技等赛事通过激烈的角逐分别产生了各自的优胜者，完美落幕。

【进城就业农民工子女就学】 为贯彻落实《国务院办公厅转发教育部等部门关于进一步做好农民工子女义务教育工作的意见的通知》（国办发〔2003〕78号）及自治区、市政府关于做好农民工子女接受义务教育工作的有关文件精神，我市各级教育行政部门积极统筹协调城区内所辖各中小学校，尽可能挖掘教育资源解决好农民工子女受教育的问题。如江南区白沙小学，积极筹措资金购买课桌椅，努力完成接收农民工子女入学任务，该校今年秋季在校生730人，其中接收农民工子女518人，占全校总人数的70%；西乡塘区五里亭二小现有18个教学班，在校生839人，其中全免借读费的农民工子女366人，占全校学生总数的43.62%。据统计，2006年秋季学期全市义务教育阶段公办中小学共接收农民工子女29750人。全年减免农民工子女借读费2310.4万元，其中春季学期为25408名农民工子女免借读费1186.1万元，秋季学期为23716名农民工子女免借读费1124.3万元。主要措施有：一是建立进城就业农民工子女就学长效管理机制，为做好农民工子女接受义务教育工作提供政策保障。继2004年制定《南宁市人民政府办公厅关于进一步做好农民工子女接受义务教育工作的意见》之后，市教育局配套制定了《关于解决我市进城务工就业义务教育段非起始年级农民工子女就读问题的通知》，对安置农民工子女接受义务教育工作提出更具体而明确的要求，进一步完善农民工子女入学就读政策。二是加强领导，统一认识，做好农民工子女接受义务教育工作。一方面市教育局成立了南宁市中小学招生工作领导小组，统筹全市的中小学招生工作，另一方面是市教育局召开各县（区）教育局局长的会议，专项布置义务教育阶段农民工子女的招生工作，要求各县（区）教育局在完成地段内新生招生工作的同时，协调辖区内的学校安排好每一位的农民工子女就读。三是加大政府对接收农民工子女学校的投入，对有农民工子女就读的学校，政府除按小学每生每学年100元、初中每生每学年110元标准按时足额拨付生均教育经费外，还安排专项资金扶持接收农民工子女人数较多的学校改善办学条件。如市本级财政安排200万元给此类直属学校、青秀区政府安排730万元给本城区此类学校用于硬件建设。四是加强宣传，精心安排，确保每一位符合条件的农民工子女能够顺利入学。在农民工子女进入校园后，各中小学都给予他们关心和爱护，努力营造平等融洽的氛围，使农民工子女感受到学校的温暖。各学校在编班、班主任和科任教师的安排等方面做到城镇学生和农民工子女一视同仁；在组织学生参加各种活动以及各种评优评先工作中，城镇学生和农民工子女均享有同等的权利，确保入学就读的农民工子女留得住、学得好。

【“中小学校长建设年”活动】 为了进一步提高校长素质和能力，自治区教育厅把2006年定为教育系统中小学校长建设年。市教育局以此为载体，突出重点，多管齐下，通过“六个结合”，扎实推进校长建设年工作。即区外培训与区内培训相结合、长期培训与短期培训相结合、全员培训与重点培训相结合、理论学习与岗位实践相结合、教育内部培训与教育外部培训相结合、在岗校长培训与后备干部培训相结合。4月，在市委党校举办了以开放创新理论、教育管理理论与实践等为内容的培训班，邀请分管教育的市领导、市纪委、组织部、财政局的领导以及教育专家授课，从不同的角度分析和解读规范学校管理，提高办学质量，办人民满意教育的重要意义和作用，共有115名县区教育局领导和直属学校领导参加了培训。与广西师范学院合作，以科研课题为载体，举办4期南宁市义务教育段农村学校校长培训班，培训校长212名，让他们带着问题回岗位实践，再开展督导评估，2006年评出200所农村义务教育阶段规范管理示范校，第二年推进到800所学校达标，第三年全部学校达标。分期分批组织县区教育局局长、书记，市教育局机关科长、二层机构领导和直属学校校长、书记到深圳华为集团、联想集团、大亚湾核电站等企业考察学习，组织名教育管理干部到美国、加拿大等国家考察学习，借鉴现代企业文化和发达国家的教育管理理念，探索教育发展新路子，使校长进一步更新观念，增强学习意识和创新意识，提高科学管理的能力和水平，逐步建立“民主管理、自主发展、自我约束、社会监督”的现代学校管理制度。开展以学校管理为主要内容的市、县（区）级校长培训工作，根据我市中小学校长工作实际，围绕开展社会主义荣辱观教育和建设社会主义新农村以及广西中小学校常规管理30条等三方面的内容对校长进行培训，使校长进一步了解新形势，明确新任务，增强责任感和使命感。加强直属学校领导班子建设。按照《党章》和《南宁市中小学校党组织工作暂行规定》的要求，顺利完成直属学校党组织换届工作，着力构建和谐的党政关系。加强后备干部队伍的培养，与广西师范大学联合举办第二期校级领导后备干部培训班，培训后备干部63人。通过系统的学习培训和实践锻炼，建立了一支年富力强的后备干部队伍，促进年轻干部的成长。据统计，全年参加培训的校级领导近2500人次。开展校长读书征文活动，全市共收到读书征文2223篇。其中，市本级收到征文159篇，评出一等奖22篇、二等奖28篇、三等奖50篇。举办以“提高校长素质·加强学校管理·促进教育发展”为主题的校长论坛活动，共有2290人次参加，其中市级及以上校长论坛508人次，县区级校长论坛1782人次。组织专家、教育局相关人员对学校进行督导评估。全市共评估了1113所学校。其中获优秀等级392所，占35%；获及格等级712所，占64%；不及格的9所，占1%。武鸣县和青秀区被自治区教育厅评为“广西中小学规范管理十佳县（区）”，武鸣县教育局方新琪局长和青秀区教育局局长赵红旗被评为“广西中小学规范管理十佳教育局长”，武鸣县双桥一中和市滨湖路小学被评为“广西中小学规范管理十佳学校”，武鸣双桥一中黄升标校长和市滨湖路小学王瑾校长被评为“广西中小学规范管理十佳校长”。2006年11月21日，广西校长建设年现场交流会在我市武鸣县召开，夏建军局长代表南宁市教育局在广西中小学教师校长队伍建设研讨会上作了经验介绍。

【市二十六中啦啦操代表队赴美参加世界啦啦操大赛】 在2005年12月举行的世界中学生啦啦操锦标赛选拔赛中，市26中啦啦操代表队以初生牛犊不怕虎的精神、高难度的动作和出色的表现征服裁判和观众，荣获规定动作一等奖、自编套路比赛二等奖、最佳健康活力奖和最佳团队组织奖等四项大奖，并取得2006年4月在美国奥兰多市举行的2006年世界啦啦操大赛参赛权。此次啦啦操世锦赛，有来自20个国家，400多支运动员队伍，上千名运动员参加。市二十六中代表队平均年龄不到14岁，是本次大赛所有参赛队中平均年龄最小的队伍。他们在比赛中表现出色，精彩的表演，得到了裁判和现场观众的好评，荣获最佳表演奖。从美国载誉归来后，11月6日至14日，市二十六中啦啦队一行20余人，又代表广西啦啦队前往武汉参加2006年中国学生健康活力大赛暨2007年世界啦啦队锦标赛选拔赛，经过激烈角逐，一举荣获中学组舞蹈啦啦队比赛冠军、技巧啦啦队比赛一等奖、团体总分第一名。自2004年组队参加全国中学生健康活力大赛以来，市二十六中已是第三次荣获中学组一等奖，也是全国唯一一所蝉联全国啦啦操比赛三连冠的代表队，将再次前往美国参加2007年世界啦啦操大赛。

近年来，市二十六中在抓好基础教育的同时，注重校本课程开发，开设了体育舞蹈、健美操形体、球类兴趣等一系列特色教学班，丰富了学生的学习生活。学校啦啦操代表队从2003年9月组建至今，喜报频传、成果丰硕，先后荣获广西首届“风采杯”啦啦操比赛中学组冠军，2004年首届全国中学生健康活力大赛中学组冠军，2005年全国健美操大赛广西分区赛中学组一等奖，全国万人健美操大众健康锻炼大赛一等奖、最佳人气奖、全国2005（澳门）“金莲花杯”首届世界华人青少年艺术节啦啦操比赛大金奖、大银奖等多个奖项，展示了市二十六中素质教育成果。

【越南教育界代表团到市三十三中考察】 4月15日，越南教育界代表团一行12人到市三十三中考察交流，受到学校师生的热烈欢迎。市三十三中领导陪同代表团参观了校园和学校荣誉室，考察了教学楼、图书综合楼、实验室、体育馆、综合运动场、学生食堂、学生公寓等学校的基础设施。

参观完毕，宾主双方围绕教师的交流培养、学校的常规管理、规章制度的建立、提高教育质量的方法、学校常遇的问题及解决办法以及办学理念、课程设置等方面进行了广泛而深入的探讨。

双方还就今后建立长期友好合作关系、继续加强交流与合作、促进两地师生交流等方面达成了初步共识。

【吴恒副主席视察南宁市四职校】 2006年8月16日上午，自治区副主席吴恒在区政府宋晓天副秘书长和区教育厅职成处张建虹处长、罗索副处长等领导陪同下视察了南宁市四职校。

吴恒认真听取了四职校办学情况及今年招生情况汇报，对四职校的办学成绩和招生工作给予了充分肯定，并就今年的广西职教招生工作作了重要指示。他指出，各职业学校应加大招生工作力度，改进招生工作策略。各媒体应为职校招生宣传提供便利。在四职校招生办公室，吴恒亲切询问了前来报名的新生及家长，鼓励学生报读职业学校。

【全市职业教育工作会议】 2006年5月17日在市政府会议中心召开了2006年全市职业教育工作会议。会议由封家骧副书记主持，林国强市长作会议主体讲话，臧国平副市长作职业教育工作报告。市教育局等四个市直部门在大会上作了发言。市、县（区）、开发区政府和有关部门领导，职业院校、企业和行业协会单位代表近400人参加了会议。会议还印发了《南宁市人民政府关于大力发展职业教育的决定（征求意见稿）》。

此次会议的主要任务是学习贯彻全国、全区职业教育工作会议精神，总结“十一五”以来我市职业教育改革与发展的成绩和经验，明确学前和今后一段时间全市发展职业教育的目标和任务，研究和部署“十一五”期间南宁市职业教育工作。

【市六职校在中国计算机学会第九届年会中获佳绩】 2006年12月1日，为期两天的全国第二届计算机调试员职业技能大赛在江苏常州科教城落下了帷幕。此次大赛由信息产业部、劳动和社会保障部联合主办，信息产业部电子行业职业技能鉴定指导中心承办，江苏省信息产业厅、常州信息职业技术学院协办。全国共有30个省、自治区、直辖市6万多人投身到此项赛事当中。通过层层选拔，来自全国30支代表队的150名选手经过计算机理论知识考试和实际操作考试决出了本次大赛的个人和团体奖项。其中，比赛成绩前20名选手由信息产业部授予“信息产业技术能手”称号。

南宁六职校的廖子泉、赵子川两位教师被选拔为广西队的选手参加了决赛。经过激烈的角逐，广西代表队以优异的成绩，夺得了团体第二名。其中廖子泉以个人全国第十五名的优异成绩夺取了优胜奖，并被国家信息产业部授予“信息产业技术能手”的称号，这是广西参赛选手当中取得的最好成绩。赵子川获得了个人全国第二十七名的好成绩。同时，廖子泉、赵子川两位老师还获得了计算机调试员技师职业资格证书。

【特殊教育新发展】 2006年，南宁市进一步加快特殊教育学校建设步伐，上林、宾阳、隆安、武鸣等县特殊教育学校相继建成并投入使用。至此，我市所辖六县均建成了县一级的特殊教育学校，在全区率先实现了“县县有特殊教育学校”的目标。全市初步形成了以特殊教育学校为骨干，以普通学校附设的弱智儿童辅读班为补充，以随班就读为主体的“三位一体”的特殊教育体系，构建了以市区为中心，辐射到各县的特殊教育网络。残疾孩子可以根据自己的情况自由选择学校就读，轻度残疾的也可以选择到普通学校随班就读。目前，全市共有特殊教育学校10所，其中公办特殊学校9所。此外，在城区的10所小学内附设有11个弱智儿童辅读班。特教在校生2032人，比上年增加316人，全市“盲、聋哑、弱智”三类残疾儿童入学率为87.2%；教职工272人，比上年减少30人；专任教师189人，比上年增加61人。特教师资培训工作扎实开展，在南宁市盲聋哑学校举办了11期特殊教育师资培训班，学员来自全市12个县区，共计有150

名特教教师参加了培训，并顺利结业。此外，市盲聋哑学校作为广西盲教中心，每年都受自治区教育厅委托面向全区举办盲教育师资培训班，至今已连办15期。2006年7月9日至16日，该校举办的第15期培训班有盲教学员35人。高中阶段特殊教育也取得了新的突破，南宁市盲聋哑学校的首批高中毕业生参加全国残疾学生的高考，其中学生梁素菊被长春大学（本科专业）录取，陆铁被北京联合大学（专科专业）录取，这是广西第一次依靠自身培养出首批视障类残疾人大学生。

附：南宁市教育局领导

党委书记、局长：夏建军

党委副书记：黄家刊

副局长：施日全　刘　彪　潘永钟

地址：南宁市维新街南一里9号

邮编：530012

撰稿：刘淞坚

横　县

【概况】　2006年横县教育情况：

学校数和学生数　全县有小学294所、小学教学点316个、初中42所、普通高中7所、中等职业技术学校1所、县级教师进修学校1所、县特殊教育学校1所；中小学在校生157249人，其中小学在校生89387人、初中在校生52002人、普通高中生13420人、职业高中生2440人。

专任教师数和师生比　全县专任教师8045人，其中小学专任教师4644人、普通初中专任教师2596人、普通高中专任教师720人、中等职业技术学校专任教师85人；师生比小学为1∶18.31、初中为1∶17.98、普通高中为1∶15.8、中等职业技术学校为1∶10.47。

每万人口在校生　幼儿园182人、小学791人、初中460人、普通高中119人、中等职业技术学校21人。

校园、校舍面积和生均情况　全县中小学校校园面积5294591平方米，校舍面积1246994平方米，其中小学校园面积2449146平方米、校舍面积590293平方米、生均校舍面积6.60平方米；初中校园面积1206427平方米、校舍面积369982平方米、生均校舍面积7.11平方米；普通高中校园面积483850平方米、校舍面积181429平方米、生均校舍面积13.55平方米；中等职业技术学校校园面积1155168平方米、校舍面积37681平方米、生均校舍面积15.44平方米。

义务教育普及程度　全县小学学龄儿童入学率99.94%、初中毛入学率104.82%，小学辍学率0.03%、初中辍学率2.42%，小学毕业生升学率100%、初中毕业生升学率60.08%。

【教育经费的收入与支出】　2006年，横县教育经费总收入30706.3万元，比上年多收入8068万元，增长35.64%。其中财政拨款收入26144.4万元，比上年多收入10677.4万元，增长69.03%；预算外资金收入3467.9万元，比上年多收入－3348.6万元，增长－49.13%。教育经费总支出19223.17万元，比上年多支出4830.24万元，增长33.56%。其中财政拨款支出18705.12万元，比上年多支出6925.12万元，增长58.79%；预算外资金支出6471.6万元，比上年多支出－932.6万元，增长－12.5%。总支出中，人员经费支出21844.7万元，公用经费支出7779.2万元，基建支出577万元。

【义务教育经费保障机制】　召开了全县义务教育经费保障机制改革动员大会，出台了《横县免除义务教育阶段学生学杂费和补助义务教育阶段中小学公用经费工作实施方案（试行）》和相关的配套政策。2006年春季学期起免除全县义务教育阶段公办中小学在校生学杂费，并补助学校公用经费。实施新机制当年直接减轻农民经济负担2787.25万元，贫困家庭学生每人每年平均可免除书本费和学杂费200元、初中生360元，其中寄宿生还可享受110元的生活补助。新机制已显现出成效，全县义务教育的面貌正在发生根本性的变化。

【“两基”工作】　切实贯彻全区“两基”攻坚工作动员大会精神，成立迎国检工作领导小组，健全工作机构，召开“两基”迎国检工作动员大会，层层签订“两基”迎检工作责任状，实施“两基”工作双线责任制，加大“两基”工作宣传和检查力度，狠抓整改提高工作，全县“两基”迎国检各项工作扎实推进并取得了良好成效，年内各项指标在1997年自治区“两基”验收达标的基础上进一步巩固提高。

【普通高中发展】　全县普通高中办学规模继续扩大，质量不断提高。年内横县第二高中征地扩建第一期工程和百合完全中学合并百合职中扩建工作已基本完成，横州镇第三初中增建了高中部并开始招生，全县普通高中计划招生 4860 人，实际招生 5155 人，全县参加高考 4428 人，比 2005 年增加 149 人，考上本科 1956 人，比 2005 年增加 76 人，其中考上一本 209 人、二本 887 人、三本 860 人、大专 1766 人。横中学生徐华池以 663 的高分名列南宁市理工科第三名，考取了清华大学。

【职业教育】 以建设自治区示范性县级职业教育中心为着力点，将县中等职业技术学校、县教师进修学校、县农机校、县农广校、县卫生学校等 5 所学校资源整合重组优化，并通过征地扩建，组建了横县职业教育中心，增强了全县职业教育发展能力。加快推进工学结合、校企合作的半工半读培养模式改革尝试，大力开展职业培训工作，吸引了更多的初中毕业生就读职业学校。年内，县中等职业技术学校计划招生 1300 人，实际招生 1428 人，开展职业技能培训、劳动预备制培训和西津库区移民务工技术培训等各项培训，培训 14977 人次。

【师资队伍素质】 开展了教育系统干部职工作风整顿活动和中小学校长队伍建设年活动；组织了 31 名中小学领导或骨干教师到南宁市名校跟班学习培训、38 名中小学领导或骨干教师到县城优质学校跟班学习培训；举办了全县中小学教师继续教育全员培训、新教材师资培训、校本培训工作等各项培训活动，进一步提高了校长和教师队伍整体素质。年内，教师参加各级论文、教案比赛，获国家级奖 55 人次、区级奖 461 人次、市级奖 288 人次；1 人被评为自治区特级教师，5 人被评为自治区优秀乡村教师，1 人被评为自治区优秀班主任，12 人被评为南宁市第二期“21 世纪园丁工程”B 类培养对象，64 人被评为市级骨干教师，3 人被评为市级学科带头人。

【素质教育】 以贯彻新修订的《义务教育法》为契机，以开展基础教育课程改革实验工作为抓手，召开全县德育工作会议，制定下发《横县教育系统 2006 年进一步加强和改进未成年人思想道德建设工作方案》《横县中小学教育工作者家访暂行规定》《关于加强班主任队伍建设工作的通知》《横县义务教育学籍管理实施细则》等文件，进一步规范义务教育学校办学行为，努力构建学校、家庭、社会“三位一体”的德育网络，不断深化教学改革，扎实推进素质教育。年内，学生参加各级各类竞赛获全国一等奖 50 人，二等奖 97 人，三等奖 134 人，充分展示了我县实施素质教育的丰硕成果。

【学校安全工作】 根据教育部等十部委联合下发的《中小学安全管理办法》等法律法规，制订了《横县中小学幼儿园及周边安全工作方案》《横县中小学突发公共事件应急预案》，建立了学校安全稳定工作联席会议制度，召开全县加强中小学管理共建和谐校园工作会议，进一步明确了各乡镇、各部门和学校安全工作的职责，建立学校安全工作齐抓共管的机制。

【贫困学生就学扶助】 实施“两免一补”政策，全县享受“两免”和“一补”政策的义务教育阶段贫困学生分别为 22527 人、8484 人，资助资金共 256.984 万元，占义务教育阶段学生的 16%左右，覆盖全县所有义务教育阶段学校，受益家庭 22400 户，受益人口近 10 万。实施“南宁市扶助 3000 名贫困学生就读”项目，扶助贫困大中小学生 680 名，扶助金额 43.45 万元。大力发动社会各界积极开展扶助贫困大学新生就读工作，全县获社会各界扶助的贫困大学新生 291 名，扶助金额达 46.88 万元，使每一位考上大学的寒门子弟圆了大学梦。

附：横县教育局领导

局长、党委副书记：沈汉秋

党委书记：黄宏明

党委副书记、纪检书记：李　宁

副局长：谢基超　黄家富

党委委员：黄月伟　乐永银

地址：横县横州镇

邮编：530300

撰稿：古　艺　乐永银

宾阳县

【概况】 2006 年宾阳县教育情况：

学校数和学生数 全县有公办学校 282 所，教师进修学校 1 所，学生 78 人；中等职业技术学校 1 所，学生 575 人；高级中学 2 所，高（完）中 7 所，高中学生 16375 人；初级中学 33 所，学生 48365 人；小学 237 所（附设小学教学点 418 个），学生 91769 人；特殊教育学校 1 所，学生 43 人；幼儿园 35 所，在园幼儿（含小学学前班人数）8239 人（其中学前班 5987 人）人。有社会力量办学校 14 所：高（完）中 2 所，高中学生 1297 人；初中 5 所，九年一贯制学校 3 所，初中学生 5575 人；小学 4 所，小学生 509 人；幼儿园 93 所，在园幼儿 13622 人（其中学前班 663 人）。

专任教师数和师生比 全县中小学在编公办教师 7779 人。其中小学教师 4587 人，师生比 1∶20；普通高中教师 757 人，师生比 1∶21.6；普通初中教师 2417 人，师生比 1∶20；职业学校教师 75 人，师生比 1∶7.7。

每万人口在校生 幼儿园 217.13 人，小学 916.97 人，普通初中 535.75 人，普通高中 175.52 人，职业学校 5.711 人。

校园、校舍面积及生均情况 小学学校（含社会力量办学校）占地总面积 198.8838 万平方米，生均 21.54 平方米；校舍总建筑面积 49.7006 万平方米，生均 5.38 平方米。普通初中学校占地（含社会力量办学校）总面积 101.8637 万平方米，生均 18.88 平方米；校舍建筑总面积 38.553 万平方米，生均 7.15 平方米。普通高中校园（含社会力量办学校）占地总面积 59.1526 万平方米，生均 33.47 平方米；校舍总面积 24.8301 万平方米，生均 14.05 平方米。职业学校校园面积 9.2046 万平方米，生均 160.08 平方米；校舍总面积 2.7358 万平方米，生均 47.58 平方米。

少数民族在校生 小学 15495 人，占小学在校生 16.784%；普通初中 10599 人，占初中在校生 19.6496%；普通高中 4088 人，占高中在校生 23.1326%；职业学校 26 人，占在校生 4.52%。

义务教育普及程度 小学学龄儿童入学率 99.91%，初中入学率 106.24%；小学生辍学率 0.02%，普通初中辍学率 2.24%；小学毕业生升学率 99.2%；初中毕业生升学率 68.7%。

【教育经费的收入与支出】 2006 年，宾阳县教育经费总收入 26001 万元，比上年增加 4211 万元，增长 19.33%。其中财政拨款收入 21717 万元，比上年增加 7187 万元，增长 32.98%；预算外资金收入 3426 万元，比上年减少 2553 万元，减少 42.7%。教育经费总支出 24559 万元，比上年多支出 2842 万元，增长 13.09%。其中财政拨款支出 20869 万元，比上年多支出 6323 万元，增长 43.47%；预算外资金支出 2996 万元，比上年少支出 3217 万元，减少 51.76%。总支出中，人员经费支出 16603 万元，公用经费支出 6430 万元，基建支出 933 万元，其他支出 593 万元。

【抓好学额巩固工作】 就抓好学额巩固工作须做好以下工作：第一，落实责任，完善防辍网络。全县各镇（乡）都落实了防辍网络建设，成立了防辍工作小组，制定了防辍工作方案，及时对学生的流动情况进行监控，做好学生思想工作，大部分学生都能按时回校上课。第二，坚持月报考评办法，把防辍工作责任层层落实到学校各处室、各年级、各班主任和任课教师。由于责任落实，形成了人人都参与防辍控辍工作。第三，做好义务教育阶段学生从民办学校回流公办学校工作。出台《宾阳县义务教育阶段学生回流方案》，对义务段学生回流公办学校做好了妥善安排。据统计，今年春秋两学期我县公办义务教育阶段学校共接收“三类”回流学生 3293 人，其中小学近 1953 人，初中 1340 人。

【开展校本教研基地建设活动】 为了更好推进国家基础教育新课程的实施，宾阳县制定了《宾阳县校本教研活动方案》，以研究学校教育教学改革中的现实问题出发，注重教师在实践中学习与反思，在全县中小学建立自下而上与自上而下的教研制度。经过严格评审，宾阳县的大桥中学和宾阳芦小被确定为市级“校本教研基地”，武陵中学、宾州中学、黎塘镇中、黎塘实验小学、露圩中心校、武陵中心校、永武小学等 7 所学校被确定为县级第一批“校本教研基地”。

【加大示范性普通高中建设，扩大优质高中招生面】 一方面，加大宾阳中学、宾阳高中两所自治区示范性普通高中建设力度。主要是扩大校园面积，扩大办学规模，改善办学条件，提高办学质量，目的让更多的宾阳子弟享受优质高中教育。另一方面，实行将部分优质高中招生指标分配到薄弱学校的做法，保证全县每个镇（乡）、镇（乡）的每个区域都有学生进入两所自治区示范性普通高中就读，2006 年已分别将宾阳中学、宾阳高中两所学校的定向（镇乡薄弱初中）招生指标由 2005 年的 15%提高到 20%。

【高考备考工作成效显著】 在 2006 年高考备考工作中，宾阳县以宾阳中学和宾阳高中为龙头，采取了“走出去和请进来”办法进行高考备考，通过抓两头促中间、强化责任监督等方法，并引入激励机制，鼓励学校积极创新，提高高考备考效率。2006 年高考成绩突出：全县报考人数 6587 人，考上重点线 441 人，比去年多 23 人，增长 5.5%；考上本科线 2882 人，比去年多 266 人，增长 10.17%。其中，宾阳中学考上重点线 373 人，比去年多 21 人，增长 5.97%；考上本科线 1675 人，占考生总数的 73.66%，比去年增长 15.36%。

附：宾阳县教育局领导
局长：蔼越强
党委书记：施灿章
副局长：蒋振武　蒙焕彬　韦　宇
副书记：汪　伟
地址：宾阳县镇安街 333 号
邮编：530400

撰稿：韦福森　廖继昌

马山县

【概况】 2006 年马山县教育情况：

学校数和学生数　全县现有 146 所小学，分设教学点 496 个，在校小学生 42309 人；有 1 所特殊教育学校，“三残”儿童少年在校生 163 人；有初中 22 所，在校初中生 19194 人；有 5 所高（完）中，在校高中生 6896 人；有 1 所中等职业技术学校，在校生 423 人。

专任教师数和师生比　小学专任教师 2024 人，师生比 1∶19.29；初中专任教师 1149 人，师生比 1∶15；高中专任教师 486 人，师生比 1∶13；中等职业技术学校专任教师 29 人，师生比 1∶14.24。

每万人口在校生人数　幼儿园 160 人，小学 846 人，初中 376 人（因全县小学学制改制，有一个年级的初中学生留于小学就读小学六年级），高中 138 人，中等职业技术学校 8 人。

生均校舍面积　全县小学生均校园面积 28.84 平方米，生均校舍面积 6.20 平方米；初中生均校园面积 23.98 平方米，生均校舍面积 7.79 平方米。

义务教育普及程度　小学适龄儿童入学率 99.84%，辍学率为 0.11%；初中阶段入学率为 98.47%，辍学率为 1.57%；小学毕业生升学率为 98.47%，初中毕业生升学率为 50.9%。

【教育经费的收入与支出】 2006 年，马山县教育经费总收入 13377 万元，比上年多收入 104 万元，增长 0.78%。其中财政拨款收入 10364 万元，比上年多收入 492 万元，增长 4.98%；预算外资金收入 1634 万元，比上年少收入 745 万元，减少 31.32%。教育经费总支出 13359 万元，比上年多支出 130 万元，增长 0.98%。其中财政拨款支出 10349 万元，比上年多支出 482 万元，增长 4.88%；预算外资金支出 1631 万元，比上年少出 711 万元，减少 30.36%。总支出中，人员经费支出 8170 万元，公用经费支出 3810 万元，基建支出 1379 万元。

附：马山县教育局领导
局长：黄汉高　2003 年 3 月—2006 年 6 月
　　　覃超贵　2006 年 6 月—2006 年 11 月
　　　孔德商　2006 年 12 月至今
党委书记：韦广华
党委副书记：韦桂昌
副局长：覃国明　李生高

撰稿：周树崇　孔德商

隆安县

【概况】 2006 年隆安县教育情况：

学校数和学生数　幼儿园 22 所，在园人数为 7443 人；小学 129 所、教学点 45 个，在校生数为 21763 人（含教学点）；特殊教育学校 1 所，在校生人数 30 人；普通初中 13 所（含完全中学 5 所），一贯制学校 1 所，在校生人数 16297 人；普通高中 1 所，在校生人数 3233 人；中等职业技术学校 1 所，在校生人数 1965 人。

专任教师数和师生比　小学专任教师人数 1659 人，师生比 1∶13.1，特殊教育师生比 1∶4；普通初中专任教师人数 955 人，师生比 1∶17.1；普通高中专任教师人数 191 人，师生比 1∶16.9；中等职业技术学校专任教师人数 93 人，师生比 1∶21.1。

每万人口在校生　幼儿园 200 人，小学 575 人，普通初中 430 人，普通高中 87 人，中等职业技术学校 53 人。

校园校舍面积及生均情况　小学校园面积 941891 平方米，校舍面积 199867 平方米，生均面积 9.18 平方米；普通初中校园面积 348083 平方米，校舍面积 153945 平方米，生均面积 9.45 平方米；普通高中校园面积 247344 平方米，校舍面积 113830 平方米，生均面积 36 平方米；中等职业技术学校校园面积 59336 平方米，校舍面积 34031 平方米，生均面积 18 平方米。

义务教育普及程度　小学适龄儿童入学率 99.74%；初中阶段入学率 105.88%；小学生辍学率 0.07%；普通初中辍学率 1.88%；小学毕业生升学

率 99.1%；初中毕业生升学率 62.9%。

【教育经费的收入与支出】 2006 年，隆安县教育经费总收入 10615 万元，比上年多收入 191 万元，增长 1.83%。其中财政拨款收入 8616 万元，比上年多收入 462 万元，增长 5.67%；预算外资金收入 1755 万元，比上年少收入 522 万元，增长－22.92%。教育经费总支出 10594 万元，比上年多支出 236 万元，增长 2.28%。其中财政拨款支出 8616 万元，比上年多支出 916 万元，增长 11.90%；预算外资金支出 1755 万元，比上年少支出 491 万元，增长－21.86%。总支出中，人员经费支出 5987 万元，公用经费支出 3937 万元，基建支出 670 万元。

【“普实”工作】 隆安县在抓好实施“两基”工作的同时，狠抓实验室的建、配、管、用，多方筹措经费，加强实验室用房建设和图书仪器配备，强化培训，规范管理，扎实推进“普实”各项工作。经过不懈努力，2006 秋季学期，全县小学共有图书 339115 册，生均 15.58 册；全县初中共有图书 305901 册，生均 18.77 册。全县小学、初中教学仪器设备按不同类型学校标准配备，配齐率为 100%。电教器材品种配齐率达 90%以上。实验教学普及工作的人员配备、实验室管理、实验教学、经费投入等均能达到规定标准。2006 年 1 月，隆安县实验教学普及工作顺利通过自治区评估验收。

【“两基”工作】 1986 年，隆安县实现普及初等教育达标。2005 年，我县的“两基”工作顺利通过自治区的评估验收。2006 年，为迎接 2007 年 6 月国家将对自治区进行“两基”评估验收，隆安县全体干部职工鼓足干劲，再接再厉，全力以赴，强化管理，不断加大教育投入，进一步巩固提高“两基”工作成果。一是提高思想认识，加强组织领导，落实工作责任；二是加大经费投入，改善办学条件，提高办学水平；三是采取有效措施，依法治教，做好控辍保学工作；四是加强综合治理，创设良好的育人环境，构建和谐校园；五是关爱弱势群体，积极推动特殊教育健康发展；六是抓好学校布局调整，实行规模办学，优化教育资源配置；七是加强学校常规管理，抓好教师队伍建设，提高教育教学质量；八是推进新课程改革，全面更新教育观念和教学方式；九是加强教学设备装备，积极开展“普实”工作，不断提高“两基”质量与水平；十是坚持标本兼治，巩固扫盲成果，抓好成人教育；十一是充分调动社会各界力量，群策群力，共谋实现“两基”达标大计；十二是建立督导机制，加强督查评估，确保“两基”质量。全县“两基”工作得到进一步巩固和提高。目前全县 7—12 周岁适龄儿童入学率为 99.74%，小学在校生辍学率为 0.07%；13—15 周岁适龄少年入学率为 105.88%，初中在校生辍学率为 1.88%；15 周岁人口初等教育完成率为 99.85%，17 周岁人口初级中等教育完成率为 92.71%，7—15 周岁人口残疾儿童、少年入学率为 70.75%；青壮年非文盲率为 99.856%，巩固率为 100%。全县小学专任教师学历合格率 100%；初中专任教师学历合格率为 98.6%；中小学校长岗位培训合格率为 100%；校园设施、教室、教学仪器、图书资料等均能配齐配足，达到国家标准。

【学校基础建设】 2006 年，隆安县扎实开展学校基本建设工作，提早做好项目工程前期工作，严格按照基建程序做好工程的招标报建、报监等手续，严把质量关和进关度，学校基本建设工程进展顺利。2006 年，隆安县学校建设工程项目共 24 个，规划投入 1423.5 万元，建设面积 22363 平方米，实际建设面积 21835 平方米，竣工验收交付使用 20 个。具体情况为：西部农村寄宿制学校建设项目工程 15 个，规划投入 839 万元，工程于 2006 年 4 月动工兴建，实际建筑面积 13462 平方米，工程全部于年底竣工交付使用；世行贷款项目建设工程有 3 个，规划投入 247.5 万元，建设面积 3792 平方米，7 月动工兴建，预计 2007 年 2 月可竣工；捐建工程 4 个，建设面积 2060 平方米，投资 147 万元，2006 年底全部竣工；义教工程追加工程 1 个，建设面积 726 平方米，投资 40 万元，工程于 2006 年底竣工；隆安县青少年活动中心综合楼 1 个，建设面积 1795 平方米，规划投入 150 万元，工程于 11 月下旬动工建设，预计 2007 年 6 月竣工。

【教师队伍建设】 2006 年，隆安县以建设高素质、专业化教师队伍和深化教育改革，全面推进素质教育为目标，以健全培训制度和提高培训质量为主线，以“校长建设年”为契机，认真做好教师队伍建设工作。一是积极开展多层次、多类别、多形式的干部培训工作。全年共办各类培训班 42 期，投入培训资金近 30 万元，参训人员达 6208 多人，写参训心得体会 122 篇，培训报道 5 篇，圆满完成全年的各项培训任务。二是认真开展师德教育活动。制定全县教育系统 2006 年师德教育月活动方案，开展“树立社会主义荣辱观，培育新时期‘四有’新人”为主题的师德教育月活动。通过开展师德教育月活动，有效地提高了隆安县教育系统教师队伍整体思想政治素质和道德水平。三是进一步加强学校的教育管理队伍建设。坚持“德才兼备、任人唯贤”的原则，调整、充实部分中小学主要领导，37名骨干教师充实到学校领导岗位，全县中小学校教育管理队伍朝气蓬勃、充满活力。四是做好优秀教师评选推荐工作。2006年，经区市评选，隆安县被评为自治区优秀教师1人、自治区优秀班主任1人；自治区八桂优秀乡村教师1人；南宁市“我最喜爱的老师”1人。全县选出市优秀教师10名、市优秀教育工作者2名；县级优秀教师79名、县级优秀教育工作者20名，并在教师节前进行表彰。

【经费保障新机制】 2006年，隆安县全面贯彻落实国务院、自治区教育厅关于做好落实农村义务教育经费保障新机制若干工作文件精神，扎实开展新机制经费保障工作。一是认真学习，广泛宣传。县教育局组织局室人员和全县中小学校长认真学习农村义务教育经费新机制精神，共发放宣传卡资料43653张，招贴画100张，使党的惠民政策家喻户晓，深入人心。二是开设银行专户，确保专项经费及时到位。协调有关部门给予20个乡镇中心校、初中学校各开设一个专项资金专户，及时将37921名学生免杂费和公用经费补助资金共748万元下拨到各相关学校专户，保障中小学校的正常运转，确保新机制的顺利实施。三是严格规范收费行为。根据上级有关规定，义务教育阶段中小学只能收取课本费、作业本费和寄宿生住宿费。为规范学校收费行，杜绝乱收费现象，开学时，县教育局组成11个乡镇学校工作队到校开展收费指导。同时，组织由教育局、物价局、监察局等相关部门组成的收费督查组，不定期地到各基层学校进行检查，发现问题，及时整改。通过检查，隆安县义务教育阶段中小学都能按规定收费，全县教育系统没有发现违规收费现象。四是完成免费教科书的发放工作。2006年，自治区划给我县春、秋季学期免费教科书折额206.67万元，享受免费教科书的人数小学有9300人，初中有8000人，特殊教育学校有243人，全部将按规定准时免费教科书发放到学生手中。

【教改与教学质量】 2006年，隆安县进一步深化教育教学改革，以基础教育新课程改革为突破口，全面推行素质教育，提高教育教学质量，取得了较好的成绩。一是深入开展基础教育课程改革，先后组织教师参加区、市、县三级培训1525多人次，课改取得了好成绩，得到上级主管部门的一致好评。二是抓好教学常规管理，教学、科研成绩显著。加强对教育教学常规的检查、督促，巩固和提高农村中小学基础教育教学质量。深入开展课改调研，以听课、说课、评课、教学反思的形式围绕新课标教材实施过程中的具体问题进行交流、指导，提高教师教学能力，优化课堂教学；抓好教学科研课题实验，提高教师科研水平。三是教学成绩实现新突破。隆安县今年高考在2005年实现历史性跨越的基础上稳中有升，再创佳绩，本科上线人数达602人，比2005年增加48人，其中第一批本科58人，第二批本科247人，第三批本科297人，全县二本上线率和专科上线率增幅均居全市各县区之首，全县总分平均分进步神速，理科、文科分别从去年的第七名、第六名提高到今年的第二名。隆安中学本科上线576人，上线率58.4%；本、专科上线944人，上线率95.7%，高考成绩再创新高。

【学校安全工作】 2006年，进一步加强学校安全工作规程，健全安全管理机制，分级建立安全工作制度，明确职责分工，层层落实安全责任，建立信息灵通、规范高效的安全工作网络，加强安全教育和安全管理的培训，进行安全隐患的排查、整改和督查。主要有：一是高度重视，把安全工作作为一切工作的重中之重；二是法制、禁毒、安全工作的实施有详细的计划，学校的法制、禁毒、安全工作有明确的目标；三是认真开展教育安全专项整治工作；四是加大学校安全督查力度；五是加强学生的法制教育。安全整治工作有实效。据统计，2006年组建检查组12个，参与检查人员108人次，检查学校104所，检查中发现隐患153余处，已经整改141处，共取缔违规摊点5个和黑网吧1个，对接纳未成年人和超时经营等违规行为的3个网吧、2个电子游戏厅进行处罚，查处一批传播淫秽、色情、凶杀、暴力、封建迷信和伪科学的出版物。通过检查、整治、监管，学校周边治安有明显好转。学校内部安全管理更加完善和规范，师生的安全感明显增强，涉及师生的各类案件明显下降，社会、学校、家长较为满意。

附：隆安县教育局领导

局长、党组书记：梁　毅

副局长：吴国壮　方钟科

党组副书记：韦馥嫔

地址：隆安县城厢镇城内街79号

邮编：532700

撰稿：陆宏琪　梁　毅

兴宁区

【概况】 2006年兴宁区教育情况：

学校数和学生数 兴宁区共有各类中小学82所，其中小学58所（公办43所、企事业办4所、民办11所），教学点20个；普通初中20所（公办普通初中8所、企事业办初中1所、企事业办和民办一贯制学校11所）；普通公办完全中学1所。

教职工数、专任教师数和师生比 全城区中小学共有在职在编教职工1756人（含企事业办学校和市属学校），其中小学1087人（公办小学951人，企事业办小学136人），普通初中669人（公办中学584人，企事业办中学85人）。中小学专任教师1608人，其中小学1052人，初中556人。在校学生人数35784人，其中小学生25250人（公办小学15396人，企事业办小学2773人，民办小学7081人），初中学生10534人（公办初中7233人，企事业办初中1094人，民办初中2207人）。教职工编比为，小学1∶23.23，普通初中1∶15.75。专任教师编比为，小学1∶24，普通初中1∶18.95。

每万人口在校生 小学776.9人、普通初中324.1人。

校舍面积及生均情况 小学校舍建筑总面积167912.5平方米，生均6.65平方米；普通初中校舍建筑总面积149161.4平方米，生均14.16平方米。

义务教育普及程度 2006年小学适龄儿童入学率均为100%，初中阶段净入学率为110.45%；小学生辍学率为0，初中生辍学率为0.27%。

【教育经费的收入与支出】 2006年，南宁市兴宁区教育经费总收入5862万元，比上年多收入773万元，增长15.19%。其中财政拨款收入4657万元，比上年多收入909万元，增长24.25%；预算外资金收入857万元，比上年少收入74万元，减少7.95%。教育经费总支出6291万元，比上年多支出1192万元，增长23.40%。其中财政拨款支出4491万元，比上年多支出694万元，增加18.37%；预算外资金支出1816万元，比上年多支出498万元，增长37.78%。总支出中，人员经费支出3548万元，公用经费支出2406万元，其他支出337万元。

【兴宁区2006年教育纪要】

1.2006年9月，城区撤兴宁区昆仑镇初级中学，该校并入兴宁区昆仑初级中学；撤并8个小学教学点；2006年10月城区政府接收原广西运德集团子弟学校为公办学校，该校更名为南宁市苏州路学校。

2. 从2006年春季学期开始，兴宁区政府将农村义务教育全面纳入财政保障范围，全面推行农村义务教育经费保障机制改革，主要内容包括：全部免除农村义务教育阶段学生学杂费；对贫困家庭学生免费提供教科书并补助寄宿生生活费；巩固和完善农村中小学教师工资保障机制等。2006年，兴宁区41所农村义务教育阶段中小学和2所企事业办中小学14938名学生（其中小学9747人，中学5191人）全部免除学杂费，并由政府补助公用经费，免除学杂费和政府补助公用经费合计140多万元；补助贫困寄宿制学生生活费5.1万元；农村中小学贫困学生2498名（其中小学1471人，初中965人）享受免费发放教科书政策。

3. 南宁市督导组对城区主要党政领导完成教育工作情况进行督导考核，考核结果为优秀。

4. 城区教师队伍建设取得新成绩。年内共有2人被评为南宁市学科带头人，79人被评为南宁市教学骨干，8人成为“第二期南宁市园丁工程”培养对象，2人被聘为“第二期南宁市园丁工程”导师。

5. 城区顺利通过南宁市“校长建设年”评估、基础教育课程改革评估调研等。

6. 年内共有6个课题获得自治区级“十一五”教育科研课题立项，其中A类课题1项，C类课题5项；有23个课题获得市级“十一五”教育科研课题立项，其中A类课题1项，B类课题7项，C类课题15项。华强小学等4所小学、1所幼儿园被评为南宁市基础教育科研工作先进单位。

7. 2006年11月12日，教育局成功承办了“南宁市初中语文中考备考研讨会”，来自全市各县区的500多名代表参加了这次研讨会。

8. 2006年，城区中小学教师参加市级以上课堂教学优质课比赛共有53人次获奖，其中2人获全国小学数学“读讲精练”课堂教学比赛和说课比赛一等奖，3人获南宁市中小学教师教学创新技能比赛一等奖第一名；学生参加南宁市青少年“红色之旅”读书教育讲故事决赛、南宁市少年儿童“知荣明耻”社会主义荣辱观教育新童谣创编大赛、南宁市中小学生利用废物手工制作环保模型比赛、广西青少年创新大赛等均取得好成绩；教育局荣获南宁市语言文字工作先进单位、南宁市2004—2005年度支援农村教育工作先进单位、南宁市实施家庭教育“十五”计划先进单位（集体）、2005年农村工作先进集体等。

附：南宁市兴宁区教育局领导

党委书记：马香玲

局长：李　凌

副局长：刘玉姣

撰稿：莫　彬　刘玉姣

西乡塘区

【概况】 2006年西乡塘区教育概况：

学校数和学生数 城区有公办小学89所、教学点31个，普通初中26所，其中九年一贯制学校13所；企事业办学校2所，其中小学1所，九年一贯制1所；民办学校29所，中小学生数85968人。

专任教师数和师生比 2006—2007学年度，辖区小学师生比是1∶23.61，初中师生比是1∶15.90。辖区公办、企事业办小学在校生55108人，在职教职工2891人，师生比是1∶19.06；初中在校学生28448人，在职教职工2027人，师生比是1∶14.03。

每万人口在校生 幼儿园数为180.90人、小学551.08人、普通初中284.48人

校园、校舍面积和生均情况 公办学校校园面积1960647.06平方米，校舍面积340211平方米，小学6.12平方米/生，普通初中10.56平方米/生。

义务教育普及程度 小学学龄儿童入学率100%，初中入学率117.7%，小学生辍学率0%，普通初中辍学率0.61%，小学毕业生升学率100%，初中毕业率99.40%，三残儿童入学率100%。

【教育经费的收入与支出】 2006年，西乡塘区教育经费总收入13959万元，比上年多收入1214万元，增长9.53%。其中财政拨款收入10101万元，比上年多收入981万元，增长10.76%；预算外资金收入2967万元，比上年多收入－43万元，增长－1.43%。教育经费总支出13816万元，比上年多支出1106万元，增长8.7%。其中财政拨款支出10056万元，比上年多支出1085万元，增长12.09%；预算外资金支出2760万元，比上年多支出200万元，增长7.8%。总支出中，人员经费支出9008万元，公用经费支出2081万元，基建支出1040万元，其他支出1686万元。

【“两基”工作】 提高思想认识，强化政府行为，落实“两基”工作责任。具体做好以下工作：一是健全领导机构。城区成立西乡塘区“两基”巩固提高工作领导小组和“三教统筹”、“农科教结合”工作领导小组，加强对“两基”工作的领导和督查。二是建立工作制度。建立教育工作联席会议制度和四大班子领导和城区各部门联系学校制度等，把教育工作列入城区党委、政府的重要议事日程，作为党委、政府决策必议的重要议题，领导必抓的重要工作，调研必问的重要问题，汇报必讲的重要话题。三是落实工作责任。层层签订责任状，把“两基”巩固提高工作责任到人，促进“两基”工作齐抓共管的良好局面。四是制定《西乡塘区“两基”巩固提高实施规划》、《南宁市西乡塘区教育事业“十一五”发展规划》等一系列加快教育发展的政策、文件，加强学校督查指导，有力促进城区“两基”工作进程。

【成人教育工作】 积极开展“五普”调查工作，城区青壮年非文盲率达99.74%，15周岁文盲人数为零，进一步巩固和提高扫盲成果。成立农村劳动力培训和转移就业工作领导小组，加强了对青壮年的培训工作。据统计，全年，城区开展职业技术培训和就业前引导性培训、农业实用技术培训共254期（次），培训农民61280人次，有效地提高了农村劳动力的科学种养技术的掌握。

【支教工作】 开展城乡学校“手拉手”活动，建立城镇中小学教师到乡村任教服务期制度，加强农村学校、城镇薄弱学校骨干教师培训工作，引导鼓励教师到乡村中小学及薄弱学校任教。全年，城区有60多名市区教师到石埠中心小学、坛洛二中等40所乡镇中小学以及薄弱学校蹲点支教，送教上门256人（次），大大促进农村学校及薄弱学校的教育教学发展；继续到隆安县开展“县对县”支教工作。

【“普实”工作】 按照建设好、配备好、管理好、使用好要求，合力推进中小学实验室建设步伐。2006年，城区政府投入了126万元给农村中小学建设标准实验室、多媒体电教室、电脑室、配备实验教学器材，使农村中小学办学条件有了很大的改善。

【免收学杂费政策和扶助贫困生工作】 2006年，中央和自治区下拨给城区金陵、双定、坛洛三个镇及石埠、金光中小学、邓东学校补助的经费为380.1万元，城区补助经费50万元，其中，上半年受益人数为25003人，下半年受益人数为25337人；做好“两免一补”及扶助贫困生工作，免教科书受益学生为4147人次，免教科书金额41万元。扶助

贫困生415人次，共扶助资金25.84万元；安排进城务工农民子女26300人次入学，其中公办学校接收9908人次，减免农民工子女借读费用307.27万元；做好农村中小学贫困生经费补助工作，补助经费90660人，受益人数1511人。

【教育开放创新工作】 把开放创新与创建特色学校结合起来，不断增强教育发展动力和活力，在开放创新工作中不断出亮点、出成效。一是实施撤点并校工作，撤并3个教学点，进一步整合了教育资源。二是危房改造工作。按时按质完成城区办实事项目——坛洛中心小学、金藤小学两校学生宿舍楼建设工程开工建设工作。三是抓好基建工程，完成秀田小学教学综合楼工程建设及十八中园林景观、江滨路学校教学楼维修等规划建设工作。四是加快学校固定资产的投入工作，全年，城区学校在房屋建设、购置教学设备等方面共投入资金1295.50万元，其中房屋建筑投入资金1007.29万元，购置教学设备投入资金288.21万元，较好地改善了学校的办学条件。

【课改和科研工作】 具体做好了以下工作：一是以课程改革为载体，抓好常规管理，坚持小学教育抓规范，初中教育抓质量，大力改进课堂教学。全面总结城区五年来基础教育课程改革的取得的经验和成果，抓好课堂教学改革工作，提高教育教学质量。二是组织开展教研及各类课堂比赛活动。2006年，城区68所中小学承担各类教研活动，开展127次教学科研活动；开展中小学“创新杯”比赛、体卫艺教师基本功比赛、南宁市教师教学创新技能大赛西乡塘区选拔赛等多项比赛活动，1600名教师参加比赛，推荐150名教师参加区、市级各级比赛。三是中考成绩又上一个台阶。城区参加中考人数为5106人，考上高一级学校就读学生为4881人，其中，二中、三中录取207人，示范性高中录取1316人，普通高中录取1923人，其他学校录取1435人，整体升学率达92%。

【中小学教育信息化基础设施建设】 开展农村远程教育项目学校校长管理培训、农村远程教育项目学校骨干管理培训、现代信息技术与课程整合骨干教师培训等三个项目的培训活动，信息技术在教育教学应用上得到广泛应用。

【中小学体育、艺术教育工作】 2006年，举办西乡塘区第一届中小学运动会；组建运动队参加南宁市第七届运动会并分别获得了小学组团体总分第二名和中学组团体总分第二名的好成绩，其中小学组获金牌21枚，银牌28枚，铜牌22枚；中学组获金牌17枚，银牌25枚，铜牌2枚的优异成绩。同年，开展西乡塘区第二届中小学艺术节，选出13个节目参加南宁市比赛，获4个金奖，9个银奖。其中，秀田小学民族器乐演奏团和衡阳小学合唱队代表南宁市参加自治区艺术节比赛分获金奖和银奖；秀田小学民族器乐演奏团代表自治区参加全国比赛获三等奖；衡阳路小学、锦华小学代表队双双荣获第六届中国青少年机器人竞赛一等奖。

【民办及幼儿学校教育】 严格执行“两法一例”，开展“幼小衔接”及城市幼儿园与民办幼儿园、乡镇农村幼儿园“手拉手”教研互助活动，完善区、乡、村三级业务辅导网络，幼教师资队伍和办学水平质量进一步提高。宣传贯彻《民办教育促进法》，规范民办教育办学行为，进一步提高民办学校依法治校水平，促进民办教育持续发展。

【教师队伍建设】 具体做好了以下工作：一是做好干部选拔与管理工作，推进教育系统人事制度综合改革。2006年，公开竞聘副职领导29名，正职提拔9名，学校正职领导换岗交流5名；新调入、录用教师120名。二是实施“校长建设年”计划与学校创建“三名”（名校长、名学校、名教师）活动结合起来，依托广西师范学院等高等院校资源，采取分层次、分类别、多形式地对全体校级领导进行新一轮的培训。三是抓好师德教育培训工作。加强以“做学生喜爱的老师”为核心的师德教育，继续深入开展教师形象“十个一点”的师德师风教育活动，让教师用学识魅力培养学生，用人格魅力影响学生。四是采取集中培训、分片（分类）培训、校本培训等三级培训形式进行教师继续教育培训。2006年，组织教师参加各级各类培训班35期（次），参加培训教师1.5万人次，城区学校校长带证上岗率为100%，教师年轮训率达100%。

【德育教育工作】 加强和改进德育工作，拓宽德育工作的视野和渠道，发挥学校教育在未成年人思想道德建设中的主渠道、主阵地、主课堂作用，把反映民族优秀传统和时代精神的“八荣八耻”作为师生树立正确的世界观、人生观、价值观的准绳。倡导和开展“十千一万户”文化西乡塘和“我爱南宁”五个一活动，以实际行动创新创建活动载体和特色。积极创建“西乡塘区未成年人思想道德教育十里和谐示范带”、“红色之旅”为主题的读书教育活动、“城乡清洁工程”社会实践活动等系列活动，以丰富多彩的活动为载体，唱响德育教育主旋律，扎实深入的德育教育工作有力地提升了未成年人思想道德水平，较好地实现教育的“五个和谐”。

【规范校园管理】 具体做好了以下工作：一是实行党政一把手负责制，按照“谁主管、谁负责”的原则，认真落实学校安全工作领导责任和责任追究制，建立和完善由教育、公安、卫生等有关部门共同参与的长效机制。二是加强青少年学生的法制教育、安全教育和安全管理。三是建立健全食品卫生安全管理制度，加强校园安全事故易发多发环节的管理，进一步增强师生的安全意识，提高师生自我防范能力和自救能力。四是加强信息报送工作，确保了校园的安全稳定，为教育教学营造了良好的氛围，确保师生和学校和谐、安全。

【获奖情况】 据统计，2006 年城区学校获全国奖 63 个，自治区奖 32 个，市级奖 168 个，城区奖 271 个；教师获全国奖 617 人次，自治区奖 976 人次，市级奖 837 人次，城区奖 1611 人次；学生获全国奖 1664 人次，自治区奖 2242 人次，市级奖励 1946 人次，城区奖励人 1510 次。西乡塘区荣获南宁市“两基”攻坚与巩固提高先进县区。

附：西乡塘区教育局领导

局长、副书记：冯燕宁

党委书记：李梓瑞

副局长、教研室主任：陆志海

副局长、纪委书记：邓梅英

地址：南宁市云亭街 2 号

邮编：530012

撰稿：李民红　冯燕宁

良庆区

【概况】 2006 年良庆区教育概况：

学校数和学生数 良庆区有公办中心学校 8 所，完全小学 55 所，教学点 74 个，普通民办小学 7 所，在校小学生 25749 人，其中公办 19174 人，民办 6575 人。普通初中：公办初中 6 所，民办初中 5 所，在校初中生 11576 人，其中公办 8145 人，民办 3431 人。普通高中：公办完全中学 2 所（含正在接收的广西水电工程局大沙田学校），民办完全中学 3 所，在校高中生 1291 人，其中公办 599 人，民办 692 人。

专任教师数和师生比 小学专任教师 1121 人，师生比 1∶23；普通初中专任教师 619 人，师生比 1∶19；普通高中专任教师 107 人，师生比 1∶12。

每万人口在校生 幼儿园为 402 人；小学为 1232 人；普通初中为 553 人；普通高中为 62 人。

校园、校舍面积和生均情况 小学校园面积 594885 平方米，校舍面积 171853 平方米（含教工宿舍面积 36715 平方米），生均校舍面积 6.67 平方米。普通初中校园面积 253302 平方米，校舍面积 72038 平方米（含教工宿舍面积 15571 平方米），生均 6.22 平方米。普通高中校园面积 185163 平方米，校舍面积 101191 平方米（含教工宿舍面积 23364 平方米），生均 78.38 平方米。

义务教育普及程度 小学学龄儿童入学率为 100%；初中适龄少初中入学率为 99.79%；小学辍学率为 0，普通初中辍学率 1.17%，小学毕业生升学率 100%，初中毕业升学率 68.4%。

【教育经费的收入与支出】 2006 年，良庆区教育经费总收入 5815 万元，比上年多收入 1124 万元，增长 23.96%。其中财政拨款收入 5177 万元，比上年多收入 1340 万元，增长 34.92%。预算外资金收入 309 万元，比上年多收入－403 万元，增长－56.6%。教育经费总支出 5073 万元，比上年多收入 483 万元，增长 10.52%。其中财政拨款支出 4646 万元，比上年多支出 913 万元，增长 24.45%；预算外资金支出 427 万元，比上年多支出－430 万元，增长－50.17%。总支出中，人员经费支出 3645 万元，公用经费支出 757 万元，基建支出 270 万元，其他支出 401 万元。

【党建工作】 与各学校签订了《2006 年良庆区教育系统思想政治工作目标管理责任书》、《2006 年教育系统党风廉政建设目标管理责任书》，结合组织学习贯彻党的十六届五中、六中全会精神，在全系统进一步深入开展巩固保持共产党员先进性教育成果活动。在认真抓好中心学习组学习活动的基础上，切实开展好“五个一”学习活动。积极探索党员教育管理的新途径、新方法，充分发挥党员的先锋模范作用和基层党组织的政治核心作用。党建工作取得了优良成绩，全年共发展新党员 11 名。3 月，城区教育局获城区思想政治工作先进单位，3 所学校获城区思想政治工作先进集体，5 人获城区思想政治工作先进工作者；6 月，4 人获城区保持共产党员先进性教育活动先进个人，5 人获城区优秀共产党员，1 人获南宁市优秀党务工作者。

【德育建设】 以“八荣八耻”为主要内容，制定了《树立社会主义荣辱观，培养新时期“四有”新人——良庆区教育系统2006年师德教育活动方案》、《南宁市良庆区教育局关于开展“学雷锋、树新风，构建和谐良庆”活动方案》等德育工作文件，深入开展了“四心工程”、“未成年人思想道德建设宣传日”暨“共建和谐，快乐成长”文艺表演等一系列德育活动。1人被评为自治区中小学、中等职业学校道德工作标兵，1人被评为“广州助学金”八桂优秀乡村教师，1所学校获南宁市工会系统“四五”普法先进单位，2人被评为南宁市工会系统“四五”普法先进个人，1人被评为南宁市“我最喜爱的老师”，8人被评为南宁市优秀教育工作者（优秀教师），有2人被评为南宁市“三好”学生标兵，15人被评为南宁市“顶呱呱”特长生，1人被评为南宁市学雷锋标兵，有1980人被评为南宁市“三好”学生，127人被评为南宁市优秀学生干部，38个班级被评为南宁市优秀班集体。在南宁市家庭教育演讲比赛中，我城区大沙田开发区小学小学教师李慧以“知荣辱，树新风，我和孩子共成长”为主题的演讲勇夺总分第一名，荣获一等奖；大塘镇中心学校黎兆印家庭自编自演的《读书让我们幸福》诗朗诵荣获家庭读书朗诵一等奖。

【莫金丽被评为自治区中小学、中等职业学校道德工作标兵】 良庆区大塘镇中心学校语文教师莫金丽，在教育教学工作中，积极探索素质教育新途径和开展“课改”实验教学，取得优异成绩，2006年分别获南宁市优秀班主任、南宁市先进生产（工作）者、南宁市教学骨干、南宁市“21世纪园丁工程培养对象”、自治区中小学、中等职业学校德育工作标兵等称号。

【梁细芳获“广州助学金”八桂优秀乡村教师称号】 良庆区良庆镇中心学校教师梁细芳从事教育教学工作15年，育人真诚有特色，教学成绩突出、科研成果显著，深受学生喜爱和家长好评，多次得到城区级、市级奖励，两次获广西小学教学课题研究先进个人，多篇论文获全国或自治区一、二等奖。由于梁细芳教育教学科研成绩突出，被自治区教育厅授予“广州助学基金”八桂优秀乡村教师光荣称号。

【陈紫茵荣获全国青少年科技创新大赛一等奖】

2006年4月，城区教育局组织中小学生参加2006年广西青少年科技创新大赛获一等奖1件，二等奖2件，大沙田开发区小学一年级学生陈紫茵的科幻画《树房子》荣获一等奖并被选送参加2006年8月在澳门举行的全国青少年科技创新大赛，荣获全国一等奖。

【陆莉玲获全国“我与版权”征文比赛优胜奖】

2006年6月，城区教育局组织中小学生参加全国“我与版权”征文比赛，大塘中学陆莉玲同学获全国优胜奖，是广西唯一获此殊荣者，南宁市新闻出版局领导到大塘中学为陆莉玲同学颁奖。

【中小学教育科研成绩显著】 进一步加强教师的学习培训工作，组织学校的领导、骨干教师参加了自治区教育厅、市教科所举办的各科课改实验教材培训班、中小学校长培训班。城区本级举办了4期中小学校长、书记和中小学教师继续教育培训班。在“课改”实验课题研究评比中，11人被评为自治区课题研究的先进个人，3所学校被评为自治区课题研究先进单位，1所学校被评为南宁市基础教育科研先进单位。组织中小学教师参加市课堂教学比赛，5人获二等奖，1人获三等奖。组织中小学教师参加教育教学论文比赛，有12篇获得全国级一等奖，有8篇获得自治区级一等奖，有3篇获得市级一等奖。组织中学生参加自治区学科奥林匹克竞赛，有3人获自治区级三等奖。组织中小学生参加南宁市“节约、创新、发展”青少年爱科学实践活动，其中创造发明类获得二等奖的有4项，三等奖的有2项；手绘画类获得一等奖的有1项，二等奖的有4项；电脑画类获得二等奖的有2项，三等奖的有5项；3所单位荣获先进集体奖；12名教师荣获优秀组织工作者奖和优秀科技辅导员奖。

【加强教师队伍建设】 城区教育局制定《南宁市良庆区中小学骨干教师培训管理指导意见》等文件，各学校加大了培养青年骨干教师的力度，2006年6月，在参加“南宁市骨干教师”及“21世纪园丁工程培养对象”的评比活动中，黄少明等8位教师被评为南宁市二十一世纪园丁工程B类人才培养对象；黄凤阳等27位教师被评为南宁市骨干教师。

【中考成绩创历史新高】 良庆区教育局对中考备考工作从“抓得更早更实”出发，在城区6所中学开展了2006年中考视导，参加活动的老师达300多人次；同时组织各学科教师参加市教科所有关备考研讨活动和到兄弟城区先进学校交流备考经验。2006年中考中，共有171人考上了示范性高中，其中上南宁市二、三中重点高中的有23人。

【庆祝第二十二个教师节】 2006年9月8日，良庆区党委、政府在城区政府礼堂召开庆祝第二十二个教师节暨优秀教师、优秀教育工作者表彰大会，表彰了李育斌等 80 名优秀教师和优秀教育工作者，为全城区教师发放慰问金 24 万元。

【创建规范教育收费示范区】 以开展创建规范教育收费示范县（区）活动为契机，通过强化建章立制、严格收费标准、规范收费行为、加强财务管理。2006 年，进一步规范了学校教育收费，城区没有发生政府及有关部门向学校、教职工和学生乱收费、乱罚款、乱集资和乱摊派或搭车收费等行为，南宁市监察局、物价局、教育局等部门 2 次到城区对各中小学的收费、进校书刊情况进行了 2 次检查。2006 年 11 月，南宁市创建规范教育收费示范县（区）验收组到城区进行了初检。

【学校安全稳定工作】 2006 年，良庆区教育局制定和转发了《南宁市良庆区中小学校安全工作制度》、《2006 年“三会一节”期间处置 2005 年和 2006 年被清退的代课教师上访事件的应急预案》等 51 个关于安全稳定工作的文件，扎扎实实地做好安全稳定工作。全年召开了 8 次有中小学校长、书记参加的学校安全稳定工作专题会议。多次会同公安、工商、文体等部门对学校教室、宿舍、消防设施、卫生和周边环境进行安全大检查。2006 年 3 月，在城区中小学开展了“安全教育活动月”活动，重点对学生防溺水、防交通事故和防火灾知识教育并开展安全演练，全城区 14 所公办学校共组织了 30 次演练，参加演练师生人数达到 24960 人次。针对教育系统存在不再被续聘的代课教师上访等可能影响社会稳定的隐患，要求学校层层落实责任人，切实做好矛盾纠纷排查调处工作，有效地维护了社会稳定。

【实行免学杂费政策】 从 2006 年春季学期开始，我城区农村义务教育阶段学生免交学杂费，为使国家农村义务教育经费保障机制政策家喻户晓，共发放宣传资料 33300 份，贴宣传海报 500 份，利用“共建和谐，快乐成长”为主题的文艺演出，在大沙田金沙广场向群众宣传并发放宣传卡 2700 份。2006 年全城区享受免除学杂费学生共 28228 人，金额 652.49 万元，补助贫困寄宿生生活费 1877 人，金额 115320 元。

【中小学危房改造】 2006 年，良庆区政府共安排建设资金 300.2 万元，开工建设南晓镇晓元小学高岭教学点教学楼等危房改造工程项目 10 个，建筑面积 4478 平方米，10 个项目已全部竣工；争取上级危房改造项目补助资金 252 万元，安排那马镇中心学校学生食堂等 8 个项目，其中那马镇中心学校学生食堂和那马镇坛良小学教学楼维修改造工程已竣工；中央和自治区共安排我城区农村中小学校舍维修改造项目 7 个，建筑面积 4200 平方米，总投资 252 万元。维修校舍面积 37465 平方米，投资 71.63 万元。

【捐资助学】 2006 年，我区 160 名家庭经济困难大中小学生得到市政府为民办实事项目之一的扶助家庭经济困难学生就学项目的资助，总金额 9.24 万元。此外，配合城区工商联等部门举行“百千万”助学扶贫活动，共资助家庭贫困初高中生 54 人，总金额为 54000 元。

【加强教育教学技术装备】 2006 年，为全城区各学校配备 2100 套课桌椅，为 56 所完小购配传真机 56 台，为良庆中心学校等 6 所小学配置了 6 台功能先进的计算机，为那马中心学校配置多媒体教室一套。此外，完成城区人民政府 2006 年为民办实事项目之一的为城区各中学购置 6000 册图书，争取到广西师范学院为城区学校捐赠图书 1800 册。

【录取 117 名公办教师】 2006 年 7 月，良庆区面向大专毕业生和代课教师公开招考公办教师。经笔试、面试、考核、体检等环节，经城区招考领导小组同意，共录用 117 人。

附：良庆区教育局领导
党委书记：陈庆登
局长：邓毅峰
副局长：玉评戎　杜成进
地址：南宁市大沙田经济开发区金象大道
邮编：530219

撰稿：刘善穆　邓毅峰

江南区

【概况】 2006 年江南区教育情况：

学校数和学生数 小学 98 所、教学点 50 个、初级中学 25 所、普通高级中学 3 所。小学生 31463 人，初中生 14174 人，高中生 1282 人。

专任教师数和师生比（不含民办学校） 小学专任教师 1693 人，师生比为 1∶18.6；普通初中专任教师 838 人，师生比为 1∶17；高级中学专任教师 114 人，师生比为 1∶11。

每万人口在校生（不含民办学校） 幼儿园为

286 人，小学为 699 人，普通初中为 331 人，普通高中为 30 人。

校园、校舍面积、生均情况（不含民办学校） 小学校园面积 982217 平方米，生均 33.5 平方米；校舍面积 239985 平方米，生均 8.1 平方米。初级中学校园面积 304372 平方米，生均 21.15 平方米；校舍面积 181194 平方米，生均 12.59 平方米。高中校园面积 46690 平方米，生均 63.27 平方米；校舍面积 4925 平方米，生均 6.67 平方米。

义务教育普及程度（不含民办学校） 小学学龄儿童入学率 100%，初中毛入学率 115.48%；小学生辍学率 0%，普通初中辍学率 0.96%；小学毕业生升学率 100%，初中毕业生升学率 76%。

【教育经费的收入与支出】 2006 年南宁市江南区教育经费总收入 9505.2 万元，比上年少收入 23.4 万元，减少 0.24%。其中财政拨款收入 7862.7 万元，比上年多收入 541.6 万元，增长 7.4%；预算外资金收入 1203.6 万元，比上年少收入 587.2 万元，减少 32.79%。教育经费总支出 9138.8 万元，比上年少支出 537.4 万元，减少 5.55%。其中财政拨款支出 7475 万元，比上年多支出 488.2 万元，增长 6.99%；预算外资金支出 1158.5 万元，比上年少支出 759.5 万元，减少 39.6%。总支出中，人员经费支出 6664.5 万元，公用经费支出 602.1 万元，基建经费支出 208.4 万元，其他支出 694.6 万元。

附：江南区教育局领导

局长：岑常军

党委书记：石真榕

副局长：陈少瑜　梁正贵

地址：南宁市壮锦大道 19 号

邮编：530031

撰稿：梁正贵　岑常军

邕宁区

【概况】 2006 年，邕宁区教育概况：

学校数和学生数 现有公办初中 10 所，中心小学 8 所，完全小学 64 所，特殊学校 1 所，教师进修学校 1 所，幼儿园 27 所。现有在职教职工 2525 人，在校学生 41096 人。

专任教师数和师生比 共有专任教师 2361 人。其中，小学教师 1516 人，师生比 1∶15.99；普通初中教师 806 人，师生比 1∶17.09。

每万人口在校生 幼儿园 213 人，小学 648 人，初中 358 人，普通高中 215 人。

校园、校舍面积及生均情况 小学校舍面积有 139553 平方米，生均 5.63 平方米；初中校舍面积 142967 平方米，生均 8.76 平方米。

义务教育普及程度 小学学龄儿童入学率 100%，初中阶段入学率 108.68%；小学生辍学率 0%，普通初中辍学率 0.87%；小学毕业升学率 100%，初中毕业升学率 65%。

【教育经费的收入与支出】 2006 年，邕宁区教育经费总收入 13013 万元。其中财政拨款收入 9967 万元，预算外资金收入 2551 万元。教育经费总支出 11764 万元，其中财政拨款支出 8789 万元，预算外资金支出 2905 万元。总支出中，人员经费支出 7550 万元，公用经费支出 3303 万元。

【“八荣八耻”教育】 2006 年 3 月起，邕宁区教育局在全城区各中小学校广泛开展社会主义荣辱观教育活动，通过知识竞赛、演讲、主题班会、宣传专栏等形式多样的教育活动，让广大青少年学生树立正确的荣辱观，形成积极进取的人生观。同时，邕宁教育局用“八荣八耻”塑师魂造师德，由教育党委牵头，组织教师对“八荣八耻”进行针对性学习，采用分组、分层次的讨论，撰写学习体会为主，以务真求实精神，开放创新地开展多种活动，通过这次活动构筑全城区的师德建设。

【机关行政效能建设和政务公开工作】 邕宁区教育系统结合本单位的实际情况，充分利用单位的政务公开栏和宣传栏，设立意见箱，自觉接受群众的监督，转变机关作风，提高工作效率与服务质量，使领导干部做到廉洁自律，有效地防止和遏制了腐败现象的发生。学校对收费项目和标准进行公示，城区教育局加强对学校收费的监督力度，学校没有出现乱收费现象。

【社会主义新农村教育项目和学校“危改”项目】 邕宁区教育局结合本部门的实际情况，成立了教育系统建设社会主义新农村工作领导小组，制定了本部门具体的工作实施方案，按轻重缓急的次序编制了本部门建设社会主义新农村试点工作的项目投资计划。邕宁区教育系统已落实上报的项目有 11 个，建设规模为 8181 平方米，计划投资 409.1 万元，分别为：一是村级学校危房改造项目 7 个，建设面积 5080 平方米，计划投资 254 万元；二是完善村级完小寄宿宿舍项目 1 个，建设面积 995 平方米，计划投资 49.8 万元；三是完善县级职校、技校农民培训项目 1 个，建设面积 1500 平方米，计划投资 75 万元；四是乡镇成人文化技术学校项目 2 个，建设面积 606 平方米，计划投资 30.3 万元。现在项目的进展情况是所有申报的项目建设用地已基本落实。

【“两免一补”政策】 为了“控辍保学”，巩固提高“两基”成果，实行“双线承包”责任制。建立了“城区—乡（镇）—村”和“教育局—学校—教师”双线“控辍保学”体系。认真落实“两免一补”政策，2006 年春季学期始，农村义务教育阶段学生全部免收学杂费，33236 人享受减免政策，共减免资金 275.9 万元。

【中、高考成绩】 中、高考有新的突破，中考总分获得 A+等级的原邕宁县范围仅有 99 人，邕宁区就占 77 人，考上示范性高中共 347 人；考上大专分数线以上 4156 人，占参加高考人数 4435 人的 93.7%。

【调整学校布局】 按照“适度超前、科学合理、扩大规模、提高效益”的原则，研究制定了 5 个乡（镇）中小学布局调整规划。全城区现有 8 所中心学校，64 所完全小学，1 所特殊学校，10 所初中，平均每 3 万人口有 1 所初中。学校布局基本合理。做好移交邕宁高中、邕宁中学、邕宁二高、邕宁三高、邕宁职高等各项准备工作，为五所学校 2007 年移交给南宁市教育局打下基础。2006 年邕宁区撤并了初中 2 所、教学点 18 个，解决了部分学校规模小、质量低，教育资源浪费突出等问题。

【教师队伍建设】 大力实施“名师工程”，认真组织中小学青年教师参加区、市课堂教学竞赛等各种教育教学活动，为优秀教师的成长搭建平台。加强培训，严格管理。据统计，2006 年举办校长培训班 3 期，参加人数 135 人次，暑假各中小学开展校本培训 4 天，参加人数 2388 人次。通过学习和培训，整体提高了中小学教师队伍的学历层次和素质。

【校长队伍建设】 2006 年是自治区教育厅确定的中小学校长建设年。邕宁区教育局推荐 6 名高中校长、10 名初中校长参加南宁市教育局举办的校长培训班学习。4 月 14 至 17 日教育局在城区教师进修学校举办小学校长培训班，全城区 104 名小学校长参加培训学习。11 月 17 日，教育局在城区教师进修学校举办了“中小学校长论坛”。通过培训学习，校长的素质得到了提高。

【“两基”迎“国检”准备工作】 城区人民政府继续采取行政督查，邀请人大代表、政协委员视察，城区人民政府督学督查等形式加强“两基”督查工作。2006 年 3 月、6 月分别顺利通过了南宁市党政主要领导干部教育工作督导考核和自治区农村教育“312 工程”督查工作。

【校园文化建设】 邕宁区教育局为营造一个“塑造人格，凝聚人心，约束行为，启迪智慧，愉悦身心”的和谐校园，建立“校容校貌、文明礼貌”检查评比的长效机制，促进学校的持续发展，把文明礼貌教育和校容校貌整治当作中小学生德育、美育的重要内容来抓，并纳入学校管理目标，狠抓环境育人。2006 年 6 月在百济召开“校容校貌、文明礼貌”现场会，同年 11 月，组织检查组对全城区所有的中小学校进行“校容校貌、文明礼貌”评比，为城乡清洁工程取得显著成绩打下坚实的基础。

【教研特色】 抓基础教育课程改革，全面提升学生素质，坚持以“教研协作片区活动”和“学科中心组活动”为特色，搞活搞好基础教育课程改革，让课程改革新理念迅速辐射到各个学校。2006 年 10 月 25 日，南宁市基础教育课程改革实验评估小组完成对邕宁区课程改革调查评估工作。

【教育宣传工作】 邕宁区教育局制订了新闻稿件通报制度、重点宣传题目承办制度、考核评估表彰制度和工作计划总结汇总通报制度。2006 年，全城区教育系统上传的稿件共 498 篇，在区、市、城区各刊物、网站上发表、获奖的有 230 多篇。在省级新闻媒体发稿 40 篇（网络转 21 篇），在市级新闻媒体发稿 38 篇。其中，《广西日报》5 篇，南国早报 3 篇（幅）；当代生活报 36 篇；南宁日报 18 篇（幅）；南宁晚报 10 篇（幅）；南宁电台 7 条；南宁电视台 5 条；人民网、新华网转载 21 篇。邕宁区教育局荣获南宁市教育宣传一等奖。

【2006 年邕宁区教育局获奖情况】 邕宁区教研室获 2006 年广西中小学（幼儿园）教育教学论文评选工作优秀组织奖。

2006 年 1 月获南宁市支教工作领导小组颁发的 2004—2005 年度支援农村教育工作先进单位。

2006 年 4 月获城区政府颁发的 2005 年度落实党风廉政建设责任制先进单位。

2006 年 5 月获邕宁区党委、政府颁发的 2005 年度安全生产先进单位（集体）。

2006 年 6 月获南宁市外事办、南宁市文明办、南宁市教育局颁发的 2006 年市千人外语演讲活动组织奖。

2006年12月获2006年南宁市教育系统宣传工作先进集体一等奖。

2006年12月23日获南宁市青少年科技教育活动领导小组下发颁发的2006年南宁市青少年爱科学实践活动优秀组织奖。

2006年12月获南宁市教育局颁发的2005年邕宁区党政主要领导干部教育工作督导考核南宁市优秀奖。

此外，还荣获“南宁市‘两基’巩固提高工作先进县（区）”称号、自治区“帮扶攻坚，资助贫困”荣誉奖。

附：邕宁区教育局领导

局长：贺建宁

党委书记：黄仪才

副局长：苏兰芳

电话：0771－4712145

地址：南宁市邕宁区和美巷15号

邮编：530200

撰稿：郭开合

青秀区

【概况】 2006年南宁市青秀区教育概况：

学校数和学生数 青秀区辖区内有初级中学15所，九年一贯制学校8所，完全小学74所，教学点73个，幼儿园24所。其中民办初级中学1所，九年一贯制学校2所，完全小学9所，幼儿园21所。在园幼儿13652人，在校小学生36514人，初中生22451人。

专任教师数和师生比 辖区内有小学教师1884人，师生比为1∶19.38；初中教师1115人，师生比为1∶20.14。

每万人口在校生 青秀区人口53.13万，平均每万人口在校生为：幼儿园（含学前班）256.95人，小学687.26人，普通初中422.67人。

校园、校舍面积及生均情况 青秀区小学校园面积63.04万平方米，生均18.36平方米；小学校舍建筑面积347840平方米，生均9.53平方米。初中校园面积45.62万平方米，生均20.32平方米；初中校舍总面积332099平方米，生均校舍建筑面积14.79平方米。

义务教育普及程度 小学学龄儿童入学率为100%，初中毛入学率100%，小学生辍学率0，普通初中辍学率0.19%，小学毕业生升学率100%，初中毕业生升学率87.53%。

【教育经费的收入与支出】 2006年，青秀区教育经费总收入12454万元，比上年多收入1726万元，增长20.24%。其中财政拨款收入8071万元，比上年多收入1312万元，增长19.41%；预算外资金收入4383万元，比上年多收入815.34万元，增长18.62%。教育经费总支出10544万元，比上年多支出1585万元，增长17.69%。其中财政拨款支出8071万元，比上年多支出1312万元，增长19.41%；预算外资金支出2473万元，比上年多支出273万元，增长12.41%。总支出中，人员经费支出7743.51万元，公用经费支出736.13万元，基建支出806.36万元，其他支出1258万元。

【德育活动】 青秀区教育局与南宁电视台联合组织以“心随我动，敖力前冲”为主题的“新动学堂”德育体验活动，共有22所小学组队参加。该活动旨在通过多种互动活动、团体竞赛，让学生承受失败的压力、品尝成功的喜悦，锻炼他们的体能，磨炼他们的意志力，培养了学生的团队精神和责任心。

【校长建设年活动】 认真开展“中小学校长建设年”，提升中小学校长管理能力和水平。青秀区教育局结合城区实际，选派校长121人次到教育发达地区学习，组织中小学校长培训班23期，培训校长2600多人次。举办校长论坛，开展中小学规范管理达标评估，积极探索中小学校长队伍建设制度和机制创新，提高培训成效和学习效果。评选出十所青秀区中小学规范管理“十佳”学校，十名青秀区中小学规范管理“十佳”校长。有力地推动了中小学校长队伍建设，取得良好的效果。青秀区被评为广西中小学规范管理“十佳”县（区），滨湖路小学被评为广西中小学规范管理“十佳”学校；1名局长被评为广西中小学规范管理“十佳”局长，1名校长被评为广西中小学规范管理“十佳”校长。

【教育国际交流】 2006年，青秀区教育局选派4名优秀青年教师到泰国孔敬市开展期为一年的中文支教活动。与美国跨世纪文化传播交流中心合作，邀请美国外教珠丽娅·巴斯顿老师给全城区78名中小学英语骨干教师进行期为一个月的培训。组织了一批6位优秀校长到美国、欧洲开展教育交流活动。

【社区教育】 青秀区开展社区教育，为未成年人健康成长营造良好环境。一是加强了对社区居民的培训，2006 年城区参加下岗再就业培训达 2172 人次，农民工培训 16500 多人次，在职职工培训 99600 多人次，青少年校外教育 25350 人次，居民年受教育培训率达 47.16%。二是积极创建各类学习型组织，据不完全统计，有 34700 多个家庭参与创建学习型家庭，283 个企业参与创建学习型企业，509 个单位参与创建学习型单位。三是加强社区教育队伍建设，社区现有各级各类培训机构 198 个，参与社区教育的专职人员达 569 人，参与社区教育的兼职人员 909 人，社区教育志愿者 7805 人。四是加大对社区教育经费的投入，城区政府共投入社区教育经费 164 万多元，完善社区教育设施的建设。扎实有效的社区教育工作，不断地提高了居民的整体素质，勤读书、爱学习、讲文明蔚然成风，学习型社区逐步形成。

附：青秀区教育局领导

党委书记：蓝惠玲

局长：赵红旗

副局长：孔雁明

党委副书记：梁朝兴

电话：0771－5566035

地址：南宁市仙葫大道 1 号

邮编：530023

撰稿：盘金利

柳州市教育

柳州市

【概况】 2006 年柳州市教育情况：

学校数和学生数 全市共有幼儿园 280 所，在园幼儿 7.48 万人，幼儿园教师 2049 人，其中大专以上学历的幼儿教师 987 人。有小学 1148 所，在校小学生 26.68 万人，小学教师 1.51 万人，小学教师学历合格率 97%，其中大专以上学历的教师 9086 人，占小学教师数的 60.36%；有特殊学校 6 所，在校生 959 人，特教教师 48 人，学历合格率 100%；有普通中学 232 所，在校初中生 15.78 万人，在校普通高中生 4.54 万人；初中教师 8939 人，初中教师学历合格率 93%，其中大学本科以上学历的初中教师 3024 人，占初中教师数的 33.83%；普通高中教师 2698 人，学历合格率 89.6%。柳州市市属中等职业学校（普通中专、职业中专、职业高中、成人中专）有 23 所，国家级重点 7 所，自治区级重点 3 所。各类中等职业学校在校生总计 3.66 万人，全市职业学校教师总数 1396 人。2006 年，市属中等职业学校共计招生 1.6181 万人。市属高职院校 3 所，共计招生 5059 人。

【教育经费的收入与支出】 2006 年，柳州市教育经费总收入 37794 万元，比上年的 31156 万元多收入 6638 万元，增长 21.30%。其中财政拨款收入 22869 万元，比上年 19021 万元多收入 3848 万元，增长 20.2%；预算外资金收入 14925 万元，比上年 12135 万元多收入 2790 万元，增长 23%。教育经费总支出 37662 万元，比上年 31187 万元多支出 6475 万元，增长 20.80%。其中财政拨款支出 22806 万元，比上年 18577 万元多支出 4229 万元，增长 22.76%；预算外资金支出 14856 万元，比上年 12610 万元多支出 2246 万元，增长 17.80%。教育经费总支出中，人员经费支出 19006 万元，公用经费支出 8256 万元，基建、维修、设备等项目支出 10162 万元，其他支出 238 万元。

【“两基”工作】 2006 年，柳州市本级财政投入近 1900 万资金，强化融水、三江的硬件设施配备、软件建设和校园“五化”工作，积极改善两县办学条件，两县于 5 月中旬先后提前通过自治区“普九”评估验收。至此，柳州市六县四区已全部实现了“两基”，“两基”人口覆盖率进一步扩大。2006 年，市区适龄学生初中升学率在 99.9%以上，各县达 30%以上，全市平均超过 50%，提前两年实现了自治区制定的 2007 年初中升学率达 50%的目标。9月中旬融水、三江两县普及实验教学工作通过自治区评估验收。为推广学习柳州市“普九”攻坚经验，全区“两基”工作现场会在融水县召开，自治区领导和与会代表对柳州市“普九”攻坚工作给予了高度肯定。9月市政府召开全市“两基”工作会议，总结了“两基”工作，表彰先进单位和个人，全面部署了明年柳州市迎接国家“两基”评估验收工作。

【支教工作】 2006年，柳州市支教重点是大力扶持市属融水苗族自治县、三江侗族自治县“普九”攻坚和帮助五个“对口支援县”做好“两基”巩固提高工作。一年来，市支教工作坚持贯彻落实党的十六届五中全会、自治区党委八届六次全会精神，坚持以科学发展观统领支教发展全局，围绕构建和谐教育和推进教育公平目标，进一步转变发展教育观念，创新支教工作新局，巩固支教发展成果，不断推进柳州支教全面、协调、持续、快速发展。据不完全统计，一年来，全市各级支教机构、后援、后盾单位、支教队员和社会各界共集资638万多元，捐赠图书25893多册，电脑23台，教学仪器设备2600件（套），学生学习生活用品28748件，资助家庭贫困学生入学人数1010人。2006年1月25日，市支教工作领导小组下发《柳州市第十期支教工作实施意见》至相关单位贯彻执行。在第十期支教工作中，经过严格的组织选拔程序，全市（含六县）共派出支教队员280人，其中参加自治区“县对县”教育对口支持人员49人，市级支教队员46人，县级支教队员185人。参加市级支教的后援单位为44所学校；确定参加市级支教工作的后盾单位为117个，把后盾单位的扶贫点和支教点同时捆绑，相互促进，共同发展。2006年，全市预算投入1900多万元，加上中央、自治区的下拨的专项经费，投入农村教育的经费已超过一亿多元。参加“县对县”教育对口支持工作的各县区也专门从本地方财政中拨出专款用于支教工作。如柳江县财政拨款30万元作为2006年支教经费，10万元已汇给凤山县教育局，帮助该县完成“两基”攻坚任务；鹿寨县拨款90000元用于“县对县”支教工作；柳城县人民政府拨出66000元用于援助巴马县教育；柳南区拨出经费5万元用于融水县“普九”攻坚；柳北区委政府区政府从专项资金中拨出4万元，用来援助环江县受援学校改善办学条件。此外，各县还区还专门拿出部分资金用于资助当地的贫困学生。

【创建规范收费示范县工作】 2006年以创建规范教育收费示范县（区）为载体，下大力气治理教育乱收费现象。在2005年创建规范教育收费示范县（区）活动取得良好成绩的基础上，继续加强工作力度并取得很好的成绩。通过明晰学校收费标准、票款分离、财务集中核算等措施对学校经费收、管、用三个环节进一步规范学校的收费和经费使用。对在创建规范教育收费示范活动中取得优秀成绩的鱼峰区、柳南区、柳北区、城中区、柳江县、鹿寨县等6县（区）和柳州高中、一中、二中等14所中小学进行表彰，分别授予规范教育收费示范县（区）和2005—2006年度治理教育乱收费工作先进单位荣誉称号。在创建规范教育收费示范县（区）活动中，不断完善监督管理机制，推行全年过程监督与年终检查相结合的考评方式，在抓行风监督员履行监督职责的基础上，引入“五老”对学校进行监督，对创建活动推进电子网络管理化，透明管理投诉建议，细化各项考评指标，加强相关部门的信息交流，对评估验收发现的问题及时反馈给局际联席会议加以研究整改措施。6月20日，自治区创建规范教育收费示范县（区）活动现场会暨治理教育乱收费工作汇报会在我市召开。自治区高校工委副书记、高校纪工委书记、教育厅纪检组组长孙海潮在会上全面肯定了柳州市开展创建活动所取得的好成绩。3月29日至30日，在南宁召开的“全区教育纪检监察、审计工作会议”上，柳江县、鱼峰区、鹿寨县获得“自治区级规范教育收费示范县（市、区）”称号。由于联合治理态度坚决、措施到位，全市各县区乱收费现象明显减少，取得了良好的社会效果。在2006年市政府公众舆论调查中，公众对教育的满意率为95.5%，排在全市首位。全区治理教育乱收费现场会在柳州召开，在全区推广“柳州经验”，柳州成为“在自治区教育厅投诉最少的城市”。

【免学杂费政策】 从2006年春季学期起，柳州市积极推进农村义务教育经费保障机制改革，将免收学杂费覆盖到六县及原郊区所属的义务教育阶段全部学生，只收取课本、作业本和住宿费，并给免除学杂费的学校予以生均公用经费补助。全市有318790多学生受惠此政策，共免收杂费5817万元。从秋季学期起还把我市农村职业初中和城市公办特殊教育学校的学生也纳入到了农村义务教育经费保障机制改革范围。有28780人寄宿制贫困生获得生活补助，其中小学6973人，初中21625人，特教182人，市本级共补助寄宿制学生生活经费103.08万元。有70816名义务教育阶段家庭贫困学生得到国家赠送的免费教科书。为了扩大农村义务教育阶段学生享受“免学杂费”这一优惠政策的受惠面，使我市享受城市居民最低生活保障政策家庭的义务教育阶段学生与农村义务教育阶段中小学生同步享受免学杂费政策。秋季学期城区九义段学校有905名学生获得免除学杂费29.9万元，全部资金由市财政支付。免除城市低保、特困家庭子女义务教育段杂费工作我市首开先河，走在了广西前列。启动“三残”贫困家庭学生享受免教辅书费举措，从2006年秋季学期起，市教育局每年拿出一定资金，为四城区享受“两免一补”优惠政策的“三残”贫困家庭学生购买教辅书。2006年共有141名“三残”贫困家庭的学生免费获得教辅书，领到退回的书款达2000余元。

【高考招生】 2006年，柳州市高考再创一个新高峰，各类平均分、上线递增率在全区占优势地位。2006年参加高考的考生为16817人，其中市区8859人。一本上线人数1702人，较去年（1373人）递增24%，上线率位居全区第一；本科上线人8463人，突破8000大关，上线率为50.32%；专科上线人数14757人，上线率为87.76%，其中一本上线1674人，上线率9.95%，名列全区第一；二本、三本及专科的上线率均居全区第二，专科上线人数均为历年之最。蝉联理科总分状元和英语单科状元，文综、政治、生物单科状元分别落户市一中、铁一中学和柳城中学。2006年艺术、体育考生上线人数也大幅度上升。

【中考招生】 2006年，柳州市加快中考改革力度，各项改革顺利进行。2006年中考报名人数为28412人，其中市区为10320人。国家级课改实验区和柳江县省级课改实验区的所有初中毕业生，中考的各科成绩及总成绩以等级形式呈现。每科笔试成绩划分为A＋、A、B＋、B、C＋、C、D、E八个等级。其他各县未参加课改的初中毕业生升学考试成绩原则上仍以百分制的形式呈现。

【示范学校建设】 2006年，市三中顺利通过第四批自治区示范性普通高中的评估验收，成为柳州市第8所自治区示范性普通高中。一年来还有柳钢一幼和胜利幼儿园通过区教育厅的评估验收，被评为自治区示范性幼儿园，柳州市优质教育资源总量再次增加。目前柳州市共有8所自治区示范性普通高中和7所自治区示范性幼儿园，8所柳州市示范性小学和10所柳州市示范性初中。

【中考改革】 结合柳州市课改实际，在2005年中考改革方案的基础上修订了《柳州市2006年中考改革方案》，继续在初中毕业生升学考试、综合素质评价、高中招生录取等三个方面进一步完善。中考各科成绩以等级形式呈现，稳步从国家级课改实验区扩大到柳江县省级课改实验区的所有初中毕业生。进一步深化普通高中招生与考试制度改革，推进义务教育阶段学校均衡发展，首次从自治区示范性普通高中柳州高中、柳州实验高中各拿出5名公费生指标试行录取免试保送生，将市一中等5所学校的公费生招生计划5%的指标定向分配到市区初中学校，柳高等5所学校定向推荐指标总计252人。2006年中考报名人数为28412人，其中市区为10320人。

【首届大学生田径运动会】 为活跃我市大学生的体育活动，加强各大专院校之间的交流，2006年4月21日上午9时，由教育局主办、广西工学院承办、市学校体育卫生学会协办的首届大学生田径运动会在广西工学院隆重开幕。市委、市政府，市教育局、市体育局、广西工学院和各城区教育局的领导参加了开幕式。运动会于4月22日胜利闭幕。

【普通话培训测试工作】 2006年，在全市范围内开展公务员普通话培训测试工作，推动全市普及使用普通话，甘霖、文和群等市领导带头参加了公务员普通话测试，带动了全市公务员参加普通话水平测试。全市共有6000多名公务员报名参加培训测试，92.5%通过了普通话测试，我市公务员的普通话水平进一步提高，为我市普及普通话、迎接二类城市语言文字工作评估打下了基础。根据自治区有关要求，完成了2000名农民工普通话培训。指导柳师、广西工学院在4月、5月分别举办了一期普通话培训测试，共培训测试1012人。

【顺利通过国家二类城市柳州市语言文字工作评估】 12月4日、5日国家二类城市柳州市语言文字工作评估工作全面展开。4日国家二类城市柳州市语言文字工作评估汇报会召开，国家语委、教育部语言文字应用管理司、自治区人大常委、教科文卫委员会等领导参加了汇报会。评估组分成四个组，深入到我市党政机关、学校、新闻媒体、公共服务行业四个领域进行了为期两天的实地考察，对柳州市语言文字工作取得的成绩给予了充分肯定。在12月6日召开的国家二类城市柳州市语言文字工作评估总结会上，自治区语言文字工作评估团宣布柳州市语言文字工作做得扎实、细致，成绩显著，达到了国家二类城市语言文字工作评估要求。

【信息技术教育】 2006年，举办了第十二届全国青少年信息学奥林匹克联赛广西赛区的初赛与复赛工作。其中在初赛中我市中学生获广西赛区提高组一等奖71人，二等奖27人，普及组一等奖52人，二等奖80人。在11月18日的复赛中全区256名选手中我市有123人，结果提高组广西上报中国计算机学会复核的全国一等奖26人，我市占21人，普及组前10名中我市有8人。我市已连续两年成功承办了此项赛事，我市中学生取得优异成绩，在全区名列第一。组织全市中小学生参加“第七届全国中小学电脑制作活动”，并于3月底组织市级评委对报送上来的176件各类作品进行了严格评审，评选出优秀作品上报区电教馆参评，获一等奖2个，二等奖8个，三等奖12个。组织柳州市胜利一小李冠源等14位选手5月13日到南宁市参加“第七届全国中小学电脑制作活动”竞赛项目机器人广西区赛。胜利一小选手获小学组“机器人灭火”项目第一名；柳州市启智中学选手获初中组“2对2机器人足球”项目第一名。举办2006年全区中小学现代教育技术优秀论文、教育叙事报告、教学设计、课例、个人主题网站和计算机教育软件评选活动，结果在全区获一等奖21个、二等奖26个、三等奖28个。柳州按比例荣获的一等奖数量列全区第一。组织参加“全国多媒体课件大赛”取得优异成绩。柳州获奖作品20个，其中一等奖3个，二等奖12个，三等奖5个。其中柳州景行小学及雀儿山二小受邀派代表赴深圳参加颁奖大会。

【首届全国城际机器人大赛】 2006年11月，柳州市景行小学成功承办了“首届全国城际机器人大赛”。景行小学、公园路小学、胜利一小等学校在此次大赛中摘金夺银，再次展示了柳州青少年机器人制作、比赛的国际水平。学科学、用科学已成为柳州推进素质教育的法宝。

【中等职业教育】 从2000—2005年，市各职业院校招生工作稳步上升，近三年保持职校招生人数以每年10%的比例增长。2006年自治区下达的招生任务是14990人，比去年扩招近40%，为此市教育局采取了早布置、早准备、早宣传的工作方针，对招生工作进行了周密的部署。组织中职学校“大篷车”深入到六县乡100多所、四城区50多所初中学校进行招生宣传，免费发放《柳州市中职学校招生宣传信息汇编》5万册，使中职教育深入人心，取得较好的宣传效果。2006年我市中等职业学校共招生16162人，其中市中等职业学校招生12096人，县中等职业学校招生4066人，完成今年自治区下达给我市中职招生任务的107.5%。2006年，柳州市首次开展实行定期评估认定制度的柳州市中等职业学校品牌专业建设评估工作，加强我市中等职业学校的专业建设，打造出一批我市职业教育专业品牌，引导学校走出自己特色的职业教育发展路子。评估工作从招生、就业、师资、设备、实训等基本条件进行评估，经专家组审阅材料，实地考察评估，有市一职校12所学校计算机等15个专业入选柳州市中等职业学校品牌专业建设项目，认定的品牌专业建设期限为3年。2006年区教育厅投入5000万元支持实施职业教育的“九大工程”，我市有4个项目获批准，市一、二职校获区级示范学校建设项目，市三职校获区级实训基地建设项目，融安县获县职教中心建设项目。

【高等职业教育】 2006年，柳州城市职业学院获自治区人民政府批准设置，并获教育部备案，顺利完成了今年首批高职招生工作，共招收高职学生近500名。这是我市继柳州职业技术学院、柳州运输职业技术学院后再增一所普通高等职业学校，成为全区唯一拥有3所市属普通高等职业学院的城市。柳州职业技术学院接受了教育部高职高专院校人才培养工作水平专家组的评估验收，其“产学互动，服务地方”的特色办学和办学效益得到专家组的高度肯定、一致好评。

【资助600名贫困生免费读职校】 2006年市政府专项资助三江、融安、融水三个贫困县免费就读中职学校的贫困学生数翻一番，从2005年的300名增加到600名。通过大量细致的工作，来自融安、融水、三江的600名贫困生已全部到市一职校、二职校、经济干校等10所中职学校报到，每人每学年已获补助学费2000元，共120万元。

【开展农村劳动力转移培训】 2006年，各县教育局，市、县中职学校以服务为宗旨，积极实施“500万农村劳动力转移培训工程”和“千万成人继续教育和再就业培训工程”。2006年我市中职学校开展农村劳动力转移培训2万多人；农村实用人才培训10万多人，其中绿色证书培训2.2万人；开展成人继续教育与再就业培训7.2万人，其中新技师0.02万人，城镇职工教育培训0.2万人，城镇下岗失业人数人员再就业培训0.08万人。

【“中小学校长建设年”工作】 2006年是广西中小学校长建设年，我市“中小学校长建设年”按布置动员阶段、学习提高阶段、校长规范管理达标评估检查阶段，总结表彰阶段推进实施。市教育局成立了柳州市“中小学校长建设年”工作领导小组和办公室，将柳州职业技术学院和柳州城市职业学院确定为校长培训技术支撑单位，并争取到了广西师范大学、广西教育学院、广西师范学院的支持。制定了《柳州市贯彻落实自治区教育厅中小学校长建设年工作方案》，明确要求中小学校长培训经费的投入要纳入县级以上政府财政经常性预算支出，按照一定比例单独列支，专款专用，并逐年提高。2月23日全区“中小学校长建设年”启动工作视频会议，我市有中小学校长近150人在柳州分会场参加了会议。邀请了广西师范学院党委书记钟海清教授到我市做学术报告专题讲座，全市中小学、中专、职校校长等领导和代表有150多人参加。以“中小学校长建设年”为契机，进一步加强校长培训工作，先后组织开展了小学校长县级培训者培训班、小学校长培训班、中学校长培训班，小学校长提高培训班等培训，全年培训各级各类校长达500多人次，促进我市中小学校长的理论素养和政策水平进一步提高，教育观念进一步更新。组织开展了中小学校长征文比赛，共评选出一等奖10名，二等奖15名，三等奖25名。11月中旬对全市中小学校和校长进行了规范管理达标评估验收，学校和校长根据评估情况确定是规范管理优秀、合格还是不合格学校；“广西中小学校长建设年”督查组到我市进行督查工作，对我市开展“中小学校长建设年”工作给予了充分肯定。

【农民工子女定点就读学校师资建设】 2006年，在深入推进教师全员培训的同时，除重点抓好教师教育技术能力、新课改培训和心理健康教育培训，项目培训等专题培训，还加大了农民工子女定点学校师资建设，这是我市为民办20件实事之一。开展了系列农民工子女定点学校师资培训：一是4月，对农民工子女定点就读学校校长进行培训；二是7月举办了学校教师心理知识培训班；三是8月23日至25日，开展初中学校班主任培训，有70多名青年教师受到培训；四是9月18日至26日，举办以小学各学科知识和技能为主要内容的16所小学教师培训班。我市在着力改善农民工子女定点学校办学条件的同时，加强师资建设力度，进一步提高农民工子女定点学校教师自身思路和素，更新教学观念，增强我市农民工子女定点学校办学实力。

【启动《柳州市中小学教师继续教育工程（2006—2010）》】 实施《柳州市中小学教师继续教育工程（2006—2010）》（以下简称《工程》）是柳州市教师教育工作的一项重大举措。《工程》明确了教师教育的指导思想、目标、任务、内容、项目和保障体系。选出了柳州市骨干教师一、二级平台和中小学、职校校长高级研修班培养培训对象。教师教育尝试“创建机制、搭建平台、模块培训、自主发展”的新模式，探索符合柳州市实际的教师教育新路子。

【教育科研成果】 2006年6月，完成了柳州市“十五”期间教育改革与发展丛书教育科研系列（共七册）的编写工作，课程改革系列（共四本），现已付印出版。组织“柳州市第八届教育科研成果评奖”，共评出教育科研先进单位20个，科研课题成果一等奖3项，二等奖9项，三等奖15项，鼓励奖16项，进一步调动了我市学校和教师从事教育科研活动的积极性。加强对立项科研课题的管理，完成了市级科研课题的立项审批和结题验收工作，2006年共审批立项市级课题70项，结题验收40项；组织学校向自治区申报“十一五”科研课题42项；完成了科研课题经费的划拨工作，共向经广西课题规划办立项的市属科研课题划拨经费60000元。重视科研论文评比和编撰工作。发动全市教师参加自治区教科所举办的“广西优秀教育科研论文评选活动”。完成了科研课例及论文集的编撰工作。一年来，共评比论文和教案2275篇。组织相关人员对获国家教育科学规划办批准的“农村中小学现代远程教育效益的研究”及“西部地区农村职业教育资源整合与利用的研究”两项课题进行开题及相关研究工作。有计划地将本学科优秀老师的课拍摄成光盘，送到全市相关学校中，让优质资源发挥更大作用，全年大约完成50节课。

附：柳州市教育局领导

党委书记：唐汉兴

局长：朱伟才

党委副书记、纪委书记：殷茁雄

副局长：郑晓鸿　程　卓

撰稿：周海燕　赵从奎

柳城县

【概况】 2006年柳城县教育情况：

学校数和学生数 全县小学124所，学生23906

人；教学点42个，学生975人。普通初中22所，学生16450人。普通高中2所，学生2913人。中等职业技术学校1所，学生849人。

专任教师数和师生比 全县小学专任教师1755人，学生数为24881人，师生比为1∶14.2；全县普通初中专任教师1097人，学生数为16450人，师生比为1∶15；全县普通高中专任教师182人，学生数为2913人，师生比为1∶16；中等职业技术学校专任教师30人，学生数为849人，师生比为1∶28.3。

每万人口在校生 全县有40.53万人。幼儿园在园人数6120人，每万人口在校生151人；小学在校生24881人，每万人口在校生614人；初中在校生16450人，每万人口在校生406人；高中在校生2913人，每万人口在校生72人。

校园、校舍面积和生均情况 全县小学在校生24881人，校园面积1152472平方米，校园生均面积46.32平方米；校舍面积220326平方米，校舍生均面积8.86平方米。全县普通初中在校生16450人，校园面积681751平方米，校园生均面积41.4平方米；校舍面积182537平方米，校舍生均面积11.1平方米。全县高中在校生2913人，校园面积112000平方米，校园生均面积38.4平方米；校舍面积33509平方米，校舍生均面积11.5平方米。中等职业技术学校在校生人数849人，校园面积34187平方米，校园生均面积40.26平方米；校舍面积6000平方米，校舍生均面积7.07平方米。

义务教育普及程度 全县小学正常学龄儿童22978人，在校生22973人，入学率为99.98%；全县正常适龄少年17769人，初中阶段在校生17539人，初中阶段入学率为97.92%。全县小学在校生数26444人，学年内辍学3人，年辍学率为0.01%；全县普通初中在校生数18008人，学年内辍学404人，年辍学率为2.24%。全县小学毕业生5056人，升入初中5034人，升学率为99.56%；全县初中毕业生5607人，升入高中阶段2643人，升学率为47.14%。

【教育经费的收入与支出】 2006年，柳城县教育经费总收入13178.1万元，比上年多收入2418.9万元，增长22.5%。其中财政拨款收入12061.5万元，比上年多收入3209.1万元，增长36.3%；预算外资金收入1116.6万元，比上年多收入－790.2万元，增长－41.4%。教育经费总支出13088.6万元，比上年多支出2351.8万元，增长21.9%，其中财政拨款支出11792.6万元，比上年多支出2578.8万元，增长28%；预算外资金支出1296万元，比上年多支出－227万元，增长－15%。总支出中，人员经费支出9632.1万元；公用经费支出3412.6万元，其他支出43.9万元。

【师资队伍建设】 在教师队伍建设方面，出台了《关于对乡镇中心校领导分工的意见》、《柳城县学校中层干部选拔任用工作的意见》、《柳城县教育系统后备干部管理的暂行办法》，建立起科学、规范的学校领导干部选拔任用制度，规范了学校后备干部队伍管理。坚持以《党政领导干部选拔任用工作条例》为准则，结合教育系统实际选拔学校领导干部。全年共考核任免中小学校长和副校长11名。认真贯彻落实“中小学校长建设年”的各项工作，通过举办校长培训班、开展中小学校长论坛活动、选派部分校长到先进学校或薄弱学校挂职锻炼等措施，不断提高全县中小学校长的整体素质。制定了《柳城县中小学教师继续教育工程》和骨干教师培养实施办法，建立了县、乡、校三级骨干教师培养对象资源库；组织教师外出观摩学习达676人次，参加县级课改培训达1340人次，进一步提高教师实施课改的能力。

【学生思想道德建设】 组织开展了“学雷锋”活动，全县中小学绿化美化校园2.3万人次，清理卫生死角104处，捐资助学款达1.7万多元（含物折款）；举行了别开生面的“感恩激励教育”启动仪式，邀请中国青少年研究会研究员、广西关心下一代教育研究所客座教授南翎绍雄先生作了题为“对话心灵，成就人生”的专题演讲，听取演讲的学生达1.2万人次，对进一步加强广大中学生的感恩教育起到了良好的推动作用。组织开展了全县中小学第十三届青少年“红色之旅”读书教育活动、“八荣八耻”教育活动和纪念红军长征胜利70周年活动，增强了广大中小学生的爱国情感，树立其正确的社会主义荣辱观。此外，还开展了“大手拉小手，和谐创未来”普法活动，邀请柳州市铁路公安处柳州治安大队杨顺德警官作法制教育报告，全县各中学分管德育的副校长、政教处主任，县直中学部分年级学生和部分家长代表共3500人参加了报告会。通过听取法制教育报告，使广大学生的法制意识得到进一步增强。

【中考与高考】 2006年，全县参加中考学生2847人，录取普通高中1036人（不含中专与技校），录取率为36.4%。全县参加普通高考学生1078人，上线1021人，上线率为94.7%（其中上本科线499

人，上线率为 46.3%）；录取 817 人，录取率为 75.8%（其中录取本科 249 人，录取率为 23.1%）。

【党风廉政建设】 成立教育系统行风评议工作领导小组，制定了教育系统 2006 年民主评议行风工作实施方案，有计划有步骤地开展教育系统行风评议工作，通过认真自查和广泛收集社会各界的意见，找准自身存在的问题并认真进行整改，使教育系统在群众中树立良好形象。组织全县中小学校对照有关规定，认真开展突出问题和治理商业贿赂的自查自纠工作，进一步规范了学校的办学行为。同时，积极开展创建“规范教育收费示范县”活动，并取得明显成效。2006 年，我县荣获“柳州市规范教育收费示范县”荣誉称号。

【扩大优质高中办学规模】 3 月初，县政府常务会讨论通过了柳城中学扩大规模项目建设方案，把学校面积由原来的 160 亩扩大到 200 亩。在“十一五”期间，将投入约 1000 万元在新增的土地上建学生公寓楼、教学楼各一栋，同时投资约 200 万元建设学生生活服务中心及相关运动场馆。完成扩建后的柳城中学，教学班将由现在的 36 个增至 60 个，在校生将由 2200 人增至 3500 人。2006 年已征土地 4.4 亩，用于学生生活服务中心的建设。

【职业教育】 2006 年 1 月 9 日，经自治区专家组检查评估，县职校被认定为自治区合格职业学校。在此基础上，县政府积极筹措资金抓好职校的扩建工作，先后投入 96 万元用于职校的发展，已完成征地、“三通一平”和第一栋学生公寓楼的申报等前期准备工作，建成学校实训车间 1 栋，添置实训教学实习设备设施一批。同时加大职校招生宣传工作力度，采取有效措施，动员和指导学生报读县职校，完成了自治区、柳州市下达的招生 600 人的任务。充分利用职业教育资源，开展农民工技术技能培训，全年开办培训班 16 期，共培训农民工 898 人。

【成人教育】 2006 年初召开成教工作会议，明确提出了全年成教工作任务目标。指导各乡镇成技校继续抓好青壮年扫盲工作，把扫盲和学习农村实用技术有机结合起来。全县各乡镇共举办各类实用技术培训班 1013 期，培训人员 52158 人次。在古砦罗垌等 8 个市、区级贫困村中开展“整村推进”扶贫工作，共举办实用技术培训班 10 期，参加培训农民 257 人。

【改造中小学危房】 2006 年，实施 2005 年度中小学危房改造项目共 8 个，总投资 280 万元，其中中央补助 210 万元，自治区补助 70 万元，建设规模 4144.2 平方米，改造中小学危房面积 4173 平方米，实施项目有龙头伏虎小学、太平山咀小学、沙埔古仁小学、沙埔潭竹小学、洛崖勤俭小学、冲脉六料小学、寨隆下尧小学 7 栋教学楼和实验中学学生食堂。

附：柳城县教育局领导

局长：刘志文

党委书记：黄盛祥

党委副书记、纪委书记：梁胜光

副局长：孔燕军　韦章韩

党委委员（专职）、党委办主任：潘小宁

地址：柳城县教育局

邮编：545200

撰稿：何山红　刘志文

柳江县

【概况】 2006 年柳江县教育情况：

学校数和学生数 全县有公办学校 179 所，其中小学 147 所（小学附设教学点 33 个），初中 28 所（含厂场 1 所），普通高中 2 所，中等职业技术学校和教师进修学校各 1 所。2006—2007 学年度，有普通高中在校生 5054 人，中等职业技术学校在校生 1030 人，初中在校生 26021 人，小学在校生 32487 人。全县有民办学校 15 所，其中小学 11 所，初中 3 所，普通高中 1 所，在校学生 5673 人，其中小学 3496 人，初中 1108 人，普通高中 1069 人。

专任教师和师生比 小学专任教师 2373 人，专任教师合格率为 100%，师生比为 1∶13.65；初中专任教师 1544 人，专任教师合格率为 98.51%，师生比为 1∶14.60；普通高中专任教师 263 人，师生比为 1∶19.16；中等职业技术学校教师 27 人，师生比为 1∶38.15。

校舍面积和生均情况 2006—2007 学年度，小学校舍总面积为 271312 平方米，生均 8.28 平方米；初中校舍总面积 200101 平方米，生均 7.69 平方米。全县中小学已消除 D 级危房，所有 C、D 级危房得到及时维修。

义务教育普及程度 2006—2007 学年度，小学适龄儿童入学率为 99.87%，初中毛入学率为 98.77%；小学生辍学率为 0.05%，初中辍学率为

1.96%；小学毕业生升学率为99.87%，初中毕业生升学率为99.47%。

【教育经费的收入与支出】 2006年，柳江县经常性地方财政收入为20033万元，预算内教育经费拨款为10922万元，比上年增长31.62%；财政总支出为51509万元，预算内教育经费占财政总支出的比例为21.20%。全县生均教育事业费为2438.45元，其中小学为1742元，初中为1711元。生均公用经费386.51元，其中小学为32.1元，初中为40元。全县教职工工资总额为10642.7万元，人均年工资16296元，比上年增长14.6%。从2006年开始，全县所有教职工享受住房公积金待遇。全年安排教育转移支付经费共891万元，用于危房改造、基础建设、校舍维修等。从2006年春季学期开始，柳江县义务教育阶段学生全部免除学杂费，全年获得杂费补助1166.35万元，获得上级公用经费补助83.63万元。全县共有11345名贫困学生享受到“两免一补”优惠，其中初中3838人，小学7507人（含特教生），全年获得免费提供教科书价值135.19万元。有3799名贫困学生获得生活补助，补助经费共计38万元。

【学校办学条件】 全县投入资金201.5万元，完成了8个学校危改项目建设，改造危房总面积3558平方米；投入60多万元对农村学校进行房屋补漏、厕所改造、围墙修建、教室修缮、场地硬化等；投入30万元为学校增添课桌椅、床架等，进一步改善了农村学校的办学条件。2006年柳江县接受了柳州市、自治区对县党政主要领导、分管领导教育工作督导考评工作，并接受两次区级“两基”迎检工作督查，得到了自治区领导、专家的好评。

【学校布局调整】 根据生源变化，2006年全县完成了1所初中、8所小学和9个教学点的撤并工作，部分学校实行了寄宿制。通过撤并校点，扩大了校均规模，提高了办学效益，学校的布局更趋于合理。根据《关于调整布局进一步扩大柳江县普通高中和县城初中办学规模的方案》，进一步扩大了县城中学的招生规模，2006年秋季学期，包括拉堡镇新辖区的基隆、塘头、思贤、黄岭、木罗五个村委在内的所有小学毕业生全部安排在县城就读初中。

【开展德育工作】 通过健全德育组织机构，抓好德育管理队伍的培训，组织开展丰富多彩的德育活动，提高了德育工作的针对性和实效性。2006年主要开展了爱国主义教育读书活动、“弘扬和培育民族精神月活动暨纪念红军长征胜利70周年”主题教育活动、法制教育宣传活动、禁毒宣传教育活动、校园文化建设活动等，全县中小学未成年人思想道德建设得到进一步加强和改进。

【学校体卫艺工作】 柳江县举办了全县中小学生田径运动会和全县中小学生篮球赛，提高学校师生的体育健康标准。在组织参加柳州市第十一届运动会中，柳江县分别有5个项目获得第一名和第二名。此外，教育局还组织“美丽家乡，风情柳江”儿童少年书画比赛和中小学宿舍内务卫生评比，使学生在各方面都得到全面发展。

【课改教研】 柳江县教育局组织开展“我的教育故事”、“教学案例”、“教育教学论文”三项评比活动，共征集到作品480篇，有312篇分别获一、二、三等奖；开展青年教师赛教课、美文诵读比赛、优质课选拔赛、幼儿教师教学基本功比赛、课改基础知识竞赛和现场课件制作比赛等，全县获得区级、市级和县级一等奖共405人次，获得二等奖共419人次，获得三等奖共552人次；组织13个校本教研制度建设基地学校项目组成员120人参加培训，还选派骨干教师、教务主任655人次到云南、南宁、防城港等地进行学习、交流和培训。把“课改评估”与“合格学校评估”、“校长建设年评估”三项评估一起进行综合评估，促进了学校教育教学质量的提高。中小学校本教研制度建设取得阶段性成果，2006年柳州市科研协会第三次学术年会暨学校教育科研工作现场会在柳江中学召开，柳江县教育科研的影响力逐步提高。

【师资队伍建设】 2006年是全区校长建设年，为了进一步加强中小学校长队伍建设，提高中小学校长整体素质，推进基础教育改革与发展，柳江县成立领导小组和专家组，制定了《柳江县贯彻落实“广西中小学校长建设年”实施方案》，有计划、有步骤组织实施。全年共培训校长223人次，校长的办学理念、管理水平等方面得到进一步提高。参加区、市和县级校长论坛，柳江县撰写的论文有42名校长分别获得各级等次奖项。2006年柳江县教育局评选出10名全县“十佳校长”。

以“爱与责任——师德之魂”师德师风建设主题活动为契机，开展师德师风巡回演讲活动，大力弘扬教师的高尚师德。2006年柳江县有44人申请教师资格认定，有42人取得教师资格。根据柳州市有关文件精神，柳江县考录了200名代课教师为公办教师，其余的代课教师将给予辞退，对被辞退的代课教师，给予一次性补偿，全县已没有代课教师。

全县表彰了188名先进教育工作者、72名优秀班主任。全县有4人获广西“八桂优秀乡村教师”称号，1人获柳州市爱生模范标兵，7人获柳州市爱生模范教师称号，8人获柳州市优秀班主任。

【教育教学质量】 2006年柳江县继续推进中考改革，中考成绩首次以等级制体现，在全市六县中率先采取网上报名，考生持本人准考证直接到报名点报名，学生自主选择学校，学校择优录取，增加透明度，实施招生“阳光工程”。全县高考再攀新高，上本科线人数1165人，比上年增加56人，其中上重点线人数154人，比上年增加20人；全县高考总录取率达65.11%。柳江中学高考上线人数仅次于柳州高中，名列第二，重点、本科上线率均位居六县各示范性普通高中之首；实验高中、新世纪高中分别荣获柳州市2006年高考工作二等奖和鼓励奖。

【高中教育】 2006年柳江县普通高中共招收新生2320人，初中毕业生升普通高中的比率达到30%，比2005年提高了2.2%。2006年，全县有普通高中在校生6742人，每万人口普通高中在校生已达到125人，基本达到全区平均水平。

【职业教育】 柳江县通过充分调研论证，整合职教资源，加大投入力度，做大做强了县职业学校。柳江县将职校迁入新校址后，县政府共投入约300万元资金购置设备和完善基础设施，改善办学环境，扩大了办学规模。当年学校已拥有一批较为先进的数控机床、制冷维修、电脑、茶艺等实训设备，开设了数控技术、电子技术运用、服装工艺、焊接技术、计算机应用等10个专业。柳江县教育局通过制定并完善招生工作方案与奖励办法，加大职业教育宣传工作力度，2006年秋季学期职校招收新生突破千人大关，达到1030人，比计划招生多430人。10月，柳州市中等职业教育工作会议在柳江县召开，柳江县在会上做了经验介绍，柳州市局领导对职校招生工作取得的成绩给予了充分的肯定。

【成人教育】 柳江县教育局组织乡镇成人文化技术学校协同有关部门共同开展成人教育。2006年全县举办实用技术培训1090期，培训农民77800人次；举办精神文明培训290期，培训农民21000人次。

【民办教育】 开展民办教育机构年检，清理整顿无证办学的民办教育机构。2006年柳江县共有43所民办幼儿园、16所民办小学通过了年检。理顺民办教育管理体制，举行合格学校授牌仪式，对达到标准的8所民办小学授予“合格学校”牌匾。

【农民工子女入学工作】 2006年，柳江县教育局把做好进城务工农民子女义务教育工作作为贯彻落实《义务教育法》，推进农村富余劳动力转移的具体措施来抓。2006年出台了《关于进一步做好进城务工农民子女义务教育工作的实施办法》，把进德镇三所公办初中和拉堡镇新辖区的5所公办小学确定为接收进城务工就业农民子女义务教育就读试点学校，按照区域划分，符合条件的进城务工农民子女均可安排就读，据统计，2006年全县学校共接收农民工子女2599人入学，其中试点学校接收439人。

【扶贫助学工作】 在扶助中小学生就读方面，柳江县通过开展认助贫困学子活动，全县共有466名贫困中小学生得到了认助，共发放认助资金5.8万元，解决了许多贫困中小学生读书难问题；在扶助大学生入学方面，据不完全统计，全县获得各界资助贫困大学生的资金34.86万元，共扶助贫困大学新生219人次，解决了部分贫困大学新生入学难问题。

【支教工作】 在“县对县”支教方面，县政府继续拨款10万元帮助凤山县打好“两基”攻坚战，并组织发动县直各单位捐款共计2万元扶助该县两所中学的100名贫困学生入学；在县内支教方面，县教育局从县城学校抽调36名教师组建第十期支教队，派往各乡镇10所中小学开展为期一年的支教工作。据不完全统计，各后援学校共捐资助学7075元，改善受援学校硬件设施7111平方米，资助贫困学生59人，举办师资培训班3期，培训教师831人次。

【安全稳定工作】 柳江县政府与各乡镇政府、县教育局与全县中小学幼儿园签订安全稳定工作目标管理责任书，各学校一把手要与各岗位的责任人也签订责任书，把安全稳定责任落实到每个责任人身上，形成层层抓落实，人人有责任的安全管理格局。县教育局通过组织全县中小学幼儿园开展“安全教育活动月”、“安全生产月”等一系列安全宣传教育活动，举办安全知识专题讲座，组织观看安全知识录像，开展安全技能演练活动，进一步提高了全县师生的安全意识和自我防范能力。

在春秋季学期前和重大节假日前，教育、消防、卫生等部门组成联合检查组对全县中小学幼儿园进行拉网式的综合大检查，发现问题及时下发整改通知书，要求学校限期整改，对整改不力的学校及时进行通报。通过完善预案，加强监控，狠抓安全稳定工作，2006年柳江县教育系统没有发生重大安全事故，为教育的健康发展和社会的稳定作出了贡献。

柳江县教育局党委结合行风整顿开展“治理商业贿赂专项活动”和“学校突出问题集中整治活动”，抓好党风廉政建设。并以创建规范教育收费示范县为契机，进一步加大治理教育乱收费工作力度，有效促进了行风整顿和党风廉政工作的落实。2006年，柳江县荣获柳州市“规范教育收费示范县”称号。柳江县教育系统共2006年受理群众来信来访和上级转办的信访件34件，办结34件，办结率100%。

附：柳江县教育局党政领导

局长：梁根全

党委书记：潘宗亮

党委副书记、纪委书记：龙周文

副局长：王廷继　谭广淋

纪委副书记：韦　林

组织委员：曾秋华

宣传委员：韦　师

党委委员、党政办主任：林木章

撰稿：林木章　林静学　梁根全

鹿寨县

【概况】　2006年鹿寨县教育概况：

学校数和学生数　全县有小学120所，其中公办小学114所，厂场和私立小学6所；教学点37个；有初中25所，其中公办21所，私立4所；有普通高中2所，高完中1所，职教中心1所，特教学校1所。全县有小学在校生24327人，初中在校生18276人，普通高中在校生3358人，中职在校生3071人。

专任教师数和师生比　全县专任教师3041人，其中小学教师1692人，初中教师974人，高中教师202人，职教中心173人。师生比小学为1∶14.38，初中为1∶18.76，普通高中为1∶16.62，中等职业技术学校为1∶17.75。

每万人口在校生　幼儿园58.32人（不含学前班），小学生507人，初中381人，普通高中70人，中等职校64人。（均不含在外就读人数）

校园、校舍面积及生均情况　小学校园面积82.89万平方米，生均34.07平方米；初中校园面积34.57万平方米，生均18.92平方米；高中校园面积9.91万平方米，生均29.51平方米；职教中心校园面积19.99万平方米，生均65.09平方米。小学校舍面积20.44万平方米，生均8.4平方米；初中校舍面积14.62平方米，生均8平方米；高中校舍面积4.05万平方米，生均12.06平方米；职教中心校舍面积4.27万平方米，生均13.90平方米。

义务教育普及程度　全县小学学龄儿童入学率为99.89%，初中毛入学率为99.33%；小学生辍学率为0.05%，初中生辍学率为2.56%；小学毕业生升学率为99.23%（实行免试升学），初中毕业生升学率为61.5%。

【教育经费的收入与支出】　2006年，鹿寨县教育经费总收入13688.40万元，比上年多收入2102.30万元，增长15.36%。其中财政拨款收入8626万元，比上年多收入2051万元，增长23.78%；预算外资金收入1615.2万元，比上年多收入－1259.30万元，增长－77.96%。教育经费总支出13703.6万元，比上年多支出2467.7万元，增长18%。其中财政拨款支出8626万元，比上年多支出2051万元，增长23.78%；预算外资金支出1670万元，比上年多支出－924.60万元，增长－55.36%。总支出中，人员经费支出9501万元，公用经费支出4188.8万元。

【高中教育】　全县普通高中和中职教育形成齐头并进的良好局面。鹿寨中学2002年被批准为自治区立项建设示范性普通高中以来，共投入基础设施建设资金1600万元，于2006年底通过市级示范性普通高中评估验收。鹿寨职教中心二期工程建设面积23640平方米，投资2050万元，于2006年学秋学期全部竣工交付使用。中心已建成校舍可容纳学生规模为6000人，现在校生3071人。同年，中心招聘大学本科毕业的专业教师46人。全年中心共同参与对初、高中毕业生进行职业引导性培训7217人，职业技能培训1413人，转移就业2036人。

【优化“义教”资源】　拉沟乡作为鹿寨县创办寄宿制小学的试点乡之一，于2005年秋季学期开始筹建拉沟乡中心校寄宿制小学，2006年秋季学期将全乡8所村中心校和教学点撤并到拉沟乡中心校。拉沟乡中心校现设立12个教学班，每个年级2个班。在校生477人，其中住宿生390人。并校后拉沟乡中心校没有学生流失，辍学率为0。相反，还回流学生20多人，吸引了邻县永福县的6名学生来校就读。其办学经验得到上级的高度重视和充分肯定，各级领导多次到校检查指导，先后有鹿寨县电视台、柳州市电视台、广西电视台、《广西教育》杂志社、《中国教育报》驻广西记者站、《南国今报》等多家新闻媒体的记者到拉沟乡中心校进行现场采访报道。

【规范教育收费】 2006年柳州市规范教育收费示范会在鹿寨县召开。全县继2005年被授予市规范教育收费示范县光荣称号后，2006年又分别被授予市规范教育收费示范县、自治区规范教育收费示范县光荣称号。

【远程培训】 2006年8月，鹿寨县208名骨干教师参加“教育部2006年暑期中小学教师新课程国家级远程培训”，班级编号为“32班广西鹿寨”。培训期间，该班的班级文章数、点击数、评论数、被评数、访问数等各项指标名列全国47个学习班级的第3名；有24名学员的文章推荐数排在全国10000名参加培训学员中的前50名；鹿寨县在教育部中小学教师新课程国家级远程培训会上两次作经验发言。该班被教育部教育课程教材发展中心评为优秀班级，有62名学员被教育部教育课程教材发展中心评为优秀学员，鹿寨县被教育部批准成为“教育部基础教育课程教材发展中心远程研修基地”。

【扶困助学】 2006年，全县给8105名贫困家庭学生发放“两免一补”经费109.1万元（其中免课本费76.73万元，补生活费32.37万元）；对所有在我县义务教育阶段公立学校就读的学生全部免除杂费，全年共免杂费860.49万元；对1010名进城务工就业的农民工子女全部安排在公立学校就读并全部免除借读费。同时，鹿寨县还把争取社会各界捐资助学作为均衡教育发展的一个重要手段，确保寄宿制学校学生进得来、留得住、学得欢。如在2006年秋学期开学伊始，拉沟乡中心校得到社会各界捐助钱、物近4万元。由乡亲戴小明亲自发起并得到其他在外乡亲大力支持的“戴小明助学基金会”已经在拉沟中心校落成，建立起了对贫困学生扶助和对教师奖励的长效机制。

【教师安居工程】 全县在县城建设教师公寓，在全区各县开创了集中在县城为教师解决住房的先河。2005年在县城的城南新区建设教师公寓208套，公寓小区建设总面积22880平方米，全部以成本价优惠供应给全县教职工。2006年全部建成启用，多数住户教师已喜迁新居。2006年，鹿寨县又结合中小学布局调整，实施教师安居工程，将教师安居工程作为全县中小学布局调整的配套工程进行统一规划，分步实施。鹿寨县十五届人大一次会议政府工作报告中提出，力争通过五年的努力使每个乡镇都有教师公寓（经济适用住房小区）的目标。目前，鹿寨县一些乡镇已经启动了该项工作。

附：鹿寨县教育局领导

党组书记、局长：练国才
副局长：潘福美　吴宏达　刘湘文
纪检组长：莫小艳
地址：鹿寨县鹿寨镇教育路
邮编：545600

撰稿：潘永成　莫小艳

融水苗族自治县

【概况】 2006年融水苗族自治县教育情况：

学校数和学生数 全县现有普通高中2所，教师进修学校、职业技术学校各1所，初中23所（其中县城4所），乡镇中心校20所（其中县城1所），村完小185所（其中县城7所），教学点222个，幼儿园20所（其中县城11所），特殊教育学校1所。2006—2007学年度初，全县普高在校生3316人，加上在县外就读的学生，全县普高在校生共3816人，每万人口普高在校生由2004年的75人提高到80人；职校在校生1161人；初中生17677人（其中县城学校5354人），小学生40094人（其中县城学校5799人），在园（班）幼儿7957人，特教学校学生84人；全县教职工4238人（其中县城1024人），其中公办（含工人）3827人，代课老师411人（占教职工总数的9.70%）。

专任教师数和师生比 2006年全县有小学专任教师2438人，师生比1∶16.45；初中专任教师1142人，师生比1∶15.48；高中专任教师187人，师生比1∶20.41；中等职业技术学校专任教师44人，师生比1∶26.39。

【教育经费的收入与支出】 2006年融水县教育经费总收入15942万元，比上年多收入4667万元，增长42%。其中财政拨款收入15390万元，比上年多收入4991万元，增长48%；预算外资金收入552万元，比上年减少收入311万元，负增长36%。教育经费总支出15836万元，比上年多支出4573万元，增长41%。其中财政拨款支出15283万元，比上年多支出4884万元，增长47%；预算外资金支出

552 万元，比上年少支出 331 万元，负增长 36%。总支出中，人员经费支出 10256 万元，公用经费支出 3642 万元，基建支出 1938 万元。

【“两基”攻坚】 2006 年秋，全县初中在校生 17677 人，入学率为 99.48%，比 2004 年的 98.80% 下降 0.32 个百分点；辍学率为 2.32%，比 2004 年的 2.56%下降 0.24%。小学在校生 40094 人，入学率为 99.61%，比 2004 年的 99.50%提高 0.11 个百分点；辍学率为 0.25%，比 2004 年的 0.20%上升 0.05%。残疾儿童入学率为 73.68%；15 周岁完成初教育率为 98.28%，文盲率为 0；17 周岁完成初级中等教育率为 86.57%；小学教师合格率为 99.86%，初中教师合格率为 96.98%，中小学校长岗位培训合格率均为 100%。2006 年 5 月，全县“两基”工作通过自治区人民政府评估验收，同时自治区在融水县召开全区“两基”工作现场会，对融水县“两基”工作给予充分肯定。

【基础建设】 2003 年至 2006 年，融水县在财政十分困难的情况下投入 5138.05 万元用于义务教育基础建设，加上用好国家、自治区投入的 3727.2 万元，柳州市人民政府投入的 1870.12 万元，引资投入的 403.18 万元，全县投入教育基础建设资金高达 11138.55 万元，总建筑面积 114296.6 平方米（新增校舍 55086 平方米），新建项目 300 个，项目覆盖全县 20 个乡镇，使全县学校的校容校貌发生了根本性的变化。小学校舍面积由原来的 186910.9 平方米增加到 228155 平方米；生均校舍面积由原来的 4.59 平方米增加到 5.69 平方米；初中校舍面积由原来的 86238.8 平方米增加到 120292 平方米；生均校舍面积由原来的 5.15 平方米增加到 6.81 平方米。四年来，全县共推倒危房 79 间，面积 34749 平方米（其中 D 级危房 27759 平方米），投入资金 1116 万元，全部消除了 D 级危房。增添课桌椅 16913 套、床架 3489 付、饭桌 142 套、黑板 211 张、仪器柜架 500 个。截止 2006 年底，我县教育基础建设投入，加上“两免一补”、引资助学及群众捐工献料折价，总计投入 16737.25 万元，使义务教育的办学条件及办学水平得到全面的提升。

【“两免一补”及扶困助学工作】 2005 年以来，每年有 19786 人享受免费提供教科书，其中初中生 6000 人，占在校初中生人数的 33.5%，小学生 13700 人，占在校小学生人数的 32.8%，特教生 86 人，占在校特教生的 100%；2006 年享受生活费补助的寄宿生 10796 人，其中初中生 6000 人，占初中寄宿生的 45.7%，小学生 4710 人，占小学寄宿生的 78.8%，特教生 84 人，占特教寄宿生的 100%。2006 年开始，公办学校在校的初中及小学生全部享受免学杂费补助。同时加大扶困助学工作力度，发动海内各单位和个人扶困助学，通过实施“希望工程”“栋梁计划”“振梅助学项目”“春蕾计划”及中央、自治区、柳州市、广东对口支援协作等工作对贫困学生予以资助。多年来，我县先后得到国内外很多单位和个人的鼎力资助，据统计，共获资助援建项目 52 个，投入资金 1155 万元；5523 名贫困生获资助入学，资助金额 800 多万元。

【民族教育】 融水县从实际出发，积极改革和发展民族教育，走有特色的民族基础教育发展之路。

民族教育“一条龙” 集中优势教育资源培养少数民族优秀人才是融水县发展民族教育的重大举措。1979 年秋融水县开始在县中试办寄宿制民族初中班（1987 年停办），1982 年秋在白云、杆洞试办寄宿制民族高小班，1984 年秋在县中举办民族高中班，1987 年秋民族中学建成并招生。至今，全县先后举办各类寄宿制民族班 672 个，累计招收学生 30729 人，目前尚在校 63 个班，学生 3150 人。民族班办班覆盖小学、初中、高中、职校、进修学校，形成了民族教育发展“一条龙”体系。

女子教育“一枝花” 抓住薄弱环节，注重对弱势群体的教育，是融水县民族教育的特色。1984 年秋融水县在白云乡中心校创办第一个红瑶女童班，1990 年 12 月，全国女童就学经验交流会在柳州召开，在融水县民族中学举行开幕式，全体与会代表到融水县白云乡参观，之后融水县女童教育得到了迅猛发展。至今，全县先后累计举办女童班 92 个，招收学生 3643 人，其中寄宿制 46 个班，学生 2022 人，现在校女童班 20 个，学生 951 人。

【教师编制及工资发放】 2006 年全县教育系统现有教职工 3827 人（不含代课教师）。上级下达给融水县中小学教职工编制总数为 3876 人，经县教育局会同县编办核编分解到各校点的编制数具体为：高中 262 名，初中 1121 名，小学 2493 名。目前在编的普通中小学教职工共 4015 人，其中高中 245 人，空编 17 名；初中 1018 人，空编 103 人；小学 2652 人，超编 157 人。2006 年全年自然减员 51 人，其中小学 43 人，初中 8 人。

附：融水苗族自治县教育局领导

局长、党组副书记：贾红光

党组书记、副局长：韦明发
副局长、党组成员：谢必东
副局长：龚庆谋
党组副书记、纪检组长：韦明非
地址：柳州市融水县融水镇拱城街 14 号
邮编：545300

撰稿：韦林峰　贾红光　谢必东

融安县

【概况】 2006 年融安县教育情况：

学校数和学生数 全有小学 140 所，教学点 30 个，初级中学 15 所，完中 1 所，普通高中 1 所，中等职业技术学校 1 所，教师进修学校 1 所，特教学校 1 所，乡镇成人文化技术学校 12 所，村级成人文化技术分校 147 所。在校学生 36197 人，其中小学生 20095 人，初中生 1935 人，普通高中生 3607 人，职校学生 532 人，特殊教育在校生 28 人。

专任教师数和师生比 全县共有公办教职工 2773 人，专任教师 2252 人，其中小学 1280 人，师生比为 1∶15.7 人，初中 728 人，师生比为 1∶16.4 人，职校 34 人，师生比为 1∶15.6 人，高中 210 人，师生比为 1∶17.2 人。每万人口在校生幼儿园 137 人，小学 658 人，初中 376 人，高中 116 人，职校 27 人。

校舍面积和生均情况 小学校舍总面积 156540 平方米，生均 7.79 平方米；普通初中校舍总面积 110160 平方米，生均 9.23 平方米；普通高中校舍总面积 79992 平方米，生均 22.2 平方米；职校校舍总面积 86658 平方米，生均 162.9 平方米。

义务教育普及情况 2006 年至 2007 学年度小学适龄儿童入学率 99.86%；女童入学率为 99.88%，辍学率为 0.06%。残疾儿童、少年入学率为 82.69%，初中阶段入学率为 104.44%，辍学率为 2.27%。小学毕业升学率为 100%，初中毕业升学率为 58.49%。

【教育经费的收入与支出】 2006 年，全县教育经费总收入 10714 万元，比上年 7868 万元多收 2846 万元，增长 26.56%。其中财政拨款收入 9226 万元，比上年 6140 万元多收入 3086 万元，增长 33.45%。预算外资金收入 917 万元，比上年 1301 万元少收 384 万元，减少 44.88%，教育经费支出 10714 万元，比上年的 7963 万元多支出 2751 万元，增长了 25.68%，其中财政拨款支出 9093 万元，比上年的 6059 万元多支出 3034 万元，增长 33.37%。预算外资金支出 917 万元，比上年的 1301 万元少支出 384 万元，下降 41.88%。总支出中人员经费支出 7881 万元，公共经费支出 1963 万元，其他支出 870 万元。

【德育工作】 在德育建设方面做了以下工作：一是建立健全德育教育工作网络的长效机制，讲究学校、家庭、社会三位一体的教育网络实效性。二是加强师德师风建设，编印《公民道德建设实施纲要》、《中共中央国务院关于进一步加强和改进未成年人思想道德建设的若干意见》、《教育法》、《义务教育法》、《教师法》、《未成年人保护法》、《教师职业道德规范》等小册子，组织中小学校长、政教主任、班主任分期分批培训学习，增强管理者依法执教能力。三是充分发挥学校自身资源优势，加强德育网络队伍建设和管理，各校通过举办家长、各部门德育工作组、班主任经验交流会、进行业务培训，不断提高德育工作队伍整体素质。四是加强与外地（校）交流，如组织校长、政教主任到外地（校）参观学习，融安高中、县实验小学等五所学校还加入了柳州市政教联谊会，定期参加联谊会举办的各种德育工作探讨、交流活动。五是开展有针对性的活动，促进学生全面发展。各中小学校在实施德育工作过程中，坚持阶段性与常规化有机结合，精心设计和组织开展内容鲜活、形式多样的德育实践活动，收到良好的教育效果。六是开展社会主义荣辱观教育活动。2006 年 3 月胡锦涛总书记发表了关于社会主义荣辱观的重要讲话，是加强和改进学校德育工作和加强未成年人思想道德建设的指导纲领。我县教育系统迅速掀起学习热潮，制定了活动方案，通过开展多种灵活、行之有效的学习活动，教育引导全体师生深刻领会社会主义荣辱观的重要意义和丰富内涵、积极践行“八荣八耻”。各学校把教育内容具体化，收到显著的教育效果。如县实验二小开展“人人会唱‘八荣八耻’拍手歌童谣”活动，融安高中学生自编、自导、自演，把“八荣八耻”内容编成剧本搬上舞台表演等。七是树立典型、营造德育良好氛围，整个教育系统师德师风建设和德育工作成效显著，涌现出一大批先进个人和先进集体。

【“两基”工作】 为充分做好迎接国家“两基”评验收工作，县委、县政府高度重视“两基”迎国检工作，成立了“两基”攻坚迎国检领导小组，组织召开了二次盛况空前的“两基”迎国检动员大会，出台了一系列指导性文件，建立了党政领导、干部问责制和责任追究制，营造浓厚的“两基”迎国检氛围。自始至终做到工作研究部署到位，措施落实到位，经费保障到位，工作责任到位。确保“两基”攻坚工作层层有责任，项项有人抓，各个环节有人管，真正展现了我县“两基”迎国检工作各级领导苦抓、干群苦帮，师生苦干的崭新精神风貌。在县委、县人民政府的统一领导和部署下，政府各职能部门认真履行职责，积极支持和服务“两基”工作，教育行政部门协助党委、政府制定“两基”攻坚实施方案和政策措施，当好党委、政府的参谋，加强学校管理和师资队伍建设，切实承担教育行政主管部门职能，财政部门积极筹措教育经费，对“两基”攻坚经费优先安排和拨付，大力筹措和落实配套资金，发改部门将义务教育纳入我县经济社会发展规划，积极引进教育扶贫工程专项资金，优先下达“两基”工程计划。审计部门加强对教育经费、项目工程资金的审计。人事、编制部门加强对教师编制的管理，积极支持教师队伍建设，建设部门加强对学校工程管理，减免相关费用。工商、劳动部门加大监察管理力度，严厉查处雇佣童工行为。税务部门积极征收教育费附加。物价部门加强学校收费管理与监督。广播电视部门深入开展“两基”迎国检宣传。公安、司法部门加强对学校及周边治安环境进行综合治理，维护正常的教育教学秩序。卫生防疫部门加强对学校食品卫生安全检查，预防师生食物中毒事件和传染性疾病的发生，消防、安监部门加强对学校安全设施排查，消除各种安全隐患，交警、运管部门加强对搭载学生车辆进行管理，确保学生交通安全。各乡（镇）政府狠抓控辍保学工作。此外，工会、妇联、共青团、残联、扶贫办、慈善会等部门和团体和积极支持“两基”攻坚工作，想方设法筹措教育扶贫资金，建立阳光扶困助学“基金”，全县各部门各司其职、各尽其能、齐心协力、齐抓共管、形成合力，充分做好迎接国家“两基”迎国检评验工作。

【安全卫生工作】 县人民政府坚持每年与教育行政部门签订安全责任状，成立专门领导及督查机构，将责任具体落实到人，教育行政部门与全县各中小学签订安全责任状，建立健全安全领导机构和督察制度，将安全责任具体分解落实到校、到人，实行安全责任追究制及奖励制度，把安全工作放在十分突出的位置常抓不懈，形成人人讲安全、抓安全，坚持每年召开一次大型安全表彰大会推广好的安全防范典型经验，效果非常显着。

积极开展“安全活动月”和“安全生产活动月活动”。加强安全督导检查、取得显著成效。全县教育系统163个单位3.9万多名师生参加到此次安全活动中，开展了多种形式、行之有效的教育活动。3月24日，在县初级中学举办了教育系统安全技能演练现场会，县委、县政府对这次安全技能演练十分重视，县委书记、时任县长秦邦元亲自到现场指导并作重要讲话，全县各乡（镇）中心校、中学和县直各校的校长、学生代表参加了这次现场会，达到了教育和带动一大片的目的。在安全活动月活动中，全县学校共上安全教育课186课时，悬挂标语260多条，出版宣传栏、板报160期，印发《中小学生安全常识》3000多份，进行各种安全演练54场次。还开展了“平安建设进家园”有奖征文活动，共收到征文260多篇，评出一等奖6名，二等奖10名，三等奖16名，优秀奖12名。6月，教育行政部门联合卫生、质监、消防等部门对25所中小学及幼儿园的学生食堂及校内小卖部卫生、锅炉质量、消防设施进行大检查。通过检查，总结了成绩，找出了隐患和差距，为学校安全工作上一个新台阶起了促进作用。中小学校无重大安全事故发生。

【校长和教师业务管理】 其一，2006年是“广西中小学校长建设年”和“中小学合格学校督导评估”起始年，年初、教育行政部门成立领导小组和专家组，制定出台了《融安县贯彻落实“广西中小学校长建设年”实施方案》和《融安县加强中小学合格学校督导评估实施办法的通知》，划拨了2.7万元培训经费，确保两项培训任务顺利进行。4月先后分两批，派出全县中学校长18人参加市教育局举办的中学校长建设年培训班学习，每批脱产学习15天。4月至5月，县教育局举办了四期校长建设年小学校长培训班，参加培训小学校长共180人，每期学员脱产学习5天。校长们积极参加建设年的各种活动，有效地提高了校长们的管理水平。撰写论文175篇，其中长安中心校刘芳全荣获市级中小学校长论文评比一等奖，并被市教育局选送到自治区参评，板榄中学陈显昭等4人分别获市级中小学论文二、三等奖，11月2日接受市教育局组织的校长建设年工作检查，得到市检查组专家们的一致好评。

其二，抓好九年义务教育合格学校的督导评估工作，经过培训、指导，再次培训后，各中小学校都能高度重视九义合格学校培训工作、精心组织、周密安排，做了大量工作，经过11月27日至12月8日对32所中小学市、县联合组织的督导评估后，有6所中小学校获得优秀合格学校督导评估等级，其余学校为合格等级，通过九年义务教育合格学校督导评估工作，规范了学校的管理，极大地提高了学校管理水平和效能。

其三，2006年是我县进行课改的第三年，为落实“先培训、后上岗”的原则，除外出参加自治区级、市级培训学习外，县教育部门组织承办了“参与式”教学培训，学科培训15期。邀请上海市静安区教育学院院长曹琪教授、自治区二期园丁工程导师黄之美教授，柳州市教科所主任廖光辉等教育专家到我县开办讲座3期。全年参加各种学习培训，教学比赛和参观活动的教师达4000多人次。通过学习培训广大教师的教育教学观念进一步更新，教书育人水平进一步提高。

【职业教育】 为了做大做强我县职业教育，今年县政府拨款130万元，新增土地75亩，使学校面积达到125亩，为县职校今后发展奠定了基础。此外还投入资金120万元，新建一栋五层楼的学生公寓楼；投入26万元购置了82台计算机，装备了两个计算机室，投入5万元，新添置一批电动衣车和机电设备。投入6万元接近自来水、解决全校师生饮水难问题。在职校发展规划方面、我县制定了《融安县职业教育“十一五”发展规划》，为了整合我县职业教育资源，完成了融安县职业教育中心申请建设立项报告，之后，又完成自治区20周年大庆项目材料专项报送工作，该项目计划对我县职教中心投入780万元建设资金，11月3日，县职业教育中心规划初审胜利召开，自治区教育厅和柳州市教育局领导、专家到会指导，对我县职教中心建设和发展进行认真论证，促使我县职业教育步入快速发展的快车道。

附：融安县教育局领导

局长：赵德科

党组书记、副局长：曾　毅

党组副书记、纪检组长：韦春燕

副局长：覃奉儒　韦德强

地址：融安县长安镇立新街221号

邮编：545400

撰稿：尹三星　莫小华

三江侗族自治县

【概况】 2006年三江县教育情况：

学校数和学生数 全县共有小学为170所，教学点86所，初中18所，高中2所，中等职业技术学校1所。小学共有学生数27253人，教学点为2721人，初中16907人，高中3002人，中等职业技术学校664人。

专任教师数和师（专任教师，不含代课教师）生比 小学专任教师数为1392人，初中805人，高中151人，中等职业技术学校29人；小学师生比为1∶21.5，初中为1∶21，高中为1∶19.9，中等职业技术学校为1∶14.4。

每万人口在校生 幼儿园100人，小学869人，初中490人，高中87人，中等职业技术学校19人。

校园、校舍面积和生均情况 小学校园面积482813平方米，生均校园面积16.11平方米，校舍面积165756平方米，生均5.53平方米；初中校园面积366649平方米，生均21.69平方米，校舍面积为117334平方米，生均6.94平方米；高中校园面积46675平方米，生均15.55平方米，校舍面积18249平方米，生均6.08平方米。中等职业技术学校校园面积71815平方米，生均108平方米，校舍面积6481平方米，生均9.8平方米。

义务教育普及程度 小学学龄儿童入学率99.63%，初中毛入学率99.82%，小学生辍学率0.22%，普通初中辍学率2.38%，小学毕业生升学率98.1%，初中毕业升学率63%。

【教育经费的收入与支出】 2006年，三江县教育经费总收入10284万元，比上年多收入1463.6万元，增长14.2%。其中财政拨款收入8258万元，比上年多收入1848万元，增长28.82%。教育经费总支出11228万元，比上年多支出2381万元，增长26.91%。其中财政拨款支出8197万元，比上年多支出731万元，增长8.9%。总支出中，人员经费支出6867.8万元。

【“两基”工作】 三江县的“两基”工作，点多、面广、线长，任务繁重。为使各项工作能卓有成效，县教育局进一步理清工作思路，把提高初中阶段入学率和17周岁完成率、降低在校生辍学率和加快学校基础设施建设作为“普九”攻坚工作的重点。在实际工作中，我们把“普九”的主攻目标具体定在以下几个方面：一是围绕“三个不能少”（适龄儿童、少年入学一个不能少，小学生毕业升初中一个不能少，正在接受义务教育的学生一个不能少），狠抓入学率和完成率的提高，降低辍学率。二是通过各种项目的实施，努力改善中小学校办学条件和学生住宿条件，让学生“进得来、留得住、学得好”。三是优化、整合教育资源工作，加大对服务范围小、教学质量不理想的小学教学点的撤并力度，扩大初中寄宿制学校建设规模，保证大多数学生能够享受到平等优质的教育。四是狠抓中小学校硬件和校园文化建设，进一步优化育人环境。五是狠抓榕江河片富禄、洋溪、良口、老堡、同乐等几个少数民族乡“普九”推进工作。由于思路清晰，重点明确，措施有力，主攻目标突出，全县“普九”攻坚工作得以扎实、有序、有效开展。2006年5月17日，我县“普九”工作顺利通过自治区评估验收合格。

【“普实”工作】 我县2001—2006年实施了“国家义务教育信息技术装备”和“农村中小学现代远程教育”两项目。几年来，项目的实施为我县普及九年义务教育和提高教育质量以及推动社会的经济发展，发挥了巨大的作用。全县的项目实施，已建成教学光盘播放点（模式一）95个；卫星教学接收点（模式二）155个；网络多媒体教室（模式三）13个，网络计算机教室24个，教学光盘的投放量为38962张，教育资源接收量为875G，项目总投入为582万元，其中国家255万元；自治区112万元；市级180万元；县级35万元。各项目学校能接收教育资源为学科教学服务，教学的形式呈现课件化和网络化，教师的教育教学理念有所转变，教育教学资源得到极大丰富，提高了我县教育质量，促进了我县民族教育事业跨越式发展

2006年9月26日，我县通过了自治区“普实”验收。今后我们将继续抓好各中小学“普实”工作的整改提高。充分发挥教育技术装备的最大效益。

【“两免一补”工作】 实施“两免一补”工程，是党中央、国务院加大西部贫困地区完成普及九年义务教育的重要举措，三江县高度重视这项民心工程，为确保每一位贫困学生都能享受到减免补助。县教育局新增设了“扶贫关爱项目办公室”，专职负责“两免一补”政策落实和社会捐资助学工作。并采取了如下具体工作措施：一是成立县“两免一补”工作领导小组办公室，加强对“两免一补”工作的领导。二是加大宣传力度，使“两免一补”政策家喻户晓。三是把好受助学生审批关，做到公开、公正、公平，防止暗箱操作，不让任何一个贫困学生因家庭困难而辍学。四是完善领取程序，防止资金被挪用，同时，县教育局和财政局加大对“两免一补”资金的发放工作的监督力度；通过实施“两免一补”工程，使更多家庭贫困学生实现“进得来，读得起，留得住”。2006年春季学期，我县共有15478名中小学生享受免费教科书；有45218人享受免杂费，资金达3394925万元；寄宿制学生生活补助受助学生5221人。通过“两免一补”的扶持，使我县中学在校学生辍学率明显下降，特别是辍学率较高的榕江河的老堡、良口、洋溪、富禄、梅林和苗江河的同乐、独峒、八江等乡镇中学辍学现象已基本有效控制，723名因贫辍学在外的学生得以重返校园。

附：三江侗族自治县教育局领导

书记：姚显文

局长：覃宏兴

副局长：张秋芬　王圣钦

撰稿：覃晓婷　覃宏兴

柳北区

【概况】 2006年柳北区教育情况：

学校数和学生数 全区有公办小学54所，其中，城区小学13所，中心校5所，村小28所，附小8所；私立小学9所；小学共有教学班616个，在校生共22498人。公办中学16所，城区中学10所，郊区中学6所；私立中学3所；中学共有282个教学班，在校生13843名。

专任教师数和师生比 小学在编教职工总数1316人，其中专任教师1211人，师生比1∶17.1；中学在编教职工总数1033人，其中专任教师921人，师生比1∶13.4。

每万人口在校生 小学为682人，中学为420人。

校园面积和生均情况 全区校园总面积为683417平方米，生均面积为20.4平方米；校舍面积为238510平方米，生均面积为7.12平方米。

义务教育普及程度 小学学龄儿童入学率100%，初中毛入学率为105.78%；小学生辍学率

0.01%，初中辍学率0.36%；小学毕业生升学率100%。

【教育经费的收入与支出】 2006年，我区教育经费总收入9239万元，比上年多收入1635万元，增长21.5%。其中财政拨款收入583.8万元，比上年多收入914万元，增长18.56%；预算外资金收入3401万元，比上年多收入721万元，增长26.9%。教育经费总支出8426万元，比上年多支出881万元，增长11.67%。其中财政拨款支出5838万元，比上年多支出914万元，增长18.56%；预算外资金支出2588万元，比上年多支出－33万元，增长－1.26%。总支出中，人员经费支出7130万元，公用经费支出1295万元。

【教育法律法规建设】 健全安全工作体系，落实安全工作责任制和安全事故责任追究制，对因管理原因造成安全事故的学校（园），除按规定严肃处理有关责任人外，还将对相关学校（园）严格实行一票否决制。制定突发事件应急预案，完善安全预警机制，及时排除安全隐患。加强与公安、工商、城管、文化等部门的沟通和联系，建立校园周边整治协调工作机制。认真组织安全教育和安全事故应急演练活动，提高学校处置安全事故能力和师生对安全事故的应对能力。

坚持依法行政和依法治教，加强机关制度建设，转变工作作风，提高行政效能。编印《柳北区校长工作手册》，增强学校规范管理意识，督促学校完善管理制度，推进学校管理规范化。认真落实课程计划，加强进校书刊管理。认真做好学区划分、招生录取、毕业证审验等工作。深入开展普法宣传教育活动，不断提高行政执法、依法维权的意识和能力。

认真落实农村义务教育阶段免学杂费和“两免一补”政策，广泛开展捐资助学活动，不让一个学生因家庭贫困而失学。严格执行收费标准和收费公示制度，加强经费管理和监督制度，保障经费的使用效率和安全。建立农村中小学校舍维修改造长效工作机制，积极扶持特色办学工作，使学校办学特色更优、更强。

切实加强督导队伍自身建设，积极研究教育热点、难点问题，充分发挥教育督导人员的专业引领和检查评估作用。按照国家“两基”评估验收方案要求，继续开展专项教育督查工作，以优异成绩迎接国家“两基”评估验收、“广西中小学规范管理示范县区”和柳州市县级党政主要领导干部教育工作督导考核的迎检工作。推广发展性督导评估经验，完善多元化教育评价奖励制度，积极引导学校走自主创新发展道路。

把学前教育教学工作纳入柳北区幼教中心指导范围，认真做好民办幼儿园办园水平的评估检查工作，加强幼儿园特色班、兴趣班、实验班管理，进一步规范办园秩序。以自治区示范幼儿园为骨干，面向全市幼儿园展示我区学前教育的优秀成果，积极探索学前教育发展的新规律。开展学前教育工作先进表彰活动，进一步推动学前教育事业发展。

依法将民办教育纳入教育总体规划，加强对民办教育的引导、管理和监督。根据《广西壮族自治区民办中小学合格学校评估办法》精神，认真做好民办学校专项评估检查工作。鼓励民办学校采取多种形式办学，适当扩大办学规模，不断提高办学质量。

按照分类指导、全面推进的原则，充分发挥农村中小学和成人文化学校作用，积极配合有关部门做好农村劳动力转移培训工作，在青壮年人员中开展适用技术培训和绿色证书培训活动，为农民致富提供技术支持。大力发展社区教育，继续完善学校、家庭、社区齐抓共管的教育网络，努力构建文化社区、人文社区、和谐社区。

【义务教育建设】 根据新的《义务教育法》要求和我区实际，编制《柳北区义务教育2007—2010年均衡发展行动计划（暂名）》，分期、分类加大农村薄弱学校硬件建设和师资培训等方面经费的投入力度，统筹城乡教育资源，推动市区优质教育资源向农村薄弱学校辐射，加快我区城乡义务教育一体化发展进程。

充分发挥现代教育技术装备在学校发展中的作用，分类、分批更新中小学办公电脑、办公桌椅和校园广播系统，对农村中小学的远程教育设备进行检修和维护。以长塘中学的国家级远程教育课题研究活动为龙头，带动农村中小学远程教育工作的深入开展。加快教育网站和校园网建设步伐，完善校园网管理机制。进一步加强实验室和图书室建设和管理力度，积极开展示范性实验室、图书室评选表彰活动。

切实改善农民工子女定点学校的办学条件，逐步加大对定点学校的扶持和引导力度，积极支持定点学校开展课题研究活动，全面总结办学经验，适时面向全市展示工作成果，促进全市定点学校工作经验交流，使政府为民办实事的政策落到实处。

针对我区薄弱学校多、农村学校多的实际，进一步树立“特色兴校”观念，全面落实“一校一特色”发展战略，积极引导学校发挥自身优势，挖掘和培植办学特色，努力提高办学品位。适时组织特色办学经验交流活动，树立先进典型、促进协调发展。

以沙塘中心校为试点，围绕社会主义新农村建设目标，认真做好农村基础教育建设工作，通过组织现场观摩和经验交流等活动，影响和带动其他农村小学的进步和发展。扎实做好支教工作和校对校“手拉手”交流工作，努力促进城乡学校的联动发展。

【教师队伍建设】 依托高校力量，启动“校长培训工程”。以华东师范大学基础教育改革与发展研究所为技术支撑单位，通过建立“双基地”和“双导师”工作机制，采用“科研课题趋动式”培训方式，力争用三年时间，培养一批在柳州市有一定影响力的校长，并通过他（她）们的示范作用，带动我区校长队伍整体水平的提高。同时，依托广西师大等高校对我区乡镇学校校长进行理论和实践轮训，逐步提高乡镇学校校长的专业水平和管理能力。

根据教育形势发展需要，分类、分层、分批开展教育系统全员业务培训活动。加强校级干部人才库建设和后备干部的培养，认真组织后备干部岗前培训活动，严格培训效果评估工作，及时选拔优秀人才充实学校领导班子。

会同广西师大教科院，精心组织“名师工程”结题活动，通过学术论坛、经验交流、表彰先进等形式，积极探索区域性师资培训的基本途径，进一步扩大我区教育工作的社会影响力。开展“名师工程”优秀学员再提高培训活动，切实打造思想领先、学术过硬、业务精湛的名师团队。组建“柳北区名师工作室”，通过专业论坛、师徒结对、课例展示等工作，进一步扩大知名教师的辐射影响作用，带动我区中小学教师，特别是青年教师的专业成长。

通过个人申报、学校推荐、系统评选、专家审议、巡回展示、总结表彰等环节，认真组织“感动柳北”优秀教师评选表彰活动，深入挖掘和提升优秀教师的教育思想与实践经验，树立先进典型和促进经验交流，努力营造尊重教师、尊重知识、尊重劳动的良好氛围，不断激励广大教职工投身教育事业。

加大校级领导和优秀教师交流的工作力度，切实完善市区学校领导、教师挂职工作机制。通过政策倾斜，鼓励优秀人才到薄弱学校（农村学校）任职，努力促进区域性中小学管理工作和教育教学工作均衡发展。

【教育教学改革与素质教育】 充分发挥学校在未成年人思想道德建设中的主渠道、主阵地作用，努力构建学校、家庭、社区“三位一体”的思想道德建设工作网络。以接待香港真道书院家长合唱团来我区开展交流活动为契机，推动柳北区家庭教育指导中心拓宽工作思路、创新指导模式、扩大工作影响。做实、做好联合国“家庭教育与促进儿童权利”项目试点工作。积极参与“城乡清洁工程”活动，引导学生自觉践行社会主义荣辱观。以课题研究为载体，以基地学校为平台，加强中小学生日常行为规范养成教育和学习习惯的养成教育。督促和指导中小学做好法制教育、禁毒教育、科技教育、环保教育和人防教育等工作。

完善《柳北区中小学“校本教研”工作管理办法》，扎实开展《“联片教研、中心辐射”研究》课题活动，逐步形成“以学校教科研工作为主，区教研室组织、协调、指导为辅，窗口学校中心辐射，其他学校联片跟进”的工作机制。认真做好城区级中小学教育科研课题的立项审批工作，切实加强课题管理与指导，组织力量加强对中小学各学段教育衔接发展的研究和小学教学质量评估办法的研究。充分发挥优秀课题的示范带动作用，努力提高课题研究的结题率、优秀率和成果推广应用率。

附：柳北区教育局领导

局长、党工委副书记：苏　敏

党工委书记、副局长：何权芳

党工委副书记、纪工委书记：叶　青

副局长：李恩平　黄　迪

地址：柳州市柳北区胜利路12-8号

邮编：545002

撰稿：黄成福

鱼峰区

【概况】 2006年鱼峰区教育情况：

学校数和学生数 2006年，鱼峰区公办初中8所、民办初中3所，公办小学20所、民办小学25所，民办幼儿园29所。现有在校学生27447人，每万人口在校生1183人，幼儿园174人，小学797人，中学385人。

专任教师数和师生比 公办在职在编教职工1340人。小学教职工总数793人，生师比为23.32∶1；中学教职工总数547人，生师编比为16.34∶1，中小学专任教师1202人，专任教师合格率为100%。

校园、校舍面积及生均情况 小学校园、校舍面积87901平方米，生均6.97平方米；中学校园、校舍面积为65518平方米，生均8.29平方米。全区7—12周岁儿童入学率为100%，13—15周岁少年初中阶段入学率为105.64%，小学辍学率为0.07%，初中辍学率0.22%，小学毕业生升学率为100%。

【教育经费的收入与支出】 2006年，柳州市鱼峰区教育经费总收入5258万元，比上年增加779万元，增长17.39%。其中财政拨款收入3728万元，比上年增加729万元，增长24.31%；预算外资金收入1530万元，比上年增加50万元，增长3.38%。教育经费总支出5258万元，比上年增加779万元，增长17.39%。其中财政拨款支出3728万元，比上年增加729万元，增长24.31%。总支出中，人员经费支出3600万元，公用经费支出1462万元，基建支出196万元。

【德育工作】 坚持德育为首，以校园文化建设为载体，以课堂教学为主阵地，以"养成教育"校本化、课程化建设为重点，广泛深入开展社会主义荣辱观教育。开展"和谐校园"创建以及丰富多彩、健康向上的校园文化活动，使学生在日常学习、生活中接受先进文化的熏陶和文明风尚的感染。组织中小学参加"红色之旅读书活动"、"我爱我家 风情柳州"书画比赛、"平安进家园"、"我与消防"等主题教育活动，展现学生个性特长，促进学生身心健康发展，促进青少年高尚的道德和良好社会风气的形成。积极开展养成教育课程化、校本化建设的各项工作，制定实施全区养成教育课程化建设工作指导意见，加强学生文明礼仪和道德行为规范教育，在"课程目标、课程内容、课程结构、操作程序、保障措施、实践作业"等方面努力实现养成教育课程化目标。

【课程改革】 认真做好校本教研基地城区建设的各项工作，在12个校本教研学科研修基地开展活动，申报立项了自治区"十一五"科研课题《以校本教研基地建设促进教师专业成长》，加强教学视导和调研，组织各种专题研讨，实施课题带动战略，发挥教科研网络作用，推进区域性课题和课改热点、难点问题研究，实现教研工作主题化，促进各校学科研究品牌的形成。

加强对中小学毕业班复习工作的指导。着重实施了"优势校优势学科展示"、"优势校对薄弱校的对口帮扶"、"优势校之间学科交流互补"等校际联动，让学校之间互相启发，取长补短，实现共赢。2006年中考，全区再次取得了新成绩，公费生录取率居全市四城区第二，各学科指标比去年也有了较大的提高。

加强教科研。建立健全了"专家组—教研室—名师团队—中心组"的教研队伍和"示范校—学科教研基地—薄弱学校及农民工定点学校"的教研网络，在"名师、名校长、名校"工程的整体带动下，实施特色校、特色学科、研修基地的建设，形成了区域教研新格局。在区教研室的组织带领下，各学科组按照"立足课堂教学、广泛深入发动、全体教师参与、提高教师水平、提升教学质量、促进教学发展"的要求，通过集体备课—实践研究—自我反思—再次实践研究—总结成果等方式，以中心组为龙头开展教学观摩和学科竞赛活动，进一步促进教师教学和学生学习方式的改进，促进有效教学目标的达成，优化教学策略，提高了教学效率，促进了教师专业化发展。

【师资队伍建设】 全面实施鱼峰区"骨干教师、骨干校长"培养工程。加强师资队伍专业化建设。按计划分步骤地做好骨干教师、骨干校长的培养和管理工作。规范了各项管理制度，加强培训工作的考核，对骨干教师、骨干校长的培养实行动态管理；进一步调整和完善培训形式和培养内容的设置，拓展培训渠道，通过开展专家个别指导、举办高级研修班、组建区内讲师团、组织教育教学成果展示、安排挂职锻炼等形式的活动，提高了培训质量。组织了15名骨干校长培养对象到西南大学进行提高培养，通过专题讲座、经验交流、专题研讨、课题指导、论文写作、挂职锻炼等形式进行教育理论、学校管理、特色学校创建、校园文化建设、科研兴校等方面的学习，使校长们在现代学校制度管理、课程管理和校本课程开发、教育研究与教师职业生涯管理等方面有了深入的理解和研究，提高骨干校长培养对象的综合素质，提高学校的办学水平和办学效益。组织50名骨干教师培养对象到西南大学进行高级研修，提高学科专业化水平。申报立项了自治区"十一五"科研课题《根据城区教育特色培养名师、名校长的理论、模式与操作系统研究》，以课题研究统领全区师资培训和学校品牌建设。完善《鱼峰区教师发展报告册》，有计划、有重点地分步实施新课程培训、校本培训、区内支教、新教师培训等工作。

【教育督导工作】 实施发展性评估中期督导，积极探索多元化的教育评价和监督的途径和方法，完善了教育教学质量评价体系。开展专项督导，继续完成对教育对口帮扶、创建无辍学城区、农民工子女义务教育、未成年人思想道德建设、校园文化建设等工作的督导检查，促进教育全面、均衡、持续发展。加强特色建设。结合学校发展性规划的实施，提出我区学校特色建设的实施意见，科学合理的设计学校特色建设评价指标，用教育科研指导学校特色建设，初步形成了全区学校特色建设的运作机制。

【“区对县”教育对口支援】 进一步做好“区对县、校对校”教育对口支援工作，利用城区扶贫助学基金制度，加强对三江县的教育教学帮扶和基础建设工作。积极发动社会各界捐款捐物，共筹集资金约5万元，援建受援县学校10个基建项目；派出了4批优秀骨干教师给受援学校上近38个课时的课改示范课和举行教学讲座，共举办师资培训班2期，受训教师45人次，有效促进了受援学校教师的综合素质和教学水平的提高。

【进城务工农民子女入学】 进一步落实农民工子女义务教育问题。继续实施示范校与农民工定点学校的对口帮扶计划，用科学的发展观指导农民工定点学校的改革与发展，加强教学指导，建立和完善对农民工定点学校的评估体系。投入农民工子女定点学校和农村学校专项经费12万元，用于定点学校的校舍维修、师资培训、教学交流等，加强对每年农民工定点学校专项经费的管理和使用，对农民工子女实行助学金和奖学金制度，保障农民工子女受教育的权利。

【实施农村义务教育经费保障新机制】 制定下发了《鱼峰区免除农村义务教育阶段学生学杂费和补助农村义务教育阶段中小学公用经费工作实施方案（试行）》，明确我区实施新政策的对象、内容、各级责任、措施和工作步骤等，通过多种形式采取有力措施认真做好新机制宣传工作，使广大师生、农民群众深入了解党中央的政策，取得广大群众和社会各界的大力支持和监督。及时将中央及自治区免学杂费补助资金及提高公用经费补助资金共17.99万元全部拨付到3所农村中小学，从区本级财政下拨7.25万元作为农村中小学免杂费专项补助经费，保证了我区农村学校各项工作的正常运转。

【“两基”巩固提高工作】 启动“无辍学城区”创建工作。制定实施《鱼峰区创建无辍学城区方案》，召开动员大会，通过建立和完善“防辍保学”责任制、依法完善防辍治辍机制、构建“扶贫助学”保障体系和社区、家庭、学校防辍治辍网络等有效地防止青少年辍学的管理机制，开展了创建我市首个“无辍学城区”的一系列工作。

开展经常性的扶贫助学活动。利用城区扶贫助学制度以及防辍治辍机制，免除城市低保、特困家庭子女义务教育段杂费，扶助低保、特困家庭子女义完成义务教育，把扶贫助学作为我区为民办实事之一。组织各校参加由市委宣传部、柳州日报社和市教育局联合举办的“订柳报献爱心资助千名贫困学生”大行动。2006年我区共免除义务教育阶段贫困家庭学生651人次学杂费计8.9万元，拨出专款7250元对我区残疾、贫困学生进行补助，有效保障了贫困家庭子女完成义务教育。

附：鱼峰区教育局领导
党委书记：兰海宁
党委副书记、局长：陈　波
党委副书记、纪检书记：朱继清
副局长：王　红
地址：柳州市学院路10号

撰稿：王　红　兰海宁　陈　波

柳南区

【概况】 2006年柳南区教育情况：

学校数和学生数 全区共有初中、小学、幼儿园133所：初中23所，其中公办17所，民办6所；小学73所，其中公办38所，民办35所；幼儿园37所，其中公办10所，民办27所。全区初中、小学、幼儿园学生人数为58581人，初中17137人，其中公办14723人，民办2414人；小学33987人，其中公办24760人，民办9227人；幼儿园7457人，其中公办4111人，民办3346人。

专任教师数 全区初中、小学、幼儿园教职工3976人，中学1155人，其中公办1047人，民办108人；小学2101人，其中公办1432人，民办669人；幼儿园720人，其中公办381人，民办339人。

每万人口在校生 全区初中每万人口在校生565人，小学每万人口在校生1120人，幼儿园每万人口在校生246人。

校园、校舍面积和生均情况 全区初中校园总占地面积396722平方米，生均23.15平方米；校舍总面积139783平方米，生均8.16平方米。全区小学校园总占地面积447972平方米，生均13.18平方米；校舍总面积145724平方米，生均4.29平方米。全区初中毛入学率为106.47%，初中辍学率为0.27%，初中毕业生升学率为99.52%；小学学龄儿童入学率为100%，小学辍学率为零，小学毕业生升学率为100%。

【教育经费的收入与支出】 2006年，柳南区教育经费总收入12661.9万元，比上年多收入1417.78万元，增长12.7%。其中财政拨款收入9663.90万元，比上年多收入1371.78万元，增长16.54%；预算外资金收入2998万元，比上年多收入46万元，增长1.6%。教育经费总支出13291.9万元，比上年多支出1922.78万元，增长15%。其中财政拨款支出9663.90万元，比上年多支出1371.78万元，增长16.54%；预算外资金支出3628万元，比上年多支出551万元，增长17.9%。

【教育发展现状】 柳南区教育工作以改革为动力，以队伍建设为主线，以扩大外延、深化内涵为重点，以落实科学发展观和办人民满意的教育为目标，经过广大教育工作者的团结协作和开拓创新，教育各项事业取得了长足的进步和发展。在2006年的中考中，共有362名学生被柳州高中、柳州实验高中录取，785名学生考取自治区和柳州市示范性高中。在全年的各级各类竞赛中，区属中小学、幼儿园荣获国家级表彰6校次，自治区级表彰12校次，市级表彰38校次。

【师德教育建设】 组织开展“树立社会主义荣辱观，切实加强师德建设”为主题的征文比赛，共有32篇征文分获区一、二、三等奖。开展师德建设演讲比赛，引导广大党员、教师和学生运用“八荣八耻”明辨是非、真善。

【党风廉政建设】 与区属中小学、幼儿园签订《柳南区教育系统党风廉政建设责任书》、《关于加强全市教育系统统一考试和招生工作目标管理责任书》，全年纠正2所学校不规范的收费行为，及时清退乱收费6.7万元。

【安全教育建设】 积极开展“安全教育活动月”、“平安柳南”宣传月活动，在各校（园）组织师生开展“五个一”活动（读一本有关安全知识方面的书、看一部有关安全生产事故警示教育片录像、出版一期安全工作宣传专栏、组织一次遵章守纪教育活动、开展一次安全事故隐患排查整治活动），在柳州市21中学举办防空、消防演习活动。在辖区各校（园）开展“拉网式”安全隐患排查工作，全年开展安全检查8次，出去检查人员120人次，使各校（园）的安全措施落到实处。

【干部队伍建设】 加强各中小学、幼儿园干部队伍建设力度，对辖区15所中小学校和7所幼儿园党政领导班子进行考核，考核46人，任命23人。

【特色教育】 柳州市第18中学举办“12355青少年维权与心理咨询热线”活动，得到了各级德育工作者的高度赞誉；柳州市第17中学构建学校—家庭—社区—司法四位一体的德育网络，把学校德育工作由校内延伸到校处，实现德育工作无缝式教育；柳州市第36中学重点加强“后进生”的管理，以“一帮一”和建立学校、家庭、社区、司法所共同帮教的网络教育方式，确保学校教育教学秩序和学生的健康成长；柳州市河西小学开展“模拟少年法庭”活动，由学生自导、自演各种角色，利用亲身体验的机会提高自身法制意识和法律自我防护能力。

【教育投入】 多渠道筹措资金，加大教育的投入。共完成续建项目投资18项，完成投资232万元。完成新建投资项目33项，完成投资660万元。解决了存在突出问题和安全隐患13处，重建卫生公厕4个，维修校舍面积约25000平方米，硬化、绿化、美化校园场地16000平方米，重建围墙1500米，配备网络教室8间，更新学校电脑689台，建成300米和200米塑胶环形跑道运动所各一个，建成并投入使用实验楼和综合楼各一个。争取到市级财政学校建设经费1200万元，完成了柳州市红光路第二小学教学楼整体维修、柳太路小学200米环形运动场建设、41中学教学楼建设、36中学200米塑胶环形跑道运动场建设、南环小学综合楼建设、银山小学综合楼建设等项目。

附：柳州市柳南区教育局领导

局长：李运生（1999年8月—2006年11月）
　　　韦　寒（2006年11月）
党工委书记：张兆海（2002年12月—2006年11月）
党工委书记、第一副局长：杨慧卿
党工委副书记、副局长：覃守汉
党工委副书记、纪工委书记：钟良荣
副局长：韦春光　何胜花

撰稿：石永柱　杨慧卿

桂林市教育

桂林市

【概况】 2006年桂林市教育情况：

学校数和学生数 全市有幼儿园402所，在园幼儿（学前班）84408人；有特殊教育学校5所，在校学生1394人；有小学1490所，教学点535个，在校小学生285384人；有初中222所，在校生192260人；有独立普通高中38所、完全中学38所，在校普通高中生92266人。有中等职业学校（含技工学校）68所，具有中等职业教育学历的在校学生51449人。全年招收新生22176人，毕业职业学校学生（含技工学校、区直中专）14110人。

专任教师数和师生比 全市有小学专任教师19231人，普通初中专任教师12065人，师生比为1∶16.23；普通高中专任教师4943人，师生比为1∶19.43；幼儿园专任教师2287人，师生比为1∶36.91；中等职业学校专任教师2754人，师生比为1∶18.98。

【教育经费的收入与支出】 2006年，桂林市教育经费总收入192387.6万元，比2005年多收入25805万元，增长15.49%。其中财政拨款收入147499.8万元，比2005年多收入33075.1万元，增长28.91%；预算外资金收入29271.7万元，比2005年少收入8356万元，下降22.21%。教育经费总支出187951.7万元，比2005年多支出25599.9万元，增长15.77%。其中财政拨款支出143905.3万元，比2005年多支出32840.8万元，增长29.57%；预算外资金支出15343.9万元，比2005年少支出7639万元，下降33.24%。总支出中，人员经费支出129737.3万元，公用经费支出47743.5万元，基建支出9724万元，其他支出746.9万元。

【幼儿教育和特殊教育】 2006年，桂林市深入贯彻落实教育部颁发的《幼儿园工作规程》和《幼儿园教育指导纲要》，组织了自2001年以来的第二批桂林市示范幼儿园创建评估验收工作，6所幼儿园达到标准。组织了对叠彩区前锋幼儿园、秀峰区76140部队幼儿园2006年自治区示范幼儿园评估验收市级检查评估工作。认真组织全市2287名幼儿教师参加《纲要》理论测试，建立了13所教育部园本教研制度建设项目桂林实验基地。组织了对市培智学校、灵川县培智学校创建区特殊教育标准化学校评估工作，组织桂林市10名特教骨干教师参加区特殊教育骨干师资培训班。

【中考、高考、研究生考试】 2006年，桂林市高考报名37771人，共设考点29个，考场1235个。本、专科共录取21170人，录取率为57.57%，与2005年持平；本科录取9515人，录取率为25.87%。上三本线以上16998人，上线率46.22%；上二本线以上10256人，上线率27.89%；上一本线2728人，上线率7.42%。重点院校：清华大学13名，占全30.9%；北京大学5名，占全区15.5%。南方航空公司在广西招收飞行员17名，桂林市录取10名，占58.8%。全市中考报名人数47220人，比2005年减少2400人，其中应届初中毕业生为45605人，比2005年少2204人。市区报名人数为7949人，其中应届毕业生为7898人。普通高中计划招生31026人，其中指令性计划22803人，指导性计划8223人。实际录取30056人，其中指令性招生22935人，指导性招生7111人。市区招生4729人，其中指令性招生2941人，指导性招生1788人。全市参加研究生招生考试报名1163人，比2005年多548人，全部实行网上报名。

【文体工作】 2006年，桂林市教育局制定了《桂林市中小学生体育竞赛规程》，按计划完成了全市中小学生各项体育比赛，安全有序地组织2006年全市中小学生田径运动会，3人打破市中小学生田径运动会纪录。扎实推进《学生体质健康标准》，有34所中小学《学生体质健康标准》测试数据成功上报国家数据库。开展环境保护教育工作，新增市级“绿色学校”23所，全市中小学市级“绿色学校”达到93所。积极抓好“桂林市第五届童声合唱节”；组织开展第十一届全国中小学生绘画书法作品比赛活动，荣获教育部颁发的“优秀组织奖”和“特殊贡献奖”；组织参加广西第二届中小学生艺术展演活动，有1个艺术表演项目和6幅美术作品代表广西参加全国评比；与市教育工会联合举办市属学校教职工集体舞比赛。

【“两基”迎检工作】 2006年9月桂林市政府成立了由张秀隆市长任组长的桂林市迎接国家“两基”验收准备工作领导小组，教育、财政、发改委等16个部门为成员单位，成立领导小组工作办公室，落实办公经费，分“普及程度、教育经费审核、校舍危房检查、教育技术装备、教师队伍建设、档案资料、宣传”等7个小组开展工作；制定并下发了《桂林市迎接国家“两基”工作验收实施方案》（市政办〔2006〕112号），分步骤扎实推进；多次召开不同层次（含县区长、分管教育副县区长、教育局长）的动员大会，广泛宣传工作的重要性和紧迫性，全面部署迎接国家“两基”验收准备工作。8月28日，市人民政府与各县（区）签订了《2006年“两基”巩固提高工作目标管理责任书》。

【农村义务教育经费保障新机制】 2006年春季学期开始在农村地区义务教育阶段学校实行免收学杂费和补助公用经费政策。结合全市实际情况，制定了《关于农村义务教育经费保障机制改革宣传工作实施方案》，会同市财政部门草拟并由市政府转发了《关于加强我市农村义务教育经费保障和管理的意见》，对明确各级政府保障农村义务教育投入的责任、加强教育专项资金的使用和管理、农村税费改革转移支付资金中65%的使用等方面做出了明确的规定。2006年春季学期全市享受免除学杂费的学生共428122人（其中小学生250339人、初中学生177783人），享受国家和自治区补助经费3694.4万元；2006年秋季学期全市享受免除学杂费的学生共429298人（其中小学生250339人、初中学生177783人、特教学生1176人），享受国家和自治区补助经费3706.08万元。农村义务教育经费保障新机制实施后，据初步统计，全市回流义务教育阶段公办学校的学区生共8217人，其中有513名属于辍学学生重返校园。2006—2007年秋季，桂林市义务教育阶段小学学生应回校269469人，实到校269529人，占100.02%；初中学生应回校193066人，实到校189811人，占98.13%，比2005年上升了0.18%。

【进城务工农民子女入学】 2006年，桂林市严格执行国家、自治区有关接收进城务工农民子女和外来个体工商户子女接受义务教育工作的政策，在制定初中招生计划时适当预留接收进城务工农民子女和外来个体工商户子女接受义务教育的空间，对居住在学区内符合条件的学生与市区户口学生一视同仁。2006年共接收进城务工农民子女和外来个体工商户子女1274人，比2005年789人增加485人。

【廉政建设和治理教育乱收费】 2006年，桂林市教育局制定了《2006年落实党风廉政建设责任制和反腐败工作的实施意见》，继续实行基建工程项目招投标制和物品实行政府采购制，出台了《桂林市教育局直属学校维修项目管理暂行办法》；严格执行预算外资金管理的规定，做到“收支两条线”管理，依法理财。先后制定了《桂林市教育局关于维护招生政策的严肃性，坚决制止无序竞争行为的若干规定》《桂林市教育局关于坚决制止滥发、乱订教材、教辅资料、练习册的若干规定》《桂林市教育局关于规范中小学校学生保险工作管理的若干规定》《桂林市教育局关于规范中小学生学习用具、生活用品管理的若干规定》，从源头上堵住漏洞，加强廉政建设，营造良好的育人环境。

实施农村义务教育阶段中小学生免除学杂费及由财政安排免学杂费资金和公用经费，全面清理农村义务教育阶段中小学的收费项目，取消农村义务教育阶段学校除寄宿生住宿费外的各项行政事业性收费，严格限制和规范代收费，坚决杜绝一切乱收费。从2006年春季学期起，全市农村义务教育阶段中小学只能收取课本、作业本代收费和寄宿生的住宿费。共派出收费检查组146个，检查中小学校共1923所，查出违规收费金额219.5万元，其中农村中小学校乱收费违纪金额7万多元。

【资助家庭经济困难学生】 2006年，桂林市积极采取措施做好资助家庭经济贫困学生的入学工作。市政府成立了由分管副市长担任组长的桂林市资助贫困生工作协调小组，成员由教育、财政、民政、监察等部门的负责人组成。领导小组下设办公室，办公室设在市教育局，办公室主任由市教育局一把手担任。明确了各成员单位的工作职责，形成了“政府主导、部门协作、社会参与”的良好局面。设立“资助贫困生基金”专户，建立长效工作机制，广泛开展捐资助学活动，如“金秋助学”、“爱心导航”、“爱心捐赠圆梦大学”现场募捐等。市教育局将资助贫困生工作作为一项为民办实事的大事来抓，指导各县、区教育行政部门和各级各类学校建立家庭贫困学生档案，提前掌握情况，做到“该助必助、决不遗漏”。

2006年8月下旬，为确保贫困大学新生按时入学，自治区财政部门拨付给桂林市的专项资金为46.5万元、市财政拨付专项资金26万元、市各部门（含县区单位）筹措经费57.3万元、社会募捐22.5万元，共152.3万元，共资助了近3000名贫困家庭学生上大学。为帮助贫困家庭学生顺利接受中等职业教育，2006年国家和自治区下拨桂林市中职贫困学生助学金240万元，共有2500名中职贫困生受益。

【教育专项工程】 开始实施农村中小学校舍维修改造工程，完成了二期国家贫困地区义务教育工程、二期中小学危房改造工程、农村寄宿制学校建设工程，并通过了自治区和国家的验收。至2006年底，全市二期危改工程、二期义教工程和农村寄宿制学校建设工程已全部完成。2001—2006年，全市各项专项工程（包括一期危改工程、二期危改工程、二期义教工程、农村寄宿制学校建设工程、基层教育工程、邵氏赠款项目、明德小学建设工程）总投入2.53亿元，新建校舍面积46.2万平方米，改造危房面积25.7万平方米。

【校园安全管理】 2006年，桂林市教育局加强对安全工作的领导和管理，制定了安全工作计划，落实相关安全制度。加强禁毒宣传教育工作，广泛开展“无毒校园”和“平安校园”创建活动。制定了《桂林市汛期学校防灾工作预案》，大力加强汛期学校防灾工作。开展了“安全教育活动月”系列活动，重点是开展交通安全、防溺水、防火灾、疏散逃生等安全教育和自救自护演练。分别在桂林十七中、桂林十八中和灵川中学举行了安全教育活动月现场演练会和现场总结会。各学校通过开展报告会、讲座、安全技能演练、主题班会等多种形式的活动，使学生受到了生动直观的安全教育。主动配合公安部门加强校园周边环境治理，11月底至12月初，对全市中小学幼儿园校车进行了排查整治，对年检不合格的校车禁止行驶，对达不到3年驾龄的校车驾驶员禁止驾驶校车，对全体师生多次开展交通安全教育，提高了师生交通安全意识。12月在全市中小学开展校园收缴管制刀具活动，净化校园育人环境。市教育局还组织开展了3次全市中小学幼儿园安全工作大检查，对发现的问题及时提出整改意见，督促学校限期整改。年内，全年学生安全事故死亡率下降了11.9%；继续实施校（园）方责任险，由市财政拨款金额全年10.36万元。

【学校卫生防疫】 2006年，桂林市教育局进一步完善学校卫生工作目标管理岗位责任制，签订学校卫生安全工作目标管理责任书。建立健全学生体检档案。秋季学期开学初在全市开展入托、入学儿童预防接种证查验工作，对无预防接种证的儿童，督促其进行预防接种，确保入托、入学儿童的健康。开展学校食堂从业人员上岗卫生知识培训工作，并进行书面考试，对考试及格者颁发卫生知识培训合格证书。2006年举办市级培训班5期，共培训学校领导、食堂管理人员和工作人员900人次。扎实开展预防艾滋病教育工作。加强学校食品与卫生防疫工作的管理，对学校进行了食品与卫生防疫安全工作专项监督检查。2006年全市中小学未发生食物中毒事件，肠道传染病得到了有效控制，2006年发病人数比2005年下降了43.5%，全年未发生伤寒和副伤寒病例。

【德育建设】 桂林市教育局确定2006年为“文明礼仪活动年”和“校园文化建设年”。5月23日在师大附中召开了文明礼仪活动观摩会；开展了“文明礼仪在我身边”主题活动，总结归纳了中小学校园十大文明行为和十大不文明行为。按照《广西中小学校园文化建设40条评分细则（试行）》，组织了检查评比，广西师大附中等25所中小学被评为市校园文化建设先进学校，榕湖小学等8所中小学被评为自治区校园文化建设先进学校。市教育局还以纪念红军长征胜利70周年为重点，开展“弘扬和培育民族精神月”系列活动：举办了“迎天安门国旗，传承长征精神”活动；组织参加市里的纪念红军长征胜利70周年论文评比；成功举办纪念红军长征胜利70周年大型演唱会；开展“重走长征路——红色之旅”活动以及“发现美、体验爱”为主题的感恩教育活动和“弘扬中华美德，构建和谐学校——从我做起”主题教育活动。推荐评选广西师范大学附属外国语学校刘寒等3名学生为“全区优秀学生”，桂林中学谢博涛等83名学生为“全区三好学生”，桂林中学王方原等43名学生为“全区优秀学生干部”，桂林中学高235班等28个班集体为全区“先进班集体”；评选表彰了桂林市“优秀学生”6名、“三好学生”3091名、“优秀学生干部”1568名和“先进班集体”620个。

【班主任建设】 桂林市教育局重视以班主任为主的德育队伍建设，研究制定了《桂林市中小学班主任工作管理办法（试行）》，组织编辑出版了《桂林市中小学德育论文集》和《班主任工作经验选编》。评选表彰了蒋涓涓等10名教师为桂林市中小学班主任标兵、庄力等200名教师为桂林市中小学优秀班主任；推荐评选桂林市第八中学等10所学校为全区中小学、中等职业学校德育工作先进集体，师大附中刘晓荣等6名同志为全区中小学、中等职业学校德育工作标兵。

【“中小学校长建设年”】 桂林市教育局积极贯彻落实自治区“中小学校长建设年”活动。4月，组织全市除示范性高中以外的330多名普通中学校长（含民办学校、特殊学校校长）进行以常规管理为主要内容的集中培训，全体校长还现场参观了市直属的5所学校。5月上旬，全市12县5城区全部完成了对本县区小学校长的全员培训工作。在全市范围内开展了以“提高校长素质·加强学校管理·促进教育发展”为主题的“校长建设年”的校长读书征文活动。11月28日至12月1日，组织开展对校长规范管理达标工作的评估检查，评选出秀峰区等7个县区为“桂林市中小学校长建设年先进县区”，桂林中学等148所学校“桂林市中小学校长建设年规范管理先进学校”，蒋平等148名校长为“桂林市中小学校长建设年规范管理先进校长”。

【课程改革】 2006年，全市参加课改实验的教师共16000多人，学生接近45万人，全市（含县区）共投入课改经费近600万元。开展市级新课程师资培训60余场，受训教师1.6万人。加大课改宣传力度，编辑并免费发放《课改通讯》4期，召开不同层次的课改现场观摩会8场，为课改试验营造了良好的社会环境。加强对课改的全程监控与引领，全年开展课改调研、教学指导和送教下乡等活动30余次。认真研究考试与评价改革制度，逐步完善了新的评价体系。成立综合素质评价检查小组，加强综合素质评价的督促检查工作。

【教育科研和教学质量】 2006年，共有544项“十五”规划课题顺利结题。桂林市教科所制定了全市“‘十一五’教育科研课题指南”，首批立项的“十一五”规划自治区级课题共32项，市级课题共221项，独立承担的国家级重点课题《新课改背景下教研员专业成长的理论与实验研究》开题启动了8个子课题，130多名教研员参加研究，促进了教育科研队伍的专业成长。建立了“桂林市教育科研课题鉴定专家资源库”，不断推广教育科研成果，编辑出版了桂林市第二届教育科研优秀成果集《教育真谛的探求》。创建了教育科研示范校和校本研修基地校22所。继续加强教学调研，坚持集体视导，在总结先进教学经验的同时，帮助学校排忧解困，全年视导中小学幼儿园30所，调研中小学幼儿园50所。坚持学科教学工作例会制度，有计划地开展各科教学研究活动。高考取得了较好成绩：一本上线人数（2728人）和万人一本上线率均列广西各市第一；文科和理科总分前100名和单科前20名学生总数广西各市第一；各市示范高中总平均分第一；万人二本、三本及专科上线率均列广西各市第二。

【中考制度改革】 2006年，桂林市继续执行中考本市自行命题。加大中考改革力度，表现在：增加信息技术测试。统一组织体育测试，把体育测试进行了单列，分设50米跑、立定跳远、原地掷实心球等三项测评内容，并将所测评的三项分别赋10分，共30分，记入学生学业考试的总分，作为录取的依据。分数不再是唯一录取标准。学业考试中，六科书面笔试成绩以等级方式呈现，共分为A+、A、B+、B、C+、C、D、E八个等级；体育测试成绩以分数方式呈现；物理、化学实验测试与信息技术评定结果以合格或不合格的形式呈现；另设总成绩一项，包括书面笔试成绩、体育测试成绩、政策性加分，总成绩也以等级方式呈现，按照市区的生源比例共分五个等级，即A、B、C、D、E。在市区高中录取时，首先按总成绩的等级进行排序，在同一等级的情况下，再比较综合素质的高低。只有在总成绩等级、综合素质等级相同的情况下才进行学科等级组合排序。在学科等级中不采用去年的“权重比较法”而采用“金牌”原则，即A+数量多者优先，若A+数量相同则比较下一等级A的数量，并以此类推进行排序。报考条件放宽。例如户口不在本地，但在广西区内，且确有困难不能回户口所在地参加考试录取的考生，经户口所在地招生考试部门批准同意后，可以参加我市除示范性普通高中外的一般普通高中的录取。此外，在“三生”（保送生、学区推荐生和特长生）的录取政策上，市区四所示范性普通高中（桂中、附中、十八中）需拿出指令性计划招生数的5%（二附5名）用于录取保送生，保送生可免予参加本年度初中毕业考试，取得毕业资格，直接录取进入示范性普通高中。实行电子化档案管理。

【“桂林山水”重入中小学教材】 经桂林市教育局的努力，人民教育出版社、语文出版社又分别将贺敬之的诗歌《桂林山水歌》和陈淼的散文《桂林山水》重新编入了我国小学四年级语文（下册）课本中第6课、中学语文新教材八年级语文（下册）

的第26课。新教材对两篇课文的要求比以前的教材更高，除了要求学生有感情地朗诵外，还要求学生能够背诵。

【班主任工作新规】 12月6日，桂林市教育局下发了《桂林市中小学班主任工作管理办法》（试行）（以下简称《办法》），并从即日起开始实施。《办法》要求班主任要维护班级良好的教学和生活秩序，坚持正面教育为主；要关心爱护学生，特别是进城务工农民工子女、农村“留守儿童”和“问题”学生；每学期与全班每个学生至少谈话一次，3年中对全班每个学生至少家访或与家长联系1～2次；班主任要通过多种途径提高学生的法制观念，教会学生安全知识，增强学生的自护意识和自救能力。首次将班主任工作纳入年度目标管理督导评估体系。班主任“先培训后上岗，不培训不上岗”的制度被以文字的形式确定下来。此外，明确要求建立班主任教师表彰机制。从2006年起，市教育局将每两年表彰一批在班主任工作岗位上乐于奉献、取得明显成效的优秀班主任；连续12年担任班主任工作的教师，在任职期间无违反“师德八条”，市教育局将授予荣誉证书。此外，年内还启动了中小学班主任培训计划。凡担任中小学班主任的教师，必须在上岗前或上岗后半年内接受不少于30学时的专题培训。

【示范性高中结对帮扶试点】 12月15日，桂林市教育局召开座谈会，进一步开发利用优质教育资源，促进桂林教育均衡发展，会议筹划由市教育局牵头，采取示范性高中与普通中学结对子的形式，建立示范性高中帮扶试点，充分发挥桂林市示范性中学的辐射带动作用，帮助其他普通中学共同提高教学质量和管理水平。桂林中学与桂林七中、师大附中与十九中学、师大附属外语学校与田家炳中学、十八中与八中将成为首批帮扶试点单位。

【推进教育信息化建设】 2006年，桂林市教育局切实抓好中小学信息技术学科教学，促进学生信息素养提高，加强了对计算机教师专业知识水平和新课改理念的培训。为培养中小学生的创新与实践能力，组织学生参加第七届全国中小学电脑制作活动、2006NOIP全国第十届青少年信息学（计算机）奥林匹克联赛、组织中小学机器人比赛活动，丰富了学生课外生活，为中小学生展示自我提供一个很好的平台。

5月25日至26日在阳朔中学举办了农村中小学现代远程教育“三种模式”及中小学信息技术跟学科整合观摩展示活动，展示了“三种模式”优秀课例10节课，有来自全市500多名中小学教师参加了活动，较好地推动了桂林市农村中小学利用现代远程教育“三种模式”进行教学研究以及中小学信息技术与学科整合的教学发展。

6月16日，桂林市教育视频会议系统暨桂林教育教学资源库正式开通启用，可直接用于远程教学、培训、直播。11月22日，桂林市首次采用“空中教室”的形式举办了一次英语教研活动，并取得圆满成功。

【语言文字工作】 桂林市深入学习、宣传贯彻实施《国家通用语言文字法》和《广西壮族自治区实施〈中华人民共和国国家通用语言文字法〉办法》。年内，组织召开了桂林市语言文字工作大会，共表彰了为桂林市通过国家二类城市语言文字工作评估作出贡献的41个先进单位和106名先进个人。组织各语委成员单位，开展第九届全国推广普通话宣传周活动，举办了以“树立社会主义荣辱观”为主题的桂林市首届公务员、新闻媒体、窗口服务行业青年普通话演讲大赛。组队参加自治区行业青年普通话演讲大赛，桂林市代表队获得最佳组织奖、个人一等奖1名，三等奖2名，优秀奖6名，优秀指导教师奖3名的好成绩。

【建设职教品牌】 2006年，桂林市教育局继续抓好国家级重点职校——桂林市职业教育中心学校建设，发挥其“一个中心辐射全市”的作用，注重抓职业教育优质资源的建设，使之形成桂林市职业教育的集团优势。组织开展了中职学校2006年国重、省重、合格学校、示范专业、新增专业的申报评审工作。有1所职校（桂林市机电工程学校）通过了自治区组织的国重评估，1所职校（桂林电子中专）通过了自治区级重点职校评估。有1所学校的1个专业通过了自治区示范专业评估。目前全市有全国重点职业学校4所，自治区级重点学校7所，全国中等职业教育示范专业建设点2个，自治区级示范专业12个，名师工程培养对象12人。5月8日，广西旅游中级人才培训基地在桂林市职业教育中心学校挂牌成立。

【治理整顿“半工半读”等三项活动】 2006年，桂林市教育局在全市中等职业学校开展“半工半读”、“以工助学”和“顶岗实习”的治理整顿活动，进一步规范中等职业学校办学行为。针对市舞蹈学校严重违规的办学行为，桂林市教育局下发了《关于进一步规范和加强我市中等职业学校开展“半工半读”、“以工助学”和“顶岗实习”活动管理的通知》（市教职成〔2006〕26号），并多次召开会议重申自治区和桂林市关于规范和加强学生“半工半读”、“以工助学”和“顶岗实习”的各项规定和要求（即依法组织；制定周密计划报批；派教师全程管理；选好场地等），并对全市中职学校进行一次学生开展“半工半读”、“以工助学”和“顶岗实习”的治理整顿活动。要求各校认真排查，凡不按规定和要求组织的一律停止开展并立即整改。

【职业教育建设】 8月10日，召开了全市职业教育工作大会，下发了《桂林市人民政府关于大力发展职业教育的实施意见》（市政〔2006〕33号）、《桂林市“十一五”职业教育发展规划》（市政办〔2006〕84号）、《桂林市落实“广西壮族自治区振兴职业教育九大工程规划”实施方案》（市教〔2006〕11号）等政策性文件，为加快桂林市职业教育发展提供了强有力的保障。年内，在以汤杰副市长为组长，发改、建规、财政、国资、土地、教育等部门为成员的职业教育资源整合调研工作领导小组的领导下，从2006年9月至10月，对桂林市职业教育学校资源进行了全面的调查摸底，对各个学校的供给关系情况、人员编制情况、收支情况、债权债务情况、固定资产情况、学校占地情况、在校生情况等方面资料进行了收集，对各学校存在的问题和优势进行了分析研究，制定了职业教育资源整合的实施方案，并提出了方案实施的政策保障措施和建议。

【中职学校招、送生】 2006年，桂林市教育局召开2006年桂林市中等职业教育招生工作会议，下达2006年全市中职教育招生、送生计划，落实签订目标责任书。组织并开展中职招生“大篷车”宣传活动，历时一个半月，发放各种宣传资料8万多份，报名咨询的人数有3万多人次。2006年市属中职学校共录取新生16192人，技工学校共录取4031人，超额完成自治区教育厅下达的任务。

【农村劳动力转移培训】 2006年，桂林市教育局认真落实《2004～2010年全市农民工培训规划》和《桂林市万人培训学校实施方案》，加强对农村职业学校指导，抓好农村成人文化技术学校的建设，抓好桂林市农村新增劳动力转移万人培训基地建设，开展好对农村初、高中学生的“绿证培训”、农村劳动力转移培训、农民技术骨干培训的组织、发动工作。2006年全市共开展农村劳动力转移培训5.4262万人、农民科技实用技术培训39.3961万人次（其中绿色证书培训5.91万人次）。

【成人高考及自学考试】 2006年，成人高考报名人数10686人，比2005年多819人。共设考点22个，其中市区10个。高升本、专升本考场全部设在市区。年内，成人高考录取9775人，占91.5%，其中高升专录取5755人，高升本录取250人，专升本录取3770人。自学考试全年报考32549科次，其中市区25813科次，占79%，12个县6736科次，占21%。全市总报考科次比去年少24851科次，其中市区减少16024科次，12个县减少8827科次。桂林市自考全年大专以上毕业793人，其中本科毕业402人，毕业人数在连续四年超千人毕业的基础上有所下降。

【民办学校管理】 2006年，根据《民办教育促进法》及实施细则，桂林市教育局修改并完善了民办职校的审批管理程序。对新申请的办学单位实行准入制，按准入必备条件严格把关。为指导民办教育机构依法办学，组织了全市民办职业教育学校和培训机构的校长举办学习班，按法律要求规范办学行为，加强了民办职业教育机构的管理，对全市民办职业教育学校和培训机构进行了安全大检查。年内，进一步加大民办学校的管理力度，依法对在小学升初中工作中违规的6所民办学校进行查处；依法取消了2所民办中学的招生资格；通报并撤销了巴克兰外语学校的办学资格；查处并通报了桂林舞蹈学校的违规实习行为。

附：桂林市教育局领导

党组书记、局长：邓建民
党组副书记、副局长：李　滨
副局长：宁小保　于小邕　张建生
纪检组长：黄启宏
党组成员：蒋　平　查军才
地址：桂林市解放东路19号
邮编：541001

撰稿：莫　珏　于小邕

临桂县

【概况】 2006年临桂县教育概况：

学校数和学生数 全县共有公办小学166所，教学点4个，在校学生30646人，教学班1096个；普通初中19所，在校学生24206人，教学班425个；普通高中5所，在校学生9178人，教学班160个；

中等职业技术学校1所，在校学生541人，教学班10个；幼儿园1所，在园学生数370人，教学班9个。此外，另有社会力量办园31所，在园学生数2128人，教学班115个；小学1所，在校学生121人，教学班6个；初中1所，在校学生402人，教学班7个；高完中1所，在校学生1697人，教学班37人。

专任教师数和师生比 小学1898人，师生比1∶16；初中1301人，师生比1∶19；高中488人，师生比1∶19；中等职校41人，师生比1∶13。

每万人口在校学生数 幼儿园170人，小学666人，普通初中526人，普通高中200人，中等职业技术学校118人

校园、校舍面积和生均情况 小学校园面积868735平方米，校舍面积245197平方米，生均8.1平方米；初中校园面积447126平方米，校舍面积143595平方米，生均5.93平方米；高中校园面积338648平方米，校舍面积124609平方米，生均13.58平方米；中等职校校园面积8721平方米，校舍面积4900平方米，生均9.06平方米。

少数民族在校生比例 小学7.2%，初中6.93%，高中9.68%，中等职校6.5%。

义务教育普及程度 小学学龄儿童入学率99.95%，小学辍学率0.01%；初中阶段入学率98.24%，初中辍学率1.77%；小学毕业生升学率100%，初中毕业生升学率65.5%。

【教育经费的收入与支出】 2006年，桂林市临桂县教育经费总收入17026.3万元，比2005年多收入467.8万元，增长2.83%。其中财政拨款收入14614万元，比2005年多收入2140.9万元，增长17.16%；预算外资金收入1709.8万元，比2005年多收入－574.9万元，增长－25.16%。教育经费总支出17498.4万元，比2005年多支出1716万元，增长10.87%。其中财政拨款支出14029.6万元，比2005年多支出2359万元，增长20.21%；预算外资金支出1313.6万元，比2005年多支出137.4万元，增长11.68%。总支出中，人员经费支出11307.2万元，公用经费支出4317.4万元，基建支出1608.5万元。

【“两基”工作】 2006年，县教育局派出开学工作督查组深入学校对教育法律法规进行大力宣传，让监护人明确应尽的责任和义务。各乡（镇）、学校也相应派员分片包干动员学生回校；重视进城务工农民子女入学问题，努力做好进城务工农民工子女义务教育的入学工作；对符合有关规定的进城务工的农民工子女与当地居民子女一视同仁，批准其就近入学；依靠社会各方面力量捐资助学，为家庭经济困难的学生创造必备的入学条件；切实做好“两免一补”工作；按程序确定了符合条件的贫困生，并建立了有关资料，确保国家政策的落实；管好用好上级补助我县的杂费和公用经费，做到专款专用，确保教育教学工作顺利开展；积极开展“两基”督导检查工作，实行领导分工，分组负责，深入学校对“两基”各项工作进行认真细致检查，对存在问题及时整改。

【德育工作】 2006年，组织第十三届全国读书活动；开展“八荣八耻”教育、弘扬和培育民族精神活动及“红色之旅”读书演讲和征文活动；认真组织实施中小学生评优工作。

【治理教育乱收费工作】 2006年，在治理教育乱收费的问题上做到：一是会议强调；二是印发文件；三是指派收费监督员深入学校加强督查；四是高中实行了“三限”政策；五是建立健全县教育会计集中核算中心，规范经费管理程序；六是实行收费责任追究制度。

【安全教育】 2006年，在积极开展安全教育方面，具体做了以下工作：一是认真贯彻上级的指示精神，在印发文件的同时，大小会议都对安全工作进行布置和强调。二是县教育局与县直属各学校签订《学校安全工作责任状》。三是认真督查，防患于未然。四是积极开展安全教育活动。

【素质教育与教研教改活动】 2006年，认真开展各项教研教改活动，狠抓教学常规管理规范化；在教研教改上，一是加强对科研课题的指导和管理。二是深入学校开展课程调研。三是认真组织教师参加各级教育教学论文评比活动。四是切实做好园丁工程的评议和复查工作。努力做好中、高考复习指导工作，积极组织师生参加各项竞赛活动。

【教师队伍建设】 2006年，在教师队伍建设上，认真组织实施全县中小学教师业务知识考试，极大地激发了教师们学习业务知识的积极性；积极深入开展“中小学校长建设年”活动；认真开展中小学教师继续教育工作；为确保我县基础教育均衡发展，从城镇学校选派骨干教师到农村薄弱学校支教。

附：临桂县教育局领导

局长：李玉春

党组书记：朱　江
副局长：周学民　莫德亲　秦建林　伍发进
　　　　李乔英
地址：桂林市临桂镇人民路19号
邮编：541100

撰稿：阳著芳　李怀英　韦玉秀　朱　江

灵川县

【概况】 2006年灵川县教育情况：

学校数和学生数 全县有小学71所，其所属教学点75个，九年一贯制学校3所，普通初中13所，进修学校1所，普通高中5所，中等职业技术学校1所。小学在校生16730人，初中在校生11279人，高中在校生6971人，本县中等职业技术学校在校生583人。

专任教师数（仅指专任教师、不含代课教师）和师生比 小学专任教师1513人，师生比为1∶11.06；初中专任教师1060人，师生比为1∶10.64；普通高中教师421人，师生比为1∶16.35；中等职业技术学校教师41人，师生比为1∶14.22。

每万人口在校生 幼儿园115.87人，小学469.94人，普通初中316.83人，普通高中195.81人，中等职业技术学校52.30人。

校园、校舍面积和生均情况 小学校园面积834292.8平方米，普通初中342276平方米，普通高中392106平方米，中等职业技术学校66112.2平方米。小学校舍面积194022.49平方米，普通初中127654平方米，普通高中94558.9平方米，中等职业技术学校10938平方米。小学生均校园面积49.9平方米，普通初中30.3平方米，普通高中56.2平方米，中等职业技术学校113.4平方米。小学生均校舍面积11.6平方米，普通初中11.3平方米，普通高中13.6平方米，中等职业技术学校18.76平方米。

义务教育普及程度 小学学龄儿童入学率100%，初中入学率97.98%；小学生辍学率0，普通初中辍学率1.44%；小学毕业生升学率100%，2006年7月初中毕业生为4971人，2006年9月升入我县普通高中为2455人，升入我县中等职业技术学校194人，到外地中等职业技术学校学习人数1278人，初中毕业生升学率79%。

【教育经费的收入与支出】 2006年，灵川县教育经费总收入12920.2万元，比2005年多收入1994.1万元，增长18.25%。其中财政拨款收入9752.9万元，比2005年多收入1878.4万元，增长23.85%；预算外资金收入1926.2万元，比2005年少收入633.2万元，降低24.74%。教育经费总支出11487.4万元，比2005年多支出1204.6万元，增长11.71%。其中财政拨款支出8946.6万元，比2005年多支出1346.87万元，增长17.72%；预算外资金支出1891.7万元，比2005年少支出791.37万元，下降29.49%。总支出中，人员经费支出8240.00万元，公用经费支出2230.7万元，基建支出694.9万元，其他支出321.8万元。

【“两基”工作】 2007年4月26日至28日下午，以自治区教育厅副厅长潘晔为组长的“两基”模拟检查验收组对我县的“两基”工作进行模拟检查。对我县“两基”工作给予了充分肯定，肯定我县“两基”主要指标的达标情况很好，做到了“五无”（无D级危房、无代课教师、无教育欠款、无青壮年文盲、无安全责任事故）、“三有”（全县初中、中心校全部有多媒体教室、有计算机教室、有宽带网络）、“两新”（新课桌椅、新饭桌椅）。

【教学管理和教学质量】 2006年，灵川县在教学管理和教育质量上，做到一是抓好中高考备考工作，力争“两考一测”成绩再创新高；二是开展中考科目大比武竞赛活动和质量分析会，促进各学校均衡发展；三是强化新课程培训，采取作报告、上示范课、谈课改等形式，进行现身说教，使广大教师开阔视野，树立课改新理念，从而全力推进课程改革；四是组织课改骨干教师在全县范围内逐乡逐镇开展了“送教下乡”示范观摩调研活动，使广大教师有一个面对面交流的机会，相互借鉴成功经验，不断改进教学方法和手段；五是组织中小学各学科教师参加“全区中小学课程改革探究教学经验”论文评比活动，提高教师科研水平。

2006年，我县高考再创佳绩，今年我县共有2811名学生参加高考，一本（重点）上线216人，上线率为7.7%，二本上线925人，上线率为32.9%，三本上线1463人，上线率为52.2%，上线率继续保持在全市和全区先进行列。我县的中考也取得了不俗的成绩，平均分名列全市第四。2006年，县职高办学条件进一步得到改善，办学规模和办学效果继续朝着“做强做大”的目标迈进，较好地完成了招生、就业目标。

【“两基”检查验收评估工作】 2006年，我县在继续抓好校园建设、美化、绿化、净化建设的同时，继续狠抓控辍保学工作。实行学生辍学情况汇报制度和责任追究制度，落实人员分片包干，包户到人，对辍学学生实行追踪，摸清去向，及时动员回校。还开展一系列扶助贫困生活动，对家庭困难的学生的杂费实行减、免、缓，并发放免费教科书，且多方寻找单位和个人进行帮扶，支持困难学生完成学业。2006学年度秋季小学共有在校生16731人，初中共有在校生11260人。7至12周岁儿童为13449人，其中残疾为61人，正常儿童在校生13388人，入学率为100%。初中阶段入学率为97.2%，15周岁的完成率为100%；17周岁的完成率为94.47%；辍学率小学生今年为0.03%；初中今年辍学率为1.52%。以上各项指标均优于规定标准。

附：灵川县教育局领导

局长：秦荣明

党组书记、副局长：王开泉

副局长：秦文荣

纪检组长：蒋富生

撰稿：唐瑞林　熊立超

全州县

【概况】 2006年全州县教育情况：

学校数和学生数 全县有小学259所，教学点80个，在校生37239人；初中38所，在校生26260人，高（完）中9所，在校生16276人；职业中专1所，在校生1200人。

专任教师数和师生比 有小学专任教师2605人，师生比为1∶13.7；初中专任教师2141人，师生比为1∶11；高中专任教师987人，师生比为1∶14.5；中等职业枝术学校专任教师68人，师生比为1∶8.2。

每万人口在校生 幼儿园在校生285人、小学在校生531人、普通初中在校生375人、普通高中214人、在校生中等职业枝术学校在校生20人。

校园、校舍面积和生均情况 小学校园面积2554776平方米，校舍面积394334平方米，生均10.6平方米；初中校园面积1398600平方米，校舍面积287882平方米，生均11平方米；高中校园面积638028平方米，校舍面积225000平方米，生均15平方米；职业学校校园面积999000平方米，校舍面积19200平方米，生均16平方米。

【教育经费的收入与支出】 2006年，财政经常性收入19926万元，财政经常性收入的增长率为27.18%，财政拨给教育经费为15870万元，教育经费的增长率为47.5%。全县初中生均教育事业费为1675元，小学生均教育事业费为1741元。小学生均公用经费45元；初中78元。教师工资和政策性补贴能按有关规定按月足额发放。

附：全州县教育局领导

党组书记：俞平誉

党组副书记：李春林

副局长：唐智民　蒋以明　赵　洪

纪检组长：左明智

地址：全州县桂黄中路110号

邮编：541500

撰稿：邓运林

兴安县

【概况】 2006年兴安县教育情况：

学校数和学生数 全县有完小25所，教学点（含分部）98个，学生16151人；普通初中12所，学生10730人，普通高中5所，学生9852人；中等职业技术学校2所，学生1472人。

专任教师和师生比 小学专任教师1269名，师生比1∶11；普通初中专任教师763名，师生比1∶11.6；普通高中专任教师426名，师生比1∶18.7；中等职业技术学校专任教师100名，师生比1∶16.3。

每万人口在校生 幼儿园81人，小学44.3人，普通初中286人，普通高中220人，中等职业技术学校88人。

校园、校舍面积和生均情况 小学校园面积1031073平方米，生均63.8平方米；校舍289230平方米，生均18.06平方米。初中校园面积449746平方米，生均42平方米；校舍164208平方米，生均15.3平方米。普通高中校园426021平方米，生均43.2平方米；校舍101389平方米，生均15.2平方米。中等职业技术学校校园面积207343平方米，生均141平方米；校舍20034平方米，生均13.6平方米。

义务教育普及程度 小学学龄儿童入学率100%，小学毕业生升学率100%；小学生辍学率0；初中毛入学率100%；初中毕业生升学率70.5%，普通初中辍学率1.32%。

【教育经费的收入与支出】 2006年，全县教育经费总收入11290万元，比2005年多收入1010万元，增长9.8%。其中财政拨款收入9180万元，比上年多收入1956万元，增长27%。预算外资金收入2028万元，比上年多收入－922万元，增长－31.3%。教育经费总支出1121.3万元，比上年多支出1191万元，增长11.8%。其中财政拨款支出9180万元，比上年多支出1956万元，增长27%。预算外资金支出2083万元，比上年多支出－765万元，增长－26.9%。总支出中，人员经费支出6593万元，公用经费支出1951万元，基建支出700万元，其他支出2019万元。

附：兴安县教育局领导

党组书记、局长：潘奇军
副书记：阳立仁
副局长：盘祥军
副局长：韩宏勇
纪检组长：袁汉良
地址：兴安镇教育路7号
邮编：541300

撰稿：唐茂歆　潘奇军

永福县

【概况】 2006年永福县教育情况：

学校数和学生数 全县共有小学98所，教学点7个，普通初中14所，普通高中2所，完全中学1所，县职业教育中心1所。小学在校学生14352人，普通初中在校学生10248人，普通高中在校学生3564人，县职业教育中心在校学生576人（含联办生）。

专任教师数和师生比 小学专任教师1074人，师生比为1∶13.4；初中专任教师652人，师生比为1∶15.7；普通高中专任教师211人，师生比为1∶16.9；县职业教育中心专任教师41人，师生比为1∶14.0。

每万人口在校生 小学534.9人，普通初中382.0人，普通高中132.8人，县职业教育中心14.6人。

校园、校舍面积和生均情况 小学校园面积415991平方米，普通初中410704平方米，普通高中192636平方米，县职业教育中心69993平方米。小学生均面积29.0平方米，普通初中40.1平方米，普通高中54.1平方米，县职业教育中心121.521平方米。小学校舍面积132453平方米，普通初中100574平方米，普通高中55560平方米，县职业教育中心12772.83平方米。小学生均面积9.2平方米，普通初中9.8平方米，普通高中15.6平方米，县职业教育中心22.9平方米。

义务教育普及程度 小学学龄儿童入学率为99.9%，初中阶段入学率为102.66%；小学辍学率为0.03%，普通初中辍学率为2.19%；小学毕业生升学率为100%，初中毕业生升学率为45.3%。

【教育经费的收入与支出】 2006年，永福县教育经费总收入7967万元，比上年多收入891万元，增长12.59%，其中财政拨款收入5524万元，比上年多收入1827万元，增长49.42%；预算外资金收入1198万元，比上年少收入604万元，负增长33.52%（因免收初中、小学生杂费等）。教育经费总支出7191万元，比上年多支出363万元，增长5.26%。其中：财政拨款支出5249万元，比上年多支出697万元，增长15.31%；预算外资金支出1288万元，比上年少支出520万元，负增长28.76%。总支出中，人员经费支出5323万元，公用经费支出1440万元，基建支出428万元。

【义务教育经费】 2006年，永福认真贯彻落实《广西壮族自治区免除农村义务教育阶段学杂费和补助农村义务教育阶段中小学公用经费工作方案（试行）的通知》精神，严格执行“两免一补”政策，免除初中生10248人，小学生14352人杂费，免收4164名初中、小学生的书费，249名小学生、1042名初中生享受困难补助，办学公用经费由财政按初中生（县镇每生每年210元，农村每生每年180元），小学生（县镇每生每年160元，农村每生每年130元）的标准足额按期拨付。

【学校建设】 2006年，撤并黄源、九槽、路芽等8所村级小学，12个办学效益低的教学点，投入120多万元建设乡（镇）寄宿制小学，投入180万元建设县直寄宿制小学——明德小学。多渠道筹措资金 691.4 万元用于校园项目建设。其中有实施长效保障机制项目 4 个，221 万元；明德项目 2 个，102 万元；二期危改工程 4 个，115.4 万元；市县工程 2 个，260 万元，主要用于加强重点学校建设，完善基础设施。自筹 260 万元新建永福中学学生公寓 4440 平方米，实验中学综合楼 1756 平方米（造价 95 万元）；还应用市场化运作方式引进民间资金 205 万元新建永福中学、永福县第二中学的学生食堂 3416 平方米，兴建明德小学综合楼及教学楼各一栋 1954 平方米，推进了全县两所高中（永中、县二中）、三所初中、六所小学等一流学校的建设步伐。

加强薄弱学校建设。例如投入 400 多万元改造了百寿高中等，由于政府加大资金投入，使广福初中、堡里初中、苏桥初中、永安初中、百寿高中以及双桥、三多、曾村、大路等基础设施薄弱学校的办学条件得到明显改善。加强校园文化建设，营造优良育人环境。年内共投入资金 110 多万元用于加强全县中小学的校园文化建设，县实验中学被评为桂林市校园文化建设示范学校。

【“两基”工作】 1997 年，永福县通过了自治区人民政府“两基”验收，被认定为“两基”达标县。多年来，本县不断强化政府行为，狠抓“两基”巩固提高不放松。2006 年适龄儿童入学率 99.9%，辍学率为 0.03%；初中入学率 102.66%，辍学率低于 3%。

【教学质量】 2006 年，永福县教育局在抓好巩固、提高“两基”成果的基础上，全面实施素质教育，强调育人为本，重视学生综合素质的培养。一是学生的思想品德、道德素质得到很大提高，“八荣八耻”深入校园及生活环境每个细节中。二是团结精神增强，县教育局六月举办中小学生篮球赛，参赛学生个个生龙活虎，团结拼搏，表现出很强的集体主义精神和集体荣誉感。三是树立了环保意识，学生养成了良好的卫生习惯。四是学生的个性特长得到充分发挥，2006 年全国第十一届中小学生绘画、书法作品比赛，永福县 24 人获得一等奖，86 人获二等奖，337 人获三等奖，获奖人数之多，居桂林市 12 县之首。五是教学质量明显提高。2006 年中考永福县 600 分以上考生 187 人，比 2005 年增加 152 人，7 门考试科目平均分高于桂林市 12 县，其中英语、化学居第一位，数学、物理居第二位；高考上重点线人数相当于前十年的总和，由 2003 年在全区排位第 79 位升到第 19 位。

【职业教育和成人教育】 2006 年，永福县投入 1321 万元加快县职业教育中心建设的步伐，到 12 月，县职业教育中心的学生公寓维修工程完工。完成教学大楼主体工程的建设；采取有效措施扩大中职学校招生，共完成中职招生送生任务 1300 人，县职教中心在校生达 576 人。县职教中心、乡镇成人学校、农业科技、劳动人事保障等部门通力协作，大力开展农村富余劳动力，农村实用技术培训，下岗职工再就业培训，新增劳动力引导性和职业技能性培训，全年培训农村富余劳动力 146 人，转移就业 146 人，新增劳动力 1139 人，实现就业 954 人，各种实用技术培训达 43270 人次，致富骨干培训 2665 人次。

【人事制度改革】 2006 年，永福县教育局对人事制度进行大刀阔斧改革，教育局股室领导及部分学校领导实行竞聘，县城或重点学校的教师向全县公开招聘，一律试用一年，期满优胜劣汰；超编学校采取公开、公平竞聘，优化组合，富余教师在全县内统一调配，平衡全县教师编制。中小学部分领导和教师异地交流任职任教，先进学校带动薄弱学校，逐步缩小城乡学校的差距，促进全县教育实现逐步均衡发展，资源共享。

【中小学“校长建设年”】 自治区把 2006 年确定为全区中小学“校长建设年”，永福县教育局把“校长建设年”工程与本县的强化学校管理结合起来，把 2006 年确定为“永福县中小学强化管理年”，通过举办校长培训班，管理专题讲座、参观学习、校长论坛，使全体校长拓宽了视野，增长了管理才干，增强了依法办学、以法治校的意识。年终检查，全县所有中小学都有了《章程》，建立健全规章制度，学校管理制度化、规范化程度明显提高。

【教研活动和教学成果】 2006 年，以县教育局教研室为中心，组织开展全县教研活动，组织全县中小学教师加强理论业务学习，积极开展新课程培训，分别在实验中学、广福乡、永福镇小召开了初中、小学新课改研讨会，教研员送课到校，举办讲座，组织教师开展课题研究、课件制作、论文推选、学科竞赛等。一年来，教研员深入全县各级学校听课人均达 70 节，对 200 多名教师进行了教学测评。举办专题讲座 30 多场，请市、县骨干教师、教研员等送课到 20 多所学校，聘请师大黄麟生、蒋士会、何昭红等教授、市教科所领导及教研员来县讲学。这些活动推动了我县的科研和教学工作。

一年来，全县申报高级科研课题 13 项，批准立项 10 项，另有 3 项县级课题也得到立项。有 30 多位教师上交了高质量的教学课件，上送论文300多篇，有200篇已分别获得区、市的一、二、三等奖。参加市级优质课、数学教师演讲、劳动能手及书法现场竞赛，有10多人分别获得一、二、三等奖。组织学生参加国家、区、市级的学科竞赛，分别获一、二、三等奖达350多人次，仅物理科就有193名学生获区级以上奖，68人次获区级优秀指导教师奖，1人获国家级优秀指导教师奖。

附：永福县教育局领导

党组书记、局长：周长安

副局长：黄裕龙　余世斌

纪检组长：谢艳菊

党组成员：李清利　舒成义　曾心地

撰稿：黄德榜　汤积光　黄忠民　黄东海

阳朔县

【概况】 2006年阳朔县教育情况：

学校数和学生数 全县现有中小学校点134所，其中完小77所，辖38个教学点；普通初中13所，普通高中4所，中等职业技术学校2所。共有在校学生33924人，其中小学生16614人，初中生11631人，普通高中生5103人，中等职业技术学生586人。

专任教师数和师生比 中小学专任教师2460人，其中小学专任教师1268人，初中专任教师806人，普通高中专任教师374人，中等职业技术学校专任教师12人。师生比分别为小学1∶13.1，初中1∶14.4，普通高中1∶13.6，中等职业技术学校1∶49。

每万人口在校生 幼儿、学前教育300人，小学543人，初中380人，普通高中153人，中等职业技术学校19人。

校园、校舍面积及生均情况 全县共有校园面积947906平方米，其中小学438244平方米，初中359956平方米，普通高中179010平方米，中等职业技术学校70596平方米。小学26平方米，初中31平方米，普通高中35平方米，中等职业技术学校120平方米。全县中小学共有校舍面积310998平方米，其中小学114969平方米，初中92367平方米，普通高中90062平方米，中等职业技术学校13600平方米。生均为小学6.92平方米，初中7.95平方米，普通高中18平方米，中等职业技术学校23平方米。

义务教育普及程度 小学学龄儿童入学率99.38%，初中阶段学龄少年毛入学率103.4%、净入学率98%；小学在校生辍学率0.03%，初中在校生辍学率1.79%；小学毕业生升学率100%，初中毕业生升学率60%。

【教育经费的收入与支出】 2006年，阳朔县教育经费总收入11535.4万元，比2005年多1821.4万元，增长18.8%，其中财政拨款10598万元，比2005年多3234万元，增长43.9%，预算外资金749万元，比2005年少1223万元，增长－62%。教育经费总支出11535.4万元，比2005年多1821.4万元，增长18.8%，其中财政拨款支出10598万元，比2005年多支出3234万元，增长43.9%；预算外资金支出749万元，比2005年少支出1223万元，增长－62%。总支出中，人员经费9443万元，公用经费1473万元，基建支出616万元，其他支出3.4万元。

【学校建设和“两免一补”工作】 2006年，阳朔县在7所学校实施18个单项工程，建筑面积11560平方米，总投资634.5万元。投入资金90万元对全县58所学校的部分C、B级危房校舍进行了维修，完成维修校舍26660平方米。同时，抓好农村家庭经济困难学生的“两免一补”工作，2006年义务教育阶段学生全部免收杂费，共免收481.47万元；获得免费发放教科书的学生共12318人次，获得补助经费67.23万元（其中国家提供53.19万元，县财政提供14.04万元）；获得农村寄宿制困难补助费的学生共2899人次，补助经费达14.49万元；社会捐资助学达82万元，受助师生共1500多人。2006年共有98名贫困大学生得到上级政府拨出的资助路费共2.2万元。

【“两基”工作】 2006年，阳朔县充分做好“两基”迎国检的准备工作。县委、县政府对此项工作高度重视，通过召开全县的“两基”攻坚动员会、中小学危房摸底调查会，督促全县各成员单位配合教育部门全力以赴做好“两基”迎国检的各项准备工作。教育局通过召开各种类型的培训会、研讨会，全县各中小学明确了今后的工作方向。同时局领导班子还到下面的各中小学挂点，督促、检查“两基”攻坚的各项工作。为加强我县的控辍保学工作，今年春、秋两个学期我局动员各中小学教师做了大量细致的工作，确保了辍学率不超标，同时还专门召开了各中小学档案工作人员的培训会议，督促各校在暑假内做好“两基”各种档案的整理工作。

【校园文化和寄宿制建设】 2006年，阳朔县的校园文化建设有了新的突破。各中小学加大了校园的美化、绿化力度。各校通过校园文化长廊建设、绿化花圃、硬化道路、平整操场、清理厕所等工作，校容校貌有了极大的改变。阳朔镇外语实验中学、阳朔县幼儿园被自治区党委宣传部、自治区文明办命名为“文明小区”、“文明庭院”。白沙小学获得自治区授予“校园文化建设先进学校”的光荣称号，是桂林市获此殊荣的唯一一所农村小学。

2004年以来，阳朔县抓住西部地区农村寄宿制学校建设的大好时机，主动争取国家项目资金327.8万元，县财政给“西部地区农村寄宿制学校建设工程”配套资金327.8万元，农村学校布局调整项目配套经费120万元，添置桌椅、炊具、床铺共投入56万元到农村寄宿制学校建设，一共新建教学楼581.7平方米，学生宿舍4189.2平方米，学生食堂789.9平方米，购置学生用床1530铺，改建部分校舍和添置寄宿生学习、生活用品。至2006年底在阳朔镇、白沙镇、福利镇、兴坪镇、高田镇、葡萄镇、金宝乡、普益乡等8个乡（镇）中心小学和较边远山区，住居分散的福利镇龙尾村完小、兴坪镇大源村完小建成了10所寄宿制学校。县财政全年补助家庭困难的寄宿制学生12318人次，补助金额达29万余元。由于建成寄宿制学校，撤出高完小25处。至2006年，已建成10所寄宿制小学。

现在这些寄宿制学校，特别是乡（镇）所在地的寄宿制学校修建了草坪，种植了花草，硬化了路面，配备了电脑室、实验室、图书室，基本做到“六有”：有规范化的校园、有较完备的现代化教学设施、有满足需要的卫生食堂、有干净的生活用水、有宽敞安全的宿舍、有方便卫生的厕所。学校已初步探索出一套管理寄宿制学校的有效方法。如白沙镇中心小学加强了对内宿生的管理，制定了一套有效的教师值周、学生作息、请假登记、学生离校、宿舍卫生、节约、安全、文明等管理制度，对学生实行封闭式管理，进行习惯性养成教育培训。从而明确家校责任，保证学生安全、家长放心。普益乡中心小学对寄宿学生进行自理能力的培训，让学生学会自己照顾自己，逐步养成良好的卫生习惯。学校还配备生活管理教师，对寄宿生实行食、宿双陪制和“双陪”两班倒（即白天、晚上管理教师两班轮换）。寄宿制学校的建立和有效的管理，让学生高兴、家长满意、群众欢迎，推进了教育的均衡发展，使教育公平逐步成为现实。

附：阳朔县教育局领导
党委书记、局长：周晓冬
党委副书记、副局长：秦秀娥　赖顺志
党委委员：夏兆华
地址：阳朔县阳朔镇抗战路21号
邮编：541900

撰稿：陶仙福　姚仕荣

灌阳县

【概况】 2006年灌阳县教育情况：

学校数和学生数　全县有小学146所，教学点45个，在校小学生数15613人；有普通初中12所，在校初中生10165人；有普通高中3所，在校高中生4055人；中等职业技术学校1所，在校中职生347人。

专任教师数和师生比　全县共有专任教师2083人，其中小学有1122人，普通初中有720人，普通高中有208人，中等职业技术学校有33人。师生比是小学为1∶12，普通初中为1∶12，普通高中为1∶19，中等职业技术学校为1∶11。

每万人口在校生　幼儿园为221人，小学558人，普通初中379人，普通高中145人，中等职业技术学校12人。

校园、校舍面积和生均情况　小学校园面积452990平方米，生均29平方米，校舍面积152134平方米，生均9.7平方米；普通初中校园面积434696平方米，生均42.8平方米，校舍面积84460平方米，生均8平方米；普通高中校园面积88616平方米，生均21.9平方米，校舍面积43599平方米，生均10.8平方米；中等职业技术学校校园面积25974平方米，生均74.9平方米，校舍面积5070平方米，生均14.6平方米。

义务教育普及程度　小学学龄儿童入学率为100%，初中阶段入学率为101.34%；小学生辍学率为0，普通初中辍学率为1.68%；小学毕业生升学率为100%，初中毕业生升学率为58%。

【教育经费的收入与支出】 2006年，县教育经费总收入9698万元，比上年多收入1791万元，增长23%。其中财政拨款收入8493万元，比上年多收入1869万元，增长28%；预算外资金收入1205万元，比上年减少78万元，降低6%。教育经费总支出9698万元，比上年多支出1791万元，增长23%。其中财政拨款支出8493万元，比上年多支出1869万元，增长28%；预算外资金支出1205万元，比上年少支出78万元，降低6%。总支出中，人员经费支出5880万元，公用经费支出1364万元，基建支出1085万元，其他支出1369万元。

【“两基”工作】 2006年，为使全区的“两基”工作顺利通过国家的评估验收，县人民政府把“两基”攻坚工作作为“重中之重”，列为重要议事日程。一是领导高度重视，及时调整了以县长为组长的“两基”攻坚领导小组。教育局成立了三个业务指导组和五个下校督查组，经常深入学校检查指导“两基”工作进展情况，不分双休日、节假日，逐校督促、检查，发现问题，及时整改；二是全县教职员工全力以赴投入到“两基”工作的软硬件建设之中，认真完成各项软硬件建设任务。在普及程度、师资队伍建设、办学条件、教育经费投入、教育质量、学校管理和成教扫盲等方面均基本达到了“两基”验收标准。

【教改促教学】 2006年，教育局进一步完善各级各类学校教育教学常规管理制度和措施，并狠抓落实：一是开展多种形式的教学竞赛活动，促进教学水平和教学质量的提高；二是通过支教的途径与先进学校结成对子，互相学习；三是积极开展送教下乡活动；四是采取走出去，请进来的形式，深化课堂教学改革；五是积极进行课题研究，提高科研水平；六是严肃考风考纪，努力提高教学质量。

通过以上措施，全县中、小学基础教育质量有了明显提高。小学毕业考在试题难度相近的情况下，语数两科总分平均分、合格率、优秀率均比2005年有所提高；中考总平均分在桂林市12县的排名中，在2005年的基础上又提升了一个名次，其中语文、数学和物理已经跨入桂林市中上水平；高考本科上线人数达609人，比2005年高考净增55人，特别是灌阳高中理科状元翟计全以总分643分的成绩居全区理科第207名，县文科状元蒋玲春以613分居全区文科226名，取得了近十三年来的最好成绩。

附：灌阳县教育局领导

党组书记、局长：唐维清
副局长：袁广林　袁红波
纪检组长：黄晓艳
党组成员：孙建林　蒋晓玲

地址：灌阳县灌江西路7号
邮编：541600

撰稿：刘祖财　卿熙禹

资源县

【概况】 2006年资源县教育情况：

学校数和学生数 全县现有完小64所，教学点64个，普通初中9所，普通高中1所，中等职业技术学校1所，民族中学1所，幼儿园18所（其中民办幼儿园17所），乡镇农民文化技术学校7所，村分校71所。在校小学生9581人，初中生5017人，普通高中学生2124人，职业高中生561人，小学附设学前班学生1561人。

专任教师数和师生比 小学专任教师762人，初中专任教师450人；小学师生比为1∶11.1，初中师生比为1∶8.8。

每万人口在校生 幼儿园为169人，小学为574人，普通初中为300人，普通高中为127人，中等职业技术学校为33人。

校园、校舍面积和生均情况 小学校园面积302292平方米，初中126094平方米，普高70966平方米，职中45630平方米；小学生均面积31.55平方米，初中25.13平方米，高中33.4平方米，职中35.3平方米；小学校舍面积115208平方米，初中61504平方米，高中32684平方米，职中9522平方米；小学生均校舍面积12平方米，初中12.26平方米，高中15.3平方米，职中7.4平方米。

义务教育普及程度 小学学龄儿童入学率为100%，初中入学率为99.75%；小学生辍学率为0，普通初中辍学率为0.81%；小学毕业生升学率为99.9%。

【教育经费的收入与支出】 2006年，全县教育经费总收入5203万元，比上年多收入440万元，增长9.2%。其中财政拨款收入4495万元，比上年多收入655万元，增长17.06%；预算外资金收入708万元，比上年少收入215万元，下降23.2%，根据桂政办发〔2006〕6号文全县初中生，小学生免交杂费，减少事业收入导致预算外收入下降。教育经费总支出5076万元，比上年多支出565万元，增长12.87%。其中财政拨款支出4433万元，比上年多支出565万元，增长14.6%，预算外资金支出643

万元，比上年少支出63万元，下降7.6%。总支出中，人员经费支出3721万元，公用经费支出499万元，基建支出190万元，其他支出666万元。

附：资源县教育局领导
党组书记、局长：陈贤德
党组副书记：石克辉
副局长：刘启明　莫燕飞
纪检组长：王春兰
党组成员：周关云　杨焕龙
地址：资源镇城中路58号
邮编：541400

撰稿：易孝和　石克辉

平乐县

【概况】 2006年平乐县教育情况：

学校数和学生数 全县现有小学91所，教学点54个，学生人数为24944人；普通初中17所，学生人数为19211人；普通高中3所，学生人数为4888人；职业技术学校1所，学生人数为487人。

专任教师数和师生比 小学专任教师1642名，小学在校生24944名，师生比为1∶15。普通初中专任教师1013名，初中在校生19211名，师生比为1∶19。普通高中专任教师309名，高中在校生4888名，师生比为1∶16。中等职业技术学校专任教师33名，中等职业在校生487名，师生比为1∶14。

每万人口在校生 幼儿园有180人，小学有500人，初中有440人，高中有110人，中职校有3人。

校园、校舍面积及生均情况 小学校园面积704523平方米，生均面积28平方米，校舍面积231561平方米，生均面积9.3平方米；普通初中校园面积432958平方米，生均面积23平方米；校舍面积141200平方米，生均面积7.3平方米；普通高中校园面积176047平方米，生均面积36平方米；校舍面积97797平方米，生均面积20平方米；中等职业技术学校校园面积105962平方米，生均面积218平方米；校舍面积7080平方米，生均面积14.5平方米。

义务教育情况 小学学龄儿童入学率为99.8%，初中毛入学率97.51%；小学生辍学率为0.28，普通初中辍学率为2.25；小学毕业生升学率100%，初中毕业升学率为30%。

【教育经费的收入与支出】 2006年，平乐县教育经费总收入12445.7万元，比2005年多收入2342.1万元，增长24%。其中财政拨款收入10362.1万元，比2005年多收入3404.3万元，增长48.9%；预算外资金收入1790万元，比2005年少收入786.4万元，减少30.5%。教育经费总支出12445.7万元，比上年多支出2342.1万元，增长24%。其中财政拨款支出10362.1万元，比2005年多支出3404.3万元，增长48.9%；预算外资金支出1790万元，比2005年少支出786.4万元，减少30.5%。总支出中，人员经费支出9143万元，公用经费支出2538.2万元，基建支出100万元，其他支出663.5万元。

【教育教研建设】 2006年，平乐县教育局教研室获先进教研室奖，一年来，有200多人获市级论文奖；800多人获区级以上论文奖；中小学教师共有15人获市级教学竞赛奖，有30人获区级以上中小学英语技能大赛奖；中小学生共有3000人次获市级以上学科竞赛奖；在科研方面，2004—2006年度教研室获桂林市教育科研先进集体，全县中小学共有5个课题获市级揭题，中小学共有30人获市级科研先进个人。

【招生考试】 2006年，全县参加普通高考人数为1667人，其中上本科线836人，上线率为50.15%，其中上一本线106人，二本线318人，三本线373人，平乐中学上一本线104人，首次突破百名大关。全县参加普通中考人数为3823人，全县共设考点13个考试129人，考试科目为7科，总分为690分，全县600分以上400人，最高分661分。录取桂林十八中26人；桂林中学6人；平乐中学996人，其中指令生721人，最低录取分数线570分；民族中学516人，其中指令生432人，最低录取线486分；二塘中学487人，其中指令性415人，最低录取线380分。荔师附中88人，最低分数476分。全县共录取2119人，中考成绩名列桂林市各县前茅。全县参加成人高考366人，其中高升本7人，高升专139人，专升本220人。2006年自学考试共举行三次，共报名1363人次，1866科，实考1631科，实考率82.1%，及格862人次，及格率56.3%。

【职业教育】 2006年，平乐县中职校开设有数控技术运用、模具设计与制造、电子技术运用、计算机应用技术等四个专业，在学校生为487人。学校2006年经过自治区、桂林市教育行政部门评估，被自治区教育厅认定为“合格学校”。2006年，全县

10所成人文化技术学校以及134所村级农技校开展各种办班培训，其中农业先进实用技术培训65125人次，农村致富骨干培训4135人，农村富余劳动力转移培训784人，实现就业658人，新增劳动力转移就业培训2189人，实现就业2023人，“绿色证书”培训5489人。通过大力开展各种培训，有效地提高了平乐劳动群体的素质，为发展平乐县的经济起到了较大的促进作用。

附：平乐县教育局领导

局长：李任科

副局长：欧文标　徐邦华　陈求义　严宗田

党组副书记、纪检组长：叶平新

撰稿：莫钧忠　蒙建周　徐自明　莫新权
陈世修　黄文兴　彭　芳　严宗田

荔浦县

【概况】 2006年荔浦县教育情况：

学校数和学生数 全县有小学118所（含特殊教育学校1所），教学点58个，在校生20752人；初中17所（含荔浦党校附中），在校生10866人；普通高中4所，在校生6074人，中等职业技术学校1所，在校学生1393人。

专任教师数和师生比 小学专任教师1552人，师生比例为1∶11；初中专任教师721人，师生比例为1∶12.3；普通高中专任教师336人，师生比例为1∶13.2；中等职业技术学校专任教师68人，师生比例为1∶16.5。

每万人口在校生 幼儿园70人，小学560人，初中293人，高中164人，中等职业技术学校37.6人。

校园、校舍面积和生均情况 小学校园总面积976814平方米，生均47平方米，校舍面积188080平方米，生均9.06平方米；普通初中校园面积438373平方米，生均40.3平方米，校舍面积146153平方米，生均13.5平方米；普通高中校园面积168280平方米，生均27.7平方米，校舍面积55602平方米，生均9.15平方米；中等职业技术学校校园面积80040平方米，生均57.45平方米，校舍面积17010平方米，生均12.21平方米。

少数民族在校生人数比例 小学在校生中有少数民族学生4313人，占20.78%；初中少数民族在校生有2596人，占23.89%；高中少数民族在校生有1730人，占28.48%；中等职业技术学校少数民族在校生有272人，占19.52%。

义务教育普及程度 小学学龄儿童入学率为100%，初中阶段入学率为97.47%；小学生辍学率为0，普通初中辍学率为1.94%；15周岁完成率99.98%，17周岁完成率94.65%；小学毕业升学率为99.70%，初中毕业生升学率为56.28%。

【教育经费的收入与支出】 2006年，荔浦县教育经费总收入12750.7万元，比上年增加2455.8万元，增长23.85%。其中财政拨款收入10748.3万元，增加2866万元，增长36.36%；预算外资金收入2002.4万元，比上年减少410.2万元，减少17%。教育经费总支出12750.7万元，比上年增加2455.8万元，增长23.85%。其中财政拨款支出10748.3万元，比上年增加2866万元，增长36.36%；预算外资金支出2002.4万元，比上年减少410.2万元，减少17%。总支出中，人员经费支出8979.7万元，公用经费支出3444万元，基建支出327万元。

恭城瑶族自治县

【概况】 2006年恭城县教育情况：

学校数和学生数 全县有各级各类学校198所，在校学生34008人。其中小学114所，教学点63个，在校小学生18484人；普通初中16所，在校初中生11665人；高完中3所，独立高中1所，在校高中生4362人；中等职业技术学校1所，职校生297人。

专任教师数和师生比 小学专任教师1396人，师生比1∶12.54；普通初中专任教师661人，师生比1∶14.73；普通高中专任教师249人，师生比1∶17.6。

每万人口在校生 每万人口幼儿园在校生195人，小学660人，普通初中417人，普通高中156人，中等职业技术学校10人。

校园、校舍面积和生均情况 小学占地面积760046平方米，校舍建筑面积155451平方米，生均8.41平方米；普通初中占地面积436534平方米，校舍建筑面积118985平方米，生均10.20平方米；普通高中占地面积165600平方米，校舍建筑面积75163平方米，生均17.2平方米；中等职业技术学校占地面积18009平方米，校舍建筑面积4210平方米，生均14.2平方米。

义务教育普及程度 小学学龄儿童入学率99.98%，初中毛入学率为102.51%；小学生辍学率为0.01%，普通初中辍学率为2.3%；小学毕业生升学率为100%，初中毕业生升学率为71.1%。

【教育经费的收入与支出】 2006年，恭城瑶族自治县教育经费总收入7130万元，比上年多收入1775万元，增长33.1%。其中财政拨款收入5915万元，比上年多收入922万元，增长18.5%；预算外资金收入680万元，比上年少收入2万元，减少0.3%。教育经费总支出7077万元，比上年多支出2364万元，增长44.2%。其中财政拨款支出5862万元，比上年多支出869万元，增长17.4%；预算外资金支出680万元，比上年少支出2万元，减少0.3%。总支出中，人员经费支出5549万元，公用经费支出1650万元，基建支出535万元。

附：恭城县教育局领导

党组副书记、局长：陶世忠

党组书记、副局长：莫模林

副局长：孟定清 蒙世旺

纪检组长：廖碧玉

地址：恭城镇明秀路一巷1号

邮编：542500

撰稿：李 斌 陶世忠

象山区

【概况】 2006年象山区教育情况：

学校数、学生数和师生比 自1999年，桂林市小学下放城区管理以来，迄今为止，由我区负责管理的中小学（园）共计73所，其中公办中学1所，公办小学14所，企业办小学8所，民办小学7所，公办幼儿园1所及各类民办、企业办、部队办幼儿园42所。公办、企办小学教学班377个，在校学生14902人。初中教学班15个，在校生675人。公办小学教职工820人（其中专任教师808人），师生比1∶15.5；初中教职工53人（其中专任教师53人），师生比1∶12.7。

校舍面积及生均情况 公办小学校舍总面积85273.1平方米，生均6.7平方米；公办中学校舍总面积4171平方米，生均6.2平方米。

义务教育普及程度 全区小学阶段适龄儿童入学率城市100%，初中阶段入学率为127.8%；小学在校生辍学率为0，中学在校生辍学率为0.88%；残疾儿童入学率为100%，中小学女童入学率为100%；小学毕业班学生毕业率100%，初中毕业班学生毕业率94.7%；15周岁人口中初等教育完成率为100%，17周岁人口中初级中等教育完成率为99.1%；

【教育经费的收入与支出】 2006年，象山区教育经费总收入4815.6万元，比上年多收入1094.9万元，增长29.43%。其中财政拨款收入4506万元，比上年多收入929万元，增长25.97%。教育经费总支出4806.3万元，比上年多支出1094.8万元，增长29.5%。其中财政拨款支出4506万元，比上年多支出929万元，增长25.97%。总支出中，人员经费支出3604.1万元，公用经费支出679.2万元，基建支出523万元。

【农村教育】 2006年，在全市首推农村教师津贴制度，农村教师十三个月工资自筹部分补差制度，骨干教师下乡轮教制度，城乡学校领导、后备干部异校交叉任职制度，教研员到农村学校蹲点指导制度、城乡学校“手拉手”帮扶制度等五项硬招，有效稳定了农村教师队伍，提高了农村教师群体素质；仅2006年，投入近37万元用于农村中小学的校舍、电路、水管等改造，全年争取资金共往农村学校投入36万元，用于弥补农村学校的办学经费不足，是往年同期资金投入的3倍；及时召开“建设新农村，教育要先行”座谈会，主办“推进教育均衡、构建和谐社会”全国教育发展论坛，在“六一”前夕，组织开展了“我与新农村孩子共分享”的家庭捐书活动，城区家庭共为农村孩子捐书5000多册，创设了适合农村边远学校良性发展的外部环境。

【全面调整教育布局】 2006年，完成新一轮企业办学校接收工作，顺利接收客车工业集团公司、奇峰纸业有限公司、骏达汽车运输公司等三所企业办小学。深入调研论证，出台《象山区教育布局调整规划》，通过新建、重建、扩建、改善、合并、撤销等系列措施全面实施学校布局调整，其中征地50—100亩扩建农村二塘初中，建设全市第一所中小学九年一贯制农村实验学校的规划正在启动，年内已完成二塘中心校、銮塘中心校合并管理以及平山小学、银海小学、四建小学合并管理工作。

【城市低保户儿童全免费入学】 2006年，在积极落实国家“两免一补”政策基础上，在我市率先实施城市低保户子女“0”元入学政策，辖区内所有城市低保家庭学生不必交钱就可以坐进教室享受真正意义上的义务教育。2006年春、秋两季，共投入资金10.71万元，为辖区191名城市低保家庭学生免除了所有入学费用。

【建设校外教育基地】 在2003年筹建象山区青少年活动中心的基础上，依托奇峰镇野战部队和李向群英模事迹得天独厚的自然、人文优势，筹划成立李向群少年军校，投资60多万元完成军校一期建设工程，2006年12月，成功举办少年军校总校成立暨首期军事训练营开营仪式，2007年起，区属各校五、六年级学生开始分批进入少年军校进行轮训；充分利用农村校点合并后空余教育用地筹建青少年田园实践基地，年末制定出台《象山区青少年田园实践基地筹建方案》，计划在2007年“六一”之前正式成立田园实践基地并开展活动。

【德育建设】 2006年，组织开展以“正师风、树师表、颂师德”为主题的师德先进事迹巡回展；成功举办首届中小学班主任工作论坛及征文大赛；举行教师“文明礼仪活动年”启动仪式，将“文明礼仪活动”与“八荣八耻”教育相结合；开展“用好压岁钱　做理财小能手”、“文明礼仪我先行”、争创“五小文明”等主题德育活动，培养学生良好行为习惯和个性品质；成功举办“象山童心　快乐起飞”——象山区庆祝“六一”国际儿童节暨象山少儿艺术团成立庆典仪式，活动以其规模大、形式新、品位高、参与面广等特征赢得社会各界高度赞誉。

【加强校长队伍建设】 2006年，年初启动中小学校长、后备干部队伍建设工程，并相继开展了系列新颖有实效的培训活动：本着“新岗位、新思想、新举措”的培养目标，实行城乡校长、后备干部异校交叉任职制度，定期召开经验交流会；开展以局机关、校长为领头的全员读书活动，通过自主读书、撰写心得、网上交流、读书论坛、征文比赛等活动激发校长、后备干部读书热情；举办“学校、文化、发展”校长论坛，开展“校长自我管理与有效沟通”专题培训讲座，召开教育发展座谈会，为校长提供交流切磋和广泛学习的平台；赴昆明、杭州两地进行教育考察，并举办两地校长论坛，促进我区教育对外交流和学习；成功策划并举办2006年教育管理干部培训班，开设法律知识解疑、安全管理培训、企业文化构建访谈等特色课程，提升校长、后备干部专业素养；对现任校长全方位考核，顺利完成了校长规范管理达标评估、聘任校长任期目标考核工作及新一轮校长聘任工作。

【“名师”培养工程】 2006年，制定《象山区“教坛名师”培养工程方案》，从全区各校遴选了　名优秀教师作为区教坛名师培养对象，正式启动区教坛名师培养工程；举办象山区名师工程四方签约仪式暨“课改在线　名师对话”现场研修活动；特邀全国著名小语名师支玉恒、李卫东、张祖庆老师亲临指导，成功举办“象山区名师工程‘走近名师’研修沙龙”活动；积极策划组织“名师点评课堂”教学研讨活动，全国著名特级教师、广西小教中心文科室主任、象山区名师工程学员首席导师黄亢美，广西小教中心数学教研员、区名师工程学员首席导师汤建芬老师亲临现场指导；组织名师工程学员送教到老区；举办桂、柳、邕三地优秀青年教师课堂教学交流研讨活动。

【课程改革】 2006年，广泛征求学校意见，进一步调整内容设计十四方面的教研员服务菜单，制订了下校“菜单”服务计划；着重抓学校校本教研制度建设工作，组织各校分管教学的教导主任开办了为期半年的区校本教研骨干培训班，以市教科所专家现场讲学、学员回校开展二级培训的形式辐射全区；面向全市组织召开了“区域性推进校本教研工作”现场会，全面推介了我区校本教研工作成果；重视区学科基地校的建设工作，教研员经常下基地校组织指导开展特色学科活动，并召开了学科基地校建设工作经验交流会；继续开展校本课程的研究工作并取得阶段性成果，在自治区校本课程经验交流活动上做经验汇报，得到好评；策划“我参与，我快乐”学科竞赛周活动，组织全体师生利用实践课围绕“亲身体验、乐于探究、勤于动手、快乐合作”的主题开展各学科实践活动。

【学校安全卫生管理】 多次组织召开安全工作会议，对综治、安全卫生工作进行指导督促；开展两次校园安全大检查，四次校园安全卫生抽查，对学校饮食、消防、设施、水电等安全情况细致检查，突击夜访了二塘中学住宿、功能室、安全报警装置的安全情况，并对各校整改工作进行抽样检查；与公安、消防、交警等有关部门密切配合，综合整治校园周边环境，聘法制副校长，形成学校综合治理合力；建立“学生健康状况档案库”，制定健康教育方案和常见疾病防治措施；积极开展“关爱生命，生命第一”的安全教育月活动，先后开展了安全知识讲座、安全紧急撤离、消防演练、安全知识板报比赛、安全金点子比赛、安全警示语设计比赛“六个一”活动；举办安全知识讲座，邀请医生、公安、律师就学校卫生知识、综合治理法律法规及学生伤害事故处理办法等内容做专题授课；多次开展校医、食堂从业人员上岗培训，合格率达100%。

【教育宣传】 全新改版局旧版网站，增设了近10个新的栏目，在全市17个教育网站中实现了“内容最丰富、更新最及时、市局采用率最高”等三最目标；成立宣传小组，制定出台了《象山区学校新闻宣传管理办法》，并在每校设立一名新闻员，区教育局对学校新闻员及校长开展了新闻写作和摄影知识培训，同时对学校每月的新闻报道进行评分，评选出校园最佳新闻；出版《象山教育》内部刊物；一年来在《桂林日报》、《桂林晚报》、《南国早报》上发表刊登宣传我区教育工作文章31篇，在教育电视台、桂林电视台播出反映我区教育工作事迹新闻9次，让社会、让家长、让教育同行更多地更深入地更真实地了解全区教育现状，在社会上塑造了良好的形象，赢得了良好的口碑。

撰稿：象山区教育局

七星区

【概况】 2006年七星区教育概况：

学校数和学生数 有公办学校及社会力量办学校78所（公办23所，社会力量办55所）。其中幼儿园43所（公办2所，社会力量办41所），在园幼儿3540人；小学30所（公办16所，社会力量办14所），小学在校生9436人，初中5所，初中在校学生1434人，村级文化技术学校14所。

专任教师数和师生比 全区现有小学教职工599人，师生比为1∶16。其中专任教师588人，任职合格率和学历合格率均为100%；初中教职工178人，师生比为1∶8。其中专任教师159人，任职合格率和学历合格率均为100%；

每万人在校生数 幼儿园151人，小学402人，初中61人。

校园、校舍面积及生均情况 小学校园面积14992平方米，生均15.90平方米；校舍面积59147平方米，生均6.27平方米。初中校园面积53537平方米，生均37.33平方米；校舍面积17505平方米，生均12.21平方米。

义务教育普及程度 全区小学适龄儿童入学率为100%，初中阶段入学率为126.83%；小学在校生年辍学率为0，初中在校生年辍学率为0.27%；15周岁人口初等教育完成率为100%，17周岁人口初级中等教育完成率为99.56%，“三残”儿童少年入学率为100%，青壮年人口非文盲率为100%，15周岁人口文盲率为0。

【教育经费的收入与支出】 2006年，七星区教育经费总收入4151万元，比上年多收入643万元，增长16%。其中财政拨款收入3371万元，比上年多收入688万元，增长25.64%。预算外资金收入780万元，比上年减少45万元，下降5%。教育经费总支出3925.5万元，比上年多支出433.2万元，增长11%。其中财政拨款支出3201.1万元，比上年多支出428.8万元，增长14%。预算外资金支出708.9万元，比上年少支出11.1万元，增长0.8%。总支出中，人员经费支出3.515万元，公用经费支出395万元，基建支出15.5万元。

【德育工作】 贯彻落实《公民道德建设实施纲要》《中共中央国务院关于加强和改进未成年人思想道德建设若干意见》，努力发展区域特色，拓展德育领域，创新德育方法，构建德育模式，德育工作实效性、针对性、主动性明显增强，学生犯罪率实现零目标。

【教育教学】 全区21所中小学校于2003年秋季从一年级的全部起始学科进入课改实验，截至2006年9月，全区21所中小学涉及四个年级的学生进入课改，参加实验的教师达600多人。七星区政府被市政府授予“教育目标管理责任制”一等奖；区教研室被教育厅评为“全区教研室建设评估先进单位”；区育才、英才、汇通小学被评为市“基础教育课程改革先进单位”；育才小学还被教育厅评为“基础教育课程改革先进单位”。

【师资队伍建设】 2006年，全区专任教师学历合格率达到或超过了国家的有关规定。利用高校的优质教育资源，七星区利用暑期组织各类培训活动，举办了中小学教师办公自动化应用软件培训班、中小学教师课件制作培训班、英特尔未来教育培训班、教育管理信息化标准软件培训班和普通话培训班，参训率达到95%以上。

【体卫艺工作】 认真贯彻《学校艺术教育工作规程》和体卫工作两个《条例》，加大工作力度，以课堂教育为主渠道，以活动为载体，不断拓宽领域，创新形式。在体育课堂教学中将运动技能培养与体育锻炼有机结合，学生体质健康达标率中小学分别为98.5%、97.8%。为促进学校公共卫生教育工作的开展，全区开展了卫生宣传月活动，提高了学生公共卫生知识知晓率，学生对常见病、流行性传染病的预防能力和自我保护意识明显增强。

【依法治教】 认真贯彻执行上级关于依法治教的各类文件精神，努力营造依法治教、依法行政、依法执教的良好氛围，保证上下级政令畅通。七星区政府协调各部门对教育进行综合治理，全面规范学校办学行为。全区严格按照自治区、桂林市收费工作的指示精神，全面实行“一费制”，并向社会、家长公开收费标准、范围、项目。加大对社会关注的热点问题的监督检查力度，依法维护学校、校长、教师的合法权益，依法保障家长、学生的权益不受侵犯。全区无一例越级上访事件发生。

【安全工作】 成立了安全工作领导小组，建立和完善了各项安全工作制度，全面开展了学校安全整治活动。进一步健全“一把手”负责制。严格落实责任制，把责任落实到每一个单位、每一个人。区教育局与各学校签订了《学校安全卫生责任书》，进一步加强对安全工作的领导。注重安全知识的学习和宣传，制定了各类安全预案，积极开展各类安全应急演习等活动，师生安全防范意识普遍增强。同时，全面加强校园周边环境综合治理，各校均成立了综合治理领导小组，配备专干，全力整治校园周边环境，全区校园周边环境良好，区无重大安全事故发生。

【获奖情况】 2006年，七星区“两基”工作迎接自治区政府、教育督导团专家组检查、评估、验收合格。

撰稿：七星区教育局

叠彩区

【概况】 2006年叠彩区教育概况：

学校数和学生数 叠彩区现有区属中小学10所，在校生5760人，在职教师496人。小学9所，小学在校学生5205名，教职工418名（含专任教师405名），其中城市小学5所，教学班93个，在校生3806人，在职教师275人；农村小学4所，教学点3个，共设教学班72个，在校学生1399人，教师142人。农村初中一所，设20个教学班，在校学生555人，在职教师79人，其中专任教师72名。幼儿园2所，在园幼儿共599名。代管企校一所及清风实验学校小学部，教学班25个，在校学生982人。

校园、校舍面积及生均情况 全区校舍（区属学校）总建筑面积4.5万平方米，共有教室329个，其中专用教室98个。小学校园占地面积98509.88平方米，生均面积18.93平方米；中学校园占地面积11054平方米，生均面积19.91平方米。小学校舍建筑面积37852.71平方米，生均面积7.27平方米；中学校舍建筑面积7624平方米，生均面积13.70平方米。

义务教育普及程度 小学适龄儿童入学率100%，初中阶段入学率123.50%；小学生辍学率为0，初中生辍学率0.75%；小学毕业生升学率100%，15周岁初等教育完成率为100%。残疾儿童、少年2006学年度入学率均为100%。15周岁人口文盲率为0。2005—2006学年度小学毕业率为100%，初中毕业率为97%。

【教育经费的收入与支出】 2006年，叠彩区教育经费总收入2624.3万元，其中财政拨款收入1281.46万元，比上年增加74.19万元，增长6%；教育经费总支出2513万元，比上年减少132万元，减少5%。总支出中，人员经费支出1095.3万元，公用经费支出90.1万元，基建支出118万元。2006年小学、中学生均预算内教育事业费为2043.09元，生均公用经费分别为155.29元。

【改善办学条件】 叠彩区扎实推进中小学危房改造工程，全面改善办学条件，学校基础设施建设共投入资金118万元，到2006年底，小学生均校舍面积达7.18平方米，中学生均校舍面积13.70平方米。中小学危房率为0.8%。中小学D级危房330平方米。小学、初中教学仪器设备按照不同类型学校标准要求的配齐率均为98%。小学生均图书22.51册，中学生均图书34.96册。

【师资队伍建设】 2006年，叠彩区通过公开招聘教师和支教、高级待聘教师城乡异地任教等方式，面向社会、师范院校招聘7人充实教师队伍；为缩小城乡差别，选派23名高级待聘教师城乡异地任教；优化师资结构，加强骨干教师队伍建设。充分发挥学科带头人、教学能手、B和C类人才、各校教学骨干的辐射作用，定期开展各学科的教学研讨活动的基础上，举办了学校分管教学的领导和骨干教师培训班，通过专家培训，外出学习，提高了他们的新课程指导和示范能力。下发《叠彩区教育系统2006年师德师风建设工作方案》，积极开展教师培训活动，通过开展“校长建设年”、实施“名师名校长工程”等途径提高师资队伍总体素质。

【德育工作】 叠彩区以长征胜利七十周年、文明礼仪建设年、校园文化建设年、八荣八耻教育等主题，开展“文明礼仪”主题教育活动、《红色之旅》纪念长征胜利七十周年读书征文竞赛、校园文化建设评比，深入开展爱国主义、革命传统、传统美德教育等。各学科有机渗透德育内容，结合全市开展的文明礼仪年教育活动，在全区范围内，对学校的日常行为规范教育通过抽样问卷、实地查看等形式，评出“校园内十大文明行为”，查出“身边的十大不文明行为”，学生自查、自改，有效促进了区内学校行为规范教育与训练，收到了良好效果。区属9所小学中已有市级德育先进学校1所。桂岭小学的德育工作经验在广西区德育工作总结会上交流发言。

【教育科研】 叠彩区教育局坚持“以科研促教研，向管理要质量”的思路，加强对学校教学常规的管理，定期或不定期地下校检查100余次，听课、评课600多节，及时反馈，督促整改。发挥学科教研员、学校科研处在实施课程改革过程中的专业引领作用，发挥区、片、校三级教研组织作用，积极展开多种形式的教科研、培训活动，2006年度课题成功结题6个，新立项课题16个，承担课题率教研员达83.3%、学科带头人达100%、教育科研示范校教师参与课题率达100%、其他学校达80%。教师参加教学竞赛获国家级一等奖2名、市级一等奖12名、二等奖7名、三等奖1名。叠彩区教研室荣获市级先进教研室称号。

【安全工作】 2006年初，与区属各校签订了创建“平安校园”工作责任状，成立创建“平安校园”领导小组，认真落实学校安全稳定工作责任制。下发《叠彩区教育局关于做好防汛工作的紧急通知》《叠彩区教育局关于加强学校安全管理的通知》，区属各校根据要求建立健全突发事件应急预案等制度。以“安全教育活动月”“消防安全宣传月”为契机，加大安全教育的力度，开展珍爱生命安全主题教育活动，培养学生的自救自护能力，开展安全演练，增强学生安全意识。加强学校安全管理力度，每月展开安全自查，落实日查、周检制度，及时排查安全隐患，确保了师生生命安全。本年度进行安全检查12次，并下发安全整改通知书，将安全隐患消灭于萌芽之中。

附：叠彩区教育局领导

局长、教育工委书记：万小梅

副局长、副书记、教研室主任：李亦松

副局长：李文亮

撰稿：黄　艳

秀峰区

【概况】 2006年秀峰区教育情况：

学校数和学生数 秀峰区有公办幼儿园1所，集体办幼儿园6所，民办幼儿园8所，在园幼儿2418人。公办中小学10所，其中小学8所，九年一贯制学校2所，企事业办学校1所，民办学校5所。在校小学生6885人，初中学生数1024人。

专任教师数和师生比 全区在职小学专任教师451人，师生比1∶15；初中专任教师83人，师生比1∶13.3。

每万人口在校生 在园186人，在校小学生530人，在校初中生79人。

校园、校舍面积及生均情况 小学校园面积72330平方米，生均10.51平方米；校舍面积41881.57平方米，生均6.1平方米；初中校园面积50558平方米，生均49.37平方米；校舍面积12499平方米，生均12.2平方米。

义务教育普及程度 适龄人口入学率100%，辍学率0%；初中阶段毛入学率125.3%，辍学率0%；小学毕业生升学率100%，初中毕业生升学率99%。

【教育经费的收入和支出】 2006年，秀峰区教育局教育经费总收入3901万元，比上年多收入－129万元，增长－3.2%；其中财政拨款收入3013万元，比上年多收入－82万元，增长－2.6%；预算外资金收入887万元，比上年多收入6万元，增长0.6%；教育经费总支出3701万元，比上年多支出－176万元，增长－4.5%；其中财政拨款支出2846万元，比上年多支出8万元，增长0.3%；预算外资金支出855万元，比上年支出减少－184万元，增长率－17.7%；总支出中，人员经费支出2802万元，公用经费支出689万元，基建支出210万元。

【“两基”成果】 根据自治区和桂林市政府文件精神，为做好迎接国家对“两基”的验收工作，秀峰区教育局主要完成了以下六项工作：一是组织区属学校对秀峰区 0—19 周岁适龄儿童人口进行九年义务教育情况调查，共调查 17682 人次。二是指导区属学校填写 2004—2005、2005—2006、2006—2007 三年度的“普九”七册十二表，并完成了秀峰区三年度总表统计。三是制定《学校“两基”档案细目表》，对学校“两基”档案进行专项检查，规范学校“两基”档案。四是做好我局“两基”档案材料的收集整理，迎接桂林市、自治区“两基”检查。五是切实落实“两免一补”政策和秀峰区“扶贫济困春风行动”。六是认真进行合格学校的评估工作，较好地发挥督导评估导向、诊断、建设、激励、优化等功能。

【“广西中小学校长建设年”工作】 2006 年是“广西中小学校长建设年”，秀峰区教育局以此为契机，狠抓学校班子建设，进一步加强我区中小学校长队伍建设，提高中小学校长队伍整体素质，推进基础教育的改革与发展。区属学校全体校级领导和民办学校校长共 40 人参加了“校长建设年”活动，参与率 100%。通过学习与交流，校长们亲身感受了教育改革和先进的教育教学理念，为锻造一支掌握现代学校管理知识，懂教育、善管理、作风优良、具有高度责任感的中小学校长队伍奠定了坚实的基础。

【教科研工作】 秀峰区教育局充分发挥教育科研的领率作用，以推进素质教育为宗旨，全面贯彻新课程计划，向教学研究要质量，向师资建设要效益，深化教学改革，强化管理，抓本务实，不断开拓工作新思路，打造发展新局面，实现了“两个创新”、“两个推进”的目标。一是创新教研活动机制。2006 年，各教研员在夯实教研基础的前提上，广开思路，谋求创新，开展形式多样的特色教学研究活动，促进广大教师业务能力的不断提高。如开展秀峰区数学学科骨干教师培养对象为主体的教师辩论赛活动；开展秀峰区骨干教师书香论坛——“经典诵读话成长”；开展语、数学科的“手拉手，结对子”活动；由教研室统一组织，学校具体策划，进行凸现各校特色的“校本开放日”等活动。二是以实事求是的态度促进课程合理整合。为进一步贯彻落实基础教育课程改革纲要（试行）（桂教基〔2001〕17 号）文件精神，落实好国家、地方和学校三级课程管理，发挥好地方课程作用，改变地方课程太学科化、教学方式太单一的现象，合理使用地方教材，更好地促进教师的专业成长，进一步推进新一轮国家基础教育课程改革。2006 年，秀峰区教育局在调查摸底的基础上，按照调查—研讨—试点—实施四个步骤下大力进行了课程整合。整合结合秀峰区实际情况，从合理使用、融入融进的角度，采用多种方式教学，有效发挥地方课程作用的实验研究。目前已初见成效。三是以研促教，切实促进教育科研工作再上新台阶。成功举办了秀峰区首届教育科研成果评比活动，共评出 19 个课题成果奖项，并对开展的校本教研、科研工作都制定了计划，注重过程管理。

【德育工作】 为提高德育工作的针对性和实效性，秀峰区教育局先后制定了《2006 年秀峰区教育局中小学德育工作要点》、《2006 年秀峰区教育系统普法依法治校工作要点》、《秀峰区教育系统中小学文明礼仪活动年方案》、《秀峰区教育系统“弘扬和培育民族精神宣传月”活动方案》、《秀峰区教育系统第四个“公民道德宣传日”系列活动方案》、《秀峰区校园文化建设年活动方案》等文件。秀峰区教育局积极探索德育工作的新路子，继续深化邓小平理论、“三个代表”重要思想“进课堂、进教材、进学生脑袋”的工作。把弘扬和培育民族精神纳入教育的全过程，加强对教师、学生进行爱国主义教育。坚持以为人民服务为核心，以集体主义为原则，以社会公德、职业道德、家庭美德为着力点，以诚实守信为重点，全面贯彻《公民道德建设实施纲要》，切实提高小学生的公民道德意识。

【规范管理工作】 在规范管理方面，具体做好了以下工作：一是建立健全学校章程，开展法规学习。新《义务教育法》颁布后，秀峰区教育局立即组织区属公办学校和民办学校进行学习和贯彻，要求各学校要把《义务教育法》的学习纳入教职工培训计划之中，加大法律法规的学习力度，增强教职员工的法律意识，使其能尽职尽责，努力做好自己的本职工作。二是认真抓好学校安全与稳定工作。学校的稳定与否关系到学校的教育教学活动能否正常进行，因此，秀峰区教育局始终把安全与稳定作为重要任务来抓，加强学校安全防范工作，多次组织召开了区属中小学学校安全专题工作会议，对学校的安全大检查工作进行了具体布置。下发了《秀峰区学校（园）安全工作联系点制度》、《中小学幼儿园安全工作专项督查情况的通报》、《秀峰区教育系统处理突出事件应急预案》、《秀峰区教育系统安全教育活动月方案》等文件，与区属学校、民办学校签订了《秀峰区中小学安全管理目标责任状》，要求各校提高对学校安全工作重要性的认识，克服麻痹思想和侥幸心理，进一步加强学校安全工作，杜绝事故发生。2006年，多次组织相关人员有重点、分阶段地对辖管学校、幼儿园开展以学校（园）安全管理制度、学生食堂宿舍、活动场地、设施设备、校园卫生、饮用水源、校车管理及周边环境为重点的学校安全大检查、大整治活动。

【教育现代化建设】 注重教育的优先发展，是秀峰区长期以来坚持的战略决策。2006年在财力较为紧张的情况下，秀峰区政府把加大教育投入作为教育优先发展的重要环节，以信息化带动教育现代化，起到了较好的效果。一是多方筹措资金，加大投入。为进一步促进教育信息化的发展，秀峰区教育局在区政府领导的指导下，从政府下拨的教育专项资金中划出97万元购买学校急需的教育信息化设施和设备，投入近110万元对学校的教学场所进行维修，有效保障了教育教学的顺利开展。二是训用结合，强化信息技术培训。年内，秀峰区教育局组织教师英特尔未来教育培训班1期，组织参加网站建设和网络维护培训班1期，各学校分别组织教师20学时以上的校本培训，参加人员4000人次，提高了教师信息技术能力和水平，为优化教育教学手段打下了良好的基础。三是加强设施设备的管理。一年来，秀峰区先后三次对学校的设施设备使用和管理情况进调研和检查，结合“两基”检查，对辖区学校的所有仪器和电教设备进行了“拉网式”排查，及时发现问题，及时进行整改，确保仪器和设施设备处于良好状态。

【民办教育发展】 秀峰区教育局继续规范与完善对民办教育机构的管理，继上年评估后，对存在问题较严重问题的小学和幼儿园进行重点指导、检查与督导，特别是对益民、振华等存在校舍安全隐患的学校进行专项检查，督促学校进行房屋安会鉴定，要求学校进行房屋维修，保证了学校师生的安全。

附：秀峰区教育局领导

局长、书记：狄　加

副局长、副书记：刘修祥

地址：桂林市乐群路18号

邮编：541001

撰稿：李晓丹　刘修祥

雁山区

【概况】 2006年雁山区教育情况：

学校数和学生数 全区现有小学13所，教学点12个，在校学生3815人；初中4所，在校初中生2874人。

专任教师数和师生比 全区共有教职工664人，其中小学专任教师407人，合格率为100%，生师比为9∶1，大专以上学历占专任教师53.5%；初中专任教师223人，合格率为100%，生师比为12∶1，大专以上学历占专任教师99.6%。有乡、镇成人文化技术学校4所；有成教校长4人，专职教师7人，村级农民文化技术学校38所（含居委会），乡(镇)、村兼职教师44人。

校园、校舍面积及生均情况 校园总面积421228平方米，其中小学校园面积235028平方米，生均61.61平方米；初中校园总面积186200平方米，生均64.8平方米；校舍总面积69477.1平方米，其中小学校舍总面积41412.5平方米，生均10.86平方米；初中校舍总面积28064.6平方米，生均10.3平方米。

义务教育普及程度 小学学龄儿童入学率为100%，初中阶段入学率为96.85%；小学生年辍学率0.02%，初中生年辍学率1.90%；小学毕业生升学率为100%，初中毕业生升学率为81%。

【教育经费的收入与支出】 2006年，桂林市雁山区教育经费总收入2365万元，比上年多收入52.8万元，增长2.3%。其中财政拨款收入2139万元，比上年多收入9万元，增长0.46%；教育经费总支出2321万元，比上年多支出8.3万元，增长0.4%。其中财政拨款支出2309万元，比上年多支出324万元，增长16.3%；总支出中，人员经费支出1910.5万元，公用经费支出400.5万元，基建支出10万元。

附：雁山区教育科技局领导

局长　谢　静

副局长　朱　山

单位地址：桂林市施家园路29-6号

邮编：541004

撰稿：蒋九兴　秦小林

梧州市教育

梧州市

【概况】 2006年，梧州市教育情况：

学校数和学生数 2006年，全市有小学899所，教学点1018个，在校生351247人；有普通初中138所，在校生171123人；有普通高中24所，在校生38139人；有中等职业技术学校28所，在校生31750人。

专任教师数和师生比 2006年，全市小学有专任教师16426人，师生比为1∶21.38；普通初中有专任教师9814人，师生比为1∶17.44；普通高中有专任教师1990人，师生比为1∶21；中等职业技术学校有专任教师1690人，师生比为1∶18.79。

每万人在校生 2006年，全市幼儿园每万人在校生186人，小学每万人在校生1140人，普通初中每万人在校生567人，普通高中每万人在校生124人，中等职业技术学校每万人在校生1.1人。

校园、校舍面积及生均情况 2006年，全市小学校园面积5023217平方米，生均面积14.30平方米，校舍面积1846647.9平方米，生均面积5.26平方米；普通初中校园面积3639500平方米，生均面积21.27平方米，校舍面积1164505平方米，生均面积6.81平方米；普通高中校园面积1811055平方米，生均面积47.49平方米，校舍面积570511平方米，生均面积14平方米；中等职业技术学校校园面积1074825平方米，生均面积33.85平方米，校舍面积255680平方米，生均面积8.25平方米。

义务教育普及程度 2006年，全市小学学龄儿童入学率为99.77%，初中毛入学率为100.96%；小学生辍学率为0.21%，普通初中生辍学率为2.40%；小学毕业生升学率为100%，初中毕业生升学率为62.7%。

【教育经费的收入与支出】 2006年，全市教育经费总收入111245万元，比上年多收入19457万元，增长21.2%。其中财政拨款收入80955万元，比上年多收入20428万元，增长33.75%；预算外资金收入30290万元，比上年减少981万元，负增长3.13%。教育经费总支出109013万元，比上年多支出20954万元，增长23.8%。其中财政拨款支出78463万元，比上年多支出18156万元，增长30.11%；预算外资金支出30550万元，比上年多支出2798万元，增长10.08%。总支出中人员经费支出63028万元，公用经费支出39029万元，基建支出6956万元。

【基础教育】 2006年，梧州市以建设高水平、高质量的梧州基础教育，办好让人民满意的教育为目标，按照“以人为本，科学发展，创建和谐校园”的工作思路，全面推进素质教育，全市教育质量和管理水平有了新的提高。

“两基”巩固提高工作进一步深化。一是深化了农村义务教育经费保障机制改革工作。市教育局认真部署做好相关的数据摸底核查等工作，做到“应免尽免，一个不少”。据统计，2006年我市共有502186名农村中小学生享受免除学杂费政策。二是依法加大控辍保学力度。进一步完善了农村教育“以县为主”管理体制，完善“双线目标责任制”。建立健全制度，及时下发文件，指导各校提前做好防辍控流工作，有效防止学生辍学率的增长。三是扎实抓好“普实”工作。6月和12月，岑溪市和藤县顺利通过自治区“普实”验收。四是积极开展形式多样的助学活动。全市各级教育行政部门从践行“三个代表”重要思想出发，扎实做好“两免一补”工作，据统计，2006年，全市享受“两免一补”的农村中小学生达502186人，占全市义务教育学生数比例的97.6%；共有72776名农村贫困学生享受免费教科书，占我市义务教育阶段学生人数的14%以上。在8月21日全区高等院校扶助贫困大学生工作电视电话会议召开以后，全市紧紧围绕自治区党委书记刘奇葆提出的“绝不能让一个学生因贫困而失学”的总要求，集中精力抓紧抓好资助贫困学生上大学工作，取得良好成效，2006年全市共发放资助金89.7万元，全市共计826人次贫困大学生获得资助。五是积极帮扶弱势群体的学生。在秋季开学时，培智学校进行了新校名“梧州市特殊教育学校”的挂牌仪式，推动了全市社会各界共同关注特殊教育。同时，全市一共确定了9所公办初中和21所公办小学作为农民工子女就读的定点接收学校。2006年，全市共接收近4000名农民子女入学，公办中小学接收比例达到99%，免借读比例达到95%。

常规和创建并举，积极发展优质教育。一是按照《广西壮族自治区中小学学校常规管理规定》和评比细则，对全市各中小学校的学校常规管理检查和评比活动。3月专门在蒙山县召开学校常规管理现场会和表彰会，促进了我市中小学校办学管理水平和办学效益的提高。11月，表彰了51所2005—2006学年度常规管理优秀学校。二是以创建为动力，以创建为契机，不断提升办学档次和水平。在各级教育部门和学校的努力下，梧州一中、藤县一中、蒙山中学三所学校顺利通过了自治区示范性普通高中的评估验收，从而使我市的优质高中资源基本实现均衡发展和合理分布。

稳步推进中考改革和招生工作。全市对初中毕业升学考试和高中招生制度进行较大改革，首次在课改实验区实行中考学科考试成绩以等级制方式呈现和实施初中毕业生综合素质评价，并将综合素质评价结果作为高中招生录取的重要依据。升入高中阶段学校就读的学生27308人（其中普通高中14314人，中职学校12994人），初中毕业升学率66.2%，占考生的81%，圆满地完成了2006年高中招生工作。

高考成绩再创新辉煌。全市把高考备考工作摆在突出位置，做到抓早、抓细、抓实。在连续8年位居全区前列、连续两年名列全区第一的基础上，克服了“6·8”地质灾害带来的严重影响，又创造新的辉煌，本科上线率、文科和理科总平均分名列广西第一的岑溪中学的学生伍思睿荣获广西文科状元和数学单科状元，为梧州市基础教育事业再添新的光彩。

进一步加强常规管理，促进学校全面发展。2006年在参加全区中小学美术优质课现场执教赛活动中，我市2名参赛教师，获一等奖1人，二等奖1人。从3月至10月，我们举行了以“阳光下成长”为主题的梧州市第七届中小学生文化节暨“广西第二届中小学生艺术展”梧州市选拔赛活动。11月，教育局成功举办了中小学生运动会。此外，我们还组织参加了我市的“璀璨广场”文艺系列活动文艺演出，并与市委宣传部、团市委等单位联合举办了梧州市少年儿童“爱祖国爱梧州”新歌谣创作和演唱比赛。在我市选送参加“广西第二届中小学生艺术展演”比赛活动的作品中，选送的8个表演类优秀节目，共获得5个二等奖和2个三等奖，市教育局同时获优秀组织奖（绘画书法摄影类尚未有结果）。梧州二中校电声乐队演出的节目参加中国教育电视协会主办的2006年“魅力校园”第六届全国校园春节联欢晚会节目征集评选活动荣获铜奖。自治区体育传统项目学校梧州一中参加了全国和全区多个高水平运动会，均获得优秀成绩，在全区、全国打响了品牌，学校被评为2006年“全国学校体育先进单位”。

【幼儿教育】 2006年，梧州市有幼儿园174所，其中自治区级示范幼儿园3所，市级示范幼儿园10所，一级幼儿园7所。乡镇示范幼儿园3所，在园幼儿（含学前班）人数78721人。教职工（含学前班）3292人。目前市区和各县县城的幼儿教育已经基本满足适龄儿童的入园需求，农村幼儿教育不断发展，幼儿园管理逐步规范，办园质量不断提高。2006年组织参加了全区“幼儿园主题式课程培训”、“实施幼儿适应性发展课程优秀论文交流活动”以及组织了全市“幼儿园主题式课程培训”、“幼儿适应性发展课程课改观摩活动”、“幼儿园教师论文评比活动”、“幼儿园教师基本功比赛”、“幼儿园保育员培训”等。通过这活动，进一步转变教师的教育观念，树立现代化的教育观和儿童观，促进和提高了教师的教育教学水平。2006年全市有5所幼儿园获得自治区先进幼儿园称号，有10名教师获得自治区先进个人称号。

【特殊教育】 2006年，梧州市有特殊教育学校一所（属万秀区直管），学校设有10个教学班（其中聋儿学前语训班一个），在校学生130人，专任教师30人。2006年特殊教育学校被评为万秀区德育工作先进单位，有一批残疾学生参加市级文艺、体育比赛获奖。各县（市、区）有特教班8个班，其中蝶山区有普通小学附设特教班2个班，苍梧县1个班、蒙山县1个班、藤县1个班、岑溪3个班（其中一个是社会力量举办的聋儿语训中心），基本满足了残疾儿童入学需要。在教学中能坚持“整体性原则”，实施“分层教学”模式，强调要从班级整体出发，因材施教，立足中等生，照顾残障生，提高优等生，以求整体优化，使教育质量得到了明显提高。

【职业教育与成人教育】 梧州市认真贯彻落实

《职业教育法》和全国、全区职业教育会议精神，坚定大力发展职业教育的信心不动摇，推进了全市职业教育持续、稳定、健康发展。目前全市中等职业学校在校生人数 3.2 万人，与 2000 年职业学校在校生 1.3 万人相比，增长幅度为 146%。招收中等学历教育学生的职业学校由 2000 年的 13 所增加到现在的 28 所，全市职业学校校园总面积由 2000 年的 550 亩增加到 1189 亩；专业设置有 20 多个，中职学历有 320 多个教学班，学生毕业就业率达 98%以上。2006 年全市完成中职招生 12994 人，完成招生任务的 103%，普通高中招生与中等职业学校招生比为 1∶0.906，获得自治区 2006 年度中等职业教育招生先进集体奖。市二职中被国家六部委定为“计算机应用与软件开发技能型紧缺人才”培养培训基地，市二职中的计算机及应用专业和电子电器应用与维修专业、市卫生学校的护理专业被自治区教育厅定为重点建设示范专业（点）。2006 年，我市所辖的岑溪市、藤县获得了自治区百县（区）职教中心建设工程立项，其中岑溪市得到了自治区建设职教中心专项资金支持，中心建设速度快，计划在 2007 年秋季投入使用。与此同时，根据上级党委、政府的要求，积极配合有关部门做好农村劳动力和下岗职工就业培训，2006 年全市（教育部份）各中职学校、乡镇成人文化技术学校累计实施农村劳动力培训 6.68 万人；免费培训下岗职工 5 万人次，其中创业培训 3 千多人次，使职业教育更好地为梧州经济提速服务。

【高等教育】 梧州市现有高等教育学校 2 所，在校本科学生 4986 人，专科学生 5130 人，成人高等教育学生 5629 人，专任教师 485 人。在市委、市政府和自治区教育厅的领导和大力支持下，经全市上下多年努力，广西大学梧州分校“申本”获得了教育部正式通过，梧州人民拥有高等本科学院的愿望得以实现，梧州学院于 12 月 8 日举行隆重的挂牌庆典仪式，有力地促进了我市高等教育的发展。梧州市电大获得“广播电视大学人才培养模式改革和开放教育试点”项目评估优秀等级。梧州职业学院经自治区人民政府批准，由广西福兴建设集团在三年内筹建完成，目前筹建工作正有条不紊地进行。

【抗击“6·8”地质灾害】 2006 年 6 月 8 日，梧州市遭受了一场百年一遇的地质灾害，作为 2006 年市区高考考点的梧州四中后山山体发生滑坡，严重阻碍高考的顺利进行并威胁到千名考生的生命安全。在这紧急时刻，市教育局及时启动高考应急预案，同时马上向市委、市政府以及自治区教育厅汇报。经自治区招生考试院请示教育部批准，原来安排到梧州四中考点参加高考的考生全部转移到梧州一中进行考试，并同意延迟半小时开考。在自治区领导及市委、市政府的高度重视和各部门的大力协助下，从早上 8 时至 9 时的一个小时内，千名考生就全部安全转移到梧州一中考点进行考试，无一人迟到，无一人缺考。

地质灾害中，我市（含各县、市）受灾学校 204 所，校舍倒塌 114 间，形成危房 455 间，大批教学设备被毁，损失合计约达 5945.73 万元，正常的教学工作受到严重影响。面对繁重的灾后重建工作，局领导班子按照“立足自己、争取支持、迅速行动”的指导思想，组织相关科室迅速拟定重建方案，积极争取把重灾学校列入全市地质灾害重点治理规划，与学校一起想方设法寻求各方支持筹措重建资金。同时还抓住暑期的有限时间指导受灾学校开展了大规模的重建工作，确保了所有受灾学校秋季开学工作的顺利进行，没有出现一名学生因灾而失学的现象。

【农村中小学危房改造】 2006 年是我市 25.6 万平方米危房改造工程大会战的最后一年。我们在市委、市政府领导下，与各县（市、区）政府一道，克服重重困难，跑资金、到各项目点检查，全力组织实施农村中小学危房改造工程，到 2006 年 6 月，胜利完成了危房改造工程任务。三年共改造中小学危房 27.4433 万平方米，回建项目 567 个，回建校舍 578 幢，面积 36.9123 万平方米，超额完成了原定的任务。

【校长队伍建设】 2006 年，根据教育厅部署，梧州市组织开展了具有本市特色的中小学校长建设年活动。梧州市力抓校长建设年工作，精心规划，周密组织，扎实推进，力创佳绩，取得丰硕成果：提升了校长素质，强化了学校管理，促进了教育发展；在“广西中小学规范管理十佳县（校）”评选活动中，蒙山县被评为“广西中小学规范管理十佳县”，蒙山县教育局局长李世朝被评为“广西中小学规范管理十佳教育局长”，市民主路小学被评为“广西中小学规范管理十佳学校”，市民主路小学苏静校长被评为“广西中小学规范管理十佳校长”。中小学校长建设年活动，使梧州市实现了“十一五”校长队伍建设的良好开局。

【学校德育工作】 2006 年，在全市组织开展了“知荣明耻，树道德新风”系列主题教育活动：一是在全市中小学生中组织开展了“知荣辱、学做人”主题教育活动。向全市中小学生发出“知荣明耻，正己修身，全面发展”倡议书。在市区梧州一中举行了“以‘八荣八耻’为镜，与时代新风同行”签名仪式，来自各校的2000多名学生参加了签名仪式。二是在教育系统全体教师中举办了“知荣辱，明责任，创佳绩”教师演讲与征文比赛，有80多名教师分别在两项比赛中获得了表彰。三是在《梧州日报—教育专刊》开设了社会主义荣辱观学习专栏，营造了浓厚舆论氛围。四是在全体党员中组织开展了“践行‘八荣八耻’，为党旗增辉”主题党日活动，引导广大党员在开展理论学习、积极投入“城乡阳光工程”的义务劳动，为建设美丽的新梧州作贡献。

【“创建和谐校园”活动】 2006年，全市各中小学结合创建“和谐校园、文明校园、平安校园”活动，在学生、教师中广泛开展“绿色文明教育”、“感动教育”、“责任教育”、“理想教育”、“感恩教育”。3月29日，教育局在蒙山县召开全市校园文化建设现场交流会。会上，来自三县一市、三个城区教育局负责人以及市直中学校长畅所欲言，相互交流创建工作的经验。会后，校长们参观了校园文化建设卓有成效的蒙山中学、蒙山一中、蒙山一小、新圩小学等学校。

【“两整一会战”活动】 2006年，梧州市教育局认真贯彻落实市委《关于开展整顿机关作风整治投资环境活动的通知》，迅速召开教育局机关“两整一会战”动员大会，组织局机关全体干部职工开展学习认识与自查自检，严格实行加强机关效能建设八项制度，树立增强整顿机关作风、整治投资环境的自觉性和责任感。在我市整顿机关作风、整治投资环境的第一次民主测评中，市教育局排名靠前（A类第六名），得到了社会各界和广大群众的肯定与好评。

【廉政文化和校园活动】 2006年，梧州市教育局通过认真组织党员和教职工观看廉政电教片、观看电影教育片《任长霞》、组织参加《红船杯》党的知识竞答及开展讲党课活动等，使广大党员干部和教职工自觉加强道德修养、模范遵守社会公德、职业道德、家庭美德。同时，注意把社会主义荣辱观教育与课堂教育有机结合起来，在青少年学生中结合学生不同年龄层次的特点，开展“弘扬民族精神”、“感恩教育”、“遵纪守法教育”等主题教育活动，使广大学生明事理、知荣辱，学会做人，养成良好的行为习惯。有180多名师生在局党委举行的“廉政文化进校园”故事创作与宣讲比赛中受到奖励。

【读书教育活动】 2006年，全市共有187000多名中小学生参加了全国“红色之旅”爱国主义读书教育活动，在所举办的全国级、自治区级与市级征文、演讲、讲故事、网上知识竞赛等各个专项比赛中，全市选手均取得了令人欣喜的成绩。据统计，有7470名中小学生在全国、自治区及市级的读书活动中获得奖励，180多位教师获得全国、自治区及市级的指导教师表彰，60多个学校与单位获得组织奖。其中，藤县潭津中心校、苍梧县师范附小获国家级组织特等奖；邓小玲、莫艺虹等两位教师获国家级指导教师特等奖；何珊等6名学生获国家级学生特等奖；中山小学的陈渭中同学代表广西参加全国的讲故事比赛，取得了国家级二等奖的好成绩。

附：梧州市教育局领导

党委书记：李丹虹

党委副书记、局长：何炎明

党委副书记、纪委书记：黄坤和

副局长：张　勇　陈　荣

撰稿：聂振传　何炎明

藤　县

【概况】 2006年藤县教育情况：

学校数和学生数 全县现有完全小学271所，教学点459个，初级中学36所，普通高中4所（其中2所为完全中学），中等职业学校1所，幼儿园43所。2006—2007学年度，小学在校生118088人，普通初中在校生62143人，普通高中在校生10333人，中等职业技术学校在校生823人。

专任教师数和师生比 专任教师小学有5126人，初中有3142人，高中458人，中等职业技术学校有30人；师生比小学为1∶20.03，初中为1∶17.81，高中为1∶19.42，中等职业技术学校为1∶27.4。

每万人口在校生 幼儿园为185人/万，小学为1239人/万，初中为652人/万，高中为109人/万，中等职业技术学校为9人/万。

校园、校舍面积及生均情况 小学校园总面积1551742平方米，校舍总面积621104.72平方米；初中校园总面积867017平方米，校舍总面积453306

平方米；高中校园总面积335546平方米，校舍总面积146709平方米；中等职业技术学校校园总面积54002平方米，校舍总面积13963平方米。生均校舍面积小学为13.14平方米/生，初中为7.51平方米/生，高中为14.2平方米/生，中等职业技术学校为16.96平方米/生。

义务教育普及程度 2006—2007学年，藤县小学学龄儿童入学率为99.74%，初中毛入学率为98.26%；小学生辍学率为0.34%，普通初中辍学率为2.32%；小学毕业生升学率为99.9%，初中毕业生毕业率为99.17%。

【教育经费的收入与支出】 2006年，藤县教育经费总收入27652.5万元（含学校各项收入），比上年多收入4623.3万元，增长20.07%。其中财政拨款收入22951.9万元（含各类附加费及基建拨款），比上年多收入6657.9万元，增长40.86%；预算外资金收入4700.6万元，比上年多支出－2035.6万元，增长－30.22%；教育经费总支出27652.5万元，比上年多支出4622.3万元，增长20.07%。其中财政拨款支出22951.9万元，比上年多支出6657.9万元，增长40.86%；预算外资金支出4700.6万元，比上年多支出－2035.6万元，增长－30.22%。总支出中，人员经费支出14180万元，公用经费支出13472.5万元。

【教育项目建设】 2006年藤县完成了“西部地区农村寄宿制学校建设工程”13个项目，建筑面积37346平方米，总投资2240.76万元；顺利完成2005年中小学危房改造续建项目；2006年上半年完成26所中小学危房改造建设，覆盖建筑面积23212.08平方米，投入资金1280.07万元；完成拆大棚改造校舍工程项目28个，建筑面积7278.9平方米，总投资390.04万元。

【“普实”工作】 为了实现“普实”攻坚目标，藤县党政领导高度重视，政府行为落实到位，多渠道筹集资金，2003年以来，全县共投入经费6172多万元，2006年又投入专项经费100万元，进一步改善藤县中小学实验教学条件。近几年来，藤县努力抓好培训，提高实验教师队伍素质，同时抓好“普实”工作示范学校建设，组织中小学校校长参观示范学校的实验设备设施、科学规范的仪器存放、设备资产账目和实验教学记录资料，有力地推动全县中小学“普实”工作的扎实开展。到2006年，全县中小学实验教学用房设施、仪器配备品种、仪器设备管理、实验人员选配、实验课开出率等各方面的数据指标，已经达到广西中小学实验教学普及县验收评估指标体系的要求，并在2006年12月通过自治区人民政府教育督导团的“普实”评估验收。

【创建示范性高中工作】 2001年藤县中学通过自治区示范性普通高中立项建设评估后，藤县坚持把藤县中学创建自治区示范性普通高中列为“十五”期间全县一项重要工作去抓落实。为了加快藤县中学的各项建设，县委、县政府加大了资金投入力度，财政共投入资金1540万元用于藤县中学建设，并且积极拓宽融资渠道，加大投入，2003年以来，藤县中学共投入970万元配置电教仪器图书等教学设备，其中电教部分470万元，图书实验配备500万元。使藤县中学的办学条件得到大大的提高。同时大力抓好藤县中学的发展规划、现代化教学设备的配备、师资配备等，使藤县中学的教育教学质量和学校管理水平有了很大的提高。2006年3月藤县中学顺利通过了自治区示范性高中评估验收。

【教育教学工作】 为切实提高教师实施素质教育的能力和水平，提高教师整体素质，藤县狠抓教师队伍建设，下大力气优化教师队伍结构，认真组织做好师资培训，积极开展“广西中小学校长建设年”活动，对全县332名中小学校长进行集中培训，并开展了校长论坛、合格学校评估、十佳学校、十佳校长评选等系列活动，全面提升全县中小学校长素质和学校管理水平。2006年在区内外招聘本科毕业生124名，经自治区教育厅批准，通过考试、考核，共招聘到158名特设岗位教师充实初中教师队伍。

认真抓好教学研究工作，精心策划，组织教师开展多层次、多形式的教学研究活动，努力提高全县整体教学质量。2006年藤县教师获自治区级教育科研论文奖969篇，其中一等奖90篇，二等奖365篇，三等奖514篇；获梧州市级教育科研论文评比奖538篇，其中一等奖171篇，二等奖254篇，三等奖113篇。藤县教研室、藤州中学、藤县五中、天平一中、塘步一中、潭东二中、潭东三中、太平三中、蒙江二中、津北中学、金鸡中心校、和平一中、和平二中、古龙中心校、大黎初中、天平中心校被自治区教科所授予“2006年广西中小学教育教学论文评选工作优秀组织奖”单位。

积极组织学生开展素质教育活动，组织学生参加各级各类竞赛，取得显著成绩。2006年组织学生参加“全国高中化学奥林匹克竞赛”、“中国—东盟中小学生作文大赛”、“第二十一届全国青少年科技创新大赛”、“学冠杯中华美德小故事写作征文”、“学冠杯讲古今名人小故事比赛”、“全国中学生生物奥林匹克竞赛”等比赛。区级奖励1021人，其中一等奖198人，二等奖317人，三等奖506人；获市级奖励76人，其中一等奖6人，二等奖25人，三等奖45人；优秀指导教师，获区级奖励26人。

【高考、中考情况】 2006年藤县报名参加全国高考的考生2488人，考上本科1350人，其中本科第一批上线197人，上线率7.92%，在广西参加高考的90个县（市，含地级市市区）中列16位；本科第二批以上上线784人，上线率31.51%，上线率在全区90个县（市，含地级市市区）单位中列13位；本科第三批以上上线1350人，上线率52.26%在全区90个县（市，含地级市市区）单位中列9位。藤县高考的学科平均分也取得比较好的成绩，学科平均分全部排在全区90个县（市，含地级市市区）的前40名内，其中排名在前10名的有：理综科目组英语科排全区第一，理综科目组化学科排全区第二，理综科目组物理科、数学科和文综科目组英语科排全区第五，文综科目组历史科排全区第九。

2006年中考，藤县各学科的总分平均分、总分及格率、总分优秀率都排在梧州市三县一市第一名；数学、英语、理化三个学科的平均分、及格率、优秀率均排在梧州市三县一市第一名；语文、政史二个学科的平均分、及格率、优秀率均排在梧州市三县一市第二名；梧州市三县一市中考学科平均总分、总分及格率、总分优秀率前10名学校中，藤县均占6所以上；中考各学科平均分、及格率、优秀率在梧州市三县一市前10名学校中，藤县均占5所以上。

附：藤县教育局现任领导

局长、党委副书记：张贵雄
党委书记：黎伟业
副局长：林魁生　刘振涛
党委副书记、纪委书记：饶藤宁
地址：梧州市藤县教育局
邮编：543300

撰稿：藤县教育局办公室

蒙山县

【概况】 2006年蒙山县教育概况：

学校数和学生数 全县现有公办小学75所，九年一贯制学校1所，教学点29个，小学在校学生15231人；初中8所（含高完中初中部），初中在校学生10099人；普通高中、高完中（初高中）各1所，在校高中学生3311人；职业中学1所，在校生1119人；县幼儿园1所，在园幼儿502人；县教师进修学校1所。有民办高中、初中各1所，民办在校高中学生70人，初中学生240人。

专任教师数和师生比 专任教师：小学875人，初中537人，高中187人，职业中学36人。

师生比：小学为1∶17.4，初中为1∶18.8，高中为1∶17.7，职业中学为1∶31。

每万人口在校生 幼儿园为244人，小学739人，初中为490人，高中为175人，职业中学为54人。

校园、校舍面积及生均情况 小学校园总面积57.5万平方米，校舍总面积11.18万平方米；初中校园总面积31.03万平方米，校舍总面积8.15万平方米；高中校园总面积8.64万平方米，校舍总面积4.55万平方米；职业中学校园总面积3.52万平方米，校舍总面积6224平方米。校园生均面积小学为36.03平方米，初中为30.59平方米，高中为26.1平方米，职业中学为31.45平方米。校舍生均面积小学为7.37平方米，初中为8.22平方米，高中为13.74平方米，职业中学为5.56平方米。

义务教育普及程度 全县小学学龄儿童入学率为100%；初中毛入学率为106.3%；小学生辍学率为0.01%，普通初中辍学率为2.08%；小学毕业生升学率为99.8%，初中毕业生升学率为67.8%。

【教育经费的收入与支出】 2006年，全县教育经费总收入7107.7万元，比上年多收入787.5万元，增长12.46%。其中财政拨款收入5982.8万元，比上年多收入1272.4万元，增长27.01%；预算外资金收入1124.9万元，比上年多收入－484.9万元，增长－43.1%。教育经费总支出7107.7万元，比上年多支出803.5万元，增长12.74%。其中财政拨款支出5982.8万元，比上年多支出1272.4万元，增长27.01%；预算外资金支出1124.9万元，比上年多支出－470.1万元，增长－41.79%。总支出中，人员经费支出4670.4万元，公用经费支出1883.4万元，基建支出553.9万元。

【中、高考工作】 2006年，全县高考，一本上线72人，二本上线369人，三本上线639人，一本、二本、三本上线率分别由2005年的广西第39位、

24 位和 14 位提高到第 25 位、第 9 位和第 2 位；并且文、理科各学科综合平均分分别由 2005 年广西第 6 位和第 18 位提高到第 2 位和第 4 位。中考（非课改区）七科五卷综合总成绩仍居全市第一位。

【布局调整、招商引资】 重视整合和优化教育资源，小学由 2000 年前的 80 所减少到现在的 75 所，教学点由 2000 年前的 60 个减少到现在的 29 个，还撤并了一个乡的初中，全日制初中由 2000 年前的 10 所减少到现在的 8 所。

2006 年，全县招商引资项目共 5 个，总投资达 787 万元，一是蒙山文华实验学校新校区建设项目，投资 300 万元；二是蒙山县“小红帽”幼儿园项目，总投资 400 万元；三是蒙山县职业中学综合大楼项目，自治区希望办支持建设资金 40 万元；四是汉豪乡华敏中心小学教学楼项目，上海华敏置业集团资助 25 万元建造一幢教学大楼；五是文圩镇河村小学教学楼项目，香港育苗行动捐赠资金 22 万元建设一幢教学楼。

【项目建设】 2006 年，全县实施“农村寄宿制”工程、世界银行贷款/英国政府赠款工程等项目，建设 8 所学校 12 个单项工程，总投资为 645 万元。其中，“农村寄宿制”工程有 5 所学校 9 个单项工程，总投资 540 万元；世界银行贷款/英国政府赠款工程，有 2 所学校的 2 个单项工程，总投资为 105 万元。明德小学项目，有 1 所学校 1 个单项工程。

【教师队伍建设】 2006 年，全县扎实开展“中小学校长建设年”工作。召开“中小学校校长建设年”工作动员大会，举办中学、小学校长规范管理研讨会，突出“新课程下的学校管理新模式”的校长全员培训主题，对全县中小学校长进行集中学习培训，为广大中小学校长提供一个“教育理论研究、实践管理交流、共同进步成长”的平台。选派高中、初中校长参加区、市级校长培训，开展 3 期小学校长培训班，提升校长管理理论培训的层次，举办“校长论坛”和“校长读书征文”活动。校长读书征文获市级奖 12 人，其中一等奖 2 人，二等奖 4 人，三等奖 6 人。全县各中学校长自发组织了 9 期校长沙龙研讨学校管理。印发《蒙山县教育管理导航》（2006 分册）供全县中小学校领导及教师学习使用。县政府从 2006 年起实行校长岗位津贴制，全县中小学校长岗位津贴 600 元/人·年。全县招聘本科毕业生 28 人为高中教师，2 人为职业中学教师，招聘专科毕业生 10 人为初中教师，录用代课教师 55 人为小学教师。同时，根据《蒙山县基础教育新课程师资培训规划》，强抓校长、教师培训，取得显著成效。全县获“东芝希望工程园丁奖”1 人，自治区德育工作先进个人 1 人，自治区中小学优秀班主任 1 人，自治区教育系统关心下一代工作先进个人 1 人，“八桂优秀乡村教师”3 人，梧州市中小学德育工作先进个人 10 人。

【中小学教研】 2006 年，全县获全国基础教育学会论文评比奖 14 篇，其中一等奖 4 篇，二等奖 5 篇，三等奖 5 篇。获区教科所教育科研论文评比奖 309 篇，其中一等奖 77 篇，二等奖 78 篇，三等奖 154 篇。获市教育学会教育科研论文评比奖 137 篇，其中一等奖 34 篇，二等奖 35 篇，三等奖 58 篇。启动县、市、区、国家四级科研课题（县 6 项、市 21 项、区 13 项、国家 1 项）研究，县教研室、黄村中学、蒙山镇第一小学、新圩镇中心小学、黄村镇第一中心小学被评为梧州市基础教育课程改革工作先进集体称号；廖美芬等 10 位教师被评为梧州市基础教育课程改革工作先进个人。

【学校电化教育和实验教学】 2006 年，全县还积极实施农村中小学现代远程教育工程和义务教育工程信息技术项目，实施模式一 15 所学校，模式二 76 所学校，模式三 7 所学校，共争取自治区电教设备资金达 220 万元；同时，全县各项目学校积极筹措配套设施资金 60 万元，确保了项目的顺利实施。全县有 19 所中小学配置了计算机教室，价值 180 万元，9 所学校配置多媒体教室，价值 40 万元，发放 60 所小学远程教育工程设备和光盘播放教学软件、安装调试了 67 所教育卫星收视设备。

此外，为了巩固和提高“普实”成果，提高实验教师的业务水平，组织举办了多期培训班：蒙山县远程教育工程项目设备使用培训班；广西“英特尔未来教育”项目学科教师培训班；“世界银行贷款/英国政府赠款‘西部地区基础教育发展’项目”师资培训班，参训人数达 900 多人次。

【素质教育】 2006 年，蒙山中学通过自治区评估验收，成为广西第四批示范性普通高中；蒙山中学、陈塘中心小学被评为广西中小学校园文化建设先进学校。

全县重视加强和改进未成年人思想道德建设。德育工作，一是开展社会主义荣辱观教育活动。二是加强队团队工作的指导。举办了团队干部及艺术教师培训班，提高团队干部素质，广泛开展特色中队建设活动，利用校园广播、宣传橱窗、黑板报以及校园网等宣传阵地，通过班会、共青团、少先队活动、专题讲座、演讲、征文比赛等途径，以及悬挂宣传横幅、致家长一封信等多种方式开展了“树社会主义荣辱观，做现代少年君子”系列教育活动。三是开展感恩激励教育活动。聘请南宁市关心下一代教育研究所高级讲师南翎绍雄先生到12所中小学校作感恩激励教育巡回报告，直接听讲的学生、老师、家长达4万多人，广大青少年学生普遍受到了一次感恩教育的洗礼。课外活动方面，各中小学开设音乐舞蹈、美术、书法、英语、故事、篮球、足球、羽毛球等兴趣小组1100多个，以发展青少年学生的体艺特长。

2006年，全县获得自治区级奖励的三好学生4人，优秀学生干部2人，先进集体1个；获市级奖励三好学生244人，优秀学生干部122人；获县级的三好学生1220人，优秀学生干部610人。同时，认真开展课外科技教育活动，2006年蒙山县青少年科技创新大赛，有22个项目获得县级奖励，其中一等奖3个、二等奖8个。其中，湄江中学邹蕉蔓同学的《快速捡蚕茧器》，蒙山镇回龙小学黄维荣同学的《神奇的手——花生脱粒器》等8个项目参加梧州市2006年青少年科技创新大赛，获一等奖2个、二等奖4个、三等奖2个。《快速捡蚕茧器》和《神奇的手——花生脱粒器》参加2006年广西青少年科技创新大赛，分别获得一等奖和二等奖。《快速捡蚕茧器》还被广西推荐参加第21届全国青少年科技创新大赛，荣获全国青少年科技创新大赛二等奖。

科技工作，在“爱科学月”活动中，广大中小学生在科技辅导员的带领下，读科普书刊8956册/26285人，开展实践操作活动176次，10290人参加，全县共有25622人参加爱科学月活动，占在校生的88.5%以上。湄江中学、蒙山镇第一小学、文圩镇秀才小学被评为2006年梧州市“爱科学月”活动先进集体，湄江中学的范海辉等3位老师被评为2006年梧州市“爱科学月”活动先进个人。

艺体工作，县教育局举办了“阳光下成长”蒙山县中小学生文艺会演；12月下旬，举办了蒙山县第三届“师之范”教师艺术节。此外，在梧州市第七届中小学文化艺术节中，县教育局、县第一中学、蒙山镇第一小学均获优秀组织奖，蒙山中学吴巍伟同学的绘画作品《山水图》荣获一等奖，县第一中学陈颖美同学的绘画作品《静物色彩写生》、表演类作品舞蹈《壮族大歌》、独唱《童心是小鸟》均获二等奖。

附：蒙山县教育局领导

局长：李世朝

党组书记、副局长：韦文周

副局长：梁永金　陈光兰

地址：梧州市蒙山县永安街长墙巷47号

邮编：546700

撰稿：黄德智　李晓红　黄　丽　李世朝　韦文周

长洲区

【概况】 2006年长洲区教育情况：

学校数和学生数 全区共28所小学、15个教学点，学生11541人；初中2所，学生3082人；中等职业学校1所，学生280人。

专任教师数和师生比 专任教师幼儿园213人、小学892人。师生比为小学1∶18.44，初中1∶21.86，中等职业学校1∶23.3。

校园、校舍面积及生均情况 小学校园面积178955.6平方米，初中55002.75平方米，中等职业学校23334.5平方米；小学校舍面积52165平方米，生均4.52平方米；初中17259平方米，生均5.06平方米；中等职业学校10245平方米，生均15.5平方米。

义务教育普及程度 小学学龄儿童入学率100%，初中毛入学率109.74%，小学生辍学率0，普通初中辍学率2.51%，小学毕业生升学率100%，初中毕业生升学率78%。

【教育经费的收入与支出】 2006年，长洲区教育经费总收入3278万，比上年多收入598万元，增长22.31%。其中财政拨款收入3057万元，比上年多收入840万元，增长37.89%。；预算外资金收入172万元，比上年多收入－243万元，增长－58.55%。教育经费总支出3204万元，比上年多支出527万元，增长19.69%。其中财政拨款支出2849万元，比上年多支出933万元，增长48.70%；预算外资金支出224万元，比上年多支出－143万元，增长－38.96%。总支出中，人员经费支出2050万元，公用经费支出461万元，基建支出693万元，其他支出无。

【教育教学管理】 近年来，长洲区在加快经济发展的同时，大力推进“科教兴区”战略，促进了全区经济社会的持续、快速、健康、和谐发展。长洲区（原郊区）于1997年10月通过自治区人民政府“两基”验收，1998年11月通过自治区教育厅的“普实”验收，2001年7月通过自治区“两基”巩固提高的复查。2003年2月梧州市行政区域调整后，设立长洲区，倒水镇划归长洲区管辖。

在学校管理方面，一是狠抓学校班子建设。每年对中、小学的班子进行考核，根据考核情况评选表彰20名优秀校长，树立典型。同时，加强对中小学校长进行培训，近三年来全区通过省级培训230人次，市级培训2817人次，县级培训3026人次。全区中小学校长的整体素质有了新的提高，理念先进、敬业奉献、开拓进取、勇于改革的中小学校长队伍正在逐步形成。二是严抓学校常规管理。各中小学严格按照《广西壮族自治区中小学校常规管理规定》要求，结合实际逐步建立健全各项规章制度。在学校管理工作中，基本做到了有章可循、有规可就、有度可量，初步实现了以制度管人、管事的目标，学校管理的制度化、规范化程度不断提高。三是注重学校安全管理。认真贯彻落实上级有关安全工作的文件精神，指导各中小学、幼儿园开展安全教育和管理工作，取得了明显的成效。全区中小学没有发生重大安全责任事故。

在教师队伍建设方面，一是高度重视教师队伍的管理工作。先后制定了《长洲区教师量化考核方案》、《关于加强师德师风建设工作的实施意见》、《学校工作目标考核方案》、《长洲区试用、代课教师转聘用制教师考核方案》、《长洲区教育系统关于加强教师队伍管理的若干规定》等，进一步完善了制度建设工作。二是培养一支高素质的教师队伍。从2001年开始，实施了“师生素质训练工程”，2003年实施“长洲区青年教师训练方案工程”，利用4年时间对35岁以下的青年教师进行全方位的培训。同时鼓励在职教师通过函授、自学考试等途径参加学历培训，提高学历层次。全区小学有专任教师619人，学历合格率达100％，初中教师143人，学历合格率达100％，教师队伍专业结构逐步趋于合理。三是打造一支高素质的校长队伍。2003年以来，区教育局共举办了7期“校长、教导主任、骨干教师培训班”，2006年以“中小学校长建设年”为契机，扎实开展培训、征文、论坛、督查、评估等活动，全面提高全区校长执法水平和管理能力，全区中小学校长培训率达100％。四是建立明确激励机制。为了鼓励和激发教职员工的工作热情和工作责任心，在全区教育系统建立了表彰奖励制度、考核聘任制度、支教制度，激励教师爱岗敬业、乐于奉献。

在抓教育质量提高方面，鼓励学校引进竞争机制，进行人事制度改革，激发教师积极性，促进学校“三风”建设，积极推进国家新一轮课程改革，充分发挥课堂主渠道作用，开齐开足学科校本课程上好活动课，积极开展课外活动，不断提高教学质量。致力教育教学研究，积极推广先进的教育教学方法，成功开展新课程改革工作。2004年以来，共有4所学校获得梧州市级中小学校常规管理优秀学校称号，4所学校被评为“梧州市课程改革实验工作先进单位”。

【改善办学条件】 区党委、政府始终把改善办学条件作为政府实事工程紧抓不放，1997年以来，多渠道筹集资金2300万元，用于改善办学条件。新建校舍建筑面积24000平方米，生均校舍建筑面积不断加大，全区教育基础设施建设上了一个新的台阶，“两基”工作得到进一步的巩固和提高。2003年至今，全区筹措校舍建设基金1400万元，其中中央与自治区补助及社会捐资共1000万元，新建校舍14700平方米，生均校舍面积不断增加，危房率下降，全部清除了D级危房。2004年投入8万元，建设乡镇资源中心1所，2005年投入88万元，完成全区38所农村中小学（含农村小学教学点）远程教育工程项目。在大力改善校舍校园条件的同时，投入资金180万元，用于普及实验教学，配备各种教学仪器、电教设备和图书装备，积极开展实验教学，各科实验开出率均达到标准，1998年我区所属学校通过了自治区“普实”评估验收。

多年来，在全区中小学实施校园绿化、美化和校园文化建设工程，开展校园美化、绿化、净化活动，改善校园内外环境，营造校园人文氛围，5所学校先后成为自治区、市级“绿色学校”，2所学校被评为市级“校园文化建设先进单位”，8所学校被评为长洲区“校园文化建设先进单位”。

附：长洲区教育局领导

局长、副书记：古贤明

书记：徐立雄

副局长：聂火培　黎洁玲

地址：梧州市新兴二路193号

邮编：543002

撰稿：玉宇钦　古贤明　徐立雄

万秀区

【概况】 2006年万秀区教育情况：

学校数和学生数 万秀区共有中小学、幼儿园36所，其中市区小学10所，特殊教育学校1所，农村初中2所，农村小学16所（含13个教学点），幼儿园7所。全区在校中小学生14190人，其中初中2358人、小学11832人。

专任教师数和师生比 在编教职工954人（初中128人、小学826人），专任教师903人（初中127人、小学776人），本科学历48人，专科学历564人，中师中专学历274人；中学高级教师5人，中学一级教师24人，小学高级教师363人。

【教育经费的收入与支出】 2006年城区教育经费总收入3400万元，比上年多收入－112万元，增长－3.4%。其中财政拨款收入3158万元，比上年多收入442万元，增长13.9；预算外资金收入242万元，比上年多收入－191.5万元，增长44%。教育经费总支出3319.3万元，比上年多收入47.2万元，增长1.4%。其中财政拨款支出3158万元，比上年多收入442万元，增长13.9%；预算外资金支出161.3万元，比上年多收入－394.8万元，增长－70%。总支出中，人员经费支出27235万元，公用经费支出344.4万元，基建支出251.4万元，其他支出0万元。

【改善办学条件】 万秀区紧紧围绕“抓硬件、攻薄弱、创示范、重效率”的工作目标，采取了“加强领导、增加投入、规范管理、检查指导”四条过硬措施，建立了“服务到校、工作到室、指导到人、责任到位”的工作机制，有力地推动了“两基”巩固提高工作。

区政府在财力有限的情况下，多渠道筹措资金，增加投入，努力使学校配备有实验室和图书室，积极启动音、体、美、卫、劳技器材和加快现代教育技术装备的工作。近年来，共投入资金670万元用于新建、扩建、改建学校教学楼；用于装备购置常规教学仪器、图书资料、多媒体大屏幕设备、语音设备、音乐体育器材和“两室”内部的桌、柜、架等设施的经费达21万元。校校通工程投入约242万元。农村中小学现代远程教育工程项目覆盖全区共19所农村中小学校，总投入为57万元。其中实施模式二的有17所，配备教学卫星接收系统、接收数据用计算机、彩色电视机、DVD播放机和1—6年级所需的教学光盘；实施模式三的有2所，配备卫星接收系统、一间30台终端的计算机教室，一间多媒体教室以及教学光盘播放设备。

自从2003年区划调整至今，从中央到地方政府共投入了近791万元用于学校危房改造，在城区教育局的统一安排下，经过近几年的投入，学校的办学条件得到了根本的改善。旺甫初中、河口小学、鹤洞小学、江瑞分校等学校教学楼已竣工投入使用。10多所花园式学校已经建成，各花园式学校成了城区一道亮丽的风景线。旺甫、城东两镇小学有固定的劳动教育基地，平均每班有0.5亩基地，初中平均每班有1亩基地，学校定期组织学生到基地开展实践活动。

为进一步缩小城乡差距，实现全区教育的均衡发展，我区在危房改造、教育技术装备、远程教育设施配套、教师配备、教师待遇等方面都向农村学校倾斜。一是在市区学校选派优秀教师到两镇学校支教，组织城乡之间、乡镇之间的教师交流；二是通过组织教学明星和学科带头人以“送课下乡”、“结对子”等方式支持与帮助薄弱学校改革教学方法、提高教学能力和教学质量。三是在教育经费投入、教师培训等方面统筹安排，向薄弱学校倾斜。校校通工程及国家农村远程教育工程实施以来，我区形成天地网合一、宽带互动的传输模式，缩小城乡之间的差距，实现优质资源的共享。

通过全社会的共同努力，万秀区教育事业在近年有了变化，尤其是旺甫、城东两镇的校园建设、设备更新，以及科学有效的学校管理，教育教学成绩显著，旺甫镇合水初中2006年的中考试成绩达到梧州市市区中学的优秀水平，上级部门高度称赞，当地村民欢天喜地。万秀区的城乡教育得到了均衡发展。

自2002年起，万秀区以课程改革为中心，全面推进素质教育，推进“两基”巩固提高。

一是合理调整万秀区各学校的教师队伍结构。

二是加强校长培训。每月开展校长培训班两次，党委常委、政府副区长邵兵等领导亲自到会并作重要讲话；由于领导重视，狠抓落实，效果显著，校长们的领导能力、教学研究能力、多彩的管理风格等方面得到全面提高，促进了我区全面巩固提高“两基”工作的整体实力。

三是倾斜农村教育，优化农村师资。落实建立教帮扶制度，充分利用市区学校教学资源和人力资源，实行教师定期到农村或薄弱学校支教制度、市区学校与农村学校结对子制度、城乡教师交流制度、城乡校长、教师跟班学习制度等，促进教师教育教学水平的不断提高。

四是实施素质教育，万秀区坚持德育首位，加强对学生进行诚信教育、民主法制教育，创新开展德育工作，目前，我区各校校风正，校纪严，学生遵守行为规范的合格率达到100%，在校生犯罪率为0。每年精心组织了万秀区艺术节、万秀区学生才艺大赛等学生喜闻乐见的活动。通过各种主题文化活动作为推动学生素质发展的外在动力，从而达到德、智、体、美、劳全面发展。

近年来，万秀区实施“三特色”工程促进学校的主动发展，着力打造品牌学校，培养出一批教学名师和学科教学带头人。一是“特色教师特色班”工程。建立了城区中小学骨干教师群体和梯队，并通过其示范和表率作用，带动城区中小学教师队伍整体素质的提高，让特色教师培养特色生，托起特色班。二是特色校建设工程，万秀区各校根据社会要求和自身优势制订、完善了《学校三年发展规划》，进一步明确了办学理念，明晰了办学思路，确立了办学目标，彰显了办学特色。如北环路小学的器乐教学特色，中山小学的双语教学特色，大东路小学的足球教学特色等，特色办学，促进了学校质量的提高。三是特色校长塑造工程，万秀区制订了校长三年培训规划，有计划、有序列的对我区校长进行培训。

【“两基”成果】 随着“两基”工作的不断深入，万秀区的基础教育发生了根本性的变化，学校面貌变了，教师变了，学生也变了，给整个万秀区素质教育注入新的活力。

学校变了。我们多渠道筹措资金，改造了万秀区学校素质教育基地——青少年活动中心的环境，增设了科技展厅、演艺厅、陶艺馆、古筝室等多个功能室，添置了钢琴、小提琴、陶艺拉坯机等艺术教育、科技活动硬件设备，拓宽了学生开展活动的场所。民主路小学、中山小学等自筹资金，组建了近30个多媒体教学先行班。各校进行绿色学校建设，绿化的面积达90%以上，还投入了大量资金，充分利用梯间、走道、操场的墙壁、操场的一角进行校园文化建设，为学生创建一个平安校园、文明校园、和谐校园。

教师变了。历经“两基”工作的磨炼，每一个参与其中的教师切实感受到自身的变化：观念变了，由统一规格教育向差异性教育转变，由重结果向重过程转变，由单向信息交流向综合信息交流转变，由居高临下向平等融洽转变。教学方法变了，课堂教学情境化，学生在动情中入境；课堂教学活动化，自主、合作、探究成为课堂教学新模式。

学生变了。学生们学习的热情提高了，学习成了孩子们亲身体验、自我发现、充满乐趣的过程；学生参与意识加强了，一双双高举挥动的手臂成了课堂中一道靓丽的风景线，师生之间、学生之间的热烈讨论、激烈辩论场景，成了课堂中最生动画面；学生创新意识和实践能力提高了，学生在亲自动手操作、感受、体验获得知识。

此外，万秀区教育局被评为自治区课改先进单位，万秀教研室2006年被评为自治区教研先进单位，民主路小学，中山小学被评为自治区课改先进集体，多名教师被评为自治区课改先进个人。

撰稿：万秀区教育局

北海市教育

北海市

【概况】 2006年北海市教育概况：

学校数和学生数 有各级各类学校748所，学生总数333038人。其中小学406所，学生159630人；普通初中58所，“九年一贯制”学校12所，学生82064人（含13所完全中学的初中部分学生数在内）；普通高中20所，学生33447人；中等职业技术学校10所，学生13028人。

专任教师数和师生比 小学专任教师7126人，师生比22：1；普通初中专任教师3851人，师生比1：21；普通高中专任教师1782人，师生比19：1；中等职业技术学校专任教师 578 人，师生比 23∶1。

每万人口在校生 幼儿园在校生 228 人，小学在校生 1050 人，普通初中在校生 540 人，普通高中在校生 220 人，中等职业技术学校在校生 86 人。

校园、校舍面积及生均情况 小学校园面积 5611300 平方米，校舍面积 940884 平方米，生均校舍面积 5.9 平方米；普通中学校园面积 3266350 平方米，校舍面积 951529 平方米，生均校舍面积 8.2 平方米；中等职业技术学校校园面积 745128 平方米，校舍面积 171547 平方米，生均校舍面积 13.2 平方米。

义务教育普及程度 小学学龄儿童入学率 99.6%，初中毛入学率 115%；小学生辍学率 0.03%，普通初中辍学率 2.18%；小学毕业生升学率 99.1%，初中毕业生升学率 76.9%。

【教育经费的收入与支出】 2006 年，北海市教育经费总收入 57453 万元，比上年多收入 9019 万元，增长 18.62%。其中财政拨款收入 41444 万元，比上年多收入 9057 万元，增长 27.96%；预算外资金收入 16009 万元，比上年多收入－38 万元，增长－0.24%。教育经费总支出 56601 万元，比上年多支出 8325 万元，增长 17.24%。其中财政拨款支出 41843 万元，比上年多支出 9384 万元，增长 28.91%；预算外资金支出 14758 万元，比上年多支出－1058 万元，增长－6.69%。总支出中，人员经费支出 34956 万元，公用经费支出 15032 万元，基建支出 4323 万元，其他支出没有。

【综述】 2006 年，北海市教育局组织了网络资源应用培训班，300 人参加了培训；全市 73%的中小学开展了信息技术培训。同时，投入 450 万元，为市直学校配置成套设备，使市直学校实现了实验教学装备标准化。北海市承办了第八届“微软杯”广西中小学信息技术与学科教学整合观摩展示活动周。组织全市范围内的小学 1—5 年级和全体初中教师共 13020 人进行课程改革培训；举办了“北海市中小学校长建设年”校长培训班，邀请区内外专家教授、知名校长前来讲学，全市一县三区的 550 名中小学校长参加了培训。北海市教育局还组织了对市直学校和一县三区的学校 5 年来推进义务教育课程改革的评估调研；并通过了自治区教育厅评估专家组对北海市 5 年来的课程改革的评估。北海市教育系统举办入党积极分子培训班，对 150 名师生进行了培训；先后共吸收了 65 名中青年骨干教师和优秀学生入党；并批准 2 所民办学校筹建党支部。

【高考情况】 全市参加高考的考生有 11874 人，比 2005 年增加 1892 人；本科上线考生达 5581 人，上线率为 47%，比 2005 年提高 2.5 个百分点；大专上线考生达 4464 人，上线率为 86%，比 2005 年提高 4.7 个百分点。北海市高中招生 11302 人，其中市辖区 4866 人，合浦县 6436 人。全市共有 79816 人次参加高中毕业会考。全市中等职业学校招生 6263 人，完成了自治区下达的 6018 人的招生任务。

【“两基”工作】 成立以连友农市长任组长的“北海市迎接国家‘两基’（基本普及九年义务教育、基本扫除青壮年文盲）评估验收工作领导小组”，制订了全市 2006—2007 年度“两基”巩固提高工作计划，并在北海市教育局专门设置了“北海市‘两基’迎国检办公室”；北海市政府与市辖一县三区政府签订了“两基”巩固提高工作责任状。随后全市正式开始了“两基”档案资料的收集整理工作；市辖县区及市直学校同时开始了“两基”的自查。北海市迎接国家“两基”评估验收工作领导小组的办学条件督查组先后下到合浦县三分之二的中小学校检查“两基”工作。12 月，自治区教育督导团对合浦县“两基”工作复查，其间，查阅了该县和乡镇有关档案文件和资料报表，抽查了党江、沙田、星岛湖、石康、西场、乌家、沙岗、廉州等 8 个乡镇及其所属的 12 所中学、8 所中心小学、9 所村完小和 4 所成人文化技术学校，认为该县“两基”工作合格；海城区教育局、合浦县教育局及其有关中小学通过了自治区教育厅课改工作评估组的评估；银海区接受了自治区“312 工程”（即“普九攻坚计划”、“服务三农计划”、“城乡帮助计划”三大计划和农村学校危害改造、农村远程教育、扶贫和学生减负、教育兴农、农村劳动力转移培训、农村实用技术培训等 12 个项目）的督查。

【研修培训】 北海市教育局主办、北海职业学院承办了第二期北海市 21 世纪园丁工程基地研修活动，来自全市各校的 1226 位学员，分 24 个学科进入北海中学、北海一中、五中、七中、八中、市实验学校、海城区二小、八小等 8 所基础教育研修基地学校开展基地研修，内容包括听取基地学校领导的教改经验介绍、观摩优秀学员的研修课例、市教科所教研员示范评课以及解答学员在研修中的困惑等。全市启动教师全员培训工作，先后培训了小学、初中、高中骨干教师 900 人；参加英特尔未来教育项目培训 412 人；组织市直学校 5000 多名教师参加校本培训。举办了全市第十六届中学生运动会，开展田径、足球、篮球、排球、乒乓球、羽毛球、游泳等

7个项目竞赛，共有40所学校1460多名学生参加。

【扶贫助困】 全市约有贫困大学生450人获得了补助，共补助金额60万元，平均每人补助1300元；制定出台了《北海市免除农村义务教育阶段学生学杂费和补助农村义务教育阶段中小学公用经费工作实施方案》，为农村义务教育阶段中小学生免杂费和补助公用经费资金达3580.66万元。全年勤工俭学总产值4000万元，实现纯收入670万元，上交税金55万元，多渠道筹措教育经费1580万元。

【治理乱收费】 春、秋两季开学前，北海市教育局召开市直学校和县区分管领导会议，布置治理中小学乱收费工作，多次会同物价、监察、纠风等部门联合对市直学校和县区学校进行收费检查，市直学校没有发生教育乱收费行为，县区学校教育乱收费现象得到了遏制。批准成立市民办教育协会和批准设立11所民办学校或培训机构。

【幼儿教育】 2006年，北海市的幼儿教育依据《幼儿园教育指导纲要（试行）》，开展适应性课程改革，注重幼儿健康心理品质的养成；同时，推进幼儿一日生活常规管理模式的改革与探索。开展形式多样的园本培训和外出学习，市直各幼儿园每周一次业务学习，有针对性地开展专题学习、讨论；领导、教师共有逾百人次进行“教师电脑上网技能”的培训和考核，到北京、青岛、大连、南宁等地参加教改观摩、课题立项、新教材使用、示范园经验交流、建立电脑网站、故事竞赛、财务、卫生保健等各方面的业务学习和培训。合浦县各幼儿园开展幼教新课改示范活动，全县约有786人参加新课程研讨活动。春季学期，市机关幼儿园组织全体教师到桂林七星幼儿园、广西军区幼儿园跟班学习；赴南宁参加“蒙氏数学教学法”培训。自治区示范幼儿园市一幼先后接待省市幼师园长培训班学员、市内外幼教同行和市职业学院幼师班的见习生共500人次到该园观摩学习。市区各幼儿园大都建立起对园舍、大型玩具、桌椅、各类设备设施等“一周一小检，一月一大检”的制度。合浦县实验幼儿园、廉州一幼、二幼、白沙中心幼、西场中心幼开展了“幼儿园主题区域性活动”的课题研究经验交流会。全市还举办了幼教“新课程”优质课评比和“实施幼儿园适应性发展课程——共同性活动教学比赛”（共有165个单位18位教师参加比赛）。北海市教育局启动市幼儿园等级评估工作，年内先后对未定级的13所民办幼儿园进行了初评，对申报的5所幼儿园进行评估验收，认定3所为示范幼儿园、2所为市一级幼儿园；组织全市有关幼儿园的56位教师参加了自治区《幼儿园主题式课程》新教材培训。市一幼自筹资金10万元购置了一批教学办公设备电脑、幼儿教玩具、体育器械等。6月，市机关幼儿园分别荣获“自治区课程改革优秀实验园”“自治区语言文字规范化示范校”“广西食品卫生监督量化分级管理A级学校食堂”等称号。银海区机关幼儿园年内接待广西区内外城市的幼教专家、教师来园观摩100多人次，接待广西幼师及市内职校幼师班学生实习、见习近300人次；3篇优秀教案获省级奖励。

遵循《幼儿园教育指导纲要（试行）》中的“注意根据幼儿个体差异，研究有效的活动形式和方法，不要强求一律”的理念，北海市各幼儿园对幼儿小、中、大三个年龄段的活动区进行重新设计，以使区域活动的功能、价值有效地发挥出来。海区机关幼儿园在体育教研方面，采用现场听课，当场反馈讲评；同时根据活动场地和体育器械的利用，开展教师和幼儿之间的互动，规定了相应练习的时间、要求，保证不同年龄幼儿的活动量。市直各幼儿园在探索活动区设置与体育舞蹈有关的物件，以利于幼儿发挥学习主体性。

【普通初等教育】 2006年上半年，广西师范大学出版社正式出版发行了以北海市教育科学研究教研员为主要人员的编写班子编撰的《廉洁教育读本》一书（小学高年级用书，逾10万字）。下半年，北海市教育科学研究所组团对市直北海实验学校，以及合浦实验小学、平田小学，海城区二小、九小、十小、高德小学，银海区银滩中心校、龙潭小学，铁山港区鹿塘小学等10所小学进行了“教师问卷调查”和“学生问卷调查”，分别举行了教师座谈会和学生座谈会。同时，通过听汇报、查阅材料、课堂观察、现场考查等方式围绕“组织与管理”“教师培养与培训”“课程开发与管理”“教学研究与指导”“教学过程”“评价与考试”“社会动员”“实验成效”等八方面对市辖一县三区教育主管部门和上述10所小学的基础教育课程改革情况进行评估（包括反馈改进意见和提出存在问题）。

海城区举办小学语文课堂教学比赛，由各校推荐、筛选出来的14位教师进行了比赛；此后，从该次比赛推出的海城区二小教师谢敏参加广西全区比赛荣获第一名，并代表广西参加全国语文阅读教学课堂教学大赛荣获二等奖。海城区组织小学一、四年级教师参加实验教材及教师的培训达420人次，组织90名教师到太原、南宁、桂林等市参加研讨培训。该区各小学申报的6个广西“十一五”规划课题和4个广西教育学会“十一五”规划课题先后获得批准立项。年底，海城区对所辖乡镇、街道办事处和学校“两基”档案负责人进行了培训；并派出4个工作小组对该区29所中小学开展调研，同时下到一个镇七个街道办事处及海城区公安分局搜集、查找、核实0—17岁儿童、少年档案资料，制表登记，做好填报工作。海城区三小被评为全国艺术教育优秀学校和全国体育先进学校。

银海区先后举办中小学教师课堂教学艺术和小学教导主任培训班，分别有1400多位教师和100多位教师中小学教导主任参加了培训。下半年，该区3次对50所中小学的“两基”资料员进行了业务培训；主办了6期中小学校长培训班。年内，银海区还完成了龙潭小学等3所中小学的危房改造项目工程，建筑面积达1926平方米，投入资金110万元；争取270多万元装备该区各中小学现代远程教育网络，落实配套资金28.7万元的广西乡镇现代资源中心工程的项目已经装备到各中心校。

铁山港区在年终对该区营盘镇中、中心校、鹧鸪塘小学、南康镇中心校实施“抽样调查”，逐项查看“十室”、“六室”配备情况；并专门培训了该区的“两基”专职资料员。年内，合浦县共举办“两基”培训班10余期，培训专干500余人；先后环绕“十室一场”的建设组团视导了该县95%以上的小学。市直各中小学师生为合浦县“两基”建设捐赠图书61721册。

2006年，北海市城乡各小学在推进新课程课堂改革的同时，注重营造有利于学生健康成长的社区环境。海城区各校在辖区内成立社区教育机构，联合相关单位建立起安全教育基地、爱心教育基地、环保教育基地、国防教育基地、法制教育基地、科普教育基地，定期组织学生到基地去开展课题实验活动。市辖合浦县的乡村学校加强对小学教学课堂教学的研究，从中总结出“以旧引新、分析归纳、巩固提高”的课堂教学模式。海城区落实《发展性课堂教学评价实施意见》，建立教师自评为主，校长、教师、学生、家长共同参与的评价制度；同时，为课改实验教师建立档案袋，收集实验教师的“三本一表”（教学心得本、教学反思本、听课本和课改建议表）及获奖教案、论文等。北海市实验学校在提倡“分层布置作业”，控制学生的课外作业量，语文忌死抄、死背，重视课外阅读，注重积累性、应用性作业的布置；数学忌机械、重复性作业，注重实践性、应用性作业。

【“两免一补”工作】 2006年，北海市海城区符合享受“两免一补”条件的贫困生1743人，该区财政补助经费9.81万元；春季起，14所农村中小学学生4916人全部免除学杂费，中央及自治区免学杂费补助资金及公用经费补助资金75.46万元，该区财政补助回流生学杂费1.36万元，“两免”经费全部到位。海城区将巩固和提高“两基”的重点放在农村学校，农村学校入学率达100%，小学辍学率为0；初中辍学率为0.09%；初等教育完成率100%，初级中等教育完成率100%。银海区落实“两免一补”资金19万元，资助贫困家庭学生3219名，完成中小学增加6个班的招生任务；该区初中学校和小学的辍学率与2005年同样为1.8%和0.09%。铁山港区的小学辍学率为0.08%，初中辍学率为2.21%，小学、初中生的入学率分别为100%和98.7%。合浦县落实了享受免费提供教科书的贫困生25603人，其中小学生18633人，中学生6888人，特教生82人。全县小学、初中入学率分别为99.95%和98.94%；小学、初中辍学率分别为0.002%和1.10%，其中农村初中辍学率1.10%。

【普通中等教育】 2006年上半年，广西师范大学出版社正式出版发行了以北海市教育科学研究所教研员为主要人员的编写班子编撰的《廉洁教育读本》一书（中学用书，逾10万字）。北海市教育科学研究所组团对市直北海三中、北海五中、北海六中、北海一中、北海八中、北海九中，以及合浦县外国语学校、合浦四中，银海区华侨中学、赤壁学校，铁山港区南康一中、兴港一中、黄稍中学等13所中学进行了“教师问卷调查”和“学生问卷调查”，分别举行了教师座谈会和学生座谈会；同时，通过听汇报、查阅材料、课堂观察、现场考查等方式围绕“组织与管理”“教师培养与培训”“课程开发与管理”“教学研究与指导”“教学过程”“评价与考试”“社会动员”“实验成效”等八方面对市辖一县三区教育主管部门和上述13所中学的基础教育课程改革情况进行评估（包括反馈改进意见和提出存在问题）。全市23所高中按“实战”要求统一举行了4次高考模拟考试；每次考毕，便收集相关数据，综合比较，制表立档，分析总结，然后召开高考模拟考试质量分析会。4月，合浦一中通过自治区示范性普通高中验收评估，成为合浦县继廉州中学之后又一所省级示范性普通高中。6月，举办了全市教育软件和教师个人主题网络评比，共有来自全市的83

个软件和 7 个主题网络参加评选，共评选出一等奖主题网站 3 个和教学软件 3 个，其中北海中学教师陆聪慧的《交通运输网中的线》被推荐到自治区参加全区评比获一等奖。暑假期间，北海市教研所先后 3 次协助多家出版社在北海市举办了新教材培训班，累计有教师 1800 人次参加了学习培训；9 月，该所又在北海中学、北海五中、北海八中举办了“2007 年高考科学备考研讨会”（不同学科），累计有教师逾 600 人次参加；市电教仪器站协助中央电教馆在合浦县举办远教工程三个模式教学应用国家级培训班，并组织市内 600 多名教师参加了该培训班的学习。11 月，北海市教育局对铁山港区南康中学申报自治区示范性普通高中工作进行了市级检查；12 月，市教科所主办了“高中语文课堂教学改革研讨会”，来自福建省宁德市的特级教师张海容、曾经获得东北三省青年教师大赛一等奖的辽宁省沈阳市教师李园，全国“三八”红旗手、北海中学特级教师杨迅在该会上上了研究课，并进行教学反思；福建师范大学教授孙绍振专门对研究课进行点评，并作了题为《课标教材教学的新理念》的讲座，广西区内外教师近 500 人与会。年内，合浦县组织县级教研活动 58 次，各学科课改专题研讨会 46 次，举办教材培训班 21 期，教学骨干培训班 16 期，教研协作会、协作区教研活动 258 次，听课评课 1958 节次，各科教学座谈会 37 次，参加这些活动的教师总人数达 32000 多人次；全县确定各学科科研课题 370 项，其中国家级课题 13 项，省级课题 45 项；对 40 多所中学的信息技术教育管理进行专项检查，并将检查结果通报至各中学；举办校长、专任教师、教学骨干远程教育资源使用培训班 3 期，培训人员达 5000 多人次。

【改善办学条件】 2006 年，北海市辖一县三区继续多渠道筹措资金改造中小学危房，改善办学条件。合浦县全年共获热心人士捐资 55 万元兴建教学楼 2 幢。2005 年中央、自治区安排合浦县的 21 个危改项目，以及该县第一职业高中国债项目 1 个，捐赠项目 1 个，全部合计总投资 965 万元，至 2006 年底，已有 20 个项目验收交付使用或竣工待验。年内，合浦县还投入 249 万元改善部分学校的教学设备。其中投入 89 万多元添置计算机 170 台和移动平台 3 套；投入 160 万元购置一批教学仪器、体育器械和图书装备。此外，该县对廉州中学、合浦一中、合浦二中三个高考考点的英语听力考试系统设备进行更新和维修。海城区全年完成固定资产投资 369.147 万元，多渠道筹措教育经费 433 万元。其中，该区八小“危改”项目教学工程和“中小学布局调整项目”涠洲中学学生宿舍楼工程两项，合计建筑面积 2218 平方米，共投资 203.5 万元，年底已竣工验收并投入使用。海城区财政拨款 14 万元，完成了地角中学、地角小学围墙及驿马小学食堂的修建工程，解决了高德片学校、竹蔗寮小学教学楼的护栏加高加固、翁山小学食堂整改、高德小学危房拆除及增建教学楼楼梯工程建设；投入资金 151.647 万元，完成校舍维修 3634 平方米，加高加固校舍走廊、楼梯 880 平方米，更新课桌椅 2515 套。银海区完成了龙潭小学等 3 所中小学（建筑面积共 1926 平方米）建设资金共 110 万元的危房改造项目工程；解决福成二中、银滩中学学生宿舍紧缺问题，清除了 600 平方米的危房。该区还争取 270 多万元装备了各中小学远程教育网络，落实配套资金 28.7 万元的广西乡镇现代资源中心工程的项目已经装备到各中心校。年内，中央和自治区共投入铁山港区的校舍维修经费 162 万元；取消九年义务教育阶段学生学杂费，中央及自治区补助经费全部划拨到该区学校。

【中等职业教育】 2006 年，北海市开展了“职业教育发展年”活动。全市召开了中等职业学校招生工作会议，确保了中等职业学校招生不少于 6000 人。筹建北海市职业教育中心；并将市辖银海区的中等职业技术学校改为“农民职业培训中心”，为农村富余劳动力转移提供技能培训场所。年内，全市中等职业学校的劳动力转移培训 1874 人次。合浦县在抓好该县第一职业高中建设的同时，对公馆职中、石康一中职高班进行扶持。合浦县的中职学校秋季共招生 1973 人，超额完成了自治区下达的招生任务。银海区构建“以工助读，校企合作”职业教育办学模式，压缩该区中等职业技术学校的普通初中招生，扩大职中招生规模；并通过开设劳技课，建立劳动实践基地，开展对初三学生职业培训等途径，拓宽职业教育范围。银海区还构建“普职渗透、职前职后培训贯通”的职业教育体系，将职业教育内容渗透到普通教育中去，以培养应用型人才。年内，自治区科技厅在银海区中等职业技术学校内挂牌成立了“星火学校”。铁山港区的职业教育采取“借壳办学”的方式，办好初中升职校的学历教育；同时，该区与市职业高中、该区内外有关职业中专联合办学，全年为市内外职校输送的学生就有 639 人。年内，北海市中等职业技术学校被广西教育厅评为第一批自治区示范性职业学校；该校 2003 级学生 797

人，就业793人（其中57人考入高等院校）就业率达99.49%；增建多媒体教室4个，计算机房3个、茶艺调酒室1个。

2006年，北海市各级各类职业学校结合各自实际，对专业课和文化课的设置及教学安排进行了重新设计和整合，以体现文化课适度和专业课实用的原则。例如：北海市中等职业技术学校增加实训课课时，加强实训课教学和管理力度，促使各专业学生考证人数增加，在ATA考证、普通话考证、客房服务员考证、中式烹饪师和中式面点师的考证、电工证、电子产品维修工考证、数控车床操作工考证、餐厅服务员考证、导游资格考证中获证率均在90%以上。不少职业学校还采取了技能课前置和分段排课、分段教学的办法，落实教学改革，达到专业设备、师资共享，增大实训教学的目的。北海市中等职业技术学校专门制定《教学量化管理规定》和课堂教学常规管理相关的制度，做到有检查、督促、评比；同时在研究、制订分段教学后，出台分段测评工作方案，组织好专业题库的建设与管理，做到学生成绩记录和学生成绩管理不遗漏。为了贯彻落实国务院《关于大力发展职业教育的决定》中提出的“逐步建立和完善半工半读制度”的精神，该校2006年开始试行工学结合的培养模式，与北海市银海区中等职业技术学校、合浦县公馆职业中学合作，试行集团化办学，共计招收工学交替学生222人。学生在企业实训期间，由银海区中等职业技术学校及合浦县公馆职业学校派遣教师驻厂管理。实训结束后则回到该校集中学习。该校还利用假期时间，提前安排了04级旅游专业除考导游证之外的学生到香格里拉、聚龙洲、大江埠旅游景点、东莞丽江酒店等企业实习，实习结束后可留在企业工作；安排04级烹饪全班和部分05级烹饪班的学生到香格里拉顶岗实习，实习结束时17人留店工作；还先后安排了152位其他专业的学生到恒基伟业、银河电子、宇珊公司等11家有关单位进行实习和就业。北海市中等职业技术学校年内还组织6个专业861人次参加了市劳动局、安监局等部门组织的职业资格、上岗证的考试。

附：北海市教育局领导

党委书记：李德全（2006年1月至7月25日）
李沛新（2006年1月至9月8日）
孙家兰（2006年9月至12月）
局长、党委副书记：郑廷仁
副局长：李德全（2006年1月至7月）
李沛新（2006年9至12月）
梁　锦　叶宗沛
地址：北海市广东南路
邮编：536000

撰稿：北海市教育局

合浦县

【概况】 2006年合浦县教育概况：

学校数和学生数 合浦县有高中4所，完全中学4所，初级中学42所，职业技术学校2所，小学232所，教学点28个，（特殊）少年儿童辅读学校1所，幼儿园108所。幼儿园学生33753人，小学在校生总人数98594人，2735个教学班，初中在校生总人数47498人，768个教学班，高中在校生总人数17715人，职业技术学校在校生3165人。

专任教师数和师生比 合浦县有小学专任教师4133人，初中专任教师2240人，高中专任教师865人，中等职业技术学校专任教师83人。师生比分别为：小学1∶23.8，初中1∶21.2，高中1∶20.5，中等职业技术学校1∶38。

每万人口在校生 幼儿园352人，小学1031人，普通初中496人，普通高中185人，中等职业技术学校33人。

校园、校舍面积及生均情况 全县校园面积分别为：小学3502862平方米，初中1180555平方米，高中662490平方米，中等职业技术学校85655平方米。生均校园面积分别为：小学35.5平方米，初中24.9平方米，高中37.4平方米，中等职业技术学校27平方米。全县学校校舍面积分别为：小学600234平方米，初中307721平方米，高中215487平方米，中等职业技术学校18988平方米。生均校舍面积分别为：小学6.09平方米，初中6.48平方米，高中12.2平方米，中等职业技术学校6平方米。

义务教育普及程度 小学学龄儿童入学率99.9%，初中毛入学率99.85%；小学辍学率0.03%，初中辍学率2.37%；小学毕业生升学率100%，初中毕业生升学率58.27%；15周岁人口初等教育完成率99.55%，17周岁人口初级中等教育完成率93.2%，残疾儿童少年入学率96.71%。

【教育经费的收入与支出】 2006年，合浦县教育经费总收入 26273 万元，比上年多收入 3481.3 万元，增长 15.27%。其中财政拨款收入 18792 万元，比上年多收入 4055.9 万元，增长 27.5%；预算外资金收入 5876 万元，比上年多收入－1982.6 万元，增长－25%。教育经费总支出 26022 万元，比上年多支出 3373 万元，增长 14.9%。其中财政拨款支出 18618 万元，比上年多支出 4068.7 万元，增长 27.97%；预算外资金支出 5803 万元，比上年多支出－1997 万元，增长－25.6%。总支出中，人员经费支出 16972 万元，公用经费支出 7789 万元，基建支出 1261 万元。

【“两基”工作】 2006 年，合浦县把迎接自治区的“两基”复查作为工作的重中之重来抓，加强领导，健全落实“两基”工作责任制和义务教育经费保障机制；加大投入，努力改善办学条件，当年县财政投入 225 万元用于校舍维修改造，投入 370 万元用于为农村中小学添置图书和仪器；积极落实中央“两免一补”政策，全县共 25603 人次享受“两免一补”，总金额 658.48 万元；狠抓“控辍保学”，建立村、校“控保”联动机制，先后 4 次组织干部、教师 48400 人次深入学生家庭，动员辍学生返校；深化教育改革，稳步提高教育质量。该县“两基”水平不断提升，于 12 月一举通过了自治区的“两基”复查评估验收。

【弱势群体教育】 合浦县人大、政府及教育行政部门把进城务工人员子女、农村留守儿童、残疾儿童和女童的入学问题作为每年重点督查内容之一，县政府专门出台了进城务工人员子女入学政策，确保进城务工人员子女与城镇居民子女享受同等的义务教育权利。此外，计划筹措资金 700 万元，搬迁县少儿辅读学校（特殊教育学校），改善残疾儿童少年的学习条件。

【校园建设】 2006 年，中央和自治区安排给合浦县的校舍维修改造资金共 1007 万元，加上其他资金及该县投入的配套资金共 1734 万元，用于 26 间中小学的校舍维修改造和校园建设，建筑面积 23290 平方米。此外，香港慈善家王锦辉先生捐资 55 万元，建石康镇大崇小学教学楼一幢；北海正虹房地产公司总经理刘庆署先生捐款 40 万元，在陈铭枢的故乡曲樟乡璋加村建教学楼一幢。

【高中教育】 4 月，合浦一中顺利通过自治区示范性普通高中评估验收，成为该县继廉州中学之后的又一所省级示范性普通高中。在当年高考中，全县本专科上线人数 5373 人，比 2005 年增加 1084 人，增幅为 25%；重点大学上线人数首次突破 300 人大关，达到 320 人，比 2005 年增加 26.5%；廉州中学学生关菊以 660 分取得北海市理工科总分第一名，被清华大学录取。

【职业教育】 合浦县第一职业高中在 2005 年争取到国债 200 万元和“危改”资金 68 万元，进一步改善了办学条件，继续采取“校企合作，工读助学”的办学模式，切实解决了贫困家庭孩子无钱读书的困难，深受学生和家长的欢迎。2006 年该校规模进一步扩大，招收新生 1508 人，超额完成自治区下达的招生任务。

【教学科研】 2006 年，合浦县结合课程改革，县教研室及各校大力组织开展各种教科研活动。其中，县级教研活动 58 次，各学科课改专题研讨会 46 次，名师、骨干教师送教下乡 192 节次，举办教材培训班 21 期，教学骨干培训班 16 期，教研协作会、协作区教研活动 371 次，听课评课 1958 节次，各科教学座谈会 37 次，参加以上活动的教师总人数达 32000 多人次；科研课题 219 项，其中国家级课题 7 项，省级课题 27 项，市级课题 69 项，县级课题 116 项，已结题 17 项。异常活跃的教科研活动使全县的教师科研水平、教学质量得到了提升。

【竞赛活动】 在各级学科竞赛中，共有 1148 名学生获奖，其中全国一等奖 4 人，二等奖 14 人，三等奖 29 人，省级一、二、三等奖共 1101 人；11 名教师获全国优秀指导教师奖，239 人获区级优秀指导教师奖。11 月，全国“创新杯”教学艺术大赛在长沙举行，合浦县廉州镇中心小学黄汉萍老师代表广西参赛，讲课《五彩池》荣获一等奖。在北海市优质课竞赛中，有 23 名教师获奖。在各级各类教育教学论文评比中，共有 1205 篇论文获奖，其中获全国《创新杯》论文评比一等奖 98 篇，二等奖 186 篇，三等奖 309 篇；获自治区《课改杯》一等奖 92 篇，二等奖 195 篇，三等奖 325 篇。

【教师培训】 2006 年合浦县大力实施名师工程，举办骨干教师培训班 7 期，推荐 2 人参加广西 2006 年西部地区人才培养特别项目出国留学人员的选拔，同时进一步加强中小学校长队伍建设，共组织 619 名校长参加岗位培训和提高培训。

附：合浦县教育局领导

局长：叶卫国

党委书记：罗德志

党委副书记：苏月熙　孙　海　何兆峰

电话：0779－7284668
地址：合浦县廉州镇小北街
邮编：536100

撰稿：莫永平

银海区

【概况】 2006年北海市银海区教育概况：

学校数和学生数 有公办学校49所。其中完全小学39所，初级中学7所，九年一贯制学校1所，高完中1所，职业技术学校1所（设初中部）。在校小学生13147人，在校初中生7872人，在校高中生485人。

专任教师数和师生比 小学专任教师829人，师生比1∶14.5；初中专任教师443人，师生比1∶14.6；高中专任教师30人，师生比1∶20。

每万人口在校生 小学在校生903人，初中在校生607人。

校园、校舍面积及生均情况 全区中小学校园占地面积5228974.20平方米，校舍建筑总面积174299.14平方米；小学生均校舍面积7.33平方米，初中生均校舍面积8.28平方米，高中生均校舍面积8.3平方米。

义务教育普及程度 小学学龄儿童入学率是99.95%，初中阶段入学率是100.72%；小学生辍学率是0.04%，初中生辍学率是2.27%；小学毕业生升学率是100%，初中毕业生升学率是70%。

【教育经费的收入与支出】 2006年，北海市银海区教育经费总收入3896万元，比上年多收入287万元，增长7.95%。其中财政拨款收入3748万元，比上年多收入579万元，增长18.27%；预算外资金收入148万元，比上年多收入负273万元，增长负64.85%。教育经费总支出3889万元，比上年多支出405万元，增长11.62%。其中财政拨款支出3741万元，比上年多支出697万元，增长22.9%；预算外资金支出148万元，比上年多支出负273万元，增长负64.85%。总支出中，人员经费支出2532万元，公用经费支出365万元，基建支出272万元，其他支出720万元。

【活动成果】 开展“基础教育加强年”活动，促进农村基础教育均衡发展；启动“农村中小学建设标准化计划”，加强农村中小学教育教学手段现代化建设；开展“职业教育建设年”活动，筹建银海区职业教育中心，加快银海区职业技术教育发展步伐；开展“师资队伍建设年”活动，逐步实现“人才强教”的战略目标；开展“校园文化建设年”活动，促进银海区校园文化建设工作；开展“两基”迎国检工作。

附：银海区教育文化和体育局领导

局长、党工委副书记：余新能
党工委书记、副局长：林　武
副局长、党工委委员：谭宏亮
党工委副书记、纪工委书记：祝小燕
电话：0779－2029270
地址：北海市海城区公园路
邮编：536000

撰稿：吴光辉

铁山港区

【概况】 2006年北海市铁山港区教育概况：

学校数和学生数 有小学52所，教学点1个，普通初中7所，普通高中2所。

师生比 师生比分别为：小学1∶23，普通初中1∶18，普通高中1∶13.5。

每万人口在校生 幼儿园287人，小学982人，普通初中539人，普通高中158人。

校园、校舍面积及生均情况 小学校园总面积为101.91万平方米，生均校园面积为63.6平方米；校舍总面积为11.99万平方米，生均校舍面积为7.49平方米。普通初中校园总面积为38.70平方米；生均校园面积为44平方米；校舍总面积6.27平方米；生均校舍面积为7.15平方米。普通高中校园总面积18.58平方米；生均校园面积为72.01平方米；校舍总面积4.29平方米；生均校舍面积为16.61平方米。

义务教育普及程度 小学学龄儿童入学率99.97%，初中毛入学率98.67%；小学生辍学率0.07%，普通初中辍学率2.27%；小学毕业生升学率99.91%，初中毕业生升学率98.26%。

【教育经费的收入与支出】 2006年，北海市铁山港区教育经费总收入5662万元，比上年多收入86万元，增长1.5%。其中财政拨款收入4779万元，比上年多收入 681 万元，增长 16.62%；预算外资金收入 883 万元，比上年多收入 27 万元，增长 3.15%。教育经费总支出 5644 万元，比上年多支出 85 万元，增长 1.5%。其中财政拨款支出 4779 万元，比上年多支出 681 万元，增长 16.62%；预算外资金支出 865 万元，比上年多支出 85 万元，增长 10.8%。总支出中，人员经费支出 4077 万元，公用经费支出 1327 万元，基建支出 162 万元，其他支出 78 万元。

附：铁山港区教育局领导

局长：范先铭

党委副书记：张　祥

副局长：张锦华

电话：0779－8610098

地址：北海市铁山港区行政中心教育

邮编：536017

撰稿：谢振艺

防城港教育

防城港

【概况】 2006 年防城港教育概况：

学校数和学生数 全市有高完中 10 所，在校高中生 11971 人；初中 40 所，学生 35634 人；小学 279 所，小学教学点 389 个，小学在校生共 88198 人。

专任教师数和师生比 全市有高中专任教师 695 人，师生比为 1∶17.2；初中专任教师 2119 人，师生比为 1∶16.8；小学专任教师共 4818 人，师生比为 1∶18.3。

每万人口在校生 幼儿园、小学、初中、高中每万人口在校生数分别为 283.1 人、1102.5 人、445.4 人、149.6 人。

校园、校舍面积及生均情况 全市小学校园面积 223.32 万平方米，生均面积为 25.3 平方米；校舍面积 59.83 万平方米，生均面积 6.8 平方米。全市初中校园面积 96.99 万平方米，生均面积 27.2 平方米；校舍面积 29.17 万平方米，生均面积是 8.2 平方米。全市高中校园面积共 60.41 万平方米，生均面积为 50.5 平方米；全市校舍面积 20.05 万平方米，生均面积是 5.6 平方米。

义务教育普及程度 全市小学学龄儿童入学率达 99.8%，初中毛入学率为 106%；小学辍学率为 0.09%，初中辍学率为 1.8%；小学毕业生升学率 99.11%，初中毕业生升学率 69.8%。

【教育经费的收入与支出】 2006 年，防城港市教育经费总收入 28988 万元，比上年多收 2113 万元，增长 7.28%。其中财政拨款收入 25926 万元，比上年多收入 4084 万元，增长 15.75%；预算外资金收入 3062 万元，比上年多收入－1969 万元，增长－64.3%。教育经费总支出 27876 万元，比上年多支出 1907 万元，增长 6.84%。其中财政拨款支出 23609 万元，比上年多支出 3108 万元，增长 13.16%；预算外资金支出 3060 万元，比上年多支出－1971 万元，增长－64.1%。总支出中，人员经费支出 19924 万元，公用经费支出 7241 万元，其他支出 711 万元。

【“两基”工作】 2005 年底，防城港市实现了“两基”目标，“普九”人口覆盖率达 100%。年初，教育局把巩固、提高“两基”工作仍作为教育工作的重中之重，努力提高基础教育的巩固、提高成果。一是做好学额的巩固工作。春秋学期开学初，组织两个检查、督促小组深入乡、村、学校，检查、督促学生回校，切实做好防辍保学工作。由于今年春季学期起农村义务教育阶段中小学生免除学杂费，学生回校十分踊跃，学生回校情况良好。全市小学入学率达 99.8%，巩固率达 99.91%，辍学率为 0.09%；初中入学率为 99.11%，巩固率达 98.2%，辍学率为 1.8%；15、17 岁完成率分别是 99.7%和 96.3%，文盲率为 0.04%。同时做好迎接自治区于 12 月初对防城区进行“两基”复查工作。加大“普实”工作力度，使防城区于 11 月初通过了自治区“普实”达标评估验收。

【“两免一补”工作】 由于国家在义务教育阶段实行“两免一补”政策，不少民办学校学生、进城务工子女、辍学学生向公办学校回流，给学校增加了扩容的压力。年初，教育局着手做好“两免一补”的《实施方案》，及时部署工作，通过多渠道宣传“两免一补”的惠民政策，全市共发放宣传资料115500份，张贴宣传画400多张，还通过电视、广播、报刊等进行宣传，使“两免一补”家喻户晓。同时，与有关部门协调，使“两免一补”的教材按时发放，上级补助的945.2万元免杂费资金和公用经费资金通过专项调拨到市财政专户，并于开学初拨付到学校，使学校开学工作正常开展。全市23654个农村儿童、少年享受了“两免一补”的待遇，共减轻农民负担217.439万元。

【中小学基础设施建设】 2005年、2006年西部地区寄宿制学校建设工程、2005年农村中小学危改工程大部分竣工投入使用。但由于各方面原因，年初仍有11所学校25个项目未竣工，有些项目建设在全区还居后列。教育局及时召开了项目建设会议，部署了加快进度的工作，提出了所有项目须于4月开工，2004年、2005年工程确保8月底前竣工，2006年工程确保在12月底前竣工，并签订了责任状。经过加强督查，最后大部分工程已按期通过检查验收。

【治理学校乱收费】 教育局会同市纠风、物价、财政、审计等部门深入学校进行收费检查，严格执行物价部门核定的收费项目、标准收费，出具正规发票，向社会、群众公示收费。一年来，经多次检查、上级抽查，未发现有乱收费现象，群众举报乱收费的现象大大减少。

【安全稳定工作】 一年来，教育局会同安监、公安、司法、卫生、消防、交通、文化等部门开展了七次安全大检查，出动30多辆车次、120多人次，对食品卫生、学校周边环境、消防隐患、交通安全、汛期安全等进行了督查。与市卫生防疫部门联合举办了全市学校食堂管理人员培训班，与市食品卫生监督所对全市中小学、幼儿园食堂进行了评估，评出53所食堂为合格食堂，36所食堂为不合格食堂。对不合格食堂发出了整改通知84份。对食堂从业人员进行了传染病检查，坚决执行持健康证上岗制度。通过加强宣传、教育工作，使学校提高了安全防患意识，使学生增长了预防安全事故的知识。特别是通过三月所有的学校开展“安全月”活动，安全教育取得了较好成效，学校安全事故比去年同期减少21%。做好迎接全国对广西“两基”检查验收的准备工作。我局调整充实了工作领导小组及办公室人员，落实了责任制，各区、县、市进行了自检，并形成了报告。

【职业教育】 防城港市现有职业技术学校3所（上思县1所、防城区2所），学校占地总面积22万平方米，校舍建筑面积3万平方米，在职教职工119人，其中：专任教师93人（“双师型”教师16人），有学历教育在校生1040人，每万人口中有职业学校学生13人。全市三所职业技术学校共开设有电子电器应用与维修、电子技术应用、财务会计、计算机及应用、汽车摩托车运用维修、多种经营、种植、养殖、港口机械操作、电工、文秘、餐旅、越语等专业，基本适应当地经济发展对初、中级技工的需要。2004和2005年，防城港市第一职业技术学校、防城区第一、第二职业学校和上思县职业学校分别通过自治区评估验收定为合格学校。

近两年，全市各中职学校积极开展“以工助学和半工半读”的办学模式，通过校校联合和校企合作的途径拓展办学渠道，招生规模不断扩大，2006年完成中职招生1176人，向市外输送中职生源达2500多人，毕业生就业率均达85%以上，为当地的经济发展提供了一批素质较高的技术工人。

为了全面贯彻落实国务院关于大力发展职业教育的决定，进一步推动我市职业教育的发展，2006年起全市开始整合现有职业教育资源，合理规划职业教育布局，高起点上规模的建设县级职业教育中心。上思县职业教育中心项目通过了自治区和国家立项，现正施工建设中。防城区职教中心和市职教中心的建设也正在申报立项。

【语言文字达标工作】 2006年，防城港市语委在“四大重点”领域认真宣传贯彻《中华人民共和国国家通用语言文字法》和《广西壮族自治区实施〈中华人民共和国通用语言文字法〉办法》，在“大力推行、积极普及、逐步提高”的工作方针指引下，积极组织开展国家二类城市语言文字工作达标迎检工作。目前，两个城区、一县、一市均成立了语委会，语委成员单位基本覆盖了与语言文字密切相关的职能部门，“纵到底，横到边”的组织机构网络和“条块结合，齐抓共管”的格局已基本形成；建立健全各项规章制度，为语言文字工作的开展奠定了基础。各部门结合实际制定了相应的语言文字应用系统和本单位语言文字工作开展的规划；加大宣传力度，努力营造语言文字工作的良好氛围。开展“第九届全国推普周”大篷车宣传活动，效果良好；加强社会用字整改，努力营造语言文字规范化外部环境，重点领域示范，带动全社会语言文字规范化意识和应用水平的提高；抓好党政机关、学校、新闻媒体、公共服务行业等四个重点领域的语言文字工作，使其发挥应有的作用，带动全社会语言文字规范意识和应用水平的提高；积极推进公务员普通话水平培训测试工作。

经过不懈努力，防城港市顺利通过国家二类城市语言文字工作评估，被自治区语委、教育厅授予“普通话初步普及，汉字社会应用基本规范”达标城市。

【教育教学质量】 2006 年，教育局组织人员深入学校开展教育教学工作调研，整合充实教研力量，充分调动广大教师教学积极性，使教育教学质量有了提高。一是加强德育工作，以学习树立社会主义荣辱观和开展校园文化建设为突破口，加强未成年人思想道德建设。全市中小学通过国旗下的讲话、版报、墙报、文艺会演、诗歌比赛、广播等形式开展了丰富多彩的宣传教育活动，许多学校结合感恩教育，让学生学会感恩父母、感恩亲人、感恩社会。全市共评选表彰校园文化建设先进单位 16 个、先进个人 25 人，有 2 名中小学生获第 7 届宋庆龄奖学金荣誉。评出市级三好学生 174 人、优秀学生干部 58 人、先进班集体 33 个。5 月，我局与市禁毒办联合举办全市青少年禁毒知识竞赛活动，评出一等奖 1 名、二等奖 2 名、三等奖 3 名。组织全市近 3 万名中小学生观看禁毒警示教育电影片《黑白记忆》。10 月举行了有 617 名学生参加的全市中小学生文艺展演活动，收到了良好效果。在选送参加自治区的节目中，获自治区二等奖 1 名、三等奖 7 名，优秀指导教师奖 1 名，我局获优秀组织奖。二是加大教师培训力度，推进课改全面实施。暑假期间，组织了 2800 名中小学教师进行了为期 12 天的新教材培训学习活动。此外，启动了校本教研活动，对全市 491 所中小学开展课改进行了调研和总结，对课改成果进行了展示。三是抓好“校长建设年”工作。全市举办中小学校长培训班 12 个，共培训中小学校长 546 人，选派 21 名薄弱学校校长到市、县两级优秀学校挂职锻炼，跟班学习；全市中小学校长撰写读书论文、心得体会文章共 1260 篇，经过评估，全市评出“十佳学校”10 所、“十佳校长”10 人。为了提高校长的综合素质，全市共举办培训班 16 期，受训率达 98.3%。四是加强教研教改工作。全市省级以上教育科学规划“十一五”科研课题立项共 13 项，国家级两项，省级 11 项。其中，国家 A 类重点课题一项，省级 A 类重点课题 3 项。有 113 篇中小学教育教学论文和教学案例获省级以上奖励，37 篇在省级以上刊物发表。我市 5 名教师参加全区中小学教师优质课比赛，获得一个一等奖，4 个二等奖。全市 52 名学生代表参加“中国—东盟中小学生作文大赛选拔赛”，获得全区一等奖 1 个，二等奖 3 个，三等奖 29 个。暑假期间，全市 2100 名中小学教师参加了为期 11 天的新教材培训活动。教师节前夕，全市评选了 100 名中小学教师学科带头人，并通过新闻媒体进行公开表彰。教育教学质量不断提高。中考成绩稳中有升，各科平均分及总分合格率均高于 2005 年。

【中考和高考】 中考、高考开展顺利，全市高考参考学生 3686 人，本科上线人数达 1299 人，上线率 35.24%。专科以上上线人数 3034 人，上线率 82.3%。全市共录取大专以上新生 2094 人（不含补录)，录取率为 56.81%（全区 52.28%)。高考成绩再上新台阶，重点上线人数和上线率均创历史新高。高考总上线率为 82.3%，总录取率经全区平均高出 4.53 个百分点。全市有 5656 名初中毕业生参加中考，各科成绩均有提高，全市普通高中录取新生 3834 人，职业高中录取新生 1176 人。

【高等教育】 防城港广播电视大学 2005 年 4 月顺利通过了自治区教育厅关于中央电大人才培养模式改革和开放教育试点项目总结性评估，办学水平跃上了新的台阶。2006 年，专科、本科、研究生班毕业生已达 1500 余人，填补了防城港市高等教育的空白，为防城港市的社会发展和经济建设提供了人力资源的支持。

附：防城港市教育局领导

党委书记、局长：朱荣庆
党委副书记、纪委书记：吕武平
副局长：林爱群　刘　瑶　张晓晋
电话：0770－2201188
地址：防城港市港口区渔沥路教育局综合楼
邮编：538001

撰稿：翟艳璇　陈吉兴　钟　宁　苏启森
乔　燕　谌永平

钦州市教育

钦州市

【概况】 2006年钦州市教育概况：

学校数和学生数 钦州市共有中小学校（含中等职业学校）1286所，在校学生共607976人。其中小学1109所，在校学生391082人；普通初中126所，在校学生146359人；普通高中28所，在校学生43633人；中等职业学校（含中专、中师、职业高中、技工学校）23所，在校学生26862人。

专任教师数和师生比 全市中小学（含中等职业学校）共有专任教师22731人（不含代课教师）。其中小学专任教师12703人，师生比为1∶30.78；普通初中专任教师6381人，师生比为1∶23.15；普通高中专任教师2088人，师生比为1∶20.9；中等职业学校专任教师1637人，师生比为1∶16。

每万人口在校生 全市每万人口中，在校生分别是：幼儿园234人，小学生1150人，普通初中430人，普通高中128人，中等职业学校学生78人。

校园、校舍面积及生均情况 全市中小学校（含中等职业学校）校园面积共1154.06万平方米，校舍建筑面积共386.35万平方米。校园生均面积：小学19.27平方米，普通初中19平方米，普通高中29.11平方米，中等职业学校42.5平方米；校舍生均面积：小学5.92平方米，普通初中6.72平方米，普通高中13.19平方米，中等职业学校16.5平方米。

义务教育普及程度 全市小学学龄儿童入学率为99.75%，初中毛入学率为96%；小学生辍学率为0.13%，普通初中辍学率为2.04%；小学毕业生升学率为99.5%，初中毕业生升学率为77.8%。

【教育经费的收入与支出】 2006年，钦州市教育经费总收入80730万元，比上年多收入9615万元，增长13.5%。其中财政拨款收入56395万元，比上年多收入14289万元，增长33.9%；预算外资金收入15552万元，比上年少收入6229万元，增长－28.6%。2006年，全市教育经费总支出79656万元，比上年多支出8736万元，增长12.32%。其中财政拨款支出55864万元，比上年多支出13733万元，增长32.6%；预算外资金支出23792万元，比上年少支出4997万元，增长－21%。总支出中，人员经费支出50734万元，公用经费支出19941万元，基建支出5053万元，其他支出已计入公用经费支出。

【“两基”工作】 在全市“两基”工作通过了自治区评估验收后，2006年，钦州市全力做好“两基”达标成果水平的巩固提高工作。一方面全力提高小学和初中教育教学质量水平；另一方面切实将“扫盲”从扫除青壮年“文盲”转移到扫除“科盲”上来，并纳入职业技术培训工作体系加以落实。目前，从市到县（区）到学校已建立健全了新的“两基”工作机构和工作制度，各项工作正按规划与计划有序开展。

【学前教育】 钦州市把学前教育纳入“两基”成果水平巩固提高工作范畴，与小学教育布局调整实施整体规划，通过实现镇镇有中心幼儿园、村村有学前班的目标加快学前教育发展，使全市学前教育由学龄前一年向学龄前三年跨越。目前，全市基本实现了镇镇有中心幼儿园、村村有学前班的目标。全市学龄前三年儿童入园率达到了56.3%。

【高中教育】 全市以促进发展优质高中教育、全面提高高中教育发展水平为目标，组织实施了示范高中建设工程。全市共有钦州一中、钦州二中、灵山中学、浦北中学、钦州三中、钦北区小董中学、灵山县新洲中学共7所高中学校通过自治区立项建设，其中灵山中学、钦州一中、钦州二中、浦北中学已通过自治区评估验收，正式确立为自治区级示范性普通高中学校；灵山县新洲中学已基本具备验收条件，正在按自治区教育厅的验收工作安排开展自评工作，12月下旬市组织初评并向自治区申报验收。

示范高中建设工程的实施，有效促进了高中学校的现代化建设和优质高中教育资源的形成，在较大程度上加快了全市高中教育的发展和办学质量水平的全面提高。已通过自治区验收的四所高中学校无论是现代化建设、管理水平、办学质量还是辐射功能等方面都取得了前所未有的发展。钦州二中的迁址新建，把全市高中学校建设推进了现代化的发展阶段，为全区所瞩目。浦北中学的迁址新建工作按规划进行，新校区按边建边用、边用边建的办法实施建设，目前主体建设工程已基本完成。其他非立项学校如钦州六中、灵山二中、浦北张黄中学等一批学校也得到了较大发展。

【中等职业教育】 采取校企合作、工学交替、以工助读和省际联合办学的办法，对中等职业学校的办学模式进行改革创新，增强职业教育吸引力，激活各中等职业学校的办学潜能。通过这一改革，近年全市大部分中等职业学校已经从低谷中崛起，显示出了较强的办学活力。采取“五个统一”，即“加强领导统一协调，统一宣传，统一招生录取，统一发放录取通知书，统一奖励办法”的招生办法，继续开展招生宣传“大篷车”活动，全市中等职业教育招生规模 2005 年达到 6777 人，2006 年扩增到 8830 人，全市到市外职校读书共有 4561 人，普通高中与中等职业招生比为 1∶0.85。新建了市三职校，全市中等职业教育整体办学规模呈现出了快速发展的态势。

【高等教育】 一是利用现有资源提升高等教育办学层次。钦州师专升格为钦州学院，使我市高等教育由单一的专科教育向综合化的本科教育发展的目标得以实现。二是引进社会资金和民间资本，成功创办了广西英华国际职业学院，促进了我市职业教育以中等职业教育为主体、高等职业教育为牵引的新体系的形成。广西英华职业学院的创建实现了钦州高等职业教育的零的突破。

【改善中小学办学条件】 以实施“危改工程”为契机，提高中小学校舍建设水平。2006 年，全市投入“农村中小学校舍维修改造项目”“中央救灾资金项目”“新农村卫生新园建设工程”建设经费 3333 万元，改建扩建中小学校舍面积 5.1 万平方米，使全市中小学危房面积由 2004 年的 31.27 万平方米减少到了 26.17 万平方米，危房面积比例由 13.96%降低到了 11.68%。

实施中小学信息化建设工程，努力推进中小学现代化建设。市区、县城中小学校和少部分乡镇学校目前已基本具备了实施信息课程教学的条件，其中部分学校已基本实现了教学与学校管理工作的信息化。

【教育教学质量】 贯彻“全市一盘棋”的管理理念，对高中教育实施整体质量管理。2006 年，全市普通高考获得了大面积丰收，有效推进了优质高中教育良好局面的形成。从整体评价上，在全区比较分析中，钦州市取得了五个第一的好成绩：万人口参考增长率 22.48%，在全区排第一；一本上线增长率 40.66%，在全区排第一；二本上线增长率 29.17%，在全区排第一；三本上线增长率 37.40%，在全区排第一；专科以上上线增长率 27.79%，在全区排第一。以上各项分析指数的全区平均值仅为 7.78%、5.19%、4.43%、11.18%和 9.53%，我市以绝对优势取得了五个第一的评价排位。在全区总上线率排位中，我市居第 6 位。

以质量型“两基”为导向对初中和小学实施全面质量管理。实施以“两基”评估体系为纲的初中教育教学质量评价管理机制，促进初中教育教学质量水平的提高；进一步完善和实施《钦州市初中教育教学质量评估实施办法》，从初中入学率、三年巩固率、完成率、中考万人参考率、中考总成绩前万名人数占有率、及格率等各方面对县区和初中学校教育教学质量进行评估，从数量和质量上确保初中教育教学质量水平的保持与提高；改革中考与高中招生管理制度，促进初中教育教学改革工作的全面开展。

【师资建设】 1997 年，钦州市被教育部确立为国家级中小学教师继续教育实验区（全国 44 个），在此基础上，钦州市组织开展实施了“21 世纪园丁工程”，广泛开展中小学教师全员培训和实施骨干教师培养计划。一期工程随 2002 年国家级实验区实验任务的完成后于 2003 年结束。2004 年，组织制订了全市二期“21 世纪园丁工程”全员培训实施方案和“21 世纪园丁工程”骨干教师培养实施方案，工程实施周期为五年。目前，全员培训进一步按制度化的要求，通过教师自修、专题集中培训、课题研究等方式全面组织进行，全市在职中小学教师全部按年度培训目标和学分考核登记要求参加培训学习。骨干教师各项培养工作也在加快实施。

与二期“21 世纪园丁工程”实施工作相随，按自治区教育厅的统一部署，2006 年以组织实施全市中小学校校长建设年工作为契机，启动了新一轮全市中小学校长培训提高计划。

【教育科研】 按大基础教育和高中教育“一盘棋”战略构想，健全科研组织体系。2005 年实施了中小学学科中心组的建设工作，整合全市科研力量，充分利用全市中小学教师在教育科研上的“军团”作用。目前，各学科中心组核心建设已基本完成，现正在按中心组成员往下组织成立小组的模式，从县区到学校逐层建立研究小组，使研究机构的建立实现网络化。

深入组织开展课题研究，以课题引导的办法，提高研究深度和效度。2005 年、2006 年全市确立国家级研究课题 6 个，自治区级课题 35 个，市级研究课题 232 个。

组织开展校本研究，使教育科研直接服务于学校教育教学改革与创新。目前，校本研究组织工作已在全市各中小学中得到了实施。

加强教育科研基地建设。目前，全市已建立教育科研实验学校 23 所，中学 15 所、小学 8 所；义务教育校本研究基地学校 15 所，其中初中 8 所，小学 7 所。

把教育科研纳入中小学教师继续教育实施范围进行考核评价，以制度化形式促进实现教育科研全员化，促进中小学教师向研究型发展。近两年全市中小学教师科研积极性得到了全面提高，部分学校实现了科研有课题、人人共参与的全员科研氛围。

【基础教育】 2006 年，全市义务教育阶段所有学校和师生都进入了义务教育阶段课程改革实验。自从课改实验以来，全市按“有组织有领导、有课题有研究、有成效有经验”的要求与目标严密组织开展各项工作。目前，正在开展全市范围的义务教育阶段课程改革实验阶段性评估总结工作。

从义务教育阶段课改实验开展以来，钦州市积极开展新课程体系的构建工作，因地制宜组织开展地方课程和校本课程建设。在初中阶段建立了绿色证书教育制度课程，组织开发编写了《热带亚热带水果栽培技术》《珍稀禽畜养殖技术》《水生动物养殖技术》三套教材；在小学建立了普通话口语训练、语文阅读辅助课程。在校本课程的开发与建立上，市区和县城的中小学校构建了以艺术、体育、信息技术为特色的校本培训课程，部分条件较好的乡镇中小学校也开设了校本训培课程。

【德育工作】 坚持德育为首，突出抓好中小学德育的加强与改进工作。在做好常规工作的基础上，各中小学校因地制宜、因时制宜、因校制宜，开展德育改革创新活动。如近年以钦州一中为代表的一批中小学校以开展“感恩教育”实验为切入口，通过对学生实施感恩父母、感恩老师、感恩社会的教育，引导学生成长为乐于奉献、懂得报效的人。目前，全市各级各类学校加强和改进德育工作按重在常规、重在成效、不断改进和提高的要求坚持不懈地组织开展。

【安全工作】 我们始终把学校安全工作当作头等大事来抓，和卫生、公安等部门密切配合，对各级各类学校安全工作进行管理与检查指导，确保了全市各级各类学校的安全与稳定。

附：钦州市教育局领导

党组书记、局长：叶　坚
党组副书记：龙　驰
党组成员、副局长：黄新琼　李业成　黎永进
党组成员、纪检组长：冯日军
助理调研员：莫怀荣
电话：0777－2822739
地址：钦州市新兴街 26 号
邮编：535000

撰稿：刘春华　王有幸

灵山县

【概况】 2006 年灵山县教育概况：

学校数和学生数 灵山县有小学 401 所，教学点 133 个，在校小学生 161858 人。有初中 40 所，高完中 7 所，高级中学 2 所，有初中在校生 61461 人，普通高中在校生 13819 人。有中等职业技术学校 2 所，职校在校生 3860 人，其中县职业中专 1 所，在校职业中专 3252 人。有幼儿园 16 个，幼儿班 181 个，举办学前班的学校 396 所，学前在班儿童 25027 人，幼儿园在园儿童 7598 人。有特殊教育学校 1 所，在校生 51 人。

专任教师数和师生比 灵山县共有中小学专任教师 8358 人（另有代课教师 2526 人）。其中，小学专任教师 5033 人，中学专任教师 3078 人，中等职业技术学校教师 109 人。师生比分别为：小学 1∶32，初中 1∶26，高中 1∶19，中等职业技术学校 1∶30。

每万人口在校生 幼儿园 231 人，小学生 1148 人，初中 436 人，普通高中 98 人，中等职业技术学校 23 人。

校园、校舍面积及生均情况 灵山县普通中小

学校共有校园面积431.89万平方米，校舍面积157.54万平方米。其中小学校园面积284.44万平方米，校舍面积90.82万平方米；中学校园面积145.41万平方米，校舍面积65.05万平方米。小学生均校园面积17.57平方米，校舍面积5.61平方米；普通中学生均校园面积19.32平方米，校舍面积8.64平方米。中等职业技术学校生均校园面积26.3平方米，校舍面积4.9平方米。

义务教育普及程度 全县小学学龄儿童入学率为99.75%，初中毛入学率为99.75%；小学生辍学率为0，初中辍学率为3.53%；小学毕业生升学率为99.37%，初中毕业生升学率为32.29%。

【教育经费的收入与支出】 2006年，灵山县教育经费总收入24017万元，比上年多收入5049万元，增长24%。其中财政拨款收入16664万元，比上年多收入5026万元，增长43.19%；预算外资金收入7353万元，比上年多收入23万元，增长0.3%；教育经费总支出24017万元，比上年多支出5049万元，增长24%。其中财政拨款支出16664万元，比上年多支出5026万元，增长43.19%；预算外资金支出7353万元，比上年多支出23万元，增长0.3%。总支出中，人员经费支出16737万元，公用经费支出5957万元，基建支出1323万元，其他支出0万元。

【“两基”工作】 县委、县政府始终坚持“两基”巩固提高重中之重的地位不动摇，为迎接2007年国家“两基”评估验收，全县各级党委政府和教育部门采取了一系列强有力的措施，进一步加强了义务教育阶段各项工作。县委、县政府下发了灵山县“两基”工作方案，与各镇、县直有关单位签订了“两基”工作责任状，对“两基”工作中存在的“初中辍学率高，资金投入不足，办学条件需要改善，教师数量不足”等问题一一进行了分析研究，明确了工作目标任务和各镇各单位工作职责及工作重点，全县上下形成了全力以赴做好“两基”巩固提高工作，确保通过国家“两基”验收的氛围。为做好“控辍保学”工作，县教育局6月与中小学校签订了《灵山县控制中小学学生流失工作目标责任书》《2006年度灵山县七年级招生工作目标责任书》《灵山县2006年度向初中输送生源工作目标责任书》《2006年度灵山县高中阶段招生工作目标责任书》等四份责任书，明确了县教育行政部门和各中小学在招生工作中的目标和任务，杜绝了学龄儿童少年的轻易流失。11月，教育局还组织局有关领导干部和中小学校长前往隆安县考察学习“两基”工作经验。

【危房改造】 全县加紧危房改造工程项目的跟踪建设，2003年、2004年度实施的33个危改工程项目于2006年5月底全部竣工，建筑面积共计29743平方米。2005年度实施的25个危改工程项目也于2006年8月前全部竣工，建筑面积10290平方米。2006年获得国家和自治区下拨危改资金1223万元，安排建设工程项目54个，建筑面积24000平方米。

【师资建设】 2006年，灵山县考录了660名教师充实到教师队伍当中。“校长建设年”成效突出，通过系统培训、外出考察、论坛交流等多种形式，校长们在学校领导与管理工作中责任意识、管理水平均得到了有效提高，不少校长在自身建设过程中形成了优秀的学校管理理念与管理思想，有两位校长的论文荣获“广西中小学校长建设年”读书论文评比一等奖。教师培训力度进一步加大，教师全部参加继续教育。

【农村义务教育经费保障机制改革工作】 县政府成立了以县主要领导为组长的灵山县农村义务教育经费保障机制改革工作领导小组，面向全县发放了宣传卡和招贴画24万张。严格按有关规定做好义务教育经费的拨付工作，2006年国家和自治区拨付我县的春秋两期免杂费补助公用经费3437.97万元，其中春期1710.3万元，秋期1727.67万元，所有经费分别由教育局、财政局做好分配方案报请县政府审批后，由财政专户划拨到中小学校账户，为义务教育阶段中小学校工作的顺利开展提供了有力保证。

【职业教育】 县职业中专十里新校区各项设施建设进展迅速，教学楼、学生公寓、学生饭堂、教工住宅、运动场、实训室等基础设施先后建成并启用。学校发展规模进一步扩大，2006年秋在校生达3252人，比2005年秋增1125人。

县委、县政府成立了县职业教育中心，实施县职教中心建设计划，制定印发了《关于大力发展职业教育的决定》，从县财政首期划出300万元支持职教中心建设，并无偿划拨土地100亩，加快了职教中心建设和全县职业教育的发展，到下半年，全县形成了以县职教中心培训为主、全县18个镇职教中心为辅的“大职教”培训网络。3月，县职业教育中心被自治区确定为首批示范性县职业教育中心立项建设单位。

【教学科研】 县教育局把教育科研作为提高教育教学质量的有力支点，扎扎实实开展教育科研活动，全年课堂教育教学优质课比赛、教学质量月、教学开放周、课题（专题）研究等教学教研活动有序开展。全县共有各级教育科研课题400多项，其中自治区级教育科研规划课题52项，是全广西获得自治区级教育科研规划课题立项最多的县份之一。10月，灵城一中教师蒙燕从县到市再到自治区，通过层层选拔，最终代表广西参加由中国教育学会中学数学教学专业委员会主办的“卡西欧杯”第五届全国初中青年数学教师优质课比赛，获得上课类一等奖。在2006年广西小学课程改革探究现场比赛中，代表钦州市参加比赛的灵山县实验小学教师林瑶，获得英语科一等奖。

【中考和高考】 全县中考成绩优异，高考上第一批本科录取分数线213人，上第二批本科录取分数线1152人，上第三批本科录取分数线2034人，分别比2005年高出58人、318人、579人，增长率分别为37.66%、38.31%、39.99%。上大专以上人数达到4101人，上线率为93.10%，创有史以来的最好成绩。其中，灵山中学上第一批本科录取187人，第二批本科录取分数线704人，第三批本科录取分数线1061人，本科上线率71.88%，居钦州市首位。全县中考排名钦州市榜首，根据2006年钦州市教育教学质量管理评估办法，全县初中教育教学质量管理各折算分总分为29.83分，比第二名的25.43分高出4.4分。

【获奖情况】 2006年，灵山县举行了中小学生田径运动会和中学生艺术节，组织参加了钦州市首届艺术节。在县中小学生田径运动会上，有36人打破26项记录。其中，有高中生2人、初生中1人、小学生1人，分别打破两项县纪录。在全市首届中小学生艺术节中，灵山县参加了艺术表演、书画评比两大类的语言艺术、器乐、声乐、舞蹈、美术、书法、摄影等七个专项比赛，参赛人数400多人。参赛的25个艺术表演节目中，有10个获一等奖、9个获二等奖、6个获三等奖，参赛的65幅书画中，有18幅获一等奖、17幅获二等奖、29幅获三等奖，取得了全市所有县区中最好的成绩。新洲中学的原创舞蹈《鹤翔九天》还被作为钦州市中学组唯一的代表节目，参加全区第二届中小学生艺术展演。

附：灵山县教育局领导

党组书记：周业青
局长：林　彬
副局长：翁雅丽　梁善安
党组副书记：叶　波
纪检组长：姚家文
电话：0777－6428366
地址：灵山县七星开发区

撰稿：赵运连

浦北县

【概况】 2006年浦北县教育概况：

学校数和学生数 浦北县有中小学校332所，在校生134357人，其中完全小学297所，在校生83935人；初级中学33所，在校生35577人；普通高中4所，在校生9350人；中等职业学校2所，教师进修学校1所，在校生5495人。幼儿园（学前班）509班，3—6周岁入园入班幼儿17177人。

专任教师数和师生比 专任教师共5556人，其中小学2943人，师生比1∶26.05；普通初中1606人，师生比1∶19.47；普通高中723人，师生比1∶12.93；中等职业学校284人，师生比1∶19.35。

每万人口在校生 幼儿园209人，小学1024人，普通初中434人，普通高中114人，中等职业学校67人。

校园、校舍面积及生均情况 小学校园面积216.35万平方米，生均25.78平方米，校舍面积56.06万平方米，生均6.68平方米；普通初中校园面积88.46万平方米，生均24.87平方米，校舍面积23.84万平方米，生均6.70平方米；普通高中校园面积17.51万平方米，生均18.73平方米，校舍面积7.9万平方米，生均8.45平方米；中等职业学校校园面积25.46万平方米，生均46.34平方米，校舍面积3.8万平方米，生均6.92平方米。

义务教育普及程度 小学学龄儿童入学率99.94%，辍学率0.02%；初中入学率97.51%，辍学率2.24%。

【教育经费的收入与支出】 2006年，浦北县教育经费总收入18037万元，比上年多收入1227万元，增长7.30%。其中财政拨款收入13856万元，比上年多收入2776万元，增长25.05%；预算外资金收入4181万元，比上年少收入1549万元，增长－37.05%。教育经费总支出18014万元，比上年多支出1278万元，增长7.64%。其中财政拨款支出13972万元，比上年多支出2892万元，增长26.10%；预算外资金支出4042万元，比上年少支出 1614 万元，增长－39.94%。总支出中，人员经费支出 13205 万元，公用经费支出 4042 万元，基建支出 767 万元。

【“两基”工作】 2006 年，浦北县以“两基”工作迎接自治区复查验收为契机，坚持教育优先发展，坚持人民教育政府办，高度重视“两基”巩固提高工作，把“两基”工作的各项指标纳入各级各部门考核范畴，层层签订“两基”目标责任状，构建了党政高度重视、部门密切配合、社会各界积极参与的“两基”工作新格局。全县上下众志成城，合力攻坚，强劲推进“两基”工作不断巩固提高，实现了“两基”工作的新突破。2006 年，全县“两基”的各项指标基本达到自治区和国家的有关标准。

【创建自治区示范性高中】 2006 年 3 月，浦北中学以总分全区第三名的成绩通过了自治区教育厅专家组的评估验收，并于 4 月中旬举行挂牌仪式，使浦北中学正式晋升为自治区示范性普通高中。

【改善办学条件】 2006 年，浦北县实施的 16 个中小学危改工程项目全部竣工投入使用，完成建筑面积 7446 平方米，完成投资 370 万元。同时，努力解决学校危房问题。截至 12 月 20 日，全县原有的 10443 平方米 D 级危房已全部拆除，另拆除 C 级危房 1078 平方米，维修 C 级危房 3093 平方米，投入维修资金 32.65 万元。此外，浦北县还积极推进教育信息技术进程。2006 年，全县各镇中心小学、中学、县直属学校已全部建设有电脑室，配备计算机 2785 台、多媒体教学系统 82 套，办学条件得到了根本性的改善。

【信息管理】 为建立和完善教育信息管理平台，加快政务公文传递速度、提升档案信息管理水平，浦北县建设安装了“浦北教育智能网络办公系统”，覆盖全县 49 所各镇中心小学、中学和县直属学校。从 2006 年 3 月起，全县教育系统实现了从县教育局到学校的两级网络电子收发文，大大节约了学校的办公成本，提升了公文收发的速度和效率，促进了教育资源共享。

【基础教育课程改革】 浦北县以推进基础教育课程改革为核心，切实抓好校本培训和校本教研。通过建章立制、基地校引领示范、课题研究、规范片际活动等措施，树立新课改理念，转变教学行为和学生的学习方式，推动新课改走向深入。2006 年，浦北县在自治区、市立项的实验课题有 87 个，获自治区、市以上奖励的实验课题有 9 个，在市级以上教改课中获奖励的教师有 36 人。全县学生参加各级各类竞赛活动，获自治区级以上奖励 2368 人，其中国家级 327 人。

【教学质量】 2006 年，浦北县坚持全员抓质量、全程抓管理，针对新课程改革、中考改革、高考改革的有关内容，着力抓好各项教学工作，促进了教学质量的稳步提高。年内，全县高考上本科 2463 人，其中上一本 176 人，创历史新高。中考成绩大幅度提高，继续保持全市的领先地位。小学教学质量检测获钦州市先进奖。

【师资队伍建设】 浦北县认真落实各种措施，大力加强教师队伍建设。一是通过考试，在代课教师和社会青年中公开招录了 300 名公办教师，充实了教师队伍。二是坚持以人为本，严格按照上级的相关政策和规定，积极稳妥地开展了清退代课教师工作，全县共清退没有教师资格证、无合格学历等七类代课教师共 643 人，并从 2006 年 12 月起，为留用的 1140 名代课教师每人每月增资 100 元，稳定了代课教师队伍。三是加大教师的教育培训力度，开展了新课程培训、教材教法培训和普通话培训等各类培训活动，参加培训教师 4000 多人次。同时，积极动员组织了 3000 多名中小学教师参加学历教育。四是结合第 22 个教师节庆祝活动，评选表彰了 100 名“优秀乡村教师”和 100 名“优秀班主任”，树立了为人师表、教书育人典型。五是强化师德师风教育。8 月，邀请钦州学院的教授到县内分期分批举办了师德师风培训班，全县 8000 多名各级各类教师参加了培训。2006 年，全县共评选出中小学德育工作标兵市级 58 人，县级 426 人；中小学德育工作先进集体市级 20 个，县级 62 个。

【校长建设年活动】 2006 年，浦北县认真组织中小学校长参加各类培训，扎实开展中小学校长建设年活动，提高了中小学校长的综合素质和学校管理水平，促进了全县中小学校的规范化管理，为建设“民主管理、自主发展、自我约束、社会监督”的现代学校奠定了基础。同时，浦北县严把学校领导选拔任用关，实行校长公开竞聘上岗制度，面向全市公开选拔了浦北中学校长，推进了学校干部人事管理制度改革。

【“两免一补”工作】 从 2006 年起，浦北县全面实施农村义务教育阶段中小学生免收学杂费政策，受惠学生 119512 人。义务教育阶段公办学校除收取课本费（不含已享受“两免一补”贫困生）、作业本费两项代收费和寄宿生的住宿费外，不再向学生收取其他任何费用。同时，浦北县还为部分特困学生免费发放教科书，努力解决贫困生入学难问题，确保一个都不少。2006年，浦北县享受免费教科书的人数为35032人次，占全县农村义务教育阶段学生的14.66%。

【职业教育】 2006年，浦北县立足巩固，着力提高，以贯彻落实全国、全区、全市职业教育会议精神为契机，不断推进了职业教育的改革与发展。一是狠抓招生工作。年内，全县两所职校招收新生2122人，比上年增加261人，增长14%，连续多年超额完成钦州市分配的任务。二是实施了首批自治区级示范性县级职业教育中心项目，9月，举行了“浦北县职业教育中心”挂牌仪式，12月，建筑面积4400平方米、总投资300多万元的职业教育中心综合楼动工兴建。三是改革职校办学模式，实行校企合作，工学结合，提高了学生的动手操作能力，并狠抓职校毕业生就业工作，确保了职校毕业生就业率达98%以上。

附：浦北县教育局领导

党组书记、局长：阮鸿维
副局长：王　权　卢　炼　温世福
党组成员：何　波
办公室主任：谢晓阳
电话：0777－8212232
地址：浦北县小江镇民兴路39号
邮编：535300

撰稿：王世云

钦北区

【概况】 2006年钦北区教育概况：

学校数和学生数 全区有村完小177所，其中中心校12所，村级完小165所，村级完小分校、教学点133个。城区小学4所，幼儿园16所，初级中学21所，完全中学3所，中等职业技术学校1所，共有学生114540人，其中小学生82553人，初中生23499人，高中生4011人，中等职业技术学校学生481人。

专任教师数和师生比 全区共有专任教师4454人，其中小学2887人，师生比为1∶27；初中1128人，师生比1∶19；高中220人，师生比1∶18。

每万人口在校生 钦北区每万人口在校生为：小学1235人，初中351人，高中60人。

校园、校舍面积及生均情况 全区中小学校园占地面积为205.38万平方米，其中高中占地面积14.20万平方米，生均面积36.7平方米；初中占地面积60.2万平方米，生均面积26.1平方米；小学占地面积130.98万平方米，生均面积16.4平方米。

全区中小学校舍总面积为68.63万平方米，其中，危房面积8.44万平方米。高中校舍建筑面积6.14万平方米，生均面积15.9平方米；初中校舍建筑面积15.61万平方米，生均面积6.76平方米；小学校舍建筑面积46.88万平方米，生均面积5.88平方米。

义务教育普及程度 钦北区小学适龄儿童入学率为99.98%；初中毛入学率97.72%；小学生辍学率0.12%；普通初中辍学率2.35%；小学毕业生升学率100%；初中毕业生升学率90%。

【教育经费的收入与支出】 2006年，钦北区教育经费总收入8238万元，比上年多收入1736.2万元，增长26.7%。其中财政拨款收入7037万元，比上年多收入2347万元，增长50%；预算外资金收入1201万元，比上年减少611.1万元，减少33.7%。教育经费总支出8238万元，比上年多支出1842.3万元，增长28.8%。其中财政拨款支出7037万元，比上年多支出2347.3万元，增长50%；预算外资金支出1201万元，比上年减少505万元，减少29.6%。总支出中，人员经费支出5565.1万元，公用经费支出2251.7万元，基建支出518.3万元。

附：钦北区教育局领导

局长：黄金福
党组书记：曾　昆
副局长：张龙贤　廖　震
电话：0777－3686255
地址：钦州市钦州湾大道北路口
邮编：535000

撰稿：李树生

贵港市教育

贵港市

【概况】 2006 年贵港市教育概况：

学校数和学生数 贵港市有各类学校 1453 所，在校生达 915433 万人，其中小学 1161 所，教学点 788 个，小学在校生 561350 人；普通初中 202 所，在校生 250099 人；普通高中（含高完中）66 所，在校生 81984 人；中等职业学校 24 所，在校生 22000 人。

义务教育普及程度 小学学龄儿童入学率为 99.87%，小学生辍学率为 0.15%；初中适龄少年入学率 97.56%，初中生辍学率为 1.12%；小学毕业生升学率为 100%，初中毕业生升学率为 69.40%。

专任教师数和师生比 全市有专任教师（不含代课教师）36326 人，师生比 1∶25.20，其中小学专任教师为 18654 人，师生比为 1∶30.09；普通初中专任教师为 12283 人，师生比为 1∶20.36；普通高中专任教师为 4407 人，师生比为 1∶18.60；中等职业技术学校专任教师为 982 人，师生比为 1∶22.40。

每万人口在校（园）生 幼儿园为 212 人，小学为 1194 人，普通初中为 532 人，普通高中为 172 人，中等职业技术学校为 41 人。

校园、校舍面积及生均情况 小学校园占地面积为 1182.47 万平方米，生均 21.33 平方米，校舍建筑面积为 266.54 万平方米，生均 4.80 平方米；普通初中学校校园占地面积为 591.4 万平方米，生均 23.85 平方米，校舍建筑面积为 15.16 万平方米，生均 6.11 平方米；普通高中校园占地面积为 336.16 万平方米，生均 41.09 平方米，校舍建筑面积为 129.28 万平方米，生均 15.80 平方米；中等职业技术学校校园占地面积为 11.42 万平方米，生均 51.91 平方米，校舍建筑面积为 57.37 万平方米，生均 26.08 平方米。

少数民族在校生 小学生中少数民族人口为 90473 人，占小学生总数的 16.32%；普通初中生中少数民族人口为 42952 人，占普通初中生总数的 17.33%；普通高中生中少数民族人口为 14217 人，占普通高中学生总数的 17.38%；中等职业技术学校中少数民族人口为 3443 人，占中等职业技术学校学生总数的 15.65%。

【教育经费的收入与支出】 2006 年，贵港市教育经费总收入 117178.7 万元，比上年多收入 8931.7 万元，增长 8.25%。其中财政拨款收入 89703 万元，比上年多收入 19692.4 万元，增长 28.05%；预算外资金收入 27275.7 万元，比上年减少 10760.7 万元，减少 28.29%。教育经费总支出 113594.6 万元，比上年多支出 8322.2 万元，增长 7.91%。其中财政拨款支出 87695.5 万元，比上年多支出 17484.9 万元，增长 24.90%。预算外资金支出 25899.1 万元，比上年减少 9162.7 万元，减少 26.13%。总支出中，人员经费支出 82428.4 万元，占 72.56%；公用经费支出 13640.2.1 万元，占 12.01%；基建支出 7088.6 万元，占 6.24%，其他支出 10437.4 万元，占 9.19%。

【“两基”工作】 2006 年，贵港市认真贯彻落实新《义务教育法》，积极采取措施控辍保学，提高“普九”成果。一是全面落实农村义务教育经费保障新机制，加大宣传教育力度，全市 2006 年共有 77 万多名中小学生享受免杂费上学，进一步激发学生依法入学接受教育的热情。二是抓住关键环节，强化双线目标责任制，在期初和期末这两个关键时间进一步落实工作责任，实行辍学率超标“一票否决”制度，有效地控制和遏制学生辍学。三是实行“三打破，两服务”的办法，即打破公民办界限、打破乡镇界限、打破高完中与农村初中的界限，做好回流学生安排服务和做好民办学校指导服务，及时安排回流学生，保证他们有“学位”。四是关心弱势群体，建立贫困学生帮扶机制，全市 11.2 万名义务教育阶段贫困学生享受“两免一补”；此外，市财政安排 30 万元给贫困寄宿制学生补助住校伙食费，共有 2700 多名家庭特别贫困的寄宿制学生每人每年获得

220元的生活补助，使他们得以继续学业，避免了辍学流失。由于措施得力，社会满意度提高，不少学校没有了学生辍学的现象，尤其是实施“免杂”政策后，大大减轻了学生家庭的负担，因家庭贫困而辍学的学生数量进一步减少，仅农村义务教育阶段学校辍学返校就读的“回炉”学生就有9448人，学生入学率是多年来最高的一年，进一步巩固和提高了“普九”成果。

【“职业教育发展年”活动】 一是组织学习国家和自治区关于大力发展职业教育有关文件，制定贵港市职业教育“十一五”发展规划，制定实施《贵港市“职业教育发展年”实施方案》和《贵港市发展职业教育十大工程规划》。二是抓好中职学校招生工作，规范全市中职学校招生秩序，改革招生工作，实行职业学校春、秋两季招生制度，打破隶属地域界限，对全市各职业学校招生指标进行合理分配，层层签订工作责任状，建立职业教育招送生工作考核表彰奖励制度。2006年全市中等职业教育共招送生25488人，完成率101.01%。三是对全市职业教育实习培训基地建设开展选点工作，积极筹备建设县级职业教育中心，启动了市职教中心、桂平市职教中心等专项建设工程。四是审批新增民办职业学校9所，进一步扩大教育资源和规模。五是加大对中等职业学校贫困生的扶助力度，开展半工半读、以工助学等形式的培训模式，对特困生、贫困生给予资助。2006年筹措资助经费80万元，约800名贫困中职生获得资助。六是加大成人教育和农村教育综合改革工作的力度，积极配合政府有关部门做好“315”工程项目的具体实施，搞好“阳光工程”培训，协调配合农业部门做好“绿色证书”的核发工作。七是抓住国家“两基”迎检准备工作的有利时机，制定了全市乡镇成人文化技术学校建设工作方案，组织开展农村劳动力转移培训工程培训171286人次，面向“三农”采取多种形式开展各种实用技术培训10318班次，培训人数550489人次。

【“农村基础教育工作加强年”活动】 一是全面落实农村义务教育经费保障新机制，做到“四个到位”，即部署到位、宣传到位、资金到位和督查到位，2006年上级拨付给贵港市的公用经费补助为1.32亿元，分别于春、秋季期开学前拨付到全市各中小学学校，确保学校运转正常。二是加强监督检查工作，教育、财政、物价、审计、纪检等部门联合组成人员对经费到位情况以及学校收费情况进行监督检查，防止经费不能及时到位或教育经费被挤占、挪用，确保专项经费专款专用，提高经费的使用效益。三是稳步推进中小学危房改造工程建设，召开农村基础教育工程建设工作会议，深入项目学校工地加强督查，进一步加快农村基础教育工程建设进度。2006年在全市实施的2005年度中小学危房改造项目学校共102个，项目工程全部竣工，工程项目完成率100%。四是扎实推进全市中小学D级危房治理工作，按照国家“两基”评估验收标准和自治区迎检要求，制定了《贵港市迎接国家“两基”评估验收中小学D级危房校舍治理的工作意见》，各县市区在规定期限内拆除了D级危房，并加快对C级危房维修的进度。五是加强学校装备水平，巩固和提高“普实”成果，并以教育城域网开通三周年纪念活动为契机，通过与农村中小学远程教育项目的整合，加强远程教育项目的应用，教育城域网规模迅速扩大，网内资源已达1500G，覆盖全市各乡镇学校和部分村小，跨度近200公里，接入学校1000多所，网内计算机数量达25000多台，近75万名学生从中受益。贵港市“天地合一”的农村现代远程教育新体系基本形成。

【“民办教育发展年”活动】 一是制定了全市民办教育发展“十一五”发展规划纲要和“民办教育发展年”实施方案，组织实施了“民办教育发展年”活动；二是召开了以发展民办教育为主要内容之一的全市教育工作会议；三是建立和完善民办学校管理监督制度，组织开展学校常规管理检查评估，加强管理和监督；四是开展民办学校诚信建设活动，提倡诚信办学，规范学校收费；五是加强对民办学校办学资质审核，强化依法办学，开展民办学校审批和评估工作，评选出19所优秀民办学校和对21所民办幼儿园开展等级评估；六是积极鼓励、大力引进社会资金兴办民办学校，2006年全市新增民办职业学校9所，占全市职业学校的37.5%；七是加强民办学校安全稳定工作，组织全市民办学校参加安全技能演练达90%，同时，加大对民办学校安全工作检查力度，有效地提高了民办学校师生的安全意识。

【“中小学校长建设年”活动】 2006年，贵港市教育局以全面提高校长队伍整体素质为目标，积极开展校长培训，认真组织实施“校长建设年”活动。一是成立领导机构和工作机构，制定了《贵港市“中小学校长建设年”实施方案》。二是建立保障机制，落实“七个保障”，即领导机构保障、技术支撑保障、培训基地保障、培训师资保障、培训经费保障、培训资料保障、管理制度保障，确保培训有序开展。三是精心组织，分步实施，着力提高校长们的理论水平和规范管理和能力。一年来，共举办了培训者培训5期，培训了中小学校长1850人，“两基”工作培训班1期218人，学校德育副校长培训班3期共188人，教育科研培训班1期共86人，中学校长岗位培训班1期62人，市辖三区小学校长岗位培训2期共168人，第二期“园丁工程”骨干教师培训2期共300人等。特别是组织了“校长论坛”，评选出112篇学校规范管理优秀论文，并选送10篇参加自治区评选，其中8篇分获自治区一、二、三等奖。四是开展总结表彰活动，对在“校长建设年”活动开展中表现突出的县市区、学校进行，激励校长们进一步提高依法治校的能力，规范管理的能力。

【“校园文化建设年”活动】 全市“中小学校园文化建设年”坚持“四个结合”，即坚持校园文化建设和环境建设相结合、和学校管理相结合、和学生养成性教育相结合、和创建特色学校相结合，以加强中小学校园环境建设为平台，加大投入，加强学校图书室（馆）建设；以开展丰富多彩的校园文化活动为抓手，充分利用法定节日、传统节日、重大历史事件纪念日等，开展“弘扬民族精神活动月”“民族精神代代传”和“小公民道德建设进学校”等主题活动，如唱100首好歌、看100部好电影、读100个好故事、诵记100条格言“四个100”活动，努力培育校园精神，建设有利于师生健康成长的校园环境。

【“贵港市学校管理年”活动】 贵港市教育局将2006年确定为“贵港市学校管理年”。坚持以“提高学校管理水平，促进教育发展”为主题，以校长培训为基础，以建立和完善学校规章制度，加强学校制度建设和全面落实管理常规为切入点，以开展学校管理达标评估为抓手，并将“学校管理年”与“校长建设年”同时启动，同步实施。一是制定了《贵港市中小学常规管理细则》及学校管理达标评估方案和评估制度，并指导各中小学健全学校章程（包括发展规划）、人员岗位职责和各项管理制度，建立和健全学校管理规章制度；二是成立工作领导小组和成立专家组，加强活动领导和协调和业务指导、检查评估；三是结合校长建设年，组织中小学校长进行学校管理专题培训；四是组织开展学校管理水平评估，积极创建管理达标学校，以评促改，以评促建，以评促管理；五是总结推广优秀学校规范管理经验，在组织开展学校管理达标评估的基础上，编辑出版《贵港市中小学管理经验汇编》和《贵港市中小学规章制度选编》，并召开了中小学管理现场经验交流会，推广优秀学校先进地经验，引导学校加强管理科学化、制度化和规范化，不断提升学校管理水平。

【幼儿教育和特殊教育】 2006年，贵港市积极发展幼儿教育和学前教育，鼓励和支持具备条件的社会力量兴办幼儿园，扩大幼儿教育规模，不断满足人民群众子女入园入班的需求，并加强对幼儿园的规范管理，开展等级幼儿园评估。全市共评出市示范幼儿园9所、一级幼儿园13所、二级幼儿园19所、三级幼儿园20所。同时，高度重视特殊教育工作，关注社会弱势群体受教育的权利，选派了9名特教教师参加自治区培训，加强特教师资队伍建设，积极组织残疾儿童少年入校或随班就读，并把他们列入“两免一补”资助对象。2006年，贵港市特教学校学生就读的残疾儿童少年55人，随班就读1033人，残疾儿童少年入学率85.53%。

【中考改革】 2006年，贵港市首届参加课程改革实验的初中毕业生与非课改生共59210人同时参加中考，中考需要进行重大改革。结合贵港市实际，以全面推进素质教育为目标，贵港市教育局组织制定并实施《贵港市2006年初中毕业生升学考试与高中阶段学校招生改革实施方案》，对2006年中考进行改革。一是继续实行初中二年级地理、生物会考，全市8万多名学生参加了会考；二是进行中考体育考试改革，将以往纯测评办法改为测评与测试相结合的办法；三是课改区考生成绩实行等级呈现，改变以往纯分数表现的形式。2006年中考改革实施后，普遍受到学生、家长和社会的认可。

【教育调研】 2006年，结合“两基”迎国检工作，贵港市教育局早研究、早部署、早安排，组织人员深入三个城区进行调研，积极向政府进谏纳言，提出解决城区学生上学难问题的方案，争取市政府召开了由教育、财政、发改等部门及三区政府人员参加的协调会，研究确定市城区新建学校设点布局问题。同时，开展全市学校规模容量和适龄儿童少年人数的调查，全面了解各小学、初中的规模容量，掌握各乡镇、村屯、街道和企事业单位、小区等所有居民点0—15周岁适龄儿童少年人数，确定保留或扩建的教学点，确定扩建和撤并的初中校点，划定各学校招生范围，下发了《关于重新划定义务教育学校招生范围认真做好适龄儿童少年就安排工作的通知》和《关于制定“十一五”期间中小学布局调整规划的意见》，确保各学校能容纳招生范围内所有适龄儿童少年入学。

【师资建设】 2006年，贵港市以提高学历为有效形式，以专题培训为载体，以评优表彰为手段，进一步加强全市教师队伍建设。一是开展教师学历达标培训，继续鼓励广大教师通过脱产进修、函授学习、自学考试、远程教育等形式，提高学历层次，提升学历水平。全市中小学教师学历达标率小学为96.82%、初中为92.7%、高中为62.13%。二是合力抓好新课程教师培训，按照“先培训、后上岗；不培训、不上岗”的基本要求，开展了基础教育通识培训、学科培训、教材培训产层次的培训。全市共举办了课改通识培训和学科骨干教师培训15期，培训初中学科骨干教师1500多人次、小学学科骨干教师2000多人次。选派中小学骨干教师参加国家和自治区级的课改培训学习500多人次，新课改的专任教师学习培训覆盖达到100%。三是根据《教师法》《中小学教师职业道德规范》《中小学教师职务条例》的规定，制定下发了《关于加强中小学教师职业道德建设的若干意见》《贵港市中小学教师工作纪律》及《贵港市中小学教师行为规范》，在全区率先统一明确了教师工作纪律和行为的具体要求。四是实施“名师工程”，培训“名、优、特”教师。2006年全市共有17名骨干教师被评为自治区特级教师，189名教师被评为“八桂乡村优秀教师”，6人被评为自治区优秀班主任。制定了《贵港市中小学教师校长管理实施办法》和《贵港市中小学享受市政府特殊津贴教师的评选办法》，开展了首届“贵港市享受市政府特殊津贴教师”评选活动，共202名教师获此殊荣，贵港市也成为全区首个以政府名义发放名师津贴的地市。

【课题研究】 2006年，贵港市积极做好科研课题申报立项工作，市本级立项课题35项，自治区级立项课题5项，并选送了13项课题参评中国教育学会“十一五”教育科学规划课题，其中《新课改背景下的高中学生社团建设的研究》等5项课题获准立项，取得了历史性突破，改变了该市在国家级立项课题中没有自己独立课题的历史。

【助困工作】 2006年，市教育局两次召开各县市区教育局（教科局）、高中学校（含民办）校长会议，部署资助贫困大学生的有关工作，组织动员各高中学校抓住开学期间发动学生入学的有利时机，深入考生家庭开展贫困生摸底核查工作，将资助对象造册建立贫困生档案。同时，教育、共青团、工会、扶贫、民政等部门加强协调配合，形成工作合力，全力做好资助贫困学生上大学的各项工作。市委、市政府还专门下发了通知，在全市开展捐资助学活动。全市共筹集到资助资金440.02万元，1864名贫困大学生人均获得助学金1858元的资助，初步解决了特困学生上大学的经费问题，全市所有贫困家庭大学新生都已入学，实现了“绝不能让一个学生因贫困而失学”的工作目标。

【教育宣传】 贵港市教育局高度重视教育宣传二作，建立了领导机构和落实专人负责，建立全市教育系统信息员通讯员网络，保证教育信息的畅通。2006年，教育信息被市委办公室、自治区党委办公厅采用13则，完成年度任务162.5%，该局被贵港市委办公室评为2006年度上报信息先进单位二等奖；自治区教育厅采用42则，其中教育部采用2则，年度积分在全区十四个地市中排名第四，该局也被自治区教育厅评为2006年度全区教育系统信息工作先进单位。同时，注意发挥市内主流媒体的作用，在《贵港日报》上开辟“教育专栏”，为全市广大教师、教育工作者提供施展才华和宣传教育的平台，各类报纸、刊物、电视报道宣传我市教育改革与发展的报道较前增多，据不完全统计，大约有80多则，积极营造了全社会关心教育、重视教育、支持教育、发展教育的舆论环境和社会环境。

【法制工作】 2006年4月20日下午，贵港市教育局召开了治理商业贿赂专项工作会议。会议传达了全市治理商业贿赂专项工作会议和《贵港市委办公室、市人民政府办公室印发〈关于开展治理商业贿赂专项工作的实施方案〉的通知》（贵办发〔2006〕7号）精神，部署了在教育系统全面开展治理商业贿赂的专项工作。开展治理商业贿赂专项工作共分四个阶段进行，以可能存在商业贿赂行为的基建项目、教材教辅资料征订发行、大宗物品采购等为重点，构建防治商业贿赂的长效机制。

【教师队伍建设】 贵港市教育局于2006年8月23日—25日在市会议中心举办了贵港市市直学校2006年暑假教师全员培训班，来自各市直学校的学校领导和全体教师（含民办学校的老师）约1200多人参加了培训学习。

自2006年6月开始，贵港市教育局、人事局、财政局组织推荐评选第一届享受市政府特殊津贴教师，共评选出贵港市高级中学李佳茂等202名教师为贵港市首届享受市政府特殊津贴教师。

2006 年 9 月 8 日下午，贵港市委、市政府隆重举行庆祝 2006 年教师节暨庆祝首批享受市政府特殊津贴教师大会。会上，市领导向首批享受市政府特殊津贴的教师代表和全区中小学校德育工作标兵颁发证书。

【“两基”工作】 2006 年 7 月 4 日－8 日，贵港市举办了“两基”工作培训班，培训对象为各县市区教育局（教科局）分管“两基”工作的领导、教育督导室主任、教育股（基教股）股长和各乡镇“两基”工作专干等近 200 人。

2006 年 11 月 20 日，贵港市人民政府召开迎接国家“两基”评估验收动员大会。贵港市教育局党组书记唐荫民在会上通报了当前全市“两基”迎检工作的进展情况。

2006 年 12 月 6 日，自治区教育厅“两基”工作座谈会在贵港市召开。座谈会听取了贵港、玉林两市各县（市、区）教育局（教科局）有关“两基”工作的情况汇报。自治区教育厅余益中厅长充分肯定了贵港、玉林两市教育工作，要求两市教育部门做好迎接国家“两基”评估验收工作，各县市区要解决好大班员的问题，足额配备教师；对于学生辍学问题，要想尽办法解决，做好适龄学生的九年义务教育工作。

2006 年 12 月 20 日－22 日，自治区教育厅副厅长郭连科一行四人到贵港市督查“两基”巩固提高和迎接国家评估验收工作。督查组深入覃塘区、桂平市实地检查指导，并在桂平市召开督查反馈会议，听取贵港市及各县市区近期“两基”巩固提高和迎接国家评估验收工作进展情况汇报，重点督查贯彻落实自治区“两基”攻坚工作会议和“两基”巩固提高现场会精神情况、各县市区“两基”工作和迎检工作准备等情况。

【高考情况】 2006 年，贵港市继续坚持走内涵发展的道路，进一步加强高中学校管理，向管理要质量，高考又喜获丰收，全市共有 26418 名考生参加高考，有 21708 人达到高职高专录取分数线以上，其中达本科线以上人数为 11053 人（一本线以上 1348 人），高职高专类人数 10655 人。

【获奖情况】 2006 年，经自治区治理教育乱收费厅际联席会议成员单位领导研究，贵港市覃塘区被确定为自治区规范教育收费示范县（市、区）。经各县（市、区）、市的层层遴选和推荐，自治区专家组审议和实地复查，自治区中小学校长建设年领导小组评议并研究，贵港市桂平市和该市教育局局长林焕祥分别获得广西“中小学规范管理十佳县”和广西“中小学规范管理十佳教育局长”称号；覃塘区覃塘三中和该校校长曾伟杰获得了广西“规范管理十佳学校”和广西“规范管理十佳校长”称号。经贵港市通过逐级评选、推荐，港北区奇石乡寄宿制民族小学覃殷祖、市民族中学校长徐志球、市职教中心政教处韦平副主任、桂平市西山镇城西小学校长温铁群、平南县中学邓存才校长和平南县平南镇中学故事片石福文等 6 名教师被授予全区中小学（中等职业学校）德育工作标兵。贵港市高级中学杨燕胜、市职教教中心李水时、桂平市浔州高中莫伟森、平南县中学谢钰奇、平南县特殊教育学校陈荣娟、贵港市港北幼儿园覃文文、港北区大圩镇第一初级中学林荣、港南区桥圩三中刘纪棉、覃塘区第三初级中学潘佐凤等 9 名教师被评为自治区中小学优秀班主任。贵港市江南中学岑立广、桂平市浔州高中黄以杰、桂平市浔州高中陶献英、贵港市高级中学刘奕琴、平南县官成一中罗惠兰、覃塘区黄练二中韦映现、港北区贵城镇第四初级中学石明、覃塘区覃塘镇第三初级中学谢志东、平南县平南镇中学刘飞伟、桂平市西山镇中心小学陈冬寒、桂平市逸夫实验小学尚燕、港北区县西小学张美群、覃塘区山北乡中心小学韦升卯、桂平市西山镇中心小学陈雪平、平南县平南镇中心小学甘容娟、贵港职业学院附小黄东明和桂平市西山镇城西小学温铁群等 17 名教师被自治区人民政府授予“特级教师”称号。港南区木松岭学校吕雪娟老师参加自治区化学科说课比赛获得全区一等奖，代表广西参加全国比赛荣获一等奖（总分第二名）。

附：贵港市教育局领导

党组副书记、局长：姚伟文
党组书记：唐荫民
副局长：杨锦兴　苏志勇
纪检组长：谭桂兰
电话：0775－4573801
地址：贵港市金港大道 1066 号
邮编：537100

撰稿：宁怀庆

桂平市

【概况】 2006年桂平市教育概况：

学校数和学生数 桂平市有完全小学429所，分校教学点289个；有公办普通初中56所，民办普通初中6所；有公办普通高中14所，民办普通高中7所；公办中等职业技术学校1所。

专任教师数和师生比 小学有专任教师8024人，师生比为1∶24.9；普通初中教师人数4522，师生比为1∶17.6；高中（含中等职业技术学校）教师人数1458人，师生比为1∶16.6。

每万人口在校生 幼儿园58.5人；小学1278人；普通初中513.7人；普通高中151.6人；中等职业学校16.4人。

校园、校舍面积及生均情况 小学校园面积351.62万平方米，校舍面积67.99万平方米，生均面积3.38平方米。初中校园面积187.7万平方米，校舍面积43.16万平方米，生均面积4.75平方米。高中校园面积67.02万平方米，校舍面积20.89万平方米，生均面积8.14平方米。中等职业技术学校校园面积3800平方米，校舍面积1.49万平方米，生均面积9.93平方米。

义务教育普及程度 小学学龄儿童入学率99.82%，初中毛入学率96.93%；小学辍学率0.22%，普通初中辍学率2.60%；小学毕业升学率98.81%，初中毕业升学率89.20%。

【教育经费的收入与支出】 2006年，桂平市教育经费总收入38627.4万元，比上年多收入2781万元，增长7.76%。其中财政拨款收入29569.6万元，比上年多收入8493.6万元，增长40.30%，预算外资金收入9057.8万元，比上年多收入－5712.6万元，增长－38.68%，教育经费总支出37505.4万元，比去年多支出1659万元，增长4.63%。其中财政拨款支出29569.6万元，比去年多支出8493.6万元，增长40.30%，预算外资金支出7935.8万元，比上年多支出－6834.6万元，增长－46.27%。总支出中，人员经费地出为24451万元，公用经费支出11043.2万元，基建支出2011.2万元。

附：桂平市教育局领导

党委书记、局长：林焕祥

党委副书记：韦勇

副局长：梁远飞　伊　腾

纪委书记：覃干征

电话：0775－3383031

地址：桂平市县府街

邮编：537200

撰稿：杨　坚

港北区

【概况】 2006年港北区教育概况：

学校数和学生数 港北区有中小学校数152所，在校生105165人（不含幼儿教育），其中小学122所（含民办5所），教学点77个，在校生70357人（含民办3208人）；普通初中24所（含民办6所），在校生29994人（含民办1790人）；普通高中5所（含高完中），在校生4464人（只计在本辖区高中就读的高中生）；中等职业技术学校1所，在校生350人。

专任教师数和师生比 全区有公办中小学专任教师4519人，师生比1∶23.27，其中小学专任教师为2539人，师生比为1∶26.45；普通初中专任教师为1641人，师生比为1∶17.19；普通高中专任教师为276人，师生比为1∶16.17；中等职业技术学校专任教师30人，师生比为1∶11.67。

每万人口在校（园）生 幼儿园为218人，小学为1497人，普通初中为638人，普通高中为95人，中等职业技术学校为7.45人。

校园、校舍面积及生均情况 小学校园面积为119.75万平方米，生均17.02平方米；校舍面积为30.72万平方米，生均4.37平方米。普通初中学校校园面积64.33万平方米，生均20.98平方米；校舍面积18.22万平方米，生均6.08平方米。普通高中校园面积67.36平万方米，生均150.90平方米；校舍面积4.87万平方米，生均10.91平方米；中等职业技术学校校园面积53.34万平方米，生均1524平方米；校舍面积1.36万平方米，生均38.86平方米。

义务教育普及程度 小学学龄儿童入学率为99.95%，小学生辍学率0.08%；初中适龄少年入学率为98.65%，初中生辍学率为2.32%；小学毕业生升学率为100%。

【教育经费的收入与支出】 2006年，港北区教育经费总收入12245.90万元，比上年多收入386.30万元，增长3.26%。其中财政拨款收入8379.28万元，比上年多收入2230.28万元，增长36.27%；预算外资金收入3866.62万元，比上年少收入1843.98万元，减少32.29%。教育经费总支出11864.80万元，比上年多支出953.10万元，增长8.73%。其中财政拨款支出10411.30万元，比上年多支出2532.60万元，增长32.14%；预算外资金支出1453.50万元，比上年少支出1579.50万元，减少52.08%。总支出中，人员经费支出7856.90万元，公用经费支出3008.10万元，基建支出999.80万元。

【“两基”工作】 2006年，为了迎接自治区“两基”接受国家复查评估验收，港北区以控制学生辍学和救助贫困学生为重点，加强对“两基”巩固提高工作的督查，制定了《港北区“两基”评估验收工作方案》，明确“两基”攻坚工作的要求和措施，建立了“双线控辍保学包干”责任制，把“控辍保学”的责任自上而下地落实到乡村、社区和学校；2006年春季期实行教育经费保障新机制后，为了解决学生回流入学难的问题，港北区政府投入200万元建设平房教室和宿舍，及时安置了1787名回流学生。认真落实“两免一补”政策，帮助贫困家庭子女入学，2006年港北区共有95274名学生享受免费教科书及免杂费专项经费，其中小学生67149人，初中生28125人，2006年中央和自治区下达的免除农村义务教育阶段学生学杂费和补助农村义务教育阶段中小学公用经费共1685.52万元，能够按时按标准下拨到相关的学校，保证了学校的正常运转。

【教师队伍建设】 2006年，结合“两基”复查和课程改革的需要，港北区进一步加大了教师队伍建设的力度。一是强化师德教育，不断提高教师的职业道德素质。始终把“一德三观”（职业道德、世界观、人生观、价值观）教育作为教师队伍建设的头等大事来抓，组织教师认真学习《教师职业道德规范》和《教师十忌》，并联系教师的思想和工作实际，开展了师德大讨论和师德大检查，有力地规范了教师的教育教学行为。二是继续开展了“21世纪园丁工程”骨干教师培训、中小学教师全员培训、校本培训和新录用教师岗前培训，其中短期培训3045人，中小学校长培训135人，骨干教师培训3000多人，参加全日制学历提高学习500人。中小学教师学历达标率进一步提高，小学教师学历达标率96.8%，其中大专以上占60%；初中教师学历达标率95.93%%，其中本科占29.06%；普通高中教师学历达标率83.81%。三是加大对农村师资力量薄弱学校的支教力度。2006年从城区学校派出教师284人次到区内农村学校支教和轮教，加强了对农村学校教师教学的指导和帮助。

【招生考试】 2006年，港北区作为初中教学课改实验区，参加了贵港市中考考试评价制度改革，改变了以考试分数评定学生成绩的传统做法，采用以A、B、C、D等级呈现的形式来评定学生成绩。全区共有7879名初中毕业生参加中考，其中，中考成绩（A+）420人，（3A++2A）244人，考上自治区示范性高中分数线437人，比2005年增加147人；被贵港高中录取为正取生182人，比2005年增加62人。贵城四中、港区中学考上贵港高中正取生人数分别名列贵港市第一、第二名。高考考上本科线284人，比2005年增加29人；考上专科线1143人，比2005年增加178人。

【改善办学条件】 2006年，港北区继续组织实施国家中小学危房改造工程。在抓好2003—2005年26个中小学危房改造项目竣工验收的基础上，投入资金937万元（其中中央专项补助资金601万元，自治区配套资金336万元）建设19个危改项目，新建校舍15550平方米，建成了八一实验学校、中里六田小学等学校的一批新校舍，进一步改善了办学条件。2004年开始规划实施农村中小学现代远程教育项目以来，远程教育投资960万元，共建设学校模式一70所，模式二111所，模式三22所，到2006年已全部完成建设并进入应用阶段；建成校园网的学校有25所，拥有多媒体教室及计算机室150个、语音室34个，150所中小学可以通过市教育城域网实现优质教育资源共享，为加速实施教育现代化，全面推进素质教育，实施基础教育均衡发展，提高农村学校教育质量奠定了良好的条件基础。

【安全稳定工作】 集中开展了中小学、幼儿园少年儿童安全管理专项整治行动。落实安全工作责任制，港北教科局与各校签订安全工作责任书，各校将安全工作责任层层分解落实到具体责任人；加强学校安全检查工作，学校与港北区卫生、文化、建设、消防等职能部门联合开展了“中小学幼儿安全大检查大整治行动”，配合交警、安监、公路部门整顿民办学校接送学生的车辆，消除事故隐患；组织各校学生学习《中小学安全教育读本》，开展防火、防毒、防雷、防溺水等安全知识教育；及时做好禽流感的防控工作。通过各种整治与防范措施，确保了学校“一方平安”。

附：贵港市港北区教育和科技局领导名单

局长：欧阳乐

党组书记、副局长：邓国芳

副局长：钟力英　罗业丰

电话：0775－4229155

地址：贵港市建设西路

邮编：537100

撰稿：覃国昌　潘维南

港南区

【概况】　2006年港南区教育概况：

学校数和学生数　港南区有小学164所，教学点94个，小学在校生57056人；普通初中30所，初中在校生24322人；普通高中3所，学生5265人。

专任教师数和师生比　共有专任教师4650人。师生比分别为：小学1∶23，普通初中1∶15，普通高中1∶13。

每万人口在校生　幼儿园600人，小学1000人，初中500人，普通高中200人。

校舍面积及生均情况　校舍总面积602083.2平方米，其中小学生均6.6平方米，普通初中生均7.8平方米，普通高中生均6.8平方米。

义务教育普及程度　小学学龄儿童入学率99.75％，初中入学率97.95％；小学生辍学率0.26％，初中辍学率2.24％；小学毕业生升学率100％，初中毕业生升学率98.7％。

【教育经费的收入与支出】　2006年，港南区教育经费总收入为10686.48万元，比上年多收入930.48万元，增长9.58％。其中财政拨款收入9332.99万元，比上年多收入2116.04万元，增长29.32％；预算外资金收入1303.49万元，比上年多收入－1185.56万元，增长－47.63％。教育经费总支出10636.48万元，比上年多支出930.48万元，增长9.58％；其中财政拨款支出9332.99万元，比上年多支出2116.04万元，增长29.32％，预算外资金支出1303.49万元，比上年多支出－1185.56万元，增长－47.63％。总支出中，人员经费支出5871.79万元，公用经费支出2356.95万元，基建支出500万元，其他支出1907.74万元。

【中考和高考】　2006年中考，港南区30所公办学校中有70名考生成为贵港市高中正取生，总成绩A＋为205人，其中五个学科全部是A＋为34人。2006年高考，我区参考人数为929人，上重点线6人，上线率为0.65％；上二本线以上人数为171人，上线率为18.41％；上三本线以上人数为333人，上线率为35.84％。重点线、一、二本上线率均比去年有所增加。

【常规管理】　港南区制定下发了《港南区中小学内部管理实施办法及考评细则》，以“提升办学水平，服务经济发展”为中心，以“制度规范管理，管理提高质量”为基本点，坚持“严格＋规范”，顺势应时地制订了《港南区学校常规管理工作规范》，使学校常规管理工作有章可循、有据可依。

【素质教育】　港南区提高学生的动手能力、创新能力等综合实践能力素质。开展弘扬和培育民族精神教育，增强民族自豪感。以培养“诚信师生”为目标，加强诚信教育。组织和发动全区197所中小学开展学习新颁的《中小学生守则》《小学生日常行为规范》和《中学生日常行为规范》活动，并印发了《港南区学生日常行为规范实施方案》。开展“《守则》我遵守，《规范》我践行”为主题的思想德育教育读书活动。如组织中小学生参加市举行的“一德杯”青少年书画赛，郑永正等8位同学获奖。组织参加广西科技创新大赛，桥圩中心校、湛江中心校、木松岭学校获得了市优秀组织奖，其中桥圩中心校上送7幅科幻作品，八塘中心校上送1幅科幻作品，分别获得了贵港市的一、二、三等奖。桥圩中心校陶慧敏和八塘中心校杨思宇的科幻画均荣获自治区的二等奖。还组织参加市“红色之旅”爱国主义读书活动以及讲故事、演讲比赛等，珊顿小学和港南中学共3名学生分别荣获二、三等奖；组织参加市“首届中小学生模拟少年法庭大赛”，木松岭学校获全市中学组二等奖；组织开展中小学德育论文征集和评选活动，共收集300多篇论文，评出区级优秀论文100多篇。在市举办的“师德论坛”征文比赛中，覃静等10名教师获得市级奖。东津镇中心小学、木松岭学校、港南中学、木格镇黄村小学荣获贵港市德育先进集体。桥圩中心校荣获自治区“德育先进集体”称号。组织学生参加系列安全教育征文比赛，木格高中黎洲玉、陈秋蓉、谭都寅在“我与消防”征文活动中获市级奖；桥圩三中甘翠香、莫裕群在“关爱生命，安全出行”征文活动中获市级优秀奖。

【幼儿教育】 2006年，全区办有幼儿园194所，在园人数为12835人，3—6周岁儿童入园率为96%，其中6周岁儿童入园率为100%。在市的幼儿园评估活动中，港南区中心幼儿园被评为市示范幼儿园，城南幼儿园和江南幼儿园被评为市一级幼儿园，桥圩六一幼儿园和河面幼儿园评为市二级幼儿园，东津中心幼儿园和湛江中心幼儿园评为市三级幼儿园。

【教育科研】 2006年，港南区教科局的科研工作有了新的进展，教学研究有了新的突破。坚持以"求实、求效、求新"为指导，务实创新，追求绩效，开拓进取，努力形成"学习、思考、研究、总结"的教研工作新格局，努力提高基础教学质量。

2006年，教研工作大获丰收。港南区申报的贵港市教育科学"十一五"规划课题，中学有9个课题批准立项。2006年前结题，中学有2个广西教育科学"十五"规划课课题通过结题（张建号、蒙家庆），有4个贵港市教育科学"十五"规划课题通过结题（黄科菊、陈慕才、陈拥军、梁伟琰）。通过课题研究，中学教育或教研员共发表论文10篇，获奖论文56篇。指导教师申报、研究、及时结题并通过成果鉴定获奖励的课题达15项，占全市结题项目的42%，其中《初中数学课题实施的教与学策略研究》获得市一等奖；《如何提高农村初中生的记叙文作文能力》等七个课题获市二等奖，占该奖项的58%，三等奖七个，占该奖项的40%，居贵港市第一。坚持走"以科研促教研"之路。我区还大力组织教师参加各类教育教学比赛：10月和11月，语文、数学、英语、物理、化学、政治等六个学科举行教师教学竞赛活动，130名教师获奖。此外，木松岭学校吕雪娟老师参加全国初中化学说课比赛（中南区），荣获一等奖的第二名；港南中学李永艳老师参加广西初中历史展示课比赛，荣获二等奖；11月9日至10日举行全区小学品德与生活（社会）课堂教学比赛。湛江镇的杨芳老师代表我区参加全市小学品德与生活（社会）课堂教学比赛获得二等奖。

【师资建设】 2006年，港南区各类学校教师队伍稳定，整体素质有所提高。年内全区教职工总数达4702人，其中普通高中教师300人，初中教师1525人，小学教师2183人，在全区中小学教师专任教师中，具有本科以上学历533人，专科以上学历2374人，已获得特级教师1人，高级职称教师36人，中级职称教师1612人，初级职称教师2361人。尚有代课教师421人。年内，区教科局采取有效措施，加强师资资源共享队伍建设，通过开展多层次，多渠道，多种形式对教师进行继续教育。5月组织教师参加贵港市小学信息技术与学科教学整合推荐课的评比活动，其中李君华、李斐球、黄蓝蓝、姜树英老师获市二等奖。东津三中李永向的论文《建立WEB站点有效利用远程教育资源》在2006年全区中小学现代教育技术优秀论文评选活动中获二等奖。木松岭学校等7所中小学和王海文、宁秀坤等10人获2006年度贵港市教育信息化建设先进集体和先进个人。年内我区积极筹备"中小学校长建设年"活动，开展了中小学校长"校长论坛"活动，举办"港南区中小学校长建设年"校长论坛演讲比赛等活动，不断提升学校科学管理的理论水平与实践能力。同时，我区还进行校长上岗培训。年内组织了54名小学校长，15名中学校长参加了校长岗位资格培训，取得了校长岗位资格证。

【主题活动月】 港南区将三月定为"服务人民教育月"，四月定为"崇尚科学教育月"，五月、六月定为"诚实守信教育月"，七月定为"辛勤劳动教育月"，八月定为"艰苦奋斗教育月"，九月定为"热爱祖国教育月"，十月定为"遵纪守法教育月"，十一月、十二月定为"团结互助教育月"。

【"中小学校长建设年"活动】 2006年4月26至29日，港南区举办了小学校长培训班，来自全区公、民办小学正职校长共201人参加了为期四天的培训。5月至10月，开展了中小学校长"校长论坛"活动。10月20日，举办"港南区中小学校长建设年"校长论坛演讲比赛，全区有33位校长报名参加了比赛，200多名校长参与了此次活动。11月15日，贵港市教育局组织人员对港南区"校长建设年"进行了检查评估。木松岭学校获得了贵港市"中小学规范管理十佳校长""中小学规范管理十佳学校"的殊荣。

【"实验教学普及县"工作】 "实验教学普及县"工作通过自治区评估验收。全区2006年投入购置图书和教学仪器设备160万元。全区30所中学有4所学校达一类配备标准，16所学校达二类配备标准，10所学校达三类配备标准；164所小学中达到一类的有2所，二类的6所，三类的156所。

【"远教"工程】 实施"远教"工程，共投入683.9万元，其中自治区补助569.9万元，港南府投入114万元。全区有27所中学按模式三建设，164所小学按模式二建设，55个教学点按模式一建设，在全市三区两县市普及率最高。

【助困工作】 2006年，全区资助94名贫困大学新生入学，资助金额92300元。确保全区没有一个大学新生因家庭经济困难而不能上学。

【“两基”工作】 2006年，顺利通过自治区对港南区两基复查工作。区政府高度重视“两基”工作，把“两基”巩固提高工作作为政府重要工作来抓。实行政府一把手负总责、亲自抓，合理调整学校布局，增加教育投入，实施校舍“危改”工程，合理调整办学条件，公开选聘教师，加强学校管理，不断提高教育教学质量，使“两基”工作进一步巩固和提高。

【“两免一补”工作】 2006年开始，全区初中小学全部免交杂费，学校经费全部由县以上各级政府财政划拨；全区有12621名家庭经济困难的中小学生享受免费教科书，其中小学8550人，初中4044人，特殊教育27人；农村学校贫困寄宿生生活费补助经费3.5万元，按规定补助标准是每生每年220元，有159名学生得到补助。

附：港南区教育和科技局领导

党组书记：黄波

局长：姚寿明

党组副书记：詹志群

副局长：杨增祥、黄科菊

纪检组长：罗安仁

撰稿：黄伟亮

百色市教育

百色市

【概况】 2006年百色市概况：

学校数和在校学生数 百色市有小学1640所，教学点1224个，在校生321246人；初中学校199所，在校生151280人；特殊教育学校有8所，在校生2156人（含随班就读1730人）；普通高中（含完全中学）33所，在校生47799人；中等职业学校29所，其中区属职校3所，市属职校24所（含社会力量办学6所），技工学校2所，在校学生17252人。

专任教师数和师生比 全市有小学在职教职工19535人，其中专任教师16967人，专任教师与学生比为1∶18.9；普通中学在职教职工13046人，其中初中专任教师7999人，专任教师与学生比为1∶18.9；高中专任教师2365人，专任教师与学生比为1∶20.2；中等职业技术学校有在职教职工1141人，其中专任教师767人，专任教师与学生比为1∶22.5。

每万人口在校生 幼儿园238人，小学861人，初中405人，高中128人，中等职业技术学校46人。

校园、校舍面积与生均情况 小学校园占地面积为728.65万平方米，校舍建筑面积207.53万平方米，生均校园面积22.68平方米，生均校舍面积6.46平方米。初中校园占地面积为411.03万平方米，校舍建筑面积118.43万平方米，生均校园面积27.17平方米，生均校舍面积7.83平方米。高中校园占地面积为182.94平方米，校舍建筑面积75.58万平方米，生均校园面积和校舍面积分别为38.27平方米和15.81平方米。中等职业技术学校校园面积233.88万平方米（其中主校园面积51.67万平方米），校舍面积18.85万平方米，生均校园面积和校舍面积分别为29.95平方米和10.93平方米。

义务教育普及程度 2005—2006学年度，全市小学适龄儿童少年298836人，已入学297365人，适龄儿童入学率99.51%；初中阶段入学率95.72%，比上学年提高2.49个百分点；全市三类残疾儿童适龄人口（7—15周岁）2458人，已入学1969人，入学率80.1%，比上学期提高0.10个百分点。小学辍学率0.9%，比上学年下降0.25个百分点；初中生辍学率2.55%，比上学年降低0.79个百分点。小学毕业生升学率97.84%，初中毕业生升学率58.07%。全市12个县（区）“普九”通过自治区的达标验收，普及九年义务教育人口覆盖率达100%。

【教育经费的收入与支出】 2006年全市教育经费总收入为14.45亿元，比上年增长39.07%。其中，预算内教育经费拨款为12.13亿元，比上年增长30%；各级政府用于教育的税费3374.7万元，比上年减少16.92%；事业收入1.53亿元，比上年减少20%。全市教育经费总支出为14.25亿元，比上年增长19.95%。其中，预算内教育经费支出11.93亿元，比上年增长31.82%；各级政府用于教育的税费支出3595.1万元，比上年减少12.08%；学杂费支出7649.8万元，比上年减少40%。总支出中，人员经费支出9.94亿元，比上年增长20.67%；公用经费支出3.49亿元，比上年增长16.12%；基建支出7163.5万元，比上年增长69.57%。

【“两基”和“普九”工作】 2006年，百色市坚持以“两基”为重中之重，扎实推进“普九”攻坚工作。各县（区）、各乡（镇）中小学采取有效措施狠抓“控辍保学”工作，积极动员学生入学、返校，义务教育学校的学额得到了巩固和提高。2006年5月、6月和7月，德保、那坡、西林、乐业等4县“普九”相继通过自治区的达标验收，至此，12个县（区）的“普九”人口覆盖率达100%，全市实现了“普九”目标。

【幼儿教育】 2006年，全市幼儿园423所，比上学年增加81所，在校生88627人（其中学前班53620人），比上学年增加7272人，3—6周岁儿童入园入班率59.6%，比上学年提高1.1个百分点。

【高中教育】 2006年，全市的普通高中教育在挖掘潜力增容扩招的同时更注重发展内涵，提高品质，加快优质高中的建设步伐。秋季学期招收新生18094人，比上年增加586人，在校生比上学年增加2270人。通过加强对自治区示范高中和立项建设示范性高中学校的检查、指导和评估，既巩固提高百色高中、祈福高中、田阳高中、平果高中等4所学校已取得的创建成果，又大力推动百色一中、田东一中、百色一中、靖西高中、田林中学等自治区示范性高中立项建设学校的创建进程。年内，有平果二中、隆林中学、田东二中、田东实验高中等4所学校晋升为市级示范性高中，为创建自治区示范性普通高中奠定了坚实基础。百色一中通过了自治区示范性高中验收，普通高中教育优质资源进一步扩大。

【基础建设】 2005—2006年度全市共完成教育基础设施建设投资2.3亿元，建成各类教学用房及学生生活用房共35.5万平方米，竣工项目228个（其中农村寄宿制学校建设项目112个，危房改造项目18个，校舍维修机制项目70个，外援等项目28个）。为迎接国家“普九”验收，各县（区）人民政府还投入9817万元资金对2246所中小学的旧房进行了穿衣戴帽，校园“三化”建设，校容校貌焕然一新，进一步改善了全市中小学办学条件，为通过国家“普九”验收创造良好条件。

【师资建设】 2006年，百色市以基础教育新课程师资培训和实施“中小学校长建设年”活动为重点，全面推进中小学教师继续教育和中小学校长培训工作。

全市12个县（区）共培训了中小学校长、幼儿园园长2871人次，共培训中小学、幼儿园教师31867人次，全年总共培训了中小学校长、教师34738人次，培训总人数比上年增加了1556人次。同时，认真实施2006年“英特尔（R）未来教育”项目学科教师培训工作，学习借鉴了发达国家及国际组织先进的师资培训理念、培训内容和培训方法。百色市选派了3名新主讲教师和原12名主讲教师到自治区培训基地参加培训与高级研修，并在百色中学等13个培训点共举办了20期培训班，培训了500名学科教师。与广州市教育局、广州大学教育学院、广州市教研室、广州市中小学教师培训中心首次联合在百色市教师培训中心连续举办了三期中小学校长、“21世纪园丁工程”市级文理科小学骨干教师培训班，参加培训人数共1456人。2006年8月1日至3日，组织举办了一期高中英语教师课堂教学业务培训班，参训教师56名，由美国LVI国际文化交流公司亚洲区域总经理雷生等6位美国专家教授为培训班上课。2006年，全市中小学教师在职参加提高学历层次培训共12338人，比2005年增加了519人。右江区、田阳县、平果县、德保县、靖西县、那坡县、凌云县、隆林县、百色高中等9个单位同意接收16名农村学校教育硕士生。中小学、幼儿园专任教师学历合格率稳步上升。到2006年底，全市共有小学专任教师（不含代课教师）16976人，学历合格率上升到96.63%，比2005年提高了0.7个百分点；初中专任教师（不含代课教师）7999人，学历合格率上升到97.14%，比2005年提高了0.74个百分点；普通高中专任教师2365人，学历合格率上升到87.4%，比2005年提高了4.4个百分点；幼儿园专任教师1451人，学历合格率上升到97%，比2005年提高了1.7个百分点。

在中小学校长培训方面。以实施“中小学校长建设年”活动为契机，精心组织，扎实开展中小学校长全员集中培训工作，取得显著成效。一是召开启动会，抓好宣传动员工作。市、县（区）教育（教科）局全体领导、各科室负责人、市、县（区）直各校校长、乡镇中心校以上（含中心校）校长总共987人参加了会议。二是抓好市、县级中小学校长培训者和管理人员培训，初步建立起我市校长培训资源库，并对中小学校长进行全员培训。先后共举办了15期中小学校长全员培训班，培训总人数为2069人，其中市级组织举办了3期培训班，共培训了全市县级小学校长培训者、初中、高中校长280人；各县（区）共举办了12期小学校长培训班，培训人数1789人。三是开展读书征文和论文评选活动和中小学校长论坛活动，提高校长理论水平和科学管理能力。全市中小学校长根据学习内容结合实际共撰写了2500多篇学校管理论文。推荐上送自治区参加评审的校长论文共有16名校长的论文获奖，其中获示范性高中一等奖1名，获二等奖1名；获普通高中及初中组二等奖1名，获三等奖2名，获优秀奖4名；获小学及特教组二等奖1名，获三等奖3名，获优秀奖3名。我市经过专家组评审，共有106名校长撰写的论文获奖，其中获中学组一等奖16名，二等奖15名，三等奖15名；获小学组一等18名，二等奖21名，三等奖21名。各县（区）也组织专家组评选了本县（区）校长论文，设一、二、三等奖。四是认真组织开展校长规范管理达标检查评估，确保校长建设年活动取得实效。为达到以评促改，以评促建之目的，我市组织评估小组，根据《广西壮族自治区中小学校长规范管理达标评估办法》的要求对各县（区）、市直学校校长规范管理达标进行检查评估，共随机抽查了53所中小学、特教学校，推动我市中小学校形成“民主管理、自主发展、自我约束、社会监督”的现代学校管理制度。

【教育科研】 2006年，百色市的教育科研工作以新课改实验为契机，以提高教学效率为重点，以培训提高教师队伍素质为核心，强化教育教学的各个环节管理，加强教育科研队伍的建设，提高教育科研队伍的素质，深化教学研究，优化教学指导，提高教育教学质量。一是加强课改教师的全员培训。7月—8月，邀请人民教育出版社、华东师大出版社、广西教育出版社等单位到百色举办初中、小学课程标准实验教材使用培训班，使课改教师理解掌握新课程标准，顺利使用新课程教材。同时积极开展课题研究，我市共推荐了省级以上教育科研课题22个，以课题研究促课改的推进。二是实施2006年初中毕业考试改革。改革中考科目设置和考试形式。中考笔试科目为：思想政治（100分）、语文（120分）、数学（120分）、英语（120分，其中听力30分）、物理（100分）、化学（100分），共六科660分。笔试考试的方式为政治实行开卷考试，其余五科实行闭卷考试。按照自治区的统一要求，增加体育科目考试成绩计入中考总分。考查科为历史、地理以及物理、化学、生物的实验操作技能等，考查成绩评定只分合格或不合格，作为中考参考成绩。改革命题办法，分开“课改”实验区和非“课改”实验区两套试题。充分发挥考试的导向作用。三是制定《百色市2006年高中教学目标和奖励方案》，抓好高中毕业会考和高考备考指导，促进高中教育教学质量的提高，力争高中毕业会考和高考上线率有新的突破。2006年参加高考17027人，上专科线以上为14351人，其中上本科线5975人（即一本重点线626人、二本线2344人、三本线3005人），专科上线人数为8376人；我市考生被高校录取9550人（占参考人数的54.87%），其中一本院校608人，二本院校1647人，三本院校627人，本科提前批录取266人，本科预科批录取230人，高职高专院校录取6172人。四是树立典型，发挥教育科研示范带动作用。开展了全市“科研兴校”先进单位的评选和学科“教学科研”先进个人的评比活动，并对我市在教育科研方面作出突出贡献的29个单位和55名个人予以表彰，树立典型，以教育科研示范带动学校进一步落实“科研兴教、科研兴校”战略。

【助困工作】 百色市及各县（区）全面贯彻落实全区农村义务教育经费保障机制改革工作会议精神，认真实施《广西壮族自治区免除农村义务教育阶段学生学杂费和补助农村义务教育阶段中小学公用经费工作实施方案》（桂政办发〔2006〕6号），相应成立工作领导小组，出台相关配套文件，组织协调各部门开展各项工作，真正把国家这项惠民政策落实到了实处。2006年，全市发放免费教科书折款1637.40万元，免收杂费6650.43万元，补助贫困寄宿生生活费454.38万元，受助学生达45.74万人，其中，农村小学258916人，县镇小学50271人；农村初中69436人，县镇初中78776人。享受“两免一补”的学生占义务教育阶段学生35.16%；还下达农村“义教”公用经费265.8万多元，保证学校的正常运转。同时认真做好贫困大学新生入学资助工作，全市通过开展捐资助学等活动共筹措到资助贫困大学生上大学的专项经费共 309.12 多万元，共资助 1357 名贫困生上大学，录取本科院校的每生最高资助 4000 元，录取高职高专的每生最高资助 3000 元。

【德育工作】 2006 年，百色市中小学校以加强德育工作、强化素质教育来提高育人质量。一是认真抓好德育先进学校（示范实验学校）建设。目前已建立了百色高中等 20 所德育先进（示范）学校。二是认真抓好校园文化建设系列活动和先进学校典型示范工作。三是认真抓好心理健康教育示范性学校和心理健康教育实验学校。四是认真抓好教育法制先进学校和依法治校示范学校的工作，大力推进依法治教、依法治校工作，在学生中开展法制教育，形成学法、知法、守法的良好局面。五是大力开展"八项"教育。在中小学大力开展爱国主义教育、集体主义教育、社会主义教育、革命传统教育、法制教育、诚信教育、自我安全保护教育、社会主义荣辱观教育。

【安全卫生工作】 2006 年，百色市加强对学校收费管理和学校安全工作管理的督促检查，规范学校的收费行为，切实保障学校安全稳定。全市农村义务教育阶段严格实行"一费制"收费标准，非"一费制"学校严格按照物价局审定的收费项目和收费标准进行收费，做到公开标准、亮证收费以及"收支两条线"管理，学校的收费行为进一步规范。各县（区）中小学校均开展安全教育活动和技能演练活动，提高广大师生的安全意识和自我保护能力。11 月底至 12 月底，还在全市中小学校开展校车集中排查整治工作，共排查中小学（幼儿园）2295 所，排查校车 76 辆，检验合格 76 辆，有效遏制因校车问题导致学生伤亡交通事故。市、县教育部门还建立健全安全稳定预警机制，完善应急预案，防范措施落实到位。

【职业教育】 2006 年，百色市以抓好中职招生工作作为发展职教的突破口，采取有力措施，主要是：市、县都成立了中职招生工作领导机构，加强对招生工作的指导和协调，统筹解决招生工作中的重大问题；层层分解任务，签订责任状，落实目标管理责任制，建立奖惩机制；实施中等职业学校招生"阳光工程"，实行任务分解、信息发布、志愿填报、新生录取、学籍注册"五统一"；严格招生纪律，整治招生秩序，维护招生公平，保护招生学校和毕业生的合法权益；坚持推行春、秋两季招生办法，合理分流初中毕业生，拓宽职业学校生源渠道；实行"联合招生、合作办学"，"工学结合、以工助学"，增强招生能力，提高入学率；加强就业指导，努力提高就业率，以就业促进招生；加大宣传力度，营造良好氛围，增强招生吸引力。2006 年，全市共招生 10123 人，其中市直职校招生 7869 人，完成自治区下达任务的 101.1%，比 2005 年增招 2087 人，增长 36.1%；全市送生 6615 人，比上年增长 42%；完成招生、送生共 14484 人，比上年增加 4017 人，增长 38.4%。普、职高招生的比例达到 1：0.8。

百色市各级各类职业学校设置有计算机及应用、电子技术应用、机电技术应用、电工电子技术、数控技术应用、模具设计与制造、有色金属冶炼、供用电技术、机电设备安装与维修、制浆造纸工艺、旅游服务与管理、汽车运用与维修、交通运输管理、市场营销、服装工艺与设计、办公自动化与文秘、电脑财会、医药、护理等 20 多个专业。各中等职业学校以就业为导向，建立健全毕业生就业服务机构，强化毕业生的职业指导和服务，走企校结合、校校联办、校培企用、企定校培等办学模式，构建了"招生、教学、就业"一体化的职校立交桥。加强学校与行业企业和职业介绍机构紧密结合，充分利用劳动力市场、人才招聘会和互联网等渠道，积极为毕业生就业提供各种便利条件，帮助毕业生实现就业。全市当年中等职业学校毕业生就业率达 96%。

百色市积极引导、支持和鼓励中职学校教育工作者开展教学科研活动。加强教学常规管理，严格按照国家的教学大纲、教学指导方案、教学计划组织教学，开展教研活动。加强对教学工作的检查、指导和评估，抓好学校德育工作，每年都定期举行技能竞赛，提高教学质量。面向市场设置专业，采取灵活的学制，加强实践教学和实习指导，提高学生的实践能力和职业技能。积极探索"校企合作、订单培养"、"工学结合、半工半读"的培养模式，提高人才培养质量。2006 年，我市承担自治区中职教育研究课题二项，取得阶段性成果；组织参加了"CEAC 认证杯"全区中等职业学校教师、学生计算机技能大赛，排出了课件制作、网页设计与制作、图形图像处理、文字录入与图文混排等四个项目参赛，均有师生获奖。

2006 年，我市创建了百色职业学院，首届招生 560 人，拥有了自己的高技能人才培训基地，完善了我市职业教育体系。百色职业学院校园规划用地 500 亩，第一期用地 160 亩已落实，第二期用地 340 亩已做好前期准备工作。第一期工程，校舍总建筑面积3.59万平方米，投入5752万元，工程进展顺利。130万元的图书资料8万册及718万元的教学仪器设备也已到位。已招聘专任教师116人，其中，副高级专业技术职务以上24人，中级专业技术职务以上61人，中级专业技术“双师型”专任教师13人，本科学历以上74人。我市平果县引资举办民办广西工程职业学院，投资2亿多元，征地1000亩，将于2007年招生。

2006年，我市实施职业教育“九大工程”卓有成效。全年完成技能型人才培养培训任务2.16万人，完成年度任务216%；完成农村实用人才培训任务24.6万人次，其中，绿色证书培训2.76万人次，分别完成年度计划145%和162%；完成农村劳动力转移培训任务9.23万人次，完成年度计划131.86%；完成成人继续教育与再就业培训10.15万人次，完成年度任务100.56%。启动了示范职业院校、实训基地和县级职教中心建设工程，全市共投入1906万元，新增教学用地90亩，新建教学用房11608平方米，购置实训设备637台（套）。凌云县职校和田东县职校分别获得中央专项补助资金100万元和110万元。实施职业院校教师素质提高工程，完成教师培训157名，完成任务157%。实施职业教育教学改革工程，全市有13所职校与区内外企业开展联合办学，订单培养，有5所学校建立职业资格（技能）鉴定站，有16所学校开展工学结合、以工助学，参加学生达3800多人，学校面向市场设置专业，改革教学内容和方法，加强学生职业技能培养和就业指导，努力提高教学质量。

【成人教育】 2006年，百色市认真贯彻落实《扫除文盲工作条例》，抓紧扫除剩余文盲，继续巩固和提高扫盲成果，加大农村实用技术培训力度，努力提高劳动者素质。全年新建单门独院的乡（镇）成人文化技术学校12所，全市136个乡（镇）1825个村（街）全部建立了成人文化技术学校，落实培训基地200多个；2006年，全市扫除文盲4800人，实用技术培训64万人次。累计完成农村劳动力新增转移培训119776人（其中农村劳动职业技能培训17026人，一般适应性培训达96750人，职业资格证书培训6000多人），培训后发放“绿色证书”等各类证书40000多本，其中发放国家职业资格证书4000多本。经过培训，当年新增就业9438人。全市农村劳动力转移培训主要由各县（区）职业学校和成人文化技术学校来承担。通过技能、实用技术培训，提高农村劳动者综合素质，拓宽农村剩余劳动力转移就业的渠道，2006年全市劳务输出人数达810113人，其中在市内243163人、输出市外区内110756人、输出区外456194人，占全市农村劳动力人口190万的40%以上。按人均每月400元纯收入计，全市农民当年外出务工纯收入即可达38亿元。此项工程，受惠面广，成为百色农民脱贫致富奔小康的重要途径。

【民办教育】 2006年，百色市坚持贯彻落实《中华人民共和国民办教育促进法》及其实施条例，把民办职业教育纳入职业教育发展的总体规划，加大对民办教育的支持力度，民办学校依法享受国家规定的税收和同级同类公办学校基本建设优惠政策，积极鼓励社会投资创办民办学校。我市民办学校如雨后春笋，快速发展。目前，全市已有各级各类民办教育机构233所，其中幼儿园202所，小学5所，初中6所，普通高中5所，中职学校6所，高职学校1所，培训机构8个。民办学校现有教职工1567人，比去年增加55.8%；有学生18533人，比去年增加15%。

【支教工作】 2006年，市、县（区）共派出支教队员507人（其中市级支教队员33人，县级支教队员328人）。广东第三期驻百色支教队员63人，自治区第九期驻百色支教队员83人（其中“县对县”教育对口支援43人）。在百色的支教队员共计507人，受援薄弱学校273所。各级支教队为受援县培训中小学校长、教师6163人次，组织校长、骨干教师到外地参观学习986人次；各级支教队发动后援单位和社会各界捐资集资共1653.42万元。为受援学校新建校舍32281平方米、维修校舍15058平方米、美化绿化校园16047平方米、硬化校道58660米、建饮水工程14个、修建围墙19881米等。同时捐赠物品一批，其中教学仪器设备1367套，架床831张，电视电脑233台，图书130866册，学生学习生活用品27564件，捐赠折款共369.36万元。

【教育督导】 2006年，百色市教育督导机构坚持“督政与督学相结合、督政为重督学为本”的原则，切实加强对本行政区域教育工作监的督、检查、评估和指导，促进全市教育事业持续、快速健康发展。一是根据《义务教育法》的规定，强化对实施义务教育法的监督、检查和指导，大力推进全市“普九”攻坚，实现全市所有县（区）都顺利通过自治区“普九”评估验收，为迎接国家检查评估夯实基础。二是组织对全市中小学实施素质教育工作进行检查、评估，推动素质教育的全面实施，促进学校管理水平和教育质量的提升。三是开展对县级党政主要领导干部教育工作督导考核，考核结果作为上级党委、政府评估县级党委、政府教育工作的重要依据，促进了各县（区）党委、政府进一步加强对教育工作的领导，大力推进教育的改革和发展。四是开展对教育工作中重大问题进行调查研究，并向本级政府报告情况，提出建议。五是组织培训教育督导人员，开展教育督导科研研究和信息交流，总结推广教育督导的经验。

附：百色市教育局领导

局长、党组书记：农中兴

副局长、党组成员：覃玉林　罗赋福　杨光陆

纪检组长、党组成员：马　力

调研员：刘先华

撰稿：黄绍琪 林春灿

田阳县

【概况】 2006年田阳县教育概况：

学校数与学生数 全县共有小学139所，教学点8个，普通初中13所，普通高中1所，中等职业技术学校1所，特殊教育学校1所。小学在校生18769人，普通初中在校生10895人，普通高中在校生4089人，中等职业技术学校在校生561人，特殊教育学校在校生92人。

专任教师数和师生比 小学专任教师1438人，在校学生18769人，师生比为1∶13.05；普通初中专任教师771人，在校学生10895人，师生比为1∶14.13；普通高中专任教师191人，在校学生4089人，师生比为1∶21.4；中等职业技术学校专任教师35人，在校学生561人，师生比为1∶16.03。

每万人口在校生 全县每万人口在校生，幼儿园为122人，小学为568人，普通初中为330人，普通高中为120人，中等职业技术学校为561人。

校园、校舍面积及生均情况 小学校园面积623916平方米，生均校园面积33.24平方米；校舍面积104231平方米，生均校舍面积5.55平方米。普通初中校园面积269049平方米，生均校园面积24.69平方米；校舍面积76933平方米，生均校舍面积7.06平方米。普通高中校园面积113390平方米，生均校园面积27.73平方米；校舍面积49197平方米，生均校舍面积12.03平方米。中等职业技术学校校园面积11902平方米，生均校园面积21.2平方米；校舍面积4186平方米，生均校舍面积7.46平方米。

义务教育普及程度 小学学龄儿童入学率为99.9%，初中毛入学率为97.89%；小学生辍学率为0.32%，普通初中辍学率为2.20%；小学毕业生升学率为99.9%，初中毕业生升学率为65%。

【教育经费的收入与支出】 2006年，全县教育经费总收入11297万元，比上年多收入791万元，增长7.5%。其中财政拨款收入9614万元，比上年多收入1610万元，增长20.1%；预算外资金收入1471万元，比上年少收入869万元，负增长37.1%。教育经费总支出10851万元，比上年多支出1721万元，增长18.9%。其中财政拨款支出9020万元，比上年多支出2019万元，增长28.8%；预算外资金支出1612万元，比上年少支出378万元，负增长19%。总支出中，人员经费支出8816万元，公用经费支出1753万元，基建支出282万元。

【学前教育】 田阳县在办好公办幼儿园和村完小学前班的同时，鼓励社会力量办学，加强管理，提高幼儿入园入班率，学前教育得到多渠道多形式发展。2006年，全县有公办幼儿园1所，小学附设幼儿园（学前班）21个，民办幼儿园61所，全县3—6周岁幼儿入园入班人数4040人，入园率为51.21%。

【高中教育】 2006年，田阳县继续做大做强普通高中教育，努力提高办学水平，巩固办学成果。针对骨干教师流动大的实际情况，积极争取县政府的支持，通过大学毕业生双选会招聘补充12名新教师，同时做好教师的思想稳定工作，为青年教师的成长创造便利条件。同时，加强学校管理，狠抓教学质量不放松，群策群力抓高考备考工作，力争高考稳步提高。当年高考上本科线658人，其中上重点线20人，处于百色市同类学校前列。

【职业教育和成人教育】 2006年，田阳县认真贯彻落实全国、全区职业教育工作会议精神，加强对职业教育工作的领导，抓住机遇，采取措施促进县职业学校的发展。为了吸引更多的学生到县职业学校就读，更新办学思路，走联合办学的路子，采取“1+2”“2+1”和勤工助学的办学模式，与多家企业联合建立实习就业基地，拓宽毕业生就业渠道。广泛宣传发展职业教育的有关政策，采取摆摊设点、深入学校、集市宣传和利用报纸、电视等媒体宣传

方式，大力宣传县职业学校办学成效和招生工作，营造良好和社会氛围。同时层层落实招生工作责任制，强化措施，动员所有力量共同关心支持职校招生工作。同时，抓好成人教育工作，采取政府组织，成人技校与部门联合培训方式，开展农村实用技术培训，巩固和提高扫盲工作成果。全年完成扫盲巩固提高任务150人，农民实用技术培训72000人次。

【改善办学条件】 2006年，田阳县坚持以教育工程项目建设为中心，以消除学校危房为目标，不断改善办学条件。认真组织实施和完成2005年、2006年度农村寄宿制学校建设工程和世界银行贷款项目工程，总完成投资880.8万元。其中农村寄宿制项目学校共6所，单项工程10个，总建筑面积12750平方米；世界银行贷款建设项目2个，总建筑面积2306平方米。同时做好危房的加固维修。为消除校舍安全隐患，田阳县各有关部门联合对建于20世纪80年代的教学楼进行安全检查和鉴定，对存在的较大隐患提出维修方案报县人民政府审批。2006年共维修加固教学楼8栋，建筑面积5000平方米，新建和修复学校围墙186米，投入维修资金36万元。

【师资建设】 田阳县高度重视中小学校长和师资队伍建设，认真组织开展“中小学校长建设年”活动和“西发”项目培训，取得了良好成效。经精心组织，分步实施，“中小学校长建设年”各项活动顺利开展，各项要求落到实处，建立校长建设年活动档案，相关资料完善，得到自治区校长建设年工作检查组的肯定和好评。以“西发”项目培训和新课标、新教材、新教法培训为主的教师业务培训也按计划全面开展。据统计，全年共组织中小学校长、教师参加自治区、市、县级各类培训2201人次，较好地完成上级下达的送培任务和县本级的培训任务。通过培训，全县校长和参训教师的育人理念得到了更新和增强，自觉把理论与实践联系起来对学校管理和自身教学中存在的问题有了深刻的反思，积极改进管理模式和教学方法，提高了学校管理水平和教学实效，促进了学校的全面发展。

【安全卫生工作】 2006年，田阳县始终牢固树立“安全第一，预防为主”的思想，长期不懈地抓好学校安全工作，切实保障学校和师生的生命财产安全。一是认真贯彻落实上级关于安全生产的文件和全国、自治区、市、县关于加强中小学安全管理工作会议精神，对各个阶段的安全重点防范工作进行部署，做到警钟长鸣，防患于未然。二是组织全县中小学开展“安全教育活动月”活动。全县共有38所学校组织学生观看《学生安全预防与自护》趣味情景互动教学片，共举行安全教育讲座46场，举行85场安全技能演练，参加活动师生达76387人次。三是认真实行学校安全卫生大检查和整改报告制度。每学期初，县教育局组织16个挂点工作组深入各学校对安全卫生工作情况进行地毯式检查，及时发现问题，及时整改，同时要求学校组织人员定期对校舍、食堂和用水用电等公共设施的安全隐患进行排查，并将整改情况每月上报教育局。四是协调组织有关部门和单位开展对全县中小学、幼儿园的校舍、防雷设施、地质灾害隐患、接送学生车辆、食堂食品卫生安全等进行大检查活动，发现问题，及时整改，确保广大师生员工生命及学校财产安全。

【课程改革与教学研究成果】 经过几年的课改实验，田阳县探索了一条在农村地区实施课程改革的路子，取得了良好的成效，但课改实验中许多新问题也不断出现，值得人们重视和研究解决。2006年，田阳教育局组织精干人员开展了跟踪调查研究活动，对课改实验毕业学生进入高中后的知识基础、学习能力等方面进行问卷调查，比较与非课改的学生在各方面的优劣，对教材知识结构与旧教材知识结构的异同，初中新教材与高中现在使用教材知识上的衔接问题进行分析研究，以利于初中与高中教学上有效的对接，为学生今后的发展打下良好的基础。同时，继续抓好课题研究工作，积极主动开展教育科研，成绩可嘉。2006年2月份田阳县向“国家社会科学基金西部地区项目课题组”申报了《少数民族地区初中学生心理素质综合教育实验研究》子课题，并获批准立项。与广西教育学院合作，在中小学心理健康教育活动实验，全面推进青少年思想健康教育活动，取得初步成效，建立了10所中小学心理健康教育活动实验示范性学校，以点带面，带动全县中小学心理健康教育活动的健康发展。课题研究有所突破，全县课题研究已开题的有国家级10项，省级15个，市级6项，县级2项。教研员、教师教研论文获奖或在刊物上发表的国家级6篇，省级27篇，市级53篇；参加课堂优质课比赛获自治区级奖2人，获市级奖5人次。学生在本年度参加各级各类比赛获奖的大有进步，国家级奖350人次，省级奖1026人次，县市级奖1377人次。

【普及实验教学工作】 2006年，田阳县认真做好二期“国家贫困地区义务教育工程”项目设备的接收、发放及安装与调试工作。共安装项目设备电脑卫星宽带20套，总价值30万元，还做好总价值

36 万元的图书、仪器的接收、验收与分发工作。同时，认真开展全县中小学各科实验课和各种实验竞赛。组织开展了田阳县第二届中小学生实验操作技能大赛，学生的动手操作和实践能力得到进一步加强；组织了 49 名教师参加第八届全区中小学信息技术与学科教学整合观摩展示活动周活动，黄丽老师代表百色市参赛并荣获自治区级二等奖；组织教师参加 2006 年全区中小学现代教育技术优秀论文、教育叙事报告、教学设计、课例、个人主题网站和计算机教育软件评选活动，全县共有 24 件优秀课例参评，其中获一等奖 3 件，二等奖 7 件，三等奖 14 件；在全国十月科技活动月中，田阳高中荣获优秀集体奖。

【扶贫济困工作】 2006 年，田阳县积极完成当年中央和自治区下达的农村义务教育阶段免除学杂费补助经费 481.888 万元和补助农村义务教育中小学公用经费 35.15625 万元的下拨、发放工作，确保了开学后学校的正常运转。做好免费提供教科书的发放工作，全县共有 7418 名在校贫困中小学生享受国家免费提供的教科书。做好县财政提供寄宿制贫困学生生活适当补助经费的发放工作，发放金额 10 万元，共资助中小学生 1921 人。利用“助残日”为县特殊学校开展募捐活动，共收到捐款、捐物等折款共计 3.6873 万元。春节期间，组织慰问离退休教职工和特困职工 35 人（次）。当年 12 月中旬，在全县教育系统中发出倡议，为玉凤镇初中患重病的陆雪娇同学开展捐款活动，共筹到捐款 2.5 万元，使该生得以尽快恢复健康。

附：田阳县教育局领导

党委书记：蒙素苹
局长：梁智诚
副局长：凌　勇　周武星
党委副书记、纪委书记：彭耀国
电话：0776－3212472
地址：田阳县田州镇兴华街 22 号
邮编：533600

撰稿：黄钢战　林朝晖

田东县

【概况】 2006 年田东县教育概况：

学校数和学生数 全县有幼儿园 98 所，其中公立幼儿园 15 所，私立幼儿园 83 所，入园幼儿 7352 人。有小学 138 所，教学点 69 个，在校生 26982 人。有初中 24 所 311 个教学班，在校生 16835 人。有高完中 3 所，在校生 6789 人。职业技术学校 1 所 22 个学历班，在校生 1239 人。

专任教师数和师生比 小学专任教师 2113 人，师生比为 1：12.8。初中专任教师 961 人，师生比为 1：14.3。高中专任教师 302 人，师生比为 1：22。职业技术学校专任教师 73 人，师生比为 1：12.9。

每万人口在校生 幼儿园 332 人，小学 678 人，初中 422 人，高中 170 人，职业技术学校 31 人。

校园、校舍面积及生均情况 全县小学校园占地面积 915988 平方米，校舍面积 194511 平方米，生均校舍面积 7.2 平方米。初中校园占地面积 371444 平方米，校舍面积 149001 平方米，生均校舍面积 8.9 平方米。普通高中校园占地面积 240033 平方米，校舍面积 113220 平方米，生均校舍面积 19.8 平方米。职业技术学校校园占地面积 41902 平方米，校舍面积 15971.9 平方米，生均校舍面积 15.2 平方米。

义务教育普及程度 3－6 周岁幼儿入园入班入园入班率 56%。小学入学率为 99.86%，辍学率为 0.38%，小学毕业生 5991 人，毕业生升学率 98.9%。初中适龄少年 16954 人，在校生 16835 人，毛入学率 97.23%，辍学率为 2.31%，其中少数民族学生 14882 人，占 88.4%。

【教育经费的收入与支出】 2006 年，田东县教育经费总收入 15550 万元，比上年增加 2317 万元，增长 17.5%。其中财政拨款收入 13462 万元，比上年增加 3252 万元，增长 31%；预算外资金收入 1358 万元，比上年增加－795 万元，增长 7.5%。教育经费总支出 15550 万元，比上年增加 2350 万元，增长 17.8%。其中财政拨款支出 13462 万元，比上年增加 3257 万元，增长 20%；预算外资金支出 1358 万元，比上年增加－714 万元，增长 3%。总支出中，人员经费支出 12454 万元，公用经费支出 3096 万元，基建支出 53 万元，其他支出 272 万元。

【课程改革和教学研究成果】 2006 年，课程改革进展顺利，实验年级分别推广到小学三年级和初中七年级。完成初中、小学基础教育课程改革实验教材教师培训 3400 人次，实验课教师撰写课程改革论文 132 篇。县教研室荣获“2006 年全区小学课程改革探究课比赛活动组织一等奖”和“2006 年广西中小学（幼儿园）教育教学论文评选工作优秀组织奖”。组织中小学师生参加全国、全区教育论文、学科及作文评比，获全国一等奖3人，三等奖12人，三等奖23人，获全区一等奖43人，二等奖182人，三等奖183人，鼓励奖10人。39位教师获自治区级以上优秀辅导教师奖。年内，中考卷面总分优秀（600分以上）663人，排全市第二名，总分500分以上同比增加102人，排全市第二名；初中毕业生录取率为58.4%，升学率达95%；高中会考合格率达96.5%，高考上本科线629人，上二本线和600分以上人数均排全市第二名，本科上线率为29.9%，专科上线率为80.6%。体育艺术类上线率为62.6%，上线人数为全市同类县第一。

【“普实”工作和现代信息技术教育】 2006年，完成“农村中小学现代远程教育工程”项目自治区级“模式三”项目教师培训42人，县级三种模式培训194人，参培率111%。我县代表广西项目县和项目学校在广西大学向教育部项目专家作项目工作开展情况汇报并得到肯定。田东县教育局被教育部评为教育部、李嘉诚基金会“中小学现代远程教育项目”优秀集体。

【职业教育】 田东县职业技术学校开设计算机应用与维护、农村多种经营、电子信息等12个专业，通过“校校联合”“校企联合”“工学交替”“半工半读”“订单培训”等办学模式，以市场为依托，以就业为导向，年内为全县各乡镇初中毕业生进行就业前培训430人，成功输送推荐就业390人；充分发挥县职校作为县农民下山进城入谷培训基地和贫困村贫困户劳动力输出培训的龙头和示范作用，配合指导完成农村富余劳动力转移培训（农村实用技术培训）6.78万人，劳务输出58112多人。取得了较好的社会效益，2006年获全区职业教育先进单位。

【支教工作】 2006年，除争取到市直对口支教外，还先后从十个乡镇和县直学校精选70名教师组成县支教队，分派到南北山区乡（镇）的38多所薄弱学校从事教育教学工作，各级支教队积极协助受援学校搞好“两基”成果的巩固提高，改善办学条件，协抓学校常规管理和做好“五个好”学校创建工作，切切实实促进了受援学校的办学水平和办学效益。

【基础建设】 2006年，投资140万元，完成教学楼、宿舍楼等二期“危改”项目工程7个，共改造危房2300平方米。完成60所中小学食堂大会战，建筑面积3150平方米，总投资235万元。通过多方努力，争取到广州中威集团、台塑集团、农工党世界宣明会、邵氏基金会、上海招生考试院等社会各界援建项目11个，帮助资金200万多元。

【主要成果】 “两基”得到不断的巩固提高；幼儿教育快速发展，县二幼于2006年上半年顺利通过了市级示范性幼儿园评估验收，中考成绩突出，全县学生参考率87.8%，排全市第一名，各项综合指标均排在全市第二名，上市高线230人，排全市第三名。高考成绩各项指标均排全市第二名，创本科上线人数新纪录；其中特长生本科上线率62.6%，居市同类县前茅。年内，职校招生601人，超额完成区市下达给我县的招生任务。

附：田东县教育局领导

局长：黄尚升

党组书记、副局长：李乃耀

副局长：黄文仕　邓美森　黄植昌

纪检组长：黄宪锋

电话：0776－5222619，

地址：田东县平马镇东宁东路52号

邮编：531500

撰稿：黄国富

凌云县

【概况】 2006年凌云县教育概况：

学校数和学生数　全县现有各级各类学校295所，在校学生40451人。普通高中1所，在校生1966人，每万人口在校高中生100人；有职教中心（中等职业技术学校）1所，在校生936人，每万人口在校生48人；有普通初中10所，在校学生9599人，每万人口在校初中生489人；有完全小学103所，教学点160个，在校学生23150人，每万人口在校小学生1181人；有特殊教育学校1所，在校生43人，随班就读残疾学生188人；有县级幼儿园2所，乡镇幼儿园11所，民办幼儿园6所，乡村学前班115个，在园在班幼儿4987人，每万人口在园在班幼儿254人。

专任教师数和师生比　有中小学校专任教师1706人，其中小学专任教师1019人，师生比为1∶22.7；普通初中专任教师516人，师生比为1∶

18.6；普通高中专任教师119人，师生比为1∶16.5；中等职业技术学校专任教师52人，师生比为1∶18。

校园、校舍面积及生均情况 小学现有校园面积360814平方米，生均15.59平方米，校舍面积134270平方米，生均5.8平方米；初中有校园面积136413平方米，生均14.21平方米，校舍58014平方米，生均6.04平方米；普通高中有校园面积56780平方米，生均28.88平方米，校舍22700平方米，生均11.9平方米；中等职业技术学校有校园面积16467平方米，生均17.59平方米，校舍8407平方米，生均8.9平方米。

义务教育普及程度 小学有适龄人口18956人，应入学18829人，已入学18776人，入学率为99.72%；初中阶段有适龄人口9284人，应入学9236人，已入学8889人，入学率为96.24%。小学年初在校生19294人，本学年在校生19252人，年内辍学166人，辍学率为0.86%；初中上学年在校生9015人，本学年在校生9599人，年内辍学252人，辍学率为2.80%。小学毕业生3329人，毕业测评全科合格3311人，毕业率99.46%；初中毕业生2563人，毕业率98.95%。

【教育经费的收入与支出】 2006年，教育经费总收入6698万元，比上年多收入760万元，增长12.8%。其中财政拨款收入5871万元，比上年多收入1118万元，增长23.52%；预算外资金收入827万元，比上年多收入－358万元，增长－30.92%。教育经费总支出6328万元，比上年多支出145万元，增长2.35%。其中财政拨款支出5510万元，比上年多支出905万元，增长19.65%；预算外资金支出818万元，比上年多支出－760万元，增长－48.16%。总支出中，人员经费支出4536万元，公用经费支出1198万元，基建经费支出594万元。

【控辍保学】 一是落实“控辍保学”责任。政府建立“两线三级”“控辍保学”责任制。把“控辍保学”作为考核干部的重要指标，与评奖评优挂钩。学校还建立了转化后进生、防止辍学的“重点帮教”制度，制定《班主任转变后进生登记表》，坚持把“控辍保学”作为评估班级工作成效的“一票否决”硬指标，并纳入学校目标管理，与教师评优、职称评聘挂钩。二是加大扶贫助学力度，确保贫困学生都能上学。凌云县认真执行国家的“两免一补”政策，每学期除义务教育阶段学生全免杂费外，有14059名贫困的中小学生获得免费提供教科书，还争取到香港爱心人士、爱德基金会、广东对口帮扶以及“心守家园”网友等各方面的助学金70多万元，有5216名中小学生获得生活补助。认真抓好捐资助学工作，建立干部职工“一帮一”的助学制度，全县没有学生因贫困而辍学的现象发生。三是加大教育执法力度。通过各种方式广泛宣传义务教育法，县人民政府印发《关于依法保障适龄儿童少年接受义务教育的通告》50000份发放到各家各户，增强了群众知法守法的意识。四是依法开展动员辍学学生入学工作。每年经动员回校的中小学生均在500人次以上，确保了在校学生巩固。五是积极发展特少数民族教育。为泗城镇览金小学增建了校门、围墙、厕所等配套设施，使200多名纯蓝靛瑶族学生的学习环境得到改善。办好县民族中学，增建了宿舍楼及学生食堂，改变了该校学生住宿拥挤的状况，使该校学生从2005年的1036人增加到2006年的1418人。在助学方面，尽力向瑶族生倾斜。对特少数民族学生、残疾学生和贫困女生实行全免费教育。六是对中小学生进行前途理想教育。县教科局组成多个宣讲团，巡回各中小学校举行报告会；同时进行感恩教育，提高青少年学生思想道德素质。七是认真落实流动人口子女就学政策。解决进城务工及外来经商人员子女入学问题，保证每一位适龄入学对象都享受同等教育的权利。抓好留守儿童的管理和教育工作，使他们完成九年义务教育。

【农村义务教育经费保障机制改革】 凌云县认真贯彻落实“以县为主”的政策，做好农村义务教育阶段中小学生免除杂费及农村中小学公用经费保障机制改革工作，建立领导机构，落实工作方案；印发宣传卡片，书写宣传横幅标语。把有关政策宣传到广大师生及学生家长，做到家喻户晓，人人皆知；召开专题会议，深刻学习领会国家农村义务教育经费保障新机制政策的精神实质，做好督导检查，免学杂费经费及补助公用经费及时到位。同时狠抓治理教育乱收费工作，积极创建“规范教育收费示范县”并通过区市评估，得到区市验收组的肯定。

【改善办学条件】 凌云县千方百计调整支出结构，挤出资金，为“世行贷款/英国政府赠款”项目及各种希望工程项目提供资金配套，确保项目顺利实施。主要是确保农村税费改革转移支付资金用于教育的部分达到65%。每年征收的“三税”附加、“干部职工附加”都能做到当年征收当年全额拨付用于教育。所有教育专项资金和政策性教育经费都没有出现挤占、挪用、截留现象。

积极争取各级部门和社会各界人士、慈善团体的更多帮扶。2005年下半年以来，共争取到海内外各社会团体、慈善机构和个人捐款270多万元，争取到爱德基金会、中广核电集团等助学金100万元。有了这些资金支持，大大改善了我县的办学条件，提高了学生的入学率，为“普九”巩固提高打下了坚实的物质基础。

加强对城建、水电、环保、国土资源等部门的协调工作，最大限度地对教育工程项目免征或减征各种费用，降低项目建设成本。

紧紧依靠广大人民群众办教育，依靠全县干部职工为“两基”工作出力献计和依靠广东及区、市各级支教后援单位支持。新一届党委政府班子组建后，县四班子领导带头，仅2006年9月就募捐到助学资金60多万元。如加尤中学、小学和下伞小学得到区财政厅等帮扶单位和其他社会团体捐款物达46.6万元，加尤中学还得到支教后援单位——广西医科大捐款46万元，推平了一个小山堡，扩大了校园，改善了教师住宿条件；逻楼中学得到市教育局、百色高中、市环保局等各个后援单位捐款物14万元。几年来，广东省、区、市等各级支教队员共为我县捐赠图书10000多册，教学仪器、电教设备价值100多万元。

【素质教育】 加强学校德育工作。积极开展未成年人思想道德建设系列活动，通过观看影视、听报告、看图片展等多种形式，帮助青少年学生增强法制观念，远离“黄”“赌”“毒”，形成良好的道德品质。积极开展“知荣明耻”教育和评选“十佳少年”“三好学生”“优秀学生干部”活动。

努力提高教学质量。一是建章立制，规范学校管理。县教科局制定了《凌云县教学常规管理制度》等全县性规章制度，各学校制定了从德育、教学到安全卫生一系列的规章制度，端正办学思想，规范办学行为。二是加强教学科研工作，建立县、乡、村教研网络，开展优质课、教学论文评比、教学基本功比赛、实验操作比赛等教学竞赛活动，不断提高教师教学水平。三是积极推进素质教育。每年均举办如语文听说读写竞赛、手工制作比赛、书画比赛、校园十大歌手选拔赛、乒乓球、篮球运动会、少先队鼓号仪仗队检阅和花样操比赛、电子琴演奏比赛、文艺会演等形式多样的活动，激发了学生的学习热情，培养学生实践能力和创新精神，有效提高了教育质量，受到社会的广泛称赞。

【各级各类教育】 除采取优惠措施鼓励民办幼儿园发展，在园在班幼儿由2004年的4399发展到2006年的4987人；加大对普通高中学校的投入，改善办学条件，扩大高中办学规模，普通高中在校生由2004年24个班1000多人发展到现在40个班1966人；创新中等职业学校招生模式，采取工学结合，半工半读方式，狠抓毕业生就业安排工作，增强办学吸引力，中等职校办学规模不断扩大，在校生达936人。

附：凌云县教育局领导

局长：劳文宏

党组书记、副局长：吴足矣

副局长：林和战

电话：0776－2610758

地址：百色市凌云县泗城镇新秀社区西苑小区422号

邮编：533100

撰稿：林和战

西林县

【概况】 2006年西林县教育概况：

学校数和学生数 全县共有完全小学72所，教学点77个，在校小学生12384人；特殊教育学校1所，在校学生40人；初中7所，九年一贯制学校3所，在校初中生5840人；高完中1所，在校高中782人；职业中学1所，在校生368人（其中普通初中学生258人）。

专任教师数和师生比 全县共有小学教职工712人，其中专任教师634人（不含代课教师），小学专任教师与学生之比是1∶20；全县初中教职工人数是291人，其中专任教师241人，初中专任教师与在校学生数之比是1∶25；普通高中教职工数为61人，其中专任教师49人，普通高中专任教师与在校学生之比是1∶15；中等职业技术学校教职工数为27人，其中专任教师20人，中等职业技术学校专任教师与在校学生之比是1∶18。

每万人口在校生 幼儿园为206人；小学为952.5人；普通初中为449.2人；普通高中为60.1人；中等职业技术学校为28.3人。

校园、校舍面积及生均情况 全县现有小学校园面积共740239平方米，生均校园面积为42.3平方米。其中，校舍面积共 79622.1 平方米，生均 6.43 平方米。全县初中校园面积共 490130 平方米，生均 78.7 平方米，其中，校舍面积 37154.3 平方米，生均 6.36 平方米。普通高中校园面积为 19600 平方米，生均 25.1 平方米，其中校舍面积为 9376.9 平方米，生均 12 平方米。中等职业技术学校校园面积为 46666 平方米，生均 257.6 平方米，其中校舍面积为 1860 平方米，生均 8.45 平方米。

义务教育普及程度 小学学龄儿童入学率情况：全县 7 至 12 周岁适龄儿童共 12245 人（其中残疾 42 人），应入学 12138 人，适龄儿童入学率 99.5%；全县 7 至 12 周岁适龄儿童中女童 5583 人（其中残疾 17 人），应入学 5566 人，已入学 5525 人，女童入学率为 99.3%。

初中学龄儿童入学率情况：2006 学年度 13 至 15 周岁适龄少年共 6465 人（其中残疾 12 人），应入学 6453 人，初中阶段在校生共 6192 人（其中到外县借读 438 人，已初中毕结业 267 人），初中阶段入学率 96.0%；"三残"适龄儿童、少年 54 人，已入学 40 人，入学率 74.0%。

辍学率、完成率和 15 周岁人口文盲率情况：2005 至 2006 学年度，上学年初小学在校生 12361 人，学年内辍学 74 人，辍学率 0.6%；上学年初中在校生 5516 人，学年内辍学 125 人，辍学率 2.3%。本学年度全县 15 周岁人口 2158 人，其中残疾 2 人，应完成初等教育学业 2156 人，已完成 2131 人，15 周岁人口初等教育完成率 98.8%；17 周岁人口 2013 人，其中残疾 3 人，应完成初中等教育学业 2010 人，已完成 1761 人，17 周岁人口初等教育完成率 87.6%。本年度 15 周岁人口 2158 人，文盲 3 人，15 周岁人口文盲率 0.14%。

升学率情况：本学年度全县小学毕业生共 2154 人，升初中 2154 人，升学率 100%；本学度全县初中毕业生共 846 人，升高中、中专和中等职业技术学校共 800 人，升学率 94.6%。

【教育经费的收入与支出】 2006 年，全县教育经费总收入 6344.8 万元，比上年多收入 2072.3 万元，增长 48.50%。其中财政拨款收入 6166.5 万元，比上年多收入 2211.9 万元，增长 55.93%；预算外资金收入 178.3 万元，比上年多收入－139.6 万元，增长－43.91%。教育经费总支 6344.8 万元，比上年多支出 2072.3 万元，增长 48.50%。其中财政拨款支出 6230.6 万元，比上年多支出 2281.8 万元；预算外资金支出 114.2 万元，比上年多支出－209.5 万元，增长－64.72%。总支出中，人员经费支出 2821.1 万元，公用经费支出 739.3 万元，基建支出 2678 万元，其他支出 106.4 万元。

【"普九"工作】 2006 年，西林县顺利通过了自治区级的"普九"验收。主要措施是：

1. 加强领导，明确职责

①广泛动员，统一思想，在全民营造"普九"攻坚的良好氛围。为了顺利完成"普九"攻坚的工作任务，近年来我县先后召开了 15 次全县性的"普九"攻坚大会，专门研究和部署"普九"工作。书记、县长亲自出席"普九"攻坚动员大会，并作专题报告或讲话。此外，县委、县人民政府还成立了"普九"攻坚宣传组，先后印发宣传资料 2 万份，刷写固定标语 152 幅，出版板报、墙报 120 版，编发简报 45 期。

②出台文件，明确责任，为全县"普九"攻坚提供政策依据和保障。县人民政府先后出台了《关于控制我县中小学生辍学的通知》、《西林县"普九"攻坚工作实施方案》《关于成立西林县"两基"攻坚领导小组的通知》《西林县"两基"攻坚规划》《西林县领导挂校实施"普九"示范性学校建设工作方案》《关于组织全县干部职工为"普九"攻坚捐赠图书资料的通知》等文件，有力地促进了"普九"攻坚工作的顺利开展。

③领导挂帅，全民参与，共谋"普九"攻坚篇章。在"普九"攻坚工作过程中，书记、县长带头深入基层，检查"普九"攻坚工作，全县的每一个乡村、每一所学校，几年来都留下了他们的足迹。县分管教育工作的领导则每半个月召开一次县直单位挂校帮扶工作汇报会，每 10 天听取一次教育部门关于"普九"攻坚工作的汇报，此外还经常深入各个学校，具体解决各种实际问题。

2. 发挥财政主渠道作用，努力改善办学条件

①打好"普九"硬件建设攻坚战。2006 年，县财政共投入 1118.2 万元进行中小学校舍危房改造和校园绿化、美化等，受益学校 46 所。

②增加学校装备投入，完善各室建设。本年度共投入 100 多万元采购教学仪器、体育器材和图书资料等，同时还为各中小学添置了一批学生床架和课桌椅。

③县直单位挂校帮扶，改善办学条件。2006 年，县直单位共捐款 82.345 万元，进一步完善了学校的基础设施，改善了办学条件。

3. 依法"普九"，狠抓控辍保学工作

①强化行政行为，确保学额巩固。各级人民政府把动员学生入学纳入政府行为，无论干部还是教师，一律实行责任到人的“一帮一”制度，以此确保中小学学额巩固。

②狠抓扶贫助学，确保学额巩固。2006年，县财政拨款33.1万元，对生活困难的中小学寄宿学生实施生活补助，受助学生共3310人次。

③运用法律手段，确保学额巩固。对个别拒不送学龄儿童入学的家长或监护人，严格依照有关法律条文，采取必要措施敦促其送子女或被监护人入学，并接受九年制义务教育。

4. 深化教育改革，提高“普九”教育质量

①加强教育督导评估，促进中小学校常规管理的制度化、规范化和科学化。定期对各中小学校进行督导评估，发现问题，限期整改。

②加强教师队伍建设。一是推进教育人事制度改革，优化教师队伍。全面实施教师资格制度，严格聘任程序和准入制度，按照公平、公正、公开的原则，实行择优聘任。二是加强对教职工的政治思想教育和师德师风教育，提高教师职业道德修养，自觉搞好为人师表和教书育人，忠诚于党和人民的教育事业。三是切实抓好中小学教师和校长的培训、提高工作，不断提高教师队伍的综合素质，提高学校的管理水平。

③以教育科研促发展。一是建立县、乡、村三级教研网络，积极推广教学科研活动。二是积极推广和普及现代技术教育，充分运用现代化教学手段为提高教学质量服务。

5. 建立和健全“普九”档案资料，努力做到真实、准确、规范

健全的档案资料是“普九”工作的重要依据。我们的工作做法一是拨足资金，配有专门的档案室，资料柜等；二是组织培训有关业务人员，使之精通业务，提高档案资料的管理水平。

6. 加大对“普九”攻坚工作的督查力度，确保“普九”各项工作的顺利进行

一是成立县级“普九”督导领导小组，定期对各中小学的“普九”攻坚工作进行督查。二是充分发挥教育部门的职能作用，坚持汇报制度，发现问题，及时处理和解决。

附：西林教育和科技局领导

局长：韦贵才

副局长：黄福岱　王国文　黎玉权

纪检组长：李愫依

撰稿：李建忠

那坡县

【概况】 2006年那坡县教育概况：

学校数和学生数 2006年全县有小学121所，教学点80个，小学在校生12770人；初级中学10所，九年一贯制学校2所，初中在校生7079人；普通高中1所，普通高中在校生1021人；职教中心1所，职高在校生287人。

专任教师数和师生比 小学教职工1126人，专任教师956人，师生比1∶13.35；初级中学教职工465人，专任教师371人，师生比1∶19.08；普通高中教职工121人，专任教师87人，师生比1∶11.73；职教中心教职工53人，专任教师26人，师生比1∶11.03。

每万人口在校生 小学641.5人，初级中学355.6人，普通高中51.2人，职高14.4人。

校园、校舍面积及生均情况 全县小学占地面积315224平方米，校舍建筑面积130647平方米，生均10.23平方米；初级中学占地面积147116平方米，校舍建筑面积69187平方米，生均9.77平方米；普通高中占地面积35105平方米，校舍建筑面积16343平方米，生均16平方米；职教中心占地面积5232平方米，校舍建筑面积1415平方米，生均4.93平方米。

义务教育普及程度 小学学龄儿童入学率99.54%，其中女童入学率97.7%，初中阶段入学率95.53%；15周岁人口初等教育完成率98.51%，17周岁人口初级中等教育完成率85.63%；小学生年辍学率0.47%，普通初中生年辍学率2.71%；小学毕业生升学率87.39%，初中毕业生升学率65.46%。

【教育经费的收入与支出】 2006年，教育经费总收入7521.8万元，比上年多收入1941.5万元，增长34.79%。其中财政拨款收入6762.5万元，比上年多收入1911.3万元，增长39.39万元；预算外资金收入272.9万元，比上年少收入169.1万元，负增长38.26%。教育经费总支出7280.5万元，比上年多支出1805.7万元，增长32.98%。其中财政拨款支出6655.6万元，比上年多支出1791.5万元，增长36.83%；预算外资金支出

224.7 万元，比上年少支出 147.5 万元，负增长 39.34%。总支出中，人员经费 6655.6 万元，公用经费支出 2187.6 万元。

【“普九”“普实”通过区级评估验收】 在县委、县人民政府的正确领导和市教育局的具体指导下，经过全县广大干部群众和各基层学校的共同努力，2006 年全县顺利通过自治区“普九”“普实”评估验收，为 2007 年“两基”迎国检打下了坚实的基础。

【教学管理】 2006 年，那坡县参加中考考上百色高中、祈福高中录取分数线人数比上年将近翻了一番，提高 93.3%；上百色民族高中以上录取分数线的人数是上年的三倍，提高 225%；那坡中学高考，339 个考生上本科线 73 人，比去年多 7 人，其中上重点大学本科线 2 人，创那中高考历史最好成绩，排在全市同类学校（11 所 C 类学校）前列。

【教师队伍建设】 一是扎实开展“校长建设年”活动。全县 129 名中小学校长都参加了“校长建设年”培训。乡（镇）中心小学以上学校都通过了县、市级的中小学校长规范管理达标评估，合格率 100%，优秀率 50%。二是抓好校长及学校班子的民主考核测评工作。通过述职、民主评议、召开座谈会、个别走访等形式，对全县乡（镇）中心小学以上学校领导班子进行了民主考核与测评。三是吸收、引进人员补充教师缺编、缺额，2006 年共补充教师 156 名。

【改善办学条件】 2006 年实施的校舍建设工程主要有农村寄宿制学校建设项目 13 个单项工程、对口帮扶工程项目 2 个、“普九”项目 53 个。对口扶贫方面，2006 年得到南车集团捐资援建县职教中心一栋综合楼和通过自治区教育厅民教处牵线得到广东援建县民族初中学生食堂。年内各级支教队及后援单位为受援学校捐资集资达 49.6 万元，捐赠物品折款 6 万元，援建校舍 1000 平方米，修建装备实验室 2 个，硬化校道 368 米，美化绿化校园 200 平方米，援建饮水工程 5 个，厕所 3 座，围墙 200 米，资助贫困学生 231 人，培训师资 1106 人，组织教师外出学习 35 人。

附：那坡县教科局领导

局长：易培根
党组书记：罗文学
副局长：吕秋杰、黄成刚、杨忠合、刘尚辉
党组纪检组长：许惠珍
电话：0776－6826161
地址：那坡县城南开发二区
邮编：533900

撰稿：黄剑波

隆林县

【概况】 2006 年隆林县教育概况：

学校数和学生数 全县现有各级各类学校 403 所，其中小学 179 所，教学点 140 个，初中 20 所，高中 1 所，特殊教育学校 1 所，中等职业学校 1 所。全县现有各级各类学生 63460 人，其中，幼儿园 13834 人，小学 41455 人，普通初中 15490 人，普通高中 3060 人，中等职业学校 833 人，特殊学校（含随班就读）220 人。

专任教师数和师生比 专任教师 2222 人，其中小学专任教师 1415 人，师生比为 1∶29.3；初中专任教师 632 人，师生比为 1∶24.5；高中专任教师 134 人，师生比为 1∶22.8；中等职业学校专任教师 41 人，师生比为 1∶20.3；

每万人口在校生数 幼儿园 373 人，小学 1118 人，普通初中 418 人，普通高中 83 人，中等职业学校 22.5 人。

校园、校舍面积及生均情况 校园面积 1563465 平方米，校舍面积 359631 平方米。其中小学校舍面积 216441 平方米，生均 5.3 平方米；普通初中校舍面积 116928 平方米，生均 7.6 平方米；普通高中校舍面积 21425 平方米，生均 7 平方米；中等职业学校校舍面积 4837 平方米，生均 5.8 平方米。

义务教育普及程度 小学入学率 99.67%，初中阶段入学率 90.26%。全县 15 周岁人口 5013 人，完成初等教育人口 4939 人，完成率为 98.83%；17 周岁人口 6421 人，完成初级中等教育人口 5831 人，完成率为 90.25%。全县 15 周岁人口 5013 人，开办扫盲班 43 期，共扫除文盲 108 人，完成任务数 100 人的 108%。

【教育经费的收入与支出】 2006 年，教育经费总收入 9999 万元，比上年多收入 619 万元，增长 6.2%。其中财政拨款收入 9375 万元，比上年多收入 973 万元，增长 10.3%；预算外资金收入 516 万元，比上年多收入－397 万元，增长－76.9%。教育经费总支出 9932 万元，比上年多支出 636 万元，增长 6.4%。其中财政拨款支出 9033 万元，比上年多支出 899 万元，增长 9.9%；预算外资金支出 357 万元，比上年多支出－450 万元，增长－126%。总支出中，人员经费支出 7317 万元，公用经费支出 2496 万元，基建支出 99 万元。其他支出 542 万元。

【“两基”开展情况】 为使“两基”工作通过国家级评估验收，隆林县采取有力措施，举全县之力，倾全县之财，全面实施“两基”攻坚，保证抓“两基”工作的力度绝对不减，继续落实“五个不变”，即“党政一把手抓教育的制度不变，领导联系学校的制度不变，教育目标管理责任制不变，各级领导定期专题研究教育工作的制度不变，人大、政协依法监督指导教育工作的制度不变”。切实做到“三个不动摇”，即“坚持教育优先发展的战略地位不动摇，坚持依法治教不动摇，坚持依靠群众办教育不动摇”，保证“两基”指标要求不降、经费投入不减、工作力度不松、规定措施不变。2005 年全县普及九年义务教育通过自治区级评估验收，2006 年全县中小学普及实验教学工作又通过自治区达标验收，2007 年 6 月，“两基”工作达到国家级评估验收标准。

【幼儿教育】 全县幼儿园有 60 所，3—6 周岁在园在班 13834 人，入园入班率达 68%，3 周岁以下幼儿受教育率达 15%。2007 年 7 月关闭 IECD 项目并完成 IECD 项目综期评价报告；实施“早期儿童发展”（2006—2010 年）ECD 项目，曾先后 10 次在省级、国家级会议上介绍本县的幼教经验。由于成绩突出，2007 年 11 月 14 日至 16 日，联合国儿童基金会官员、新华社记者到隆林县开展考查、采访幼教工作。先后深入猪场、德峨、桠杈等乡镇以及县直属机关幼儿园等，实地考察了县全面实施 ECCD、IECD、ECD 项目的情况，通过查阅档案资料，观看育儿沙龙和亲子活动等。

【特殊教育】 县教科局构建了县、乡、村三级特殊教育管理网络，全县现有特殊教育学校 1 所，视力、听力语言、智力、肢体残疾儿童少年随班就读点 129 个，基本形成了以随班就读为主体、以特殊教育学校为骨干的残疾儿童少年义务教育格局，全县有 318 名残疾儿童少年，入学 241 名，入学率为 76%。由于成绩突出，多次在省级以上的特殊教育工作会议上介绍先进经验。

【高中教育】 2003 年 7 月，隆林县针对高中教育存在生源不足和师资力量分散等问题，进行资源重组，完成了隆林中学、隆林二中高、初中部合并重组工作，使高中阶段教育办学规模、教学质量和办学效益实现了三者统一。隆林中学现有在校生 3C60 人，2003 年被自治区评估为一级学校。教学质量稳步提高，2007 考上本科线人数 349 人，得到社会各界的好评。目前隆林中学正在征地，争取创建自治区级示范高中学校。

【职业教育】 隆林县认真贯彻落实国务院、自治区关于大力发展职业教育的文件和会议精神，坚持把职业教育发展作为经济社会发展的重要基础和教育工作的战略重点，以就业为导向，调整专业结构，扩大办学规模，初步形成了以中等职业教育为重点，学历教育与非学历教育并举，与基础教育和成人教育相互沟通，协调共同发展的格局。县职业中专学校与百色电大联办的“一村一”开放教育大专班，完成 300 名农村劳动力转移扶贫培训；实施“温暖工程李兆基基金百万农村培训”项目，完成“阳光工程”600 人培训任务。职业中专招生 375 人；初中毕业生全部参加培训。

【改善办学条件】 隆林县先后实施“农村义务教育工程”、“农村寄宿制学校建设工程”、“世行贷款项目工程”、“农村中小学现代远程项目工程”等项目，校舍投入达 2103.6 万元，仪器、设备、图书等投入达 1026.225 万元。仅 2005 年就投入 218.96 万元，用于采购教学仪器、图书；2006 年一次性投入 618 万元用于装备仪器、设备、器材、图书、阅览桌凳、仪器柜和“两基”档案资料建设。

【教师队伍建设】 一是鼓励教师通过参加函授、自学考试及脱产进修学习等形式，不断提高学历层次和业务能力。二是推进教育人事制度改革，优化教师队伍。严格教师资格制度，严把教师入口关，使中小学人事管理逐步走上合同化、规范化和法制化轨道。三是抓好教师的继续教育及培训培养工作，提高师资水平。对中小学教师进行课改培训，年培训 3500 人次以上，中小学受培训率达 98%。四是鼓励中青年教师参加国家、自治区、市级举行的各种课堂教学、基本功竞赛和撰写论文等比赛。

【现代信息技术教育工作】 隆林县各级领导把农村中小学现代远程教育发展放在农村教育发展的战略地位，高度重视三种模式的应用和推广工作。全县建立教学光盘播放点（模式一）125 个；卫星教学收视点（模式二）179 个；计算机教室（模式三）23 个；多媒体教室（模式三）22 个。现有电视机 337 台，DVD 机 297 台，打印机 144 台，教学资源库881G，教学光盘105494张，计算机1158台。总投入资金736万元，其中学校自筹116万元、县财政投入25万元、自治区财政投入135万元、中央财政投入270万元、社会捐赠经费19万元。目前全县共有中小学信息技术教育兼专职管理员311人。

撰稿人：王恩尧

乐业县

【概况】 2006年乐业县教育概况：

学校数和学生数 全县现有各级各类学校189所，其中普通高中、中等职业技术学校、教师进修学校各1所，县直初中2所，县城小学2所，特殊教育学校1所，九年一贯制学校3所，乡（镇）初中6所，乡（镇）中心小学7所（含原武称、马庄两中心小学），村级完小73所，教学点86个，幼儿园6所；现有小学在校生19917人（其中本县辖区学生为19215人），初中在校生8204人（其中本县辖区学生为8006人），普通高中在校生1596人，职技校在校生391人。全县现有教职工1948人，其中中小学教职工1817人（含代聘教师155人），其他学校教职工131人。

专任教师和师生比 小学在职教职工1272人（其中代课教师155人），教职工与学生比为1∶17.2；初中在校学生8006人，在职教职工439人（其中代课教师2人），教职工与学生比1∶18.3；高中有干部职工122人，其中专任教师96人，师生比为1∶16.6；中等职业学校现有专任教师18人，高级职称3人，中级职称6人，本科学历8人，大专学历10人；在校生391人。师生比为1∶21.7。

每万人口在校生 幼儿园286人，小学1268人；特殊教育10.3人，初中510人，高中102人，中等职业学校25人。

校园、校舍面积和生均情况 公办幼儿园在校学生430人，学校占地面积2750平方米，生均占地面积6.4平方米；建筑面积2413.79平方米，生均建筑面积5.6平方米。特殊教育学校占地1200.4平方米，建筑面积1200平方米，在校生42人，生均占地面积28.6平方米，生均建筑面积28.6平方米。全县小学校舍总建筑面积112439.2平方米，生均5.85平方米。初中校舍总建筑面积53073平方米，生均6.63平方米。高中占地11733.2平方米，生均占地面积7.3平方米，建筑面积14085平方米，生均建筑面积8.8平方米。中等职业学校占地6666平方米，生均占地面积17平方米，建筑面积2758.3平方米，生均建筑面积7.1平方米。

义务教育普及程度 全县公办幼儿学校1所，私立幼儿学校5所。有教职工44名，其中幼教专任教师23名，全县3—6周岁适龄幼儿7786人（含学前班），入园入班4486人，入园入班率为58%。小学在校学生19215人，小学适龄儿童17840人，其中残疾121人，应入学17719人，已入学17640人，入学率99.6%年，辍学率控制在1%以内。初中适龄少年8787人，其中残疾57人，应入学8730人，已入学8547人，入学率97.9%，年辍学率控制在3%以内；15周岁人口2927人，其中残疾17人，应完成初等教育2910人，已完成2884人，完成率99.1%；17周岁人口2685人，其中残疾9人，应完成初级中等教育2676人，已完成2356人，完成率88%。目前，全县已通过国家级“两基”评估验收。

【教育经费的收入和支出】 2006年，乐业县教育经费总投入5950万元，比上年多收入709万元，增长13.53%。其中财政拨款收入5637万元，比上年多收入1381万元，增长32.45%。预算外资金收入313万元，比上年多收入－675万元，增长－68.3%。教育经费总支出5942万元，比上年多支出701万元，增长13.38%。其中财政拨款支出5623万元，比上年多支出1367万元，增长32.1%。预算外资金支出223万元，比上年多支出－761万元，增长－77.3%。总支出中，人员经费支出4170万元，公用经费支出1133万元，基建支出639万元。

【特殊教育】 全县有特殊教育教职工9人，其中专职教师6人。其中小学高级教师2人，小学一级教师4人。全县7—17周岁三类残疾儿童共187人，现已入学162人，入学率为87.2%。师生比为1∶18，学校结合学生实际，开设乡土教育，在教学中渗透德育、美育。同时，根据中高年级学生年龄特点进行文化课教学，还增加劳技训练课，教学、培养学生理发、民族刺绣等知识和能力。

【教学成果】 2006年，乐业中学先后获市、县多项教育教学质量奖，被评为全国群众体育先进单位、自治区文明单位、百色市科技教育示范学校、县社会治安综合治理模范单位、无毒小区等，多次荣获县直属工委授予“先进党支部”荣誉称号，获2001—2005年百色市法制宣传先进单位的光荣称号。

【成人教育】 开展及配合区、市、县开展科技“三下乡”活动，完成党员培训712人，农函大招生137人，实用技术培训46231人，农职培训541人。共发放农村科普知识书籍1231册，各种资料7982份，农民科学知识88456份，新百科325份，科技进农家百项新技术书籍254册，各种挂图211幅，接受广大农民群众科技咨询人数达4621人次。共为政府、企事业单位和广大群众提供市场信息54条，供求信息189条，企业产品信息169条，信息查询354人次。

【教师队伍建设】 一是把好教师入口关。严格实行“凡进必考”、“执证上岗”制度，杜绝不具备从教资格的人员混入教师队伍。二是把好教师培训关。乐业县师资培训工作以县教研室为龙头，以县教师进修学校为主阵地，通过加强教育教学管理，鼓励教师参加继续教育等方式，提高教师的综合素质。同时，还通过“走出去、请进来”及“送教下乡”的方式创造性地开展师资培训活动。2006年组织学校校长到先进地区考察学习3人次；组织学校校长参加自治区级校长培训10人次：组织学校校长参加市级校长培训31人次。县教师进修学校举办的中小学校长培训班，参加培训的学员就达98人次；举办或参加各种继续教育培训班26期次，参加学习的教师达1742人次。目前，全县中小学教师学历合格率均达100%。全县已培养出学科带头人80多人、骨干教师632人。全县有60多所学校获县级以上教育教学管理、基础设施建设、教育教学科研等奖项；教师获县级以上教育教学奖项500多人次，在各级各类刊物发表或获奖的教学科研论文达800多篇。三是根据广西区教育厅《关于印发〈“广西中小学校长建设年”实施方案〉的通知》(桂教〔2006〕5号)、《关于印发〈“广西中小学校长建设年”分阶段工作方案〉的通知》，结合本县实际，开展了一系列工作，有效促进了全县校长队伍素质及管理水平的不断提高，促进学校建立了科学合理的管理制度，使学校管理工作快速迈上了科学化、规范化的轨道。

【办学条件】 2006年通过实施寄宿制工程、世行项目、海珠区援建项目等共投入898.22万元，新增加校舍面积16254.7平方米，较大地改善了学校办学条件。目前，全县小学校舍总建筑面积112059平方米，生均5.52平方米，初中校舍总建筑面积55283平方米，生均6.64平方米；全县小学共有图书292064册，生均14.3册，初中有图书229794册，生均27.61册，基本上能满足学校藏书和学生借阅的需要。此外，全县还投入仪器设备、图书等经费460万元，新增长小学仪器设备13291件；初中新增长仪器设备112732件。

【捐资助学】 2006年，共计发放各种助学款619.52万元，其中国家免费教科书款93.93万元，免杂费款476.4万元，海外、区内外及社会各界团体和个人捐款49.19万元。所捐资金全部及时发放到受助学生手中，解决了部分贫困学生面临的辍学难题。

【教学研究】 2006年，全县教研员到外地学习培训124人次。组织大型教研活动38次，参加活动教师近4000人次。并积极将教研成果运用于教学实践中，取得了较好的效果。全县教师在全国各级教学论文评奖中获奖214篇，在各级刊物上发表论文128篇。

附：乐业县教科局领导

局长：王远香

党组书记、副局长：李玉华

副局长；张必宣、陈允杰

电话：0776－2552708

地址：乐业县三乐街185号

邮编：533200

撰稿：田维建

玉林市教育

玉林市

【概况】 2006 年玉林市教育概况：

学校数和学生数 2006 年，全市幼儿在园人数 130191 人；小学 1467 所，教学点 1752 个，在校学生 694944 人；普通初中 267 所，在校学生 318899 人；普通高中（含高完中）62 所，在校学生 85927 人；中等职业技术学校 32 所，在校学生 64756 人。

专任教师数和师生比 全市小学有专任教师 20684 人，师生比 1∶33.6；普通初中专任教师 15294 人，师生比 1∶20.85；普通高中专任教师 4433 人，师生比 1∶19.38；中等职业技术学校专任教师 2197 人，师生比 1∶29.47。

每万人口在校生 幼儿园 213.67 人，小学 1140.54 人，普通初中 523.38 人，普通高中 141.02 人，中等职业技术学校 106.28 人。

校园、校舍面积及生均情况 全市小学校园面积 1197.21 万平方米，生均 17.23 平方米，校舍面积 379.53 万平方米，生均 5.46 平方米；普通初中校园面积 609.80 万平方米，生均 19.12 平方米，校舍面积 204.91 万平方米，生均 6.43 平方米；普通高中校园面积 289.95 万平方米，生均 33.74 平方米，校舍面积 118.2 万平方米，生均 13.76 平方米；中等职业技术学校校园面积 252.52 万平方米，生均 38.99 平方米，校舍面积 83.36 万平方米，生均 12.87 平方米。

义务教育普及程度 学龄儿童入学率 99.69%，辍学率 0.49%，小学毕业生升学率 100%；初中生毛入学率 99.98%，辍学率 2.11%，初中毕业生升学率 56.35%。

【教育经费的收入与支出】 2006 年，玉林市教育经费总收入 168252 万元，比上年多收入 26550 万元，增长 18.74%。其中财政拨款收入 132278 万元，比上年多收入 40417 万元，增长 44%；预算外资金收入 21841 万元，比上年少收入 15897 万元，减少 42.12%。教育经费总支出 166762 万元，比上年多支出 25369 万元，增长 17.94%。其中财政拨款支出 130706 万元，比上年多支出 41387 万元，增长 46.34%；预算外资金支出 22056 万元，比上年少支出 17654 万元，减少 44.46%。总支出中，人员经费支出 107024 万元，公用经费支出 47675 万元，基建支出 3289 万元，其他支出 8774 万元。

【“两基”工作】 一是全面贯彻党的教育方针，严格执行教育法律法规，认真督促各县（市、区）依法落实各类教育投入政策，努力做到教育投入的“三个增长”。二是采取切实有效措施，认真抓好保证适龄儿童、少年依法入学和控制学生流失工作。通过开学工作检查、学校常规管理工作检查，组织人员深入到基层和学校，督促做好巩固学额、安全卫生、学校收费等各项工作。三是大力宣传《义务教育法》，提高各级政府和广大干部和群众依法按时确保适龄少年儿童入学的法律意识。四是认真贯彻落实免收杂费政策，全市除玉城街道以外的义务教育阶段全部免除了学生的杂费，全市约免除 96 万人，得到了国家、自治区免杂费补助 14733.15 万元，提高公用经费补助 1080.35 万元。同时对继续抓好对义务教育阶段贫困学生的免除教科书费、补助贫困寄宿生的工作。2006 年，全市共 141779 名农村义务教育阶段获得国家免费发放教科书。通过采取以上措施，全市“两基”水平得到了较大的巩固提高。

【高中教育】 一是扩大高中招生规模，组织人员深入各高中调研，广泛发动各高中学校，充分挖掘潜力，保证 2006 年高中招生在去年增长的基础上进一步扩大招生规模。全市示范性高中招生 5760 人，比去年扩大 1000 人左右；普通高中招生 32000 人，扩大招生近 4000 人。二是加大优质高中建设力度，指导北流高中、陆川中学做好建设及迎检工作，并于 3 月通过了自治区示范性普通高中的验收评估，至此我市自治区示范性普通高中达到了 6 所。三是进一步加大了高考备考工作的力度，努力提高我市高考的整体水平。在各高中之间建立了联考制度，实现资源、信息的交流与共享，大大提高我市高中教育的整体作战能力。2006年，玉林市高考在2005年上线人数首次突破万人大关，取得历史性突破后再获丰收。全市上一本线2314人，比2005年增加380人；二本线以上8421人，比2005年增加907人；三本线以上13452人，比2005年增加1679人。高考总体水平跃居广西前列。在全区招生计划略为减少的情况下，本科录取玉林市新生8218人，比去年增加656人；专科录取我市新生9494人，本、专科共录取玉林市新生17712人（全区共录取本、专科新生149005人，比去年减少9730人）。

【幼儿教育和特殊教育】 一是明确目标，制订全市“十一五”幼儿教育发展规划。要求各县（市、区）教育局根据当地实际情况，充分利用教育资源大力发展农村幼儿教育。二是抓典型，树榜样，推动农村幼儿教育发展。2006年5月26日，在北流市召开了玉林市发展农村幼儿教育现场会议，推广北流市的办园经验。会后各县（市、区）出现了大办村级幼儿园热潮，扩大了早期教育覆盖面，提高了幼儿入园率。三是抓好师资培训工作，提高教师素质。6月10日，举办了“幼儿园主题式课程”教材培训班，800多位骨干教师参加了培训。7月7日至14日，举办了玉林城区民办幼儿园园长及教师培训班，共培训了498人，通过培训提高了园长的管理水平及教师的教育教学水平，促进幼儿教育健康发展。四是加大示范幼儿园建设力度，提高办园水平。年内玉州区实验幼儿园和北流市幼儿园顺利地通过了自治区示范幼儿园评估验收。被教育厅确认为自治区示范幼儿园。陆川县第四幼儿园通过了市级示范幼儿园评估验收。到目前止，全市有省级示范园4所，自治区乡镇示范性中心幼儿园6所，市级示范园8所。五是认真抓好特殊教育工作，督促各县（市、区）各级各类学校，依法吸收服务区范围内的残疾儿童入学，让残疾儿童像正常儿童一样同等享受教育。

【基础教育课程改革】 一是加强和落实对全市课改实验的组织领导。继续制订完善新课程实验工作推广规划、工作计划、工作方案并认真组织实施；10月，在容县召开2006年玉林市小学教育教学改革经验交流暨调研会议。二是切实搞好实验教师的培训工作。组织开展有针对性的面向教学实际问题的骨干教师培训；组织骨干校长培训，提高校长组织实施新课程实验的能力。年内培训课改实验教师25000多人。三是积极开展校本培训工作。培训的重点逐步下移到学校。玉林市积极开展“校本培训”，把培训和研究、培训和解决问题、培训和课堂教学改革有机地结合起来，提高培训的针对性和实效性，努力使教师将新课程理念落实到教育教学的各个环节之中。四是抓紧进行地方课程、校本课程开发工作。五是继续做好对玉林市课改实验的情况调研、经验交流工作。6月下旬，配合区政府办公厅进行高中课程改革调研。10月，组织进行对各县（市）区课改工作情况的评估调研；12月，配合教育厅抓紧做好普通高中课程改革前期准备有关工作；重点配合教育厅对玉州区、容县课改工作情况进行调研。

【职业教育和成人教育】 一是认真落实和实施《玉林市人民政府关于大力推进职业教育发展与改革的实施意见》《玉林市人民政府关于加快发展民办教育事业的若干意见》《玉林市振兴职业教育十大工程行动计划》精神。二是加大职业学校招生宣传。多次召开全市职业学校招生工作会议，传达全区中等职业教育学校招生工作会议精神，把自治区教育厅下达给玉林市的招生任务分解给各县（市、区）教育局，并与各县（市、区）教育局签订招生责任状。5月，组织中职学校到各初中学校进行招生“大篷车”宣传活动，深入100多所初中进行宣传，规模空前，影响深远。2006年中职校招生数27413人，超额完成了自治区下达的任务，继续保持在全区的领先地位。三是积极开展自治区示范专业的申报评估工作，自治区专家对玉林市中职校5个示范性专业进行了评估。四是大力开展职成教育培训，共培训11.3万人次。五是对玉林城区民办学校进行治理整顿，6月，对申请评估的学校进行了复查，复查了中小学、幼儿园共40多所。通过评估整顿，促使各学校（幼儿园）按评估的设置标准，加大资金投入力度，增加教学仪器设备，进一步健全规范各项规章制度。

【师资建设】 一是迅速行动，周密部署，认真做好“中小学校长建设年”工作。2006年3月中旬，按照自治区教育厅“广西中小学校长建设年”的工作部署，制定了《玉林市“中小学校长建设年”执行方案》。成立了玉林市“中小学校长建设年”领导小组和专家组，及时做好“中小学校长建设年”布置动员阶段、学习提高阶段的各项工作。局领导率先垂范，全体局领导成员带头上课，带头学习，每个人都给“校长建设年”中学校长培训班作专题讲课。全市已完成了校长全员培训工作，共培训高中校长68人，初中校长278人，小学校长1522人。二是制定继续教育工作计划，做好全年的工作安排。根据上级的指示精神和教育发展要求，结合我市的实际，制订了《玉林市2006年中小学教师继续教育实施方案》，下发各县（市、区）和市直有关学校组织实施。三是认真抓好中小学教师学历补偿教育和提高学历层次教育工作。召开有关人员会议进行布置，动员应培对象参加学历提高培训。四是抓好中小学骨干教师的培训提高工作。一方面协助自治区“21世纪园丁工程”办公室，做好第二期自治区培训对象的培训工作，组织全市210名自治区培训对象参加培训；另一方面组织实施“玉林市第二期21世纪园丁工程实施方案”，抓好100名市级培训对象的培训工作。五是抓好新教师的培训提高工作。按照教育部7号令《中小学教师继续教育规定》要求，通过市中小学教师继续教育指导中心和各县（市）培训中心，组织全市2005年参加工作的中小学教师进行新教师岗位培训。六是认真抓好了2005年全市中小学教师继续教育的学分登记、审核和验证工作。七是继续面向社会公开招聘教师，补充教师队伍的不足。按照建设一支数量充足、质量水平较高的教师队伍的要求，市政府印发了《玉林市人民政府办公室关于做好2006年全市公开招考择优聘用中小学教师的通知》文件并予以组织实施。2006年，组织了面向社会招聘教师工作，全市共招聘近3000人，其中招聘代课教师1800人，进一步充实了教师队伍。

【教育科研】 一是加强教育科研网络建设，加强对全市教育科研的管理与研究指导，积极开展教育科研工作，教育科研、教学研究工作范畴扩展到职教、成教、幼教、特教、民办教育等。二是积极开展教育科研课题研究，以《新课程实施中问题教学法的实验与研究》《农村中小学课程改革课堂教学案例研究》等两个课题作为我市合力攻关的科研课题，带动全市的教育科研工作，促进校本教研制度的建立和完善，优化课堂教学，打造我市的教育科学研究品牌。三是充分发挥窗口学校的实验、探索、示范、辐射等作用，以点带面，带动全市学校积极开展教育科研、教学研究工作。四是深入教学第一线调查研究，以优化学科课堂教学、提高教学质量为重点，积极指导面上教学。

【教学仪器装备和现代教育技术实验工作】 一是进一步开展建设实验教学普及县（市）工作，加大宣传发动力度，增加经费投入，完善各项装备，督促已完成“普实”的县（市、区）抓好巩固提高工作，尚未完成的县（市、区）加快进程，迎头赶上。重点加强了对陆川、兴业等县的“普实”工作督促指导，两县顺利通过了自治区的实验教学工作的评估验收。二是认真完成了2006年中考理化实验考查的任务。三是抓好实验室“建配管用”工作，认真加强实验管理人员和实验教师队伍建设，抓好培训提高工作。四是抓好现代教育技术课题实验，促进现代教育技术在教学中的应用，为素质教育服务。举办了教育部重大课题实验“信息技术在教学中的应用”交流研讨班；抓好自治区级课题实验“广西中小学信息技术与新课程整合的研究与实践”结题验收的准备工作。五是认真实施玉林市教育信息网建设工程。六是玉林市农村中小学现代远程教育工程顺利完成，在实施的7个县（市、区）中小学内，建成了1569个教学光盘播放点、1416个卫星教学收视点和243间计算机教室，总投资达6381.30万元，其中中央补助玉林市的专项工程资金为4254.20万元，自治区配套资金安排1063.55万元。

【招生考试工作】 召开了全市招生考试安全保密考风考纪工作会议，切实抓好相关工作，确保各类考试正常进行。半年来所组织的各类考试，管理严格，秩序井然，考风好，考纪严，无群体作弊现象，无大面积作弊现象，无试题失秘、泄密现象，实现了“安全、准确、按时、守纪”的管理目标。认真抓好中考改革方案的实施，严密、成功地组织中考的自主命题、考试及评卷等工作。玉林市被评为自治区教育厅、自治区招生考试院招生考试考风考纪达标单位。

【勤工俭学】 进一步加强对勤工俭学工作的领导和管理，大力抓好勤工俭学、校办产业工作，加强生产实践教育基地的建设，强化勤工俭学、校办产业在素质教育中的作用。积极发展校办农业，稳步发展校办企业，重点发展校办第三产业，努力增加收入，提高效益。同时，进一步加强学校后勤服务工作，积极探索勤工俭学的新路子，拓宽勤工俭学的范围，通过集中管理，规模经营，规范运作，不断提高学校后勤管理水平和服务质量，出台了规范管理中小学校学生装的相关文件。加强局机关经费管理和财务核算工作，做好年度部门预算编制和部门决算工作，做好年度教育事业统计和全国教育经费统计的汇总上报及分析工作。

【改善办学条件】 进一步完善多渠道筹措教育经费的体制，义务教育阶段以政府投资为主，非义务教育阶段实行教育投资多元化。继续鼓励社会、个人和企业投资办学和捐（资）办学、捐资助学。组织征收了玉林城区干部职工、从业人员教育费附加。认真核查教育负债情况，分类指导各级政府或教育部门、学校做好“两基”教育欠债的还款计划，目前全市教育欠债总计6.12亿元，比上年减少0.35亿元。积极实施为民办实事八项工程中的玉林市农村基础教育工程项目，投入建设项目资金2614万元，实施119个建设项目，建筑面积达45155平方米，工程项目已全面完成。

【德育工作】 认真贯彻落实《中共中央国务院关于进一步加强和改进未成年人思想道德建设的若干意见》，在中小学中大力开展弘扬和培育民族精神教育。认真贯彻《公民道德建设实施纲要》，在全市教育系统强化“爱国守法、明礼诚信、团结友善、勤俭自强、敬业奉献”20字基本道德规范教育。针对不同年龄学生的特点，调整和充实德育内容，改进德育工作的方式方法，把知识传授与行为养成结合起来，把学校教育、家庭教育、社会教育紧密结合起来，增强德育工作的主动性、针对性和实效性，努力提高德育工作水平。

【教育督导】 一是进一步健全市、县两级督导机构，加强督导队伍建设。二是加强对县（市、区）“两基”巩固提高和迎检工作进行督导检查。三是进一步健全对中小学校的督导评估制度，完善评估方案，在全市范围内评选了一批示范性幼儿园和依法治校示范中小学校。四是根据教育部和自治区教育厅的统一部署，把职业教育和民办教育纳入教育督导的范围，开展职业教育和民办教育督导评估工作。五是积极配合市委，根据《广西壮族自治区县级领导干部教育工作督导评估标准》精神，对各县（市、区）党委、政府主要领导和分管教育工作的领导进行考核。

【安全工作】 一是以创建“平安学校”为工作目标，把安全工作列为考核学校的重要内容，督促学校继续落实各项安全防范措施，进一步加强学校安全软件管理和硬件设施建设；二是开展了中小学校“安全教育活动日”活动和“安全自我防护能力”系列活动。通过活动，不断提高中小学生安全意识和自我保护能力；三是加强学校防灾安全管理工作检查，通过对全市学校安全管理工作督查，确保全市学校安全管理工作能真正落实到位，保障广大师生的生命财产安全。同时联合公安、交警、卫生、安监、建设等部门开展对全市中小学、幼儿园的安全、卫生、校车的大检查活动，严格整治校车。

【纪检监察】 玉林市教育局按照市委、市纪委的部署，认真开展反对商业贿赂专项整治工作，下发了《关于印发〈玉林市教育局关于治理商业贿赂专项工作的实施方案〉的通知》，对14个二层机构和学校进行布置治理商业贿赂专项工作，对六个领域和九大方面中不正当交易行为的主要手段、方法和特点及所涉及的单位、岗位、环节、人员、资金等基本情况都进行了排查疏理。对教材、教辅出版发行、图书采购领域进行自检自纠。深入实施党风廉政建设和反腐败“一把手”工程，认真执行党员领导干部廉洁从政若干准则和厉行节约、制止奢侈浪费有关规定，认真加强党纪、政纪条规教育工作。重视信访工作，一年来收到信访件60多件、来电11件。积极查办违纪案件及时办理信访案件，严肃查处各种违纪行为，提高办案效率。同时，在全市教育系统大力推进校务公开、政务公开、财务公开工作，加强检查、监督，强化责任制和责任追究制。

【治理中小学乱收费】 一是与各县（市、区）教育局及有关单位、学校签订了2006年治理中小学乱收费责任书；二是结合春季期开学工作检查，联合市纠风办、财政局、物价局等部门，检查了41所学校的收费情况；三是完善收费许可制度和收费公示制度，统一在学校显著位置张挂“收费许可证”和“收费公示牌”的收费制度；四是严禁地方基层政府或有关部门通过学校向学生搭车收费；五是继续加大对乱收费案件查处力度，对不听招呼、顶风违纪的乱收费案件从严查处，绝不姑息；六是进一步加强中小学收费使用管理，督促各中小学严格执行“收支两条线”的各项规定，并实行财务公开制度；七是积极探索从源头上预防和解决教育乱收费问题的有效办法和措施，包括加强收费政策的宣传教育、完善收费的监督管理机制、认真落实“分级管理、以县为主”的管理体制、加大教育经费的投入等。

【支教工作】 玉林市第十期支教队员292人，其中市直支教队员18人，县级队员274人，进驻100所中小学。全市组织后援单位418个，其中市直45个，县级373个。全市支教捐资集资515.2387万元，后援单位及社会各界捐赠电脑、图书、课桌椅、架床、水泥等物品一大批，价值39多万元，新建校舍9243平方米，维修校舍9449平方米，修建装备实验室32个，新建饮水工程4个，硬化校道5719平方米，美化绿化校园10955平方米，平整新建运动场12928平方米，新建厕所6座，修建围墙1672米；

动员辍学生返校 789 人，其中女生 481 人；资助贫困生 1343 人；办校长培训班 26 班，培训校长 875 人次，办师资培训班 80 期，培训师资 4911 人次，组织外出学习 1928 人次，请进来 122 人次；建立农科教基地 26 个，培训师生 13841 人次，培训农民 22492 人次。

【素质教育】 2006 年，举办了“中国体育彩票杯”健身跑活动、第五届玉林市中小学生航空模型比赛；12 月，举办了玉林市第十届中学生田径运动会，共有 375 多名学生运动员参加男女各 15 个项目的角逐，共有 36 人 24 次破 21 项记录；9 月、10 月举办了市直、全市“园丁杯”篮球赛，开展小学生口腔健康教育活动、中学生视力营养健康知识竞赛活动和预防艾滋病健康教育活动。

2006 年，教育局举办了多次艺术类活动：“鲜花映朝阳”庆“六一儿童节”文艺演出、市直教师联欢晚会、玉林市首届中小学生艺术节、艺术节汇报晚会以及和市团委市妇联、市广电局联合举办的“祖国在我心中”读书活动、千名儿童即席书画大赛、“八荣八耻”演讲比赛、“服饰之星”少儿模特大赛等。首届中小学生艺术节活动挑选出的 8 个艺术表演类节目、65 幅美术作品，于 11 月上旬参加了广西第二届中小学生艺术展演活动，共有 50 多个作品分获一、二、三等奖。9 月至 10 月，举办了市直、全市“园丁杯”篮球赛。

在国防教育方面，一是认真贯彻国防教育法规和高级中学国防教育大纲，开展国防教育和学生军训工作与国防知识竞赛；二是认真贯彻《中华人民共和国人民防空法》，开展初中学生人防教育，得到自治区的好评。

【其他工作】 开展“扶贫助困，圆梦大学”捐资助学活动，全市资助贫困大学新生 1548 人，资助金额 160 多万元。此外全市还有 1305 名贫困大学新生得到自治区下拨的路费补助，金额总计 32.6 万元。8 月 29 日、12 月 1 日，市政府分别召开了全市语言文字工作大会，以迎接国家二类城市评估验收。为此，并在玉林城区举行了全国第九届“推普周”启动仪式，进行了“说普通话，从我做起”中小学生万人签名活动。12 月 23 日，全面开展全市公务员普通话培训测试工作。组织全市中小学开展创建示范校活动，将语言文字规范化宣传纳入校园文化建设。开展教育学会工作和积极开展学校团队工作和青少年科技教育工作，开展创优评先活动，组织了学校先进班级、优秀学生干部、优秀学生评选表彰活动。在青少年学生中开展环保教育活动，在全市中小学校和幼儿园开展了创建“绿色学校（幼儿园）”活动。玉林市教育局获得了“全区政府法制工作先进集体”“2006 年‘新华杯’广西首届公务员、新闻媒体、服务行业青年普通话演讲大赛组织奖”、玉林市“人口与计划生育工作”“十五人民防空工作”“保密工作”等先进单位、先进基层党组织、“首届电信杯玉博会文明礼仪大赛优秀组织奖”等荣誉。

附：玉林市教育局领导
党组书记、局长：朱向东
党组成员、副局长：梁大昌　杨希初　蒋以超
电话：0775－2685353
地址：玉林市人民东路 173 号
邮编：537000

撰稿：朱泰旺

玉州区

【概况】 2006 年玉州区教育概况：

学校数和学生数 小学 107 所，小学生 46165 人；中学 21 所，初中生 24696 人。

专任教师数和师生比 小学专任教师 2088 人，学生 46165 人，师生比为 1∶22；普通初中专任教师 1876 人，学生 24696 人，师生比为 1∶13。

每万人口在校生 小学 921 人，初中 482 人。

校园面积、校舍面积及生均情况 小学校园面积 920290 平方米，生均 19.9 平方米；初中 667695 平方米，生均 27 平方米。小学校舍面积 274184 平方米，生均 5.9 平方米；初中 181701 平方米，生均 7.3 平方米。

义务教育普及程度 小学学龄儿童入学率为 100%，初中毛入学率为 110%；小学生辍学率为 0，初中辍学率为 2.1%；小学毕业生升学率 98%。

【教育经费的收入与支出】 2006 年，玉林市玉州区教育经费总收入 18360 万元，比上年多收入 2650 万元，增长 16%。其中财政拨款收入 15476 万元，比上年多收入 3600 万元，增长 30%；预算外资金收入 2288 万元，比上年少收入 1028 万元（农村义务教育阶段中小学免收杂费），负增长 31%。教育经费总支出 17880 万元，比上年多支出 1925 万元，

增长12%。其中财政拨款支出15186万元，比上年多支出3310万元，增长28%；预算外资金支出2288万元，比上年少支出1791万元，负增长44%。总支出中，人员经费支出17805万元，公用经费支出2361万元，基建支出1257万元。

【“两基”工作】 一是加强领导，成立机构，落实目标责任制。2006年，玉州区建立健全各级领导机构，全力抓好“两基”工作。成立了各级“两基”迎检工作领导小组，召开玉州区迎接国家“两基”评估验收动员大会。坚持把“两基”工作纳入县对乡的责任目标考核内容，层层签订目标责任书，玉州区政府与各镇（街道）人民政府（办事处）签订了“两基”迎检工作责任书，层层落实责任。立足区情，制订“两基”迎检工作方案，组织和安排“两基”迎检工作的开展。二是加强培训，加大投入，改善办学条件。2006年，培训“两基”资料员人次，认真整理“两基”档案资料。按“两基”验收要求，不断完善仪器设备和图书。拆除学校危房5300平方米；投资292.8万元维修校舍32处、投资351万元新改建校舍4964平方米、新建改建围墙746米、改旧翻新装饰教学楼2800平方米、硬化校道1500米。投资442.7万元建设农村中小学现代远程教育工程，110所农村中小学（教学点）安装了现代远程教育设备并通过自治区验收，其中模式一11个，模式二84个，模式三15个。拨款80万元为110所中小学（教学点）的多媒体室安装防盗门（窗）和报警器。完成了云良小学、泉塘小学、茂林中心小学、新定小学的教学楼、区实验一小综合楼、名山初中食堂建设，建筑面积4964平方米。三是开展控辍保学工作。贯彻落实农村学生免收杂费和“两免一补”政策，玉州区有46084名农村学生全部免收杂费，7196名农村贫困学生获免费发放教科书。认真解决落实防辍控辍责任，区教育局与各中小学签订了《防辍控辍责任书》。开展“关爱留守儿童”活动，认真解决6044名农民工子女入学问题，确保年辍学率小学控制在1%以下，初中控制在3%以下。四是做好500名青壮年脱盲学员巩固提高工作和22382人次农村劳动力技术培训工作。

【教育科研】 2006年，玉州区继续实施科研兴教、科研兴校战略。一是坚持“一法为主，多法并举”的科研方针，在抓好有效教育、德育课题、问题教学法等龙头项目的实验外，认真抓好各中小学自主申报课题的立项和研究。2006年，中小学审批立项的教育科研项目65项，其中省级1项、市级64项；二是多种形式开展教研活动。年内举行三次中小学教师讲课比赛和多次展示课、汇报课，并采取现场讲、评、研、训一体化的研究活动。参加讲课500多人，听课评课2000多人次。开展“我与有效教育（EEPO）”主题征文比赛，共收征文1296篇。三是抓好校本教研和教材培训。2006年，区教研室获评为玉林市教育科研先进集体和“广西教育学会小学语文教学专业委员会2006年先进单位”等光荣称号；苗园中学、区实验一小、东环小学获评为玉林市教育科研先进集体，李正良等8位教师（教研员）获评为市教育科研先进个人。区九中等12所学校获确认为首批玉林市教育科研实验学校。苗园中学、东环小学被确定为广西“以校为本教研制度建设基地”学校。冯世明被评为“广西教育学会小学语文教学专业委员会2006年先进个人”。24名教师参加市级以上讲课比赛，其中获国家级奖3人，省级奖7人，市级奖14人。800多篇教师论文获各级奖励，其中省级以上奖150多篇，市级685篇。玉州区参加全国教育科学“十五”规划国家重点课题“整体构建学校德育体系的深化研究与推广”课题实验第四次被评为全国先进实验区；南江一中被评为全国百所德育名校；区实验一小等九所中小学获国家级先进实验学校；李兴良等51人获国家级先进工作者，姚海林等68人获国家级先进实验教师；科研成果（论文）获国家级奖励147篇；市三中黄欢、区九中陈玮莉被评为全国百名德育科研优秀学生；东环小学宁峰、东成小学沈红英被评为全国百名德育科研优秀家长。2006年，全区参加中考人数7488人，成绩6A+达70人，各项指标均居玉林市前茅。

【体育、卫生、艺术教育】 2006年，玉州区举办了玉州区第三届初中生篮球比赛，玉州区第九届中小学生田径运动会。组队参加玉林市第十届中学生田径运动会，获金牌12枚、银牌3枚、铜牌6枚，打破初中女子400米、400米栏、4100米接力跑三项玉林市中学生田径纪录，摘取初中组团体总分第一名。组织玉州区男女教师篮球队参加市教育系统“中国人寿保险—园丁杯”均获第二名。举办学生口腔、个人卫生健康教育公开课，有56间小学、幼儿园15000名师生参加了活动。

加强师资培训，提高体卫教师业务水平。选派了7名体育教师参加自治区新规则裁判员培训班学习；抽调了56人次参加广西青少年田径、游泳锦标赛裁判工作，选派了3名体育教师参加广西义务教育阶段体育与健康九年级实验教材（教科版）师资培训班学习。选派 20 间学校共 60 名学校分管领导、校医、教师参加了玉林市预防艾滋病培训班学习。

加强督促检查，提高玉州区卫生水平。联合市卫生监督所、区卫生局对有食堂、小卖部的中小学、幼儿园进行卫生防疫和食品卫生安全进行了两次专项检查。联合市疾控中心进行了一次学校疾病防控工作检查，防止各类传染病的爆发流行。

开展争先创优活动，推进体卫工作进程。2006 年，开展了全区学校体育卫生艺术先进集体和个人评比活动。古定中心小学等 21 个单位、朱宗庆等 95 名同志分别被评为全区学校体育卫生艺术工作先进单位、先进工作者。

2006 年，玉州区举行中小学合唱比赛；开展庆“六一”系列活动：中小学生书画比赛；组织学生参加玉林市“祖国在我心中”现场书画赛、“与祖国共命运，与玉林同发展”文艺演出。80 多名教师组成的合唱队参加市庆祝建党 85 周年、长征胜利 70 周年歌咏比赛获第一名，参加自治区廉政歌咏比赛获第一名。在市首届中小学艺术展演活动中，玉州区选送 80 幅书法、篆刻、绘画、摄影作品和 8 个表演类节目参展，6 名获一等奖，18 名获二等奖，14 名获三等奖。在广西第二届中小学生艺术展演活动中，玉州区教育局、区九中获优秀组织奖，区实验一小群舞《鼓鸣凤舞》获二等奖和优秀创作奖，区九中大合唱《编花篮小景》获三等奖，中小学生作品有 3 人获一等奖，6 人获二等奖，12 人获三等奖，8 人获优秀指导教师。

【幼儿教育】 2006 年，全区幼教工作者 781 人。有各类幼儿园 125 所，3－6 周岁幼儿总数 14756 人，已入园（班）11518 人，入园（班）率为 78%。其中学前班 148 班，6 周岁幼儿总数 5453 人，已入园（班）5443 人，入园（班）率达 99.8%。抓好自治区示范幼儿园的创建工作。玉州区实验幼儿园被评为广西区示范幼儿园。自治区对区机关二幼进行了广西区示范幼儿园评估验收。加快村级幼儿园创设工作。开设了名山街道石棠幼儿园、茂林镇山电村幼儿园，夯实村级幼儿园创设主体工程。年内，有区机关一幼、区实验幼儿园获评为广西幼儿教育先进集体，黄露霞被评为广西特级教师。张鹏被评为广西壮族自治区德育工作标兵。陈美蓉、韩双慰、周幼新、邓紫清、周劲等 5 人被评为广西幼教先进个人。唐丹、梁冰、苏志雄等 13 人获市幼教先进个人荣誉称号。参加市幼儿园骨干教师讲课比赛获一等奖 2 名，二等奖 1 名；组织幼儿参加“全国优秀绘画书法手工作品大赛”，4 名获金奖，8 名获银奖。

【职业教育和成人教育】 2006 年，玉州区发挥区、镇（街）、村三级成人文化学校的作用，抓好职业技术教育和农村劳动力转移培训，举办全区成人教育干部培训班。召开全区成教经验交流会，三个镇村介绍了工作经验。全区镇、村技术培训 22382 人次，劳动力转移培训 3856 人次。

继续抓好在校生渗透职业技术教育，使学生毕业前学会 1—2 门实用技术。制订了“十一五”职教计划，出台了《玉州区人民政府关于大力发展职业教育的实施意见》，成立了玉州区职业技术教育中心，组织“职教大篷车”到初中宣传，发动 3348 人到职校就读。

【师资建设】 2006 年，玉州区成立了校长建设年领导小组和校长建设年专家组，制订了《玉林市玉州区中小学校长建设年执行方案》，选派骨干校长参加自治区、玉林市“中小学校长建设年”培训者的培训；全体初中校长共 21 人参加了玉林市的培训。举办“中小学校长建设年”校长培训班。开展读书征文活动，共收到论文 232 篇，选送玉林市评比 8 篇，均获市一、二等奖，区七中赖秀健校长的论文获自治区一等奖；举办校长论坛，全区 128 所中小学的校长、副校长共 300 多人参加。开展中小学校长规范管理达标督查评估，52 所中小学获规范管理优秀学校，76 所中小学评为合格。区实验一小等 10 所学校被评为玉州区中小学规范管理“十佳学校”，唐秀年等 10 位校长被评为玉州区“十佳校长”；区实验一小、九中获市“十佳学校”。唐秀年、梁宇萍获市“十佳校长”荣誉。

2006 年，玉州区认真贯彻落实《玉州区师德教育活动方案》，开展“比能力、重师德、讲奉献”的师德实践活动。周玉梅、卢家华、林裕坤、颜一红、唐秀年、黄露霞等 6 位教师被评为广西特级教师；李寿娟老师获自治区优秀班主任；谢惠坤被评为广西乡村优秀教师；沈英、文信德获自治区优秀政治教师光荣称号。

2006 年，举办小学校长、中心小学辅导员和初中校长、教务主任两期有效教育（EEPO）培训班；组织 28 名教师、教研员、教育行政干部分三批赴昆明参加 EEPO 咨询培训专家培训；举办学生学习方式的体验模拟训练，促进教师专业成长。

2006 年，107 名试用期满的校级领导正式任用，新提拔校级领导 14 人，中层领导 45 人。重新核定中小学教师编制（初中1995名、小学2504名）。公开招聘小学教师90名。做好教职工工资改革工作。

【教育督导】 2006年，玉州区直属机关第二幼儿园申报自治区示范幼儿园工作，已通过自治区级评估验收。开展玉州区党政主要领导干部教育工作督导考核自查自评工作，并对区直与教育机关的28个职能部门进督查。迎接玉林市督查考核玉州区党政主要领导教育工作。组织玉州区“两基”迎国检工作的督查指导。

附：玉林市玉州区教育局领导

党组书记：刘永焜（任至2006年5月）
倪德伟（2006年6月起任）
局长：杜成斌（任至2006年12月）
李　志（2006年12月起任）
副局长：李德庆　卢湘南
电话：0775－2823558
地址：玉林市玉州路1号玉州区政府大院
邮编：537000

撰稿：李　坚　李　志

福绵管理区

【概况】 2006年福绵管理区教育概况：

学校数和学生数 福绵管理区有中小学120间（普通高中2间，中等职业学校1间，初中11间，小学106间），小学教学点41个，幼儿园55间。现有中小学生48780人（高中学生3130人，初中学生15703人，小学生29947人），中专生2000人。

专任教师数和师生比 福绵管理区有专任教师2668人（高中221人，初中1136人，小学1311人）。小学师生的比例为1∶22.8；初中师生的比例为1∶13.8；普通高中师生的比例为1∶14.2。

每万人口在校生 2006年福绵管理区共有35万人口，小学每万人口在校生855.6人，初中每万人口在校生448.7人，高中每万人口在校生89.4人，中等职业学校每万人口在校生57.1人。

校园、校舍面积及生均情况 福绵管理区小学共有校园面积72.5万平方米，生均面积24.3平方米，校舍面积212648平方米，生均面积7.10平方米；初中共有校园面积49.7万平方米，生均面积31.8平方米，校舍面积145509平方米，生均面积9.27平方米；普通高中共有校园面积7.5万平方米，生均面积23.96平方米，校舍面积32834平方米，生均面积10.5平方米；中等职业学校共有校园面积2.211万平方米，生均面积22.11平方米，校舍面积8000平方米，生均面积8平方米。

义务教育普及程度 福绵管理区小学学龄儿童入学率99.99%，小学生辍学率0%，小学毕业生升学率100%；普通初中入学率96.02%，辍学率2.18%，初中毕业生升学率100%，高标准普及九年义务教育。

【教育经费的收入与支出】 2006年，福绵管理区教育经费总收入6276万元，比上年增收123万元，增长1.9%。其中财政拨款收入5601.48万元，比上年多收1285.48万元，增长29.78%；预算外资金收入674.52万元，比上年减收606.48万元，增长－47.3%。教育经费总支出6276万元，比上年多支出123万元，增长1.99%。其中财政拨款支出5601.48万元，比上年支多出729.48万元，增长11.85%；预算外资金支出674.52万元，比上年少支出606.48万元，增长－47.3%。总支出中，人员经费支出3264.56万元，公用经费支出800.3万元，基建支出384.9万元，其他支出1826.14万元。

【教育信息化与现代远程教育】 截止到2006年12月，福绵管理区所有的高中、初中、中心校和个别村完小配备了计算机室和语音室，有10个中学、4个小学装备了多媒体教室并实行了多媒体教学；有9个中小学建成了课件制作室；3个中学启动了校园网建设；全部中心校建立了教育资源库；所有初中建成电子图书室。2006年，全区配套资金63.55万元，在全区学校实施现代化远程教育工程。

【控辍保学工作】 执行双线责任制，控辍保学。落实责任。福绵管理区明确各镇镇长、区教育局长、各义务教育学校校长是控辍保学工作的第一责任人，区管委、镇人民政府认真承担起义务教育责任，将义务教育经费纳入公共财政保障的范围，不断加大对农村教育的投入，改善办学环境。落实“两免一补”政策，解决好贫困生入学问题。全区有8787名学生获“两免一补”。切实解决农民工留守子女入学问题。保障“留守学生”入学接受规定的义务教育，加强“留守学生”的教育与管理。学校分班建立“留守学生”档案和联系卡，建立健全教师家访制度和“留守学生”谈心日制度。提高民族教育，关爱女童教育，开展“实施春蕾计划，扶助特困女童上学”活动，共组织发动干部职工和社会各界捐款 6.76 万元，资助 446 名农村特困女童上学。

【"两基"普及程度达标】 全区长期以来都十分重视控辍保学工作，采取了有效措施，普及程度达到了验收的标准。一是签订工作目标责任状，把控辍目标分解量化，实行"七包"：管区、镇主要领导包镇、干部包村、村干部包户、校长包校、中层校领导包年级、班主任包班、教师包学生的办法动员流失生返校学习；二是落实"两免一补"政策，解决贫困生的学习和生活问题，使他们进得来，留得住。2006 年共有 8787 名贫困生享受了"两免一补"，占全区在校中小学贫困生的 100%；三是开展各种帮扶活动，帮助家庭经济困难的学生完成义务教育阶段的学业。2006 年，适龄儿童少年入学率小学入学率 99.99%，初中入学率 96.02%；残疾儿童、少年入学率达到了 100%；2006 年初中年辍学率 2.18%，小学在校生辍学率为 0；15 周岁人口初级中等教育完成率为 99.79%，17 周岁人口初级中等教育完成率为 95.29%。

【师资队伍建设】 全区于 2006 年公开招聘教师 76 人，2007 年从代课老师中公开招聘 40 人。2006—2007 学年度，全区小学在校生 29947 人，在职小学教职工 1315 人，其中公办教师 1311 人，工人 4 人，学生与教职工比 22.77∶1。全区普通初中在校生 15703 人，在职教职工 1151 人，其中公办教师 1136 人、工人 15 人，学生与教职工比13.64∶1。2006—2007 学年度，全区小学专任教师 1311 人，合格人数 1311 人，合格率 100%；初中专任教师 1136 人，合格人数 1107 人，合格率 97.45%。2001 年起新补充的小学、初中专任教师学历合格率 100%。2006—2007 学年度，全区参加岗位培训的小学正副校长 38 人，初中正副校长 15 人。到目前为止，全区有小学正副校长 116 人，取得岗位合格证 116 人，合格率 100%；初中正副校长 43 人，取得岗位合格证 43 人，合格率 100%。

【改善办学条件】 一是加快"农村中小学校舍维修改造长效机制"项目建设。2005 年福绵管理区区共争取上级拨款的危改项目共 4 个，上级拨款 122 万元，社会力量捐资 30 万元。现在我区学校无 D 级危房。2006 年我区 8 个"农村中小学校舍维修改造长效机制"项目全部完工并投入使用。

二是加强理科教学仪器配备和仪器室、电教设备的建设。经过几年的努力，我区村小学基本达三类标准，镇中心小学及城市小学基本达二类标准；镇初中基本达三类标准。各初中、小学均配备书写投影仪、收录机、扩音机、电视机。各镇中心小学和部分村小学配备计算机室，配备多媒体教学的小学 6 所。初中各校均配备计算机室和多媒体设备，初步形成教育信息化、教学现代化格局。2006 年我区配套资金 63.55 万元，在全区学校实施现代化远程教育工程。

三是图书建设成效显著。我区中小学均设有以辅助师生工作和学习的图书室、阅览室，小学生均图书达 8.23 册，初中生均达 13.07 册。同时，倡议区直单位和全体师生为学校捐赠图书，到目前为止，全区各学校共收到捐赠图书 50700 多册。

四是坚决拆除 D 级危房。已于 2006 年 12 月前全部拆除 D 级危房，并对 B、C 级危房进行了加固。

五是积极消除学校安全隐患。具体做了：第一，认真制订、执行学校安全责任制度、安全教育制度、治安保卫制度、消防安全制度、交通安全制度、餐饮安全制度、卫生安全制度、体育活动安全制度、设备设施安全管理制度、集体活动安全制度、危险物品管理制度、宿舍安全管理制度、安全监督管理制度、安全应急预案、其他安全制度等，并将有关安全制度上墙公布。第二，建立以社会齐抓共管为主的长效机制。建立安全工作责任制。区教育局成立学校安全工作领导小组，并制定"一把手"负总责安全制度，局长、各校校长负总责，分管领导负主要负责，层层签订安全工作责任状。认真做好常规安全管理，检查各中小学校加强学校教室、宿舍、消防设施、卫生和周边环境等常规安全管理。区管委结合学期开学检查工作，组织区公安、安全监督、消防、卫生等有关部门，对所辖中小学校的教室、宿舍、消防设施和周边环境进行重点检查，及时消除学校安全隐患。以"三个代表"重要思想和科学发展观为指导，按照建设"平安福绵、构建和谐社会"的要求，在全区范围内开展校车安全专项整治行动。第三，积极开展"安全教育活动月"活动。认真制定每年"安全教育活动月"方案，以全体师生参与安全演练为活动月重点内容，提高全体教职员工的安全管理能力和应急能力，建立和完善校长、教师等全体员工的安全岗位责任制。重点对学生进行安全教育，使学生掌握有关交通安全、消防安全、防溺水安全教育、防止交通事故、防火灾以及防溺水等安全知识，增强学生的安全意识和提高自护自救能力。

六是深入推进学校"穿衣戴帽"工作。第一，区管委从有限的财力中拿出专项经费 8 万元用于学校的“三化”建设工作；第二，多方动员，积极开展募捐活动。到目前为止，各学校共收到香港同胞和各界人士捐款19515元，用于学校办学设施的建设。

【农民技术培训工作】 2006年，福绵管理区不断加强全区6个镇农民成人文化技术学校建设，加强部门的协调配合，实施多种形式服务“三农”项目，逐步建立以满足脱盲对象基本学习需求为导向的培训机制，广大农民通过培训掌握致富技术并走上致富之路。一年来，共开展实用技术培训656期，培训3.2万人次。

附：福绵管理区教育局领导

党组副书记、局长：朱开福

党组书记：何秀丽

党组成员、副局长：庞志初、肖天福

党组成员、纪检组长：黎琼贤

电话：0775－2211866

地址：玉林市福绵管理区城区

邮编：537023

撰稿：李志勇

容县

【概况】 2006年容县教育概况：

学校数和学生数 全县有全日制公办、民办村小学221所，教学点194个，普通初中50所，普通高中2所，中等职业技术学校3所，幼儿园116所。全县小学在校生73102人，初中39997人，高中9076人，中等职业技术学校2873人，在园幼儿19482人。

专任教师数和师生比 小学专任教师2629人，师生比为1∶27.8；普通初中专任教师1961人，师生比为1∶20.4；普通高中专任教师503人，师生比为1∶18；中等职业技术学校专任教师182人，师生比为1∶15.8。

每万人口在校生 幼儿园256人，小学962人，初中526人，高中119人，中等职业技术学校38人。

校园、校舍面积及生均情况 2006年容县小学、普通初中、普通高中、中等职业技术学校的校园、校舍面积及生均情况为小学学生数73102人，初中39997人，高中9076人，职业学校2873人；小学校园面积1238287平方米，中学792832平方米，高中371172平方米，职业学校87600平方米；小学生均16.94平方米，初中19.82平方米，高中40.89平方米，职中30.49平方米；小学校舍面积438806平方米，中学校舍面积274336平方米，高中校舍面积132751平方米，职中校舍面积18833平方米；小学生均校舍面积6平方米，初中生均6.86平方米，高中生均14.63平方米，职中生均6.56平方米。

义务教育普及程度 小学学龄儿童入学率为99.78%，初中毛入学率为110.4%；小学生辍学率为0，普通初中辍学率为2.68%；小学毕业生升学率为99.16%，初中毕业生升学率为25.51%。

【教育经费的收入与支出】 2006年，容县教育经费总收入20010万元，比上年多收入3057万元，增长18.03%。其中财政拨款收入16858万元，比上年多收入4346万元，增长34.73%；预算外资金收入2380万元，比上年少收入1472万元，减少38.21%。教育经费总支出19419万元，比上年多支出2541万元，增长15.06%。其中财政拨款支出16515万元，比上年多支出4207万元，增长34.18%；预算外资金支出839万元，比上年少支出2155万元，减少71.98%。总支出中，人员经费支出12747万元，公用经费支出3169万元，基建支出228万元。

【校长建设年】 2006年是广西“中小学校长建设年”，容县严格按区教育厅的有关要求，围绕“提高校长素质，加强学校管理，促进教育发展”这个主题，创新活动形式，扎实开展“中小学校长建设年”的各项工作，取得了显著的成效，得到了区市校长建设年专家组的充分肯定。玉林市教育局曾在容县召开“玉林市‘校长建设年’第三阶段工作现场会”，推广容县的经验与做法。容县教育局获“广西中小学规范化管理十佳县”称号。

【“两基”工作】 自治区召开全区“两基”迎国检工作动员会以来，容县成立了以县长为组长、有关部门主要领导为成员的“两基”工作领导小组，县、乡镇、学校层层签订“两基”工作责任状，建立了县、乡镇两级政府“两基”工作目标责任制和党政领导、各部门联系学校制度，将各部门落实义务教育职责情况纳入本单位年终目标责任制考核。各“两基”领导小组成员和各乡镇党委、政府单位参与“两基”工作的协调指挥，并从财力、物力和政策上解决“两基”工作中遇到的困难和问题。县教育局发挥“两基”工作主力军的作用，积极协调

“两基”工作的开展，全体干部职工深入学校，包乡，包校，责任到人，确保“两基”迎国检工作落到实处。

【招生考试】 2006 年，容县参加高考考生 2639 人，上第一批本科 232 人，比去年增长 38.9%；上第二批以上本科 856 人，比去年增长 21.4%；上第三批以上本科 1336 人，比去年增长 22%。容县高中文科考生李敏、吴一文分别获玉林市文科第 1 名、第 3 名，排位在广西文科第 26 名、第 32 名。中考成绩继续走在玉林市的前列，进入玉林高中录取范围的容县考生，学科成绩等级并列全市第一，进入容县高中录取范围的容县考生在全市各示范高中招生计划总数中，学科成绩等级并列全市第二。

【德育工作】 2006 年，容县结合重大节日组织师生开展了一系列专题德育活动，使广大中小学生在娱乐中接受传统教育，提高思想政治觉悟和道德水平。一是在全县中小学校开展学习和倡导社会主义荣辱观教育，全县 11 个优秀组织集体和 153 名先进个人在活动中获表彰。二是开展以“红色之旅”“让世界充满爱”为主题的爱国主义读书教育活动，容县教育局荣获玉林市优秀组织奖，容州镇中心学校学生罗鲲鹏获玉林市“祖国在我心中”演讲比赛小学组第一名。三是表彰了 2005 年德育工作成绩突出的 20 个先进集体和 82 名先进个人。四是开展“感恩教育”活动，邀请专家来容举办感恩教育讲座，15000 多名师生接受了感恩教育。五是切实加强未成年人思想道德建设和学生心理健康教育，确保学生的身心健康成长。

【电化教育】 2006 年，容县争取到区教育厅、区发改委、区财政厅三个部门支持的 2006 年农村中小学现代化远程教育工程项目，项目受益学校 485 个（含教学点），其中模式一 182 所，模式二 254 所，模式三 49 所。资金总投入 1196 万元，其中，中央投入 979.35 万元，区政府投入 199.35 万元，县政府配套投入 199.35 万元。为确保工程顺利实施，县教育局在加强项目建设指导和督查的同时，对项目技术骨干人员进行业务技能培训，先后举办计算机基础知识和基本操作技能培训班、农村现代远程教育工程技术人员培训班、防盗系统安装和使用培训班，420 名中青年教师接受了培训。

附：容县教育局领导

党组书记：杨远光

局长：陆　军

电话：0775－5322043

地址：容县容州镇北门街 134 号

邮编：537500

撰稿：刘林红

陆川县

【概况】 2006 年陆川县教育概况：

学校数和学生数 小学 170 所、教学点 503 个，学生 106237 人；普通初中 31 所，学生 48914 人；普通高中 7 所，学生 11069 人；中等职业技术学校 1 所，学生 780 人；教师进修学校 1 所。

专任教师数和师生比 小学专任教师 3782 人，师生比 1∶28.09；普通初中专任教师 2702 人，师生比 1∶18.1；普通高中专任教师 653 人，师生比 1∶16.9；中等职业技术学校专任教师 32 人，师生比 1∶24.3。

每万人口在校生 幼儿园 151 人，小学 1190 人，普通初中 550 人，普通高中 125 人，中等职业技术学校 8 人。

校园、校舍面积及生均情况 全县校园面积 315.5 万平方米，其中小学 178.6 万平方米，普通初中 81.4 万平方米，普通高中 31.7 万平方米，中等职业学校 23.8 万平方米。全县校舍面积 128.56 万平方米，其中小学 62.7 万平方米，普通初中 42.96 万平方米，普通高中 21.3 万平方米，中等职业技术学校 1.6 万平方米。生均校园、校舍面积分别为：小学 16.8 平方米、5.9 平方米，普通初中 16.6 平方米、8.78 平方米，普通高中 28.6 平方米、19.24 平方米，中等职业技术学校 305.1 平方米、20.5 平方米。

义务教育普及程度 小学学龄儿童入学率 99.49%，初中毛入学率 97.06%；小学生辍学率 0.188%，普通初中辍学率 2.114%；小学毕业生升学率 100%，初中毕业生升学率 61%。

【教育经费的收入与支出】 2006 年，陆川县教育经费总收入 20828.6 万元，比上年多收入 3913.9 万元，增长 23.14%。其中财政拨款收入 18723 万元，比上年多收入 5855 万元，增长 48.14%；预算外资金收入 2105.6 万元，比上年少收入 1911.2 万元，增长－48.35%。教育经费总支出 20700.1 万元，比上年多支出3350.5万元，增长19.31%。其中财政拨款支出18723万元，比上年多支出3913.9万元，增长23.14%；预算外资金支出1977.1万元，比上年少支出1856万元，增长－46.2%。总支出中，人员经费支出13216.2万元，公用经费支出7028.9万元，基建支出455万元，其他支出0。

【改善办学条件】 陆川县2005年获得中央、自治区危改项目22个、资金430万元，于2006年全部开工建设，计划建设面积8200平方米，至2006年9月这22个项目建设全部竣工，有效地改善了该县中小学特别是农村学校的办学条件。2006年，全县共改造中小学危房11993平方米，回建校舍14147平方米。同年全县投入900多万元建设农村中小学现代远程教育项目，共在167所农村学校建立教学光盘播放点，在196所学校建立卫星教学收视点，在30所初中建立计算机网络教室，使更多的农村孩子享受到优质的教育资源，进一步推进了城乡教育资源共享。高中基础设施建设进程加大，陆中、县二中、陆中分校、七中为解决高中扩招存在的房舍及相应的软硬件建设不足问题，加大力度扩建了校舍、学生宿舍、办公楼，新添置了教育教学设备设施。陆川中学也于2006年3月份顺利通过了自治区示范性普通高中的评估验收。

【师资建设】 一是以“中小学校长建设年”活动为契机，全力打造一支政治理论水平高、业务精通、管理能力强的校长队伍，以校长队伍带动教师队伍，通过集中培训、举办校长论坛、演讲比赛、读书征文、实地考察学习等活动，校长的综合素质得到了进一步提高。二是涌现出一批区级优秀教师和特级教师。2006年度被自治区人民政府授予“特级教师”的有4人，被区教育厅授予“中小学优秀班主任”的有1人，被区教育厅授予“八桂优秀乡村教师”的有5人。三是教师队伍得到有益补充。通过公开招聘考试，从大中专毕业生中择优录用公办教师50人，从原有的代课教师中择优录用公办教师100人。四是教师综合素质得到有效提高。通过继续教育、自学考试、成人高考、函授等形式，广大教师的学历水平和知识水平得到了提高。全县有专任教师6400多人。其中小学专任教师3800多人，专科以上学历占52.8%，学历合格率98.5%，比上年提高了4个百分点；初中专任教师2100多人，本科以上学历占16%，学历合格率为95.1%，比上年提高2个百分点；普通高中专任教师460多人，学历合格率为69.4%，比上年提高3个百分点。

【中考和高考】 2006年高考，陆川县4070人参加考试，上本科线以上人数1659人，比上年增加93人，增长5.9%。其中陆川县中学上本科线人数880人，上专科线127人；城区布局调整后的县二中，考上本科线人数481人，专科693人；县四中考上本科线人数153人，专科403人。中考参考人数比上年增加2000多人，参考率居玉林市各县市（区）第一；中考成绩居玉林市各县市（区）前列，中考总分A等、各科成绩A+人数54人，特别是单科达五个A+的人数有182人。

【教育科研】 全县共有5篇教育科研论文获国家级奖励，62篇获自治区级奖励，256篇获市级奖励。全县申报区级重点课题6项，申报市级重点课题18项。原县一中承担国家级德育课题“学校德育创新教育相结合的研究”于2006年7月通过结题验收。全县参加市级以上教育教学活动比赛20多人次，其中陆中生物教师黄梅在参加全区生物讲课比赛中获一等奖；文昌中学地理教师王欣参加全国地理学会新课程优秀教学成果展评会获一等奖；万丈初中数学教师陈勇欢参加第五届全区初中青年数学教师优秀课评比大赛获广西区一等奖，并成为唯一代表广西参加2006年10月在西安举行的全国结赛；马坡珠砂小学教师谢丽丽制作的《边看电视边识字》和县一小语文教师刘萍制作的《石榴笑了》两部录像课提供给语文出版社作为全国语文新教材培训资料。

附：陆川县教育局领导

党组书记、局长：陈建军
党组成员、副局长：肖春武　杨道静
党组成员、纪检组长：李采春
党组成员：吴益宁
电话：0775－7333391
地址：陆川县江滨中路
邮编：537700

撰稿：陈　浪　陈建军

博白县

【概况】 2006年博白县教育概况：

学校数和学生数 有幼儿园33所（含民办24所），在园幼儿23668人；完全小学350所（含其他部门办5所)，教学点723个(含民办21个)，在校小学生212785人；普通初中77所(含民办12所，其他部门办1所)，在校初中生85129人；普通高中14所(含民办4所)，在校高中生19327人；中等职业技术学校3所(含民办2所)，在校中职生2168人；特殊教育学校1所，在校学生149人。

专任教师数和师生比 全县有专任教师9218人，其中小学专任教师4955人，师生比为1∶42.94；普通初中专任教师3330人，师生比为1∶25.56；普通高中专任教师808人，师生比为1∶23.92人，中等职业技术学校专任教师125人，师生比为1∶33.68。

每万人口在校生 幼儿园159人，小学1433人，初中573人，高中130人，中等职业技术学校15人。

校园、校舍面积及生均情况 全县小学校园面积387.3万平方米，校舍面积102.72万平方米，生均校园、校舍面积分别为18.2平方米、4.83平方米；普通初中校园面积147.41万平方米，校舍面积47.26万平方米，生均校园、校舍面积分别为17.32平方米、5.55平方米；普通高中校园面积87.97万平方米，校舍面积31.77万平方米，生均校园、校舍面积分别为45.52平方米、16.44平方米；中等职业技术学校校园面积11.1万平方米、校舍面积3.24万平方米，生均校园、校舍面积分别为51.2平方米，14.95平方米。

义务教育普及程度 小学学龄儿童入学率99.49%，初中毛入学率95.13%；小学生辍学率0.01%，初中生辍学率2.64%；小学毕业生升学率96.37；初中毕业生升学率70.17%。

【教育经费的收入与支出】 2006年，博白县教育经费总收入33180万元，比上年增加6456万元，增长24%。其中财政拨款收入29683万元，比上年增加12171万元，增长69.5%；预算外资金收入2299万元，比上年减少5532万元，减少70%。教育经费总支出33176万元，比上年增加6027万元，增长22%。其中财政拨款支出29683万元，比上年增加13171万元，增长69.5%；预算外资金支出2299万元，比上年减少7338万元，减少76%。总支出中，人员经费支出21242万元，公用经费支出10949万元，基建支出985万元。

【师资建设】 一是开展“中小学校长建设年”活动，全县共培训小学校长393人，初中校长75人，高中校长11人；二是抓好继续教育和全员培训，全县6433名教师参加培训；三是公开招聘教师600人；四是抓好师德师风教育，涌现了一批先进教师。李志强、李昌勇、周秀萍、庞继广、冯林荣获自治区特级教师，黄焱、姚传旭、刘爱萍、冯伟、黄胜祥、秦梁婷、李章海、卜国荣获八桂优秀乡村教师，黄宗球、杨圣飞荣获全国优秀班主任

【“普实”工作】 “普实”工作顺利通过自治区评估验收。全县共投入2000多万元进行“普实”工作，建实验室596间，各类功能室1640间，购买图书260多万册，各种教学设备设施达到了“普实”的标准，顺利通过自治区评估验收。

【远程教育工程】 农村中小学远程教育工程在全县实施并通过自治区验收。全县共获国家资金1460万元，县财政配套292万元，教育系统、学校投入500多万元，组织实施国家远程教育工程。全县718个小学教学点配备彩电DVD，351所村完小配备彩电DVD、卫星接收设备一套，65所初中配备了彩电DVD、计算机、多媒体设施。

【“两基”工作】 博白县成立了“两基”迎检工作领导小组，先后4次召开了“两基”动员大会和攻坚大会。教育局组织了29个督查组，深入各校督查“两基”工作。各校自筹资金3000多万元，硬化校道、绿化校园、更新学生课桌椅、维修校舍。经过努力，各项指标已达到自治区复查标准要求，顺利通过了自治区“两基”复查。

【德育工作】 组织中小学生开展纪念红军长征胜利70周年、纪念朱光诞辰一百周年等革命传统教育活动，举办“祖国在我心中”“八荣八耻”演讲比赛，加强法制教育，在公、法、司聘任了141位校外法制副校长，定期到学校进行法制教育宣讲；广泛开展“四文明六清洁”活动，规范学生行为，净化、美化校园，陶冶师生情操；开展感恩教育活动，30多所学校邀请报告团到校为学生和家长作报告，取得了较好的社会效果。

【课改工作】 全县中小学开展了“问题教学法”实验和课堂教学比赛，均获得好成绩。教师参加由《中国教育报》主办的“现代教育理论与实践论坛”征文比赛，博白县有20篇论文获奖，其中一等奖12篇，二等奖8篇。学生参加全国中学生物理竞赛(广西赛区)，周云涛等10位学生获全国奖，黄飞宇等352位学生获区级奖。

【教育科研】 2006年，博白县有6个课题在中国教育学会立项，有1个课题在自治区教育学会立项，有4个课题在自治区规划办立项，有4个课题

在玉林市规划办立项。

【高考成绩】 高考成绩取得新突破。全县本科上线人数3132人，其中重点线575人，比去年增加55人，上二本线1384人，比去年增加63人，三本上线1173人，比去年增加222人。博白县中学考生刘庆被北京大学录取。

【职业教育】 全县中职招生810人，职业高中招生360人，送县外中职学校7605人，完成了自治区下达的招生和送生任务。

【危房改造】 中小学危房改造项目工程全面完成。一年来实施国家危改工程项目35个，总投资795万元。全部项目已竣工和验收，学校办学条件得到进一步改善。

附：博白县教育局领导

局长：崔怡岗

党组书记、副局长：林宝强

副局长：陈 赋 莫福能

电话：0775－8333020

地址：博白县博白镇人民中路162号

邮编：537600

撰稿：林祖贵

兴业县

【概况】 2006年兴业县教育概况：

学校数和学生数 兴业县有小学203所，小学教学点118个，初中30所，高（职）中5所，教师进修学校1所，机关幼儿园1所。在校中小学生共102909人，其中小学生68376人，初中生30297人，高（职）中生4236人。

专任教师数和师生比 小学专任教师2357人，学历合格率为100%；初中专任教师1783人，学历合格率为99.1%；高（职）中专任教师359人，学历合格率为92.6%。小学师生比为1∶26；普通初中师生比为1∶16；高（职）中师生比为1∶11。

每万人口在校生 幼儿园261人，小学1006人，普通初中446人，普通高（职）中63人。

校园、校舍面积及生均情况 全县小学校园总面积236.64万平方米，生均面积35平方米；校舍总面积40.22万平方米，生均面积5.9平方米。普通初中校园总面积81.51万平方米，生均面积27平方米；校舍总面积30.25万平方米，生均面积9.98平方米。高（职）中校园总面积31.15万平方米，生均面积74平方米；校舍总面积19.07万平方米，生均45平方米。

义务教育普及程度 小学学龄儿童入学率99.97%，初中毛入学率97.16%；小学生辍学率0.018%，普通初中辍学率2.92%；小学毕业生升学率达到99%以上，初中毕业生升学率达到95%以上。

【教育经费的收入与支出】 2006年，兴业县教育经费总收入14574.70万元，比上年多收入2057.60万元，增长16.44%，其中财政拨款收入13533.5万元，比上年多收3576.90万元，增长35.92%；预算外资金收入925.60万元，比上年多收入－1525.2万元，增长－62.23%。教育经费总支出14608.50万元，比上年多支出2340.7万元，增长19.08%；其中财政拨款支出13533.50万元，比上年多支出3576.9万元，增长35.92%。预算外资金支出925.60万元，比上年多支出－1525.20万元，增长－62.23%。总支出中，人员经费支出9456万元，公用经费支出5138.3万元，基建支出14.2万元。全县生均教育事业费1370元，生均公用经费12元。

【教育教学质量】 2006年，兴业县中考参考率居玉林市七个县（市）区第一位，中考成绩稳步提升，政治、语文、数学、物理、化学、英语六个学科的平均分、及格率等指标居玉林市前列，全县考上玉林高中45人，考上兴业高中493人。高考也取得良好的成绩，全县有589人考上本科线，其中16人上重点线。全县小学毕业生和初中毕业生体育合格率分别100%和99.96%，均达到国家指标要求。

全县中小学生参加自治区级以上各类学科竞赛成绩显著，获全国级奖励人44人（次），其中一等奖9人（次），二等奖35人（次）；获自治区级奖励共90人（次），其中一等奖35人（次），二等奖55人（次）。

【农村中小学现代远程教育】 总投资726万元的农村中小学现代教育工程顺利完成，并于2007年/月通过自治区评估验收。整个工程配备计算机197台、电视机342台、DVD播放机230台、打印机230台、投影机26台，投影幕26块、卫星收视系统230套等设备，全县已有26间初中配备计算机教室，188个村完小建成卫星教学收视点，112个小学教学点配备电视机、DVD播放机和成套教学光盘，教育资源得到进一步优化。

【“普实”情况】 2006 年，兴业县投入“普实”经费 1491 万元，建成中小学实验室 295 间，仪器室 285 间，药品室 34 间，图书室 224 间，阅览室 207 间，语言实验室 7 间，多媒体电教室 8 间等，完善了“普实”基础设施建设，使全县有 6 间中小学达到一类装备标准，33 所中小学达到二类装备标准，198 所中小学达到三类标准。2006 年 6 月 15 日，兴业县“普实”工作通过了自治区评估验收。

【“两基”工作】 坚持“全面推进，重点突出，难点攻破，逐一巩固提高”的做法，切实抓好“两基”迎检各项工作。一是抓好普及程度工作，重点抓好小学、初中入学率、辍学率、完成率及教师学历合格率；二是抓好学校基础设施建设，包括美化、绿化、硬化、亮化校园校貌，配置教学仪器设备及图书资料，推进农村中小学现代远程教育等；三是抓好教育经费的投入工作；四是抓好教育质量管理工作；五是抓好师资队伍建设及学校常规管理工作；六是抓好扫除青壮年文盲工作。

通过努力，兴业县“两基”工作 2006 年 12 月顺利通过自治区复查验收，同时为做好 2007 年“两基”迎国检工作准备了前提条件。

附：兴业县教育局领导

局长：刘　瑜

党组书记：黄业强

副局长：谭鸿星　覃寿芬　陈业瑜　陈儒立

纪检组长：朱宏洁

电话：0775－3763581

地址：玉林市兴业县环西路

邮编：537800

撰稿：梁　峰

北流市

【概况】 2006 年北流市教育概况：

学校数和学生数 全市有各类学校 346 所，在校学生 232354 人，其中小学 291 所，340 个教学点，在校小学生 150261 人；普通初中 44 所，在校初中生 67091 人；普通高中 10 所，在校高中生 16585 人；中等职业技术学校 1 所，在校生 937 人；特殊教育学校 1 所，在校生 138 人。有幼儿园 371 所，在园的幼儿 35058 人。

专任教师数和师生比 全市有教职工 8655 人，其中专任教师 7268 人。小学专任教师 3615 人，师生比为 1：41.57；普通初中专任教师 2924 人，师生比为 1：22.94；普通高中专任教师 913 人，师生比为 1：18.16；中等职业技术学校专任教师 43 人，师生比为 1：21.79 人；特殊教育专任教师 19 人，师生比为 1：7.26。

每万人口在校生 幼儿园 287.36 人，小学校生为 1231.64 人，普通初中在校生 549.93 人，普通高中在校生 135.94 人，中等职业技术学校在校生 7.68 人。

校园、校舍面积和生均情况 全市校园面积 341.81 万平方米，其中小学 196.35 万平方米，普通初中 99.86 万平方米，普通高中 41.35 万平方米，中等职业技术学校 4.15 万平方米，特殊教育 0.1 万平方米；全市学校校舍面积 138.84 万平方米，其中小学 76.55 万平方米，普通初中 43.91 万平方米，普通高中 17.19 万平方米，中等职业技术学校 0.88 万平方米，特殊教育 0.31 万平方米；生均校园、校舍面积分别为小学 13.07 平方米、5.09 平方米，普通初中 14.88 平方米、6.54 平方米，普通高中 24.93 平方米、10.36 平方米，中等职业技术学校 44.29 平方米、9.39 平方米。

义务教育普及程度 小学学龄儿童入学率为 99.81%，初中毛入学率为 96.47%；小学生辍学率为 0.16%，初中生辍学率为 1.98%；小学毕业生升学率达 100%，初中毕业生毕业率达 100%。

【教育经费的收入与支出】 2006 年，北流市教育经费总收入 31020.1 万元，比上年多收入 4691.2 万元，增长 17.82%。其中财政拨款收入 26461.6 万元，比上年多收入 7473.7 万元，增长 39.36%；事业收入 3276.3 万元。教育经费总支出 31005.3 万元，比上年多支出 4678 万元，增长 17.77%。其中财政拨款支出 26461.6 万元，比上年多支出 7478.7 万元，增长 39.4%。总支出中，人员经费支出 26363.2 万元，公用经费支出 4290.3 万元，基建支出 98.4 万元。

【校园基础建设】 全市学校共投入 528 万元对学校校舍进行了维修加固，按时竣工了 2005 年危改项目 22 个，完成投资 468 万元，建成面积 8520 平方米。投资 600 万元的城区南园明德小学已经开工建设。

2006 年继续加大对高中的投入，共投入 570 多万元对北流高中、北流中学、北流二中、北流九中等学校进行基础设施建设。北流高中通过自治区示范性普通高中验收收。

【“两基”工作】 “两基”工作得到巩固提高。全面推进“两基”的迎国检工作，加大基础设施建设投入，重视对弱势学生群体的帮助，对特困学生实行减、缓、免学杂费，全面落实“两免一补”政策，对义务教育阶段的学生免收杂费，有31928名贫困学生获免费提供教科书，合计经费328.39万元；全市小学、初中入学率分别达99.67%、97.68%，其中“三残”儿童入学率达90.8%，远远超过了上级80%的要求；小学、初中辍学率分别为0.52%、2.63%，均控制在1%和3%以内，有力地巩固与发展了“两基”成果。

【教育教学】 教育科研。全市“十五”规划期间的各级科研课题85项均已进入结题阶段，部分课题项目的终端研究成果已通过专家鉴定顺利结题。玉林市级重点课题《骨干教师培养模式的研究》的终端研究成果已顺利通过专家组鉴定，获准结题，并获得玉林市优秀科研成果一等奖；广西教育科学“十五”立项课题《课程改革与提升西部农村地区教师思维品质的研究》的研究成果也顺利通过专家鉴定，获准结题。此外，还有北流高中《示范性普通高中办学模式的探索与研究》等20项国家级、区级、玉林市级课题的研究终端成果已顺利通过专家鉴定结题，并分别获得玉林市优秀科研成果一等奖、二等奖。

教育质量。高考方面，2006年上重点线人数421人，上二本线以上1693人，上三本线以上2732人，本科上线率排在广西89个县（市）区的第13位，其中北流高中二本以上上线率为86.58%，在全区591所高中排第23位。中考方面，连续6年名列玉林市第一，其中上玉林高中录取最低控制投档线共计92人。

素质教育。加强学校德育、体卫艺、科技、青少年团队等工作。陵城初中舞蹈《青春飞扬》获全区第二届中小学第二届艺术展演活动艺术表演类二等奖，市获全区中小学第二届艺术展演活动优秀组织奖和玉林市首届中小学艺术展演活动组织奖；艺术课题《农村学校艺术教育师资队伍建设》获全国二等奖。

体育方面，举办了全市第九届中学生田径运动会、教职工篮球运动会，在玉林市第十届中学田径运动会中，获得初中组第三名，获得高中甲组和高中乙组第四名。青少年科技教育工作方面，在参加玉林市、广西区青少年科技创新大赛中，北流市获得了广西青少年科技创新大赛优秀组织奖，科学幻想绘画《掘煤蚁》获得了全国科学幻想绘画一等奖。

【教师队伍建设】 全年通过公开招考择优聘用的方式公开招聘公办教师1200名，其中从大中专毕业生中公开招聘400人，从市代课教师中公开招聘8C0人。

全市中小学教师参加继续教育学习，其中参加继续教育学习的教师小学为3816人，初中1841人；举办教导主任提高培训班2期共291人参加；组织32名中小学教师参加了“玉林市21世纪园丁工程”第二期培训。通过各种形式的培训学习，一批教师脱颖而出，在参加的各种比赛获得了优秀的成绩，新松小学美术老师颜冰老师以《钓鱼真快乐》代表广西参加第十七届中南六省（区）小学美术优质课现场执教公开课比赛获一等奖；北流高中李贤哲、北流中学廖燕华参加全国英语教师技能大赛顺利通过预赛，进入总决赛；还积极开展“广西中小学校长建设年”活动，中小学校长的管理水平大大提高。

在教师节期间，对师德高尚、为教育教学作出积极贡献的993名优秀教师、89名优秀校长、199名优秀班主任和44名先进教育工作者进行了表彰奖励。

【电化教育】 继续完善北流市23个“广西乡镇现代教育资源中心工程”项目学校的建设，并对其进行了升级维护。在全市42所中学，267所村小学，334个教学点实施了“农村中小学现代远程教育工程”。

附：北流市教育局领导

党组书记、副局长：李美星

局长：李如权

副局长：谢章杰、彭代彬

纪检组长：谢婉秋

电话：0775－6222256

地址：北流市永安路0026号

邮编：537400

撰稿：韦延才

贺州市教育

贺州市

【概况】 2006年贺州市教育概况：

学校数和学生数 全市有幼儿园88所，小学750所，初中111所，普通高（完）中18所，中等职业学校17所，高等院校2所，特教学校3所，小学、初中、高中在校生分别为225396人、123498人、26861人，幼儿园在校人数38119人，中等职业学校在校生18052人，大学在校生5984人

专任教师数和师生比 全市专任教师18403人，其中幼儿园788人、小学10895人，初中6122人、高中1583人，师生比分别为1∶48.4、1∶19.9、1∶18.3、1∶16.9。

校园面积、校舍面积及生均情况 全市基础教育校园面积7843917平方米、校舍面积2545092平方米；其中小学校园面积5232756平方米，生均23.22平方米，校舍面积1318172平方米，生均5.85平方米；初中校园面积2600264平方米，生均21.06平方米，校舍面积995057平方米，生均8.06平方米；高中校园面积1074322平方米，生均40平方米，校舍面积454584平方米，生均16.9平方米；中等职业学校校园面积408425平方米，生均22.6平方米，校舍面积255999平方米，生均14.2平方米。

义务教育普及程度 全市小学学龄儿童入学率为99.71%，初中毛入学率100.68%；小学生辍学率为0.32%，初中辍学率为2.14%；小学毕业率为99.95%，初中毕业率为99.93%。

【教育经费的收入与支出】 2006年，贺州市（含县区）教育经费总收入67305.8万元，比上年多收入8491万元，增长14.44%。其中财政拨款收入52893.8万元，比上年多收入13279.2万元，增长33.52%；预算外资金收入14412万元，比上年少收入478.8万元，下降2.49%。教育经费总支出65442.7万元，比上年多支出7962.5万元，增长13.85%。其中财政拨款支出53527.2万元，比上年多支出14667.4万元，增长37.74%；预算外资金支出11915.5万元，比上年少支出6704.9万元，下降36%。总支出中，人员经费支出35922.8万元，公用经费支出9952.4万元，基建支出1230.4万元，其他支出1830万元。

【未成年人思想道德建设】 贺州市教育局继2005年实施《贺州市未成年人思想道德1435计划》之后，继续加强未成年人思想道德建设：

一是培养学生良好的道德习惯。市及各县（区）中小学根据学生不同年龄的特点，开展学习、宣传贯彻新修订的《中小学生守则》、《中学生日常行为规范》和《小学生日常行为规范》活动，对全市中小学生进行思想道德和规范养成教育。

二是扎实开展“广西第二个未成年人思想道德建设宣传日暨共建和谐，快乐成长”系列活动。以“五保村建设”和三月“学雷锋活动月”为平台，组织全市中小学校开展“文明礼貌和遵纪守法”教育活动、“学雷锋活动”、“向五保村老人送温暖、献爱心活动”以及“感恩教育、传统美德教育”活动等。一年来，全市中小学生向五保老人捐款人数为294387人，捐款金额136857.84元，为五保村老人办实事3946件，参加人数达183540人。

三是认真组织开展“中小学弘扬和培育民族精神月”活动，广泛宣传弘扬和培育民族精神，传承中华文明、发扬革命传统。全市在此活动中，挂横幅560多幅，张贴标语6000多张，出版宣传报700多期，校园广播6000多次。

四是重视并抓好预防未成年人违法犯罪工作，完善中小学法制副校长聘任制，定期在学校开展法制宣传教育，增强学生的法制意识，利用《教育周刊》对青少年维权进行宣传和引导，抓好毒品预防教育，开展“禁毒防艾”知识进校宣传。

六是认真学习宣传和贯彻落实新修订的《义务教育法》。组织教育系统广大教师通过专题讲座、板报、召开座谈会等方式深入学习《义务教育法》，同时还组织开办了两期中小学校长、幼儿园园长学习

新修订的《义务教育法》等教育法规培训班，全市250多名教育工作人员、中小学校长和幼儿园园长参加了培训。

【“中小学校长建设年”活动】 一是认真组织做好2006年“广西中小学校长建设年”工作，制定并印发了《贺州市2006年“广西中小学校长建设年”工作计划》（贺教字〔2006〕20号），对全市各阶段“校长建设年”活动作了周密安排。举办了两期校长培训班，培训校长141人，开展校长读书征文、校长论坛、校长规范管理达标评估等系列活动。

二是制定并实施了中小学教师继续教育全员培训计划，全面提高教师队伍的整体素质。举办“英特尔未来教育”教师培训班4期，培训教师400人，组织1000名小学骨干教师参加市级新课改教材培训。目前，全市幼儿园、小学、初中、高中专任教师的学历合格率分别为96.36%、99.32%、96.66%、85.53%，均超过全区的平均水平。

三是加大防流控辍力度，巩固提高“两基”成果。1月，市教育局与各县（区）教育局签订了目标管理责任状，明确小学辍学率控制在1%、初中辍学率控制在3%以内；2月，检查中小学春季开学工作，重点督查农村初中、小学的“防流控辍”工作；加强对农村初中三年级的管理，确保农村学生完整地接受九年义务教育；高度重视进城务工农民子女接受九年义务教育的问题，加强对流动人口子女接受义务教育工作的管理，保证他们有学校就读。目前，全市进城务工农民子女义务教育阶段适龄入学儿童少年1619人，在公办学校就读的有1586人，约占98%，有33人就读于私立学校，占2%。实行农村义务教育中小学校免收杂费后，全市进城务工农民子女回流总人数为1254人，回流到公办初中的有402人，回流到公办小学的有852人；继续组织实施“两免一补”和免除义务教育阶段学杂费政策，全市春秋季学期共免除义务教育阶段学杂费5507.84万元，有360812名学生享受到国家这一惠民政策，还有65646名学生享受“两免一补”政策补助；进一步做好农村中小学布局调整工作，优化教育资源配置，因地制宜，合理规划和调整学校布局，为义务教育法的全面实施做好工作。

四是农村义务教育经费保障机制改革工作进展顺利，严格执行中小学收费制度，中小学的收费行为进一步规范。2006年春季学期起，全市农村义务教育经费保障按新机制运作。市教育部门积极协调财政部门，及时将免学杂费后对农村义务教育阶段中小学的公用经费和预算内生均公用补助经费，及时下拨到各中小学，确保学校正常运转。为确保农村义务教育经费保障机制改革的顺利进行，我市加大检查力度，在春、秋季学期开学注册时，组成联合检查组，到各县（区）中小学检查、督促收费工作；还对各县（区）教育局和市直学校的分管领导、财会人员进行业务培训，进一步规范了全市教育系统财务管理和学校收费工作，增强了学校领导规范收费的意识，提高了财会人员的素质和管理水平。同时制定了治理教育乱收费工作方案，扎实开展治理教育乱收费工作，对群众来信、来电、来访反映学校有乱收费行为的，及时派出人员进行查实，并按照“谁主管，谁负责”的原则进行处理，切实维护群众的利益。一年来，共受理群众对教育收费的投诉56件，转办50件，直接调查处理6件，有效地遏制了教育乱收费现象的发生；积极开展规范教育收费示范县（区）创建活动，进一步巩固治理教育乱收费取得的成果。

五是创新思路，加快职业教育发展步伐。年初部署全市2006年职业教育工作及驻梧中职学校整体搬迁工作，有序推进市、县职业教育中心筹建工作。市职教中心调整了筹建办人员，明确了工作职责，制定相关的工作制度和年度工作进度计划，并上墙公布执行；完成了各中职学校的资产评估工作；积极做好征地拆迁工作，已完成第一期征地500亩的任务，实现了实质性开工建设。各县（区）不断创造条件加快职教中心建设步伐，已列入全区职教中心立项建设的中职学校有3所，目前正积极整合职教资源，加快筹建步伐。积极做好中等职业学校的招生工作，2006年我市中职共招生7352人，超额完成了自治区下达的任务，中职的招生和送生数共达10852人，也超额完成自治区下达的任务。坚持以就业为导向，加强校企合作，大胆尝试半工半读形式，实行工学交替，以工助学制度，增强学生的生产实践能力，积极开展解决贫困家庭学生免费或低费接受职业教育试点工作，帮助贫困学生完成学业。全市有8所中职学校共3600多名学生通过半工半读这种形式接受职业教育。

六是招生考试成绩显著。2006年高考工作在市委、市人民政府的领导下成绩显著。我市今年报考人数为8481人，与去年相比增加了997人，增幅为13.32%。重点大学上线率实现新突破，全区排位由去年的第六位升至第五位。我市实施了中考招生录取阳光工程，增加招生考试录取工作的透明度，严格执行招生政策和管理制度。

七是扎实推进中小学危房改造进程，建立中小学校舍维修和改造长效机制。我市2006年实施的2005年度农村寄宿制学校建设工程、2005年度农村中小学危改工程在8月底以前全部竣工。全市实施建设工程56个，2006年度计划投入资金2045万元，其中中央资金1959万元，自治区补助资金86万元；计划新建校舍39435平方米，改造危房面积19167平方米。截止7月5日，中央和自治区的资金到位率为100%。56个项目中，有20个在建主体，22个正在装修，10个竣工待验收，4个已验收，工程开工率为100%，竣工率为25%，完成投资1194万元。做好农村初中改造工程建设前期调研和县（区）中小学基本建设发展规划，为下一步建立中小学校舍维修和改造长效机制奠定基础。

八是积极开展教育督导工作，促进教育健康发展。2006年内先后组织开展党政主要领导干部教育工作督导考核、义务教育阶段合格学校评估验收、“两基”迎检工作、中职招生、农村教育“312”工程督导检查，促进了贺州教育的健康发展。

九是开展教育系统治理商业贿赂专项工作，切实加强教育系统党风廉政建设。根据上级部署，制定了市教育局治理商业贿赂的工作方案和教育系统不正当交易行为自查自纠工作方案，对全市教育系统治理商业贿赂工作进行督促、检查和指导。狠抓教育系统党风廉政建设，按照党风廉政责任制的要求，积极开展党风廉政教育，认真落实责任目标，加强制度建设，筑牢防腐防线。

十是积极开展支援基层教育活动，支教成效显著。我市支教工作为改变农村薄弱学校落后面貌，为统筹城乡教育均衡发展作出了较大贡献。2006年，全市共派出各级支教队员180人。其中市直支教队员20人，县（区）支教队员160人，以及共青团西部计划大学生支教志愿者11人。共支援薄弱学校126所，其中小学98所，初中28所，后援单位总数达到291个。据统计，2006年后援单位及社会各界共为受援学校、学生捐款253.7万元，捐赠物资折合人民币42.3万元，为受援学校新建校舍3250平方米，维修校舍6105平方米，硬化校道1760平方米，培训校长和教师10113人次，培训科技法律型农民78000人次，资助贫困生3325人。

【安全稳定工作】 每学期联合市卫生局、纠风办、物价局、财政局等部门组成联合检查小组4个，对全市89所中小学开学工作、安全工作、收费工作等进行了检查，确保全市各级各类学校安全稳定。

扎实开展“安全教育活动月”系列教育活动。为普及宣传校园安全知识，增强师生安全意识，帮助师生掌握突发事件自我保护技巧，提高自救能力，我市认真组织开展“安全教育活动月”，制定了以安全知识教育为基础，以安全技能演练为主的活动方案，并组织有关人员对全市中小学进行三次安全工作大检查。据不完全统计，全市125所中学、700多所小学、100多所幼儿园共有约45万多师生参加了“安全教育活动月”系列教育活动，印发安全宣传资料12万多份，出版专题墙报8000多版，宣传标语2万多条（幅），安全知识挂图展300多次，专题班队会（校会）15000多次，聘请消防官兵、交通警察、政法干警到校进行专题讲座2000多场次，各种安全技能演练2000多次。

做好各种疾病的防控工作。为预防传染病在校园内传播，市教育局与市疾控中心举办了学校流脑呼吸道传染病晨检工作和入托（园）、入学儿童预防接种证查验工作培训班，增强学校卫生管理人员的业务能力。做好汛期学校安全工作。加强对学校安全卫生工作的督查。4月下旬对学校消防安全工作进行专项检查；5月下旬，会同市卫生部门对全市学校进行了一次食堂食品卫生工作专项检查；年内对全市中小学幼儿园进行2次安全大检查，特别是重点排查接送学生的校车，避免了违规车辆接送学生带来的安全隐患。12月，切实加强对校车安全管理，做好辖区内所有中小学、幼儿园校车（包括租用其他单位的车辆）的摸底登记工作，对校车的来源、车况、驾驶员的资质、身体和心理健康状况进行全面检查并逐一登记。

【“校园清洁工程，争当文明小市民”活动】

一是召开县区教育局长、市属学校校长、市局全体干部职工参加的动员大会，传达学习市政府陈利丹市长所作的关于贯彻落实自治区党委刘奇葆书记的讲话精神，部署教育系统的“城乡清洁工程”，要求广大干部职工要从我做起、从小事做起、从现在做起，切实转变观念，践行“清简务本、行必责实”的工作作风；要求各校在实施“城乡清洁工程”中要做到“六结合”，即与《公民道德建设实施纲要》的教育相结合，与社会主义荣辱观教育相结合，与中小学生行为规范教育相结合，与实施学校改厕改厨工作相结合，与整治校容校貌相结合，与创建合格学校相结合。

二是成立了由局长兼任组长、三位副职领导任副组长、有关科室负责人和各县（区）教育局局长为成员的贺州市教育局实施“城乡清洁工程”活动领导小组，切实加强对活动的组织领导。

三是结合教育实际，制订并印发了《贺州市中小学开展“实施校园清洁工程，争当文明小市民”活动方案》（贺教字〔2006〕175号），对各县（区）教育局、各中小学校实施“城乡清洁工程”进行了全面的安排，提出了明确的要求。

四是狠抓工作落实。组织有关人员成立了2个检查小组，深入各市直学校检查工作落实情况，并对存在问题提出整改意见。

五是局领导带头参加万人上街打扫清洁卫生活动。由局长彭远麟牵头，带领全局机关干部职工，组织市自来水公司、河南派出所、八步城区学校和市直学校部分学生近2000人，积极响应市委、市政府的号召，开展万人上街清洁卫生大行动，共清扫垃圾16车，清除“牛皮癣”36处。

【课外实践】 2006年，贺州市开展了丰富多彩的课外实践活动。各中小学因地制宜，积极开展各种富有趣味的课外文化体育活动，课外兴趣小组活动，重视抓好“小发明、小制作、小论文”的青少年科技活动。在全区青少年科技创新大赛中，选送的38件作品中有37件获奖，以5金、16银、16铜的好成绩排在全区前列。

2006年11月26日至28日，贺州市第一届中小学生运动会在贺州市举行，本届运动会共有594名运动员参赛，共设6个大项，71个小项，共决出金、银、铜牌各153枚，本届运动会的规模宏大，影响面广，成效显著。运动会还打破了9人6项原梧州地区中小学生运动会纪录。

附：贺州市教育局领导

党委书记、局长：彭远麟

党委副书记、纪委书记：韦积雄

党委委员、副局长：韩贵平

党委委员：何　洪

党委办公室主任、行政办公室主任：聂明金

电话：0774－5139508　5139518（传真）

地址：贺州市贺州大道中段

邮编：542800

撰稿：彭　剑

八步区

【概况】 2006年八步区教育概况

学校数和学生数 有小学300所，教学点154个，小学生105310人；初中53所，初中生51175人；高中5所，高中生4215人；中等职业技术学校1所，中职生926人。

专任教师数和师生比 小学教师4446人，师生比1∶23.6；教学点教师278人，师生比1∶20.2；初中教师2740人，师生比1∶25.9；高中教师206人，师生比1∶20.5；中职教师33人，师生比1∶28。

每万人口在校生 幼儿园205人，小学1108.5人，初中585人，高中104人，中职55.4人。

校园、校舍面积及生均面积 幼儿园面积88152平方米，生均4.5平方米；校舍面积50380平方米，生均2.58平方米。小学校园面积1857472平方米，生均17.6平方米；校舍面积592669平方米，生均5.63平方米。初中校园面积877703平方米，生均15.8平方米；校舍面积419470平方米，生均7.57平方米。高中校园面积294774平方米，生均69.9平方米；校舍面积85003平方米，生均20.2平方米。中职校园面积18812.9平方米，生均20.3平方米；校舍面积9445.6平方米，生均10.2平方米。

义务教育普及程度 小学适龄人口101565人，入学100939人，入学率为99.4%，辍学率为0.36%，升学率为97.9%。初中适龄人口54078人，入学55667人，毛入学率102.94%，辍学率2.4%，升学率56.2%。高中适龄人口52946，入学23873人，入学率45.09%，辍学率2.1%，升学率66.1%。

【教育经费的收入与支出】 2006年，八步区教育经费总收入22744.3万元，比上年多收入2688.3万元，增长13.4%。其中财政拨款收入20147万元，比上年多收入5380.8万元，增长36.4%；预算外资金收入1543.1万元，比上年少收入3146.9，增长－67.1%。教育经费总支出22917.3万元，比上年多支出3622.4万元，增长18.8%。其中财政拨款支出20167.5万元，比上年多支出6128.2万元，增长43.7%；预算外资金支出3276万元，比上年少支出529.8万元，增长－13.9%。预算外资金支出中，人员经费支出22373.9万元，公用经费支出4463.6万元，基建支出113.6万元。

【"普九"工作】 为了进一步提升"普及九年义务教育"的质量，八步区教育局做好如下的几项工作：一是认真贯彻落实"两免一补"（免收学杂费、课本费，补助贫困生寄宿费）的新政策，"两免"金额达3345.35万元，补助贫困寄宿生2841人，金额155.74万元。二是认真解决贫困生就学问题。全区发动爱心助学，筹集资金达75.5万元，资助贫困生6374人次。三是关爱留守儿童，建立帮教制度，开展"结对子"活动，使全区22401名留守儿童少年都能安心学习。四是努力提高残疾儿童少年的入学率。除办好特教学校外，着重抓好随班就读工作。适龄人口各类残疾人数2005年为473人，2006年为555人，残疾适龄少儿入学人数2005年为424人，2006年为514人，入学率分别为89.6%、92.6%。五是加强了边远少数民族山区薄弱学校的建设。除了大平、黄洞两个瑶族乡外，在沙田、鹅塘两个乡镇中心学校办了土瑶族学生寄宿班。4个乡镇的寄宿制民族班的小学生2005年有634人，2006年有690人；初中生2005年有377人，2006年有483人。六是确保每年的教育投入达到法定的"三个增长"，努力改善办学条件。至2006年全区中小学已全部拆除D级危房。由于以上各项措施的贯彻执行，保证了"普九"任务按时按质按量的顺利完成。

【扫盲工作】 2006年度，八步区青壮年人口为511809人，青壮年中非文盲人数为511374，青壮年非文盲率达到99.9%。乡镇、村基层扫盲验收合格率达100%。全区乡镇农民文化技术学校21所，村农民文化技术学校285所，办学面达100%。广大农民在脱盲的基础上，通过技术培训、绿色证书培训、毕业生劳动力培训、富余劳动力培训、再就业培训、创业培训、综合素质培训，培养了一大批新技师和各种技能人才，大大地促进了农村经济以至整个国民经济的发展。

【"两基"工作】 2006年9月，八步区政府专门成立了"迎国检"工作领导小组，由区长任组长，并在区教育局成立"迎检""两基"办公室，由教育局第一把手以及具体分管"两基"工作的副局长分别兼"两基办"的正副主任。在层层召开"迎检"工作会议的同时，召开了"两基"工作训干会，对"两基"专干进行培训，从而使"基本'普九'"和"基本扫盲"的"两基"指标和成果稳中有升。为了进一步全面提高"两基""迎检"工作的职能，区人民政府与各乡镇及有关职能部门签订了《迎接国家"两基"评估验收工作责任状》，把"两基"工作作为考核领导干部工作责任目标的重要内容来抓。

【高中教育】 八步区现有1所高中（平桂高中）、4所完中（贺中、信中、岭中、电大附中），共计5所高中。尽管由于贺州市划去了八步区（原贺县）仅有的支柱性的两所重点高中（贺高、贺二高），八步区在失去优势的情况下，仍然奋力办好现有的高完中。八步区2005年上半年原有6所高完中，由于生源不足，2005年下半年公会中学停办高中，于是八步就只剩下5所高完中。2005年高考，八步区上线率65.5%。在八步区艺术类本科上线12人中，桂岭中学独占了8人。2006年高考，八步区高考上线率达66.1%。

【职业教育】 2006年初，八步区职业教育中心筹建工作领导小组成立，在教育局下设办公室。由八步区区长任组长，教育局主管职教的副局长任办公室主任。八步区职教中心是广西首批示范性县（区）职教中心，要把职教中心办成跨行业、跨部门、"多校一体"的新模式。市政府在光明大道东侧划拨了200亩土地作为建设用地。职教中心已经在2006年完成招生762人，在校生达1274人，培养人数达4489人，"职教中心"的建立为八步区"基教""职教""成教""三教"统筹并举齐上打开了新的局面。

【师资建设】 截至2006年末，八步区全区幼儿园教工683人（除区幼公办教工95人外，均为民办幼儿园教工）、学前班非公办教工648人、小学公办教工4858人、小学临时性代课教师149人、特教小学公办教工9人、公办初中教工3165人，公办初中临时性代课教师16人、民办初中教工281人、公办高中教师206人，累计以上全区各类教工（含公办、民办学校教工、临时性代课教师）总数为10050人。为全面提高师资质量，近年来区教育局在上级党政领导下，在师资建设方面采取了以下一系列的措施：一是2005年7月成立教师培训中心，首先对由代课转公办的501名教师进行了岗前培训。二是2006年教师培训中心组织了全区小学校长培训班、小学教导主任培训班、幼儿园园长培训班，合700多人。三是连续三年对大专毕业通过考试考核录用为公办教师，2004年286人、2005年297人、2006年158人。对这些新录用的教师都分期进行了岗前培训。四是每年都对全区教师进行全员继续教育培训以及"课改、通识、业务"培训。五是紧密结合自治区园丁工程，加强对骨干教师的培养，抓好师德教育。由于以上措施，八步区教师队伍的整体素质大为提高，全区教育教学质量走上了一个新的台阶。

附：八步区教育局领导

局长、党组副书记：覃永祥

党组书记：罗　红

副局长：林　海　龙　平

党委副书记：李　辉

电话：0774－5212594

地址：贺州市八步街道新兴南路62号

邮编：542800

撰稿：于发圻

钟山县

【概况】 2006年钟山县教育概况：

学校数和学生数 全县共有小学338所（其中教学点184个），在校生56282人；普通初中25所，完全中学1所，普通初中在校生27424人；普通高中2所，在校生6060人；中等职业技术学校1所，在校生2092人。

专任教师数和师生比 小学专任教师2577人，师生比1∶21.8；初中专任教师1407人，师生比1∶19.4；高中专任教师212人，师生比1∶28.5；中等职业技术学校专任教师87人，师生比1∶24.0

校园、校舍面积及生均情况 全县校园面积共2502791.2平方米，其中小学1440819平方米，生均25.6平方米；普通初中858793平方米，生均31.32平方米；普通高中159377平方米，生均26.29平方米；中等职业技术学校43802.2平方米，生均22.5平方米。全县校舍面积共629908平方米，其中小学313125平方米，生均5.56平方米；普通初中274098平方米，生均9.99平方米；普通高中37452平方米，生均6.18平方米；中等职业技术学校5233平方米，生均2.68平方米。

义务教育普及程度 小学入学率为99.79%，毕业率100%，在校生年辍学率0.22%；初中阶段的毛入率96.85%，毕业率100%，在校生年辍学率2.37%。

每万人口在校生 幼儿园143人，小学1184人，初中587人，普通高中127人，中等职业学校44人。

【教育经费的收入与支出】 2006年，钟山县教育经费总收入12909万元，比上年多收入2113万元，增长19.6%。其中财政拨款收入11991万元，比上年多收入2883万元，增长31%；预算外资金收入918万元，比上年减少716万元，负增长56%。教育经费总支出11014万元，比上年多支出282万元，增长2.6%。其中财政拨款支出10096万元，比上年多支出988万元，增长10.8%；预算外资金支出918万元，比上年减少支出716万元，负增长56%。总支出中，人员经费支出9775万元，公用经费支出2562万元，基建支出572万元。

【教育教学质量】 全县报名参加高考的考生共计1708人，一本（重点大学）上线80人；二本上线272人；三本上线355人，应届生本科上线率居贺州市三县一区第一名。参加中考人数3459人，上贺州市重点高中录取线227人。

成功举办了五四青少年大型诗歌音乐晚会、首届少儿才艺大赛、首届校园文化艺术节；成功承办了贺州市第二届大、中、小学生啦啦操比赛，组织了代表团参加了贺州市第一届中小学生运动会并荣获团体总分第一名，摘取金牌33枚。

继续做好普实巩固提高工作，农村中小学现代远程教育工程项目“三个模式”（初中配备多媒体计算机教室；完小配备卫星教学接收设备；教学点配备光盘播放设备）项目学校资料编制上报工作已完成。完成对12个乡镇教育资源中心的设备安装、维护和使用指导工作，对中心管理人员进行了培训。钟山中学顺利通过自治区级普通示范性高中评估验收；钟山职中通过自治区级重点职业中等专业学校评估验收、被共青团中央、农业部、教育部、科技部、劳动和社会保障部、国务院扶贫办、民进中央七部委评为“全国农村青年转移先进单位”荣誉称号。县幼儿园荣获“贺州市绿色幼儿园”称号。在整合教育资源方面，完成了县师范并入职业中学的各项合并工作，进一步优化了教育资源。

附：钟山县教育局领导

局长：罗　健

党组书记：梁　勋

党组副书记：黄耀强

副局长：钟武庸　韦富平　张红玉

电话：0774－8982618

地址：钟山县兴钟南路17号

邮编：542600

撰稿：石艳芳

昭平县

【概况】 2006 年昭平县教育概况：

学校数和学生数 全县办幼儿园 1 所，乡镇和社会力量创办的幼儿园 19 所，全日制小学（含教学点）237 所，特教学校 1 所，公办初中 17 所，民办初中 1 所，完全中学 2 所，高级中学 1 所，职业教育中心 1 所。2006 年秋季学期小学在校生 34085 人，初中 23756 人，普高生 5495 人，职校生 1469 人，在园幼儿（含学前班）5907 人。

专任教师数和师生比 全县有在职中小学教职员工 3875 人，其中小学专任教师 1942 人，师生比为 1∶16；初中专任教师 1201 人，师生比为 1∶17.3；高中专任教师 280 人，师生比为 1∶19.6；职教专任教师 79 人，师生比为 1∶18.5。

每万人口在校生 幼儿园 149 人，小学 865 人，普通初中 603 人，普通高中 139 人，中等职业技术学校 37.3 人。

校园、校舍面积及生均情况 全县校园总面积 177.46 万平方米，校舍面积 36.56 万平方米。校园、校舍生均面积，小学 28.53 平方米和 6.29 平方米，普通初中 19.25 平方米和 6.79 平方米，普通高中 35.30 平方米和 9.01 平方米，中等职业技术学校 46.70 平方米和 14.90 平方米。

义务教育普及程度 小学适龄儿童入学率为 99.70%，在校生辍学率为 0.37%；初中阶段入学率为 96.92%，在校生辍学率为 1.69%；15 周岁人口初等教育完成率为 98.68%，17 周岁人口初级中等教育完成率为 91.23%。

【教育经费的收入与支出】 2006 年，昭平县教育经费总收入 10110 万元，比上年多收入 670 万元，增长 7.09%。其中财政拨款收入 9565 万元，比上年多收入 3238 万元，增长 51.17%；预算外资金收入 1478.30 万元，比上年减少 957.10 万元，减少 39.29%。教育经费总支出 10216.40 万元，比上年多支出 814.5 万元，增长 8.66%。其中财政拨款支出 9565 万元，比上年多支出 3238 万元，增长 51.17%；预算外资金支出 1478.30 万元，比上年减少 957.10 万元，减少 39.29%。总支出中，人员经费支出 7104.40 万元，公用经费支出 2966.20 万元，基建支出 529.90 万元。

【“两基”工作】 昭平县坚持把控辍保学作为“两基”巩固提高的重点，采取积极措施抓紧抓好。一是学习宣传贯彻好今年 9 月 1 日正式实施的新《义务教育法》，依法保障适龄儿童、少年入学，提高入学率。二是认真实施农村义务教育经费保障机制改革工作，免除义务教育阶段在校学生学杂费，积极落实“两免一补”。2006 年发放免费教科书为 32734 套，受益学生 16419 人，免杂费 978.73 万元，受益学生 60227 人。三是积极组织开展“爱心助学”活动，全年筹集“爱心助学”基金 171372.05 元，发放中小学贫困学生助学金 24.53762 万元，资助中小学贫困生入学就读 2060 人。争取社会各界爱心助学款 19.7198 万元，资助贫困生 861 人。四是努力解决进城务工农民子女和“留守儿童”就学问题，目前全县有 950 名城镇临时户口居民子女和 1580 多名“留守儿童”在校正常接受教育，实现了适龄儿童入学一个不少的目标。五是抓好成人文化技术学校建设，青壮年文盲脱盲巩固率为 100%。六是认真贯彻宣传落实好自治区、市“两基”迎“国检”工作会议精神，努力夯实 2007 年“两基”迎“国检”基础。

【未成年人思想道德建设】 昭平县坚持把加强青少年思想道德建设作为推进素质教育的重要内容，在大力推进素质教育过程中，切实加强学生日常行为规范的养成教育和诚信教育，增强课程的渗透性，并以开展“弘扬和培育民族精神教育月”社会公益劳动、社区服务活动和向“五保老人”献爱心活动为载体，让学生在活动中接受教育。同时开展好中小学法律知识教育，加强校园周边网吧、游戏厅等娱乐活动场所的整治工作，净化青少年成长空间。德育工作先进经验在 4 月召开的全区德育工作会上交流，昭平中学被评为全区德育工作先进集体；昭平四中被评为全区教育法制工作先进集体；昭平二小被评为自治区校园文化建设先进单位。目前全县中小学生行为规范合格率为 100%、思想道德合格率为 99.8%，犯罪率为零。

【师资建设】 昭平县切实加强教师队伍建设，努力提高师资水平。一是全面解决教师职务的聘任问题。下半年对全县 2004 年以来取得初、中、高级专业技术职务资格的 585 名教师进行了聘任，并兑现了职务工资。二是选派部分校长参加市、区级培训和分批组织 148 名中心小学和村校校长进行了为期 3 天的县级集中学习培训，培训率达 100%，合格率达 99.5%，校长建设年活动有序推进。三是充实优化教师队伍，9 月录用 14 名高校优秀毕业生和 39

名初中教师到高中学校任教。四是把加强师德教育和继续教育、学历提高教育和创优评先相结合，全面提升教师的师德、业务水平，树立良好师表形象。年内组织中小学教师参加继续教育2893人次，占应培训人数的98%。年内获自治区特级教师1人、首届“广州助学基金”八桂优秀乡村教师3人、自治区优秀班主任1人；评选表彰了县级先进集体20个，先进工作者96名，优秀班主任39名。

【普高、职高和学前教育】 结合昭平县实际，充分挖掘学校潜力，进一步扩大普通高中教育规模。2006年内录取新生2435人，超额完成市下达的高中招生任务。目前有普通高中在校生5495人，比上年增加1256人，增幅达29.6%，每万人口高中在校生由上年的102人提高到139人。年内高考全县有1288人报考，录取本科290人，专科541人，录取率为65%。职业教育在调整中加快发展。一是投入资金120多万元，用于职教中心实践基地、校园美化建设和迁移横穿校园的高压线，以及平整学校运动场地。二是采取“校校联办，校企联姻”的开放式办学模式，初步实现招生、培养、就业、服务一体化，毕业生就业率达90%以上，其中与北京市联办的高职班4名毕业生被聘到外交部工作。三是多措并举，整体联动，抓好中职招生工作，春季招收工读生700多人；秋季录取职高生749人。学前教育积极发展。全县幼儿学前三年受教育率达55%，学前一年入园（班）率为85%。

【危房改造工作】 办学条件进一步改善。一是完成2005年度危改工程项目12个，投入资金356.2万元。二是施工建设2005年度水毁工程和明德小学工程共9个，建筑面积共6330平方米，总投资371.2万元。三是做好2006年危改工程和青少年活动中心共24个项目的施工前期工作，建筑面积共10154平方米，总投资739万元，年内工程全部做好规划、图纸设计，落实了招投标。四是制定实施了《昭平县中小学D级危房校舍治理工作方案》，强化对危房校舍的治理，全县中小学2.96万平方米D级危房年底已全部消除。

【教育教学质量】 昭平县采取积极措施，努力实现课改区域均衡推进，教学质量和教育教研水平取得新的突破。2006年内获美文、教学能手大赛一、二等奖教师97名；获全国全区教师论文奖分别为35篇和320篇。申报国家级课题2项、市级5项，国家级课题结题1项。深入实施“双轮教”结对子活动，促进城乡教育资源的合理共享。年内县城教师送教下乡120人次，举办示范课、优质课62节；农村薄弱学校教师到县城先进学校跟班学习80人次。2006年内学生获县级科技论文奖180篇；组织学生参加“桂东电力杯”市第一届中小学生运动会获得团体总分第三名的好成绩，代表市参加全区青少年古典式摔跤锦标赛和中小学生啦啦操比赛获分别获得团体冠军和二等奖，其中学生李冬梅代表全区参加全国青少年举重锦标赛获得第五名。中考成绩稳中有升，高分段620分以上有216人，占全市高分段人数的41.45%。获县级表彰“三好学生”237人、“优秀学生干部”93人、“优秀学生”29人、县级先进班集体63个。

【教育信息化】 认真实施“广西乡镇现代教育资源中心”和远程教育项目，近几年来，多渠道筹措资金783.25万元，用于推广现代教育技术，加快推进教育信息化建设。目前，全县各乡镇中小学有教育部李嘉诚远程教育项目教学点共65个，多媒体教室20间，计算机1500多台。年内开通了中央教育频道。

附：昭平县教育局领导

党组书记、局长：黄宪端
党组副书记、副局长：胡永前
党组成员、副局长：潘少雄　何华平
党组成员、纪检组组长：吴　余
办公室主任：吴润健
电话：0774－6682176
地址：昭平县昭平镇西宁中路35号
邮编：546800

撰稿：胡甫生

河池市教育

天峨县

【概况】 2006年天峨县教育概况：

学校数和学生数 全县有各级各类学校197所。其中完全中学1所，职业中学1所，县民族中学1所，乡镇初级中学8所；县直小学3所，乡镇小学中心校9所，九年一贯制学校2所；村级小学80所，教学点88个；公办幼儿园1所，私立幼儿园3所。全县在校学生31941人，其中普通高中生1225人，职中生436人，初中生6589人，小学生19279人，在园（班）幼儿4412人。

专业教师数和师生比 全县教育系统干部职工1826人（含代课教师128人，临时工13人）。其中小学专任教师871人，师生比1∶16.2；普通初中专任教师262人，师生比1∶18.6；普通高中专任教师54人，师生比1∶22.69。

每万人口在校生 幼儿园288人，小学1252人，普通初中428人，普通高中80人（不含在县外就读学生数），中等职业技术学校28人（不含在县外职业学校就读学生数）。

校园、校舍面积及生均面积 全县小学校园面积276764平方米，校舍建筑面积75693平方米，生均校舍面积4.32平方米。普通初中校园面积147214平方米，校舍建筑面积44416平方米，生均校舍面积6.71平方米。普通高中校园面积23345平方米，校舍建筑面积6172平方米，生均校舍面积5.04平方米。中等职业技术学校校园面积27000平方米，校舍建筑面积2700平方米，生均校舍面积6.19平方米。

义务教育普及程度 全县小学适龄儿童入学率99.8%，初中阶段入学率98.68%；小学生辍学率0.14%，普通初中辍学率2.03%；小学毕业生升学率99.67%，初中毕业生升学率51.8%。

【教育经费的收入与支出】 2006年，天峨县教育经费总收入5254.9万元，比上年多收702.8万元，增长15.4%。其中财政拨款收入4625万元，比上年多收入666万元，增长16.82%；预算外资金收入629.9万元，比上年多收入36.8万元，增长6.2%。教育经费总支出5254.9万元，比上年多支出702.8万元，增长15.4%。其中财政拨款支出4625万元，比上年多支出666万元，增长16.82%；预算外资金支出629.9万元，比上年少支出36.8万元，增长6.2%。总支出中，人员经费支出3111.5万元，公用经费支出333.7万元，校舍建设费用1223.4万元，其他经费支出586.3万元。

【学校基础设施建设】 2006年，我县继续抓好“农村寄宿制学期项目工程”、“世行贷款学校建设工程”、县级投入的“普九”攻坚项目以及天峨高中、移民学校建设等学校基础设施建设相关工作。全县农村寄宿制项目单项工程20个，除下老中学因移民搬迁方面原因尚未动工外，其余18个项目均已竣工。另外三堡中心校、纳关小学及香港乐善行基金会援建的甲板小学教学楼建设项目也全部竣工，投入使用。

【民办教育】 切实加强对民办教育指导和管理，组织对红孩儿幼儿园进行年度评估，对龙滩艺术幼儿园、城中幼儿园的办学资格进行了审查，已确认了上述三所幼儿园的办学资格，同意其办学。蓝天幼儿园办园资格正在审查、整改中。

【库区学校搬迁工作】 2006年暑假期间，开始组织龙滩电站290—355水位高程范围内学校进行搬迁，教育局全体干部职工和有关学校领导、老师放弃暑假休息时间，全力以赴投入移民和学校搬迁工作。为了确保移民子女2006年秋季学期入学，教育局采取有力措施，调整利用县直学校的教育资源，妥善安排向阳、下老移民子女到县直学校就读，使移民子女100%入学，维护了库区社会稳定。同时，在县城周边学校安置1000多名中小学生，这些学校大班额的问题日益突出..

【招生考试】 2006年全县参加高考405人，录取大专以上301人，录取率74.3%。

附：天峨县教育局领导

党组书记、局长：韦伯儒
党组副书记：陈泽刚
副局长：韦汉春、李慈章
纪检组长：陆红玲
电话：0778－7822617
地址：天峨县六排镇城东区149号
邮编：547300

撰稿：韦承卫

凤山县

【概况】 2006年凤山县教育概况：

学校数和学生数 凤山县现有高级中学1所，在校高中生2492人；职业中学1所，在校职高生243人；初级中学14所，在校初中生9524人；完全小学108所，教学点141个，在校小学生22911人；县直机关幼儿园一所，私立幼儿园10所。在园幼儿1230人。

专任教师数和师生比 小学专任教师1099人，师生比为1∶20.85；初中专任教师476人，师生比为1∶20.01；高中专任教师102人，师生比为1∶24.43；职高专任教师12人，师生比为1∶20.25。

每万人口在校生 幼儿园79人，小学1212人，初中504人，高中132人，职高13人。

校园、校舍面积及生均情况 小学校园面积330372.1平方米，校舍面积127251.5平方米，生均校舍面积5.58平方米。初中校园面积177837.4平方米，校舍面积84442平方米，生均校舍面积9.45平方米。高中校园面积57333.3平方米，校舍面积22274平方米，生均校舍面积8.94平方米。

义务教育普及程度 小学儿童入学率99.71%，初中阶段入学率99.96%；小学辍学率0.22%，初中辍学率2.15%；小学毕业生升学率99.83%，初中毕业生升学率50.3%。

【教育经费的收入与支出】 2006年，凤山县教育经费总收入7605万元，比上年多收入2423万元，增长46%。其中财政拨款收入7323万元，比上年多收入2420万元，增长49.3%；预算外资金收入252万元，比上年多收入－26万元，增长－10.3%。教育经费总支出7623万元，比上年多支出2455万元，增长47.5%。其中财政拨款支出7323万元，比上年多支出2449万元增长50.2%；预算外资金支出226万元，比上年多支出－26万元，增长－10.3%。总支出中，人员经费支出3584万元，公用经费支出947万元，基建支出2271万元，其他支出818万元。

【教育质量】 2006年“普九”工作通过自治区人民政府评估验收，高中阶段教育有了突破性的发展。2005年利用东巴凤大会战项目创建了独立的凤山县高级中学，高考质量连年攀升，2006年考上本科线128人，上专科线268人，上线率为87%。

凤山县教育局全面贯彻党的教育方针，深化教育教学改革，全面推进素质教育，全力开展艺术进课堂活动，被自治区教育厅授予“学校艺术教育先进县”荣誉称号。凤山县注重教师队伍建设，坚持开展师德教育活动，不断提高教师队伍的政治业务素质，先后有邹治敏、李笃东、周隆先、陆祖川等多位教师被评为国家级和自治区级优秀教师（教育工作者）、优秀班主任和德育先进工作者；有李正坤、廖克斌、田应阳等教师荣获自治区特级教师称号；有曾厚平、李正才等六位老师被评为“八桂优秀乡村教师”，有黄燕芳、黄彩萍等多位教师参加区、市学科教学大赛获一等奖；有实验小学、凤山县中学、巴烈小学等学校荣获区市常规管理优秀学校称号。

附：凤山县教育局领导

局长：牙祖天
党委书记：班兴让
副局长：韦凤利、罗凤章
纪检组长：罗起恒
电话：0778－6812159
地址：凤山县凤城镇河曲路3号
邮编：547600

撰稿：黄达昌

环江毛南族自治县

【概况】 2006年环江毛南族自治县教育概况：

学校数和学生数 全县现有小学310所，其中村完小以上学校149所，教学点161个，小学在校生28663人；普通初级中学18所，初中在校生15406人；普通高级中学1所，完全中学1所，私立高中1所，高中在校生2872人；中等职业技术学校

1所，中职在校生470人。

专任教师数和师生比 全县专任教师3469人。其中，小学教师2349人，师生比为1∶11.62；初中教师952人，师生比为1∶13.46；高中教师134人，师生比为1∶21.1；中等职业技术学校教师34人，师生比为1∶13.23。

每万人口在校生 全县现有人口35.52万人，平均每万人口在校生，幼儿园135.5人，小学806.11人，普通初中433.73人，普通高中80.86人，中等职业技术学校13.23人。

校园、校舍面积及生均情况 全县小学校园面积909043平方米，生均31.71平方米，小学校舍面积216246平方米，生均7.54平方米；初中校园面积373962平方米，生均24.27平方米，校舍面积122127平方米，生均7.93平方米；高中校园面积104719平方米，生均37.01平方米，校舍面积51425平方米，生均18.18平方米；中等职业技术学校校园面积33383平方米，生均72.57平方米，校舍面积7790平方米，生均16.93平方米。

义务教育普及程度 全县小学学龄儿童入学率为99.30%，初中毛入学率为114.93%；小学生辍学率为0.12%，初中生辍学率为2.22%；小学毕业生升学率为100%，初中毕业生升学率为40%。

【教育经费的收入与支出】 2006年，环江毛南族自治县教育经费总收入10418万元，比上年多收入2178万元，增长26.4%。其中财政拨款收入9293万元，比上年多收入2741万元，增长41.8%；预算外资金收入273万元，比上年多收入－1154万元，增长－422.7%。教育经费总支出10265万元，比上年多支出2025万元，增长24.58%。其中财政拨款支出9228.3万元，比上年多支出2817万元，增长43.9%；预算外资金支出253万元，比上年少支出1174万元，减少464%。总支出中，人员经费支出8242万元，公用经费支出2023万元，基建支出0万元，其他支出0万元。

【“中小学实验教学普及县”工作】 2006年，县党委、政府进一步集中人力、物力、财力投入到“普实”工作中，县财政安排600万元经费用于“普实”验收工作。此外，全县上下、社会各界，多渠道筹措资金及物资170多万元，加大了“普实”的经费投入，使全县“普实”工作取得了突破性的进展——全县各中小学的实验室、仪器室、实验器材及图书的配备均达到了自治区规定的标准，各学校实验管理及实验教学档案建立完善，实验教学课正常开展，学生实验操作技能不断提高，实验教学质量达到了预期的目标。2006年11月，经自治区人民政府教育督导团的严格评估，环江县的“普实”工作顺利通过了自治区级验收。

附：环江毛南族自治县教育局领导

局长、党组副书记：谭万福

党组书记、副局长：欧干城

副局长：韦旭梅、韦有旺、覃善计（兼）

纪检组长：欧梅英

电话：0778－8821237

地址：环江毛南族自治县思恩镇桥东路144号

邮编：547100

撰稿：蒙宜勇

宜州市

【概况】 2006年宜州市教育概况：

学校数和学生数 全市有小学230所（其中市直9所、中心小学16所、村小167所、教学点35所、社会力量和其他部门办3所），在校生42992人；初中25所（其中市直3所、乡镇中学19所、社会力量和其他部门办3所），在校生18810人；普通高中6所（其中市直3所、社会力量和其他部门办3所），在校生9307人；民族职业中专学校1所，在校生2431人；公办幼儿园2所，在园生1287人；特殊教育学校1所，在校生68人。

专任教师数和师生比 全市小学专任教师2923人，初中专任教师1398人，普通高中专任教师408人，中等职业教育专任教师94人；小学师生比1∶14.71、初中1∶13.54、普通高中1∶14.72、中等职业学校1∶25.86。

校舍面积及生均情况 小学校舍面积29831平方米，生均0.694平方米；普通初中校舍面积161841平方米，生均0.604平方米；普通高中校舍面积106188平方米，生均14.72平方米；中等职业技术学校校舍面积16785平方米，生均6.9平方米。

义务教育普及程度 小学学龄儿童入学率100%，初中毛入学率102.38%；小学生辍学率0.04%，普通初中辍学率2.01%；小学毕业生升学率100%，初中毕业生升学率76.92%。

【教育经费的收入与支出】 2006年，宜州市教育经费总收入18263万元，比上年多收入2710万元，增长17.42%。其中财政拨款收入14425万元，比上年多收入3013万元，增长26.40%；预算外资金收入2806万元，比上年多收入－789万元，增长－21.95%。教育经费总支出18274万元，比上年多支出2729万元，增长17.56%。其中财政拨款支出14425万元，比上年多支出3013万元，增长26.40%；预算外资金支出2817万元，比上年多支出－672万元，增长－19.26%。总支出中，人员经费支出12967万元，公用经费支出4713万元，基建支出435万元，其他支出159万元。

【控流保学工作】 2006年，为进一步完善了控流保学措施，确保学校生源稳定，“两基”水平进一步巩固和提高。小学适龄儿童入学率100%，无辍学学生；初中毛入学率100.2%，辍学率为1.13%；城区3—6岁幼儿入园率99%，农村3—6岁幼儿入园率50%，农村5—6周岁的一年学前教育入园（班）率85%；三残儿童少年入学率60%；15周岁完成率在98%以上，17周岁完成率在93%，进城务工农民子女入学率100%。

【学校建设改造工作】 组织实施了2005年危改项目6个，福龙中学综合楼、德胜都围小学教学楼、庆远镇中心小学教学楼、祥贝中心小学教学楼、北山镇怀道小学教学楼、拉浪中学学生宿舍楼等危改项目工程已竣工验收。龙头德惠小学教学楼布局调整项目工程和教育局办公大楼工程步伐加快，广东援建项目龙头高明小学教学楼工程已如期竣工并通过验收。2004年国家项目工程“宜州市青少年学生校外活动中心综合楼”工程已进入装修阶段。同时，2006年全市共投入维修校舍维修经费70多万元，重点维修钢梁结构泥瓦砖瓦校舍、使用年限已久的教学楼和寄宿制学校附属设施改造，涉及乡镇为福龙、北山、北牙、同德、龙头、德胜、祥贝、怀远等。

【教育经济管理工作】 进一步规范了学校收费行为，继续执行“一费制”收费办法，2006年未发生一起乱收费事件，收费投诉为零；抓内审，开展了财务大检查，对重点学校、重点工程、重点人员开展了专项审计，管理人员经济责任意识显著增强；抓配合，“两基”教育经费管理审计有效果。竭力配合河池市审计局对我市2003至2005年度“两基”教育经费拨付、管理情况进行审计，审计认定结果是欠拨教育预算款为1408万元，其中审计期间市人民政府已拨了欠款1200.06万元，余下的市政府已于年内补拨到位；抓征管，积极配合市人民政府做好按政策和有关规定征收“两费”工作，截至2006年11月20日，已征收近700万元，与上年同比多征收近120万元；抓自律，做好教育系统党风廉政、纠风、政务（校务）公开工作，签订了党风廉政建设和反腐败工作台责任状，进一步巩固行风建设成果，坚决治理教育乱收费，制定了教育系统民主评议行风、机关作风整顿等实施方案，促进了教育教学的发展。

【学校德育工作】 一是各中小学深入开展了树立“八荣八耻”社会主义荣辱观、感恩教育等系列活动。二是抓好“中小学校园文化建设”活动，举办了宜州市中小学生艺术展演活动，参与学校达100%，并积极参与了河池、广西中小学生艺术展演，市一中40人的大合唱获自治区合唱类二等奖，市教育局荣获河池市优秀组织奖。三是开展了宜州市第十三届青少年“红色之旅”读书教育活动，积极推进了青少年思想道德建设。四是加强了诚信教育和法制教育，大力推进了学生文明习惯等养成教育。五是以建设“平安宜州”为重点，加强教育信访工作，确立了“抓信访，保稳定，促教育发展”的工作思路，及时化解矛盾，维护了社会、学校的安全稳定。年内共受理业务内群众信访举报58件，初核信访率100%；办理违法违规案件5件，办结率100%。六是进一步规范各中小学校的常规管理，校园安全卫生和寄宿制学校后勤管理工作得到加强，一年来未发生学校责任安全事故。2006年11月初对全市中小学进行常规检查评估，达优秀的有99所（其中中学20所，小学79所）、良好的有76所（其中中学5所，小学71所）、合格的小学有42所。

【教育教研工作】 一是教研教改深入开展。市教研室密切结合新课程改革和教师培训工作，以课题研究为龙头，以点带面，扎实推进基础教育课程改革的深入开展。目前开展的课题实验有：中国教育学会“十一五”重点（A类）课题“诵读经典诗文，提高学生人文素养和语文素养”子课题实验、广西基础教育A类课题“新理念下的小学语文教学策略、模式和方法的研究”子课题实验等5个课题实验，市教研获广西教育学会小学语文教学专业委员会2006年先进单位。积极推进“校本教研”交流，积极抓好“校本教研”教育教学论文竞赛，在2006年举办的“校本教研”论文比赛中，共收到400多篇参赛论文，其中70多篇论文获得了各学科一等奖。各学校继续深入开展新课程改革，教育科研喜获丰收，教师优质课竞赛获全国二等奖 1 人、自治区二等奖 2 人、河池市一等奖 3 人，教学论文及教学设计获河池市级以上奖 222 篇。学生学科能力竞赛获全国一等奖 11 人，全国二等奖 27 人，全国三等奖 42 人，自治区一等奖 84 人，自治区二等奖 206 人、自治区三等奖 110 人。2006 年 12 月 2 日至 8 日，举行了全市小学教师基本功大赛，韦康等 10 位同志获语文组一等奖、梁颖等 10 位同志获数学组一等奖。市特教学校学生吴松芳和覃庆林于今年 7 月代表广西参加第四届全国特奥会乒乓球比赛荣获单打金牌 2 枚、混合双打金牌 1 枚。

【高考、中考情况】 高考方面，全市有 4128 名考生参加高考，本科上线 1274 人，本科上线率为 30.87%。中考方面，全市 600 分以上 113 人，占河池市 600 分人数 467 人的 24.1%。

【教师队伍建设】 一是加强师德师风建设。2006 年，教育局分别召开了学校管理工作、教师管理工作和教师队伍建设等工作会议，深刻剖析了当前在我市教师中存在的师德师风问题，组织开展了以“查师德问题，建师德档案，树师德标兵，学师德先进”的师德考评，制发了《宜州市中小学教职工学年度综合考核实施意见（试行）的通知》，逐步建立起师德师风建设的长效机制。

二是抓师资培训，促进教师专业成长。2006 年，邀请自治区教科所宁耀所长、自治教科所客座教研员志建成等专家到我市讲学指导教研、作专题辅导，培训教师达 300 人；分批次组织骨干教师 300 多名教师参加了自治区、市课改骨干教师等培训，教师素质得到提高；举办了四次“名优教师”培训班，培训首期学员 92 人。

【支教工作】 为加强城乡教师交流和农村教师队伍建设，提高农村教育质量，我市建立了城乡学校对口支援制和教师轮岗任教制。2006 年，组建了第十二期、十三期支教（轮教）工作队共计 89 位教师参加了支教或轮岗任教，对促进了城乡教育的发展起到了推进作用。

【人事制度改革工作】 为整合教师资源，制发了《教师申请工作调动有关规定》，规范师资人事调配程序，全年组织调配师资 225 人次；组织全市市直学校缺科教师公开竞聘工作，18 位教师通过竞争胜出，调到相关市直学校工作；抓好师资补充工作，通过到广西师范大学召开宜州市教育局专场“双选会”，“双选”优秀大学本科毕业生 9 人，通过面向全区公开招聘新进教师 8 人、引进高中在职优秀教师 3 人。

【“中小学校长建设年”活动】 自 2006 年 3 月以来，组织全市中小学校长参加河池市“中小学校长建设年”培训班和宜州市“中小学校长建设年”培训班，共学习 3 期 297 人次，先后组织 4 批次共计 27 名中小学校长参加了上海和北京举办的希望工程全国教师培训班；积极组织开展校长读书征文活动，共收到读书征文 126 篇，评出一等奖 2 名、二等奖 5 名、三等奖 10 名、优秀奖 30 名，同时，向河池市教育局、自治区教育厅推荐优秀 10 篇，获河池市一等奖有 2 篇、二等奖 2 篇，获自治区优秀奖 4 篇。11 月，对全市 51 所中小学校、特殊教育学校进行校长规范管理达标评估检查，其中同德小学、北牙小学、石别小学、市二小、市六小、怀远中学、市二中、洛东中学、矮山中学、市高中等 10 所学校获市优秀学校奖；韦成波、覃振毅、覃胜猛、石秋香、韦玖贤、覃任捷、赖小军、何大力、唐秀克、黄庆忠等 10 名校长获优秀校长称号。在全区“校园文化建设年”活动中，德胜小学获“2006 年全区中小学校园文化建设先进学校”。怀远中学、同德中心校、市二小获河池市“中小学校长建设年”通报表彰；市二中校长赖小军获“河池市中小学学校规范管理十佳校长（中学）”。

【学校安全管理工作】 一是层层签订安全工作管理责任书，切实履行学校安全工作责任制，建立健全门卫、值班巡逻，宿舍、实验室消防，食堂食品卫生等各项安全管理制度，下发了《关于进一步加强我市中小学生交通安全教育的通知》等多个安全管理文件，切实抓好学校安全管理。迅速在全市范围内开展整治校车专项行动，与中小学校法人代表签订《道路交通（校车）安全管理责任书》，切实加强校车管理，避免意外事故发生。二是加强安全教育，有针对性地开展预防学生溺水、学校火灾、学生踩踏、交通事故、食品中毒、遇险救急等知识的宣传教育和演练；各学校加强与学生家长、社区等联系，印发了“致学生家长一封信”，促进各部门、社会各方面、学生及其家庭的共同努力，营造学校安全环境。三是加强学校危房安全排查工作，根据市人民政府办公室《关于印发宜州市中小学 D 级危房校舍治理工作方案的通知》（宜政发〔2006〕157 号）精神，在市政府的组织下，从市教育局、财政局、建设局、房管局等四个部门抽调 16 位同志用了 8 天时间对全市中小学校舍安全情况进行全面排查。目前全市有危房 12590 平方米，其中 D 级危房

288 平方米。四是与各校协助各有关部门做好加强校园周边环境整治工作。全市校园及周边环境专项整治工作会议召开后，全市校园及周边环境得到进一步整治，使全市校园及周边环境安全系数得到进一步提高。五是开展重点整治。2006 年，教育局重点开展了学生饮用水质监测、校车排查整治、食堂整顿、校舍排查等工作，各项工作促进学校教育教学的发展。

【“普实”工作】 “普实”以来，共投入仪器设备金额 3504.94 万元（其中地方财政投入 1722.43 万元、其他渠道投入 1782.51 万元），仅 2006 年用于投入实验室成套设备、各种教学仪器及图书添置资金达 830 万元。抓教育帮扶工作，市人民政府先后下发了《关于开展教育“爱心结对帮扶”活动的通知》（宜办发〔2006〕112 号）和《关于开展迎接自治区“普实”验收和国家“两基”复查教育对口帮扶活动的通知》（宜发办〔2006〕112 号），至 2006 年 12 月 5 日，全市先后有 106 个市直、中直、区直、河池市驻宜单位分别到 163 所中小学开展帮扶工作，为学校捐款和落实帮扶物资合计 60 多万元，极大地改善了学校的办学条件。抓业务培训，提高管理人员素质。为做好“普实”评估验收迎检工作，2006 年，培训中小学实验管理人员 2211 人次、培训中小学图书管理员 426 人次、培训中学理化生教师实验操作 123 人次。抓实验教学管理。本着“建、配、管、用”的指导思想，指导学校做好实验室仪器的管理工作，注重发挥实验教学仪器设备的使用效益和突出实验教学的发展，努力为教学服务。实验室建设，全市中学有实验室 54 间，其中一类初中 19 间，二类初中 31 间，三类初中 4 间，总面积 4231.2 平方米，实验室平均面积为 69.4 平方米；小学共实验室 132 间，总面积 6783.5 平方米。教学仪器配备均按 1993 年国家教委颁布的标准配备，基本达到了验收要求。

2006 年 12 月 6 日，宜州市“普及实验教学”通过了河池市级评估验收。

【“两基”国检工作】 一是加强“两基”工作的指导和管理。10 月 30 日，市委、市政府召开了全市迎接自治“普实”验收和国家“两基”复查验收工作会议，下发了《中共宜州市委办公室宜州市人民政府办公室关于印发宜州市迎接国家“两基”评估验收工作实施方案的通知》（宜办发〔2006〕108 号），成立了宜州市迎接“两基”复查验收工作领导小组。

二是全面总结，深入调研，草拟了《宜州市 2006—2010 年教育事业发展纲要》，确定了全市教育“十一五”发展规划，明确了全市“十一五”教育工作目标、任务和重点。同时，3 月 14 日，市委、市人民政府在市人民礼堂召开了宜州市教育工作会议，总结了“十五”期间全市教育工作，提出了“十一五”教育规划及今年的工作设想。

【扶贫助学工作】 认真贯彻落实国家对贫困地区学生提供“两免一补”的优惠政策，深入实际调查研究，具体落实了春季学期受助学生 14104 人，免书费 780526.75 元，免杂费 487.3 万元；秋季学期受助学生 14110 人，免书费 763671.98 元，免杂费 489.15 元；贫困寄宿生生活补助受助学生 1250 人，总金额 10 万元。

【成教职教工作】 2006 年，组织农村劳动力转移培训“阳光工程”培训 2386 人次，农村实用技术培训 78216 人次。开展未升学初、高中毕业生渗透职业教育的培训工作，2006 年共培训 2120 人，完成任务的 111.6%。同时，为大力宣传发展职业教育工作，教育局加大宣传力度，做好中等职业教育招生送生工作，全年本地职校招生 1163 人，完成任务的 145.3%，向外地职校输送生源 1195 人，完成任务的 100.2%。

【招生工作】 组织完成了高中升学考试、初中升学考试、高中毕业会考、自学考试报名及有关考试工作。组织完成了 2006 年普通高中 4128 名考生的报名、考试、档案建设、志愿填报等工作。组织完成了 2006 届初中 4056 名考生的报名、档案建设、志愿填报、考试等工作。完成了 2006 届初中毕业生毕业证的审核办理工作；准确无误地做好每年两次的高中毕业会考报名、试卷统计、座位编排、考场安排等工作，今年开考 10 个科目，会考人数达 4 万多人次；组织完成了 2006 年成人高考各项工作，全市成人高考报名 654 人，其中专科升本科 323 人，高中起点本科 16 人，高中起点专科 315 人；组织完成三次自学考试各项工作任务，全年共有 2035 人次报名，报考科次 3456 科。

【调整学校布局工作】 根据《宜州市教育十一五发展规划》，2006 年，把三合中学整体并入刘三姐中学、德胜二中整体并入德胜一中，撤销了德胜一中高中部、实验高中初中部，启动了宜州市西屏实验学校建设工作。

【教育宣传工作】 2006 年，全市有 2 人被评上自治特级教师，4 人被评上广西“八桂优秀乡村教师”，市级评优表彰“十佳教师”10人、“优秀校长”5人、“支教工作先进个人”10人、“优秀教师”74人、“先进教育工作者”11人。同时，教育局以宜州教育信息网为载体，广泛宣传宜州教育工作。

【获奖情况】 2006年，宜州市教育系统先后被授予“全区小学语文教学研究先进单位”、“广西壮族自治区高等教育自学考试先进单位”、“全国高等教育自学考试先进单位”等荣誉称号。

附：宜州市教育局领导

党组书记、局长：覃国航

副局长：李　诚、杨廉洁

副局长、纪检组长：伍万珍

电话：0778－3188375

地址：宜州市行政中心一区606号

邮编：546300

撰稿：韦星光　梁　乐

巴马瑶族自治县

【概况】 2006年巴马瑶族自治县教育概况：

学校数和学生数 全县有小学112所，教学点227个，初中16所，普通高中1所，中等职业技术学校1所；小学在校生25144人，初中在校生9330人，普通高中在校生2059人，中等职业技术学校508人。

专任教师数和师生比 小学专任教师1341人，师生比1∶19；普通初中专任教师491人，师生比1∶19；普通高中专任教师122人，师生比1∶17；中等职业技术学校专任教师27人，师生比1∶19。

每万人口在校生 幼儿园214人，小学1018人，普通初中378人，普通高中104人，中等职业技术学校21人。

校园、校舍面积及生均情况 中小学学校校园面积92万平方米，校舍面积29.7万平方米。其中，小学校园面积544138平方米，校舍面积166422平方米，生均校舍面积6.6平方米；普通初中校园面积197259平方米，校舍面积90005平方米，生均校舍面积9.6平方米；普通高中校园面积117392平方米，建筑总面积30737平方米，生均面积14.9平方米；中等职业技术学校校园面积60003平方米，校舍面积9925平方米，生均校舍面积19.5平方米。

少数民族在校生 小学少数民族在校生与小学在校生总数比为1∶1.15，初中少数民族在校生与初中在校生总数比为1∶1.17，高中少数民族在校生与高中在校生总数比为1∶1.2，中等职业技术学校少数民族在校生与中等职业技术学校在校生总数比为1∶1.02。

义务教育普及程度 小学适龄儿童入学率为99.42%，小学生辍学率为0.26%，升学率为99.5%；初中毛入学率为96.67%，辍学率为2.63%，升学率为68.97%。

【教育经费的收入与支出】 2006年，巴马瑶族自治县教育经费总收入7384万元，比上年（6502万元）增加882万元，增长了10%。其中财政拨款收入7060万元，比上年（5261万元）增加1799万元，增长了30%。预算外资金收入324万元，比上年（1241万元）减少了917万元，减少了70%。教育经费总支出7384万元，比上年（6502万元）增加882万元，增长了10%。其中财政拨款支出7060万元，比上年（5261万元）增加1799万元，增长了30%。预算外资金支出324万元，比上年（1241万元）减少917万元，减少了70%。总支出中，人员经费支出4136万元，公用经费支出3248万元。

附：巴马瑶族自治县教育领导

局长：覃明勇

党组书记、副局长：李华北

副局长：龙宝文　苏　农

电话：0778－6217738

地址：巴马县巴马镇文化街号

邮编：547500

撰稿：李　清

罗城仫佬族自治县

【概况】 2006年罗城仫佬族自治县教育概况：

学校数和学生数 全县有小学120所，教学点105个，九年一贯制学校1所，初级中学16所，普通高中2所，教师进修学校和职业技术学校各1所；在校学生44631人，其中小学生25180人，初中生14533人，高中生3906人，职业技术学校学生1012人。

专任教师和师生比 小学专任教师1703人，师生比为 1∶14.7；初中专任教师 788 人，师生比为 1∶18.4；普通高中专任教师 184 人，师生比为 1∶21；中等职业技术学校专任教师 52 人，师生比为 1∶19.46。

每万人口在校生 幼儿园 132 人，小学 699 人，初中 403 人，高中 109 人，职业技术学校 28 人。

校园、校舍面积及生均情况 中小学共有校舍建筑面积 31.555 万平方米，其中小学 15.899 万平方米，初中 11.425 万平方米，高中 3.436 万平方米，职业技术学校 0.794 万平方米；生均校舍面积，小学 6.31 平方米，初中 7.86 平方米，高中 8.8 平方米，职业技术学校 7.85 平方米。

义务教育普及程度 小学适龄儿童入学率 99.92%，初中阶段入学率 103.71%；小学生辍学率 0.06%，普通初中辍学率 2.28%；15 周岁人口初等教育完成率 99.28%；17 周岁人口初级中等教育完成率为 90.25%。

【教育经费的收入与支出】 2006 年，罗城县教育经费总收入 9869 万元，比上年多收入 1755 万元，增长 21.5%。其中财政拨款收入 8817 万元，比上年多收入 2241 万元，增长 34%；预算外资金收入 1052 万元，比上年少收入 473 万元，降低 31%。教育经费总支出 10001 万元，比上年多支出 1241 万元，增长 14.2%。其中财政拨款支出 8807 万元，比上年多支出 2296 万元，增长 35%；预算外资金支出 1194 万元，比上年少支出 331 万元，降低 21.7%。总支出中，人员经费支出 5339 万元，公用经费支出 3232 万元，基建支出 774 万元，其他支出 0 万元。

【“两基”工作】 一是根据自治区和河池市的有关文件精神，县人民政府组织精干力量结合本县实际研究制定了《罗城仫佬族自治县“两基”攻坚实施计划》，并呈报市人民政府和自治区“两基”攻坚办。二是召开全县“两基”攻坚动员大会，大力宣传“两基”攻坚的重大意义，促使全县上下形成“两基”攻坚的良好氛围。三是制定并落实有力措施，确保“两基”攻坚经费的投入。四是义务教育阶段学校实行“一费制”收费后，为使学校日常工作能正常运转，县财政每年拨给小学生 10 元/人、共 25.18 万元，中学生 15 元/人、共 21.79 万元作为学校公用经费的补充。五是切实抓好“两基”的硬件建设。2006 年，全县“两基”攻坚投入 750 万元，新建校舍 14094 平方米，达到了“两基”验收要求。

【德育工作】 2006 年，充分利用仫佬族博物馆、人民英雄纪念碑、罗城监狱等德育基地，对学生进行革命传统教育和警示教育，以及美德教育、国防教育等等。特别是青少年校外活动中心建成后，成为集教育、文化、体育、娱乐、交流于一体的校外教育文化活动阵地。认真组织开展德育实践活动，一是组织开展“中小学弘扬和培育民族精神宣传教育月”活动；二是组织学生参加献爱心活动、安全教育活动和爱国卫生运动；三是组织开展感恩教育活动；四是组织开展“爱我广西，爱我家乡，清洁美丽和谐”主题实践活动等，提高学生社会实践能力，增强了学生的社会责任感。

【基础设施建设】 2006 年，罗城县通过认真规划，投入 845.6 万元，新建了综合楼 6 栋，建筑面积 5639 平方米；教学楼 3 栋，建筑面积 712 平方米；学生宿舍楼 3 栋，建筑面积 6612 平方米；学生食堂 5 栋，建筑面积 1131 平方米。

【支教工作】 在广东、自治区及河池市支教队的大力支持帮助下，2006 年支教工作取得了丰硕成果。各级支教队进驻受援学校 54 所，为受援学校的基础设施建设投入资金和争取上级拨款共计 22.82 万元，捐赠床架、图书等物资折款 27.58 万元；资助特困学生 355 人；举办师资培训班 1 期，培训校长及教师 350 人次；请专家到罗城县讲课共 1 人次，授课 8 节。

【普通高中教育】 2006 年，罗城县共有普通高中学生 3906 人（其中女生 2172 人，男生 1734 人），高考成绩稳步发展，考取本科第一批 143 人，本科第二批 401 人，本科第三批 298 人，艺术本科上线 18 人，体育本科上线 7 人。本科上线总人数 867 人，上线率 58.4%。1 人被清华大学录取。

【远程教育】 2006 年，罗城县认真组织开展现代信息技术教育，全县的电化教学步入了新的台阶。全县共投入 2500 万元资金，增添了 156 套卫星接收设备，有 156 所学校建立了卫星电视教学收视点；全县 16 所小学和 16 所中学开通了宽带网，县教育局建立了教育网站。

【职业教育与成人教育】 职业教育方面：一是建立 10 所中小学成为农村教育综合改革示范性学校。在普通中小学中注重职业技术教育渗透，对应届毕业生进行职教培训 4181 人。二是举办各部门组织的岗位、资格培训班 24 期，参加培训的干部职工 3517 人次。职校的高效大棚蔬菜种植、“台糖 22 号”及食用菌生产先进技术与优质品种已辐射于“三农”之中。

成人教育方面：一是脱盲与提高工作取得显著

成效。截止 2006 年 12 月底，共举办脱盲巩固提高班 18 个，参加巩固提高学习 228 人，经考试验收，全部提高。二是成人文化技术教育卓有成效。农村实用技术培训 50400 人次，完成了市下达给罗城县 50000 人次任务的 100.8%，形成“信息＋人才＋基地＋农户”的富民模式。

附：罗城仫佬族自治县教育局领导

党组书记：罗汉玉

局长：韦声光

副局长：刘汉康　邓璇坤　吴运恪　廖罗献

纪检组长：兰奇科

电话：0778－8212314

地址：河池市罗城仫佬族自治县东门镇解放路 37 号

邮编：546400

撰稿：韦友云　廖训诚

来宾市教育

来宾市

【概况】　2006 年来宾市教育概况：

学校数和学生数　全市有小学 775 所，教学点 507 个，小学在校生 197916 人；普通中学 128 所，其中初级中学 98 所，完全中学 14 所，普通高中 15 所，九年一贯制学校 1 所，初中在校生 124322 人；普通高中在校生 38237 人；中等职业学校 18 所，在校生 20767 人；幼儿在园在班 35817 人。

专任教师数和师生比　小学专任教师 10106 人，学历合格率 98.41%，专科以上学历 5197 人，占 51.4%，师生比 1∶19.58；初中专任教师 5633 人，学历合格率 96.65%，师生比 1∶22.07；高中专任教师 1601 人，学历合格率 80.92%，师生比 1∶23.88；中等职业学校专任教师 753 人，师生比 1∶27.58；幼儿教师 551 人，学历合格率 96%，专科以上学历 261 人，占 48%。代课人员 3668 人，其中小学 3100 人，中学 417 人，幼教 151 人。

每万人口在校生　幼儿 151 人，小学生 832 人，初中生 522 人，高中生 161 人，职业生 87 人。

校园面积、校舍面积及生均情况　全市有中小学校舍面积 308.85 万平方米，其中小学 133.38 万平方米，生均 6.7 平方米；初中 82.26 万平方米，生均 6.6 平方米；普通高中 57.02 万平方米，生均 14.9 平方米；幼儿园 6.63 万平方米；职业中学 29.56 万平方米，生均 14.23 平方米。

义务教育普及程度　小学适龄儿童入学率 99.91%，初中阶段入学率 100.77%；小学在校学生年辍学率 0.05%，初中在校学生年辍学率 2.29%；小学毕业升初中率 100%；初中毕业升普高率 33.1%。

【教育经费的收入与支出】　2006 年，来宾市教育经费总投入 84176 万元，比上年增加 15417 万元，增长 22.4%，其中财政拨款 66476 万元，比上年增加 18223 万元，增长 37.8%。教育经费总支出 79581 万元，比上年增加 11180 万元，增长 16.3%，其中财政支出拨款 60375 万元，比上年增加 15479 万元，增长 34.5%。总支出中，人员经费支出 57913 万元，公用经费支出 21086 万元，基建支出 2129 万元。

【“两基”工作】　来宾市委、市政府高度重视教育，多次召开教育工作会议部署全市“两基”巩固提高工作。为贯彻落实自治区“两基”工作现场会精神，进一步提高认识，明确任务，巩固和扩大全市“普九”成果。市委、市人民政府于 2006 年 5 月 25 日召开全市“两基”巩固发展提高工作会议。市委、市政府领导亲自总结和部署“两基”工作。会议指出，我市已完成“普九”攻坚任务，实现“两基”目标，“两基”人口覆盖率达 100%，全市“两基”目标实现后，最重要的任务是努力做好巩固提高工作，迎接 2007 年国家对广西的评估验收。各县（市、区）党委、政府进一步提高认识，强化政府行为，把“两基”巩固提高放在教育工作“重中之重”的地位不动摇。一是加大宣传力度，贯彻落实国家和自治区有关精神，严格执行新修订的《中华人民共和国义务教育法》，继续把教育放在优先发展的战略地位，坚持抓“两基”巩固提高不动摇，切实做好本辖区内“两基”巩固提高工作规划和部署，做好迎接国家2007年对广西“两基”工作的评估验收准备工作。二是强化政府行为，增强责任意识。来宾市各级政府做到通过自治区评估验收后“两基”工作机构不撤，人员不散，力度不减，经费不少。三是针对“两基”巩固提高工作存在的突出问题，采取有力措施，加以整改，加强督导检查，确保各项指标达标。四是提高办学水平和教育质量，形成义务教育持续、健康发展的机制，努力实现“双高”（高水平、高质量）“普九”目标。五是继续巩固扫盲成果，发展农村成人教育，为农民增收服务。扫盲任务完成之后，我市扫盲工作仍然坚持“机构不撤，人员不散，经费不减”的原则，大力创办乡（镇）、村农民文化技术学校，利用这块阵地，坚持“一扫、二堵、三提高”工作，继续扫除剩余的文盲，堵住新文盲的产生，并对脱盲后的农民进行大力培训，使农民学会1—2门实用技术，既增加了农民收入，又巩固和发展了扫盲成果。2006年，我市有青壮年人口1279245人，青壮年人口中非文盲人数1278941人，非文盲率为99.98%，脱盲人口巩固率为100%；乡镇农民文化技术学校69所，办学面100%；村级农民文化技术学校758所，办学面100%；近年，乡镇、村两级扫盲、培训人数为515649次，投入扫盲、培训经费127.41万元。

【控辍保学工作】 来宾市在“两基”巩固提高工作过程中，各级政府十分重视控辍保学工作，采取有效措施，建立长效机制，依法控辍保学，确保“普九”普及程度各项指标巩固提高。一是加强舆论宣传。坚持在义务教育宣传月活动中，广泛宣传《中华人民共和国义务教育法》《未成年人保护法》等法律法规，大力宣传九年义务教育的重要意义，提高群众依法送子女入学的意识，提高入学率，降低辍学率，确保义务教育阶段入学率和控制辍学率达到国家和自治区的标准。二是实行控辍保学责任制。根据《义务教育法》有关责任的规定，坚持“控辍保学”双线目标责任制，实行县与乡（镇）、乡（镇）与村民委；教育行政部门与学校，学校与教师，层层签订“控辍保学”责任书制度，规定县长、乡镇长是政府“控辍保学”的第一责任人，教育局长、校长是教育系统“控辍保学”的第一责任人，明确控辍保学的责任，确保实现“控辍保学”工作目标。三是开展扶困助学工作。我市密切关注农村家庭贫困学生，通过实施“春蕾计划”“希望工程”“一帮一”“结对子”“减、缓、免、补”等办法帮助家庭贫困学生就学。同时，由政府及其有关部门出面协调，牵线搭桥，动员社会各方面力量捐资助学。四是提高教育教学质量。厌学是学生辍学的主要原因之一，厌学与教育教学质量有很大的关系。为此，我们从深化教育改革着手，通过课程改革、改进教学管理、开展心理教育、成立各种兴趣小组，开展兴趣活动、开辟第二课堂等措施，全面推进素质教育，千方百计提高教育教学质量，激发学生各种学习兴趣，帮助学生克服厌学情绪，使学生满怀信心完成九年义务教育，保证了普及程度的巩固和提高。

【教育基础设施建设】 一是实施农村基础教育工程。全市实施“农村基础教育工程”的项目学校42所59个单项工程，总投资2839.55万元，其中中央专款2318万元、自治区配套资金161万元、县（市、区）配套资金360.55万元，新建校舍面积4987万平方米，推倒危房校舍面积22771平方米。二是实施危改项目工程。我市合山市、象州县、武宣县三个县（市）的危改项目工程都按时按量按质完全施工建设。三是建设宁柳友谊小学工程进展顺利，学校围墙基本建成，第一栋教学楼基础工程完工，师资队伍整合方案已由交兴宾区政府审核，正在筹措资金设法开工建设厕所、食堂、球场、校门等附属工程。四是完成全市农村基础教育发展规划工作，并且报自治区备案，以后学校的基本建设按照此规划来实施。五是完成全市“农村初中改造工程”编报工作，为实施初中改造工程打下基础。六是完成对忻城县“世界银行贷款工程”项目的评估工作。

【“两免一补”工作】 2006年，市获得上级划拨的免除杂费补助经费4896.8万元，补助公用经费369.2万元。全市享受免费教科书的学生人数为149324人，其中小学生92932人，初中生55756人，特教学生636人。县（市、区）财政克服困难，安排寄宿制家庭贫困学生生活费补助资金，全市安排并到位的48.39万元。其中象州县30万元、金秀县安排17万元、武宣县安排2万元。

【解决进城农民工子女读书问题】 2006年，全市接收进城农民工子女就读小学9570人，其中公办小学接收4762人，公办小学接收比例49.8%，免借读费9502人，免借读费比例99.3%。就读初中604人，其中公办初中接收604人，公办初中接收比例

100%，免借读费604人，免借读费比例100%。

【农村中小学现代远程教育工程】 2006年，来宾市被列为“广西2006年度农村中小学现代远程教育工程”项目实施地区，项目总投入2364万元，其中我市投入项目配套设备配套经费288万元，项目配套设施建设经费206万元，建设教学光盘播放点项目540个，卫星教学收视点项目607个，计算机教室项目98个。项目的实施，使全市中小学计算机教室将增加到267间，计算机10282台，实现全市中小学信息技术教育普及达标任务。

【基础教育】 加快发展普通高中教育。努力创办自治区和国家级示范性普通高中。指导地区民族高中创建全国示范性普通高中；指导象州县中做好自治区示范高中验收的迎评工作，使其顺利通过自治区的评估验收；进一步督促指导武宣县中创建自治区示范性普通高中。

加强学校常规管理工作，不断提高中小学的教育质量和办学效益。出台了《关于加强全市普通高中办学管理有关问题的通知》、《转发自治区关于进一步加强全市初中三年级学生管理工作的通知》、《关于加强全市幼儿教育管理工作的通知》等文件，规范学校的管理，规范学校的办学行为。对全市中小学校进行常规管理检查，推动学校常规工作走向规范化、制度化和科学化。

积极推进课程改革。认真做好课程改革实验教材、师资培训工作，全年初中、小学新课程实验教材市级培训学科达20个，人数达2000多人；各学科教研员认真组织区级实验区的教师参加自治区新教材培训，约400人。组织人员到各县（市、区）对新课程实施情况进行调研，了解师生对实验教材的使用、培训的意见及建议。

组织力量对城区中小学及幼儿园布局调整进行调研并形成报告提交给市委、市政府。

加紧建设来宾高中。来宾高级中学用地面积17.83公顷，校舍建筑面积97941平方米，总投资（不含土地费）10214.325万元。前期投入500万元，用于住户拆迁、青苗补偿、可行性研究等费用，年底已获得国家开发银行9000万元贷款，市开发投资有限公司作为建设业主已动作建设，教学综合楼已招标落实建设队伍，已经动工建设，学生食堂、第一、二、三栋学生宿舍楼已发布招商公告，2007年元月动工。

加强教研工作，学校教育教学质量明显提高。围绕中、高考开展教研活动，成立毕业班教研中心组，研讨我市2006年高考总复习教学工作；广泛收集外地的一些试题和高考的信息，编写《高考信息汇编》发送全市各高中；开展高考备考调研活动，举办2006年高考总复习教学研讨活动；组织各高中毕业班教师到梧州参加高考后期备考研讨活动；进行高考总复习教学质量调研命题及质量分析工作。通过教研举措为全市高考创出佳绩奠定了基础。2006年参加高考的考生是13316人，比去年630人，全市上重点人数817人，比2005年多56人；上二本线2420人，一、二本合计上线3237人，比2005年多28人。

【素质教育】 加强中小学德育工作。组织全市26万中小学生参加第十二届全国青少年“红色之旅”和“厉行节约、健康成长”读书教育活动；结合“国际禁毒日”、“环保宣传日”，市教育局与市禁毒办向学校发放禁毒宣传资料以及预防艾滋病宣传资料，市政管理部门派有关专家到市直学校开展环保与城市建设为内容的知识讲座；组织城区11所学校的1500名学生参加保护环境志愿服务活动；做好市级三好学生、优秀学生干部、先进班集体的评选工作；召开全市中小学德育暨关工委工作会议，表彰德育先进集体、先进个人；9月，“弘扬和培育民族精神月”活动中，组织以纪念长征胜利70周年为主题的各种教育活动，使学生广泛受到爱国主义和民族精神教育；组织开展高中新生军训活动和入学教育，帮助新生更好的适应新的学习环境；加强诚信教育和日常行为规范教育，把中小学生规范学习融入社会主义荣辱观教育活动中；组织实施来宾市中小学校园文化建设系列活动，加强校园文化建设；市教育局与市妇联联合举办以“争做合格人才”为主题的征文比赛。

加强学校体育艺术工作。举行2006年来宾市高中学生田径运动会；举办少儿歌曲演唱比赛；举办全市少年儿童才艺比赛，比赛设绘画、书法、器乐、声乐、舞蹈五大类；组织10名学生参加全国中学生“预防艾滋病、青少年责无旁贷”绘画比赛；选送优秀节目参加广西第二届中小学生艺术展演活动。

学校开展系列科普活动。开展以“勇于探索、自主创新”为主题的全市青少年科技创新大赛。组队参加广西青少年科技创新大赛，获得组织奖2个，有10个项目分别获得二、三等奖。开展“爱科学月”活动，各中小学校均利用各种有效资源组织开展“科普进校园”、“十月科普大行动”等形式多样的活动，传播科普知识，教育学生崇尚文明、热爱科学。

【对外交流】 10月，接待了法国敦刻尔克市中学生友好交流团一行22人，地区高中、来宾一中、金秀县中、象州县中、兴宾二中、兴宾四中等高中学校均与该交流团开展了友好交流活动。

【幼儿教育】 组织开展市级幼儿园“适应性发展课程”教研活动3次，参加活动的幼儿教师有500多人次。开展市级示范幼儿园验收，指导八一幼教中心做好创建自治区级示范幼儿园的准备工作。

【职业教育】 2006年，全市共招收新生9937人，比教育厅下达我市招生任务8013人多招1924人，完成任务的124%。自治区下达我市中等职业教育输送生源任务3570人，比去年增加170人。超额完成了中等职业学校招生任务和输送生源任务，全市19所中等职业学校有13所超额完成任务。

全市各级各类中等职业学校调整工作思路，根据二、三产业的发展，根据市场的需求，积极调整专业结构，在培养技术型、技师型、服务型人才为目标的基础上，大力开展农村劳动力培训转移就业，使全市职业教育逐步形成与社会发展需求和劳动就业紧密结合，逐步形成校企合作、工学结合、专业结构比较合理、办学形式多样、灵活开放、自主发展的办学新模式。

各级教育行政部门、各中等职业学校加大学校基础设施建设，使学校办学条件有了很大改善。武宣县职校和忻城县职校被自治区列入县级职教中心示范建设项目，利用200万元国债项目建起了实验综合大楼，投入100多万元建设600多平方米的实训厂房和改造学生饭堂以及增加数控、汽车、计算机等专业设备；忻城县职业学校获得200万元职教中心建设项目，目前正在建设教学综合楼和学生宿舍楼；象州县整合县农机校、教师进修学校等资源建设职教中心，投入30多万元改造学生饭堂；金秀县职业学校获得自治区划100万元建设专业实训基地资金；来宾市职业学校获得2007年国家和自治区示范学校建设立项项目，来宾职业学校还自筹资金投入近100万元进行学校绿化美化。

各中等职业学校积极探索“工学结合”、“半工半读”、“校企合作”的办学新模式。2006年，来宾市中等职业教育在推荐毕业生就业工作中，坚持以人为本，遵循学生意愿，在努力提高教学质量的同时，注重学生技能训练的提高，充分发挥“中等职业学校学生招生与就业管理协会”的作用，积极开拓就业渠道。邀请广东、浙江、上海、福建等一些知名企业到来宾市部分学校考察毕业生，使全市中等职业学校毕业生基本实现就业。全市2006年中职毕业生5000多人，就业率98%，就业稳定率95%。

各中等职业学校坚持在举办好学历班的同时，加大农村劳动力转移培训就业和农村科技实用技术培训力度，通过“阳光工程”“扶贫工程乡”乡镇成人文化技校，开展多种形式职业技能培训班和农村科技实用技术培训班。全市2006年通过职校培训农村劳动力转移就业8414人，农村科技实用技术培训165925人次，绿色证书培训70576人次。为来宾市产业结构调整、为建设社会主义新农村、为构建社会主义和谐社会作出应有贡献。

【安全卫生工作】 制定并下发了《来宾市教育系统安全工作预案》，及时组织学习上级有关安全卫生文件，组织开展安全卫生大检查，清理校园周边环境，整治校园内部环境。对市区58所幼儿园进行消防安全检查；对中小学校的卫生防疫和学校食堂卫生工作进行检查。启动了《中小学体质健康标准》的监测工作；组织“防近”点校开展活动；组织全市4.5万名小学生及幼儿园小朋友参加佳洁士和高露洁口腔卫生保健活动；市教育局、市交警队联合在全市中小学校开展以“关爱生命、安全出行”为主题的征文比赛。活动收到征文922篇，共评出等级奖180名，组织奖4个。重视平安校园建设，加强校园周边社会治安综合治理工作，维护师生人身财产安全。根据创建“平安来宾”活动，全市教育系统开展了创建“平安校园”、“安全文明学校”、“交通安全学校”活动和“安全生产月”活动。建立健全保护中小学学生合法权益的有效制度，使学生合法权益得到保护。

【教育督导】 2006年，根据自治区的统一部署，成立了以市委副书记凌志勇为组长、副市长黄桂廷为副组长的督导考核领导小组，组织开展对象州、武宣、合山、兴宾等四县（市、区）县级党政主要领导干部教育工作督导考核。开展对县级党政主要领导干部教育工作督导考核后，部分欠拨的教育经费基本得到落实：象州县在一个月内，将自治区下拨的危房改造专款90万元和农村税费改革专项转移支付资金400万元转入教育专户；兴宾区在两个月内，将2005年的生均公用经费220万元转入教育专户，将自治区下拨的危房改造专款360万元转入教育专户，将欠拨的“三税”教育费附加181.51万元转入教育专户，拨给教育的经费共计761.51万元。

【教师培训工作】 来宾市以“广西中小学校长建设年”为契机，对校长开展集中培训活动，村完小以上校长每人全年接受培训 2 次以上。自治区教育厅厅长余益中亲自到来宾给校长们上集中培训课。有 2 所学校（柳州地区民族高级中学、金秀瑶族自治县忠良乡中心校）被评为广西中小学规范管理“十佳”学校。

完成“英特尔◯R 未来教育”项目的培训指标，参加培训教师 220 人，进一步提高我市教师的学科教学与信息技术整合的能力。组织 250 多名教师参加“教育部—微软（中国）携手助学”广西师资培训项目。启动中小学教师教育技术的培训、考试工作（共有 1090 人参加培训，382 人参加考试），进一步增强教师运用现代化设备进行教育教学的能力。

【扶困助学】 一是扶持家庭贫困适龄儿童入学，为全市“普九”攻坚县提供有力的支持。二是支援基层学校抗洪救灾，抢修水毁校舍，改善办学条件，从扶困助学基金安排 35000 元，支持重灾区象州县重建校园。三是贯彻落实自治区党委、政府新的教育扶贫决策，扶持贫困大学生上学。2006 年，来宾市认真贯彻自治区党委书记刘奇葆“绝不能让一个学生因贫困而失学”的重要批示精神，积极开展扶持家庭贫困学生上学工作。据统计，全市共为贫困学生上大学提供资助款项 131 万元，其中各级政府出资 61 万元，“广西李宁基金会”等社会力量捐资 52 万元，单位干部职工捐款 18 万多元。全市共资助贫困学生上大学 1594 人，其中特困学生 535 人，基本解决贫困学生上大学的问题。在资助贫困学生上大学工作中，扶困助学金发挥了重要的作用，从基金中划拨 24.6 万元，资助 82 名家庭经济特别困难的学生上大学。

【电教工作】 来宾市充分利用广西广播电视大学来宾市分校的资源，运用电视、文字、音像教材、计算机网络等多种媒体为教学手段，开办现代远程开放大学。电大来宾市分校现有教职工 19 人，其中研究生 5 人、高级职称 1 人、中级职称 8 人、兼职教师 28 人。学校主要开办开放教育本、专科学历教育，与西南大学、中南大学、兰州大学、北京航空航天大学等高校联合办学。在校本、专科学生 1900 多人。办学 28 年以来，学校始终坚持面向地方、面向农村、面向基层、面向边远和民族地区的办学方针，多层次、多形式的办学思路，先后开办了理工、经济及文史类 20 多个专业，形成了覆盖原柳州地区十个县（市）的办学网络，为地方经济和社会发展培养了一大批用得上、留得住的专业技术人才。据统计，截至 2006 年秋，共毕业 7500 多人，其中本科 1000 多人，电大毕业生受到用人单位及社会各界的认可和欢迎。由于电大建立了“五统一”（即课程名称、教学大纲、教材、考试、评分标准统一）的教学质量保证体系，因而保证了电大的教学质量，赢得社会的广泛赞誉。在市政府的支持下，学校投资修建了以专线光缆连接互联网的校园网、双向视频（交互式）远程直播教室、电子阅览室、多功能语音室、卫星接收 KU 波段等，实现了教学与管理手段的现代化。先后开办开放教育法学、金融学、汉语言文学、会计学、行政管理、计算机等本科专业，开放教育法学、小学师资教育、会计学、计算机、英语、行政管理、工商管理等专科专业。2006 年 4 月，通过了教育部总结性评估。电大分校还积极举办公务员培训、职业资格培训等非学历教育。

【法制工作】 开展形式多样的法制教育活动，不断提高强化广大师生的教育法制意识。加强《义务教育法》的宣传和学习。把法制宣传教育纳入教学计划，组织法制教育专题讲座，三年级以上学生受法制教育面达 95%以上。组织师生观看法制教育图片展，以提高学生的法制意识。开展“依法治校示范校”竞选活动。开辟法制宣传园地，广泛宣传法律知识。

【纪检监察工作】 加强党风廉政建设，促进反腐倡廉工作，贯彻落实中共中央《建立健全教育、制度、监督并重的惩治和预防腐败体系实施纲要》，建立健全具有教育特色的惩治和预防腐败体系，推动党风廉政建设和反腐败工作深入开展。建立健全制度，完善落实党风廉政建设责任制检查考核办法和责任追究制度，签订党风廉政建设岗位职责责任状。加强学习和教育，组织全市教职工观看反腐倡廉教育电影《生死牛玉儒》；组织教育系统党员干部观看广西反腐倡廉成果图片展。治理教育乱收费，把开展创建规范教育收费示范县（市、区）活动作为推动教育收费工作实现规范化、制度化、法制化的重要举措来抓。

【柳州师专“申本”工作】 来宾市委、市政府把师专“专升本”确定为新一届党委、政府工作的发展目标，覃瑞祥书记、张少康市长非常重视，多次作出指示，要求学校要搞好规划，深入论证，建好队伍，调整专业，筹措资金，用三年时间实现柳州师专“专升本”目标。柳州财校并入柳州师专后，柳州师专扩大了校园面积，校园面积达到 605.54

亩，师资力量进一步加强，柳州师专的专任教师已达319人，增强了办学实力，为“专升本”创造了有利条件。

附：来宾市教育局领导

党组书记、局长：陈京秋

党组成员、副局长：黄岳开　方秀琴　梁运球

党组成员、纪检组长：梁显春

撰稿：韦　玮

兴宾区

【概况】 2006年兴宾区教育概况：

学校数和学生数 全区有完全中学7所，在校高中生7066人；有普通初中42所（含完中），初中在校生56674人；有小学266所，教学点238个，在校小学生98104人。

专任教师数和师生比 小学专任教师4980人，师生比为1∶19.7；初中专任教师2657人，师生比为1∶21.3；高中专任教师367人，师生比为1∶19.3。

每万人口在校生 在园幼儿113.4人，在校小学生974.2人，在校初中生562.8人，在校高中生70.1人。

校园、校舍面积及生均情况 小学校园面积为3050330平方米，生均31.1平方米；校舍总面积为448335平方米，生均校舍面积4.6平方米。普通中学（含完中）校园面积为1666429平方米，生均29.4平方米；初中校舍总面积为419387平方米，生均校舍面积7.4平方米。

义务教育普及程度 小学适龄儿童入学率99.9%，辍学率0.06%，毕业生升学率97.2%；初中适龄少年入学率98.01%，辍学率2.20%，毕业生升学率55.3%。

【教育经费的收入与支出】 2006年，来宾市兴宾区教育经费总收入26773万元，比上年多收入5575万元，增长26.29%。其中财政拨款收入24096万元，比上年多收入6577万元，增长37.54%；预算外资金收入2677万元，比上年少收入1002万元，减少27.23%。教育经费总支出26773万元，比上年多支出5575万元，增长26.29%。其中财政拨款支出24096万元，比上年多支出6577万元，增长37.54%；预算外资金支出2677万元，比上年少支出1002万元，下降27.23%。总支出中，人员经费支出24840万元，公用经费支出1933万元，基建支出894万元，其他支出0万元。

【德育工作】 全区认真贯彻落实《中共中央国务院关于进一步加强和改进未成年人思想道德建设的若干意见》等文件精神，认真抓好爱国主义教育基地及青少年校外活动中心建设，积极开展“八荣八耻”、向“全国自立自强优秀大学生洪战辉”学习、“厉行节约、健康成长”读书活动及“爱科学月”等多种有益于学生身心健康的文娱、才艺展示活动。同时有针对性地加强学生管理，出台了《来宾市兴宾区进一步加强初中三年级学生管理工作实施方案》。一年来共有133个先进班集体、2172名三好学生、优秀学生干部分别得到省、市、区级表彰，有36名小学生在来宾市少年儿童才艺比赛中获奖，有1466名中小学生获自治区、来宾市读书活动奖；区二中、区四中评为自治区德育先进集体。

【危房改造】 全年推倒中小学D级危房56934.7平方米，实施73个危改工程（其中长效机制项目27个），建筑面积42649.22平方米，总投资2578.39万元。

【现代远程教育】 有280所农村中小学是国家发改委、财政部、教育部共同实施的2006度农村中小学现代远程教育工程项目建设学校，其中模式一38所（农村教学点），模式二202所（村完小），模式三40所（农村初中）。项目总投入资金1027.38万元，其中兴宾区财政配套资金249万元。项目装备计算机网络教室40间，电脑1522台；多媒体教室40间；卫星教育资源接收室242间，装备卫星接收系统242套；教学光盘播放室280间，装备电视机522台，DVD机280台。为确保项目建设顺利实施，兴宾区印发了《来宾市兴宾区实施2006年度农村中小学现代远程教育工程工作方案》并组织培训骨干教师350人。

【教育改革】 全区不断深化包括教育人事制度、课堂教学在内的各项教育改革，深入开展课改实验、德育课题实验。参加课改实验的教师达9000多人，学生达130000人。两个国家级科研课题顺利结题，课改实验顺利通过自治区检查评估。2006年高考全区本科上线达1034人，比上年多304人；其中一本47人，比上年多24人；二本438人，比上年多163人。本科上线率达44.43%，二本递增率达50.62%。

【师资建设】 一是继续开展以实践“三个代表”重要思想为主要内容的保持共产党员先进性教育活动，下发了《来宾市兴宾区教育局关于在全区教育系统深入开展社会主义荣辱观教育活动的通知》等文件。二是以“校长建设年”为契机，出台了《来宾市兴宾区2006年中小学校长队伍建设实施方案》，组织中小学校长参加兴宾区领导干部“每月一讲”学习活动，举办校长培训班2期，中青班1期。三是举行全区师德师风演讲比赛。四是公开招录893名教师，同时大力整顿教师队伍，辞退一批代课教师。通过加强教师队伍建设，教职工素质明显提高。一年来，有6位教师被评为首届“广州助学基金”八桂优秀乡村教师，有2位教师被评上特级教师；在“全国首届新课程下德育创新与心理健康教育”论文评选活动中，教师论文获一等奖131篇，二等奖336篇，三等奖193篇；在2006年度广西中小学外语教育科研优秀论文评选中，教师论文获一等奖16篇，二等奖26篇，三等奖61篇；在2006年度广西小学教育教学论文评比活动中，教师论文获一等奖20篇，二等奖39篇，三等奖91篇；在来宾市2006年教育教学案例评选活动中，教师作品获奖14篇，其中，一等奖2篇，二等奖7篇，三等奖5篇；在自治区校长建设年读书征文活动中，有3名校长获奖。

【体育卫生和艺术教育】 全区积极推进学校体育卫生艺术教学改革，加强学生体质调研与监控，加大学校食堂食品卫生的监控力度，成功举办了小学生田径运动会、初中生田径运动会、城区学校初中生篮球比赛、城区小学“三小球”比赛、区直学校教职工篮球赛及“做知荣明耻小公民”六一文艺晚会。在市级举办的文体活动中，兴宾区教育系统荣获来宾市庆祝第22个教师节合唱比赛一等奖、来宾市第一届妇女运动会女子篮球第二名、来宾市教育系统第二届园丁杯女子组第一名、男子组第二名；区二中荣获来宾市高中生田径运动会团体总分第二名。区二小、实验小学分别荣获来宾市“金色家园”杯合唱一、二等奖；区一幼荣获来宾市少年儿童才艺比赛舞蹈类一等奖。

【支教工作】 2006年，全区有三期支教队在乡镇支教。其中第二期有支教队员70人，支教时间为2004年8月至2007年7月，进驻18所中学；第三期有支教队员26人，支教时间为2005年8月至2006年7月，进驻4所中心小学；第四期有支教队员27人，支教时间为2006年8月至2007年7月，进驻3所农村小学和5所农村初中。另外从区二中等5所学校抽调领导5人到乡镇学校任支教领导，其中任校长4人、副校长1人，还选派12名队员参加来宾市支教队到忻城、金秀支教。支教队员站在教学第一线，教育教学效果好，得到师生好评。

【教育管理】 一是继续完善农村义务教育“以县为主”管理体制，进一步落实各级党政教育管理职责，努力做好迎接自治区、来宾市人民政府教育督导团对兴宾区进行的2005年县级主要领导干部教育督导考核工作。二是建立和完善党政领导及区直部门联系学校制度。三是出台《来宾市兴宾区义务教育阶段合格学校督导评估工作实施方案》并进行相关业务培训及督促检查。四是整合、优化教育资源，提升学校办学档次。在城区，将来宾镇中、来宾镇中心小学本部提升为区直学校，分别更名为兴宾区第五中学、兴宾区第四小学；在乡镇，合并城厢一、二中，石牙一、二中，将良江二中更名为良江中学，撤销溯社中学及125个教学点。五是提高校长管理水平，促进了学校管理规范化。区二中、区实验小学在来宾市“校长规范管理达标评估”中评为“十佳”学校。

【依法治教】 出台了《2006年来宾市兴宾区教育法制工作要点》，进一步规范中小学教材和教辅资料的管理，认真做好“一费制”收费工作。先后组织8个工作组，检查学校710所（次），有效防止了中小学校乱收费现象。积极推进教育系统治理商业贿赂专项工作，成立了来宾市兴宾区教育局治理商业贿赂领导小组，认真做好自查自纠，建立健全防治长效机制。同时加强学校资金监管力度，出台了《关于进一步加强中小学校财务管理和监督的规定》等文件，实行会计核算中心制（零户统管），并对城区学校及30所乡镇中小学的经费使用情况进行抽查审计，促进了学校经费管理规范化。

附：兴宾区教育局领导

局长：谭晓梅

党组书记、副局长：覃恩朝

副局长：韦启平、刘　榴

纪检组长：郑有景

电话：0772-4212208　4221955（传真）

地址：来宾市北二路263号

邮编：546100

撰稿：刘卫彬

象州县

【概况】 2006年象州县教育概况：

学校数和学生数 小学112所，教学点67个，在校生22157人；普通初中12所，在校生13779人；普通高中3所（其中高完中1所），在校生4306人；中等职业技术学校1所，在校生1134人。

专任教师数和师生比 小学1519人，师生比1∶14.59；普通初中673人，师生比1∶20.47；普通高中专任教师232人，师生比1∶18.56；中等职业技术学校专任教师34人，师生比1∶33.35。

每万人口在校生 幼儿园236人，小学656人，普通初中393，普通高中123人，中等职业技术学校33人。

校园、校舍面积及生均情况 小学校园面积771894平方米，校舍面积223250平方米，生均面积10.08平方米；初中校园面积559071平方米，校舍面积123904平方米，生均面积8.99平方米；高中校园面积152095平方米，校舍面积55104平方米，生均面积12.8平方米；中等职业技术学校校园面积101338平方米，校舍面积14903平方米，生均面积13.14平方米。

义务教育普及程度 小学学龄儿童入学率为99.96%，初中毛入学率105.05%；小学生辍学率0.01%，普通初中辍学率2.16%；小学毕业生升学率98.9%，初中毕业生升学率为52.56%。

【教育经费的收入与支出】 2006年，象州县教育经费总收入12508万元，比上年多收入3992万元，增长46.88%。其中财政拨款收10658万元，比上年多收入4045万元，增长61.18%；预算外资金收入1028万元，比上年多收入−418万元，增长−28.91%。教育经费总支出12479万元，比上年多支出4094万元，增长48.83%。其中财政拨款支出9464万元，比上年多支出3821万元，增长67.71%；预算外资金支出907万元，比上年多支出−558万元，增长−38.09%。总支出中，人员经费支出9580万元，公用经费支出2844万元，其他支出55万元。

附：象州县教育和科技局领导

党组书记、副局长：覃　红

局长、党组副书记：罗锋山

副局长：覃建华　谢信德　覃兆强

纪检组长：黄卢娟

电话：0772－4362337

地址：象州县象州镇朝南路1号

邮编：545800

撰稿：覃佑福

武宣县

【概况】 2006年武宣县教育概况：

学校数和学生数 全县共有小学144所，教学点22个，小学生35757人；幼儿园34所，幼儿班、学前班共280个，在园（班）幼儿7546人；特教学校1所，在校生16人；普通初中19所，初中生21244人；普通高中3所，高中生4368人；中等职业技术学校1所，学生1732人；教师进修学校1所，在校幼师班学生150人。

专任教师数和师生比 全县专任教师3226人。小学师生比16.95∶1，普通初中15.6∶1，普通高中14.56∶1，中等职业技术学校23.4∶1。

每万人口在校生 幼儿园180人，小学851人，普通初中505.8人，普通高中104人，中等职业技术学校41.2人。

校园、校舍面积及生均情况 小学校园面积1082718平方米，生均30.28平方米，校舍建筑面积211295平方米，生均5.91平方米；普通初中校园面积481884平方米，生均22.68平方米，校舍建筑面积175734平方米，生均8.3平方米；普通高中校园面积201373平方米，生均46.1平方米，校舍建筑面积72264平方米，生均16.54平方米；中等职业技术学校校园面积100700平方米，生均58.14平方米，校舍建筑面积20430平方米，生均11.8平方米。

义务教育普及程度 小学学龄儿童入学率99.96%，初中阶段入学率99.74%；小学辍学率0.03%，普通初中辍学率2.56%；小学毕业生升学率98.63%，初中毕业生升学率22.24%。

【教育经费的收入与支出】 2006年，全县教育经费总收入12789万元，比上年多收入2508万元，增长24.4%。其中财政拨款收入11138万元，比上年多收入3015万元，增长37.12%；预算外资金收入1428万元，比上年少收入555万元，增长

－28%。教育经费总支出12743万元，比上年多支出4620万元，增长56.88%，其中财政拨款支出11138万元，比上年多支出3015万元，增长37.11%；预算外资金支出1428万元，比上年少支出452万元，增长－24%。总支出中，人员经费支出7670万元，公用经费支出3209万元，其他支出1863万元。

【其他情况】 武宣县目前有3乡7镇，乡镇公立初中14所。有3个乡镇有2所以上的初中，计划在3年内撤并，每个乡镇只保留一所初中。二塘镇有2所规模较小的私立初中。县城有一所规模较大的私立高完中（仙城中学）。

武宣县于1997年实现“两基”，2007年3月再次顺利通过自治区复查，并全面开展迎接国家的评估验收工作。

武宣县从2004年至2006年三年进行中小学教师考录，共录用中小学教师1066人，清退代课类人员336人，结束代课人员长期代课的历史。

武宣县中学是全县重点高中，从2002年起申报创建自治区示范性普通高中。经过几年的努力，学校办学条件得到较大改善，各种设施完善，新建了广场和大门，2007年将接受自治区的评估验收。

武宣县职业技术学校是全县职业教育培训基地。2006年投入455万元新建综合楼及电子、生产等基地，改造了食堂等基础设施，办学水平正在提升。2006年被教育厅确定为广西第一批县级示范职教中心立项学校。当年被教育厅授予“全区中小学（中等职业学校）德育工作先进集体”及“全区中小学校园文化建设先进学校”称号。在校生2496人，其中新生1123人。

附：武宣县教育和科技局领导

局长：蒙世平

党组书记：张敬波

副局长：梁向应、苏柳生

纪检组长：周　宁

电话：0772－5212298

地址：来宾市武宣县武宣镇城东路15号

邮编：545900

撰稿：刘南坚

金秀瑶族自治县

【概况】 2006年金秀瑶族自治县教育概况：

学校数和学生数 全县现有村完小以上小学71所，教学点68个，其中一师一校57个，10个学生（含10个）以下教学点52个，在校小学生9167人；普通初中6所，在校初中生4421人；普通高中1所，在校高中生1612人；中等职业技术学校1所，在校生2047人。全县小学现有民族寄宿小学17所，分布在山内各乡（镇）完全小学中，民族寄宿学生1508人，占小学生总数的16.45%。

专任教师数和师生比 全县现有专任教师1454人，其中小学专任教师936人，师生比为1∶9.79；普通初中专任教师371人，师生比为1∶11.92；普通高中专任教师87人，师生比为1∶18.53；中等职业技术学校专任老师42人，师生比为1∶48.74；幼儿园专任教师18人，师生比为1∶18.78。

每万人口在校生 幼儿园每万人口在校生196人，小学每万人口在校生611人，普通初中每万人口在校生295人，普通高中每万人口在校生107人，中等职业技术学校每万人口在校生136人。

校园、校舍面积及生均情况 小学校园面积249864平方米，校舍面积83241平方米，生均校舍面积9.08平方米；初中校园面积99595平方米，校舍面积44748平方米，生均校舍面积10.12平方米；普通高中校园面积86480平方米，校舍面积21450平方米，生均校舍面积13.31平方米；中等职业技术学校面积80040平方米，校舍面积15078平方米，生均校舍面积7.37平方米。

义务教育普及程度 小学学龄儿童入学率99.53%，初中毛入学率100.66%；小学生辍学率0.31%，普通初中辍学率2.68%；小学毕业生升学率98.55%，初中毕业生升学率69.5%。

【教育经费的收入与支出】 2006年，金秀县教育经费总收入6530万元，比上年多收入1143万元，增长21.21%。其中财政拨款收入5885万元，比上年多收入1402万元，增长31.27%；预算外资金收入645万元，比上年多收入－259万元，增长－40.15%。教育经费总支出6530万元，比上年多支出1143万元，增长21.21%。其中财政拨款支出5885万元，比上年多支出1402万元，增长31.27%；预算外资金支出645万元，比上年多支出－259万元，增长－40.15%。总支出中，人员经费支出4342万元，公用经费支出1887万元，基建支出301万元。

附：金秀县教育和科技局领导

党委书记：赵德海

局长：钟宝昌

副局长：彭晓玲　钟　春

纪检组长：冯春琦

电话：0772－6212132

地址：金秀县民乐路18号

邮编：545700

撰稿：郭建华

合山市

【概况】　2006年合山市教育概况：

学校数和学生数　合山市有全日制完全小学33所，教学点17个，学生总数8234人；有普通初级中学6所，学生6563人；有普通高级中学1所，学生1678人；有中等职业技术学校1所，学生720人。

专任教师数和师生比　小学教师500人，师生比为1∶12；普通初级中学教师304人，师生比为1∶14.75；高级中学教师92人，师生比为1∶18.24；中等职业技术学校教师29人，师生比为1∶24.83。

每万人口在校生　幼儿园327人，小学为588人，普通初中为468人，普通高中为120人，中等职业技术学校为51人。

校园、校舍面积及生均情况　小学校园面积319750.5平方米，生均38.83平方米；校舍面积59501平方米，生均校舍7.23平方米。初级中学校园面积265478.33平方米，生均40.45平方米；校舍面积48247平方米，生均7.35平方米。普通高中校园面积62000平方米，生均36.5平方米；校舍面积4219平方米，生均2.9平方米；中等职业技术学校校园面积2001平方米，生均26.7平方米；校舍面积2513平方米，生均3.36平方米。

义务教育普及程度　小学学龄儿童入学率为100％，初中入学率为102.62％；小学辍学率为0，初中辍学率为2.04％；小学毕业生升学率为100％，初中毕业生升学率为34％。

【教育经费的收入与支出】　2006年，合山市教育经费总收入3904万元，比上年多收入1182万元，增长43％。其中财政拨款收入3669万元，比上年多收入1365万元，增长59％；预算外资金收入164万元，比上年多收入－169万元，增长－51％。教育经费总支出3689万元，比上年多支出1014万元，增长38％。其中财政拨款支出3388万元，比上年多支出1149万元，增长51％；预算外资金支出302万元，比上年多支出－129万元，增长－30％。总支出中，人员经费支出2593万元，公用经费支出814万元，基建支出0万元，其他支出282万元。

【“两基”迎国检准备工作】　一是成立合山市“两基”迎国检工作领导小组。2006年9月，成立了“两基”迎国检工作领导小组，组长由合山市市长曾广斌亲自担任，成员由市府办、财政局、教育局、发展改革局、审计局等二十多个单位领导组成。

二是制订方案，下发大量“两基”工作文件。为了具体指导全市的“两基”工作，我们制定了《合山市迎接国家“两基”评估验收工作实施方案》（合政力〔2006〕97号），下发了《合山市2006－2007年“两基”巩固提高工作计划》、《合山市中小学D级危房校舍治理工作方案》、《关于开展“两基”巩固提高自查工作的通知》（合政办〔2006〕77号）等“两基”指导性文件，对“两基”迎国检工作作了全面部署。

三是签订“两基”巩固提高工作目标责任状。2006年10月18日合山市政府与各乡（镇）人民政府正式签订了合山市“两基”巩固提高工作目标责任状。责任状从强化政府行为、全面贯彻执行《义务教育法》、《扫除文盲工作条例》等九个方面确保“两基”工作实现预期目标。市政府还与各乡（镇）、教育局与各学校还签订了控辍保学“双线责任”制，确保适龄儿童受完九年义务教育。

四是对全市中小学校危房进行地毯式排查。2006年9月－11月，合山市组织市府办、财政、教育、建设、物价等有关部门对全市各中小学校校舍安全隐患多次进行地毯式排查，并根据排查情况制定出切实可行的维修方案，开始着手进行校舍维修，迎接国家“两基”验收。

【接收矿务局学校】　2006年1月，顺利完成了合山矿务局所属学校的移交接管工作。共接收矿务局学校在职教职工410人，退休教职工258人；高中1所，初中8所，小学9所，中小学生6853人。

【撤点并校工作】　一是撤销合山市一中高中部，将一中高中部与矿务局中学高中部合并办学，校址选在原矿务局中学，合并后更名为“合山高中”。

二是撤销原矿务局初中部，将其合并到市一中办学，撤销石村矿初中、桂中机械厂初中，将其合并到北泗初中办学；撤销河里矿初中，将其合并到河里初中办学。

三是撤销石村矿小学，将其合并到石村小学办学，校址选在原石村矿小学。撤销河里矿小学，将其合并到羊樟小学办学，校址选在原河里矿小学。撤销建安小学，将其并到合山市实验小学办学。

四是撤销老矿、南洪、岑桥等10个教学点。

五是中等职业技术学校移址。2006年10月，合山市中等职业技术学校从原租借的铁路小学校园办学搬迁到原建安小学办学。

【"中小学校长建设年"活动】 根据《广西中小学校长建设年实施方案》和《来宾市中小学校长建设年执行计划》精神，结合本市实际，制定了《合山市中小学校长建设年实施方案》和《合山市中小学校长建设年执行计划》，根据实施方案和计划认真开展了校长建设年活动。经过组织实施、检查指导、实地评估、择优表彰等一系列工作，共评出了校长建设年规范管理优秀等级学校5所，合格等级学校9所。通过开展校长建设活动，进一步强化了校长队伍考核激励机制，切实加强了校长队伍建设，完善了学校各种规章管理制度。

附：合山市教育局领导

局长：张雪玲

党组书记、副局长：农建臻

副局长：覃世煌、吴耀华

纪检组长：覃绍积

地址：广西合山市教育局教育路25号

电话：0772－8912522

邮编：546500

撰稿：韦冠才

崇左市教育

崇左市

【概况】 2006年崇左市教育概况：

学校数和学生数 全市有幼儿园146所，在园幼儿40160人，其中学前班20927人；小学811所，教学点663个，在校小学生152225人；有普通中学120所，其中普通高级中学14所，初级中学106所。在校初中生79664人，在校高中生21211人。有特殊教育学校1所。视、听、智三残少年儿童在校生共641人，其中随班就读534人。有各类职业学校11所，在校生16662人。

专任教师数和师生比 全市有专任教师17026人，其中特教专任教师33人，幼儿园专任教师952人，小学专任教师10092人，普通初中专任教师4846人，普通高中专任教师1126人，中等职业技术学校专任教师345人。师生比分别是，小学1∶15.08，普通初中1∶16.44，普通高中1∶18.84，中等职业技术学校1∶48.30。

每万人口在校生 幼儿园175人，小学生662人，普通初中346人，普通高中92人，中等职业技术学校72人。

校园、校舍面积及生均情况 全市学校占地面积1459.5718万平方米，校舍建筑面积298.8357万平方米，生均校舍面积9.622平方米。其中小学学校占地面积765.0759万平方米，校舍建筑面积130.3124万平方米，生均校舍面积8.56平方米；普通初中学校占地面积355.4万平方米，校舍建筑面积82万平方米，生均校舍面积10.29平方米；普通高中学校占地面积115万平方米，校舍建筑面积30.8万平方米，生均校舍面积14.5平方米；中等职业学校学校占地面积89.904万平方米，校舍建筑面积14.942万平方米，生均校舍面积8.97平方米。

义务教育普及程度 小学学龄儿童入学率98.42%，初中毛入学率104.19%，小学生辍学率0.11%，普通初中辍学率2.62%，小学毕业生升学率98.03%，初中毕业生升学率27.11%。

【教育经费的收入和支出】 2006年，崇左市教育经费总收入76058万元，比上年多收入12001万元，增长18.7%。其中财政拨款收入62481万元，比上年多收入13623万元，增长27.8%；预算外资金收入 10727 万元，比上年减少 3025 万元，减少 22%。教育经费总支出 731118 万元，比上年多支出 11928 万元，增长 19.5%。其中财政拨款支出 59655 万元，比上年多支出 12623 万元，增长 26.8%；预算外资金支出 10323 万元，比上年少支出 2087 万元，减少 16.8%。总支出中，人员经费支出 49741 万元，公用经费支出 17090 万元，基建支出 5606 万元，其他支出 681 万元。

【“两基”工作】 一是层层成立由第一把手任组长的领导机构，下设办公室，并落实工作人员，定点办公，定期召开联席会议，研究、协调和部署“普九”攻坚工作。二是加大政府的投入。为了实现“普九”攻坚，市委、市政府举全市之力，加大对天等县“普九”攻坚的投入，拨出 500 万元专项经费扶助天等县。三是广泛宣传发动，多渠道筹措资金。我们认真做好宣传发动工作，使广大干部、群众、企事业单位、社会各界纷纷为我市的“普九”攻坚捐款捐物。还成功地举办了由广西艺术学院义演的崇左市扶助天等县“普九”攻坚募捐晚会。募捐晚会上，自治区有关厅、局、办、委，各新闻单位、出版部门和新华书店等企事业单位、本市市直单位、社会各界踊跃捐款捐物，晚会共收到捐款（捐物折合人民币）约 500 万元。四是派出督导团，深入天等县各中小学校蹲点指导。经过共同努力，11 月 18 日，天等县顺利通过了自治区“普九”评估验收。

圆满完成迎接全国“两基”攻坚暨农村义务教育经费保障机制改革现场会各项工作。自 2006 年 7 月底自治区选定我市大新县雷平中学、榄圩中学和龙州县响水中学三所学校为全国“两基”攻坚暨农村义务教育经费保障机制改革现场会的参观点后，局领导多次深入三所学校指导工作，各相关科室、学校制定了具体实施方案，紧锣密鼓地开展迎接准备工作。党委书记、局长韦悦珍同志多次深入三所学校召开现场会，指导学校开展工作，大到发展规划，小至硬化道路、粉刷墙壁、清理卫生死角、美化版报长廊等，都做了具体指导。局班子多次组织督导室、基础教育科、电化教育站等科室组成督导组，对三个参观点学校进行全面深入细致的督促检查，在检查过后及时指出存在问题并督促参观学校限期整改。经过几次全程合成演练，各项准备工作圆满完成。11 月 23 日，三所学校出色地完成了现场会的各项工作，得到了与会领导、代表的高度赞扬和一致好评。

【改善办学条件】 2006 年，全市农村基础教育工程项目学校 43 所，75 个单体工程，建筑总面积 85769 平方米，总投资 5026 万元。其中中央资金 4130 万元，自治区补助资金 851 万元，市县配套 45 万元。切实落实农村义务教育经费保障机制改革政策。

2006 年，中央和自治区下达我市补助经费 4115.96 万元，其中免学杂费经费 3833.94 万元，补助公用经费 282.02 万元。这一补助经费均在春、秋季开学前划拨到各学校。2006 年春季学期义务教育公办学校的 235651 名在校学生全部免交学杂费，有 2320 名学生返校读书；秋季学期 221467 人免交学杂费，有 2289 名学生返校就读。

2006 年，全市享受免费提供教科书的贫困家庭学生共 67734 人，共免收课本费 682.51 万元。免费提供的教科书经费由中央全部承担，教科书由自治区进行统一采购，由学校按照发放程序全部发放到学生手中，真正达到了“课前到书，人手一册，免费用书”的要求。

2006 年，全市共落实贫困寄宿生生活补助资金 536.89 万元，补助 36362 名贫困寄宿生，切实减轻了学生家庭的经济负担，降低了学生受教育的成本。

2006 年，全市应落实公用经费 282.3 万元，实际落实农村中小学预算内公用经费 351.7 万元。同时，全市义务教育阶段公办学校严格按照“一费制”收费标准收费，切实将免学杂费工作落到实处。

【师资建设】 认真组织实施 2006 年初启动的崇左市明星校长和教坛明星的培训计划，努力提高全市中小学教师的整体素质。组织中小学校长学习培训。开展了“中小学校长建设年”活动，市政府已拨出 80 万元专款，全面实施选拔明星校长和教坛明星活动、教育部—微软（中国）“携手助学”广西项目师资培训、“西部地区基础教育发展”项目师资培训、第 21 期初中校长任职资格培训班等活动；并选派 2 名校长参加全国中小学校长高级研修班学习；组织中学教师报名参加中学骨干英语教师赴加拿大学习和西部地区人才培养特别项目出国留学人员选拔。同时，在广西师院和南地教育学院举办了中小学校长培训班，同时还请来了区内先进学校的校长到我市传经送宝，如南宁二中、三中，柳州市高中、桂林市中学等。

2005 年秋季，崇左市小学初中起始年级全部进入课改。在凭祥召开了一次校本教研工作现场会，各县（市、区）中小学校长、教导主任参加，局领导到会作了开展校本教研。

目前，全市小学、初中和高中专任教师的学历合格率已提高到95.7%、92.6%和78.8%。小学教师中大专及以上学历者占45.46%，初中教师中本科及以上学历者占14.14%。

【教育教学质量】 2006年初，召开了崇左市教育科研工作会议，各县（市、区）分管教学副局长、高中和部分初中校长参加了此次会议，韦悦珍局长到会作了动员报告，雷一虎副局长作了《以教育科研为抓手，提高教育教学质量》的讲话。为了把教育科研工作计划落到实处，市教研室主任还做了教育科研课题立项工作部署，要求各高中每个学科都有一个立项课题，每所初中和中心小学校都有立项课题。据不完全统计，目前区级课题的已经立项的有16个，2006年申报市级课题大约350个。

加强课堂教学研究，举行了语文、英语、历史、地理优质课比赛活动和初中、小学语文数学英语课程改革探究课教学评选活动，总结和交流课堂教学经验，展示教师课堂教学研究成果，研究提高教学质量的对策。通过这些活动，培养了一批骨干教师，促进青年教师发展，大批优秀教师脱颖而出，成为课改的实践者、推动者和排头兵。10月，在全区中小学课程改革探究课教学评选活动中，1位教师获得全市小学语文作文教学赛课一等奖，有2位获得小学语文教学和初中语文教学二等奖，1位获得初中数学教学二等奖，有6位教师获得优秀教案奖。

全市各县（市、区）都启动了远程教育工程，部分县规模大的学校有了“模式三”，初中和中心小学有了“模式二”，村完小有了“模式三”，农村的孩子也享受到了先进教育资源、教学方法和教学成果。市电教站加大了使用培训工作。此外，派出大量的教师到区内外先进学校参观学习先进的教学理念和教学方法，促进教师转变教学观念，改变教学方法，提高教学质量。同时，充分发挥教研员、园丁工程、骨干教师的作用。这些人员正活跃在学校、在课堂、在学生中，研究改革课堂教学培养、指导教师提升教育理念，提高教学水平。

经过全市教育工作者和全体师生的共同努力，2006年全市中小学教学质量有了明显的提高。一是2006年中考尖子生的学生人数大幅增加，中考成绩612分以上的考生达934人，比去年增加了456人；600分以上的考生达1406人，比去年增加了267人。中考尖子生人数的大幅增加，将为三年后的高考即2009年高考我市高考成绩的进一步提高提供了生源的保证。二是高考本科上线人数总体也有了明显的增加，由去年的2698人，上升到2006年的2827人，实现了一年一跨越的目标。

【职业教育】 一是把职业教育工作纳入当地经济建设和社会发展的总体规划，把发展职业教育作为经济社会发展的重要基础和教育工作的战略重点，摆到了日常工作的重要议事日程。

二是积极推进办学机制的改革与创新。加快了职业学校调整、改革、发展的步伐，各职校以就业为导向，围绕“特色办专业，抓好就业促发展”的办学思路，积极拓宽办学路子，推进办学机制的改革与创新，实行城乡联合办学，校企挂钩，订单办学等办学模式的探索和尝试，通过半工半读，工学结合办学形式的创新，有效地解决贫困家庭学生读职校难的问题。凭祥市中等职业技术学校大胆创新，开展跨国联合办学，与越南河内外国语大学等越南高校合作，以越语专业为“龙头”，开设旅游、餐饮服务、贸易、财会、计算机等专业，把越语班的学生定期送到越南“留学”，还利用节假日安排学生到边贸市场义务为商人做翻译，学校至今已培养2000多名越语旅游专业人才，大部分毕业生在驻越华资、港资企业工作，办学前景广阔。市直崇左职校“以荐促招”，利用暑假把学生带到广东进行带工见习，既提高了学生的操作技能，又解决了学生就业的压力。天等、大新职校与广东等地工厂签订用工协议，保证了学生实习基地，稳定了就业渠道，拓宽了办学路子。

三是改革招生制度，实行春秋两季招生。为促进职业教育的持续快速发展，解决招生难的问题，市教育局采取了强有力的目标责任管理，改革招生制度，实行春秋两季招生。2006年初，市教育局出台了关于抓好职业学校春季招生的文件，首次推行“初三分流”、春季招生。各农村职校超额完成招生任务，实现办学规模的新突破。全市12所职校招生达8090人（其中春季招4186人，秋季招3904人）比自治区下达的任务增招2449人，完成率为143.4%。

四是积极开展了职业技能培训工作。各职业学校坚持面向“三农”、服务“三农”，积极开展职业技能培训，三年来开展新生劳动力转移培训规模达到4.6万人次，其中引导性培训规模达到3.7万人，技能性培训9000人，促进了当地经济发展。

五是有序地开展职教中心的筹建工作。市职业技术学校搬迁建设项目是市委、市政府投资建设的重大项目之一。新建校园净用地481.3亩，总建筑面积 50000 平方米，总投入 7798 万元。我局全力以赴，按照国家法律法规及市政府文件要求，严格执行项目实施的各项审批程序，认真抓好工程建设前期工作。目前，工程进展比较顺利。《详细规划方案》及施工蓝图正待市政府审批；首批 5 个单体建筑设计方案已经市规划局审批，将进入施工图设计工作；土地平整和地质勘探已经开标。在建设资金方面，向国家开发银行贷款的 4000 万元已落实，将按工程进度拨付资金；自治区财政资金 500 万元已到市财政；向日本政府贷款 3.65 亿日元（折合人民币 2498 万元）的招标代理已确定并报自治区财政厅，正等待自治区财政厅批复。目前，全市的职业教育工作正迈入健康稳步发展的轨道。

【助困工作】 全市共有 8657 人报名参加普通高考，目前共有 4153 人得到录取通知书，其中本科 1386 人，专科高职 2767 人。在被录取的学生当中，经学生本人申请，民政、教育、工会、团委等部门核实，我市共资助 635 名家庭贫困学生上大学。同时按时足额发放了自治区下拨的补助贫困大学新生路费 10.9 万元，共有 458 名贫困大学生新生享受了路费的补助。

附：崇左市教育局领导

党委书记、局长：韦悦珍

党委副书记、副局长：雷一虎

党委委员、副局长：秦鹏亮、蒙启育

办公室主任：黄荣勤

电话：0771－7968978

地址：崇左市行政中心大楼政协区二楼 229 号

邮编：532200

撰稿：黄建慧

江州区

【概况】 2006 年崇左市江州区教育概况：

学校数和学生数 现有完全小学校 107 所，教学点 48 个，普通初中学校 15 所。在校小学生 20298 人，初中生 14058 人；小学专任教师 1727 人，师生比为 1∶11.8，初中专任教师 842 人，师生比为 1∶16.7。

每万人口在校生 幼儿园 171 人，小学 625 人，初中 415 人，高中 88 人。

校舍面积及生均情况 小学校舍面积 152396 平方米，生均 7.52 平方米；初中校舍面积 94441 平方米，生均 6.72 平方米。

义务教育普及程度 小学学龄儿童少年入学率 99.87%，初中阶段入学率 98.41%；小学生年辍学率 0.08%，普通初中年辍学率 2.27%；小学毕业生升学率 100%，初中毕业升学率 78.3%。

【教育经费的收入与支出】 2006 年，崇左市江州区教育经费总收入 10512 万元，比上年多收入 1404 万元，增长 15.42%。其中财政拨款收入 8264 万元，比上年多收入 1878 万元，增长 18.78%。教育经费总支出 10142 万元，比上年多支出 1057 万元，增长 11.6%；其中财政拨款支出 8063 万元，比上年多支出 9 万元，增长 0.11%。总支出中，人员经费支出 7661 万元，公用经费支出 1519 万元，基建支出 962 万元，其他支出 0 万元。

【“两基”迎国检工作】 一是大力改善学校办学条件。2006 年，推倒 D 级危房面积 8210 平方米，维修校舍面积 80903.28 平方米，硬化地面 15266 平方米，粉刷墙体、围墙 143851 平方米，绿化校园面积 7871 平方米。同时，加大学校“普实”装备，争取了江州区政府划拨“普实”装备经费 331.8 万元，通过招标采购，及时装备了各学校功能室，进一步提高了学校“普实”装备标准。

此外，全部完成了今年实施的“农村中小学校舍维修改造长效机制”7 个工程建设任务，总投入 313 万元，建筑面积共 4882 平方米，现所有工程项目已竣工验收，并交付使用。所实施的“中小学布局调整中央补助资金”、“农村税费转移支付专项资金”、“中央基础教育奖励经费”等 3 个教育工程建设项目已全部竣工，待验收后交付使用。目前正全面启动了“2007 年度农村中小学校维修改造资金”项目 3 个，“新农村卫生新校园建设工程”项目 3 个，总投入 261 万元，各个项目工程正在有序地进行。

二是严防死守控辍红线。认真部署控辍保学工作，继续实行“双线控辍”责任制，分别与各中小学校主要负责人签订了控辍工作责任书，组织学校教职工深入村屯动员个别未到校学生返校学习。协助学校建立健全防止学生流失工作管理制度，积极开展“关爱学生”活动。

三是完成“两基”材料整理工作。为确保江州区“两基”档案材料整理、归档达标，教育局组织了 9 个材料整理归档工作小组，把任务落实到个人，细化工作措施，使材料整理达到了“两基”国检验收的标准要求。

四是积极协调各部门通力合作。崇左市直、江州区直82个单位挂包了江州区15所中学、104所小学，各挂点单位积极深入挂点学校开展帮扶工作，共计捐资捐物折合人民币47.8万元，使中小学校的校容校貌和教学设施再上新水平。

【教学质量】 较好地完成了中小学校长和学科带头人培训工作任务。一是组织82位中小学正副校长参加上岗培训。通过培训，进一步提高了校长综合素质，加强了学校管理，促进了教育发展。二是举办教师英语转岗培训。来自村完小校以上的79名小学教师参加了培训，并通过严格考试，全部合格。三是完成了对61名中小学教师教育技术培训工作，有力地促进了学校教育改革与发展。

坚持走“科研兴教”之路。为增加教育科技含量，开创江州区“科研兴教”、“科研兴校”的新局面，全江州区共完成了3个省级课题，39个市级课题的立项申报工作，并已被省、市两级科研机构批准立项。

【新课程改革工作】 新课程改革工作富有成效。2006年，继续组织开展新课改培训，充分发挥“课改指导中心”和江南一小、江南一中“校本教研”基地学校作用，积极开展“送教下乡”活动，全体教研员坚持深入教学第一线，深入课堂开展“说课—上课—评课”三位一体教学研究活动，帮助学校教师解决新课改中遇到的困难和问题，指导各校做好迎接自治区对江州区实施新课程改革评估验收的准备工作。10月，组织召开了江州区教学工作会议，重点解决了当前江州区新课改存在问题。11月，江州区实施新课程改革通过了崇左市教育局的检查，还得到了自治区教育厅检查组的认可。2006年崇左市中、高考总结表彰会上，江州区教育局和6所学校获奖，其中初中教育教学质量综合评估荣获崇左市一等奖，实现三连冠。此外，江州区还荣获了崇左市每万人口本科上线人数奖第二名和崇左市职业教育招生工作先进集体称号。在参加自治区级、市级的优质课、论文、教案评比中，江州区共有18名教师获一等奖，34名教师获二等奖，21名教师获三等奖，还有3名教师成为“自治区二十一世纪园丁工程”培养对象。教育局被评为崇左市校长建设年中小学校常规管理先进县（市、区）。

附：江州区教育局领导

局长、党组副书记：莫灵元

党组书记：蒋汉家

副局长：韦海波、黄玉金

纪检组长：李　琴

电话：7835486

邮编：532200

撰稿：岑中跃

大新县

【概况】 2006年大新县教育概况：

学校数和学生数 有完全小学149所，教学点203个，普通初中17所，普通高中1所，完全中学1所，中等职业技术学校1所。全县小学在校生20058人，普通初中在校生10037人，普通高中在校生3150人，中等职业技术学校在校生1560人。

专任教师数和师生比 全县有专任教师2285人（不含聘用制教师和代课教师），其中小学教师1410人，普通初中教师596人，普通高中教师182人，中等职业技术学校教师67人，幼儿园教师30人；幼儿园师生比1∶33，小学1∶20，普通初中1∶16.6，普通高中1∶20，中等职业技术学校1∶25。

每万人口在校生 幼儿园183人，小学557人，普通初中279人，普通高中88人，中等职业技术学校44人。

校园、校舍面积及生均情况 全县中小学校校园面积2169563平方米，校舍面积372709平方米。其中小学校园面积1513251平方米，生均75.44平方米，校舍面积190218平方米，生均9.48平方米；普通初中校园面积498956平方米，生均49.71平方米，校舍面积133983平方米，生均13.35平方米；普通高中校园面积117356平方米，生均37.26平方米，校舍面积38539平方米，生均12.24平方米；中等职业技术学校校园面积40000平方米，生均25.64平方米，校舍面积8121平方米，生均5.21平方米。

义务教育普及程度 全县小学学龄儿童入学率99.99%，初中阶段入学率99.78%；小学生辍学率0.02%，普通初中辍学率2.53%；小学毕业生升学率99.2%，初中毕业生升学率27.8%。

【教育经费的收入与支出】 2006年，大新县教育经费总收入10365万元，比上年多收入1334万元，增长14.77%。其中财政拨款收入9558.87万元，比上年多收入1845.87万元，增长23.93%；预算外资金收入806.13万元，比上年负收入511.87万元，负增长38.84%。教育经费总支出10365万元，比上年多支出1334万元，增长23.93%。其中财政拨款支出9558.87万元，比上年多支出1845.87万元，增长23.93%；预算外资金支出806.13万元，比上年负支出511.87万元，负增长38.84%。总支出中，人员经费支出7473.3万元，公用经费支出1727.7万元，基建支出1164.6万元。

【“中小学校长建设年”活动】 2006年是全区“中小学校长建设年”。大新县于3月初制定了《大新县中小学校长建设年实施方案》，4月21日召开了“中小学校长建设年”启动会。4月27日至30日举办了小学校长培训班，全县150多名小学校长参加了培训；4月底至5月初，组织20名初、高中校长到广西师范学院培训学习一周。6月上旬组织18名中心小学校长到北海市海城区小学跟班学习一周。7月至9月组织开展中小学校长论文征集评选活动，收到论文186篇，评出县级一等奖5篇、二等奖10篇、三等奖15篇；选送10篇论文参加区、市评选，有1篇获自治区论文评比三等奖。10月20日举行了中小学校长论坛，全县170名校长参加论坛，15名校长作了主题发言。11月下旬至12月初组织开展校长建设年规范化管理达标检查评估，大新中学、实验中学、桃城一中、榄圩中学、雷平中学、桃城一小、桃城二小、榄圩中心小学、恩城中心小学、堪圩中心小学被评为县级“中小学规范管理十佳学校”。

【全国“两基”攻坚现场会参观点准备工作】

2006年8月1日，自治区召开全国“两基”攻坚现场会准备工作部署会，确定大新县雷平中学、榄圩中学为全国“两基”攻坚现场会参观点。大新县强化宣传动员、组织协调、责任落实、政府投入、督查指导、培训提高等六项措施，确保认识、领导、人员、资金、整治、服务六到位。县成立现场点筹备工作领导小组和8个职能工作组，投入现场准备工作资金317.44万元，组织专项督查6次，县级演练3次，为参观点现场准备工作义务献工25000多个工作日。8月底完成了参观点44项硬件和47项软件整治任务，9月后，又相继完成20项细节整改工作，现场点学校在育人环境和校容校貌、配套设施和教学装备、学校管理和育人功能、教育观念和教学手段、师生学习工作条件和精神面貌等五个方面实现了新变化。11月23日全国“两基”攻坚暨农村义务教育经费保障机制改革现场汇报会现场参观工作在大新县顺利进行，大新县参观点以崭新的面貌和良好业绩，展示了大新乃至广西“普九”攻坚的成果和义务教育健康发展的形象，赢得了国务院领导和与会代表的肯定和赞扬。

【普通高考】 2006年，全县有1208名高中毕业生参加全国普通高等学校招生考试，上本科线535人（其中一本34人，二本251人，三本250人），本科上线率44.29%。被区内外高等院校录取623人，其中本科录取233人，本科预科录取34人，专科录取356人。每万人口上本科线人数位居崇左市第三名。

【教研教改】 以基础教育课题研究和课改实验为中心，组织开展教研教改活动。一是组织教研员和骨干教师深入教育基础较为薄弱的乡（镇）开展上一堂课、听一节课、评一节课、举办一个学科讲座、进行一项调研的“五个一”教研活动，推动全县中小学校本教研活动开展。二是组织开展课题研究和课改实验，2006年，向广西教育科研规划领导小组办公室申报7个研究课题，有4个课题（其中B类1个，C类3个）得到批复立项并启动实施；18所小学实施省级C类课题中期研究，有124篇中期成果论文获省级奖。三是组织教师参加学科课堂教学竞赛，初中地理、历史和高中地理、历史参加市优质课比赛，均获初中组一等奖和高中组二等奖。

【农村基础教育工程项目建设】 2006年，大新县实施的农村基础教育工程有12个土建项目，其中“农村寄宿制学校建设工程”7个单项工程，新建学生宿舍楼5幢、教学综合楼1幢、学生食堂1座，新建校舍10800平方米，投资648万元；革命老区建设项目1个单项工程（教学综合楼），新建校舍1500平方米，投资102万元；边境地区战后恢复建设项目4个单项工程，建综合楼2幢，学生宿舍楼2幢、建筑面积共7133平方米，投资512万元。

教育部门切实加强项目工程建设的组织领导，认真抓好工程项目实施工作，做好项目规划、设计和报建报监工作，加强项目管理人员业务培训，选好项目建设工程队，建立项目建设监督机制，采取分工负责，人盯项目办法，把好工程进度、质量和施工安全关，项目建设进展顺利。目前，12个工程已全部工程竣工交付使用。

【“两免一补”工作】 2006年，全县义务教育阶段学生全部免收杂费，免收杂费金额508.93万元，7639名中小学贫困生获得国家免费提供的教科书，免费教科书金额68.62万元，4093名寄宿贫困生享受生活补助费，其中，小学生每人每月15元，初中生每人每月20元，年补助金额77.4万元。

【资助家庭贫困大学新生入学】 2006年，全县共有70名家庭贫困大学新生得到资助，资助金额共10.8万元。其中5人获“广西希望工程爱心圆梦大学”行动资助，资助金额共2万元；29人获市政府资助，资助金额共5.2万元；36人获县政府资助，资助金额共3.6万元。同时，全县有76名家庭贫困大学新生获200元至400元不等的上学路费补助，补助金额共2万元。

【学校安全稳定工作】 一是落实学校安全稳定工作领导负责制和责任追究制，部门与学校、学校与处室班级层层签订安全稳定工作目标责任状，明确目标，责任到人。二是3月组织开展“安全教育活动月”活动，采取多种形式，以防交通事故、防溺水、防灾、防踩踏等安全教育为重点，开展安全教育，组织学生进行安全技能演练，全县共张贴宣传标语1100多条，出宣传板报180多版，播报广播稿1500多篇，开展安全知识竞赛32场次，举行文艺演出32场，学生参与安全技能演练20000多人次。三是抓好学校安全督促检查工作，2006年内教育部门6次组织人员深入中小学校进行安全工作督查，做到警钟长鸣，常抓不懈。2006年，全县教育系统无重特大安全事故发生。

附：大新县教育局领导

党委书记：何竞锋

局长：颜勤显

副局长：黎耀宏、冯妹莲

纪委书记：张英明

电话：0771－3622949

地址：大新县县城养利路141号

邮编：532300

撰稿：赵元琛

扶绥县

【概况】 2006年扶绥县教育概况：

学校数和学生数 全县共有高级中学3所，初级中学16所，九年一贯制学校3所，乡镇中心小学和完小校112所，农村小学教学点42个，特殊教育学校1所，公办幼儿园4所，中等职业技术学校1所，教师进修学校1所，乡镇成人文化技术学校11所，村级成人文化技校128所；民办中小学3所，民办幼儿园35所。全县在职教职工4288人，在校中小学生44627人，其中高中在校生5154人，初中在校生14682人，小学在校生24791人，幼儿园和学前班在园（班）幼儿7252人。

专任教师数和师生比 全县共有小学专任教师1975人，师生比为1∶13，普通初中专任教师1154人，师生比为1∶10人；普通高中专任教师282人，师生比为1∶18人；中等职业技术学校专任教师24人，师生比为1∶21；特殊教育学校专任教师30人，师生比为1∶4人。

每万人口在校生 幼儿园173.9人，小学594.5人，普通初中352.1人，普通高中123.6人，中等职业技术学校11.9人。

校园、校舍面积及生均情况 全县小学占地面积1286900平方米，校舍面积230784平方米，生均校舍面积9.35平方米；普通初中占地面积1109346平方米，校舍面积148650平方米，生均校舍面积10.2平方米；普通高中占地面积347000平方米，校舍面积46496平方米，生均校舍面积9.02平方米；中等职业技术学校占地面积200000平方米，校舍面积13728平方米，生均校舍面积27.79平方米；特殊教育学校占地面积16668平方米，校舍面积1800平方米，生均校舍面积16.8平方米。

义务教育普及程度 全县共有小学适龄儿童21807人，适龄儿童在校生21655人，入学率为99.98%；初中阶段适龄少年15744人，初中阶段在校生人数15239人，初中入学率97.01%；小学在校生辍学率0.05%，普通初中在校生辍学率2.51%；小学毕业生升学率100%，初中毕业生升学率40%。

【教育经费的收入与支出】 2006年，扶绥县教育经费总收入13641万元，比上年增加2819万元，增加26.05%。其中财政拨款收入12170万元，比上年增长33.21%；预算外资金收入1471万元，比上年增加215万元。教育经费总支出12210万元，比上年增加1986万元，增加19.43%。其中财政拨款支出10915万元，比上年增长27.89%，预算外资金支出1295万元，比上年减少394万元。总支出中，人员经费支出8811万元，公用经费支出3209万元，基建支出190万元。

【中考和高考】 2006年，荣获崇左市2006年每万人口向普通高校输送本科人数第一名和崇左市2006年初中教育教学质量评估二等奖。

【自治区示范性普通高中建设】 2006年3月，经自治区教育厅验收评估，扶绥中学被授予自治区示范性普通高中称号，成为崇左市第一所自治区示范性普通高中。

【“两基”工作】 2006年8月，按自治区和崇左市部署，全面启动迎接国家“两基”评估验收工作，成立了由县政府县长为组长，分管领导为副组长，教育、发改、财政、审计、扶贫、建设、国土等部门主要负责人为成员的县迎接国家“两基”评估验收工作领导小组。下设办公室，并抽调专职人员负责具体工作。同时，明确了迎检工作职责、制订了实施方案、对各学校“两基”工作人员进行集中培训等，“两基”迎国检工作全面启动。

县委、县政府开展旨在帮助贫困学生完成相应学业的“和谐教育手拉手”活动，动员全县副科级以上干部和社会各界人士与贫困学生结成“手拉手”对象，每人每年资助贫困学生资金不低于300元。县四家班子领导带头与贫困学生结成“手拉手”对象，为贫困学生捐资送物；全县结成“手拉手”对象587对，共资助资金20多万元。

【助困工作】 2006年，扶绥县考上大学共1850人，其中贫困大学生181人，通过采取“希望工程爱心圆梦大学”、交特殊团队费、设立“育才基金”和开展“和谐教育手拉手”活动等措施帮助贫困家庭学生，确保每一位大学新生不因家庭贫困而失学。

【农村义务教育】 2006年，全县农村义务教育阶段中小学全部实行免收学杂费政策，共免学杂费718.6万元。

【未成年人思想道德建设】 2006年，先后举行“扶绥县社会主义荣辱观教育宣讲活动”“未成年人思想道德建设”和“百场法制教育课进校园活动”启动仪式；组织全县中小学生参加“红色之旅”读书月活动，举办“红色之旅”读书教育活动讲故事和演讲比赛；开展了“中小学生禁毒宣誓签名仪式”宣传活动；继续推进“校园文化建设年”活动，加强校园环境建设，绿化、美化和净化校园，培育校园精神，深入挖掘校史、校训、校情的教育内涵，积极培育学校校园文化特色，并通过举办或组织参加一系列文体比赛活动，营造浓厚的校园文化氛围，学校德育工作上了新台阶，县教育局和龙头中学荣获自治区中小学德育工作先进集体。

【校园廉政文化】 全县教育系统深入开展廉政文化进校园活动，通过制作廉政警句格言广告牌、设立廉政文化宣传栏、开展以清正廉洁为内容的征文比赛、演讲比赛、组织观看反腐倡廉影视片等活动，形成了“活跃的文化、廉洁的校园”的良好局面，进一步提高广大教职工爱岗敬业、廉洁从教的意识，在广大学生中根植了廉洁、诚信的道德意识。

【特殊教育】 2006年春季学期将县特殊教育学校从城西学校剥离出来，成为一所独门独户的学校。与河南省巩义市各出资100万元共建县特殊教育学校，力争把县特殊教育学校建成惠及崇左市各县（市、区）广大残疾儿童少年的自治区示范性特殊教育学校，为广大残疾儿童少年创造更加优越的学习生活环境。

【“中小学校长建设年”活动】 2006年是全区“中小学校长建设”年，按照区、市教育主管部门的统一部署，采取组织广大中小学校长参加校长论坛、撰写学校管理论文、到区内外先进学校跟班学习等措施，有效地提高了中小学校长素质和管理学校水平，培养和造就出一支具有高度责任感，掌握现代学校管理知识，懂教育、善管理、作风优良的中小学校长队伍。与此同时，派出8名明星校长候选人和50名教坛明星候选人分别参加自治区明星校长和教坛明星教师培训班学习，通过学习提高教师教书育人的本领。

【安全工作】 一是继续开展学校“安全教育月”活动，强化学校安全意识和责任意识，提高师生安全防范意识和安全自救能力；二是开展经常性的学校安全大检查活动，促进了学校安全措施的落实；三是各中小学校与学生及其家长或监护人签订《安全协议书》，将学生的安全教育和责任落实到学校、学生及其家长或监护人。

【体育艺术教育】 2006年11月，举办第二十三届全县中小学生田径运动会，创造了一批好成绩，组队参加了12月在江州区举行的崇左市首届中小学体育运动会，荣获初中男子、高中男女组田径团体赛总分三个第一名及初中女子组团体第2名和小学乒乓球男子团体第一名；在参加崇左市首届教职工文艺会演中共获得一个一等奖、两个二等奖和两个三等奖。

附：扶绥县教育局领导

党委书记、局长：梁铭之

副书记、纪委书记：曾建军

副局长：李华德　何乃芬　吴日伟
办公室主任：施锦伟。
电话：0771－7530079　7524790
地址：扶绥县新宁镇新华街150号
邮编：532100

撰稿：汪新波

天等县

【概况】　2006年天等县教育概况：

学校数和学生数　全县共有村完小以上小学124所，教学点203个，在校小学生26960人；初级中学14所，在校初中生10244人；普通高中2所，在校生4407人；中等职业技术学校1所，在校生1405人。

专任教师数和师生比　县城小学专任教师168人，师生比1∶19.1，农村小学专任教师1634人，师生比1∶15.8；县城初中专任教师137人，师生比1∶23.2，农村初中专任教师629人，师生比1∶11.6；普通高中专任教师228人，师生比1∶19.3；中等职业技术学校专任教师31人，师生比1∶23.9。

每万人口在校生　幼儿201人，小学691人，普通初中435人，普通高中116人，职校生60人。

校园、校舍面积及生均情况　小学在校生数26960人，校园面积1066680平方米，生均39.57平方米，校舍面积120483，生均4.47平方米；初中在校生数10244人，校园面积387210平方米，生均37.8平方米，校舍面积70361平方米，生均6.87平方米；高中在校生数4407人，校园面积99692平方米，生均22.6平方米，校舍面积31513平方米，生均7.15平方米；职校在校生数1405人，校园面积15968，生均11.4平方米，校舍面积5013平方米，生均3.57平方米。

义务教育普及程度　2006－2007学年度，小学学龄儿童入学率99.76%，普通初中入学率96.36%；小学生辍学率0.17%，初中生辍学率2.66%；小学毕业生升学率99.68%，初中毕业生升学率61.46%。

【教育经费的收入与支出】　2006年，天等县教育经费总收入11260.7万元，比上年多收入3460万元，增长44.4%。其中财政拨款收入9777.9万元，比上年多收入3632.4万元，增长59.1%；预算外资金收入1482.8万元，比上年少收入172.4万元，负增长10.4%。教育经费总支出11249.2万元，比上年多支出3430.5万元，增长43.9%。其中财政拨款支出9640.5万元，比上年多支出3603.5万元，增长59.7%；预算外资金支出1608.7万元，比上年少支出173万元，负增长9.7%。总支出中，人员经费支出7576.3万元，公用经费支出3665.3万元，基建支出7.6万元。

【课程改革】　2006年秋季学期，天等县小学一至三年级和初中七、八年级已全部进入新课程实验。2004年秋季学期，全县小学一年级作为全区第三批“义务教育”新课程改革实验区，正式启动实施，全县小学一年级337个教学班，4694名学生和470名科任教师参加新课改。2005年秋季学期又有4270名小学一年级学生进入新课改。同学期，全县初中七年级有18所学校，55个教学班，2688名学生和299名科任教师进入新课改。2006年秋季学期，全县共有4355名小学一年级学生和2780名初中七年级学生进入新课改。

【教育质量】　全县各中小学校认真贯彻落实党和国家的教育方针，把德育工作放在学校工作的首位，按照《中小学德育工作规程》要求，创建校风好、教风严、学风正的学校，全面推进素质教育，不断提高教育教学质量。2006年，中小学生行为规范合格率达100%，学生犯罪率为0；2005－2006学年度小学生毕业年级毕业率达99.47%，初中生毕业率达到98.31%；小学毕业生体育合格率为99.15%，初中毕业生体育合格率为98.74%。全部达到了国家颁布标准。

【中考和高考】　高考方面：全县本科上线人数达498人，名列崇左市第三位，其中上重点院校本科线21人，本科上线人数比2005年多了15人。中考方面：全县七科均分达63.96分，名列崇左市第二位。获600分以上人数达229人，比2005年多了66人，列全市第3名。

【改善办学条件】　2006年12月底，全部完成81个学校土建项目，并拆除了中小学D级危房近23500平方米，砌建学校围墙2150米，铺设校道12300平方米，完成修建校门39个，篮球场56个，升旗台93个，文化长廊66个，粘贴瓷砖版教育方针、中国地图、世界地图、名人名言共605幅，美化绿化校园25300平方米。与此同时，各中小学校控辍保学、材料归档整理等各项工作扎实开展，2006年11月18日，天等县“普九”工作通过了自治区的评估验收。全县中小学“普实”工作全面展开。全县14所中学都安装了计算机和多媒体教室，124所村完小以上学校装备了卫星接收设施，远程教育设备基本上达到了自治区规定的标准，各中学“八室一场”、小学“五室一场”基本上达到了教育部的要求。

【学校管理】 全面贯彻落实新修订的《义务教育法》，进一步规范了义务教育的政府行为，落实局长、校长是学校管理的第一责任人的责任制。治理教育乱收费工作不断深入，教育收费进一步规范。大力促进教育公平，认真解决好关系人民群众切身利益的教育问题。加大资助家庭经济困难学生工作的力度，在用好用活国家政策的基础上，2005年采取各种措施筹措资金47.2万元，用于资助家庭经济困难学生上学难问题，其中有227人圆了大学梦，近500名因家庭经济困难面临辍学学生得到资助顺利完成了学业。实施“两免一补”政策，除了国家补助的免学杂费和免教科书经费外，2006年，全县财政按时兑现困难寄宿生生活月补助费初中每生20元，小学每生15元，享受人数9016人，生活补助费全年共165万元，从而使家庭经济困难学生上得起学，读得起书。

全县中小学校都能严格按照《广西壮族自治区中小学校常规管理规定》要求，加强学校管理，规范教师行为，各校结合实际制订了各种规章制度和岗位职责，规范师生的行为，学校实行校务公开和教代会制度，积极开展创建合格学校和文明学校，并取得了良好效果。2006年，有城关小学、天等高中、民族中学等学校获得5项荣誉称号，其中天等高中荣获“崇左市德育先进单位”荣誉称号，城关小学荣获“全国三八先进集体”荣誉称号，民族中学荣获“自治区法制教育先进集体”、“自治区校园文化建设先进集体”和“崇左市绿色学校”等荣誉称号。

附：天等县教育局领导

局长：高武建

党委书记：赵道民

党委副书记：农书本

副局长：梁多芳　农祥堂　赵利群

电话：0771－3521180

地址：崇左市天等县中山街131号

邮编：532800

撰稿：李瑞强　陆克堂　潘雪军　农元英　农德海

龙州县

【概况】 2006年龙州县教育概况：

学校数和学生数 有小学110所，教学点62个，672个教学班，在校小学生16742人；普通初中19所，207个教学班，在校学生10590人；普通高中1所，35个教学班，在校学生2297人；中等职业技术学校1所，28个教学班，在校生1714人。

专任教师数和师生比 全县在职教职工2063人，其中，初中专任教师568人，小学专任教师1260人。普通高中专任教师108人，中等职业技术学校专任教师55人。小学师生比为1∶12，初中师生比为1∶15，高中师生比为1∶15，中等职业技术学校师生比为1∶22。

每万人口在校生 幼儿园153人，小学620人，普通初中392人，普通高中85人，中等职业技术学校63人。

校园、校舍面积及生均情况 全县小学校园面积1017904平方米，校舍面积171517平方米，生均校舍面积10平方米；普通初中校园面积467420平方米，校舍面积111358平方米，生均校舍面积11平方米；普通高中校园面积68368平方米，校舍面积17573平方米，生均校舍面积9.92平方米；中等职业技术学校校园面积23334平方米，校舍面积5621平方米，生均校舍面积3.28平方米。

义务教育普及程度 2006年，小学学龄儿童入学率为99.87%，7－15周岁残疾儿童少年入学率81.08%，初中阶段入学率达97.87%；小学辍学率为0.03%，普通初中辍学率为2.48%，小学毕业生升学率为100%，初中毕业生升学率为81.65%。

【教育经费的收入与支出】 2006年，龙州县教育经费总收入6828万元，比上年多收入34万元，增长0.5%。其中财政拨款收入6140万元，比上年多收入353万元，增长6.1%，预算外资金收入688万元，比上年少收入319万元，增长－31.6%。教育经费总支出6636万元，比上年多支出107万元，增长1.63%。其中财政拨款支出6072万元，比上年多支出360万元，增长6.3%；预算外资金支出564万元，比上年少支出253万元，增长－30.96%。总支出中，人员经费支出5329万元，公用经费支出1307万元。

【教育科研】 各校申报市级课题56个（目前

市未审批），申报区级课题 5 个，获准立项 2 个。全县有 200 多位教师撰写 200 多篇教育教学论文参加崇左市论文评比（市未公布评比结果）；有 30 多位教师撰写 36 多篇教育教学论文参加区一级论文评比，获得一等奖有 5 篇，二等奖有 13 篇，三等奖有 18 篇。龙州中学的教师梁海民和教师陆振威分别获得 2006 年崇左市高中历史、地理优质课比赛一、二等奖，龙州一中教师农东和教师李波分别获得 2006 年崇左市初中地理、历史优质课比赛二等奖，新华小学教师何美霜获得 2006 年全区小学特色作文教学比赛一等奖，龙州一中黄霞教师和水口中学教师蒙香丽获得 2006 年崇左市初中英语优质课比赛一等奖，龙州一中教师张兰君和彬桥中学教师欧洋丽获得 2006 年崇左市初中语文优质课比赛一等奖，新华小学教师陈春霞获得 2006 年崇左市小学品德与社会教学比赛二等奖。

【“两基”工作】 2006 年龙州县“两基”工作进入巩固提高阶段，县委、县政府从实践“三个代表”重要思想和全面建设小康社会的战略高度，把“两基”纳入“十五”和“十一五”国民经济和社会发展规划，做到教育优先发展地位不动摇，“两基”工作重中之重不动摇，形成农村义务教育持续、健康发展的机制。一是成立了以县委书记、县长为组长的“两基”迎国检工作领导小组，各乡镇也相应成立了工作领导机构。二是全面部署，贯彻落实。为切实抓好“两基”迎国检工作，多次召开了县四家班子会议、县委常委会议和县政府常务会议，贯彻落实中央、自治区、市“两基”工作会议及有关领导的指示精神。对“两基”工作的机构、资金、责任分工和时间要求等进行了研究和部署，统一了思想认识，明确了任务目标，要求做到党政一把手亲自抓，分管领导具体抓，各部门通力合作，形成合力，确保“两基”迎检工作的顺利开展；三是完善制度，周密安排。为规范“两基”攻坚各项工作，确保“两基”顺利完成，龙州县先后制订了《龙州县十五教育发展计划》、《十一五教育发展计划》、《龙州县“两基”攻坚工作方案》和《龙州县“两基”工作规范要求》，出台并印发了《关于印发龙州县迎接国家“两基”评估验收建设项目及时间安排表的通知》、《龙州县实施“两基”攻坚县直部门工作职责》、《关于实施龙州县四家班子及党政机关单位挂点联系乡镇完成“两基”攻坚任务的通知》、《关于调整龙州县四家班子领导成员和部门（单位）领导联系乡镇、学校开展迎接全国“两基”评估验收工作安排的通知》、《关于印发龙州县“两基”迎国检工作安排表》等相关文件，并严格按照文件要求，精心组织实施“两基”攻坚。2006 年自治区决定将龙州县响水镇中学定为全国“两基”攻坚现场会的现场参观学校。为了把响水镇中学建设好，龙州县加强领导，周密部署，狠抓落实，全力投入学校校园整治工作，在短短的 1 个多月时间里，共完成了校门维修，围墙粉刷、运动场建设，草坪绿化、路网建设，教学楼和学生宿舍楼门窗的油漆、外墙喷白灰水、换窗户玻璃，室内批双飞粉，楼梯墙裙油漆，学生饭堂维修，学生宿舍楼和综合楼装修等八项建设，使响水中学校园面貌焕然一新，校园环境得到了美化和绿化。响水中学的建设工作得到了国务委员陈至立、教育部部长周济、国务院副秘书长陈进玉、国家发改委副主任张茅、财政部副部长张少春、教育部副部长陈小娅以及前来参加全国“两基”攻坚现场会的各位领导同志的好评。

扫盲工作方面。龙州县大力开展扫除剩余青壮年文盲工作，采取办班和包教等多种形式，并动员干部、师生、群众参与开展扫盲活动，取得了显著成效。2006 年，全县共扫除剩余青壮年文盲 30 人，青壮年非文盲率从“五普”时的 99.26％提高到 99.63％。其中利用联合国教科文组织国际行动援助经费在金龙镇布双屯、布梯屯和垌平屯集中举办 3 个文化学习班，共有 123 名妇女参加学习，其中 21 名扫盲对象参加学习，当年底有 3 名妇女通过脱盲考试。

【师资培训】 积极开展“中小学校长建设年”活动。龙州县教育局制订了《龙州县中小学校长建设年实施方案》，举办全县小学校长学习培训班，聘请广西中小学教师培训中心和柳州市景行小学、弯塘路小学等知名专家和校长到班讲座，全县小学校长 110 人参加了培训。2006 年 5 月 18 日，组织全县小学校长到柳州市景行小学、弯塘路小学考察学习。10 月 13 日，举办中小学校长论坛会，论坛会聘请了崇左高中校长黄宗保到会讲座。9 月，全县各中小学校长共撰写有关学校管理方面的论文 114 篇。经过评比，有 13 篇论文获一等奖，14 篇论文获二等奖，31 篇论文获得三等奖。其中选送 10 篇论文参加市级评比，选送 1 篇论文参加区级评比。

全县 2005 年中小学教师共 1823 人次参加了区、市、县等各级各类教师培训班。组织 48 名小学语文教师到南宁市参加“绿城之春”小学语文课堂教学观摩活动；组织 45 名小学数学教师参加全区新课改第二届小学数学课堂教学专题研讨会；组织50多位小学语文、数学教师赴桂林参观“漓江之秋”全国名师新理念课堂教学。

【支教工作】 2006年，进驻龙州县的各级支教队员共19名，其中，共青团中央青年志愿者研究生支教团6人，分别进驻龙州中学、县职技校、龙州镇中；自治区支教员6名，分别进驻下冻中学、彬桥中学；“县对县”教育对口支援县为合浦县，合浦县教育局、教师进修学校、实验小学和第一、二、四中学、廉州中学分别派出支教队员7人，进驻水口镇中学、罗回中心小学、共和完小。自治区支教后援单位有：区公安厅挂点八角乡中学，区国税局挂点上金乡中山中心小学，区建工集团挂点逐卜乡中学，区政法管理干部学院挂点下冻镇中学，区工业职业技术学院、区水利电力职业技术学院挂点彬桥中学。一年来，各后援单位、后援学校积极深入到受援学校调查了解，落实支教项目，为学校解决实际困难，协助学校开展“两基”巩固提高工作。据统计，2006年，全县受援学校得到资助资金84.718万元，其中受援学校基础设施建设得到各级支援单位援助资金78万元；资助贫困生144人，资助金额5.46万元；支援图书、学习用品等价值2.5万元；举办教师培训班2期，培训教师168人次。

【职业教育和成人教育】 2006年，县职技校招收学历新生1065人，完成崇左市下达中职招生任务的213%，在校生规模达到1714人。同时，进一步强化了县职技校实训实习网络的建设，拓宽勤工助学渠道。县职技校分别与深圳市丰音品电子有限公司等6家企业签订了实习基地和推荐就业协议，并分4批输送530名在校生到广东深圳市、东莞市入厂参加实习活动。

按照上级实施农村劳动力转移就业培训工作的有关要求，龙州县抓好新生劳动力培训转移就业工作，积极组织未升学的初、高中毕业生参加新生劳动力转移就业培训。2006年，全县有352名未升学的农村初中毕业生参加了制衣、电焊、电脑短期培训。全年全县各部门、各乡镇共举办实用技术培训班102期，共有3.1463万人次参加培训，其中2004年至2006年脱盲人员128人全部参加了培训学习，脱盲后巩固率达100%。

龙州县职业教育中心建设被确定为自治区第一批立项为做好项目的建设，按照上级的有关要求，县委、县政府印发了《龙州县职业教育中心工作方案》和《龙州县职业教育中心建设规划》，整合职业教育资源，将县中等职业技术学校、县教师进修学校、县卫生学校合并，成立县职业教育中心，为县职业教育中心建设明确了工作目标。2006年5月，县教育局与县发展和改革局、人事劳动和社会保障局联合制定上报了《龙州县“十一五”职业教育项目建设规划》，同时，利用自治区教育厅职业教育奖励经费30万元、县配套10万元购置了成套电工电器实训设备，当年已完成了对以上3所学校的清产核资、人员整合、规划建设、专业设置和招生计划工作。

附：龙州县教育局领导

局长、党委副书记：杨建林
党委书记：何文杰
党委副书记：谢秉宗
副局长：曾　红　曾　涛
纪委书记：黄仕文　局党委
电话：0771－8831353
地址：龙州镇城北路34号

撰稿：蒙元勇

DA SHI JI

大事记

2006年广西教育大事记

1月

▲1月4日—6日，教育部会同公安部和国家安全生产监督管理总局对我区高校消防安全和管理工作情况进行联合检查。

▲1月6日，自治区吴恒副主席主持召开广西农村教育工作联席会议成员单位会议。

▲1月9—10日，自治区高校工委、教育厅召开全区高校人才工作会议。

▲1月10日，中央先进性教育活动领导小组成员、教育部党组副书记、副部长袁贵仁前来我区调研先进性教育活动。

▲1月17日，自治区教育厅到扶贫点开展“送温暖、办实事、解难题”活动。

▲1月21日，教育部公布全国第十二批基本普及九年义务教育、基本扫除青壮年文盲县（市、区）名单，我区隆安县、马山县、上思县、大新县、龙州县、靖西县、凌云县、田林县、隆林各族自治县、南丹县、天峨县、环江毛南族自治县、忻城县、金秀瑶族自治县等14个县榜上有名。

▲1月20—23日，中纪委驻教育部纪检组组长、教育部党组成员田淑兰到我区调研农村义务教育阶段经费保障机制改革工作推进情况。

2月

▲2月8日，自治区教育厅召开全区农村义务教育经费保障机制改革工作会议。

▲2月9日，自治区教育厅召开全区市、县（区）教育局局长会议。

▲2月15日，自治区人民政府宋晓天副秘书长、自治区教育厅余益中厅长等领导组成调研组，到贵港市调研农村义务教育经费保障机制改革落实情况。

▲2月17—18日，全区高校党建工作暨高校年度工作会议在南宁召开。

▲2月20—22日，教育部财务司副司长田祖荫为组长的督查组对百色市平果、凌云、乐业等县中小学校的农村义务教育阶段经费保障机制改革工作推进情况进行督查。

▲2月23日，自治区教育厅召开“广西中小学校长建设年”网络视频启动会议。

3月

▲3月2日，教育部同意广西英华国际职业学院备案。

▲3月5—6日，教育部—微软（中国）“携手助学”师资培训项目工作会议在广西师范大学召开。

▲3月6日—8日，全区县级党政主要领导干部教育工作督导考核现场观摩会在宾阳县召开。

▲3月12日，自治区招生考试委员会、教育厅在南宁召开了2006年全区普通高校招生工作会议。

▲3月22日—23日，“广西青年学生形势政策思想教育百场报告会巡回报告”会分别在广西大学、广西工学院举行。

▲3月30日，自治区政府宋晓天副秘书长、自治区教育厅黄宇副厅长以及自治区政府办公厅、教育厅、人事厅和劳动与社会保障厅相关处室负责人等一行9人分别到广西大学、广西财经学院督促检查毕业生就业工作。

▲3月31日—4月3日，教育部副部长陈小娅率国家教育督导团办公室主任郑富芝、教育部财务司副司长田祖荫等到我区考察“两基”攻坚和农村义务教育经费保障机制改革工作。

4月

▲4月4日，国家民委副主任周明甫一行到广西民族大学考察指导工作。

▲4月18日，自治区人民政府召开职业教育厅际联席会。

▲4月18日—22日，教育部检查组一行7人对我区贯彻实施普通高等学校学生管理规定的工作情况进行检查调研。

▲4月19日，自治区学位委员会第九次全体会议在南宁召开。

▲4月20日—5月15日，自治区教育厅、财政厅和物价局联合开展对全区各级各类学校收费项目和标准进行一次全面清理和规范工作。

▲4月25日—26日，自治区常委宣传部、高校工委、教育厅、团区委共同组织的首府南宁、桂林市大学生形势政策思想教育百场报告会“文化广西”专题报告会分别在广西民族大学和桂林电子科技大学成功举行。

▲4月，自治区教育厅启动广西高等学校教学名师工程。

5月

▲5月8日，自治区党委副书记李纪恒到广西财经学院视察工作。

▲5月10日—11日，自治区人民政府在融水苗族自治县召开“自治区‘两基’工作现场会”。

▲5月11日，“大学生诚信教育及征信知识巡回讲座”在广西大学启动，

▲5月11日—12日，自治区人民政府在柳州市召开全区“职业教育发展年”暨县（市、区）职教中心建设工作现场会。

▲5月16日上午10时，广西民族大学举行新校区奠基仪式，自治区人大常委会副主任张正铀、自治区副主席吴恒、自治区政协副主席俞曙霞，教育厅厅长余益中、副厅长车芳仁等领导出席奠基仪式。

▲5月16日—17日，全区高校科技工作会议在南宁市召开。

▲5月18日，广西民族学院更名广西民族大学暨建校54周年庆典隆重举行。

▲5月18日—29日，自治区党委组织部、高校工委在清华大学举办广西高校领导干部高等教育专题研讨班

▲5月21日，广西高职院校首届学生工作论坛在广西职业技术学院举行。

▲5月23日—30日，中国教育报副总编李功毅率采访组一行3人到我区进行“两基”攻坚工作专题采访。

▲5月30日，自治区高校工委、教育厅召开治理商业贿赂专项工作动员大会。

6月

▲6月1日，正式启动的玛丽斯特普国际组织的广西流动人口艾滋病预防教育和服务项目初中艾滋病预防教育子项目在南宁（4个县）、玉林、贵港3市500所初中学校实施。

▲6月6日，桂林电子工业学院更名桂林电子科技大学。

▲6月6日，全国政协副主席周铁农率香港特别行政区全国政协委员视察团到百色学院视察指导工作。

▲6月7日，我区三江县入选联合国儿基会学校水、环境卫生与个人卫生项目实施县，项目周期为5年。

▲6月8日—20日，广西教育展在越南河内和泰国曼谷举办。

▲6月14日—16日，广西农村教育工作联席会议办公室组织“广西农村教育新闻采访团”分两路，深入到平果、德保、天等、都安、鹿寨、宾阳等6县进行为期一周的专题采访报道。

▲6月18日，2006年全区农村义务教育阶段学校教师特设岗位计划专场招聘会在广西师范学院举行。

▲6月18日—19日，自治区人民政府聘请了以原江南大学校长陶文沂教授为组长，中国科学院院士、中国农业大学吴常信教授等7位专家组成的验收专家组，对广西大学“十五”“211工程”整体建设项目进行了实地考察验收。

▲6月20日，2006年自治区人民政府奖学金颁奖仪式在广西大学礼堂隆重举行。

▲6月24日—25日，2006年度全区教师教育工作会议在南宁召开。

7月

▲7月2日—24日“万名教师素质提高工程”2006年中等职业学校师资培训计划如期开展。

▲7月3日，教育部党组召开规范高校收费管理、治理商业贿赂工作网络视频会议，自治区高校工委、教育厅党组紧接着召开了全区高校系统视频会议。

▲7月5日，全区2006年各类成人高校招生工作会议在南宁召开。

▲7月8日上午，由自治区党委宣传部、自治区文明办、自治区教育厅、团区委、自治区学联主办，广西师范学院承办的2006年广西大中专学生志愿者暑期“三下乡”社会实践活动启动仪式在广西师范学院举行。

▲7月12日，第六届广西大学生运动会在广西民族大学隆重开幕。

▲7月14日，自治区人大法委、自治区语委、自治区教育厅联合召开《广西壮族自治区实施〈中华人民共和国国家通用语言文字法〉办法》新闻发布会。

▲7月20日—22日，教育部职成司在桂林召开中职招生扩招100万人专题调研会议。

8月

▲8月17日，自治区人民政府在南宁召开全区“两基”攻坚工作会议。

▲8月20日，自治区教育厅、财政厅、人事厅、编办在广西师范学院隆重举行农村义务教育阶段学校特设岗位教师出征仪式，标志着“农村义务教育阶段学校教师特设岗位计划”在我区全面顺利实施。

▲8月21日，自治区人民政府召开全区高等学校扶助贫困家庭大学生工作电视电话会议。

▲8月24日，自治区教育厅召开迎接国务院“两基”攻坚暨农村义务教育保障机制现场汇报会动员大会。

▲8月25日—8月26日，以中国科学院院士周尧和教授为组长的教育部专家组一行7人，对依托于广西大学和桂林工学院两校的省部共建教育部重点实验室——有色金属材料及其加工新技术实验室建设项目进行检查验收。

9月

▲9月5日—10日，自治区党委书记刘奇葆、自治区主席陆兵等自治区领导分别看望慰问教师，全区各地开展丰富多彩的庆祝第22个教师节系列活动。

▲9月10日—16日，自治区语委、党委宣传部、教育厅、人事厅、文化厅、广电局、广西军区政治部、共青团区委联合组织开展了一系列丰富多彩的推广普通话宣传周活动。

▲9月11日—13日，自治区教育厅组织思政处、规划处、学生处、财基处、高教处、学位办、科研处等有关部门负责同志组成4个检查调研组，分赴南宁、桂林、柳州、钦州、北海，对全区22所高等学校进行开学检查，其中重点检查了8所独立学院、7所民办高职学院和新升格的本科院校。

▲9月19日—20日，教育部、李嘉诚基金会、周凯漩基金会检查组对广西大学的奖学金管理工作进行检查，并与受助学生进行交流。

▲9月20日—28日，自治区教育厅组织专家组对柳州职业技术学院、广西国际商务职业技术学院、南宁职业技术学院高职高专人才水平评估工作进行初评。

▲9月25日，百色学院揭牌成立。

▲9月29日—30日，教育部高教司副司长杨志坚分别到广西大学和广西财经学院视察工作。

10月

▲10月9日—11日，自治区教育厅组织专家组对广西建设职业技术学院、广西农业职业技术学院、广西水利电力职业技术学院、广西机电职业技术学院和广西职业技术学院等5所院校进行了人才培养工作水平评估整改工作情况回访。

▲10 月 13 日，自治区人民政府召开“全区‘两基’巩固提高工作现场会”。

▲10 月 16 日，自治区依法治桂办、自治区教育厅、自治区司法厅联合表彰全区教育法制工作先进集体、先进个人和依法治校示范校。

▲10 月 22 日，自治区党委书记刘奇葆在梧州市市长余远辉等陪同下视察梧州学院。

▲10 月 23 日，教育部思想政治工作司冯刚副司长应邀到桂林电子科技大学指导高校思想政治工作。

▲10 月 23 日，广西首个高校辅导员培训和研修基地在广西师范大学隆重揭牌。

▲10 月 25 日下午，首届广西大学研究生创新论坛启动仪式暨研究生创新思想培养报告会在广西大学君武馆报告厅举行。

11 月

▲11 月 4 日—6 日，自治区吴恒副主席、自治区教育厅余益中厅长赴荔浦、平乐、柳江、柳城、武宣、象州等 6 县检查“两基”迎检工作准备情况。

▲11 月 21 日，中共中央政治局常委李长春到广西师范大学考察指导工作。

▲11 月 23 日—24 日，国家西部地区“两基”攻坚暨农村义务教育经费保障机制改革现场汇报会在南宁举行，国务委员陈至立出席会议并讲话，自治区主席陆兵致词，国务院副秘书长陈进玉主持会议。教育部部长周济、发展改革委副主任张茅、财政部副部长张少春和国家西部地区“两基”攻坚领导小组、全国农村义务教育经费保障机制改革领导小组成员单位及有关部门负责同志、部分省（区、市）分管负责同志和发展改革、教育、财政部门负责同志出席会议。

▲11 月 27 日—12 月 1 日，世行贷款/英国政府赠款“西部地区基础教育发展”项目国家总课题组组长袁桂林教授一行 4 人到广西检查项目县课题实施情况。

12 月

▲12 月 8 日—9 日，梧州学院、钦州学院分别挂牌成立。

▲12 月 11 日—17 日，中国发展研究基金会副秘书长崔昕一行 8 人到都安、那坡开展《贫困地区寄宿制小学儿童营养状况调查》调研。

▲12 月 14 日，广西生态工程职业技术学院通过教育部组织的高职高专院校人才培养工作水平评估。

▲12 月 21 日，自治区吴恒副主席主持召开自治区职业教育工作厅际联席会议。

▲12 月 22 日，自治区人民政府在南宁召开全区职业教育工学结合半工半读工作电视电话会议。

▲12 月 22 日，以广州美术学院副院长黄启明教授为组长的教育部本科教学工作水平评估专家组对广西艺术学院为期 5 天的实地考察工作圆满结束。

▲12 月 26 日—31 日，广西农村教育工作联席会议办公室组织督查组对我区部分县（市、区）农村教育“312 工程”工作进行督查。

▲12 月 29 日，广西国际商务职业技术学院通过教育部人才培养工作水平评估并获得优秀等级。

▲12 月，广西大学雨无声网站被共青团中央、教育部、国家广电总局、全国学联评为“全国十佳高校学生网站”，成为西部地区除重庆直辖市外唯一入选学生网站。

JIAOYU TONGJI

教育统计

高等教育

高等教育学校(机构)学生数(总计)

单位代码：　　单位名称：　　单位：人

	编号	毕(结)业生数	授予学位数	招生数			在校学生数	预计毕业生数
				计	其中			
					应届生	春季招生		
甲	乙	1	2	3	4	5	6	7
研究生	01	2530	2489	5168	2404	0	13291	3712
博　士	02	38	38	107	27	0	364	161
硕　士	03	2492	2451	5061	2377	0	12927	3551
研究生班	04	0	0	0	0	0	0	0
普通本科、专科生	05	82295	25408	133651	124247	0	387447	105334
本　科	06	27847	25408	49460	40927	0	165857	33318
专　科	07	54448	0	84191	83320	0	221590	72016
成人本科、专科生	08	13109	910	51766	8846	0	171451	76050
本　科	09	4927	910	22337	5582	0	53453	18156
专　科	10	8182	0	29429	3264	0	117998	57894
网络本科、专科生	11	0	0	0	0	0	0	0
本科	12	0	0	0	0	0	0	0
专科	13	0	0	0	0	0	0	0
在职人员攻读博士硕士学位	14	0	198	1389	0	0	4426	0
学历文凭考试	15	0	0	0	0	0	0	0
电大注册视听生	16	0	0	0	0	0	0	0
自考助学班	17	3519	0	6044	0	0	10392	0
研究生课程进修班	18	63	0	0	0	0	100	0
普通预科生	19	0	0	0	0	0	747	0
进修及培训	20	60813	0	0	0	0	21549	0
留学生	21	418	96	864	0	114	1723	0

高等教育学校（机构）学生数（普通高校）

表号：高综 133

单位代码：　　单位名称：　　单位：人

	编号	毕（结）业生数	授予学位数	招生数			在校学生数	预计毕业生数
				计	其中			
					应届生	春季招生		
甲	乙	1	2	3	4	5	6	7
研究生	01	2530	2489	5168	2404	0	13291	3712
博　士	02	38	38	107	27	0	364	161
硕　士	03	2492	2451	5061	2377	0	12927	3551
研究生班	04	0	0	0	0	0	0	0
普通本科、专科生	05	77623	25408	127415	118212	0	367554	97998
本　科	06	27847	25408	49460	40927	0	165857	33318
专　科	07	49776	0	77955	77285	0	201697	64680
成人本科、专科生	08	11725	822	47375	7605	0	148635	63165
本　科	09	4689	822	20582	4570	0	47547	15659
专　科	10	7036	0	26793	3035	0	101088	47506
网络本科、专科生	11	0	0	0	0	0	0	0
本科	12	0	0	0	0	0	0	0
专科	13	0	0	0	0	0	0	0
在职人员攻读博士硕士学位	14	0	198	1389	0	0	4426	0
学历文凭考试	15	0	0	0	0	0	0	0
电大注册视听生	16	0	0	0	0	0	0	0
自考助学班	17	3489	0	6044	0	0	10392	0
研究生课程进修班	18	63	0	0	0	0	100	0
普通预科生	19	0	0	0	0	0	747	0
进修及培训	20	41011	0	0	0	0	18006	0
留学生	21	416	96	855	0	111	1718	0

高等教育学校(机构)学生数(成人高校)

表号:高综 134

单位代码:　　　　单位名称:　　　　单位:人

	编号	毕(结)业生数	授予学位数	招生数			在校学生数	预计毕业生数
				计	其中			
					应届生	春季招生		
甲	乙	1	2	3	4	5	6	7
研究生	01	0	0	0	0	0	0	0
博　士	02	0	0	0	0	0	0	0
硕　士	03	0	0	0	0	0	0	0
研究生班	04	0	0	0	0	0	0	0
普通本科、专科生	05	4672	0	6236	6035	0	19893	7336
本　科	06	0	0	0	0	0	0	0
专　科	07	4672	0	6236	6035	0	19893	7336
成人本科、专科生	08	1384	88	4391	1241	0	22816	12885
本　科	09	238	88	1755	1012	0	5906	2497
专　科	10	1146	0	2636	229	0	16910	10388
网络本科、专科生	11	0	0	0	0	0	0	0
本　科	12	0	0	0	0	0	0	0
专　科	13	0	0	0	0	0	0	0
在职人员攻读博士硕士学位	14	0	0	0	0	0	0	0
学历文凭考试	15	0	0	0	0	0	0	0
电大注册视听生	16	0	0	0	0	0	0	0
自考助学班	17	30	0	0	0	0	0	0
研究生课程进修班	18	0	0	0	0	0	0	0
普通预科生	19	0	0	0	0	0	0	0
进修及培训	20	19802	0	0	0	0	3543	0
留学生	21	2	0	9	0	3	5	0

高等学校分部门、分计划研究生数

表号：高综 211
单位：人

单位代码：　　　　单位名称：

	编号	学校（机构）数（所）	毕业生数				招生数				在校学生数				预计毕业生数			
			计	博士	硕士	研究生班	计	博士	硕士	研究生班	计	博士	硕士	研究生班	计	博士	硕士	研究生班
甲	乙	1	2	3	4	5	6	7	8	9	10	11	12	13	14	15	16	17
总　计	01	9	2530	38	2492	0	5168	107	5061	0	13291	364	12927	0	3712	161	3551	0
国家任务	02	0	1746	28	1718	0	3599	94	3505	0	8840	303	8537	0	2198	125	2073	0
委托培养	03	0	180	8	172	0	203	11	192	0	611	39	572	0	188	18	170	0
自筹经费	04	0	604	2	602	0	1366	2	1364	0	3840	22	3818	0	1326	18	1308	0
一、中央部委所属	05	0	0	0	0	0	0	0	0	0	0	0	0	0	0	0	0	0
国家任务	06	0	0	0	0	0	0	0	0	0	0	0	0	0	0	0	0	0
委托培养	07	0	0	0	0	0	0	0	0	0	0	0	0	0	0	0	0	0
自筹经费	08	0	0	0	0	0	0	0	0	0	0	0	0	0	0	0	0	0
1. 教育部	09	0	0	0	0	0	0	0	0	0	0	0	0	0	0	0	0	0
国家任务	10	0	0	0	0	0	0	0	0	0	0	0	0	0	0	0	0	0
委托培养	11	0	0	0	0	0	0	0	0	0	0	0	0	0	0	0	0	0
自筹经费	12	0	0	0	0	0	0	0	0	0	0	0	0	0	0	0	0	0
2. 其他部委	13	0	0	0	0	0	0	0	0	0	0	0	0	0	0	0	0	0
国家任务	14	0	0	0	0	0	0	0	0	0	0	0	0	0	0	0	0	0
委托培养	15	0	0	0	0	0	0	0	0	0	0	0	0	0	0	0	0	0
自筹经费	16	0	0	0	0	0	0	0	0	0	0	0	0	0	0	0	0	0
二、地方所属	17	9	2530	38	2492	0	5168	107	5061	0	13291	364	12927	0	3712	161	3551	0
国家任务	18	0	1746	28	1718	0	3599	94	3505	0	8840	303	8537	0	2198	125	2073	0
委托培养	19	0	180	8	172	0	203	11	192	0	611	39	572	0	188	18	170	0
自筹经费	20	0	604	2	602	0	1366	2	1364	0	3840	22	3818	0	1326	18	1308	0
1. 教育部门	21	8	2507	38	2469	0	5066	107	4959	0	13094	364	12730	0	3675	161	3514	0
国家任务	22	0	1743	28	1715	0	3550	94	3456	0	8781	303	8478	0	2193	125	2068	0
委托培养	23	0	171	8	163	0	183	11	172	0	573	39	534	0	184	18	166	0
自筹经费	24	0	593	2	591	0	1333	2	1331	0	3740	22	3718	0	1298	18	1280	0

续表

	编号	学校（机构）数(所)	毕业生数				招生数				在校学生数				预计毕业生数			
			计	博士	硕士	研究生班	计	博士	硕士	研究生班	计	博士	硕士	研究生班	计	博士	硕士	研究生班
甲	乙	1	2	3	4	5	6	7	8	9	10	11	12	13	14	15	16	17
2. 其他部门	25	1	23	0	23	0	102	0	102	0	197	0	197	0	37	0	37	0
国家任务	26	0	3	0	3	0	49	0	49	0	59	0	59	0	5	0	5	0
委托培养	27	0	9	0	9	0	20	0	20	0	38	0	38	0	4	0	4	0
自筹经费	28	0	11	0	11	0	33	0	33	0	100	0	100	0	28	0	28	0

高等学校分学科研究生数

表号：高综 221

单位代码：　　　　单位名称：　　　　单位：人

	编号	毕业生数				招生数				在校学生数				预计毕业生数			
		计	博士	硕士	研究生班	计	博士	硕士	研究生班	计	博士	硕士	研究生班	计	博士	硕士	研究生班
甲	乙	1	2	3	4	5	6	7	8	9	10	11	12	13	14	15	16
总　计	01	2530	38	2492	0	5168	107	5061	0	13291	364	12927	0	3712	161	3551	0
其中：女	02	1184	13	1171	0	2414	45	2369	0	6204	139	6065	0	1670	56	1614	0
哲　学	03	99	0	99	0	99	0	99	0	299	0	299	0	98	0	98	0
经济学	04	81	0	81	0	157	0	157	0	420	0	420	0	93	0	93	0
法　学	05	113	0	113	0	322	0	322	0	781	0	781	0	196	0	196	0
教育学	06	112	0	112	0	303	0	303	0	724	0	724	0	171	0	171	0
文　学	07	356	0	356	0	620	0	620	0	1626	0	1626	0	470	0	470	0
历史学	08	48	0	48	0	76	0	76	0	219	0	219	0	62	0	62	0
理　学	09	295	2	293	0	591	5	586	0	1634	45	1589	0	489	30	459	0
工　学	10	672	5	667	0	1276	36	1240	0	3301	111	3190	0	925	50	875	0
农　学	11	170	6	164	0	234	21	213	0	687	73	614	0	219	33	186	0
医　学	12	395	25	370	0	909	45	864	0	2313	135	2178	0	635	48	587	0
军事学	13	0	0	0	0	0	0	0	0	0	0	0	0	0	0	0	0
管理学	14	189	0	189	0	581	0	581	0	1287	0	1287	0	354	0	354	0

普通本科、专科分形式、分学科学生数(普通高校)

表号:高综 312

单位代码: 单位名称: 单位:人

	编号	毕业生数			招生数			在校学生数			预计毕业生数		
		计	本科	专科	计	本科	专科	计	本科	专科	计	本科	专科
甲	乙	1	2	3	4	5	6	7	8	9	10	11	12
总　计	01	77623	27847	49776	127415	49460	77955	367554	165857	201697	97998	33318	64680
其中:女	02	35865	13216	22649	65241	24754	40487	182454	80224	102230	47272	15264	32008
分形式:高中起点	03	76078	26302	49776	126051	48096	77955	363675	161978	201697	95743	31063	64680
专科起点	04	1545	1545	0	1364	1364	0	3879	3879	0	2255	2255	0
第二学士学位	05	0	0	0	0	0	0	0	0	0	0	0	0
分学科:哲　学	06	62	62	0	49	49	0	224	224	0	59	59	0
经济学	07	3526	774	2752	5143	3209	1934	14926	8923	6003	3412	976	2436
法　学	08	3197	1259	1938	3391	1796	1595	11996	6766	5230	3522	1560	1962
教育学	09	12162	1191	10971	8693	1685	7008	28627	6337	22290	12005	1450	10555
文　学	10	9240	5032	4208	21841	11522	10319	59047	33544	25503	12790	6145	6645
其中:外语	11	3091	1603	1488	9655	4309	5346	24936	11804	13132	5549	2036	3513
其中:艺术	12	2461	1337	1124	6539	3450	3089	16599	9831	6768	3181	1688	1493
历史学	13	196	196	0	214	214	0	879	879	0	204	204	0
理　学	14	3226	3202	24	4993	4993	0	17240	17112	128	4108	4000	108
工　学	15	24162	7855	16307	42731	13000	29731	119222	44010	75212	32078	9498	22580
农　学	16	1751	599	1152	1901	558	1343	6024	2328	3696	2062	660	1402
医　学	17	7037	3822	3215	9197	4576	4621	32542	20110	12432	8588	3710	4878
管理学	18	13064	3855	9209	29262	7858	21404	76827	25624	51203	19170	5056	14114
总计中:师范生	19	15480	5052	10428	11686	6095	5591	42447	22490	19957	15582	5630	9952

高等学校外国留学生情况

表号:高综 54

单位代码: 单位名称: 单位:人或人次

	编号	毕(结)业生数	授予学位数	招生数		在校学生数					
				计	其中:春季招生	计	第一年	第二年	第三年	第四年	第五年及以上
甲	乙	1	2	3	4	5	6	7	8	9	10
总 计	01	418	96	864	114	1723	718	410	294	256	45
其中:女	02	239	54	458	66	862	391	164	130	159	18
分层次:博 士	03	0	0	0	0	0	0	0	0	0	0
硕 士	04	31	27	37	4	84	31	29	20	4	0
本 科	05	129	69	480	17	1180	339	277	267	252	45
专 科	06	0	0	0	0	13	0	8	5	0	0
培 训	07	258	0	347	93	446	348	96	2	0	0
分大洲:亚 洲	08	374	88	816	99	1641	681	377	288	251	44
非 洲	09	5	4	10	0	26	6	10	4	5	1
欧 洲	10	22	2	22	12	34	24	10	0	0	0
北美洲	11	13	0	13	2	20	6	12	2	0	0
南美洲	12	0	0	1	0	1	0	1	0	0	0
澳 洲	13	4	2	2	1	1	1	0	0	0	0
分经费来源:国际组织资助	14	0	0	1	0	1	1	0	0	0	0
中国政府资助	15	13	4	12	0	38	6	16	6	8	2
本国政府资助	16	2	2	0	0	18	16	2	0	0	0
学校间交换	17	101	0	127	41	112	112	0	0	0	0
自 费	18	302	90	724	73	1554	583	392	288	248	43

高等学校教职工情况(总计)

表号:高综 611
单位:人

单位代码:　　　单位名称:

	编号	教职工数													
		计	校本部教职工										科研机构人员	校办企业职工	其他附设机构人员
			计	专任教师						行政人员	教辅人员	工勤人员			
				计	正高级	副高级	中级	初级	无职称						
甲	乙	1	2	3	4	5	6	7	8	9	10	11	12	13	14
总　计	01	42165	37406	24251	1597	6323	8726	5245	2360	5792	3653	3710	308	906	3545
其中:女	02	19284	16673	10437	271	2284	3924	2668	1290	2662	1955	1619	102	297	2212
普通高校	03	39235	34516	22450	1570	5899	7923	4852	2206	5230	3409	3427	268	906	3545
成人高校	04	2781	2741	1705	26	383	753	389	154	519	239	278	40	0	0
民办的其他高等教育机构	05	149	149	96	1	41	50	4	0	43	5	5	0	0	0

高等学校专任教师、聘请校外教师岗位分类情况(总计)

表号:高综 631
单位:人

单位代码:　　　单位名称:

	编号	专任教师中按授课内容分				聘请校外教师按授课内容分				专任教师中不任课人数					
		计	公共课基础课	专业课		计	公共课基础课	专业课		计	进修		科研	病休	其他
				计	其中:双师型			计	其中:双师型		计	其中:国(境)外			
甲	乙	1	2	3	4	5	6	7	8	9	10	11	12	13	14
总　计	01	22997	6809	16188	3050	6055	967	5088	777	1254	814	208	57	26	357
其中:女	02	9879	3188	6691	1199	1957	433	1524	179	558	363	102	24	13	158
正高级	03	1525	311	1214	76	917	67	850	77	72	36	22	11	0	25
副高级	04	6002	1761	4241	1169	2116	265	1851	311	321	228	71	26	10	57
中　级	05	8300	2506	5794	1805	1976	349	1627	389	426	315	84	19	12	80
初　级	06	4990	1558	3432	0	514	156	358	0	255	167	23	0	2	86
无职称	07	2180	673	1507	0	532	130	402	0	180	68	8	1	2	109

高等学校专任教师、聘请校外教师学历(位)情况(总计)

表号:高综641
单位:人

单位代码:　　　　单位名称:

	编号	计	博士研究生			硕士研究生			本科			专科及以下		
			计	其中:获学位		计	其中:获学位		计	其中:获学位		计	其中:获学位	
				博士	硕士		博士	硕士		博士	硕士		博士	硕士
甲	乙	1	2	3	4	5	6	7	8	9	10	11	12	13
1. 专任教师	01	24251	1268	1222	43	7460	2	6046	14731	5	753	792	0	5
其中:女	02	10437	261	258	3	3406	0	2678	6497	1	362	273	0	2
正高级	03	1597	557	554	3	371	2	297	619	5	18	50	0	1
副高级	04	6323	519	490	27	1817	0	1248	3700	0	213	287	0	1
中　级	05	8726	115	103	12	2810	0	2167	5529	0	363	272	0	3
初　级	06	5245	15	13	1	1225	0	1131	3877	0	153	128	0	0
无职称	07	2360	62	62	0	1237	0	1203	1006	0	6	55	0	0
2. 聘请校外教师	08	6055	336	322	0	1354	9	1033	4052	0	173	313	0	0
其中:女	09	1957	40	37	0	537	0	362	1307	0	56	73	0	0
正高级	10	917	226	220	0	231	7	186	442	0	5	18	0	0
副高级	11	2116	85	84	0	452	2	360	1472	0	39	107	0	0
中　级	12	1976	7	7	0	403	0	322	1454	0	68	112	0	0
初　级	13	514	1	1	0	112	0	87	378	0	19	23	0	0
无职称	14	532	17	10	0	156	0	78	306	0	42	53	0	0
聘请校外教师中:外教	15	159	17	10	0	48	0	38	93	0	8	1	0	0
其他高校	16	2112	156	144	0	612	9	368	1236	0	37	108	0	0

高等学校专任教师年龄情况

表号:高综 651
单位:人

单位代码:　　　　单位名称:

	编号	计	30 岁及以下	31～35 岁	36～40 岁	41～45 岁	46～50 岁	51～55 岁	56～60 岁	61～65 岁	66 岁及以上
甲	乙	1	2	3	4	5	6	7	8	9	10
总　计	01	24251	6940	4489	4129	4293	2007	1271	654	295	173
其中:女	02	10437	3899	2014	1740	1563	693	369	97	44	18
按职称分:正高级	03	1597	7	15	90	449	345	247	141	150	153
副高级	04	6323	14	329	1341	2225	1126	760	378	132	18
中　级	05	8726	892	2995	2405	1540	508	246	129	9	2
初　级	06	5245	4007	911	230	59	24	12	2	0	0
无职称	07	2360	2020	239	63	20	4	6	4	4	0
按学历(学位)分:博士研究生	08	1268	51	253	295	416	150	74	20	8	1
其中获:博士学位	09	1222	47	239	285	406	146	74	18	6	1
硕士学位	10	43	3	14	10	9	4	0	2	1	0
硕士研究生	11	7460	2353	1878	1372	1179	415	175	50	27	11
其中获:博士学位	12	2	0	0	2	0	0	0	0	0	0
硕士学位	13	6046	2198	1588	1046	780	260	114	35	20	5
本科	14	14731	4450	2308	2412	2628	1319	771	444	244	155
其中获:博士学位	15	5	0	0	0	3	0	1	0	1	0
硕士学位	16	753	170	230	211	103	24	9	6	0	0
专科及以下	17	792	86	50	50	70	123	251	140	16	6
其中获:博士学位	18	0	0	0	0	0	0	0	0	0	0
硕士学位	19	5	0	2	0	0	1	0	0	0	2

高等学校分学科专任教师数(总计)

表号:高综661

单位代码:　　单位名称:　　单位:人

	编号	计	正高级	副高级	中级	初级	无职称
甲	乙	1	2	3	4	5	6
总　计	01	24251	1597	6323	8726	5245	2360
其中:女	02	10437	271	2284	3924	2668	1290
哲　学	03	911	71	260	321	153	106
经济学	04	1769	66	427	725	392	159
法　学	05	1101	53	260	447	225	116
教育学	06	2150	87	542	881	471	169
其中:体育	07	1205	33	266	512	296	98
文　学	08	5613	286	1211	1977	1404	735
其中:外语	09	2436	68	454	900	704	310
其中:艺术	10	1462	77	244	437	467	237
历史学	11	302	31	101	113	45	12
理　学	12	2953	211	942	1113	470	217
工　学	13	5298	356	1370	1871	1207	494
其中:计算机	14	1626	45	281	554	546	200
农　学	15	569	59	184	198	92	36
其中:林学	16	168	7	49	53	46	13
医　学	17	2273	310	715	689	461	98
管理学	18	1312	67	311	391	325	218

高等学校专任教师变动情况

表号:高综 67
单位:人

单位代码:　　　　单位名称:

	编号	上学年初报表专任教师数	增加教师数								减少教师数				本学年初报表专任教师数
			计	录用毕业生			外单位教师调入		校内外非教师调入		计	自然减员	调离教师岗位	其他	
				小计	其中:研究生		小计	其中:高校调入	小计	其中:本校调整					
					计	本校毕业									
甲	乙	1	2	3	4	5	6	7	8	9	10	11	12	13	14
总　计	01	21476	3668	2158	1173	159	904	318	606	325	893	222	351	320	24251
其中:女	02	9031	1770	1100	573	65	427	119	243	130	364	77	130	157	10437
一、普通高校	03	19610	3576	2110	1155	157	885	318	581	312	736	200	313	223	22450
其中:女	04	8172	1724	1071	565	64	423	119	230	122	308	72	117	119	9588
二、成人高校	05	1770	92	48	18	2	19	0	25	13	157	22	38	97	1705
其中:女	06	818	46	29	8	1	4	0	13	8	56	5	13	38	808
三、民办的其他高等教育机构	07	96	0	0	0	0	0	0	0	0	0	0	0	0	96
其中:女	08	41	0	0	0	0	0	0	0	0	0	0	0	0	41

研究生指导教师情况(总计)

表号:高综 691
单位:人

单位代码:　　　　单位名称:

	编号	计	30 岁及以下	31～35 岁	36～40 岁	41～45 岁	46～50 岁	51～55 岁	56～60 岁	61～65 岁	66 岁及以上
甲	乙	1	2	3	4	5	6	7	8	9	10
总　计	01	2856	23	178	479	1023	539	354	112	82	66
其中:女	02	717	11	61	154	247	142	70	14	14	4
分职称:正高级	03	1277	1	9	65	402	344	220	94	78	64

续表

	编号	计	30岁及以下	31～35岁	36～40岁	41～45岁	46～50岁	51～55岁	56～60岁	61～65岁	66岁及以上
甲	乙	1	2	3	4	5	6	7	8	9	10
副高级	04	1579	22	169	414	621	195	134	18	4	2
分指导关系:博士导师	05	13	0	0	0	2	1	1	0	7	2
其中:女	06	3	0	0	0	0	0	0	0	3	0
硕士导师	07	2691	23	177	475	974	479	329	106	68	60
其中:女	08	700	11	61	154	244	134	67	14	11	4
博士、硕士导师	09	152	0	1	4	47	59	24	6	7	4
其中:女	10	14	0	0	0	3	8	3	0	0	0

高等学校资产情况

单位代码：　　　　单位名称：　　　　表号：高综71

	编号	占地面积(平方米)			图书、资料				拥有教学用计算机(台)	语音实验室座位数(个)	多媒体教室座位数(个)	网上教学课程数(种)	固定资产总值(万元)		
		计	其中:绿化用地面积	其中:运动场地面积	图书(万册)		电子图书(万册)						计	教学、科研仪器设备资产	
					计	当年新增	计	当年新增						计	当年新增
甲	乙	1	2	3	4	5	6	7	8	9	10	11	12	13	14
学校产权	01	34645054	9366664	2327360	3176.20	380.08	1602.43	300.41	84050	28076	212973	1703	1014421.57	264386.50	42837.79
非学校产权中独立使用	02	1595283	109210	80389	40.64	12.25	1.37	0.00	1221	263	5371	0	39378.08	20502.95	1371.85
一、普通高校学校产权	03	32928648	8853080	2142745	2888.23	336.86	1547.76	267.43	75074	24837	200095	421	941004.40	246751.40	42246.89
非学校产权中独立使用	04	1534064	103975	79809	38.84	12.25	0.03	0.00	1010	215	5359	0	37793.08	20249.95	1317.85
二、成人高校学校产权	05	1709798	513234	182365	284.47	43.02	54.67	32.98	8793	3143	12878	1282	70696.17	17370.10	585.90
非学校产权中独立使用	06	60269	5235	580	0.50	0.00	1.34	0.00	140	0	0	0	1404.00	72.00	54.00
三、民办的其他高等教育机构学校产权	07	6608	350	2250	3.50	0.20	0.00	0.00	183	96	0	0	2721.00	265.00	5.00
非学校产权中独立使用	08	950	0	0	1.30	0.00	0.00	0.00	71	48	12	0	181.00	181.00	0.00

中等职业教育

中等职业学校(机构)数

表号:中职综 12

单位代码:　　　　单位名称:　　　　单位:所

	编号	计	中央部门	地方部门			民办
				计	教育部门	非教育部门	
甲	乙	1	2	3	4	5	6
中等职业学校	01	383	0	264	145	119	119
其中:调整后中等职业学校	02	383	0	264	145	119	119
中等技术学校	03	0	0	0	0	0	0
中等师范学校	04	0	0	0	0	0	0
成人中等专业学校	05	0	0	0	0	0	0
职业高中学校	06	0	0	0	0	0	0
其他机构(教学点)	07	13	0	12	6	6	1

中等职业学校(机构)各类学生数(总计)

表号:中职综 211

单位代码:　　　　单位名称:　　　　单位:人

	编号	毕业生数		招生数			在校学生数					预计毕业生数
		计	其中:获得职业资格证书	计	其中:初中毕业		计	一年级	二年级	三年级	四年级及以上	
					计	应届毕业生						
甲	乙	1	2	3	4	5	6	7	8	9	10	11
一、中职学生计	01	102070	66941	209808	205063	196146	460389	209832	139050	108674	2833	113682
其中:中职全日制学生	02	99345	65194	209302	204810	195929	458922	209302	138759	108028	2833	112809

续表

	编号	毕业生数		招生数			在校学生数					预计毕业生数
		计	其中:获得职业资格证书	计	其中:初中毕业		计	一年级	二年级	三年级	四年级及以上	
					计	应届毕业生						
甲	乙	1	2	3	4	5	6	7	8	9	10	11
中职非全日制学生	03	2725	1747	506	253	217	1467	530	291	646	0	873
1. 调整后中职学生	04	102070	66941	209808	205063	196146	460389	209832	139050	108674	2833	113682
其中:全日制学生	05	99345	65194	209302	204810	195929	458922	209302	138759	108028	2833	112809
非全日制学生	06	2725	1747	506	253	217	1467	530	291	646	0	873
2. 普通中专学生	07	0	0	0	0	0	0	0	0	0	0	0
3. 成人中专学生	08	0	0	0	0	0	0	0	0	0	0	0
其中:全日制学生	09	0	0	0	0	0	0	0	0	0	0	0
非全日制学生	10	0	0	0	0	0	0	0	0	0	0	0
4. 职业高中学生	11	0	0	0	0	0	0	0	0	0	0	0
二、培训学生	12	395838	0	0	0	0	342372	0	0	0	0	0
三、外国留学生	13	137	0	0	0	0	334	0	0	0	0	0

中等职业学校分办学类型及举办者的中职学生及教职工情况

表号:中职综 22

单位代码: 单位名称: 单位:人

	编号	计			中职全日制学生			中职非全日制学生			教职工数							聘请校外教师
		毕业生数	招生数	在校学生数	毕业生数	招生数	在校学生数	毕业生数	招生数	在校学生数	计	其中:专任教师						
												计	正高级	副高级	中级	初级	无职称	
甲	乙	1	2	3	4	5	6	7	8	9	10	11	12	13	14	15	16	17
总　计	01	102070	209808	460389	99345	209302	458922	2725	506	1467	30114	18798	180	2296	8545	5850	1927	3172
其中:女	02	49873	91278	206057	48599	91158	205727	1274	120	330	13040	8131	48	902	3636	2714	831	1110
分办学类型:调整后中等职业学校	03	99609	207410	454632	96884	206904	453165	2725	506	1467	30009	18727	180	2288	8492	5841	1926	3158

续表

	编号	计			中职全日制学生			中职非全日制学生			教职工数							聘请校外教师
											计	其中：专任教师						
		毕业生数	招生数	在校学生数	毕业生数	招生数	在校学生数	毕业生数	招生数	在校学生数		计	正高级	副高级	中级	初级	无职称	
甲	乙	1	2	3	4	5	6	7	8	9	10	11	12	13	14	15	16	17
普通中专学校	04	0	0	0	0	0	0	0	0	0	0	0	0	0	0	0	0	0
成人中专学校	05	0	0	0	0	0	0	0	0	0	0	0	0	0	0	0	0	0
职业高中学校	06	0	0	0	0	0	0	0	0	0	0	0	0	0	0	0	0	0
其他机构	07	2461	2398	5757	2461	2398	5757	0	0	0	105	71	0	8	53	9	1	14
分举办者：1. 中央部门	08	0	0	0	0	0	0	0	0	0	0	0	0	0	0	0	0	0
2. 地方部门	09	83974	166584	361500	81249	166078	360033	2725	506	1467	24068	15189	58	1917	7090	5045	1079	2542
教育部门	10	40285	91780	189110	39992	91320	188085	293	460	1025	12317	8333	33	893	3828	3036	543	836
非教育部门	11	43689	74804	172390	41257	74758	171948	2432	46	442	11751	6856	25	1024	3262	2009	536	1706
3. 民办	12	18096	43224	98889	18096	43224	98889	0	0	0	6046	3609	122	379	1455	805	848	630

中等职业学校学生分科类情况（总计）

表号：中职综 231

单位代码：　　单位名称：　　单位：人

	编号	毕业生数		招生数			在校学生数	预计毕业生数
		计	其中：获得职业资格证书	计	其中：初中毕业			
					计	应届毕业生		
甲	乙	1	2	3	4	5	6	7
总　计	01	102070	66941	209808	205063	196146	460389	113682
其中：女	02	49873	31106	91278	89620	85593	206057	52799
农林类	03	2480	1548	8767	8337	8304	13222	2188
资源与环境类	04	96	0	373	187	125	800	295
能源类	05	726	25	760	760	746	2380	963
土木水利工程类	06	1148	444	3153	2714	2573	6915	1811
加工制造类	07	18804	13894	57864	56894	55000	122738	26453

续表

	编号	毕业生数		招生数			在校学生数	预计毕业生数
		计	其中:获得职业资格证书	计	其中:初中毕业			
					计	应届毕业生		
甲	乙	1	2	3	4	5	6	7
交通运输类	08	5112	3933	13444	13183	12741	27853	6776
信息技术类	09	28360	19730	54427	53974	52202	117872	29526
医药卫生类	10	14918	6972	15403	14879	12871	43061	13423
商贸与旅游类	11	10998	7742	22033	21593	20410	48369	13001
财经类	12	5592	3997	12010	11837	11020	28143	6869
文化艺术与体育类	13	5173	3458	11072	10679	10374	24266	5528
社会公共事业类	14	4694	2655	6051	5851	5641	14599	3872
师范类	15	3414	2367	1986	1714	1708	5503	2025
其他	16	555	176	2465	2461	2431	4668	952

中等职业学校在校学生年龄情况(总计)

表号:中职综 241

单位代码:　　　　单位名称:　　　　单位:人

	编号	计	14 岁及以下	15 岁	16 岁	17 岁	18 岁	19 岁	20 岁	21 岁	22 岁及以上
甲	乙	1	2	3	4	5	6	7	8	9	10
总　计	01	460389	1983	31134	123918	128024	95847	46994	15125	5529	11835
其中:中职全日制学生	02	458922	1957	31112	123822	127882	95758	46892	15110	5525	10864
中职非全日制学生	03	1467	26	22	96	142	89	102	15	4	971
1. 调整后中职学生	04	460389	1983	31134	123918	128024	95847	46994	15125	5529	11835
其中:全日制学生	05	458922	1957	31112	123822	127882	95758	46892	15110	5525	10864
非全日制学生	06	1467	26	22	96	142	89	102	15	4	971
2. 普通中专学生	07	0	0	0	0	0	0	0	0	0	0
3. 成人中专学生	08	0	0	0	0	0	0	0	0	0	0
其中:全日制学生	09	0	0	0	0	0	0	0	0	0	0
非全日制学生	10	0	0	0	0	0	0	0	0	0	0
4. 职业高中学生	11	0	0	0	0	0	0	0	0	0	0

中等职业学校学生变动情况(总计)

表号:中职综251
单位:人

单位代码:　　　　单位名称:

	编号	上学年初报表在校学生数	增加学生数					减少学生数									本学年初报表在校学生数
			计	招生	复学	转入	其他	计	毕业	结业	休学	退学	开除	死亡	转出	其他	
甲	乙	1	2	3	4	5	6	7	8	9	10	11	12	13	14	15	16
调整后中职学生	01	349997	236304	209808	259	21452	4785	125912	102070	2215	719	8544	464	13	5388	6499	460389
其中:全日制学生	02	346354	235738	209302	259	21392	4785	123170	99345	2215	719	8532	464	13	5388	6494	458922
非全日制学生	03	3643	566	506	0	60	0	2742	2725	0	0	12	0	0	0	5	1467
普通中专学生	04	0	10	0	0	0	10	10	0	0	10	0	0	0	0	0	0
成人中专学生	05	0	0	0	0	0	0	0	0	0	0	0	0	0	0	0	0
其中:全日制学生	06	0	0	0	0	0	0	0	0	0	0	0	0	0	0	0	0
非全日制学生	07	0	0	0	0	0	0	0	0	0	0	0	0	0	0	0	0
职业高中学生	08	0	0	0	0	0	0	0	0	0	0	0	0	0	0	0	0

中等职业学校培训学生情况(总计)

表号:中职综271
单位:人次

单位代码:　　　　单位名称:

	编号	结业生数		注册学生数	
		计	其中:女	计	其中:女
甲	乙	1	2	3	4
总　计	01	395838	76564	342372	54345
其中:少数民族	02	58501	26560	40391	18386
一周至一个月以下	03	107934	47210	61356	28768
一个月至半年以下	04	54495	23764	44777	18258
半年以上	05	233409	5590	236239	7319
总计中:资格证书培训	06	59835	23101	41001	16076
岗位证书培训	07	40204	16554	25290	10157
总计中:外语	08	3255	1532	3015	1735
会计	09	5172	3435	3450	2528
计算机	10	35451	17842	28712	14652
农业技术	11	260587	18993	233211	5277

中等职业学校外国留学生情况

表号:中职综 28

单位代码:　　　　单位名称:　　　　单位:人次

	编号	结业生数		注册学生数	
		计	其中:女	计	其中:女
甲	乙	1	2	3	4
总　计	01	137	35	334	198
分时间:一周至一个月以下	02	0	0	0	0
一个月至半年以下	03	82	16	82	16
半年以上	04	55	19	252	182
分地区:亚洲	05	137	35	334	198
非洲	06	0	0	0	0
欧洲	07	0	0	0	0
北美洲	08	0	0	0	0
南美洲	09	0	0	0	0
澳洲	10	0	0	0	0

中等职业学校教职工情况(总计)

表号:中职综 311

单位代码:　　　　单位名称:　　　　单位:人

	编号	教职工数								聘请校外教师
		计	校本部教职工					校办企业职工	其他附设机构人员	
			计	专任教师	行政人员	教辅人员	工勤人员			
甲	乙	1	2	3	4	5	6	7	8	9
合计:总　计	01	30114	28555	18798	3709	2299	3749	331	1228	3172
其中:女	02	13040	12172	8131	1331	1110	1600	128	740	1110
正高级	03	250	241	180	55	6	0	8	1	95
副高级	04	2986	2949	2296	500	88	65	7	30	659
中　级	05	11318	10770	8545	1259	760	206	67	481	1344

甲	编号	教职工数								
		计	校本部教职工					校办企业职工	其他附设机构人员	聘请校外教师
			计	专任教师	行政人员	教辅人员	工勤人员			
甲	乙	1	2	3	4	5	6	7	8	9
初　级	06	8663	8112	5850	966	821	475	102	449	640
无职称	07	6897	6483	1927	929	624	3003	147	267	434
其中聘任制:小　计	08	7994	7549	5203	869	547	930	210	235	0
其中:女	09	3456	3216	2242	349	252	373	92	148	0
正高级	10	82	79	69	9	1	0	2	1	0
副高级	11	799	788	671	105	11	1	6	5	0
中　级	12	2526	2380	1989	249	113	29	45	101	0
初　级	13	2301	2165	1671	212	201	81	62	74	0
无职称	14	2286	2137	803	294	221	819	95	54	0

中等职业学校专任教师、聘请校外教师岗位分类情况(总计)

表号:中职综 321

单位代码：　　单位名称：　　单位:人

甲	编号	专任教师中按授课内容分				聘请校外教师按授课内容分				专任教师中不任课人数			
		计	文化基础课	专业课、实习指导课		计	文化基础课	专业课、实习指导课		计	进修	病休	其他
				计	其中:双师型			计	其中:双师型				
甲	乙	1	2	3	4	5	6	7	8	9	10	11	12
总　计	01	18660	6746	11914	4481	3172	791	2381	562	138	14	10	114
其中:女	02	8072	3310	4762	1712	1110	360	750	116	59	6	6	47
正高级	03	180	52	128	48	95	17	78	30	0	0	0	0
副高级	04	2284	822	1462	709	659	171	488	178	12	3	0	9
中　级	05	8491	3014	5477	2571	1344	273	1071	249	54	6	8	40
初　级	06	5789	2242	3547	991	640	189	451	78	61	4	2	55
无职称	07	1916	616	1300	162	434	141	293	27	11	1	0	10

中等职业学校专任教师年龄情况(总计)

表号:中职综 341

单位代码:　　单位名称:　　单位:人

	编号	计	30岁及以下	31~35岁	36~40岁	41~45岁	46~50岁	51~55岁	56~60岁	61岁及以上
甲	乙	1	2	3	4	5	6	7	8	9
总　计	01	18798	5386	4160	3605	2553	1360	1053	535	146
其中:女	02	8131	2870	1901	1533	978	466	309	56	18
正高级	03	180	11	7	21	33	32	34	18	24
副高级	04	2296	30	38	407	714	448	343	239	77
中　级	05	8545	814	2251	2435	1498	723	552	233	39
初　级	06	5850	2996	1696	666	264	112	83	31	2
无职称	07	1927	1535	168	76	44	45	41	14	4

中等职业学校学生分科类情况

表号:中职综 231

单位代码:　　单位名称:　　单位:人

	编号	毕业生数		招生数			在校学生数	预计毕业生数
		计	其中:获得职业资格证书	计	其中:初中毕业 计	其中:初中毕业 应届毕业生		
甲	乙	1	2	3	4	5	6	7
总　计	01	102070	66941	209808	205063	196146	460389	113682
其中:女	02	49873	31106	91278	89620	85593	206057	52799
农林类	03	2480	1548	8767	8337	8304	13222	2188
资源与环境类	04	96	0	373	187	125	800	295
能源类	05	726	25	760	760	746	2380	963
土木水利工程类	06	1148	444	3153	2714	2573	6915	1811
加工制造类	07	18804	13894	57864	56894	55000	122738	26453

续表

	编号	毕业生数		招生数			在校学生数	预计毕业生数
		计	其中：获得职业资格证书	计	其中：初中毕业			
					计	应届毕业生		
甲	乙	1	2	3	4	5	6	7
交通运输类	08	5112	3933	13444	13183	12741	27853	6776
信息技术类	09	28360	19730	54427	53974	52202	117872	29526
医药卫生类	10	14918	6972	15403	14879	12871	43061	13423
商贸与旅游类	11	10998	7742	22033	21593	20410	48369	13001
财经类	12	5592	3997	12010	11837	11020	28143	6869
文化艺术与体育类	13	5173	3458	11072	10679	10374	24266	5528
社会公共事业类	14	4694	2655	6051	5851	5641	14599	3872
师范类	15	3414	2367	1986	1714	1708	5503	2025
其他	16	555	176	2465	2461	2431	4668	952

中等职业学校专任教师变动情况（总计）

表号：中职综 361

单位代码：　　　　单位名称：　　　　单位：人

	编号	上学年初报表专任教师数	增加教师数									减少教师数				本学年初报表专任教师数
			计	录用毕业生			外单位教师调入		校内外非教师调入		其他	计	自然减员	调离教师岗位	其他	
				计	其中：研究生	其中：本科	计	其中：中职学校调入	计	其中：本校调整						
甲	乙	1	2	3	4	5	6	7	8	9	10	11	12	13	14	15
总　计	01	16123	3609	1303	25	929	729	396	375	296	1202	934	170	252	512	18798
其中：女	02	6837	1669	633	14	432	334	180	181	154	521	375	62	86	227	8131

中等职业学校资产情况(总计)

单位代码:　　　　单位名称:　　　　表号:中职综 411

	编号	占地面积(平方米)			图书藏量				教学用计算机(台)	语音实验室座位数(个)	多媒体教室座位数(个)	网上教学课程数(种)	固定资产总值(万元)		
		计	其中:绿化用地面积	其中:运动场地面积	图书(册)		电子图书(片)						计	其中:教学、实习仪器设备资产值	
					计	当年新增	计	当年新增						计	当年新增
甲	乙	1	2	3	4	5	6	7	8	9	10	11	12	13	14
学校产权	01	21231056	5555894	3E+06	10906963	569460	2267038	203909	67587	15319	58781	1012	670961.47	93238.7	11685.2
非学校产权独立使用	02	2998643	416367	255352	318488	45615	66689	28083	2275	383	1364	52	13245.21	4686.23	682.64

中等职业学校校舍情况(总计)

单位代码:　　　　单位名称:　　　　表号:中职综 421
单位:平方米

	编号	学校产权建筑面积				正在施工面积	独立使用非学校产权面积
		计	其中:危房	其中:当年新增	其中:被外单位借用		
甲	乙	1	2	3	4	5	6
总　计	01	7191829	66717	194541	34443	240288	671664
一、教学及辅助用房	02	3103597	17300	88937	14129	89868	302523
教室	03	1325863	9243	48436	7125	52756	169960
图书馆	04	180388	376	1541	0	4125	34141
实验室、实习场所	05	1352572	5821	33817	7004	25487	64209
体育馆	06	155009	314	2550	0	6000	24236
会堂	07	89765	1546	2593	0	1500	9977
二、行政办公用房	08	332473	430	4261	1298	9595	25303
三、生活用房	09	2612842	47263	78806	18085	118672	343838
学生宿舍(公寓)	10	1781009	21158	60573	10685	102303	257958
学生食堂	11	282636	2434	9140	150	6221	31965
教工单身宿舍	12	135749	3917	2569	3920	10148	26074
教工食堂	13	41044	180	131	0	0	3726
生活福利及其他用房	14	372404	19574	6393	3330	0	24115
四、教工住宅	15	1142917	1724	22537	931	22153	0

基础教育

普通中学

普通中学校数

表号：中综 12
单位：所

单位代码：　　单位名称：

	编号	合计	城市			县镇			农村		
			教育部门和集体办	民办	其他部门办	教育部门和集体办	民办	其他部门办	教育部门和集体办	民办	其他部门办
甲	乙	1	2	3	4	5	6	7	8	9	10
合　计	01	2776	218	121	27	1441	150	27	748	35	9
完全中学	02	309	55	27	8	163	42	5	7	1	1
高级中学	03	228	46	34	3	128	13	2	2	0	0
初级中学	04	2044	75	31	3	1123	71	13	689	33	6
九年一贯制学校	05	195	42	29	13	27	24	7	50	1	2
合计中独立设置少数民族学校	06	19	0	0	1	14	0	0	4	0	0

普通中学班数

表号：中综 21
单位：人

单位代码：　　单位名称：

	编号	合计	初中					高中			
			计	一年级	二年级	三年级	四年级	计	一年级	二年级	三年级
甲	乙	1	2	3	4	5	6	7	8	9	10
合　计	01	50568	38423	12983	12941	12499	0	12145	4288	3958	3899
教育部门和集体办	02	46753	36146	12257	12136	11753	0	10607	3754	3472	3381

续表

	编号	合计	初中					高中			
			计	一年级	二年级	三年级	四年级	计	一年级	二年级	三年级
甲	乙	1	2	3	4	5	6	7	8	9	10
民办	03	3145	1888	594	671	623	0	1257	451	397	409
其他部门办	04	670	389	132	134	123	0	281	83	89	109
城　市	05	8012	4085	1362	1376	1347	0	3927	1364	1294	1269
教育部门和集体办	06	6171	3155	1055	1051	1049	0	3016	1051	1011	954
民办	07	1445	729	235	258	236	0	716	256	220	240
其他部门办	08	396	201	72	67	62	0	195	57	63	75
县　镇	09	33653	25574	8730	8594	8250	0	8079	2872	2620	2587
教育部门和集体办	10	31852	24397	8361	8177	7859	0	7455	2652	2418	2385
民办	11	1567	1029	322	364	343	0	538	194	176	168
其他部门办	12	234	148	47	53	48	0	86	26	26	34
农　村	13	8903	8764	2891	2971	2902	0	139	52	44	43
教育部门和集体办	14	8730	8594	2841	2908	2845	0	136	51	43	42
民办	15	133	130	37	49	44	0	3	1	1	1
其他部门办	16	40	40	13	14	13	0	0	0	0	0
合计中:四年制初中	17	69	69	23	23	23	0	0	0	0	0
九年一贯制学校	18	1522	1522	508	515	499	0	0	0	0	0
其他学校附设班	19	557	310	88	103	119	0	247	70	78	99
独立设置少数民族学校	20	330	298	102	98	98	0	32	13	10	9

普通中学班额情况

表号:中综 22

单位代码:　　单位名称:　　单位:人

	编号	合计	初中					高中			
			计	一年级	二年级	三年级	四年级	计	一年级	二年级	三年级
甲	乙	1	2	3	4	5	6	7	8	9	10
合　计	01	50568	38423	12983	12941	12499	0	12145	4288	3958	3899
城市:25 人及以下	02	95	72	26	28	18	0	23	6	11	6
26—35 人	03	225	161	63	52	46	0	64	11	26	27
36—45 人	04	1194	871	291	278	302	0	323	109	104	110
46—55 人	05	3014	1732	576	580	576	0	1282	446	429	407
56—65 人	06	2274	933	274	326	333	0	1341	522	394	425
66 人及以上	07	1210	316	132	112	72	0	894	270	330	294
县镇:25 人及以下	08	149	85	30	19	36	0	64	9	27	28
26—35 人	09	454	318	100	104	114	0	136	28	42	66
36—45 人	10	2044	1695	479	528	688	0	349	85	128	136
46—55 人	11	6924	5720	1764	1873	2083	0	1204	397	375	432
56—65 人	12	10678	7838	2577	2696	2565	0	2840	1051	921	868
66 人及以上	13	13404	9918	3780	3374	2764	0	3486	1302	1127	1057
农村:25 人及以下	14	71	68	20	19	29	0	3	1	1	1
26—35 人	15	320	316	74	104	138	0	4	2	0	2
36—45 人	16	1649	1629	473	546	610	0	20	12	2	6
46—55 人	17	3075	3023	985	1042	996	0	52	7	25	20
56—65 人	18	2151	2119	727	736	656	0	32	16	4	12
66 人及以上	19	1637	1609	612	524	473	0	28	14	12	2

初级中学学龄人口及普通中学在校学生情况（总计）

单位代码：　　　　单位名称：　　　　表号：中综 311
单位：人

	编号	校内外学龄人口数		普通初中在校学龄人口数		普通初中在校学生数					
		计	其中：女	计	其中：女	计	其中：女	一年级	二年级	三年级	四年级
甲	乙	1	2	3	4	5	6	7	8	9	10
合　计	01	2187362	1027544	2074279	975156	2290412	1070120	783929	776683	729800	0
10 岁及以下	02	0	0	0	0	14	1	14	0	0	0
11 岁	03	0	0	0	0	4738	2348	4695	43	0	0
12 岁	04	27591	13231	23953	11630	75983	36786	71075	4903	5	0
13 岁	05	714644	334480	674610	316698	674692	316726	587997	81437	5258	0
14 岁	06	777891	366431	747442	351679	747506	351707	98117	571409	77980	0
15 岁	07	667236	313402	628274	295149	663206	310964	18677	99691	544838	0
16 岁	08	0	0	0	0	105288	44427	2728	16773	85787	0
17 岁	09	0	0	0	0	16739	6410	473	2096	14170	0
18 岁及以上	10	0	0	0	0	2246	751	153	331	1762	0
合计中：女	11	1027544	0	975156	0	1070120	0	361740	359234	349146	0
少数民族	12	608055	287728	0	0	835009	397676	282595	284051	268363	0
寄宿生	13	0	0	0	0	1719906	811104	593314	581254	545338	0

普通初中分办别、分城乡学生情况

单位代码：　　　　单位名称：　　　　表号：中综 32
单位：人

	编号	毕业生数	招生数	在校学生数						毕业班学生数
				计	其中：女	一年级	二年级	三年级	四年级	
甲	乙	1	2	3	4	5	6	7	8	9
合　计	01	730511	782810	2290412	1070120	783929	776683	729800	0	729800
其中女	02	348276	361393	1070120	0	361740	359234	349146	0	345941

续表

	编号	毕业生数	招生数	在校学生数						毕业班学生数
				计	其中:女	一年级	二年级	三年级	四年级	
甲	乙	1	2	3	4	5	6	7	8	9
教育部门和集体办	03	686762	747754	2176583	1025815	748871	735853	691859	0	691859
民办	04	37994	28795	95047	36393	28797	34261	31989	0	31989
其他部门办	05	5755	6261	18782	7912	6261	6569	5952	0	5952
城　市	06	67580	68765	206809	93831	68778	70044	67987	0	67987
教育部门和集体办	07	52960	55306	164643	76787	55319	55149	54175	0	54175
民办	08	11896	10063	32532	12878	10063	11595	10874	0	10874
其他部门办	09	2724	3396	9634	4166	3396	3300	2938	0	2938
县　镇	10	499448	551031	1598693	745908	551816	542257	504620	0	504620
教育部门和集体办	11	474078	531990	1535572	722432	532773	519513	483286	0	483286
民办	12	22933	16680	55592	20443	16682	20048	18862	0	18862
其他部门办	13	2437	2361	7529	3033	2361	2696	2472	0	2472
农　村	14	163483	163014	484910	230381	163335	164382	157193	0	157193
教育部门和集体办	15	159724	160458	476368	226596	160779	161191	154398	0	154398
民办	16	3165	2052	6923	3072	2052	2618	2253	0	2253
其他部门办	17	594	504	1619	713	504	573	542	0	542
合计中:四年制	18	0	0	0	0	0	0	0	0	0
九年一贯制	19	22464	24661	72737	33271	24696	24643	23398	0	23398
其他学校附设班	20	8382	4586	16296	7101	4586	5514	6196	0	6196
重读生	21	0	0	1902	695	1119	277	506	0	0
重读中女	22	0	0	695	0	347	115	233	0	0
少数民族	23	267570	281006	835009	397676	282595	284051	268363	0	245057
独立设置少数民族学校	24	5668	6625	18743	8954	6629	6217	5897	0	5897

普通高中分办别、分城乡学生情况

表号：中综 335
单位：人

单位代码：　　　　单位名称：

	编号	毕业生数	招生数	在校学生数					毕业班学生数
				计	其中：女	一年级	二年级	三年级	
甲	乙	1	2	3	4	5	6	7	8
合　计	01	201957	264552	739666	363867	264679	241231	233756	233756
其中女	02	96960	131508	363867	0	131524	118372	113971	113971
教育部门和集体办	03	179365	235047	654055	325820	235125	214281	204649	204649
民办	04	17485	24768	69603	30225	24812	21927	22864	22864
其他部门办	05	5107	4737	16008	7822	4742	5023	6243	6243
城　市	06	61961	79561	227739	112316	79638	74521	73580	73580
教育部门和集体办	07	48329	62454	177621	89413	62485	59177	55959	55959
民办	08	10278	13799	38930	17340	13840	11788	13302	13302
其他部门办	09	3354	3308	11188	5563	3313	3556	4319	4319
县　镇	10	137413	182023	504399	247821	182073	164285	158041	158041
教育部门和集体办	11	128478	169650	468962	232700	169697	152694	146571	146571
民办	12	7182	10944	30617	12862	10947	10124	9546	9546
其他部门办	13	1753	1429	4820	2259	1429	1467	1924	1924
农　村	14	2583	2968	7528	3730	2968	2425	2135	2135
教育部门和集体办	15	2558	2943	7472	3707	2943	2410	2119	2119
民办	16	25	25	56	23	25	15	16	16
其他部门办	17	0	0	0	0	0	0	0	0
合计中：其他学校附设班	18	4952	4032	13467	6669	4037	4241	5189	5189
重读生	19	0	0	3685	1590	127	148	3410	0
重读中女	20	0	0	1590	0	16	58	1516	0
少数民族	21	73993	94509	266353	132794	94398	86227	85728	85728
独立设置少数民族学校	22	421	738	1865	960	738	582	545	545

普通中学教职工数

表号:中综 41

单位代码:　　　　单位名称:　　　　单位:人

	编号	教职工数						代课教师	兼任教师
		合计	专任教师	行政人员	教辅人员	工勤人员	校办工厂、农(林)厂职工		
甲	乙	1	2	3	4	5	6	7	8
合　计	01	191906	154373	11748	9870	15805	110	5074	1454
其中:女	02	80915	67152	1660	4483	7570	50	2602	454
少数民族	03	72053	57842	4197	3750	6229	35	1346	506
教育部门和集体办	04	178113	144676	10608	9262	13506	61	4254	725
民办	05	11498	7935	956	514	2044	49	771	657
其他部门办	06	2295	1762	184	94	255	0	49	72
城　市	07	30544	23880	2169	2005	2442	48	500	606
教育部门和集体办	08	23795	19044	1571	1641	1534	5	290	187
民办	09	5526	3864	501	294	824	43	183	369
其他部门办	10	1223	972	97	70	84	0	27	50
县　镇	11	128778	103722	7132	6770	11100	54	3332	635
教育部门和集体办	12	122184	99165	6647	6543	9781	48	2822	349
民办	13	5662	3864	412	207	1173	6	495	264
其他部门办	14	932	693	73	20	146	0	15	22
农　村	15	32584	26771	2447	1095	2263	8	1242	213
教育部门和集体办	16	32134	26467	2390	1078	2191	8	1142	189
民办	17	310	207	43	13	47	0	93	24
其他部门办	18	140	97	14	4	25	0	7	0

普通中学专任教师专业技术职称、年龄结构情况（总计）

表号：中综 421

单位代码：　　　　单位名称：　　　　单位：人

	编号	合计	其中：女	25 岁及以下	26－30 岁	31－35 岁	36－40 岁	41－45 岁	46－50 岁	51－55 岁	56－60 岁	61 岁及以上
甲	乙	1	2	3	4	5	6	7	8	9	10	11
合计	01	154373	67152	15120	41614	36964	27351	13857	7300	7147	4536	484
中学高级	02	9810	3280	3	13	102	1466	2681	1899	1955	1343	348
中学一级	03	55170	21693	56	2246	13560	18570	9016	4506	4384	2725	107
中学二级	04	66163	30798	4250	30376	21117	6594	1918	776	711	395	26
中学三级	05	13680	6344	4626	6548	1608	506	160	93	74	62	3
未评职称	06	9550	5037	6185	2431	577	215	82	26	23	11	0
合计中：女	07	67152	0	8839	20849	16805	11714	4860	2198	1688	160	39
少数民族	08	57842	23181	4769	16261	14840	10840	4982	2527	2297	1254	72
初中	09	116325	51266	10239	32518	28771	20031	9730	5581	5759	3549	147
中学高级	10	4066	1660	0	11	43	426	906	926	1065	626	63
中学一级	11	41135	16267	38	1358	9358	13210	6851	3843	3931	2480	66
中学二级	12	52448	24318	2396	23318	17441	5744	1770	711	672	380	16
中学三级	13	12572	5834	4238	6024	1467	487	149	80	70	55	2
未评职称	14	6104	3187	3567	1807	462	164	54	21	21	8	0
初中中：女	15	51266	0	5967	16422	13236	8817	3595	1713	1393	114	9
少数民族	16	44734	18046	3337	13001	11789	8164	3526	1997	1878	1015	27
高中	17	38048	15886	4881	9096	8193	7320	4127	1719	1388	987	337
中学高级	18	5744	1620	3	2	59	1040	1775	973	890	717	285
中学一级	19	14035	5426	18	888	4202	5360	2165	663	453	245	41
中学二级	20	13715	6480	1854	7058	3676	850	148	65	39	15	10
中学三级	21	1108	510	388	524	141	19	11	13	4	7	1
未评职称	22	3446	1850	2618	624	115	51	28	5	2	3	0
高中中：女	23	15886	0	2872	4427	3569	2897	1265	485	295	46	30
少数民族	24	13108	5135	1432	3260	3051	2676	1456	530	419	239	45

普通中学分课程专任教师学历情况(总计)

表号:中综 431
单位:人

单位代码:　　　　单位名称:

	编号	合计	其中:女	政治	语文	数学	物理	化学	生物	地理	历史	外语	信息技术	体育	音乐	美术	劳动技术	其他	当年不任课
甲	乙	1	2	3	4	5	6	7	8	9	10	11	12	13	14	15	16	17	18
合　计	01	154373	67152	12278	31105	28733	12872	9125	5195	5172	6670	22773	3682	8439	2942	2486	598	891	1412
研究生毕业	02	903	410	81	181	138	49	83	56	27	55	163	16	23	4	9	1	3	14
本科毕业	03	59488	28198	5206	13359	10406	5000	4388	2200	1911	2690	8219	1287	2812	731	643	58	228	350
专科毕业	04	89373	37541	6725	17063	17480	7578	4479	2636	2913	3588	14059	2289	5208	1967	1662	401	473	852
高中阶段毕业	05	4557	999	265	496	698	244	174	301	318	332	331	90	392	240	169	134	182	191
高中阶段毕业以下	06	52	4	1	6	11	1	1	2	3	5	1	0	4	0	3	4	5	5
合计中:女	07	67152	0	4802	15591	11240	3113	3273	2298	1984	2643	15764	1121	1381	1994	991	139	301	517
少数民族	08	57842	23181	4937	11743	10849	4878	3469	1797	1839	2424	8482	1195	3180	1103	924	148	242	632
初中	09	116325	51266	9614	24589	22562	9063	5529	3599	3631	4673	17233	2660	6349	2406	1999	549	714	1155
研究生毕业	10	199	111	17	42	30	8	12	11	3	15	33	1	5	2	6	0	1	13
本科毕业	11	29279	15075	2979	7915	5380	1942	1428	855	702	1031	4008	567	1378	400	351	36	102	205
专科毕业	12	82335	35100	6356	16134	16453	6875	3918	2431	2609	3293	12865	2004	4591	1766	1473	380	436	751
高中阶段毕业	13	4461	976	261	492	689	237	170	300	314	329	326	88	371	238	166	129	170	181
高中阶段毕业以下	14	51	4	1	6	10	1	1	2	3	5	1	0	4	0	3	4	5	5
初中中:女	15	51266	0	3695	12391	9131	2143	1914	1599	1381	1840	12128	790	1015	1661	825	132	225	396
少数民族	16	44734	18046	3978	9488	8700	3526	2187	1282	1303	1709	6620	892	2478	921	767	136	205	542
高中	17	38048	15886	2664	6516	6171	3809	3596	1596	1541	1997	5540	1022	2090	536	487	49	177	257
研究生毕业	18	704	299	64	139	108	41	71	45	24	40	130	15	18	2	3	1	2	1
本科毕业	19	30209	13123	2227	5444	5026	3058	2960	1345	1209	1659	4211	720	1434	331	292	22	126	145
专科毕业	20	7038	2441	369	929	1027	703	561	205	304	295	1194	285	617	201	189	21	37	101
高中阶段毕业	21	96	23	4	4	9	7	4	1	4	3	5	2	21	2	3	5	12	10
高中阶段毕业以下	22	1	0	0	0	1	0	0	0	0	0	0	0	0	0	0	0	0	0
高中中:女	23	15886	0	1107	3200	2109	970	1359	699	603	803	3636	331	366	333	166	7	76	121
少数民族	24	13108	5135	959	2255	2149	1352	1282	515	536	715	1862	303	702	182	157	12	37	90

普通中学办学条件(一)(总计)

表号:中综611

单位代码:　　　　单位名称:　　　　单位:平方米

	编号	学校占地面积	校舍建筑面积	教学及辅助用房						行政办公用房		生活用房	其他用房	校舍面积中	
				计	其中					计	其中教师办公室			危房面积	当年新增
					普通教室	实验室	图书室	微机室	语音室						
甲	乙	1	2	3	4	5	6	7	8	9	10	11	12	13	14
合计	01	85518503	27802306	9218145	6648660	1053418	484479	354024	108897	1341807	917953	15286841	1955513	1340442	1662566
城市	02	12525415	5086965	1944047	1225248	259873	155860	87514	29341	381169	238840	2279657	482092	32326	254931
框架结构	03	0	1983478	985935	593844	110411	100434	49016	15161	167307	93489	650647	179589	4552	97686
砖混结构	04	0	2969114	929072	615550	145319	52786	37655	14080	210014	143150	1556779	273249	17159	154335
砖木结构	05	0	132783	28790	15804	4093	2590	793	50	3828	2181	71201	28964	10615	2910
土木结构	06	0	1590	250	50	50	50	50	50	20	20	1030	290	0	0
县　镇	07	57248955	18360835	5873154	4365477	634441	272535	215540	70675	788148	562871	10502822	1196711	965180	1122212
框架结构	08	0	3041248	1434946	985821	175139	88372	66443	27344	188455	129336	1244258	173589	8624	213240
砖混结构	09	0	13202914	4316134	3301004	442609	174411	147523	42718	553127	404825	7702832	630821	262838	810963
砖木结构	10	0	1902369	111447	71381	15418	9293	1518	613	43061	25515	1417194	330667	566636	93786
土木结构	11	0	214304	10627	7271	1275	459	56	0	3505	3195	138538	61634	127082	4223
农　村	12	15744133	4354506	1400944	1057935	159104	56084	50970	8881	172490	116242	2504362	276710	342936	285423
框架结构	13	0	357296	161221	116416	18480	5944	8359	784	19429	13204	154725	21921	522	39795
砖混结构	14	0	3239751	1204153	917097	137414	47321	41910	7920	141747	94732	1763604	130247	84789	228642
砖木结构	15	0	681861	33346	22611	3080	2592	645	177	11024	8016	531058	106433	213023	13587
土木结构	16	0	75598	2224	1811	130	227	56	0	290	290	54975	18109	44602	3399

普通中学办学条件(一)(高中)

表号:中综613

单位代码:　　　　单位名称:　　　　单位:平方米

	编号	学校占地面积	校舍建筑面积	教学及辅助用房						行政办公用房		生活用房	其他用房	校舍面积中	
				计	其中					计	其中教师办公室			危房面积	当年新增
					普通教室	实验室	图书室	微机室	语音室						
甲	乙	1	2	3	4	5	6	7	8	9	10	11	12	13	14
合计	01	29698594	11359732	3702483	2477791	474651	280361	149317	60135	635335	426095	6217859	804055	279874	706196
城市	02	8510746	3904784	1382117	857774	184981	128330	59767	19735	278937	170940	1907279	336451	13273	160241
框架结构	03	0	1646253	779835	464843	83308	89878	37837	11150	135931	75389	595027	135460	0	67898
砖混结构	04	0	2171658	585827	386689	98618	36626	21930	8585	141795	94710	1264284	179752	6475	91584
砖木结构	05	0	85623	16455	6242	3055	1826	0	0	1211	841	46968	20989	6798	759
土木结构	06	0	1250	0	0	0	0	0	0	0	0	1000	250	0	0
县　镇	07	20667276	7323987	2285780	1592555	286677	150323	87842	40140	351648	251502	4224738	461821	261477	544780
框架结构	08	0	1580645	753346	471890	108834	61744	34329	17682	102636	70211	628066	96597	406	109797
砖混结构	09	0	5150418	1488282	1091035	171285	84166	53313	22232	226269	166481	3185986	249881	54084	400781
砖木结构	10	0	530094	40491	27624	6348	4034	200	226	21123	13380	368755	99725	162197	32392
土木结构	11	0	62830	3661	2006	210	379	0	0	1620	1430	41931	15618	44790	1810
农　村	12	520572	130961	34586	27462	2993	1708	1708	260	4750	3653	85842	5783	5124	1175
框架结构	13	0	33273	8700	5613	1209	1051	802	0	2379	1818	22154	40	0	0
砖混结构	14	0	80740	24488	20451	1784	657	906	260	2371	1835	52867	1014	511	1175
砖木结构	15	0	12760	1398	1398	0	0	0	0	0	0	8210	3152	1906	0
土木结构	16	0	4188	0	0	0	0	0	0	0	0	2611	1577	2707	0

普通中学办学条件(一)(初中)

表号:中综612

单位代码:　　　　单位名称:　　　　单位:平方米

	编号	学校占地面积	校舍建筑面积	教学及辅助用房						行政办公用房		生活用房	其他用房	校舍面积中	
				计	其中					计	其中教师办公室			危房面积	当年新增
					普通教室	实验室	图书室	微机室	语音室						
甲	乙	1	2	3	4	5	6	7	8	9	10	11	12	13	14
合计	01	55819909	16442574	5515662	4170869	578767	204118	204707	48762	706472	491858	9068982	1151458	1060568	956370
城　市	02	4014669	1182181	561930	367474	74892	27530	27747	9606	102232	67900	372378	145641	19053	94690
框架结构	03	0	337225	206100	129001	27103	10556	11179	4011	31376	18100	55620	44129	4552	29788
砖混结构	04	0	797456	343245	228861	46701	16160	15725	5495	68219	48440	292495	93497	10684	62751
砖木结构	05	0	47160	12335	9562	1038	764	793	50	2617	1340	24233	7975	3817	2151
土木结构	06	0	340	250	50	50	50	50	50	20	20	30	40	0	0
县　镇	07	36581679	11036848	3587374	2772922	347764	122212	127698	30535	436500	311369	6278084	734890	703703	577432
框架结构	08	0	1460603	681600	513931	66305	26628	32114	9662	85819	59125	616192	76992	8218	103443
砖混结构	09	0	8052496	2827852	2209969	271324	90245	94210	20486	326858	238344	4516846	380940	208754	410182
砖木结构	10	0	1372275	70956	43757	9070	5259	1318	387	21938	12135	1048439	230942	404439	61394
土木结构	11	0	151474	6966	5265	1065	80	56	0	1885	1765	96607	46016	82292	2413
农　村	12	15223561	4223545	1366358	1030473	156111	54376	49262	8621	167740	112589	2418520	270927	337812	284248
框架结构	13	0	324023	152521	110803	17271	4893	7557	784	17050	11386	132571	21881	522	39795
砖混结构	14	0	3159011	1179665	896646	135630	46664	41004	7660	139376	92897	1710737	129233	84278	227467
砖木结构	15	0	669101	31948	21213	3080	2592	645	177	11024	8016	522848	103281	211117	13587
土木结构	16	0	71410	2224	1811	130	227	56	0	290	290	52364	16532	41895	3399

普通中学办学条件(二)

表号:中综 62
单位:所

单位代码:　　　单位名称:

	编号	体育运动场(馆)面积达标校数	体育器械配备达标校数	音乐器材配备达标校数	美术器材配备达标校数	理科实验仪器达标校数	建立校园网校数
甲	乙	1	2	3	4	5	6
合　计	01	1631	1800	1480	1478	2010	803
初　中	02	1239	1388	1124	1112	1580	476
高　中	03	392	412	356	366	430	327
城　市	04	236	254	211	205	267	219
初　中	05	109	118	99	91	124	86
高　中	06	127	136	112	114	143	133
县　镇	07	1031	1108	916	912	1219	473
初　中	08	771	837	677	665	937	283
高　中	09	260	271	239	247	282	190
农　村	10	364	438	353	361	524	111
初　中	11	359	433	348	356	519	107
高　中	12	5	5	5	5	5	4

普通中学办学条件(三)

表号:中综 63
单位:所

单位代码:　　　单位名称:

	编号	体育运动场(馆)面积(平方米)	计算机(台)	图书(册)	电子图书(册)	固定资产总值(万元)			
						计	其中:仪器设备总值(万元)		
							计	专业实验设备	专业实习设备
甲	乙	1	2	3	4	5	6	7	8
合　计	01	16591354	158855	46138285	3843847	1403338.57	122474.37	88834.8	18309.55
初　中	02	10409579	89839	27550173	1578964	771278.2	58668.43	40521.24	9154.79
高　中	03	6181775	69016	18588112	2264883	632060.37	63805.94	48313.56	9154.76
城　市	04	2963974	43327	9313629	1147544	363591.21	36166.22	28769.23	3901.19
初　中	05	1009333	14431	2402067	96978	78268.78	10150.93	7512.82	563.03

续表

	编号	体育运动场（馆）面积（平方米）	计算机（台）	图书（册）	电子图书（册）	固定资产总值（万元）			
						计	其中：仪器设备总值（万元）		
							计	专业实验设备	专业实习设备
甲	乙	1	2	3	4	5	6	7	8
高　中	06	1954641	28896	6911562	1050566	285322.43	26015.29	21256.41	3338.16
县　镇	07	11057644	95119	29486513	2440947	854531.33	73075.29	50867.39	12750.48
初　中	08	6992390	55523	17984043	1234930	511186.16	35472.88	23961.48	6952.88
高　中	09	4065254	39596	11502470	1206017	343345.17	37602.41	26905.91	5797.6
农　村	10	2569736	20409	7338143	255356	185216.03	13232.86	9198.18	1657.88
初　中	11	2407856	19885	7164063	247056	181823.26	13044.62	9046.94	1638.88
高　中	12	161880	524	174080	8300	3392.77	188.24	151.24	19

小　学

小学校数

表号：小综 12

单位代码：　　单位名称：　　单位：所

	编号	合计	城市			县镇			农村		
			教育部门和集体办	民办	其他部门办	教育部门和集体办	民办	其他部门办	教育部门和集体办	民办	其他部门办
甲	乙	1	2	3	4	5	6	7	8	9	10
学　校　数	01	15152	283	153	19	1372	78	22	13154	41	30
其中独立设置少数民族学校	02	52	1	0	0	3	0	0	48	0	0
教学点数(个)	03	11860	3	0	0	107	3	0	11715	28	4

小学班数

表号：小综21

单位代码：　　单位名称：　　单位：个

	编号	合计	一年级	二年级	三年级	四年级	五年级	六年级	复式班
甲	乙	1	2	3	4	5	6	7	8
合　计	01	144383	25714	23924	22912	22186	22056	21804	5787
教育部门和集体办	02	140653	25098	23324	22305	21562	21420	21171	5773
民办	03	2930	482	470	478	491	500	496	13
其他部门办	04	800	134	130	129	133	136	137	1
城　市	05	7616	1322	1271	1259	1255	1260	1248	1
教育部门和集体办	06	5753	1017	972	957	943	939	925	0
民办	07	1566	257	250	254	263	270	271	1
其他部门办	08	297	48	49	48	49	51	52	0
县　镇	09	21229	3407	3303	3352	3485	3721	3942	19
教育部门和集体办	10	19938	3194	3097	3144	3268	3500	3722	13
民办	11	1014	167	162	165	170	173	172	5
其他部门办	12	277	46	44	43	47	48	48	1
农　村	13	115538	20985	19350	18301	17446	17075	16614	5767
教育部门和集体办	14	114962	20887	19255	18204	17351	16981	16524	5760
民办	15	350	58	58	59	58	57	53	7
其他部门办	16	226	40	37	38	37	37	37	0
合计中：六年制	17	144278	25699	23907	22894	22171	22044	21791	5772
一贯制学校小学部	18	2206	363	342	354	363	384	393	7
其他学校附设班	19	379	52	54	57	60	65	87	4
独立设置少数民族学校	20	264	50	42	37	40	43	41	11

小学学龄人口入学及在校生情况（总计）

表号：小综 311

单位代码：　　单位名称：　　单位：人

	编号	校内外学龄人口数		在校学龄人口数		招生数		在校学生数							
		计	其中：女	计	其中：女	计	其中受过学前教育	计	其中：女	一年级	二年级	三年级	四年级	五年级	六年级
甲	乙	1	2	3	4	5	6	7	8	9	10	11	12	13	14
合　计	01	4428296	2039228	4395199	2023902	779629	682270	4601201	2116202	788455	746311	755074	751655	783890	775816
5 岁及以下	02	0	0	0	0	7760	5220	8180	4047	8092	88	0	0	0	0
6 岁	03	47926	23006	47485	22790	135051	118020	141468	66647	136222	5230	16	0	0	0
7 岁	04	738433	340762	734961	339268	617198	543685	734961	339268	620622	108329	6004	6	0	0
8 岁	05	731387	337210	728303	335969	16851	13283	728303	335969	20117	599015	104149	5014	8	0
9 岁	06	740100	340226	736902	338781	2216	1694	736902	338781	2685	27858	601361	99165	5826	7
10 岁	07	739218	338781	736373	337492	396	266	736373	337492	492	4422	34380	596295	94931	5853
11 岁	08	766046	352063	761756	349955	95	65	761756	349955	138	925	6786	39259	624648	90000
12 岁	09	665186	307180	649419	299647	41	26	679427	312784	56	284	1622	8947	45362	623156
13 岁	10	0	0	0	0	14	9	55294	23365	21	89	480	2217	9617	42870
14 岁	11	0	0	0	0	6	1	13745	5863	9	55	227	536	2526	10392
15 岁及以上	12	0	0	0	0	1	1	4792	2031	1	16	49	216	972	3538
其中：女	13	2039228	0	2023902	0	359524	313499	2116202	0	363237	343592	346921	344527	359682	358243
少数民族	14	1213780	528154	0	0	279856	221400	1602962	741640	287221	257060	258581	257497	269818	272785
寄宿生	15	0	0	0	0	16926	13642	318329	136614	22170	24538	42397	58099	77684	93441

小学分办别、分城乡学生情况

表号:小综 32

单位代码:　　　　单位名称:　　　　单位:人

	编号	毕业生数	招生数		在校学生数								毕业生学生数
			计	其中受过学前教育	计	其中女	一年级	二年级	三年级	四年级	五年级	六年级	
甲	乙	1	2	3	4	5	6	7	8	9	10	11	12
合　计	01	774149	779629	682270	4601201	2116202	788455	746311	755074	751655	783890	775816	775816
其中女	02	356853	359524	313499	2116202	0	363237	343592	346921	344527	359682	358243	355945
教育部门和集体办	03	749486	756603	661706	4464044	2058680	765407	725075	733079	728816	760155	751512	751512
民办	04	19765	17999	15988	108464	44995	18020	16545	17416	18161	19005	19317	19317
其他部门办	05	4898	5027	4576	28693	12527	5028	4691	4579	4678	4730	4987	4987
城　市	06	57384	61610	57637	346433	155629	61611	56405	56544	56920	57508	57445	57445
教育部门和集体办	07	44830	49907	47009	276357	125578	49908	45675	45304	45306	45345	44819	44819
民办	08	10438	9746	8750	58521	24993	9746	8850	9399	9693	10261	10572	10572
其他部门办	09	2116	1957	1878	11555	5058	1957	1880	1841	1921	1902	2054	2054
县　镇	10	167311	152024	146014	955305	426633	152936	144944	151249	157990	170331	177855	177855
教育部门和集体办	11	158050	143637	138805	905146	406560	144548	137150	143281	149511	161601	169055	169055
民办	12	7568	6503	5634	39574	15554	6503	6077	6347	6739	6945	6963	6963
其他部门办	13	1693	1884	1575	10585	4519	1885	1717	1621	1740	1785	1837	1837
农　村	14	549454	565995	478619	3299463	1533940	573908	544962	547281	536745	556051	540516	540516
教育部门和集体办	15	546606	563059	475892	3282541	1526542	570951	542250	544494	533999	553209	537638	537638
民办	16	1759	1750	1604	10369	4448	1771	1618	1670	1729	1799	1782	1782
其他部门办	17	1089	1186	1123	6553	2950	1186	1094	1117	1017	1043	1096	1096
五年制	18	0	0	0	0	0	0	0	0	0	0	0	0
一贯制学校小学部	19	17099	15581	13605	95849	41880	15708	14504	15370	15961	16916	17390	17390
其他学校附设	20	3995	1930	1787	13679	5318	1930	1810	2026	2168	2337	3408	3408
少数民族	21	273897	279856	221400	1602962	741640	287221	257060	258581	257497	269818	272785	257519
重读生	22	0	0	0	11082	4560	8826	981	610	370	234	61	0
重读中女	23	0	0	0	4560	0	3713	418	231	109	75	14	0
小学教学点	24	53067	152063	114633	553001	259172	155269	132309	96893	66532	53447	48551	48551
复式班	25	0	30990	14297	98632	46007	37635	33836	15697	6722	3107	1635	1487

小学教职工数

表号:小综 41

单位代码:　　　　单位名称:　　　　单位:人

	编号	教职工数						代课教师	兼任教师
		合计	专任教师	行政人员	教辅人员	工勤人员	校办工厂、农(林)场职工		
甲	乙	1	2	3	4	5	6	7	8
合　计	01	234827	206912	19470	3241	5105	99	40520	580
其中:女	02	115904	109584	2495	1152	2616	57	24464	278
少数民族	03	100939	89264	7749	1427	2492	7	11219	275
教育部门和集体办	04	227061	200854	18872	2986	4305	44	39905	449
民办	05	5945	4502	492	237	660	54	477	64
其他部门办	06	1821	1556	106	18	140	1	138	67
城　市	07	19578	17270	1085	454	729	40	662	65
教育部门和集体办	08	15428	14027	736	281	382	2	441	16
民办	09	3518	2677	314	167	322	38	114	31
其他部门办	10	632	566	35	6	25	0	107	18
县　镇	11	58653	50735	3999	1693	2199	27	2454	102
教育部门和集体办	12	55849	48586	3815	1629	1808	11	2252	26
民办	13	2044	1525	146	60	297	16	186	32
其他部门办	14	760	624	38	4	94	0	16	44
农　村	15	156596	138907	14386	1094	2177	32	37404	413
教育部门和集体办	16	155784	138241	14321	1076	2115	31	37212	407
民办	17	383	300	32	10	41	0	177	1
其他部门办	18	429	366	33	8	21	1	15	5

小学专任教师专业技术职称、年龄结构情况（总计）

表号：小综 421

单位代码：　　单位名称：　　单位：人

	编号	合计	其中：女	25 岁及以下	26～30 岁	31～35 岁	36～40 岁	41～45 岁	46～50 岁	51～55 岁	56～60 岁	61 岁及以上
甲	乙	1	2	3	4	5	6	7	8	9	10	11
合　计	01	206912	109584	19203	41080	31755	28339	23647	21694	28034	12996	164
中学高级	02	270	109	3	0	18	36	46	47	77	42	1
小学高级	03	88647	43473	37	1766	10311	15944	15586	15721	20420	8772	90
小学一级	04	84833	45924	5638	30118	16989	10059	6892	5154	6501	3427	55
小学二级	05	25782	15609	10451	7367	3409	1799	870	564	774	544	4
小学三级	06	1262	551	189	248	193	126	103	98	164	136	5
未评职称	07	6118	3918	2885	1581	835	375	150	110	98	75	9
合计中：女	08	109584	0	14253	28383	20904	17741	11897	8664	7276	462	4
少数民族	09	89264	42401	7736	17289	13554	12698	10330	10167	12307	5114	69

小学分课程专任教师学历情况（总计）

表号：小综 431

单位代码：　　单位名称：　　单位：人

	编号	合计	其中女	思想品德	语文	数学	外语	自然	社会	信息技术	体育	音乐	美术	劳动	其他	当年不认课
甲	乙	1	2	3	4	5	6	7	8	9	10	11	12	13	14	15
合　计	01	206912	109584	2548	102167	78004	4679	2261	1354	1449	4466	2478	2050	410	3216	1830
研究生毕业	02	25	18	1	8	1	6	0	1	1	0	2	2	0	1	2
本科毕业	03	6478	4692	102	3193	1835	412	62	20	112	276	192	148	3	70	53
专科毕业	04	110249	71472	1148	56434	39549	3553	884	479	1040	2552	1451	1090	134	1276	659
高中阶段毕业	05	86492	32870	1243	40832	35167	700	1265	824	293	1555	815	772	260	1768	998
高中阶段毕业以下	06	3668	532	54	1700	1452	8	50	30	3	83	18	38	13	101	118
合计中：女	07	109584	0	937	60169	35868	3720	807	503	501	1034	1959	1174	188	2057	667
少数民族	08	89264	42401	1099	44682	33253	1923	1024	642	501	1756	997	832	167	1414	974

小学办学条件(一)

表号:小综611

单位代码:　　　　单位名称:　　　　单位:平方米

	编号	学校占地面积	校舍建筑面积	教学及辅助用房						行政办公用房		生活用房	其他用房	校舍面积中	
				计	其中					计	其中教师办公室			危房面积	当年新增
					普通教室	实验室	图书室	微机室	语音室						
甲	乙	1	2	3	4	5	6	7	8	9	10	11	12	13	14
合　计	01	109837127	28333083	17072482	15318654	425473	535169	201157	38768	1758161	1439384	6773989	2728451	2364728	925951
城　市	02	3802453	1769630	904928	703685	34545	35120	42370	11697	163531	104984	435371	265800	19514	164376
框架结构	03	0	491181	287245	212678	14569	14487	17948	5171	53207	30612	62414	88315	296	59590
砖混结构	04	0	1153830	553475	433770	18883	18761	22360	6327	102758	68088	341886	155711	7476	82647
砖木结构	05	0	122769	63708	56857	1053	1832	2022	199	7480	6198	30241	21340	11742	22139
土木结构	06	0	1850	500	380	40	40	40	0	86	86	830	434	0	0
县　镇	07	17091940	5381362	2913983	2551421	94246	88549	75290	14718	350273	265558	1586991	530115	285046	203687
框架结构	08	0	618384	385443	329218	11456	11329	13960	3173	45050	36457	126971	60920	4054	39505
砖混结构	09	0	4010442	2362278	2071327	78863	70167	60065	11266	281639	212719	1087996	278529	78356	145535
砖木结构	10	0	658448	149911	136500	3234	6448	1265	279	22139	15120	335547	150851	154249	16794
土木结构	11	0	94088	16351	14376	693	605	0	0	1445	1262	36477	39815	48387	1853
农　村	12	88942734	21182091	13253571	12063548	296682	411500	83497	12353	1244357	1068842	4751627	1932536	2060168	557888
框架结构	13	0	1046266	806654	727942	15563	20025	8386	1624	64988	55216	120673	53951	16582	63391
砖混结构	14	0	13823908	10013836	9131027	230313	297632	70780	9260	887390	768272	2253410	669272	285638	355698
砖木结构	15	0	4983508	1922237	1738380	41084	77510	3387	1267	227212	191769	1955672	878387	1178421	102673
土木结构	16	0	1328409	510844	466199	9722	16333	944	202	64767	53585	421872	330926	579527	36126

小学办学条件（二）

表号：小综 612

单位代码：　　单位名称：　　单位：平方米

	编号	校舍建筑面积中：生活用房					
		计	教工宿舍	学生宿舍	食堂	厕所	其他
甲	乙	1	2	3	4	5	6
合　计	01	6773989	4206846	936523	433067	642257	555296
城　市	02	435371	275161	57574	37290	40268	25078
框架结构	03	62414	29611	11686	8221	9961	2935
砖混结构	04	341886	230500	41746	24506	26301	18833
砖木结构	05	30241	14550	4142	4493	3946	3110
土木结构	06	830	500	0	70	60	200
县　镇	07	1586991	1028687	217337	111047	115145	114775
框架结构	08	126971	77291	25127	11296	9288	3969
砖混结构	09	1087996	721090	159946	63471	83502	59987
砖木结构	10	335547	212902	28911	32858	19003	41873
土木结构	11	36477	17404	3353	3422	3352	8946
农　村	12	4751627	2902998	661612	284730	486844	415443
框架结构	13	120673	57450	31493	10995	10999	9736
砖混结构	14	2253410	1289029	468507	122836	250491	122547
砖木结构	15	1955672	1312286	138790	118042	172686	213868
土木结构	16	421872	244233	22822	32857	52668	69292

小学办学条件（三）

表号：小综 63

单位代码：　　单位名称：

	编号	体育运动场（馆）面积（平方米）	计算机（台）	图书藏量（册）	电子图书藏量（片）	固定资产总值（万元）			
						计	其中：仪器设备总值（万元）		
							计	专业实验设备	专业实习设备
甲	乙	1	2	3	4	5	6	7	8
合　计	01	24144004	74663	50047240	879356	1128952.39	72673.24	45663.05	8302.05
城　市	02	1363957	23192	4858376	145894	119663.72	16436.88	11137.3	1402.77
县　镇	03	4371543	31298	13616229	381664	266481.7	22645.03	13582.76	3757.74
农　村	04	18408504	20173	31572635	351798	742806.97	33591.33	20942.99	3141.54

幼儿园

幼儿园园数

表号：幼综 12

单位代码：　　　　单位名称：　　　　单位：所

	编号	合计	城市				县镇				农村			
			教育部门办	集体办	民办	其他部门办	教育部门办	集体办	民办	其他部门办	教育部门办	集体办	民办	其他部门办
甲	乙	1	2	3	4	5	6	7	8	9	10	11	12	13
合　计	01	3743	71	48	488	79	281	64	1324	30	150	47	1156	5
其中少数民族幼儿园	02	1	0	0	0	0	1	0	0	0	0	0	0	0

幼儿教育基本情况（总计）

表号：幼综 211

单位代码：　　　　单位名称：　　　　单位：人

	编号	班数（个）		入园（班）人数		在园（班）人数		离园（班）人数	
		计	其中学前班	计	其中学前班	计	其中学前班	计	其中学前班
甲	乙	1	2	3	4	5	6	7	8
合　计	01	34907	20449	800627	589081	1007489	636194	543016	468007
其中女	02	0	0	356478	265522	447079	285436	243130	212203
教育部门办	03	22549	18187	606956	535509	692606	567596	436043	410119
集体办	04	785	131	12651	2738	24766	4355	7706	4188
民办	05	10702	1967	169772	47027	263465	58606	89549	48751
其他部门办	06	871	164	11248	3807	26652	5637	9718	4949
城　市	07	4837	1252	74471	37449	146487	47618	55074	36564
教育部门办	08	1233	563	31451	24021	49828	27399	22276	17564
集体办	09	360	58	5068	1284	12076	2314	3892	2555
民办	10	2597	531	30640	10430	64791	14493	22191	13326
其他部门办	11	647	100	7312	1714	19792	3412	6715	3119

续表

	编号	班数(个)		入园(班)人数		在园(班)人数		离园(班)人数	
		计	其中学前班	计	其中学前班	计	其中学前班	计	其中学前班
甲	乙	1	2	3	4	5	6	7	8
县　镇	12	10521	3487	237102	129231	337312	147274	149756	108273
教育部门办	13	4949	2696	147350	111397	193653	123307	106103	90298
集体办	14	285	36	5338	804	9079	1123	2724	866
民办	15	5099	714	81345	15593	128652	21306	38549	15873
其他部门办	16	188	41	3069	1437	5928	1538	2380	1236
农　村	17	19549	15710	489054	422401	523690	441302	338186	323170
教育部门办	18	16367	14928	428155	400091	449125	416890	307664	302257
集体办	19	140	37	2245	650	3611	918	1090	767
民办	20	3006	722	57787	21004	70022	22807	28809	19552
其他部门办	21	36	23	867	656	932	687	623	594

幼儿教育基本情况(独立设置幼儿园、小学附设幼儿园、独立设置学前班)

表号:幼综 212

单位代码:　　　　单位名称:　　　　单位:人

	编号	班数(个)		入园(班)人数		在园(班)人数		离园(班)人数	
		计	其中学前班	计	其中学前班	计	其中学前班	计	其中学前班
甲	乙	1	2	3	4	5	6	7	8
合　计	01	14978	2500	234345	55885	414806	82155	143845	73857
其中:女	02	0	0	100553	23908	180028	34775	60418	31358
少数民族	03	0	0	58898	9826	112604	16973	32298	13183
独立设置学前班	04	10	0	438	438	493	493	382	382
教育部门办	05	3068	648	54679	15724	114626	27329	46325	25261
集体办	06	785	131	12651	2738	24766	4355	7706	4188
民办	07	10343	1633	158759	36427	251969	47680	82212	41565
其他部门办	08	782	88	8256	996	23445	2791	7602	2843

续表

	编号	班数(个)		入园(班)人数		在园(班)人数		离园(班)人数	
		计	其中学前班	计	其中学前班	计	其中学前班	计	其中学前班
甲	乙	1	2	3	4	5	6	7	8
城　市	09	4100	565	44144	7603	115879	17587	37795	19498
教育部门办	10	740	110	8534	1377	26864	4746	9511	4975
集体办	11	360	58	5068	1284	12076	2314	3892	2555
民办	12	2377	321	24159	4138	58091	8041	18287	9449
其他部门办	13	623	76	6383	804	18848	2486	6105	2519
县　镇	14	7423	1094	123184	24513	215435	37680	71956	31820
教育部门办	15	1993	423	38373	11319	77101	18484	31879	17308
集体办	16	285	36	5338	804	9079	1123	2724	866
民办	17	4999	625	77783	12210	124901	17806	35924	13361
其他部门办	18	146	10	1690	180	4354	267	1429	285
农　村	19	3455	841	67017	23769	83492	26888	34094	22539
教育部门办	20	335	115	7772	3028	10661	4099	4935	2978
集体办	21	140	37	2245	650	3611	918	1090	767
民办	22	2967	687	56817	20079	68977	21833	28001	18755
其他部门办	23	13	2	183	12	243	38	68	39

幼儿教育基本情况(小学附设幼儿班、学前班)

表号:幼综 213

单位代码:　　　　单位名称:　　　　单位:人

	编号	班数(个)		入班人数		在班人数		离班人数		举办学前班的学校数
		计	其中学前班	计	其中学前班	计	其中学前班	计	其中学前班	
甲	乙	1	2	3	4	5	6	7	8	9
合　计	01	19929	17949	566282	533196	592683	554039	399171	394150	11258
其中女	02	0	0	255925	241614	267051	250661	182712	180845	0

续表

	编号	班数(个)		入班人数		在班人数		离班人数		举办学前班的学校数
		计	其中学前班	计	其中学前班	计	其中学前班	计	其中学前班	
甲	乙	1	2	3	4	5	6	7	8	9
教育部门办	03	19481	17539	552277	519785	577980	540267	389718	384858	11024
集体办	04	0	0	0	0	0	0	0	0	0
民办	05	359	334	11013	10600	11496	10926	7337	7186	187
其他部门办	06	89	76	2992	2811	3207	2846	2116	2106	47
城　市	07	737	687	30327	29846	30608	30031	17279	17066	332
教育部门办	08	493	453	22917	22644	22964	22653	12765	12589	195
集体办	09	0	0	0	0	0	0	0	0	0
民办	10	220	210	6481	6292	6700	6452	3904	3877	124
其他部门办	11	24	24	929	910	944	926	610	600	13
县　镇	12	3098	2393	113918	104718	121877	109594	77800	76453	1125
教育部门办	13	2956	2273	108977	100078	116552	104823	74224	72990	1065
集体办	14	0	0	0	0	0	0	0	0	0
民办	15	100	89	3562	3383	3751	3500	2625	2512	43
其他部门办	16	42	31	1379	1257	1574	1271	951	951	17
农　村	17	16094	14869	422037	398632	440198	414414	304092	300631	9801
教育部门办	18	16032	14813	420383	397063	438464	412791	302729	299279	9764
集体办	19	0	0	0	0	0	0	0	0	0
民办	20	39	35	970	925	1045	974	808	797	20
其他部门办	21	23	21	684	644	689	649	555	555	17

幼儿教育分年龄学生数(总计)

表号:幼综 221

单位代码:　　　　单位名称:　　　　单位:人

	编号	班数(个)		入园(班)人数		在园(班)人数		离园(班)人数	
		计	其中学前班	计	其中学前班	计	其中学前班	计	其中学前班
甲	乙	1	2	3	4	5	6	7	8
合　计	01	34907	20449	800627	589081	1007489	636194	543016	468007
其中:女	02	0	0	356478	265522	447079	285436	243130	212203
少数民族	03	0	0	244702	182381	312321	200838	150555	129749
教育部门办	04	22549	18187	606956	535509	692606	567596	436043	410119
3 岁以下	05	0	0	10816	662	11875	736	269	140
3—5 岁	06	0	0	118476	68851	162668	72449	16649	10290
5 岁以上	07	0	0	477664	465996	518063	494411	419125	399689
集体办	08	785	131	12651	2738	24766	4355	7706	4188
3 岁以下	09	0	0	2892	0	3799	0	234	11
3—5 岁	10	0	0	6174	451	13620	530	1473	182
5 岁以上	11	0	0	3585	2287	7347	3825	5999	3995
民办	12	10702	1967	169772	47027	263465	58606	89549	48751
3 岁以下	13	0	0	34746	852	46649	901	3099	120
3—5 岁	14	0	0	78592	5916	133945	6895	15348	1986
5 岁以上	15	0	0	56434	40259	82871	50810	71102	46645
其他部门办	16	871	164	11248	3807	26652	5637	9718	4949
3 岁以下	17	0	0	2660	8	3270	8	227	0
3—5 岁	18	0	0	4582	533	15027	665	1802	180
5 岁以上	19	0	0	4006	3266	8355	4964	7689	4769

幼儿园教职工数

表号:幼综 31

单位代码: 单位名称: 单位:人

	编号	教职工数					代课教师	兼任教师
		合 计	园长	专任教师	保健员	其他		
甲	乙	1	2	3	4	5	6	7
合 计	01	33738	3996	19838	3189	6715	2210	316
教育部门办	02	8550	663	5468	564	1855	924	43
集体办	03	2065	186	1192	124	563	114	21
民办	04	20372	2962	11708	2299	3403	1031	233
其他部门办	05	2751	185	1470	202	894	141	19
城 市	06	12048	994	6728	892	3434	371	78
教育部门办	07	2635	171	1474	149	841	111	4
集体办	08	1279	81	703	54	441	17	16
民办	09	5851	599	3307	538	1407	136	47
其他部门办	10	2283	143	1244	151	745	107	11
县 镇	11	16923	1909	10535	1720	2759	1138	160
教育部门办	12	5523	411	3736	393	983	650	34
集体办	13	615	74	394	54	93	46	5
民办	14	10344	1386	6190	1229	1539	408	113
其他部门办	15	441	38	215	44	144	34	8
农 村	16	4767	1093	2575	577	522	701	78
教育部门办	17	392	81	258	22	31	163	5
集体办	18	171	31	95	16	29	51	0
民办	19	4177	977	2211	532	457	487	73
其他部门办	20	27	4	11	7	5	0	0
合计中:女	21	31755	3813	19531	3030	5381	2068	234
幼教专业毕业	22	15546	2188	12666	308	384	730	87
少数民族	23	9069	1118	5776	628	1547	704	75

幼儿园园长、专任教师学历、职称情况

表号：幼综 32

单位代码： 单位名称： 单位：人

	编号	合计	按学历分					按职称分					
			研究生毕业	本科毕业	专科毕业	高中阶段毕业	高中阶段毕业以下	中学高级	小学高级	小学一级	小学二级	小学三级	未评职称
甲	乙	1	2	3	4	5	6	7	8	9	10	11	12
合计	01	23834	12	936	10231	11825	830	117	3415	3899	2607	431	13365
园长	02	3996	8	299	1826	1759	104	38	745	550	413	73	2177
专任教师	03	19838	4	637	8405	10066	726	79	2670	3349	2194	358	11188
城市	04	7722	11	483	3791	3288	149	53	1419	1480	1063	143	3564
园长	05	994	8	166	514	294	12	22	340	182	79	17	354
专任教师	06	6728	3	317	3277	2994	137	31	1079	1298	984	126	3210
县镇	07	12444	1	396	5383	6272	392	64	1907	2114	1116	222	7021
园长	08	1909	0	110	920	844	35	16	368	247	168	30	1080
专任教师	09	10535	1	286	4463	5428	357	48	1539	1867	948	192	5941
农村	10	3668	0	57	1057	2265	289	0	89	305	428	66	2780
园长	11	1093	0	23	392	621	57	0	37	121	166	26	743
专任教师	12	2575	0	34	665	1644	232	0	52	184	262	40	2037

幼儿园校舍及其他情况

表号：幼综 4

单位代码： 单位名称： 单位：平方米

	编号	幼儿园占地面积	校舍建筑面积	教学及辅助用房					行政办公用房		生活用房	其他用房	校舍面积中		幼儿园中户外活动场	图书（册）	教学用录像录音带（盒）
				计	其中				计	教师办公室			危房面积	当年新增			
					活动室	睡眠室	保健室	图书室									
甲	乙	1	2	3	4	5	6	7	8	9	10	11	12	13	14	15	16
合计	01	3772610	2588023	1734419	970980	539959	70011	58533	2E+05	1E+05	358442	298946	16949	70411	3E+06	1E+06	255316
城市	02	1254705	875362	554430	317818	177114	13246	13049	81982	30903	117540	121410	5689	13340	595921	546253	101422
框架结构	03	0	261081	170114	102186	52061	3360	4566	17962	8061	33925	39080	100	1601	0	0	0
砖混结构	04	0	583863	366135	206044	118708	9360	7899	61830	21876	77717	78181	4385	10097	0	0	0

续表

	编号	幼儿园占地面积	校舍建筑面积	教学及辅助用房					行政办公用房		生活用房	其他用房	校舍面积中		幼儿园中户外活动场	图书（册）	教学用录像录音带（盒）
				计	其中				计	教师办公室			危房面积	当年新增			
					活动室	睡眠室	保健室	图书室									
甲	乙	1	2	3	4	5	6	7	8	9	10	11	12	13	14	15	16
砖木结构	05	0	29121	17074	8851	6095	506	484	2075	926	5848	4124	1204	1642	0	0	0
土木结构	06	0	1297	1107	737	250	20	100	115	40	50	25	0	0	0	0	0
县　镇	07	1799789	1292942	885567	494763	279692	36431	30949	81113	51636	188612	137650	8224	36843	718712	597650	116322
框架结构	08	0	283405	198745	117269	60790	5505	5437	14641	8713	40700	29319	60	12822	0	0	0
砖混结构	09	0	927149	641237	353441	203176	28964	24132	61650	39427	129718	94544	3567	21608	0	0	0
砖木结构	10	0	76384	42520	22603	14507	1762	1312	4190	3086	16818	12856	4019	2253	0	0	0
土木结构	11	0	6004	3065	1450	1219	200	68	632	410	1376	931	578	160	0	0	0
农　村	12	718116	419719	294422	158399	83153	20334	14535	33121	23749	52290	39886	3036	20228	253984	165340	37572
框架结构	13	0	44037	28953	14739	9261	1737	1677	3519	2539	5983	5582	0	230	0	0	0
砖混结构	14	0	302987	216824	116133	60768	15331	10533	23933	16908	35209	27021	435	15276	0	0	0
砖木结构	15	0	61255	41135	23114	11361	2738	2099	4896	3619	8897	6327	2081	4722	0	0	0
土木结构	16	0	11440	7510	4413	1763	528	226	773	683	2201	956	520	0	0	0	0

特殊教育

特殊教育学校数

表号:特综 12

单位代码:　　　　单位名称:　　　　单位:所

	编号	合　计	城　市			县　镇			农　村		
			教育部门和集体办	民办	其他部门办	教育部门和集体办	民办	其他部门办	教育部门和集体办	民办	其他部门办
甲	乙	1	2	3	4	5	6	7	8	9	10
合　计	01	54	12	2	2	36	2	0	0	0	0
盲人学校	02	0	0	0	0	0	0	0	0	0	0
聋人学校	03	5	1	0	0	4	0	0	0	0	0
弱智学校	04	12	2	2	1	7	0	0	0	0	0
其他学校	05	37	9	0	1	25	2	0	0	0	0

特殊教育班数、学生数（总计）

表号：特综 211

单位代码：　　　　单位名称：　　　　单位：人

	编号	班(个)	毕业生数	招生数	在校生数										
					计	一年级	二年级	三年级	四年级	五年级	六年级	七年级	八年级	九年级	十年级
甲	乙	1	2	3	4	5	6	7	8	9	10	11	12	13	14
合　计	01	396	1235	1985	13528	2001	2071	2115	1936	1862	1772	603	574	536	58
其中女	02	0	396	658	4239	679	654	620	609	535	530	199	206	181	26
视力残疾	03	32	0	0	2013	174	188	248	252	253	210	203	221	259	5
听力残疾	04	180	0	0	2942	475	447	472	385	379	323	195	130	101	35
智力残疾	05	184	0	0	8573	1352	1436	1395	1299	1230	1239	205	223	176	18
特殊教育学校	06	360	181	632	3451	741	565	643	375	393	327	152	111	86	58
视力残疾	07	31	0	0	228	41	27	42	22	41	20	17	10	3	5
听力残疾	08	177	0	0	1695	322	253	279	197	217	165	128	55	44	35
智力残疾	09	152	0	0	1528	378	285	322	156	135	142	7	46	39	18
小学附设特教班	10	36	38	35	227	51	55	18	52	18	33	0	0	0	0
视力残疾	11	1	0	0	5	0	0	0	5	0	0	0	0	0	0
听力残疾	12	3	0	0	26	10	1	4	10	1	0	0	0	0	0
智力残疾	13	32	0	0	196	41	54	14	37	17	33	0	0	0	0
小学随班就读	14	0	672	886	8486	1209	1451	1454	1509	1451	1412	0	0	0	0
视力残疾	15	0	0	0	1127	133	161	206	225	212	190	0	0	0	0
听力残疾	16	0	0	0	1022	143	193	189	178	161	158	0	0	0	0
智力残疾	17	0	0	0	6337	933	1097	1059	1106	1078	1064	0	0	0	0
普通(职业)初中附设特教班	18	0	0	0	0	0	0	0	0	0	0	0	0	0	0
视力残疾	19	0	0	0	0	0	0	0	0	0	0	0	0	0	0
听力残疾	20	0	0	0	0	0	0	0	0	0	0	0	0	0	0
智力残疾	21	0	0	0	0	0	0	0	0	0	0	0	0	0	0
普通(职业)初中随班就读	22	0	344	432	1364	0	0	0	0	0	0	451	463	450	0
视力残疾	23	0	0	0	653	0	0	0	0	0	0	186	211	256	0
听力残疾	24	0	0	0	199	0	0	0	0	0	0	67	75	57	0
智力残疾	25	0	0	0	512	0	0	0	0	0	0	198	177	137	0
合计中：寄宿生	26	0	0	0	4337	664	553	660	437	463	418	422	344	337	39
特殊教育学校中：寄宿生	27	0	0	0	2650	603	458	524	281	297	222	110	71	45	39

特殊教育学校教职工数

表号：特综 31

单位代码：　　单位名称：　　单位：人

	编号	教职工数					代理教师	兼任教师
		合计	专任教师	行政人员	教辅人员	工勤人员		
甲	乙	1	2	3	4	5	6	7
合　计	01	917	668	76	53	120	22	7
其中：女	02	709	532	42	39	96	17	3
少数民族	03	433	325	31	21	56	10	3

特殊教育学校专任教师学历、职称情况

表号：特综 32

单位代码：　　单位名称：　　单位：人

	编号	合计	按学历分					按职称分					
			研究生毕业	本科毕业	专科毕业	高中阶段毕业	高中阶段毕业以下	中学高级	小学高级	小学一级	小学二级	小学三级	未评职称
甲	乙	1	2	3	4	5	6	7	8	9	10	11	12
合计	01	668	0	72	422	170	4	2	279	265	66	15	41
其中：女	02	532	0	63	330	135	4	2	223	209	52	14	32
受过特教专业培训	03	387	0	42	266	76	3	2	126	175	47	13	24